TOUTES les matières

Tle STMG

Objectif BAC

GESTION ET FINANCE
Martine BURNENS
Arnaud CORITON
Sophie DA COSTA
Éric MARCEL
Éric NOËL
Christine VIELET
Isabelle VINCENT

MERCATIQUE
Stéphanie DI COSTANZO-BESCHMOUT

RESSOURCES HUMAINES ET COMMUNICATION
Carine COURTÈS-LAPEYRAT

SYSTÈMES D'INFORMATION DE GESTION
Michèle BATANA
François DUREL

ÉCONOMIE-DROIT
Jean-Pierre BROUTIN

MANAGEMENT DES ORGANISATIONS
Jean-Bernard DUCROU

MATHÉMATIQUES
Nathalie GILLET

HISTOIRE-GÉOGRAPHIE
Daniel MENDOLA

PHILOSOPHIE
Sylvain MATTON

ANGLAIS
Yves COSTA
Sophie SEBAH

ESPAGNOL
Oscar TORRES VERA

hachette
ÉDUCATION

COMPRENDRE EN VIDÉO

Retrouvez des vidéos gratuites sur www.hachette-education.com...

Tout au long de l'ouvrage, des logos vous signalent l'existence en ligne de courtes vidéos qui portent sur :

– des exercices types ou des applications de cours

– des explications de méthode

et donnez-vous toutes les chances de réussite au Bac !

Conception graphique
Couverture : Stéphanie Benoit
Intérieur : Patrick Leleux – PAO, Thierry Decke
Édition : Barbara Jung, Emmanuelle Mary
Composition, schémas et mise en pages
Patrick Leleux – PAO, Thierry Decke
Cartographie : Hachette Éducation
Rédacteur EMC : Michel Corlin

ISBN : 978-2-01-701147-7

Sommaire

En plus !

À télécharger gratuitement sur le site www.hachette-education.com

Des Sujets d'Annales corrigés

Spécialités

Présentation de l'épreuve de spécialité

1 L'épreuve écrite

Durée : 4 heures
Coefficient : 6

A. Principes

L'épreuve écrite, évaluée sur 120 points, se décompose en deux grandes parties :
– un sujet de gestion (étude de cas) sur 90 points ;
– une question de gestion sur 30 points.

B. Objectifs de l'épreuve

Le **sujet de gestion** est une mise en situation qui a pour but de vérifier les capacités à :
– analyser une situation de gestion ;
– maîtriser les concepts propres à la spécialité ;
– analyser les stratégies mises en place ;
– analyser les méthodes mises en œuvre ;
– proposer des solutions adaptées avec les objectifs poursuivis tout en ayant un regard critique et en prenant en considération l'intérêt du consommateur ainsi que celui de la société dans son ensemble.
Le sujet est composé d'un ou deux cas qui prennent appui sur une situation d'entreprise.
La **question de gestion** vise à mobiliser des connaissances, exploiter des données d'un sujet de gestion et construire un raisonnement et une argumentation qui permettent de traiter la question relative à une problématique de gestion.
La question de gestion s'appuie sur les connaissances, les annexes de l'étude de cas et éventuellement sur une annexe complémentaire.

2 L'épreuve orale

Durée : 20 minutes
Coefficient : 6

A. Principes

L'**épreuve orale** repose sur l'évaluation d'un projet qui sera réalisé en cours d'année par groupe de 2 ou 3 élèves. Le projet sera évalué en deux phases :
– par le professeur qui a en charge la classe : l'évaluation portera sur la réalisation et l'élaboration du dossier support ;
– par un autre professeur : cette évaluation consistera à soutenir le projet.

L'**épreuve de soutenance**, d'une durée de 20 minutes, se répartit ainsi :
– 10 minutes sont consacrées à la présentation du projet, démarches suivies et outils nécessaires à la réalisation ;
– 10 minutes d'entretien avec le jury sur le projet.
Le projet est présenté le jour de l'épreuve sous la forme d'un dossier comprenant :
– une fiche de travail synthétique qui présente le projet, les méthodes et technologies mises en œuvre, la démarche suivie et la réalisation des objectifs prévus ;
– la contribution personnelle du candidat au projet ;
– les supports numériques utilisés et créés lors de la réalisation du projet.

B. Objectifs

Le projet est une production qui mobilise des ressources et des activités coordonnées entre elles, en rapport avec la mercatique. Il vise à évaluer les capacités de mise en œuvre d'une démarche projet, résolution de problèmes, communication orale, d'utilisation d'outils à bon escient. Le projet a pour but de mettre l'élève en situation.

Gestion et finance

COMPRENDRE EN VIDÉO
Retrouvez les vidéos sur www.hachette-education.com

LE COURS

Construire une image de l'entreprise

Analyser la situation de l'entreprise

Accompagner la prise de décision

ENTRAÎNEMENT

1

LE COURS

Les finalités de l'information financière dans l'entreprise

1 La place de l'information financière

L'information financière est au cœur du système d'information de l'entreprise. Elle apporte des renseignements précis sur l'état de santé financière de l'entreprise tels que le chiffre d'affaires, le résultat, le montant des investissements.

2 Les finalités internes de l'information financière

L'information financière constitue la mémoire d'une entreprise (les comptes annuels sont conservés). De plus, elle permet aux dirigeants de prendre des décisions :
– **opérationnelles**, prises par les exécutants (à court terme : moins de 2 ans) ;
– **tactiques**, prises par les encadrements supérieurs (à moyen terme : 2 à 5 ans) ;
– **stratégiques**, prises par le plus haut niveau hiérarchique, qui engagent l'entreprise sur une longue période.

3 Les finalités externes de l'information financière

L'information financière permet :
– **sur le plan juridique**, de servir de preuve dans la cadre des échanges marchands entre l'organisation et ses partenaires ;
– **sur le plan fiscal**, de déterminer les impôts dus par l'entreprise à l'État ;
– **sur le plan de la communication**, d'alimenter des bases d'informations publiques afin de renseigner les tiers sur la situation de l'entreprise.

4 Les informations pertinentes au regard des besoins des parties prenantes

Les parties prenantes de l'entreprise sont intéressées par l'information financière pour des raisons diverses :
– **les fournisseurs** pour savoir si l'entreprise pourra payer ses dettes ;
– **l'État** pour calculer les impôts ;
– **les banques partenaires** afin de savoir si l'entreprise est en mesure de rembourser ses emprunts ;
– **les salariés** afin d'avoir une idée sur la santé de l'entreprise et par conséquent sur la pérennité de leur emplois ;
– **les associés/actionnaires** afin de vérifier que leur investissement financier dans l'entreprise est rentable ;
– **les clients** pour connaître l'état de santé financière de l'entreprise afin de mesurer la notoriété de l'entreprise (à partir du chiffre d'affaires, par exemple).

Les enjeux de la normalisation de l'information financière

1 Les informations financières et les informations de gestion

A. La comptabilité financière

La fonction comptable traite les informations financières (flux monétaires et flux réels) de l'entreprise : ce traitement obligatoire se nomme comptabilité **financière** ou **générale**.

ZOOM

Les entreprises sont dans l'obligation de tenir une comptabilité, d'établir un bilan et un compte de résultat.

B. La comptabilité de gestion

Chaque entreprise peut analyser plus précisément les informations financières en fonction de leur besoins : il s'agit de la comptabilité **de gestion** ou **analytique** (non obligatoire).

ZOOM

On calcule le coût de revient d'un produit pour connaître sa rentabilité.

2 Les principes de la normalisation de l'information financière

A. Sur le plan national

En France, l'ANC (Autorité des normes comptables) fixe les règles de la comptabilité que l'on retrouve dans le plan comptable général (PCG), le Code du commerce, etc.

ZOOM

Le PCG précise avec exactitude la forme et le fond que doit prendre un compte de résultat, un bilan. Il récapitule également les grands principes comptables à respecter.

B. Sur le plan international

Le développement des échanges a conduit à la création de l'IASB *(International Accounting Standards Board),* organisme chargé d'établir les normes comptables au niveau mondial. Les normes IFRS *(International Financial Reporting Standards)* sont applicables en Europe et les FASAB *(Federal Accounting Standards Advisory Board)* sont applicables aux États-Unis.

3 Les objectifs de la normalisation de l'information financière

La normalisation de l'information financière vise à donner une **image fidèle de l'entreprise**.

ZOOM

Les comptes annuels (bilan et compte de résultat) doivent présenter la situation réelle de l'entreprise : par exemple, en ne dissimulant pas de pertes éventuelles.

L'application de règles communes facilite la **communication** entre les entreprises.

ZOOM

Un actionnaire, qui souhaite obtenir des informations sur l'entreprise dans laquelle il détient des actions, peut se procurer les comptes annuels établis selon les normes et le principe d'image fidèle.

L'utilisation d'un **langage commun** entre les entreprises favorise les échanges.

3
LE COURS

L'enregistrement des opérations entre l'entreprise et ses partenaires

1 Les flux

A. Flux physique et flux monétaire

Toute opération réalisée par l'entreprise avec un partenaire est un contrat qui donne naissance à des obligations pour les deux parties. Le respect de ces obligations crée deux flux de même valeur et de sens contraire : un **flux physique** et un **flux monétaire**.

EXEMPLE Le 06/03/N, S. Peron, grossiste en fromages, achète des fromages de chèvre à la fromagerie Biquet pour une valeur de 360 €, paiement par chèque bancaire. Par ce contrat de vente, le fournisseur s'engage à livrer les marchandises (flux physique) et S. Peron s'engage à payer le prix des marchandises (flux monétaire).

B. La notion de créance et de dette

Il y a un décalage entre le flux physique et le flux monétaire si l'achat ou la vente est réalisée à crédit. Ce décalage donne naissance à une **créance** sur le client pour le fournisseur et une **dette** envers le fournisseur pour le client.

EXEMPLE Le 07/04/N, S. Peron (fournisseur) vend à crédit pour 400 € de fromages (flux physique) au client Les beaux fromages. Il obtient en contrepartie une créance sur le client.
Le 30 avril, le client Les beaux fromages envoie un chèque bancaire de 400 € (flux monétaire) à S. Peron. Ce paiement annule la dette du client envers le fournisseur.

2 L'enregistrement

A. Le compte

Pour l'enregistrement des opérations réalisées par l'entreprise avec ses partenaires, la comptabilité a créé un outil d'enregistrement : le compte. Cet outil permet notamment de stocker les valeurs de même nature. Un compte est un tableau en deux parties :

Dans la partie gauche appelée **débit**, sont enregistrés les emplois (origine des flux entrants). →

Débit	Compte… Crédit
Emplois	Ressources

← Dans la partie droite, appelée **crédit**, sont enregistrées les ressources (destination des flux sortants).

Le **solde du compte** est la différence entre le total des montants inscrits au débit et le total des montants inscrits au crédit :
– solde débiteur si total débit > total crédit ;
– solde créditeur si total crédit > total débit.
Chaque compte est identifié par un numéro et un libellé.

L'ensemble des comptes de l'entreprise s'appelle le **grand livre**.

B. Principe de la partie double

Il ne peut y avoir d'emploi sans ressource. Une opération sera toujours enregistrée dans deux comptes au minimum et la valeur de la ressource sera toujours égale à la valeur de l'emploi.

C. Enregistrement au journal

EXEMPLE Le 02/05/N, S. Peron a acheté à crédit pour 600 € de fromages au fournisseur Livarot.

607	401	------------------------ 08/06/N ---------------------- Achats de marchandises Fournisseurs *Fournisseur Livarot, facture*	600	600

4
LE COURS

Les étapes du processus achat-vente

1 Les documents commerciaux

Le **bon de commande** matérialise l'accord entre le vendeur et l'acheteur sur les références, les quantités et les prix des produits commandés selon les conditions commerciales acceptées par les deux parties. Dès lors qu'il y a accord, il y a contrat de vente. Ce n'est pas un document obligatoire.

Le **devis** est une évaluation détaillée des travaux à effectuer et du coût de ceux-ci.

Le **bon de livraison**, signé par le client, atteste la conformité de la livraison.

La **facture** est une pièce comptable obligatoire, enregistrée en comptabilité. Elle comporte notamment :
- l'identification du fournisseur et du client ;
- une date et un numéro ;
- les dénominations quantité, prix de chaque produit ;
- les réductions commerciales (rabais ou remises) ;
- les frais de port ;
- la TVA ;
- le net à payer et le mode de règlement.

Une facture peut être électronique.

La **facture d'avoir** pour retour de marchandises est établie en respectant les conditions initiales de la vente, notamment les réductions commerciales.

2 Les 5 étapes du processus de vente et les documents associés

1. La recherche et la fidélisation des clients

2. La réception des commandes (document : bon de commande, signé par le client)

3. La livraison (document : bon de livraison signé par le client)

4. Facturation par le service comptabilité (document : facture)

5. L'encaissement de la facture

3 Les 5 étapes du processus d'achat et les documents associés

1. Le choix du fournisseur

2. La passation de la commande (document : bon de commande signé par le client)

3. La réception des marchandises (document : bon de livraison signé par le client)

4. La réception, vérification et comptabilisation de la facture

5. Le paiement de la facture

5 LE COURS — L'enregistrement des opérations commerciales

Les achats de biens et services constituent l'activité principale de l'entreprise. L'enregistrement comptable des factures les concernant va permettre le stockage d'informations essentielles à la gestion de l'entreprise.

1 L'enregistrement des achats de biens et services

Le **montant des biens ou services achetés** s'enregistre au débit du compte :

– 601 Achats stockés-matières premières et fournitures
ou 602 Achats stockés-autres approvisionnements
ou 606 Achats non stockés de matières et fournitures
} si les biens achetés sont destinés à être intégrés au cycle de production

– 607 achats de marchandises si les biens achetés sont destinés à être revendus en l'état
– 61 Services extérieurs ou 62 Autres services extérieurs si achats de services.

Les **réductions commerciales** (rabais, remises) ne s'enregistrent pas dans un compte spécifique. Le montant enregistré est le net commercial.

Les **frais de port** s'enregistrent chez l'acheteur au débit du compte 6241 Transports sur achats ou 608 Frais accessoires d'achat.

La **TVA payée** est récupérable auprès de l'État. L'entreprise a une créance sur l'État qui s'enregistre au débit du compte 44566 État, TVA déductible sur autres biens et services.

EXEMPLE Soit la facture ci-dessous reçue par la société Paquage, fabricant d'articles de maroquinerie.

Société Toutcuir Facture n° 1502	Doit : Société Paquage Le 20 mai N		
Désignation des articles	Quantités	PU	Montant
Peaux d'agneau	30 peaux	80,00	2 400,00
		Total brut	2 400,00
		Remise 5 %	120,00
		Net commercial	2 280,00
		Port forfaitaire	40,00
		Net HT	2 320,00
		TVA 20 %	464,00
		Net à payer en euros	**2 784,00**

Enregistrement au journal de la société Paquage

		------------ 20/05/N ------------		
601		Achat de mat. prem.	2 280,00	
6241 (ou 608)		Transports sur achats	40,00	
44566		État, TVA déductible sur ABS	464,00	
	401	Fournisseur Toutcuir		2 784,00
		Facture n°1502		

2 L'enregistrement des ventes de biens et services

Le **montant des biens ou services vendus** s'enregistre au crédit :
– du compte 701 Ventes de produits finis si les biens vendus sont fabriqués par l'entreprise ;
– du compte 706 Prestations de services si l'entreprise vend des services ;
– du compte 707 Ventes de marchandises si les biens vendus sont revendus en l'état par l'entreprise.

Les **réductions commerciales sur facture** ne s'enregistrent pas dans un compte spécifique. Le produit est directement comptabilisé pour le net commercial.

Les **frais de port** constituent un produit des activités annexes qui s'enregistre au crédit du compte 7085 Ports et frais accessoires facturés.
La **TVA** est collectée pour l'État. L'entreprise a une dette envers l'État qui s'enregistre au crédit du compte 44571 État, TVA collectée.

EXEMPLE Soit la facture ci-dessous établie par la société Paquage.

Société Paquage Facture n° 6732		Doit : Maroquinerie Piel Le 26 mai N	
Désignation des articles	Quantités	PU	Montant
Sacs Emma Sacs Julie	2 3	125,00 95,00	250,00 285,00
		Total Brut	535,00
		Remise 5 %	26,75
		Net commercial	508,25
		Port forfaitaire	20,00
		Net HT	528,25
		TVA 20 %	105,65
		Net à payer en euros	633,90

		-------------- 26/05 --------------		
411pie		Client PIEL	633,90	
	701	Ventes de produits finis		508,25
	7085	Ports et frais accessoires facturés		20,00
	44571	État, TVA collectee		105,65
		Facture n°6732		

3 L'enregistrement des retours

La **facture d'avoir pour retour de marchandises** s'enregistre en inversant l'écriture passée lors de la comptabilisation de la facture de doit à laquelle elle se rapporte. Elle ne doit pas reprendre les frais de port forfaitaires.

4 L'enregistrement des règlements

Les règlements des achats et des ventes sont effectués le plus souvent par carte bancaire, chèque bancaire ou virement bancaire :
– les paiements des achats s'enregistrent au crédit du compte 512 Banque et diminuent la trésorerie ;
– les encaissements des ventes s'enregistrent au débit du compte 512 Banque et augmentent la trésorerie.
Des règlements de faible montant peuvent être effectués en espèces. Ils sont alors enregistrés au débit (encaissement) ou au crédit (décaissement) du compte 53 Caisse.

5 La mesure de l'activité de l'entreprise

Le chiffre d'affaires et la valeur ajoutée sont deux indicateurs permettant de mesurer l'activité de l'entreprise.

Chiffre d'affaires = sommes des ventes réalisées par l'entreprise.
Valeur ajoutée = Ventes – Biens et services consommés.

6 LE COURS

L'investissement et son financement

1 La notion d'immobilisation

Immobilisation : actif détenu par l'entreprise, destiné à servir de façon durable, qui ne se consomme donc pas par son premier usage.

L'acquisition d'une immobilisation relève d'une opération d'investissement. Les immobilisations se comptabilisent dans la classe 2.
On distingue notamment :
– les immobilisations **corporelles** (ex. : outillage industriel) ;
– les immobilisations **incorporelles** (ex. : logiciels) ;
– les immobilisations **financières**.
Une immobilisation corporelle de faible valeur (prix unitaire inférieur à 500 € HT) peut être enregistrée directement dans les charges (classe 6).

2 La comptabilisation des immobilisations corporelles

Une immobilisation est comptabilisée et inscrite au bilan pour son coût d'acquisition :

Coût d'acquisition = Prix d'achat – Réductions obtenues + Coûts directement attribuables*

* *Coûts directement attribuables pour le fonctionnement et l'utilisation de l'immobilisation (frais de port, montage, essais de bon fonctionnement...)*

COMPRENDRE 1 EN VIDÉO

EXEMPLE L'entreprise ALPHA fait l'acquisition d'un matériel industriel aux conditions suivantes :

Outillage	2 000,00
Remise	– 100,00
Installation	+ 80,00
Transport	+ 200,00
TVA 20 %	436,00
Net à payer	2 616,00

Coût d'acquisition : 2 000 – 100 + 80 + 200 = 2 180 €.

La TVA est déductible, donc récupérable. Elle ne fait donc pas partie du coût d'acquisition.

2155 44562	 404	Outillage industriel État TVA déductible sur immobilisations Fournisseur d'immobilisations	2 180,00 436,00	 2 616,00

Lorsqu'une immobilisation peut être constituée de plusieurs composants ayant des durées d'utilisation ou des modes d'utilisation différents, il faut les comptabiliser séparément.

3 Le financement des immobilisations corporelles

L'investissement est financé grâce à la trésorerie disponible, à un emprunt bancaire, en partie par la trésorerie disponible, en partie par emprunt.
Lorsque le financement de l'investissement s'effectue pour tout ou partie par emprunt, la banque établit un plan de remboursement, appelé **plan d'amortissement**.

EXEMPLE Un emprunt de 45 000 € est contracté le 1er novembre N. Il est remboursable par 5 annuités constantes, au taux d'intérêt annuel de 5 %. Le plan d'amortissement :

Échéance	Capital restant dû en début de période	Intérêts de la période	Amortissement de la période	Annuité de la période	Capital restant dû en fin de période
01/11/N+1	45 000,00	2 250,00	8 143,87	10 393,87	36 856,13
01/11/N+2	36 856,13	1 842,81	8 551,06	10 393,87	28 305,07
01/11/N+3	28 305,07	1 415,25	8 978,61	10 393,87	19 326,46
01/11/N+4	19 326,46	966,32	9 427,54	10 393,87	9 898,92
01/11/N+5	9 898,92	494,95	9 898,92	10 393,87	0,00
Total		6 969,33	45 000,00	51 969,33	

L'**amortissement** représente le montant du capital emprunté qui est remboursé. Les **intérêts** sont calculés sur le montant de l'emprunt non encore remboursé. Ils constituent le coût de l'emprunt.

Annuité = Amortissement + Intérêts

		---------- 01/11/N ----------		
512		Banques	45 000	
	164	Emprunt		45 000
		Octroi des fonds		

		---------- 01/11/N+1 ----------		
164		Emprunt	8 143,87	
661		Charges d'intérêt	2 250,00	
	512	Banques		10 393,87
		Paiement 1re annuité		

4 Les incidences sur les documents de synthèse

Les immobilisations apparaissent dans l'actif immobilisé à l'actif du bilan. L'emprunt s'inscrit dans les dettes au passif du bilan.

5 La cession d'une immobilisation corporelle

La cession d'une immobilisation fait partie des opérations exceptionnelles de l'entreprise.

EXEMPLE Cession le 15 octobre N d'un outillage industriel pour 1 000 € HT (TVA à 20 %)

		---------- 15/10/N ----------		
462		Créances sur cessions d'immobilisations	1 200,00	
	775	PCEA		1 000,00
	44571	État, TVA collectée		200,00
		Cession imo facture XXX		

7 LE COURS L'amortissement des immobilisations corporelles

1 Immobilisation amortissable et amortissement

Une **immobilisation** est amortissable lorsque son usage attendu est limité dans le temps du fait, notamment de l'usure physique, de l'évolution technique, de règles juridiques. L'**amortissement** est la répartition du montant d'une immobilisation amortissable selon le rythme de consommation des avantages économiques attendus en fonction de son utilisation probable.

2 La construction du plan d'amortissement

L'**amortissement linéaire** répartit le montant de l'immobilisation en fonction du temps.

EXEMPLE Outillage acquis le 16/03/N, utilisable pendant 4 ans, dont le coût d'acquisition est de 6 000 €. Taux d'amortissement = 1/durée d'utilisation prévue = ¼ = 0,25 = 25 %.

Exercice	Valeur brute	Annuité d'amort.	Cumul amort.	VNC
N	6 000	1 187,5 (1)	1 187,5	4 812,5
N+1	6 000	1 500 (2)	2 687,5	3 312,5
N+2	6 000	1 500	4 187,5	1 812,5
N+3	6 000	1 500	5 687,5	312,5
N+4	6 000	312,5 (3)	6 000	0

(1) Utilisation à partir du 16/03/N, soit 15 jours en mars + 9 mois pleins (de 30 jours) entre avril et décembre N : 6 000 × 25 % × (15 + 9 × 30)/360 = 1 187,5.
(2) Utilisation pendant toute l'année N+1 : 6 000 × 25 % = 1 500 €.
(3) utilisation du 01/01/N+4 au 15/03/N+4 : 6 000 × 25 % × (15 + 2 × 30)/360 = 312,5.

L'**amortissement par unités d'œuvre** répartit le montant de l'immobilisation en fonction des prévisions de consommation des avantages économiques.

EXEMPLE Une entreprise fait l'acquisition d'un outillage le 16/03/N, utilisable pendant 4 ans, pour 6 000 € (coût d'acquisition). On prévoit les utilisations suivantes de l'outillage (en nombre d'heures) :

Année	Nombre heures utilisation	Année	Nombre heures utilisation
N	1 000	N+3	2 000
N+1	3 000	N+4	1 000
N+2	3 000	Total	10 000

Exercice	Valeur brute	Annuité d'amort.	Cumul amort.	VNC
N	6 000	600 (1)	600	5 400
N+1	6 000	1 800 (2)	2 400	3 600
N+2	6 000	1 800	4 200	1 800
N+3	6 000	1 200	5 400	600
N+4	6 000	600	6 000	0

(1) 6 000 × 1 000/10 000 = 600.
(2) 6 000 × 3 000/10 000 = 1 800.

3 Les amortissements dans le bilan

L'immobilisation et ses amortissements cumulés figurent au bilan de l'entreprise.

EXEMPLE Si l'outillage acquis le 16/03 est amorti par unités d'œuvre, il sera pris en compte dans le bilan, par exemple au 31/12/N+1, de la façon suivante :

ACTIF				PASSIF	
Élément	Brut	Amort.	Net	Élément	Montant
Outillage	6 000	2 400	3 600	Variation du résultat N+1	– 1 800

L'organisation du système d'information comptable

1 Le plan de comptes

Le compte est le support de l'information comptable et est indispensable à la tenue de la comptabilité. Le PCG définit sept classes de comptes réparties en deux catégories :
– **les comptes de bilan reflétant l'état du patrimoine** :
Classe 1 : comptes de capitaux (ressources propres et ressources externes)
Classe 2 : comptes d'immobilisations (biens immobilisés possédés par l'entreprise)
Classe 3 : comptes de stocks (biens nécessaires à l'exploitation destinés à être vendus ou consommés et conservés par l'entreprise sur une courte période)
Classe 4 : comptes de tiers (ensemble des tiers reflétant les créances et les dettes de l'entreprise)
Classe 5 : comptes financiers (trésorerie disponible)
– **les comptes de gestion permettant de calculer le résultat** :
Classe 6 : comptes de charges (opérations diminuant le résultat)
Classe 7 : comptes de produits (opérations augmentant le résultat)
L'entreprise utilise un plan de comptes conforme au PCG qui peut être adapté en fonction des particularités de l'entreprise.

2 L'organisation du traitement de l'information

A. La pièce justificative

La pièce justificative est le support de l'information comptable. Il y a à l'origine de chaque mouvement du patrimoine une pièce justificative (facture, bon de commande, bon de livraison, bulletin de paie, relevé bancaire…). Elle est ensuite enregistrée et mémorisée dans des documents comptables présentant une information de plus en plus synthétique.

B. Le journal

Dans le journal, les pièces justificatives sont enregistrées chronologiquement dans les comptes. Chaque enregistrement contient les informations nécessaires à la compréhension des flux : date, numéros des comptes débités et crédités et montants des flux ainsi que les références de la pièce justificative. L'utilisation d'un progiciel comptable facilite l'enregistrement et le contrôle de l'information. Le respect de la partie double est, par exemple, vérifié automatiquement évitant ainsi des erreurs de saisie.

C. Le grand livre

Le grand livre regroupe l'ensemble des comptes classés selon le PCG et présente pour chacun l'ensemble des mouvements débités et crédités ainsi que leur solde. Chaque nouvel enregistrement comptable modifie en conséquence l'état du grand livre. Dans un système informatisé, le report est automatique.

D. La balance

La balance reprend l'ensemble des comptes, classés selon le PCG, et fait apparaître pour chacun d'entre eux le total des mouvements débités et crédités et le solde du compte. Elle présente une information plus synthétique que dans le grand livre. Du fait de l'automatisation croissante des systèmes d'information comptable, la balance a évolué d'un instrument de contrôle de la partie double à un instrument de gestion par l'analyse des différents soldes. Le compte de résultat et le bilan, établis à partir des soldes de la balance, présentent l'information la plus synthétique. Le compte de résultat fait apparaître le bénéfice ou la perte de la période qui sera reporté au bilan. Celui-ci représente l'état du patrimoine en fin de période. L'informatisation de la comptabilité facilite non seulement les reports d'informations entre chaque document, mais accroît aussi le contrôle de l'information.

9

LE COURS

Le contrôle et l'utilisation de l'information comptable

1 Le contrôle de l'information comptable

A. Le contrôle de la trésorerie

Les informations traitées par le système d'information comptable nécessitent un contrôle afin de les rendre exploitables par les différents utilisateurs.
La comptabilité synthétisant les flux financiers, il est indispensable de contrôler régulièrement la trésorerie. Le rapprochement des opérations bancaires enregistrées dans le compte 512 Banque avec celles enregistrées par la banque permet de lister les informations n'ayant toujours pas fait l'objet d'une comptabilisation. C'est le **rapprochement bancaire**. Il indique ainsi à une date donnée, le montant potentiellement disponible en Banque et permet de relever les différentes erreurs de saisie.

B. Le contrôle des comptes de tiers

Le **suivi des comptes de tiers** est également indispensable du fait de leur répercussion sur la trésorerie de l'entreprise. Tout particulièrement, le **lettrage des créances** clients qui permet par le rapprochement des factures et de leur règlement le déclenchement de procédures de recouvrement. Ces procédures de contrôle sont facilitées par l'automatisation de la comptabilité tenue à l'aide d'un **progiciel**.

2 La conservation de l'information comptable

A. Répondre à des besoins d'information

L'organisation comptable et ses différentes procédures de contrôle aboutissent à l'élaboration d'une information comptable fiable et synthétique nécessaire aux dirigeants lors de la prise de décision. Les différents documents comptables donnent accès à des indicateurs importants pour la bonne gestion de l'entreprise.

B. Répondre à des besoins de conservation

Les informations traitées par la comptabilité ont une valeur juridique importante et peuvent être utilisées comme preuve en droit. À ce titre, les pièces justificatives et les documents comptables (journal, grand livre, balances et comptes annuels) doivent être conservés au minimum dix ans. Si les documents sont enregistrés sur un support informatique, ils doivent être conservés en l'état pendant trois ans.
Mais au-delà de la contrainte légale, les pièces comptables peuvent être utiles à la prise de décision et doivent à ce titre être conservées.

EXEMPLE Une entreprise peut analyser la progression de son chiffre d'affaires sur les 5 dernieres années pour réorienter sa stratégie.

Les enjeux de l'informatisation de l'information financière

1 Le système d'information comptable (SIC)

Le SIC d'une entreprise est constitué d'un ensemble organisé de ressources humaines, ressources matérielles, logicielles et de ressources organisationnelles. Le SIC permet :
– d'acquérir, de stocker, de traiter et de diffuser des informations financières ;
– de fournir au manager des informations cohérentes utiles pour la prise de décision ;
– de diffuser les informations financières aux différents partenaires ;
– de répondre aux obligations règlementaires (établissement du journal, du grand livre…).

2 Les composantes du SIC

A. Les ressources humaines du SIC

Les ressources humaines du SIC regroupent l'ensemble des acteurs internes ou externes qui participent aux activités comptables. Ils assurent des missions de production, de contrôle, d'analyse de l'information mais aussi de conseil.

B. Les ressources matérielles et logicielles du SIC

Le système d'information comptable repose sur l'utilisation de matériels informatiques au sein du réseau de l'entreprise. Les logiciels utilisés par le SIC sont :
– **le progiciel comptable** : plusieurs progiciels d'un même éditeur peuvent communiquer. Par exemple, le transfert des données du progiciel de paie au progiciel comptable permet la génération des écritures comptables liées aux bulletins de salaire ;
– **le progiciel de gestion intégré (PGI)** : il permet une automatisation de certaines tâches et activités. Les données, saisies une fois, sont disponibles pour l'ensemble des modules en temps réel. L'environnement de travail est identique pour tous les utilisateurs ;
– **le tableur** : il est utile pour l'analyse de certaines données (suivi des tableaux de bord, par exemple) et la simulation de situations de gestion.

> **Progiciel comptable :** programme conçu pour être fourni à plusieurs utilisateurs, il permet de réaliser l'ensemble des traitements comptables et d'éditer tous les documents comptables nécessaires et obligatoires.

> **PGI :** en anglais *Enterprise Resource Planning ou ERP*, application permettant de gérer l'ensemble des fonctions d'une entreprise. Il regroupe plusieurs modules indépendants organisés autour d'une base de données unique.

C. Les ressources organisationnelles du SIC

Les ressources organisationnelles du SIC regroupent l'ensemble des procédures qui doivent être respectées par le SIC.

▪ **Les obligations liées au cadre réglementaire.** Le plan comptable général révisé de 1999 a transposé aux comptabilités informatisées les principes obligatoires de tenue des comptabilités « manuelles ». Le respect de ces principes est la condition nécessaire du caractère régulier, sincère et probant des comptabilités informatisées.

▪ **Le respect des procédures de l'entreprise.** Le SIC doit pouvoir s'adapter aux processus internes de l'entreprise, à ses spécificités. Ainsi, lors de l'installation d'un PGI, il faut pouvoir garantir que certaines actions de validation soient intégrées au traitement des données financières.

11 LE COURS La sécurité de l'information financière

1 Le traitement des données financières

A. L'organisation du réseau informatique de l'entreprise

Réseau : ensemble de moyens matériels et logiciels reliés entre eux pour échanger des informations et partager des ressources.

▪ **Serveur PGI.** Il héberge l'application et permet aux utilisateurs connectés au réseau d'accéder au PGI. Si l'entreprise a choisi le mode « Logiciel en tant que service », ou SaaS, en anglais *Software as a service*, le PGI est hébergé en ligne auprès d'un prestataire de services.

▪ **Postes clients.** Ce sont les postes informatiques connectés au réseau et utilisés par les salariés qui peuvent ainsi accéder aux différents services préposés par les serveurs.

B. La gestion des autorisations et des droits d'accès à l'information

Pour sécuriser l'accès aux données, il est nécessaire de déterminer des droits d'accès. Ces droits sont différenciés selon les responsabilités des salariés et leur statut : qui a le droit de faire quoi ? De savoir quoi ?

▪ **Les étapes pour l'attribution des droits d'accès.** Identifier les utilisateurs et définir leur responsabilité vis-à-vis de l'information, définir des groupes d'utilisateurs, définir les droits d'accès de chaque groupe, attribuer à chaque utilisateur un ou plusieurs groupes, attribuer à chaque utilisateur un nom d'utilisateur et un mot de passe (authentification).

▪ **Les types de droits d'accès.** Les droits les plus courants sont le droit de lecture des données, le droit d'écriture (modification des données) et de création des données, le droit de suppression des données.

C. La sécurité des traitements

▪ **La sécurité des opérations de validation.** L'application doit garantir le respect de la réglementation comptable. L'irréversibilité des écritures comptables implique l'existence de procédures de validation des données comptables.

▪ **La sécurité des transferts de données.** L'**échange de données informatisées (EDI)** permet de sécuriser les échanges entre partenaires grâce aux techniques de cryptage, de signature numérique, d'authentification.

2 La sauvegarde des données financières

A. Les techniques de sauvegarde des données

▪ **Les supports utilisés.** Ce sont les disques numériques, les supports magnétiques, les serveurs. La procédure de restauration doit être contrôlée et testée régulièrement.

▪ **Le lieu de conservation des données.** Il faut s'assurer de la sécurisation des lieux de sauvegarde, conserver les supports en dehors de l'entreprise. La sauvegarde en ligne des données (externalisation) permet de garantir leur sécurité physique, l'entreprise doit vérifier la localisation des serveurs distants et les garanties proposées par le prestataire.

B. Les enjeux de sécurité des sauvegardes

▪ **Enjeux financiers.** Coûts liés à la restauration des données, à la perturbation de l'activité (arrêt de la production, retards de traitement des factures…).

▪ **Enjeux juridiques.** Les clients peuvent engager des procédures juridiques pour non-respect des conditions de vente.

▪ **Enjeux pour la pérennité de l'entreprise.** En cas de perte de données stratégiques, d'arrêt prolongé de l'activité.

L'inventaire et les amortissements des immobilisations corporelles

1 L'inventaire de l'exercice comptable

A. Définition

À la fin de l'exercice comptable, d'une durée légale de douze mois, l'entreprise doit déterminer le résultat dégagé au cours de l'exercice et présenter un état de sa situation patrimoniale. L'**objectif d'image fidèle** nécessite de réaliser des travaux d'inventaire qui comportent deux phases :
– **l'inventaire extra-comptable** (ou physique) qui consiste à recenser et évaluer tous les éléments de l'actif et du passif ;
– **l'inventaire comptable** qui consiste à réaliser les enregistrements comptables nécessaires pour régulariser et ajuster les comptes en fonction des éléments fournis par l'inventaire extra-comptable.

B. Les principes comptables

Les travaux d'inventaire doivent être établis dans le respect des principes comptables. On distingue notamment :
– **le principe de prudence** : ce principe conduit à ne pas reporter sur l'avenir les incertitudes présentes. Un produit ne peut être comptabilisé que s'il a été effectivement réalisé. Une charge doit être prise en compte dès lors que sa réalisation est probable ;
– **le principe d'indépendance des exercices** : il conduit à ne considérer dans les comptes d'un exercice comptable que les charges et les produits qui le concernent, sans tenir compte de leur date de paiement ou d'encaissement ;
– **le principe de permanence des méthodes** : les méthodes d'évaluation retenues ne peuvent être modifiées d'un exercice à l'autre.
– **le principe de continuité de l'exploitation** : la comptabilité doit être tenue avec la perspective que l'entreprise va continuer son exploitation et non dans une perspective de cessation d'activité.

2 La comptabilisation des amortissements

À la fin de l'exercice comptable, lors des travaux d'inventaire, on comptabilise les dotations aux amortissements telles qu'elles sont prévues dans les plans d'amortissement des immobilisations. C'est une obligation qui répond aux principes comptables d'indépendance des exercices, de prudence et de permanence des méthodes, dans un objectif d'**image fidèle**.

EXEMPLE Une entreprise a acquis un matériel industriel en N-1. Les trois premières lignes du tableau d'amortissement se présentent ainsi :

Exercice	Valeur brute	Annuité d'amortissement	Cumul amortissement	VNC
N-1	20 000	1 500	1 500	18 500
N	20 000	2 800	4 300	15 700
N+1	20 000	2 800	7 100	12 900

		------------------ 31/12/N ------------------		
68112		Dotations aux amortissements immo.corporelles	2 800,00	
	28154	Amortissement du matériel industriel		2 800,00
		Dotation N		

Les amortissements sont des charges **calculées et non décaissées**.

3 Les amortissements dans les documents de synthèse

EXEMPLE Pour le matériel acquis en N-1 (voir exemple précédent).
Extrait du bilan au 31/12/N :

ACTIF				PASSIF	
Élément	Brut	Amortissements	Net	Élément	Montant
Immobilisation	20 000	4 300	15 700	Résultat	– 2 800

4 Les 3 étapes lors d'une cession immobilisation amortissable

EXEMPLE Le matériel industriel (voir exemple précédent) est cédé le 30 janvier N+1 pour 13 000 € HT.

		---------------- 30/01/N+1 ----------------		
462		Créances sur cession d'immobilisations	18 720,00	
	775	PCEA		15 600,00
	44571	TVA collectée		3 120,00
		Cession matériel		
		---------------- 31/12/N+1 ----------------		
68112		Dotation aux amortissements des immo.corp.	233,33	
	28154	Amortissement du mat. industriel		233,33
		Complément amortissement : 2 800 × 30/360		
		---------------- 31/12/N+1 ----------------		
28154		Amortissement matériel industriel	4 533,33	
675		VCEAC	15 466,67	
	2154	Matériel industriel		20 000,00
		Sortie de patrimoine		

L'entreprise réalise une **moins-value** de 13 000 – 15 466,67 = – 2 466,67 €.

13 LE COURS Les stocks

L'établissement du bilan nécessite une évaluation physique obligatoire de tous les stocks détenus dans l'entreprise. Le stock évalué à la date de clôture de l'exercice est le stock **final (SF)**. C'est ce stock qui devra figurer au bilan.

1 La valorisation des stocks de fin d'exercice

Du fait des variations des coûts d'achat des marchandises ou des approvisionnements et du coût de production des biens produits, la valorisation des stocks nécessite le choix d'une méthode. La méthode la plus utilisée est le **coût unitaire moyen pondéré (CUMP)** :

$$\text{CUMP} = \frac{\text{Stock initial en valeur + entrées en stock (achats ou production) en valeur}}{\text{Stock initial en quantité + entrées en stock (achats ou production) en quantité}}$$

EXEMPLE La société Lancre commercialise des pulls marins en laine et des casquettes.
Stock initial et achats de laine en N :

	Quantités achetées (en kg)	Coût unitaire	Montant (en euros)
Stock initial au 01/01/N	280	22,00	6 160,00
Achat de laine février N	1 500	22,50	33 750,00
Achat de laine mai N	1 800	22,50	40 500,00
Achat de laine septembre N	1 800	22,91	41 238,00
Achat de laine décembre N	1 600	23,00	36 800,00
Total	**6 980**	**22,70** (1)	**158 448,00**

(1) CMUP = 158 448 €/6 980 = 22,70 €

Le stock de fin d'exercice de laine est de 650 kg.
La valeur du stock de laine de fin d'exercice est de : 650 kg × 22,70 € = **14 755** €.

2 L'enregistrement des stocks de fin d'exercice

Les enregistrements relatifs aux stocks vont permettre de substituer les stocks finaux aux stocks initiaux et de déterminer les variations des stocks. Ils consistent à annuler le stock initial et constater le stock final.

EXEMPLE

Extrait de la balance avant inventaire au 31/12/N		Inventaire au 31/12/N (stocks finaux)		
Stocks	Solde débiteur	Quantité	CUMP	Montant (en euros)
31-Stock de matières premières (laine)	15 600,00	2 300 kg	22,70	14 755,00
355-Stock de produits finis (pulls marins)	23 000,00	252	150,00	37 800,00
37-Stock de marchandises (casquettes)	6 890,00	176	42,00	7 392,00

Enregistrements au journal de la société Brunault :

		31/12/N		
6031		Variation des stocks de matières premières	15 600,00	
7035		Variation des stocks de produits	23 000,00	
6037		Variation des stocks de marchandises	6 890,00	
	31	Stocks de matières premières		15 600,00
	355	Stocks de produits finis		23 000,00
	37	Stocks de marchandises		6 890,00
		Annulation stock initial		
		31/12/N		
31		Stocks de matières premières	14 755,00	
355		Stocks de produits finis	37 800,00	
37		Stocks de marchandises	7 392,00	
	6031	Variation des stocks de mat. prem.		14 755,00
	7035	Variation des stocks de produits		37 800,00
	6037	Variation des stocks de marchandises		7 392,00
		Constatation stock final		

Les comptes de stocks sont vidés des stocks initiaux.

Les stocks finaux sont comptabilisés.

3 Incidence des enregistrements sur le résultat et le bilan

A. Incidence sur le résultat

D'après le **principe d'indépendance des exercices**, seuls les charges consommées et les produits acquis pendant l'exercice sont rattachés à cet exercice pour le calcul du résultat.

EXEMPLE En reprenant le cas de la société BRUNAULT, Extrait du compte de résultat

Charges		Produits	
Charges d'exploitation		Produits d'exploitation	
Achats de marchandises	53 210	Ventes de marchandises	101 786
Variation des stocks	– 502 (1)		
Achats de matières premières	152 288	Production vendue	619 730
Variation des stocks	845 (2)	Production stockée	14 800 (3)
[....]			

(1) 6 890 – 7 392 = – 502 €. L'entreprise a stocké.

(2) 15 600 – 14 755 = 845 €. L'entreprise a déstocké.

(3) 37 800 – 23 000 = 14 800 €. L'entreprise a stocké.

Production de l'exercice : 634 530 €

Coût d'achat des matières premières consommées : 153 133 €

Coût d'achat des marchandises vendues : 52 708 €

B. Incidence sur le bilan

Les soldes des comptes de stocks sont reportés à l'actif du bilan.

EXEMPLE Les stocks de fin d'exercice apparaissent au bilan de la société BRUNAULT.
Extrait du bilan au 31/12/N (en euros) :

ACTIF	Brut N
[…]	
Actif circulant	
Stocks et en-cours	
Matières premières et autres approvisionnements	14 755
Produits finis	37 800
Marchandises	7 392
[…]	

14 LE COURS
La dépréciation des actifs

1 La notion de dépréciation d'actif

A. À la clôture de l'exercice comptable

Il convient de vérifier si un actif a pu se déprécier. Si c'est le cas, le comptable va calculer le montant de la dépréciation :

> Dépréciation = Valeur d'acquisition – Valeur actuelle de l'actif
> Ou dépréciation = valeur d'acquisition × pourcentage de dépréciation

B. Application du principe de prudence et de l'article 322-5 du PCG

Cette perte de valeur probable et réversible sera comptabilisée en dépréciation pour constater la **dépréciation** de l'actif circulant. La **charge calculée** est imputée à l'exercice et fait diminuer son résultat. La dépréciation constatée n'est pas irréversible : lors des inventaires suivants, il conviendra éventuellement d'effectuer :
– une **dotation complémentaire** si la dépréciation s'est accentuée ;
– une **reprise** de tout ou partie de la dépréciation si celle-ci a disparu ou diminué ou si l'actif est sorti du patrimoine.
La valeur nette comptable de l'actif ne doit jamais être supérieure à sa valeur brute.

2 La dépréciation des terrains

À la clôture de l'exercice, le comptable vérifie si un terrain s'est déprécié en comparant sa valeur d'acquisition avec sa valeur actuelle. Si une dépréciation constatée à l'inventaire précédent a disparu ou diminué, le comptable effectuera une reprise de tout ou partie de la dépréciation.

3 La dépréciation des stocks

Un stock peut se déprécier parce qu'il est détérioré, démodé ou obsolète. L'existence de l'un de ces indices de dépréciation à l'inventaire amènera le comptable à comparer la valeur historique du stock à sa valeur actuelle et à comptabiliser éventuellement une dépréciation.

4 La dépréciation des créances clients

S'il existe un risque concernant le recouvrement d'une créance client, il faut transférer la créance douteuse au compte 416 Clients douteux pour l'isoler et pouvoir en suivre attentivement le recouvrement. Le comptable calcule et enregistre la dépréciation subie par la créance :

> Dépréciation = Valeur de la créance HT – Valeur actuelle HT
> ou Dépréciation = Valeur de la créance HT × Pourcentage de dépréciation

À la clôture de l'exercice suivant, si la dépréciation s'accentue, le comptable effectuera une dotation complémentaire. Si la dépréciation diminue ou disparaît, le comptable effectuera une reprise. En cas de créance irrécouvrable, il est nécessaire de sortir la créance du patrimoine de l'entreprise, de comptabiliser la perte subie et de récupérer la TVA payée à l'État. S'il existe une dépréciation, elle devient sans objet et doit être reprise.

5 L'incidence des dépréciations des actifs circulants

Les dépréciations diminuent la valeur des actifs circulant concernés au bilan et en augmentant les charges, elles diminuent le résultat. La reprise des dépréciations, en annulant une dépréciation, enrichit l'entreprise et augmente les produits et le résultat.

15 LE COURS La régularisation des charges et produits

Le principe d'indépendance des exercices vise à faire apparaître dans le résultat de l'exercice les seules charges et produits qui s'y rapportent, indépendamment de leur date d'encaissement ou de paiement.

Résultat de l'exercice = Produits de l'exercice – Charges de l'exercice

En raison du décalage entre l'enregistrement de la pièce comptable justificative et la réalisation de la charge ou du produit, des ajustements sont nécessaires en fin d'exercice.

1 Les charges à payer et les produits à recevoir

Les charges à payer correspondent à des biens ou services consommés pendant l'exercice en cours, mais non encore comptabilisés à sa clôture. Il faut débiter le compte de charge concerné avec pour contrepartie un compte de régularisation :

Compte de charge ou de RRR accordés à débiter	Compte de régularisation à créditer
60 Achats ou 601/602 autres charges externes	408 Fournisseurs factures non parvenues
63 Impôts, taxes et versements assimilés	448 État charges à payer
64 Charges de personnel	428 Personnel charges à payer 438 Organismes sociaux charges à payer
65 Autres charges de gestion courante	4686 Divers charges à payer
66 Charges financières	1688 Intérêts courus

Les produits à recevoir correspondent à des ventes ou des prestations de services réalisés au cours de l'exercice, mais non encore comptabilisées à sa clôture. Il faut créditer le produit concerné avec pour contrepartie un compte de régularisation :

Compte de produit ou de RRR obtenus à créditer	Compte de régularisation à débiter
70 Ventes	418 Clients, factures à établir
75 Autres produits de gestion courante	4687 Divers, produits à recevoir
76 Charges financières	2678 (ou 2768) Intérêts courus

2 Les charges et les produits constatés d'avance

Les **charges constatées d'avance** correspondent à des achats de biens ou services comptabilisés au cours de l'exercice alors qu'ils seront consommés partiellement ou totalement au cours de l'exercice suivant. Les **produits constatés d'avance** correspondent à des ventes de biens ou services comptabilisés au cours de l'exercice alors que leur fourniture ou prestation aura lieu au cours de l'exercice suivant.

3 Incidence des régularisations des charges et produits

Les régularisations de charges et produits ont un impact direct sur le résultat de l'exercice (comptes de classe 6 et 7 mouvementés). Les soldes des comptes de régularisation sont reportés au bilan en dettes ou en créances. Au 1er janvier N+1, toutes les écritures de régularisation de charges et produits doivent être contrepassées afin de solder les comptes de régularisation et d'annuler les charges et produits concernés.

Les documents annuels de synthèse

1 Le compte de résultat et la clôture des comptes de gestion

Le compte de résultat récapitule les charges et les produits indépendamment de leur date de paiement ou d'encaissement. Il permet de déterminer le résultat de l'exercice : un bénéfice ou une perte.

EXEMPLE Compte de résultat (document de synthèse) de la SA BALIDOR

Compte de résultat de l'exercice N en euros :

Charges	N	Produits	N
Charges d'exploitation :		**Produits d'exploitation**	
Achats de marchandises	22 400	Ventes de marchandises	-
Variation de stock	480	Production vendue	460 820
Achats de matières premières et autres approv.	191 021	**Sous-total A : montant du chiffre d'affaires**	**460 820**
Variation de stock	- 600		
Autres achats et charges externes	10 600	Production stockée	400
Impôts, taxes et versements assimilés	11 800	Production immobilisée	-
Salaires et traitements	99 200	Subventions d'exploitation	-
Charges sociales	50 800	Reprise sur provisions et transferts de charges	421
Dotation aux amort. et aux dépréciations	5 240	Autres produits	-
Autres charges	-	**Sous-total B**	**821**
Total charges d'exploitation (I)	**390 041**	**Total Produits d'exploitation (A+B) (I)**	**461 641**
Charges financières		Produits financiers	
Dotations aux amortissements et aux provisions	-	De participation	-
Intérêts et charges assimilées	3 300	D'autres valeurs mobilières	-
Charges nettes sur cessions de VMP	-	Autres intérêts et produits assimilés	50
Total charges financières (II)	**3 300**	Reprise sur provisions et transferts de charges	-
		Produits nets sur cession de VMP	-
Charges exceptionnelles		**Total produits financiers (II)**	**50**
Sur opérations de gestion	-		
Sur opérations en capital	2 000	**Produits exceptionnels**	
Dotations aux amortissements et aux dépréciations	-	Sur opérations de gestion	-
Total charges exceptionnelles (III)	**2 000**	Sur opérations en capital	550
Participation des salariés aux résultats de l'entreprise		Reprises sur provisions et transferts de charges	-
Impôts sur les bénéfices (V)	22 000	**Total produits exceptionnels (III)**	**550**
Total des charges (I + II + III + IV + V)	**418 241**	**Total des produits (I + II + III)**	**462 241**
Solde créditeur (bénéfice)	44 000	**Solde débiteur (perte)**	
TOTAL GÉNÉRAL	462 241	TOTAL GÉNÉRAL	462 241

La **clôture des comptes de gestion** permet de les solder et de les remettre à 0 pour le nouvel exercice comptable : les comptes de charges et produits sont soldés (produits débités et charges créditées). Le solde de l'écriture fait apparaître le résultat dans le compte 12.

2 Le bilan et la clôture des comptes de bilan

Le bilan est un tableau qui décrit les éléments actifs et passifs de l'entreprise à une date donnée.
Un **actif** est un élément identifiable du patrimoine de l'entreprise ayant une valeur économique positive.
Un **passif** est un élément du patrimoine ayant une valeur économique négative pour l'entreprise, générant de façon certaine ou probable une sortie de trésorerie future.

Attention ! Les amortissements et dépréciations seront inscrits à l'actif du bilan dans une colonne soustractive. Le résultat peut avoir un solde créditeur si l'entreprise a réalisé un bénéfice ou un solde débiteur si l'entreprise a réalisé une perte. Quelle que soit la nature du solde, il sera inscrit au passif du bilan dans les capitaux propres (affecté du signe – (moins) s'il s'agit d'une perte).

EXEMPLE Le bilan au 31/12/N de la SA BALIDOR se présente comme suit :

ACTIF	Brut	Amort. Prov.	Net	PASSIF	Net
Actif immobilisé				**Capitaux propres**	
Immobilisations incorporelles				Capital	320 000
Concessions, brevets	2 000	1 200	800	Réserve légale	50 000
Fonds commercial	-			Réserves statutaires	
Immobilisations corporelles				Autres réserves	22 964
Terrain	95 000		95 000	Report à nouveau	28
Constructions	142 000	16 000	126 000	Résultat de l'exercice	44 000
I.T. matériel et outillage	151 458	10 600	140 858	**Total I**	**436 992**
Autres	10 000	4 800	5 200		
Immobilisations financières					
				Provisions pour risques et charges	220
Total I	**400 458**	**32 600**	**367 858**	**Total II**	**220**
Actif circulant					
Stocks et en-cours				Dettes	
Matières premières	17 000	500	16 500	Emprunts et dettes auprès des établissements de crédit	46 332
Autres approvisionnements					
Produits intermédiaires et finis	14 600	360	14 240	Emprunts et dettes financières divers	
Marchandises	720		720	Fournisseurs et comptes rattachés	14 600
Avances et acomptes versés	-			Dettes fiscales et sociales	14 648
Créances				Dettes sur immobilisations	-
Clients et comptes rattachés	16 580	2 980	13 600	Dettes fiscales (IS)	12 000
Autres créances	-			Autres dettes	-
Valeurs mobilières de placement	99 000		99 000	Produits constatés d'avance	400
Disponibilités	13 132		13 132		
Charges constatées d'avance	142		142	**Total III**	**87 980**
Total II	**161 174**	**3 840**	**157 334**		
TOTAL ACTIF	**551 632**	**26 440**	**525 192**	**TOTAL PASSIF**	**525 192**

À la clôture de l'exercice, il faut solder les comptes d'actif et de passif. En revanche, à la réouverture de l'exercice suivant, cette écriture est contre-passée.

3 L'annexe

Les **tableaux de l'annexe** (tableau des immobilisations, tableau des amortissements et tableau des dépréciations) expliquent les variations des postes de l'actif immobilisé et de l'actif circulant du bilan.

17 LE COURS — La mesure de la profitabilité de l'entreprise

1 La détermination des différents résultats dégagés par l'activité de l'entreprise

A. L'excédent brut d'exploitation (EBE)

L'EBE est un indicateur de la performance industrielle et commerciale de l'entreprise.

EBE = Valeur ajoutée
+ Subvention d'exploitation (74)
– Impôts et taxes (63)
– Charges de personnel (64)

B. Le résultat d'exploitation (RE)

Le RE représente la différence entre les produits et les charges d'exploitation.

RE = EBE + Reprises sur dépréciations et provisions (781)
+ Transferts de charges (791)
+ Autres produits (75)
– Dotations aux amortissements, dépréciations et provisions (681)
– Autres charges (65)

C. Le résultat courant avant impôt (RCAI)

Le RCAI comprend les résultats d'exploitation et financier.

RCAI = Résultat d'exploitation + Produits financiers (76 et 786, 796) – Charges financières (66 et 686)

2 Le calcul de la ressource dégagée par l'activité de l'entreprise

A. La capacité d'autofinancement (CAF)

La CAF est un surplus monétaire potentiel dégagé par l'activité de l'entreprise.

CAF = Produits encaissables – Charges décaissables

COMPRENDRE 2 EN VIDÉO

B. Le calcul de la capacité d'autofinancement

- **À partir de l'excédent brut d'exploitation (méthode soustractive)**

CAF = EBE
+ Transferts de charges d'exploitation (791)
+ Autres produits d'exploitation (75)
+ Produits financiers encaissables (76, 796, exclure le compte 786)
+ Produits exceptionnels encaissables (77, 797, exclure les comptes 775 et 787)
– Autres charges d'exploitation (65)
– Charges financières décaissables (66, exclure le compte 686)
– Charges exceptionnelles décaissables (67, exclure les comptes 675 et 687)
– Participation des salariés aux résultats (691)
– Impôt sur les bénéfices (695)

▪ **À partir du résultat net de l'exercice (méthode additive)**

CAF = Résultat net de l'exercice
– Reprises sur dépréciations et provisions (781, 786, 787)
– Produits des cessions d'éléments d'actif (775)
+ Dotations aux amortissements, dépréciations et provisions (681, 686, 687)
+ Valeurs comptables des éléments d'actif cédés (675)

3 La détermination des indicateurs de profitabilité

A. La notion de profitabilité

La profitabilité de l'entreprise peut être définie comme sa capacité à générer des profits à partir de ses ventes. Elle est mesurée à l'aide d'indicateurs en rapportant un résultat (ou une ressource) au chiffre d'affaires HT. Ces indicateurs de profitabilité permettent des comparaisons en valeurs relatives – plus significatives que les valeurs absolues – qui varient selon la taille des entreprises.
Ils doivent en principe faire l'objet d'une comparaison :
– **dans le temps** : analyse de l'évolution de la performance d'une entreprise en comparant les indicateurs d'un exercice avec des exercices précédents ;
– **dans l'espace** : comparaison des indicateurs d'une entreprise avec ceux des entreprises du même secteur d'activité.

B. Les indicateurs de profitabilité

▪ **Le taux de marge brute d'exploitation.** Il donne une indication de la performance industrielle et commerciale de l'entreprise indépendamment de sa politique d'amortissement. Il est calculé à partir de l'excédent brut d'exploitation :

$$\text{Taux de marge brute d'exploitation} = \frac{\text{Excédent brut d'exploitation}}{\text{Chiffre d'affaires HT}}$$

▪ **Le taux de marge bénéficiaire.** Il est l'indicateur global de la performance de l'entreprise. Il est calculé à partir du résultat de l'exercice :

$$\text{Taux de marge bénéficiaire} = \frac{\text{Résultat de l'exercice}}{\text{Chiffre d'affaires HT}}$$

▪ **Le taux de capacité d'autofinancement.** Il donne une indication sur la part du chiffre d'affaires d'un exercice dont dispose l'entreprise pour rémunérer ses apporteurs de capitaux (actionnaires ou associés) et autofinancer son développement ou rembourser ses dettes.

$$\text{Taux de capacité d'autofinancement} = \frac{\text{Capacité d'autofinancement}}{\text{Chiffre d'affaires HT}}$$

L'analyse de la rentabilité de l'entreprise

1 La rentabilité et l'analyse de la performance

A. Efficacité et efficience

L'entreprise est performante si elle atteint l'objectif fixé, mais la performance allie l'**efficacité** (mesurée par le degré de réalisation des objectifs) et l'**efficience** (mesurée par l'économicité dans l'emploi des moyens).

B. La notion de rentabilité

La rentabilité de l'entreprise peut être mesurée grâce à l'analyse de ses performances économique et financière. Elles sont exprimées par des indicateurs chiffrés qui ont pour objectif d'apprécier l'efficacité et l'efficience de l'entreprise dans l'utilisation de ses ressources compte tenu de la nature de ses activités et de ses objectifs stratégiques.

2 La détermination de la rentabilité économique

A. La notion de rentabilité économique

La rentabilité économique, appelée aussi **rentabilité d'exploitation**, mesure la performance économique de l'entreprise. Elle représente la rentabilité des capitaux investis.

$$\text{Rentabilité économique} = \frac{\text{Résultat d'exploitation}}{\text{Immobilisations brutes d'exploitation + BFRE}}$$

B. L'évolution de la rentabilité économique

La rentabilité économique est liée à une fluctuation du niveau d'activité. En effet, lorsqu'un événement affecte favorablement (ou défavorablement) l'activité d'exploitation de l'entreprise, la rentabilité économique s'améliore (ou se détériore). En revanche, la rentabilité économique est indépendante de la structure de financement (fonds propres et/ou emprunt).

3 Le calcul de la rentabilité financière

A. La notion de rentabilité financière

La rentabilité financière mesure la performance financière de l'entreprise. Elle représente la rentabilité des capitaux propres : c'est la rentabilité du point de vue de l'actionnaire.

$$\text{Rentabilité financière} = \frac{\text{Résultat net de l'exercice}}{\text{Capitaux propres}}$$

B. L'évolution de la rentabilité financière

Le niveau d'endettement a une influence sur la rentabilité financière : il peut jouer favorablement ou défavorablement sur la rentabilité financière.

4 Rentabilité économique et rentabilité financière

Lorsque la rentabilité économique est supérieure au taux d'intérêt sur emprunt, l'endettement permet d'accroître la rentabilité financière : on parle d'**effet de levier financier**.
Lorsque la rentabilité économique est inférieure au taux d'intérêt sur emprunt, l'endettement entraîne une baisse de la rentabilité financière : on parle d'**effet de massue de l'endettement**.

L'affectation du résultat

1 Les affectations possibles du bénéfice net

L'entreprise doit décider de l'affectation du résultat net de l'exercice dans un délai de six mois suivant la date de clôture.

Si le résultat est une perte, elle sera affectée dans le compte 119 Report à nouveau débiteur. Cette perte sera déduite des bénéfices ultérieurs.

Si le résultat est un bénéfice, il peut :

– soit être mis en réserve : les réserves sont conservées par l'entreprise et augmentent les capitaux propres. L'entreprise conserve alors la trésorerie qui lui permettra de s'autofinancer ;

– soit être distribué aux actionnaires en rémunération de leurs apports sous forme de dividendes. Les actionnaires sont rassurés, mais la trésorerie diminue. La répartition doit respecter les obligations légales et statutaires et les décisions prises par les actionnaires en assemblée générale.

2 La répartition du bénéfice net

Bénéfice net – Report à nouveau antérieur **si débiteur** – Dotation à la réserve légale – Dotation à la réserve statutaire + Report à nouveau antérieur **si créditeur**
= Bénéfice distribuable
– Dividendes – Dotation à la réserve facultative – Report à nouveau
= 0

(ou : – Report à nouveau antérieur si débiteur / + Report à nouveau antérieur si créditeur)

Dotation à la réserve légale → 5 % du bénéfice net diminué du report à nouveau débiteur sont affectés à la réserve légale. Cette obligation légale cesse lorsque que le montant de la réserve légale au bilan atteint 10 % du capital.

Dotation à la réserve facultative → Le montant affecté à la réserve facultative est librement décidé en assemblée générale.

3 Le traitement comptable de la répartition du bénéfice net

Enregistrement au journal :

		--------------- 31/12/N ---------------		
12		Résultat de l'exercice	Bénéfice N	
110		Report à nouveau	R. à nouveau N-1	
	1061	Réserve légale		Dotation N
	1063	Réserve statutaire		Dotation N
	1068	Autres réserves		Dotation N
	110	Report à nouveau		Reliquat non distribué
	457	Associés dividendes à payer		Dividendes
		D'après le tableau de répartition des bénéfices		

Le bilan fonctionnel

1 L'étude des cycles d'une entreprise

A. La mise en évidence des cycles

Dans le bilan fonctionnel, les postes de l'actif et du passif du bilan comptable sont reclassés selon la fonction qu'ils représentent, c'est-à-dire selon le cycle auquel ils se rapportent : **cycle d'investissement**, **cycle de financement** et **cycle d'exploitation**, ce qui permet d'analyser le fonctionnement de l'entreprise.

B. Les différents cycles

▪ **Le cycle d'investissement.** Il débute avec l'acquisition du bien et se termine lorsque l'investissement n'engendre plus de recettes, soit parce qu'il est hors d'usage, soit parce que l'entreprise le cède. Le cycle d'investissement est un cycle long : il s'étend sur plusieurs années. Il est représenté dans le bilan fonctionnel par les emplois stables.

▪ **Le cycle de financement.** Il regroupe l'ensemble des opérations réalisées entre l'entreprise et les apporteurs de capitaux (associés ou actionnaires), les banquiers ou autres créanciers. Ce cycle est la contrepartie des cycles d'investissement et d'exploitation. Il permet de faire face aux décalages de trésorerie provoqués par les opérations d'investissement et d'exploitation. Le cycle de financement est un cycle long. Il correspond aux ressources stables dans le bilan fonctionnel.

▪ **Le cycle d'exploitation.** Le cycle d'exploitation « achats – production – ventes » débute par les livraisons des fournisseurs et se termine par le règlement des clients. Il est défini par l'ensemble des opérations d'approvisionnement, de production et de commercialisation de l'entreprise. La durée de ce cycle varie selon les caractéristiques de l'activité de l'entreprise, mais elle est relativement courte : elle peut être de quelques jours à plusieurs mois. Le cycle d'exploitation correspond aux actifs et passifs circulants.

2 La construction du bilan fonctionnel

A. Les principes d'élaboration

Le **bilan fonctionnel** est établi à partir du bilan comptable avant répartition des bénéfices.

▪ **Le haut du bilan fonctionnel.** Les éléments sont regroupés dans le haut du bilan fonctionnel en emplois stables (cycle d'investissement) et ressources stables (cycle de financement) qui correspondent aux cycles longs, car ils résultent de décisions engageant l'entreprise sur le long terme (c'est-à-dire sur plus d'un an).

▪ **Le bas du bilan fonctionnel.** Les éléments sont regroupés dans le bas du bilan fonctionnel en actif circulant et passif circulant (cycle d'exploitation) qui correspondent au cycle court, car ils résultent de décisions n'ayant d'effet qu'à court terme (moins d'un an).

B. Le passage du bilan comptable au bilan fonctionnel

▪ **À l'actif.** Les actifs (stables et circulants) sont pris pour leur valeur brute. Les amortissements et les dépréciations sont éliminés de l'actif soustractif et sont ajoutés aux ressources stables du passif. L'actif circulant est décomposé en actif circulant d'exploitation, actif circulant hors exploitation et trésorerie active (dont les valeurs mobilières de placement).

▪ **Au passif.** Les ressources stables incluent les capitaux propres, les amortissements et les dépréciations de l'actif soustractif, les provisions et les dettes financières (emprunts sauf concours bancaires courants et soldes créditeurs de banque). Le passif circulant est décomposé en passif circulant d'exploitation, passif circulant hors exploitation et trésorerie passive (constituée des concours bancaires courants et des soldes créditeurs de banque).

21 LE COURS L'analyse de la structure financière de l'entreprise

1 Le calcul des valeurs structurelles tirées du bilan fonctionnel

A. Le fonds de roulement net global (FRNG)

Le fonds de roulement net global (FRNG) exprime l'excédent des ressources stables sur les emplois stables. En effet, un emploi stable doit être financé par une ressource stable : c'est un principe de base de l'équilibre financier. Le fonds de roulement net global va permettre de financer l'actif circulant. Ainsi, il est en quelque sorte une « marge de sécurité » pour l'entreprise. Il peut être calculé de deux manières :

Fonds de roulement net global = Ressources stables – Emplois stables
Fonds de roulement net global = Actif circulant – Passif circulant

B. Le besoin en fonds de roulement (BFR)

Le **besoin en fonds de roulement** est un besoin structurel qui, en raison de sa permanence dans le cycle d'exploitation, doit être financé par des ressources stables.

BFR = Actif circulant d'exploitation et hors exploitation – Passif circulant d'exploitation et hors exploitation

C. La trésorerie nette

La trésorerie nette correspond à un excédent ou à un besoin de trésorerie dont dispose l'entreprise.

Trésorerie nette = Trésorerie active – Trésorerie passive

Le plus souvent, les montants du FRNG et du BFR ne sont pas identiques : la différence correspond à la trésorerie nette qui peut également être calculée de la manière suivante :

Trésorerie nette = FRNG – BFR

Ainsi, la trésorerie nette est une variable dépendante dont le niveau résulte de l'ajustement entre le fonds de roulement net global et le besoin en fonds de roulement :

– **si le FRNG est supérieur au BFR** : la trésorerie nette est positive, l'entreprise dégage des liquidités excédentaires (excédent de trésorerie) car elle parvient à financer son cycle d'investissement et son cycle d'exploitation ;

– **si le FRNG est inférieur au BFR** : la trésorerie nette est négative, l'entreprise est obligée de recourir aux concours bancaires courants et soldes créditeurs de banque (besoin de trésorerie) pour financer son cycle d'investissement et son cycle d'exploitation.

2 Les ratios du bilan fonctionnel

A. Les ratios du cycle d'exploitation

▪ **Le ratio de rotation des stocks.** Il correspond à la durée moyenne de stockage et est exprimé en jours.

$$\text{Ratio de rotation des stocks} = \frac{\text{Stock moyen} \times 360 \text{ jours}}{\text{Coût annuel des achats (ou de production)}}$$

Le coût annuel des achats (ou production) est calculé différemment selon le type de biens. On retient :

– **pour les marchandises** : le coût d'achat des marchandises vendues (achat de marchandises + variations de stocks : soit achats de marchandises + stock initial – stock final) ;

– **pour les matières premières et autres approvisionnements** : le coût d'achat des matières consommées (achats de matière + variation de stocks : soit achat de matières + stock initial – stock final) ;

– **pour les produits finis** : le coût des produits vendus (coût d'achat des matières premières consommées + charges de production - production stockée).

▪ **Le ratio de rotation des créances clients.** Il indique la durée moyenne des crédits accordés par l'entreprise aux clients et est exprimé en jours.

$$\text{Ratio de rotation des créances clients} = \frac{\text{Créances clients et comptes rattachés} \times 360 \text{ jours}}{\text{Chiffre d'affaires TTC}}$$

▪ **Le ratio de rotation des dettes fournisseurs.** Il indique la durée moyenne des crédits obtenus auprès des fournisseurs de l'entreprise et est exprimé en jours.

$$\text{Ratio de rotation des dettes fournisseurs} = \frac{\text{Dettes fournisseurs et comptes rattachés} \times 360 \text{ jours}}{\text{Achats TTC}}$$

B. Les ratios de structure

▪ **Le ratio d'indépendance financière.** Il mesure le niveau d'indépendance financière de l'entreprise vis-à-vis des organismes prêteurs.

$$\text{Ratio d'indépendance financière} = \frac{\text{Dettes financières + CBC et SCB}^{(1)}}{\text{Capitaux propres + Amortissements, dépréciation et provisions}}$$

(1) les CBC et SCB correspondent aux concours bancaires courants et soldes créditeurs de banque

▪ **Le ratio de capacité de remboursement.** Il s'agit de mesurer l'aptitude de l'entreprise à rembourser ses dettes.

$$\text{Ratio de capacité de remboursement} = \frac{\text{Dettes + CBC et SCB}^{(1)}}{\text{Capacité d'autofinancement}}$$

(1) les CBC et SCB correspondent aux concours bancaires courants et soldes créditeurs de banque

22 LE COURS Les différents modes de financement

1 Les emprunts

Les emprunts peuvent être remboursés de trois façons différentes : ***in fine***, **amortissements constants** et **annuités constantes**. L'annuité de l'emprunt correspond au paiement annuel de l'emprunt.

Annuité de l'emprunt = Intérêts + Capital remboursé

- ***In fine.*** L'emprunt est remboursé en une seule fois à la fin de sa « durée de vie » (échéance prévue par le contrat). Les annuités sont donc uniquement composées des intérêts, sauf la dernière.
- **Amortissements constants.** L'emprunt est remboursé en parts égales tous les ans. En revanche, les intérêts, et donc l'annuité, sont différents tous les ans.
- **L'annuité.** Elle est identique tous les ans. Elle se calcule de la façon suivante :

$$\text{Annuité} = \frac{\text{Montant de l'emprunt} \times \text{taux d'intérêt}}{1 - (1 + \text{taux d'intérêt})^{-\text{durée}}}$$

2 Les autres modes de financement

L'**augmentation de capital** a pour objectif de faire appel aux associés (ou actionnaires) pour obtenir de nouvelles ressources de financement.
L'**autofinancement** consiste à recourir à sa propre trésorerie (ou à ses placements financiers) pour financer un investissement.
Les **apports en comptes courants d'associés** : il s'agit d'un prêt qui est accordé par les associés à l'entreprise.

3 Le coût du financement et les intérêts

Les intérêts sont une charge supplémentaire pour l'entreprise (charge financière). Les intérêts sont liés soit à la souscription d'un emprunt bancaire soit lorsque l'entreprise a recourt aux apports personnels des associés en compte courant.

4 L'impact du financement sur la rentabilité de l'investissement

L'actualisation est indispensable pour comparer le coût de deux emprunts qui ne sont pas sur les mêmes durées ou sur les mêmes modes de remboursement.

$V_0 = V \times (1 + t) - n$ avec V_0 : valeur actualisée, V : valeur qui doit être actualisée, t : taux d'actualisation, n : nombre de périodes à actualiser

Un emprunt peut accroître la rentabilité d'un investissement lorsque le taux de l'emprunt est inférieur au taux de rentabilité du projet. L'**effet de levier** est la différence entre la rentabilité financière et la rentabilité économique.

$$\text{Taux de rentabilité économique} = \frac{\text{Résultat (sans prise en compte du coût du financement)}}{\text{Capitaux investis}}$$

$$\text{Taux de rentabilité financière} = \frac{\text{Résultat net (avec prise en compte du coût du financement)}}{\text{Capitaux propres}}$$

23 LE COURS La gestion de la trésorerie négative et les documents prévisionnels

1 L'établissement du budget de trésorerie

La **démarche budgétaire** aboutit à la réalisation d'un **budget de trésorerie**. Les budgets des encaissements et des décaissements se réalisent TTC. Les dotations aux amortissements n'étant pas décaissées, elles ne figurent pas dans le budget des décaissements.

EXEMPLE L'entreprise Gigogne a établi ses différents budgets préparatoires (achats, ventes, production…) synthétisés dans les budgets des encaissements et des décaissements, pour les 6 prochains mois. Il est alors possible d'établir le budget de trésorerie (c'est-à-dire les prévisions de trésorerie) :

Budget	Janvier	Février	Mars	Avril	Mai	Juin
Budget encaissements	1 394 800	2 235 275	2 339 990	2 199 675	2 183 323	2 504 359
Budget décaissements	1 459 800	2 197 575	2 551 188	2 314 705	1 959 403	2 408 727

On a supposé ici que la trésorerie initiale de janvier devrait être de 40 000 €.

Budget de trésorerie	Janvier	Février	Mars	Avril	Mai	Juin
Trésorerie initiale	40 000	– 25 000	12 700	– 198 498	– 313 528	– 89 608
Encaissements	1 394 800	2 235 275	2 339 990	2 199 675	2 183 323	2 504 359
Décaissements	1 459 800	2 197 575	2 551 188	2 314 705	1 959 403	2 408 727
Trésorerie finale	– 25 000	12 700	– 198 498	– 313 528	– 89 608	6 025

2 Les difficultés engendrées par une trésorerie négative

A. Les concours bancaires courants

Une trésorerie négative correspond à un solde débiteur sur le relevé bancaire (ou un solde créditeur du compte 512 Banque). Il faut que l'entreprise ait préalablement négocié avec sa banque une convention lui autorisant à avoir des concours bancaires courants (c'est-à-dire une autorisation de découvert bancaire ou de facilité de caisse).

B. Les risques d'une trésorerie négative

Si ce n'est pas le cas, ou si l'entreprise dépasse le plafond de découvert accordé, elle fait face à plusieurs risques :
– paiement de pénalités et d'agios ;
– rejets de paiements par la banque. Ainsi, par exemple, les fournisseurs pourraient ne plus être payés ;
– interdiction bancaire temporaire (pouvant durer plusieurs années).

Lorsque la banque refuse de continuer à payer les dépenses engagées par l'entreprise (rejets des paiements ou interdiction bancaire), l'entreprise est en état de cessation des paiements, situation grave qui hypothèque sérieusement ses chances de continuer son activité.

3 L'équilibrage d'une trésorerie négative

L'entreprise doit chercher à éviter les difficultés de trésorerie pouvant mener à l'état de cessation des paiements. Pour cela, plusieurs pistes peuvent être recherchées :

Concours bancaires courants : crédits ou prêts accordés à court terme, utilisation coûteuse pour l'entreprise. Ce sont souvent de découverts bancaires ou des facilités de caisse.

– céder les valeurs mobilières de placement ;
– négocier des concours bancaires courants ;
– financer par des comptes courants d'associés ;
– agir sur le BFR : l'entreprise peut chercher à diminuer ponctuellement ou durablement son BFR pour améliorer sa trésorerie : diminution de ses stocks, diminution des délais de règlement accordés à ses clients, augmentation des délais de paiement aux fournisseurs.

4 Le compte de résultat prévisionnel

ZOOM

Les charges et les produits sont inscrits pour leur valeur hors taxe. On complète le compte de résultat prévisionnel à partir des différents budgets établis. Il ne faut pas prendre en compte les délais de paiements accordés : on prend en considération la charge ou le produit dès qu'il est engagé.

Il est nécessaire de dresser un **compte de résultat prévisionnel**. La structure du compte de résultat prévisionnel est la même que le compte de résultat construit à la fin de l'exercice comptable.

EXEMPLE On considère le budget des ventes pour le 1er semestre N+1 :

	Janvier	Février	Mars	Avril	Mai	Juin	Total
Ventes HT	1 166 221	1 868 959	1 956 513	1 839 193	1 825 521	2 093 946	10 750 353
TVA 20 %	233 244,20	373 791,80	391 302,60	367 838,60	365 104,20	418 789,20	2 150 070,60
Ventes TTC	1 399 465,20	2 242 750,80	2 347 815,60	2 207 031,60	2 190 625,20	2 512 735,20	12 900 423,60

Les ventes sont payées par les clients 30 % comptant, 65 % à 30 jours et 5 % à 60 jours.
Dans le compte de résultat prévisionnel, on figurera dans les produits les ventes pour 10 750 353 €. Il n'est donc pas tenu compte des délais de paiement.

5 Le bilan prévisionnel

Le bilan prévisionnel permet de fournir une estimation de la situation prévisionnelle du patrimoine de l'entreprise. Il se présente comme un bilan établi en fin d'exercice comptable :
– le résultat est issu du compte de résultat prévisionnel ;
– les disponibilités sont généralement issues du budget de trésorerie ;
– les créances clients et les dettes fournisseurs s'évaluent à partir du budget des achats/des ventes et des conditions de règlement. Elles sont évaluées en TTC.

EXEMPLE En reprenant les données de l'exemple du paragraphe précédent, on peut évaluer les créances clients qui apparaîtront à l'actif du bilan prévisionnel au 30/06/N+1 :
– les ventes de janvier à avril devraient être toutes encaissées. Donc créances au 30/06 : 0
– les ventes de mai devraient être encaissées à l'exception de la part payée à 60 jours qui devrait être encaissée en juillet : 5 % × 2 190 625,20 = 109 531,26 €
– les ventes de juin devraient être encaissées en juin pour la partie comptant, mais le reste devrait être encaissé en juillet et août : (65 % + 5 %) × 2 512 756,80 = 1 758 929,76 €
Total des créances à l'actif prévisionnel = 1 868 461,02 €.

24 LE COURS

La méthode des coûts complets

1 Charges directes et charges indirectes

La méthode des coûts complets distingue deux types de charges : les **charges directes** (charges qui peuvent être affectées directement à un coût) et les **charges indirectes** (charges qui concernent plusieurs coûts). Il est nécessaire de réaliser des calculs préalables avant de les imputer à un coût précis.

2 La répartition des charges indirectes

Les charges indirectes sont regroupées dans des centres d'analyse. À chaque centre est affectée une clé de répartition appelée **unité d'œuvre**. L'unité d'œuvre est l'unité de mesure de l'activité d'un centre d'analyse. L'imputation des charges indirectes aux coûts nécessite le calcul du coût de l'unité d'œuvre.

EXEMPLE Pour répartir le salaire mensuel de la standardiste (2 200 €), il a été décidé d'utiliser comme unité d'œuvre le nombre de produits vendus (500 produits A et 600 produits B).
Le coût de l'unité d'œuvre est de : 2 200/1100 = 2,00€.
Pour calculer chaque coût, il faut additionner les charges directes et les charges indirectes concernées par le coût calculé.
Les charges indirectes seront imputées dans le coût concerné selon le principe suivant :
Charges indirectes imputées = Nombre d'unités d'œuvre consommées × Coût de l'unité d'œuvre
Le salaire de la standardiste sera imputé de la façon suivante :
Pour le produit A : 500 × 2 = 1 000 €.
Pour le produit B : 600 × 2 = 1 200 €. Produits A + B = 2 200 €

3 Les étapes du coût complet

Le coût complet a pour mission de calculer les différents coûts suivants en additionnant des charges :

Coût d'achat = Prix d'achat des matières premières achetées + Charges indirectes liées à l'achat

↓

Fiche de stock des matières premières afin de déterminer le coût d'achat unitaire moyen pondéré (CUMP) des matières premières utilisées pour la production

↓

Coût de production = Coût d'achat des matières premières utilisées + Charges directes et indirectes liées à la production

↓

Fiche de stock des produits finis afin de déterminer le coût de production unitaire moyen des produits finis vendus

↓

Coût de revient = Coût de production des produits vendus + Charges liées à la distribution + Charges liées à l'administration

↓

Résultat analytique = Chiffre d'affaires – Coût de revient

4 Intérêts et limites de la méthode

Cette méthode permet de **calculer un coût de revient et un résultat par produit**. Elle mesure la création de valeur dans les différentes étapes du processus de production. Elle permet en fonction du coût de revient d'un produit (ou d'un service) de **déterminer un prix de vente**. Elle aide à l'**évaluation des stocks**.
La répartition arbitraire des charges indirectes (en fonction du choix des unités d'œuvre) risque de produire des résultats erronés et par conséquent d'influencer vers de mauvaises décisions.

25
LE COURS

La méthode du coût partiel

1 Distinction charges variables et charges fixes

A. Les charges variables

Les charges variables correspondent à des charges qui varient avec le volume d'activité. Ce sont des charges dites **opérationnelles**, car elles sont liées au volume d'opérations réalisées dans le cadre de l'exploitation. Leur montant est considéré comme proportionnel à ce volume qui est mesuré par les quantités produites et vendues ou le chiffre d'affaires.

B. Les charges fixes

Les charges fixes correspondent à des charges indépendantes du volume d'activité. Ce sont des charges dites de **structure**, car elles sont attachées à une structure de production (ensemble des moyens matériels et humains permanents mis en œuvre pour la production).

Les charges fixes globales sont indépendantes du volume d'activité. Les charges fixes unitaires diminuent lorsque le volume d'activité augmente : le coût unitaire fixe est donc inversement proportionnel au volume d'activité. C'est le principe des **économies d'échelle**.

2 Les intérêts de la méthode du coût partiel

La méthode du coût partiel consiste à distinguer les charges variables des charges fixes. Elle est facile à mettre en œuvre et **est particulièrement adaptée à la réalisation de prévisions à court terme**.

A. La fixation rapide du prix de vente

En connaissant le coût variable d'un produit et les charges fixes qui lui sont associées, il est très facile (en simulant les quantités vendues) de déterminer le **prix de vente minimum** d'un produit, c'est-à-dire le prix qui permettra à l'entreprise d'atteindre un résultat donné.

$$\text{Prix de vente minimum} = \text{Coût variable unitaire} + \frac{\text{Charges fixes} + \text{Résultat}}{\text{Quantités vendues}}$$

EXEMPLE Une entreprise prévoit de vendre 1 500 produits. Quel doit être le prix de vente d'un produit pour obtenir un bénéfice de 2 500 € ?
Le coût variable unitaire du produit est de 15 € et les charges fixes de 5 000 €.
Prix de vente minimum = 15 + (5 000 + 2 500)/1 500 = 20 €

B. La détermination de la quantité à vendre

En fonction d'un prix de vente déterminé, il est également possible de connaître rapidement la **quantité à vendre** afin d'atteindre un résultat précis.

(Prix de vente minimum – Coût variable unitaire) × Quantité vendues = Charges fixes + Résultat

EXEMPLE Le prix de vente d'un produit est de 30 €, le coût variable unitaire du produit est de 12 € et les charges fixes de 13 000 €.
Quel doit être la quantité à vendre (Q) pour obtenir un bénéfice de 5 000 € ?
(30 – 12) × Q = 13 000 + 5 000. 18 Q = 18 000. Q = 1 000.

3 Les limites de la méthode du coût partiel

A. La non-répartition des charges fixes

Dans cette méthode, les charges fixes ne sont pas réparties. Par conséquent, dans le cas d'une entreprise qui commercialise plusieurs produits, il n'est pas possible de connaître le coût de revient de chaque produit.

EXEMPLE Une entreprise fabrique deux produits. Le produit A est vendu 250 € et a un coût variable unitaire de 150 €. Le produit B est vendu 300 € et à un coût variable de 230 €. Les charges fixes de l'entreprise sont de 55000 €. L'entreprise a vendu 500 produits A et 200 produits B.

Il est possible de connaître le coût de revient global de l'entreprise :
(150 × 500) + (230 × 200) + 55 000 = 176 000 €

Il est possible de connaître le résultat global de l'entreprise :
(250 – 150) × 500 + (300 – 230) × 200 – 55 000 = 9 000 €

En revanche, il n'est pas possible de connaître le coût de revient ou le résultat de chaque produit, car les charges fixes ne sont pas affectées par produit.

B. Les autres critères de variabilité des charges

- **Critères économiques.** Dans cette méthode, les charges sont variables uniquement en fonction du volume d'activité de l'entreprise. Cependant, ces charges peuvent aussi évoluer en fonction d'autres critères : pouvoir de négociation vis-à-vis des fournisseurs, évolutions des cours du marché…

- **Critères juridiques.** La méthode du coût partiel ne tient pas compte de l'environnement juridique de l'entreprise. Cet environnement peut aussi influencer les charges de l'entreprise sans qu'il y ait une variation du volume d'activité.

Sujets du Bac

COMPRENDRE EN VIDÉO 10 vidéos de méthode pour réussir l'épreuve écrite

Exercice 1

La société Blanchet fabrique du linge de maison (draps, housses de couettes, nappes…) qu'elle vend à des détaillants spécialisés. Vous êtes chargé(e) de traiter certains travaux d'inventaire indispensables pour permettre la clôture de l'exercice N et donner une image fidèle du patrimoine de l'entreprise. Vous disposez pour cela des informations données en annexe 1. Le taux de TVA applicable est de 20 %.

COMPRENDRE 3 EN VIDÉO

1. Complétez le tableau relatif aux créances douteuses (annexe 2).
2. Effectuez les enregistrements relatifs aux opérations d'inventaire.

COMPRENDRE 4 EN VIDÉO

3. Complétez le tableau des dépréciations de l'annexe (annexe 3).

➤ Corrigé page 49

Annexe 1: Données relatives à l'inventaire extracomptable

Terrain

La société Blanchet possède un terrain acquis le 04/08/N-2 pour un coût d'achat de 45 000 €. La valeur de ce terrain est estimée au 31/12/N à 42 000 €. Il n'existait pas de dépréciation antérieure sur ce terrain.

Stock de marchandises

Les stocks de fin d'exercice évalués après l'inventaire physique sont les suivants :

	Stock au 31/12/N-1	Stock au 31/12/N+1
tissus	3 830 €	4 170 €
linge	4 140 €	5 850 €

Un incident dans une partie de l'entrepôt a détérioré une partie du stock de linge. La valeur de ce stock était de 950 €. Sa valeur de revente aujourd'hui est estimée à 500 €.
Lors de l'inventaire N-1, une dépréciation de 320 € avait été constatée sur un lot de linge.

Créances douteuses

Les clients suivants rencontrent des difficultés de trésorerie :

Nom des clients	Montant de la créance TTC au 31/12/N	Dépréciations au 31/12 /N-1	Situation au 31/12/N
Rosty	2 400	0	Nouveau client douteux : perte estimée à 10 %
Lopez	9 000	750	Espoir de récupérer 60 %
Benaim	1 800	250	Totalement insolvable

Ajustement

Une facture du fournisseur Lintis ne nous est pas encore parvenue : valeur hors taxes des matières premières : 1 200 €, TVA 20 % : 240,00 €
Après inventaire physique, il reste dans l'entreprise : des timbres postaux pour une valeur de 150 €, des fournitures administratives diverses pour une valeur de 200 € (non stockables).
Encaissement le 01/12/N d'un loyer commercial trimestriel pour 2 100 €. Ce montant couvre la période du 1er décembre N au 28 février N+1.

Annexe 2 : Tableau relatif aux créances douteuses

Noms des clients	Créances HT au 31/12/N	Valeur actuelle HT de la créance	Dépréciation au 31/12/20N	Dépréciation au 31/12/N-1	Dotations	Reprises	Créance irrécouvrable Montant HT
Rosty							
Lopez							
Benaim							
				Totaux			

Annexe 3

	A	B	C	D
	Dépréciations au début de l'exercice	Augmentations : dotations de l'exercice	Diminutions : reprises de l'exercice	Dépréciations à la fin de l'exercice
Immobilisations corporelles : terrain				
Actifs circulants : Stocks Créances clients				
Total				

Exercice 2

L'entreprise Pakebeau fait l'acquisition et met en service un matériel industriel le 1er octobre N. Ce matériel nécessite l'utilisation de consommables divers (lubrifiants, rustines, etc.) acquis le même jour auprès du même fournisseur.

Les conditions commerciales sont les suivantes :
– matériel : prix brut : 14 000 € ; frais de port forfaitaire : 1 000 € ; TVA à 20 % ;
– consommables divers : 2 000 €, remise de 10 %, port forfaitaire : 50 € ; TVA à 20 %.

Le renouvellement du matériel est prévu au bout de 4 ans. On prévoit 20 000 € de fonctionnement répartis de la façon suivante :

Année	N	N+1	N+2	N+3	N+4
Nombre d'heures	1 800	6 000	6 000	4 400	1 800

Afin de financer cet investissement, l'entreprise Pakebeau demande à sa banque de lui octroyer un prêt de 10 000 €. Les fonds sont versés sur le compte bancaire le 15 septembre N. Cet emprunt sera remboursable selon le plan d'amortissement suivant :

Échéance	Capital restant dû en début de période	Intérêts de la période	Amort. de la période	Annuité de la période	Capital restant dû en fin de période
15/09/N+1	10 000,00	500,00	2 320,12	2 820,12	7 679,88
15/09/N+2	7 679,88	383,99	2 436,12	2 820,12	5 243,76
15/09/N+3	5 243,76	262,19	2 557,93	2 820,12	2 685,83
15/09/N+4	2 685,83	134,29	2 685,83	2 820,12	0,00
Total		1 280,47	10 000,00	11 280,47	

Partie 1 : acquisition de l'investissement et son financement

1 Quelle différence fondamentale faites-vous entre l'acquisition du matériel et les consommables divers ? Comment cela se traduit-il au niveau comptable et dans les documents de synthèse ?

2 Comptabilisez au journal de Pakebeau ces deux acquisitions.

3 Comment expliquez-vous la différence entre le montant de l'investissement et le montant de l'emprunt ?

4 Comptabilisez au journal l'octroi de l'emprunt.

5 Quel est le coût réel de cet emprunt ? Quel est le taux d'intérêt annuel pratiqué ?

6 Comptabilisez au journal le paiement de la première annuité d'emprunt.

Partie 2 : opérations d'inventaire

COMPRENDRE 5 EN VIDÉO

7 Dressez le plan d'amortissement du matériel selon la méthode linéaire et selon la méthode des unités d'œuvre.

COMPRENDRE 6 EN VIDÉO

8 Quelle méthode d'amortissement faudrait-il normalement privilégier ?

9 Compte tenu de votre réponse à la question précédente, comptabilisez au journal les amortissements de l'exercice N.

10 À la fin de l'exercice N, il reste 1 200 € de consommables. Comptabilisez au journal l'écriture d'inventaire nécessaire. Citez le principe comptable mis en œuvre.

11 Comptabilisez au journal l'écriture d'inventaire nécessaire relative à l'emprunt. Quel est l'objectif de cette écriture ?

➤ Corrigé page 50

Exercice 3

L'entreprise Pavy, située à Nantes, est une société anonyme en pleine croissance qui fabrique des parapluies et commercialise des chapeaux de pluie. Il s'agit d'une petite et moyenne entreprise qui emploie actuellement une douzaine de salariés. L'exercice comptable coïncide avec l'année civile et les activités sont toutes soumises au taux de TVA normal.

Vous êtes stagiaire dans cette entreprise et vous disposez des annexes 1 à 5.

1 Déterminez l'excédent brut d'exploitation, le résultat d'exploitation et le résultat courant avant impôt de l'entreprise Pavy au 31/12/N.

2 Calculez la capacité d'autofinancement au 31/12/N selon la méthode additive.

COMPRENDRE 7 EN VIDÉO

3 Recherchez les indicateurs de profitabilité de l'entreprise Pavy pour l'exercice N.

4 Commentez les indicateurs de profitabilité de l'entreprise Pavy en les comparant à ceux du secteur d'activité.

5 Calculez la rentabilité économique et la rentabilité financière de l'entreprise Pavy.

6 Commentez les indicateurs de rentabilité obtenus pour l'entreprise Pavy puis comparez-les à ceux du secteur d'activité.

COMPRENDRE 8 EN VIDÉO

7 Présentez l'affectation du résultat de l'exercice N de l'entreprise Pavy puis enregistrez l'écriture correspondante au 15/06/N+1.

➤ Corrigé page 52

Annexe 1 : Compte de résultat de l'entreprise Pavy au 31/12/N

CHARGES	N	PRODUITS	N
Charges d'exploitation :		**Produits d'exploitation :**	
Achats de marchandises	52 000	Ventes de marchandises	100 000
Variation de stock de marchandises	–1 500	Production vendue	427 000
Achats de matières premières et autres approvisionnements	57 500	**Chiffre d'affaires net**	**527 000**
Variation de stock de matières premières et autres approvisionnements	600	Production stockée	– 2 200
Autres achats et charges externes	6 350	Production immobilisée	
Impôts, taxes et versements assimilés	9 050	Subvention d'exploitation	2 100
Salaires et traitements	164 000	Reprises sur dépréciations et provisions	2 100
Charges sociales	78 750	Transferts de charges	800
Dotations aux amortissements, dépréciations et provisions	17 800	Autres produits	1 950
Autres charges	1 350		
Total des charges d'exploitation	**385 900**	**Total des produits d'exploitation**	**531 750**
Charges financières :		**Produits financiers :**	
Dotations aux amortissements, dépréciations et provisions	1 000	De participation	4 100
Intérêts et charges assimilées	10 600	Autres intérêts et produits assimilés	2 350
		Reprises sur dépréciations et provisions	900
Total des charges financières	**11 600**	**Total des produits financiers**	**7 350**
Charges exceptionnelles :		**Produits exceptionnels :**	
Sur opérations de gestion	1 250	Sur opérations de gestion	100
Sur opérations en capital (1)	1 700	Sur opérations en capital (2)	2 500
Dotations aux amortissements, dépréciations et provisions	550	Reprises sur dépréciations et provisions	300
Total des charges exceptionnelles	**3 500**	**Total des produits exceptionnels**	**2 900**
Participation des salariés aux résultats	39 750		
Impôt sur les bénéfices	12 650		
Total des charges	**453 400**	**Total des produits**	**542 000**
Solde créditeur (bénéfice)	88 600	Solde débiteur (perte)	
Total général	**542 000**	**Total général**	**542 000**

(1) Dont 1 000 € de valeurs comptables des éléments d'actif cédés
(2) Dont 1 700 € de produits des cessions d'éléments d'actif

Annexe 2 : Bilan de l'entreprise Pavy au 31/12/N avant répartition

ACTIF	Brut	Amort. et dép.	Net	PASSIF	
Actif immobilisé :				**Capitaux propres :**	
Immobilisations incorporelles	48 540	26 850	21 690	Capital (20 000 actions)	400 000
Immobilisations corporelles	645 810	261 380	384 430	Réserves légales	36 500
Immobilisations financières	24 370	10 870	13 500	Autres réserves	105 000
				Résultat de l'exercice	88 600
				Report à nouveau	4 000
Total I	718 720	299 100	419 620	**Total I**	634 100
Actif circulant :				**Provisions :**	
Stocks				Provisions pour risques	15 970
Matières premières	206 180	9 570	196 610	**Total II**	15 970
Avances et acomptes versés	25 250		25 250		
Créances				**Dettes :**	
Clients et comptes rattachés	348 600	10 640	337 960	Emprunt auprès des étbs de crédit (1)	195 900
Autres créances (2)	61 800		61 800	Avances et acomptes reçus	9 900
Divers				Dettes fournisseurs et comptes rattachés	181 800
Valeurs mobilières de placement	22 400	2 170	20 230	Dettes fiscales et sociales (3)	32 700
Disponibilités	19 150		19 150	Dettes sur immobilisations	10 000
Charges constatées d'avance (2)	12 920		12 920	Autres dettes (2)	6 230
Total II	696 300	22 380	673 920	Produits constatés d'avance	6 850
				Total III	886 940
Total général	1 415 200	321 480	1 093 540	**Total général**	1 093 540

(1) Dont concours bancaires courants et soldes créditeurs de banque : 18 630 €
(2) Concerne le hors exploitation
(3) Dont impôt sur les sociétés : 12 650 €

Annexe 3 : Indicateurs de l'exercice N du secteur d'activité

Taux de marge brute d'exploitation : 29,32 %
Taux de marge bénéficiaire : 18,96 %
Taux de capacité d'autofinancement : 18,24 %
Rentabilité économique : 15,98 %
Rentabilité financière : 13,32 %

Annexe 4 : Informations complémentaires sur l'entreprise Pavy

Le taux d'intérêt annuel sur emprunt est de 5,5 %.
Les immobilisations brutes d'exploitation sont de 450 030 €.
Le besoin en fonds de roulement d'exploitation s'élève à 361 340 €.

Annexe 5 : Renseignements sur l'affectation du résultat de l'entreprise Pavy

Décision de l'assemblée générale ordinaire qui s'est tenue le 15/06/N+1 : l'assemblée générale décide de doter la réserve facultative à hauteur de 6 000 € et de distribuer un dividende de 4 € par action.

Exercice 4

L'entreprise Trans'at est spécialisée dans la fabrication de transats en bois exotique. Le bois est stocké avant d'être découpé puis assemblé. Les transats ainsi obtenus sont stockés avant d'être vendus. Trans'at fabrique différents types de transats. Mme Soleil désirerait obtenir une évaluation du coût de revient du transat « Malaga ».

Les renseignements concernant le transat « Malaga », pour le mois de mars, sont les suivants :

– stock au 01/03 : 65 transats à 45€ l'unité ;

– main-d'œuvre directe dans l'atelier découpage : 850 heures à 17 € de l'heure (l'atelier a utilisé au global 7 680 heures de main-d'œuvre pour le mois de mars) ;

– l'atelier assemblage est intégralement automatisé ;

– charges directes de distribution : 3 € par transat ;

– production de transats : 900 unités ;

– vente de transats : 925 unités ;

– la production d'un transat « Malaga » nécessite l'utilisation de 1,40 m² de bois exotique ;

– la répartition des charges indirectes et la fiche de stock du bois exotique sont fournies dans les tableaux ci-dessous :

Tableau de répartition des charges indirectes

Éléments	Approvisionnement	Découpage	Assemblage	Administration
Répartition secondaire	21 600 €	62 976 €	46 848 €	13 825 €
Unité d'œuvre	1 m² de bois acheté	1 heure de main-d'œuvre dans l'atelier découpage	1 transat fabriqué	1 transat vendu
Nombre d'unités d'œuvre	14 400		9 600	
Coût de l'unité d'œuvre				1,4

Fiche de stock du bois

Entrées				Sorties			
	Quantité	Prix unitaire	Montant		Quantité	Prix unitaire	Montant
Stock initial	504	13,54 €	6 822,00 €	Sorties	14 294	13,25 €	189 395,50 €
Entrées	14 400	13,24 €	190 656,00 €	Stock final	610	13,25 €	8 082,50 €
Total	14 904	13,25 €	197 478,00 €	**Total**	14 904	13,25 €	197 478,00 €

COMPRENDRE 9 EN VIDÉO

1 Complétez le tableau de répartition des charges et la fiche de stock du bois exotique.

COMPRENDRE 10 EN VIDÉO

2 Calculez les coûts de production et de revient du transat « Malaga » (annexe 1).

Annexe 1

Coût de production du transat Malaga

Éléments		Quantité	Prix unitaire	Montant
Charges directes	BOIS			
	MOD Découpage			
Charges indirectes	Découpage			
	Assemblage			
Coût de production				

Fiche de stock du transat malaga

Entrees				Sorties			
	Quantité	Prix unitaire	Montant		Quantité	Prix Unitaire	Montant
Stock initial				Sorties			
Entrées				Stock final			
Total				**Total**			

Coût de revient du transat Malaga

Éléments	Prix unitaire	Montant
Coût de production du transat malaga		
Charges directes de distribution		
Charges indirectes d'administration		
Coût de revient		

L'entreprise Trans'at a déterminé pour le produit Malaga les éléments suivants :
– quantité prévisionnelle de ventes sur l'année : 1 000 unités ;
– coût variable d'un transat « Malaga » : 35 € ;
– cout fixe de la production de 1 000 transats Malaga : 15 000 €

3 Quel doit être le prix de vente minimum du transat Malaga qui permettrait à l'entreprise Trans'at de réaliser un bénéfice de 2 000 € sur la vente de 1 000 unités ?

Pour financer les investissements nécessaires pour production des transats Malaga, l'entreprise doit souscrire un emprunt de 80 000 € remboursable en 4 ans par annuités constantes (taux d'intérêt annuel : 2 %).

4 Calculez le montant de l'annuité constante.

5 Déterminez le coût de l'emprunt sans actualisation et actualisé (avec un taux d'actualisation de 3 %).

➤ Corrigé page 54

Exercice 1

COMPRENDRE 3 EN VIDÉO

❶ Tableau des créances douteuses

Noms des clients	Créances HT au 31/12/N	Valeur actuelle HT de la créance	Dépréciation au 31/12/20N	Dépréciation au 31/12/N-1	Dotations	Reprises	Créance irrécouvrable Montant HT
Rosty	2 000	1 800	200	0	200		
Lopez	7 500	4 500	3 000	750	2 250		
Benaim	1 500	0	-	250		250	1 500
				Totaux	2 450	250	1 500

❷ Enregistrements au journal :

		-------------------- 31/12/N --------------------		
6816		Dotations aux dépréciations des immo. corporelles	3 000,00	
	2911	Dépréciation des terrains		3 000,00
		45 000€ – 42 000 € = 3 000 €		
		-------------------- 31/12/N --------------------		
6031		Variation de stocks de matières premières	3 830,00	
7135		Variation de stocks de produits finis	4 140,00	
	31	Stocks de matières premières		3 830,00
	35	Stocks de produits finis		4 140,00
		Annulation stock initial		
		-------------------- 31/12/N --------------------		
31		Stocks de matières premières	4 170,00	
35		Stocks de produits finis	5 850,00	
	6031	Variation de stocks de matières premières		4 170,00
	7135	Variation de stocks de produits finis		5 850,00
		Constatation stock final		
		-------------------- 31/12/N --------------------		
391		Dépréciations des stocks de produits finis	320,00	
	7817	Reprise sur dépréciation des actifs circulants		320,00
		Reprise dépréciation existante		
		-------------------- 31/12/N --------------------		
6817		Dotations pour dépréciations des actifs circulants	450,00	
	391	Dépréciation des stocks de produits finis		450,00
		D'après inventaire (950-500)		
		-------------------- 31/12/N --------------------		
416		Clients douteux	2 400,00	
	411Nav	Client Rosty		2 400,00
		D'après inventaire		
		-------------------- 31/12/N --------------------		
681		Dotations aux dépréciations des actifs circulants	2 450,00	
	491	Dépréciation des comptes de clients		2 450,00
		Clients Rosty et Lopez		

		---------------------- 31/12/N ----------------------		
491		Dépréciations des comptes de clients	250,00	
	781	Reprises sur dépréciation des actifs circulants		250,00
		Client Benaim		
		---------------------- 31/12/N ----------------------		
654		Pertes sur créances irrécouvrables	1 500,00	
44551		TVA à décaisser	300,00	
	416	Clients douteux		1 800,00
		Client Benaim		
		---------------------- 30/12/N ----------------------		
601		Achats de matières premières	1 200,00	
4458		TVA à régulariser	240,00	
	408	Fournisseurs, factures non parvenues		1 440,00
		D'après inventaire		
		---------------------- 30/12/N ----------------------		
486		Charges constatées d'avance	350,00	
	6064	Fournitures administratives		200,00
	62	Frais postaux et de télécommunication		150,00
		D'après inventaire		
		---------------------- 30/12/N ----------------------		
752		Revenus des immeubles	1 400,00	
	487	Produits constatés d'avance		1 400,00
		D'après inventaire : 2 mois encaissés d'avance à 2 100 × 2/3		

COMPRENDRE 4 EN VIDÉO

3 Tableau des dépréciations :

	A	B	C	D
	Dépréciations au début de l'exercice	Augmentations : dotations de l'exercice	Diminutions : reprises de l'exercice	Dépréciations à la fin de l'exercice
Immobilisations corporelles : terrain	0	3 000	0	3 000
Actifs circulants :				
Stocks	320	450	320	450
Créances clients	1 000	2 450	250	3 200
Total	1 320	5 900	570	6 650

Exercice 2

Partie 1 : acquisition de l'investissement et son financement

1 Le matériel est un bien durable qui ne se consomme pas dès son premier usage. Ce bien a donc la nature d'immobilisation, enregistrée au niveau comptable dans la classe 2. Les immobilisations figurent au bilan. Les fourniture, au contraire, se consomment dès leur usage et ne sont pas durables. Ce sont donc des charges qui figurent dans le compte de résultat.

2 Coût d'acquisition du matériel : 14 000 + 1 000 = 15 000 €.

		-------------------- 01/10/N --------------------		
2154		Matériel industriel	15 000,00	
44562		État TVA déductible sur immobilisations	3 000,00	
	404	Fournisseur d'immobilisations		18 000,00
		Acquisition matériel		

Achat des fournitures : Net commercial = 2 000 – 10 % × 2 000 = 1 800 €.

		-------------------- 01/10/N --------------------		
606		Achats non stockés	1 800,00	
6241		Transports sur achat	50,00	
44562		État TVA déductible sur immobilisations	370,00	
	401	Fournisseur d'immobilisations		2 220,00
		Achat fournitures		

3 Le montant de l'emprunt est plus faible que le montant de l'investissement. Cela signifie probablement que l'entreprise a la possibilité de s'autofinancer partiellement (par exemple, si elle détient suffisamment de liquidités).

4 Octroi des fonds sur le compte bancaire :

		-------------------- 15/09/N --------------------		
512		Banques	10 000	
	164	Emprunt		10 000
		Octroi des fonds		

5 Seuls les intérêts représentent un coût (puisque les amortissements représentent le remboursement du capital emprunté). Le coût total de l'emprunt est donc égal à la somme des intérêts versés, soit 1 280,47 €.

6 Première annuité d'emprunt :

		------------------ 15/09/N+1 ------------------		
164		Emprunt	2 320,12	
661		Charges d'intérêt	500,00	
	512	Banques		2 820,12
		Paiement première annuité		

Partie 2 : opérations d'inventaire

COMPRENDRE 5 EN VIDÉO

7 Amortissement linéaire : Taux d'amortissement = 1/4 = 0,25 = 25 %.

Exercice	Base amortissable	Annuité d'amortissement	Cumul amortissement	VNC
N	15 000	937,5 (1)	937,5	14 062,5
N+1	15 000	3 750	4 687,5	10 312,5
N+2	15 000	3 750	8 437,5	6 562,5
N+3	15 000	3 750	12 187,5	2 812,5
N+4	15 000	2 812,5 (2)	15 000	0

(1) 15 000 × 25 % × (3 × 30/360). La durée d'utilisation prise en compte en N commence le 1er octobre et se termine fin décembre, soit 3 mois.
On considère des mois de 30 jours (et donc 360 jours dans l'année).
(2) 15 000 × 25 % × (9 × 30/360) = amortissement du 1er janvier N+4 jusqu'à la fn de la durée d'utilisation le 30 septembre N+4.
Autre méthode de calcul = 3 750 (annuité entière) – 937,5 (première annuité).

COMPRENDRE 6 EN VIDÉO

8 Amortissement par unités d'œuvre :

Exercice	Base amortissable	Annuité d'amortissement	Cumul amortissement	VNC
N	15 000	1 350 (1)	1 350	13 650
N+1	15 000	4 500 (2)	5 850	9 150
N+2	15 000	4 500	10 350	4 650
N+3	15 000	3 300	13 650	1 350
N+4	15 000	1 350	15 000	0

(1) 15 000 × 1 800/20 000 (2) 15 000 × 6 000/20 000

Il faut choisir le mode d'amortissement que reflète le mieux le rythme de consommation de l'immobilisation. C'est donc la méthode des unités d'œuvre qui doit être privilégiée, si les prévisions d'utilisation sont relativement fiables.

9 Enregistrement au journal :

		---------------------- 31/12/N ----------------------		
68112		Dotations aux amortissements immo. corporelles	1 350	
	28154	Amortissement du matériel industriel		1 350
		Dotation N		

10 Les fournitures achetées ont été comptabilisées totalement en charges le 01/10/N. Or, elles n'ont pas été totalement consommées. Ces fournitures qui seront consommées plus tard doivent être exclues des charges de l'exercice N, selon le principe d'indépendance des exercices comptables. Il faut donc comptabiliser une charge constatée d'avance.

		---------------------- 31/12/N ----------------------		
486		Charge constatée d'avance	1 200	
	606	Achats non stockés		1 200
		Fournitures non utilisées		

11 Les intérêts payés le 15/09/N+1 couvrent la période allant du 15/09/N au 15/09/N+1. Ils couvrent donc les exercices N et N+1 mais ne seront comptabilisés qu'en N+1. Il faut rattacher une partie de ces intérêts à N (du 15 septembre au 30 décembre N, soit 3,5 mois). C'est donc une charge à payer.
Intérêts courus au 31/12/N : 500 × 3,5/12 = 145,83 €.

		---------------------- 31/12/N ----------------------		
661		Charges d'intérêts	145,83	
	16884	Intérêts courus sur emprunt établiss. crédit		145,83
		Intérêts courus emprunt annuité N+1		

Exercice 3

1 Excédent brut d'exploitation = 100 000 + 427 000 + (– 2 200) + 2 100 – 52 000 – (– 1 500) – 57 500 – 600 – 6 350 – 9 050 – 242 750 = 160 150 €
Résultat d'exploitation = 160 150 + 2 100 + 800 + 1 950 – 17 800 – 1 350 = 145 850 €
Résultat courant avant impôts = 145 850 + 7 350 – 11 600 = 141 600 €

COMPRENDRE 7 EN VIDÉO

2 Capacité d'autofinancement = 88 600 – 3 300 – 1 700 + 19 350 + 1 000 = 103 950 €

3 Taux de marge brute d'exploitation = (160 150 / 527 000) × 100 = 30,39 %
Taux de marge bénéficiaire = (88 600 / 527 000) × 100 = 16,81 %
Taux de capacité d'autofinancement = (103 950 / 527 000) × 100 = 19,72 %

4 Tous les indicateurs de profitabilité de l'entreprise Pavy sont relativement proches de ceux de son secteur d'activité. Le taux de marge brute d'exploitation ainsi que le taux de capacité

d'autofinancement sont au dessus de ceux du secteur donc, les performances industrielle et commerciale de l'entreprise Pavy sont tout à fait satisfaisantes en N. En revanche, la performance globale de l'entreprise Pavy est plus faible que celle des entreprises du même secteur d'activité (taux de marge bénéficiaire de 16,81 % contre 18,96 % pour le secteur d'activité). Il faudrait donc améliorer la performance globale de l'entreprise Pavy.

5 Rentabilité économique = (145 850 / 811 370) × 100 = 17,98 %
Rentabilité financière = (88 600 / 634 100) × 100 = 13,97 %

CONSEIL Les capitaux investis correspondent aux immobilisations brutes d'exploitation (450 030 €) + BFRE (361 340 €), soit 811 370 €.

6 L'entreprise Pavy est performante : sa rentabilité économique et sa rentabilité financière sont correctes. Elle est endettée pour 177 270 € (811 370 – 634 100 ou 195 900 – 18 630) au taux annuel d'intérêts de 5,5 %. Ainsi, l'endettement joue favorablement sur la rentabilité financière de l'entreprise Pavy, car sa rentabilité économique de 17,98 % est supérieure au taux d'intérêts sur emprunt de 5,5 % : il s'agit d'un effet de levier financier.
De plus, les performances économique et financière de l'entreprise Pavy sont meilleures que celles du secteur : rentabilité économique de 17,98 % pour l'entreprise Pavy contre 15,98 % pour le secteur et rentabilité financière de 13,97 % contre 13,32 % pour le secteur.

COMPRENDRE **8** EN VIDÉO

7

Affectation du résultat N	Montant	Calculs
Bénéfice net de l'exercice N	88 600	
– RAN N-1 (solde débiteur)	-	
– Dotation à la réserve légale	– 3 500	5 % × (88 600 – 0) = 4 430 € Maximum de dotation à la réserve légale = (400 000 × 10 %) – 36 500 = 3 500 €
– Dotation à la réserve statutaire	0	
+ RAN N-1 (solde créditeur)	+ 4 000	
= Bénéfice distribuable	89 100	
– Dividendes	– 80 000	20 000 actions × 4 € = 80 000 €
– Dotation à la réserve facultative	– 6 000	
= RAN N (solde créditeur)	3 100	

		--------------------- 15/06/N+1 ---------------------		
120		Résultat de l'exercice (bénéfice)	88 600	
110		Report à nouveau (solde créditeur) N-1	4 000	
	1061	Réserve légale		3 500
	1068	Autres réserves		6 000
	457	Actionnaires – Dividendes à payer		80 000
	110	Report à nouveau (solde créditeur) N		3 100
		Affectation du résultat de l'exercice N		

Exercice 4

COMPRENDRE **9** EN VIDÉO

1 Tableau de repartition des charges indirectes :

Éléments	Approvisionnement	Découpage	Assemblage	Administration
Répartition secondaire (en euros)	21 600	62 976	46 848	13 825
Nombre d'unités d'œuvre	14 400	7680	9 600	9 875
Coût de l'unité d'œuvre (en euros)	1,50	8,20	4,88	1,4

Fiche de stock du bois :

Entrées				Sorties			
	Quantité	Prix unitaire	Montant		Quantité	Prix unitaire	Montant
Stock initial	504	13,54 €	6 822,00 €	Sorties	14 294	13,25 €	189 395,50 €
Entrées	14 400	13,24 €	190 656,00 €	Stock final	610	13,25 €	8 082,50 €
Total	14 904	13,25 €	197 478,00 €	Total	14 904	13,25 €	197 478,00 €

COMPRENDRE 10 EN VIDÉO

2 Coût de production du transat Malaga :

Éléments		Quantité	Prix unitaire	Montant
Charges directes	Bois	1 260	13,25 €	16 695,00 €
	Mod Découpage	850	17,00 €	14 450,00 €
Charges indirectes	Découpage	850	8,20 €	6 970,00 €
	Assemblage	900	4,88 €	4 392,00 €
Coût de production		900	47,23 €	42 507,00 €

Fiche de stock du transat Malaga :

Entrées				Sorties			
	Quantité	Prix unitaire	Montant		Quantité	Prix unitaire	Montant
Stock initial	65	45,00 €	2 925,00 €	Sorties	925	47,08 €	43 548,81 €
Entrées	900	47,23 €	42 507,00 €	Stock final	40	47,08 €	1 883,19 €
Total	965	47,08 €	45 432,00 €	Total	965	47,08 €	45 432,00 €

Coût de revient du transat Malaga :

Éléments	Quantité	Prix unitaire	Montant
Coût de production du transat Malaga	925	47,08 €	43 548,81 €
Charges directes de distribution	925	3,00 €	2 775,00 €
Charges indirectes d'administration	925	1,40 €	1 295,00 €
Coût de revient	925	51,48 €	47 618,81 €

3 (35 × 1 000) + 15 000 + 2 000 = 1 000 × PV
52 000 = 1 000 PV
PV = 52 €   Le prix de vente du transat Malaga doit être de 52 €.

4 Annuité constante = 21 009,90 €.

5

Année	Intérêts non actualisés	Intérêts actualisés
N	1 600,00 €	1 553,40 €
N+1	1 211,80 €	1 142,24 €
N+2	815,84 €	746,61 €
N+3	411,96 €	366,02 €
Total	4 039,60 €	3 808,27 €

Mercatique

LE COURS

ENTRAÎNEMENT

1
LE COURS

Le consommateur est-il toujours rationnel dans ses choix ?

ZOOM
Aujourd'hui, le consommateur dispose de nombreuses informations pour faire ses choix, grâce à Internet. Difficile à cerner, le consommateur devient un véritable caméléon qui change rapidement d'envie. Dans ce contexte, les choix qu'il adopte sont-ils toujours cohérents ?

1 Les facteurs explicatifs du comportement du consommateur

Pour entreprendre d'expliquer le comportement du consommateur, l'entreprise doit étudier certains facteurs afin de lui proposer une offre qui le satisfasse pleinement.

A. Les facteurs culturels

Culture : ensemble de croyances, de normes, de valeurs acquises tout au long de la socialisation de l'individu.
Classe sociale : ensemble d'individus qui présentent de nombreuses caractéristiques communes.

▪ **La culture.** Chaque consommateur est influencé de manière inconsciente par ce qui lui a été inculqué durant son enfance.

EXEMPLE Une personne chinoise a tendance à fuir le chiffre 4, car dans sa culture celui-ci représente la mort.

▪ **La classe sociale.** Elle peut être caractérisée par différentes variables telles que la profession, le revenu, le lieu d'habitation ou encore la classe sociale en termes économiques (classe moyenne, classe supérieure, etc.).

B. Les facteurs sociaux

▪ **Groupe de référence.** Le consommateur prend référence sur un groupe auquel il souhaiterait appartenir. Ce facteur l'influence fortement.

EXEMPLE Un jeune handballeur aura pour référence l'équipe de France de handball.

▪ **Groupe d'appartenance.** C'est celui auquel il appartient.

EXEMPLE L'association sportive de handball de sa ville.

▪ **Des *leaders* d'opinion.** Un *leader* est un individu qui appartient à un groupe de référence, celui-ci influence fortement les choix des autres membres du groupe ou de ceux qui souhaiteraient y appartenir.

▪ **La famille.** Les membres de la famille influencent le comportement d'achat du consommateur. Les enfants sont souvent prescripteurs et participent aux choix d'achat de leurs parents, par exemple dans le domaine alimentaire.

▪ **Le statut et ses rôles.** Le statut correspond à la position d'un individu dans un contexte social, alors que le rôle est la manière d'agir pour occuper son statut.

EXEMPLE Le statut d'élève confère à l'enfant un rôle particulier dans la classe (attention, écoute, participation, etc.).

C. Les facteurs personnels

Les facteurs personnels se rattachent à l'individu lui-même. Parmi ces facteurs, on trouve l'âge, la profession, la personnalité ainsi que le style de vie.

EXEMPLE Un sénior n'aura pas les mêmes critères de choix en matière de voyage qu'un jeune couple avec enfants. Le premier orientera ses choix vers des voyages organisés, les seconds vers des séjours « tout compris » avec « club enfants ».

D. Les facteurs psychologiques

▪ **Motivations.** Selon Henri Joannis, il existe trois types de motivations qui poussent le consommateur à l'acte d'achat : **motivations hédonistes** (se faire plaisir), **oblatives** (faire plaisir aux autres) et **d'auto-expression** (rechercher le paraître).

Motivations : émotions positives qui poussent le consommateur à agir.

▪ **Freins.** Ce sont des pulsions négatives qui empêchent le consommateur d'agir. Il existe différents types de freins : les peurs, l'inhibition, le risque.

E. Les facteurs situationnels

Les sens influencent le consommateur lors de son achat. Les facteurs ambiants donc sont importants et nécessitent d'être analysés : c'est le marketing sensoriel. Il vise à stimuler les sens afin d'influencer l'achat.

EXEMPLE Une enseigne de restauration rapide diffusera une musique rapide et un restaurant gastronomique une musique plus lente en accord avec la cuisine proposée.

2 Le processus d'achat

A. Les étapes du processus d'achat du consommateur

▪ **Phase 1. Reconnaissance du besoin** : il naît d'un stimulus marketing (promotion, publicité, etc.) ou non (influence du groupe d'appartenance, par exemple). C'est la prise de conscience de l'existence du besoin.

▪ **Phase 2. Recherche d'informations** : il existe deux grands types de recherches d'informations. Lorsque le consommateur fait appel à sa mémoire, à ses expériences passées : c'est la **recherche interne**. Lorsque le consommateur recherche volontairement des informations sur un produit et/ou une marque : c'est la **recherche externe**.

▪ **Phase 3. Évaluation des solutions possibles** : le consommateur compare les choix possibles en fonction de ses critères de sélection.

▪ **Phase 4. Décision d'achat** : le consommateur décide de réaliser concrètement son achat.

▪ **Phase 5. Évaluation post-achat** : son niveau de satisfaction influence considérablement son comportement futur (fidélisation au produit, à la marque ou au contraire rejet).

À chaque phase de ce processus d'achat, le consommateur subit des influences conscientes ou non.

EXEMPLE Lors de la phase de recherche d'informations, le risque perçu influence la durée de cette phase. Plus le risque encouru est grand, plus la recherche sera poussée.

B. Les variations du processus d'achat

▪ **Les achats routiniers.** Ils reposent sur les habitudes, plus que sur la réflexion (acheter une baguette de pain ou prendre un café au petit déjeuner).

▪ **Les achats réfléchis ou raisonnés.** Le processus décisionnel passe par toutes les étapes du processus d'achat. La phase de recherche d'informations est très développée (acheter une voiture ou un bien immobilier).

▪ **Les achats impulsifs.** Le processus est simplifié, le consommateur éprouve soudain un besoin pressant et non planifié (friandises disposées devant les caisses dans les grandes surfaces).

3 Les autres facteurs sources d'influence du comportement du consommateur

Attitude : tendance d'un individu à réagir d'une certaine manière face à un produit ou un fait.

L'étude des attitudes est un élément primordial pour mieux comprendre le comportement et les motivations.

A. Les différentes composantes que revêt l'attitude

- **La composante cognitive.** Elle correspond à l'ensemble des éléments liés à la connaissance d'une marque ou d'un produit qui peuvent être imprécis ou faussés.
- **La composante conative.** C'est la tendance à agir d'un individu.
- **La composante affective.** Elle correspond à l'ensemble des éléments liés aux sentiments. Le fait d'aimer ou non une marque, un produit.

B. La croyance

On appelle croyance, la pensée née de l'expérience ou de l'apprentissage d'un individu vis-à-vis d'une marque ou d'un produit.

EXEMPLE Les alicaments sont bons pour la santé.

C. La perception

C'est l'interprétation des éléments externes par un individu en vue de construire une image cohérente du monde qui l'entoure. En marketing, les perceptions du client sont importantes, car elles varient en fonction du contexte et des caractéristiques personnelles.

4 Valeur perçue et satisfaction

A. Définition

La valeur perçue par le client correspond à la différence entre la valeur globale de l'offre et le coût total.

B. Les composantes de la valeur perçue

- **Les composantes liées à la valeur. Elles sont au nombre de quatre :**

– **valeur d'usage** : liée aux fonctions et performances du produit ;
– **valeur d'image** : représentation que se fait le consommateur d'une entreprise, d'un produit, d'une marque. Elle se compose de caractères objectifs (performances techniques, robustesse…) ou de caractères subjectifs (luxe, beauté…) attribués par les consommateurs. L'image de marque sera perçue comme positive, négative ou neutre dans l'esprit du consommateur ;
– **valeur de relation de service** : liée aux sentiments éprouvés lors de l'expérience de consommation ;
– **valeur hédonique** : plaisirs retirés *a posteriori* de l'expérience de consommation et de l'envie de les partager.

- **Les composantes liées au coût global. Elles sont au nombre de trois :**

– **coût d'achat** : prix ;
– **coût psychologique** : peur de l'achat d'un produit inconnu ;
– **coût de transaction** : temps consacré à la recherche du produit et au déplacement.

C. La satisfaction

Elle correspond au sentiment positif ou négatif ressenti par le consommateur par rapport à son expérience de consommation. Elle résulte de l'arbitrage entre les valeurs et les coûts. Si les valeurs sont supérieures aux coûts le client sera satisfait et inversement.

Pourquoi la mercatique a-t-elle besoin d'informations ?

ZOOM

La mercatique place le consommateur au centre de son action avec comme objectifs de répondre à ses besoins et de le satisfaire pleinement. Mais l'apparition constante de nouveaux produits, nouveaux marchés et une augmentation continue des offres proposées aux clients peuvent à tout moment remettre cette place en cause. C'est pourquoi la mise en œuvre d'une analyse continue est nécessaire.

1 La veille mercatique et commerciale

Pour connaître le consommateur, prévoir son comportement et anticiper ses demandes l'entreprise doit mettre en place un certain nombre d'outils qui vont permettre de recenser et de traiter les informations essentielles.

A. Recherche d'informations primaires

▪ **Les études qualitatives.** L'organisation recherche les raisons profondes qui poussent les individus à agir. Ce sont des études conduites par entretiens individuels ou de groupes auprès d'un échantillon de personnes pour connaître leurs motivations. L'étude qualitative analyse leurs attentes et leurs motivations. Ce type d'étude est complémentaire des études quantitatives.

▪ **Les études quantitatives.** Elles se réalisent à l'aide d'un questionnaire. Une enquête par questionnaire demande de constituer un **échantillon** (à partir d'une population de base déterminée (exemple : les habitants d'une ville et de sa périphérie).

Échantillon : nombre de personnes interrogées.

Les personnes faisant partie de l'échantillon sont interrogées à l'aide d'un questionnaire, et les réponses obtenues sont ensuite extrapolées à la population de base.

B. Recherche d'informations secondaires

▪ **Les informations secondaires.** Ce sont des informations qui existent et qui ont déjà été récoltées. Il faut donc les collecter, les sélectionner et les traiter.

▪ **La collecte.** Elle peut se faire en externe *via* des sites Internet de référence ou encore dans des revues spécialisées, etc.

En interne, on peut avoir recours au fichier clients ou à des données comptables, par exemple.

Une fois les informations collectées, il est nécessaire de les sélectionner. Pour qu'une information soit de qualité, elle doit posséder un certain nombre de critères :
– **actualité** : une information obsolète peut induire en erreur ;
– **pertinence** : elle doit répondre à la recherche ;
– **fiabilité** : elle doit être issue de sources fiables et vérifiées ;
– **objectivité** : une information doit être neutre.

2 Réalisation d'un questionnaire

A. Les étapes d'une enquête par questionnaire

Principales phases	Contenu
Étude préliminaire	• Définition du problème avec les commanditaires de l'étude. • Recherche documentaire. • Définition des objectifs de l'enquête.
Préparation de l'enquête	• Détermination de la population de base concernée en fonction du problème posé. • Constitution d'un échantillon représentatif. • Élaboration d'un avant-projet de questionnaire, tests et mise au point du questionnaire définitif. • Définition d'une méthode d'administration.
Mise en œuvre	• Administration des questionnaires aux personnes sélectionnées. • Contrôle et suivi permanent.
Dépouillement	• Utilisation d'un logiciel de dépouillement automatique : Sphinx ou Ethnos. • Éventuellement dépouillement manuel des questions ouvertes.
Analyse et présentation des résultats	• Analyse des résultats bruts : tris à plats (simple répartition des réponses) et tris croisés (croisement des résultats de deux variables ou plus). • Rédaction d'un rapport mettant en évidence les résultats principaux.

B. La définition de l'échantillon

▪ **La taille de l'échantillon.** Dans la majorité des cas, il est nécessaire de constituer un échantillon, car on ne peut interroger toute la population (ce serait un recensement). Inversement, pour que les réponses fournies par l'échantillon puissent être extrapolées à la population de base, celui-ci ne doit pas avoir une taille trop faible. La taille de l'échantillon résulte de l'équilibre entre la fiabilité des résultats et le coût du sondage.

La taille de l'échantillon peut être exprimée sous la forme d'un **taux de sondage** :

$$\text{Taux de sondage} = \frac{\text{taille de l'échantillon}}{\text{taille de la population de base}} \times 100$$

EXEMPLE Le minimum statistique pour extrapoler les réponses de l'échantillon à la population mère est de 30 personnes.

▪ **La représentativité de l'échantillon.** Pour que l'échantillon soit représentatif, l'utilisation d'une méthode d'échantillonnage est essentielle. Il existe deux catégories :

– **les méthodes probabilistes** : l'échantillon est constitué en tirant au sort les personnes à interroger au sein d'une population de base ;

– **les méthodes raisonnées** : la méthode des quotas, la plus utilisée, consiste à reproduire dans l'échantillon les caractéristiques de la population de base (sexe, âge, CSP, etc.). La méthode des itinéraires essaie de reconstituer les conditions d'un tirage au sort en imposant aux enquêteurs des règles strictes concernant l'itinéraire à suivre.

C. La rédaction du questionnaire

Le questionnaire doit contenir un en-tête avec l'émetteur, la date et l'objet de l'enquête. Les questions doivent être ordonnées et structurées. Après l'utilisation d'une question filtre, on utilise des questions dites de mise en route pour mettre en confiance l'interviewé. Dans un second temps, les questions relatives à l'attitude, comportement et intention d'achat sont posées. Enfin, une partie signalétique permet de dresser un profil par rapport aux résultats.

Les composantes du marché	
Politique	Ensemble des politiques (organisation gouvernementale, politique monétaire, européenne, etc.) qui peuvent avoir un impact direct ou indirect sur l'organisation ou son marché.
Économique	Ensemble des indicateurs économiques (taux de chômage, pouvoir d'achat, taux d'intérêt, etc.).
Socioculturelle	Ensemble des variables liées à l'aspect sociologique et culturel de la population étudiée (très souvent la cible).
Technologique	Variables liées à l'innovation, aux investissements en recherche et développement (inventions, obsolescence du produit, etc.).
Écologique	Impact environnemental de l'entreprise sur son environnement et réciproquement (pollution, conditions climatiques, etc.).
Légale	Ensemble des règles juridiques applicables (normes de sécurité, législation du travail, etc.).

C. Analyser la concurrence

▪ **La position concurrentielle.** Pour déterminer la position concurrentielle d'une entreprise, il est nécessaire de calculer ses **parts de marché** :

$$\text{Part de marché en volume} = \frac{\text{Ventes en volume de l'entreprise}}{\text{Total ventes en volume des entreprises présentes sur le marché}} \times 100$$

$$\text{Part de marché en valeur} = \frac{\text{Chiffre d'affaires de l'entreprise}}{\text{Total chiffre d'affaires des entreprises présentes sur le marché}} \times 100$$

Selon ces résultats, il serra possible de déterminer la position concurrentielle de l'entreprise :
– ***leader*** (chef de file) : entreprise possédant la plus grande part de marché ;
– ***challenger*** (prétendant) : entreprise possédant une part de marché suffisamment importante pour envisager de prendre la place du leader à moyen terme ;
– ***outsider*** (nouvel arrivant) : nouvel arrivant sur le marché et qui connaît une forte croissance des ventes.

Position concurrentielle : place détenue par une entreprise sur un marché en fonction de son chiffre d'affaires.
Positionnement : place occupée par une marque ou un produit par rapport à ses concurrents dans l'esprit du consommateur en fonction de critères de comparaison (prix, qualité, caractéristiques produits, etc.).

▪ **Les indicateurs qualitatifs.** Ils permettent de compléter l'analyse quantitative de la concurrence. Ce sont l'image véhiculée, la notoriété ou encore le positionnement de l'entreprise.

D. Segmentation de la demande et des produits

▪ **Une segmentation nécessaire.** Une entreprise ne peut s'adresser à tous les acheteurs potentiels de la même manière, car ceux-ci sont nombreux, trop différents et n'ont pas les mêmes attentes. C'est pourquoi il est nécessaire qu'elle découpe son marché en groupes de consommateurs ayant des caractéristiques communes, voire quasi homogènes. C'est ce que l'on appelle la **segmentation**.

Segment de marché : groupe de clients qui possèdent les mêmes attentes vis-à-vis de l'offre proposée.

▪ **Les critères de segmentation de la demande.** Les **critères géographiques** prennent en compte le lieu d'habitation, le type d'habitation, le climat, etc.

Les **critères socio-démographiques** regroupent l'âge, le sexe, la situation familiale (célibataire, pacsé, marié sans enfant, marié avec enfant, etc.), le revenu, la catégorie socioprofessionnelle, l'origine ethnique, etc. Les **critères psychographiques** comprennent le style de vie et la personnalité (introvertie, extravertie, soumise, etc.).

Les **critères comportementaux** regroupent la situation d'achat, la fréquence d'achat, la fidélité à la marque, etc.

▪ **La segmentation de la clientèle.** L'entreprise doit également segmenter sa clientèle en fonction du chiffre d'affaires généré afin d'adapter ses actions selon l'importance du client.

Pour cela, il existe deux méthodes :
– **la règle des 20/80 (ou loi de Pareto)** : 20 % des clients génèrent 80 % du chiffre d'affaires et 80 % des clients génèrent 20 % du chiffre d'affaires.
– **la méthode ABC** : repose sur le même principe, mais scinde la clientèle en 3 segments :
- 60 % du chiffre d'affaires est réalisé par 10 % des clients ;
- 30 % du chiffre d'affaires est réalisé par 40 % des clients ;
- 10 % du chiffre d'affaires est réalisé par 50 % des clients.

Cette démarche est très importante en matière de fidélisation, car on ne peut pas proposer les mêmes offres à un client occasionnel (qui rapporte peu en matière de chiffre d'affaires) qu'à un « gros » client (qui rapporte beaucoup à l'entreprise en matière de chiffre d'affaires). Elle permet donc de mesurer la **valeur du client**.

E. Couple produit-marché : une segmentation stratégique

▪ **L'identification de segments.** Elle permet d'adapter l'offre aux besoins et attentes du client. La segmentation stratégique permet donc d'obtenir des couples produit-marché, c'est-à-dire que l'on attribue un type de produit à un type de clientèle. Cette pratique permet à l'entreprise de mieux cibler sa clientèle et de mettre en place des actions mercatiques adaptées.

▪ **Les limites.** Cependant, ce type de segmentation compte des limites : à trop vouloir segmenter son offre, les segments peuvent ne pas être rentables, car de trop petite taille, et le coût engendré par l'adaptation de l'offre trop important. De plus, le nombre important de produits sur le marché engendre un risque de confusion dans l'esprit du consommateur et l'entreprise risque de cannibaliser ses produits (concurrence entre ses propres produits).

F. Analyse de la demande : prévisions des ventes et variations saisonnières

▪ **La méthode des moindres carrés.** Elle repose sur la résolution de l'équation $y = ax + b$. Dans cette méthode, x représente le temps (par convention, on convertit les années en valeurs : la première année = 1, la deuxième 2, etc.) et y = valeur du chiffre d'affaires ou nombre de produits vendus.

X_i = x – moyenne des x Y_i = y – moyenne des y

$$a = \frac{\sum X_i Y_i}{\sum X_i^2}$$

b = (moyenne des y) – (a × moyenne des x)

Il suffit ensuite de remplacer a et b dans l'équation $y = ax + b$ pour avoir la droite tendance.

▪ **Limites de l'utilisation de la méthode de prévision des ventes.** Cette méthode permet de trouver la tendance des ventes pour les années suivantes. D'autres facteurs peu prévisibles peuvent influencer de manière contradictoire la tendance.

EXEMPLE Sur le marché des glaces et des sorbets, une entreprise peut prévoir ses ventes futures, mais en aucun cas la météo de l'été prochain. Malgré une prévision des ventes positive, ces dernières peuvent chuter à cause d'une météo peu favorable à la consommation de glaces.

▪ **Les variations saisonnières.** Les coefficients saisonniers permettent d'avoir une meilleure lisibilité. Ils permettent de prévoir les ventes mois par mois (ou par trimestre) quand des variations saisonnières d'activités sont enregistrées. Les variations saisonnières sont des fluctuations périodiques qui se reproduisent régulièrement.

4 LE COURS L'entreprise vend-elle un produit ou une image ?

1 Les composantes de l'offre

A. L'offre principale

L'offre principale correspond aux produits et aux services proposés par une entreprise pour répondre à un besoin. L'offre globale est l'offre que propose une entreprise.

B. Les produits ou services associés

Les produits ou services associés sont l'ensemble des produits ou services qui s'associent au cœur de l'offre pour satisfaire pleinement le client et le fidéliser.

EXEMPLE Pour un *fast-food*, son offre principale correspond à l'ensemble de ses produits liés à la restauration (hamburger, nuggets, soda, etc.). Les services associés sont l'aire de jeux pour enfants, le drive, etc. et les produits associés, des ballons avec le logo de l'enseigne.

2 Les caractéristiques

A. Les caractéristiques techniques de l'offre

Les caractéristiques techniques de l'offre sont l'ensemble des caractéristiques descriptives des qualités intrinsèques du produit.

EXEMPLE Pour un paquet de sucre, les caractéristiques techniques sont l'état du produit (poudre, morceaux, etc), son poids, son conditionnement, etc.

Certains facteurs techniques ont un rôle important dans la valeur du produit, c'est le cas de l'emballage et du design (stylique en français).

▪ **L'emballage.** Il se définit comme les enveloppes successives ajoutées au produit. On distingue :
– **l'emballage primaire** (conditionnement) : la première enveloppe du produit ;
– **l'emballage secondaire** : la seconde enveloppe du produit ;
– **l'emballage tertiaire** : destiné à faciliter la manutention et la logistique du produit.

EXEMPLE Pour le cas d'un parfum, l'emballage primaire est le flacon contenant le parfum ; l'emballage secondaire est la boîte en carton qui contient le flacon de parfum et l'emballage tertiaire est le carton de transport qui contient plusieurs boîtes de parfum.

▪ **Les fonctions de l'emballage.** Elles sont au nombre de deux :
– **les fonctions techniques** : il doit apporter un véritable service au consommateur (ouverture rapide, produit plus facilement transportable, conservation du produit, etc.) ;
– **les fonctions commerciales** : il doit séduire le consommateur par ses couleurs, ses formes, les matériaux utilisés, son design, etc.
Le *packaging* est un vendeur muet. Il doit également répondre à des exigences économiques et écologiques : ne doit pas avoir un trop grand impact sur le prix du produit, être recyclable, etc.

▪ **La stylique.** Elle a pour fonction de permettre au produit de se différencier, en lui donnant une réelle personnalité, ce qui permettra de le reconnaître plus facilement au milieu des produits concurrents. C'est un excellent outil de mise en valeur des caractéristiques du produit.

Stylique : ensemble des techniques d'esthétique industrielle appliquées à la conception d'un produit en termes de formes, couleurs, matières, etc.

Elle s'applique au produit, au logo, à la charte graphique de l'entreprise, à l'architecture des bâtiments, etc. Une entreprise, qui utilise de manière coordonnée et cohérente ces différents domaines, met en place une stylique globale.

B. Les caractéristiques commerciales de l'offre

Les caractéristiques commerciales de l'offre correspondent à l'ensemble des éléments commerciaux descriptifs de l'offre, c'est-à-dire la marque, le prix, etc.

3 L'importance de la marque

A. Définition

La **marque** est l'ensemble des signes qui permettent de distinguer une entreprise de ses concurrents. Elle peut correspondre à un nom (ex. : Afflelou), des chiffres (ex. : RG512), un logo (ex. : la pomme pour Apple), des couleurs (ex. : orange pour Orange), un slogan (ex. : « À fond la forme » pour Décathlon) ou encore à un personnage (ex. : le Bibendum de Michelin).

B. Les caractéristiques commerciales de la marque

La marque doit posséder un certain nombre de caractéristiques commerciales pour être pertinente. Elle doit être :

EXEMPLE La marque Danone est déclinée pour plusieurs produits : Danette, Danao, Danacol.

– **mémorisable** : facilité de mémorisation de la marque, ce qui a pour conséquence de la différencier de ses concurrents ;
– **euphonique** : facilité de prononciation ;
– **évocatrice** : évoquer l'offre ;
– **déclinable** : facilité d'utiliser la racine du mot pour d'autres offres de l'entreprise.

Il faut relativiser l'importance de ces qualités dont l'appréciation est assez subjective.

C. Les caractéristiques juridiques de la marque

▪ **Des critères juridiques.** La marque doit respecter également certains critères juridiques afin de pouvoir être protégée, notamment contre la contrefaçon.

Elle doit être :

– **distinctive** : elle ne peut être descriptive ;

EXEMPLE La marque fromage ne peut être utilisée pour un fromage.

– **non déceptive** : elle ne doit pas tromper le consommateur sur le produit ;

EXEMPLE Les yaourts de la marque Bio sont devenus Activia.

– **conforme aux bonnes mœurs** : elle ne peut correspondre à des mots relevant d'un langage injurieux ou irrespectueux ;
– **disponible** : avant de déposer sa marque, il faut vérifier que celle-ci ne soit pas déjà prise (la non-exploitation d'une marque pendant cinq ans la rend disponible sauf pour motif légitime).

Pour être protégée la marque doit être enregistrée à l'Institut national de la propriété industrielle (INPI).

▪ **La marque, un élément de différenciation.** La marque est un élément important, car c'est un outil essentiel à la différenciation de l'entreprise face à ses concurrents. Une marque forte engendre une perception de haute performance des produits, une fidélité importante de ses clients, des marges qui pourront être conséquentes, une faible variation de la demande en cas d'augmentation de prix et à l'inverse une forte augmentation de la demande en cas de baisse de prix, etc.

▪ **La valeur.** La marque apporte de la valeur aux produits ou aux services auxquels elle s'applique ; c'est ce que l'on appelle le **capital marque**. Le capital marque dépend de l'image de marque et aussi de la notoriété. De plus, le design-produit et le *packaging* ont aussi un impact sur la valeur perçue.

4 Les caractéristiques d'une gamme

A. Définition

Une **gamme de produits** est un ensemble de produits de même catégorie proposés par un fabricant sur un marché *via* les mêmes canaux de distribution. La **gamme** correspond à un ensemble de produits et de services similaires définis autour d'une technologie, d'un concept ou d'un marché.

B. Les caractéristiques d'une gamme

Pour caractériser une gamme, on utilise la notion de **ligne**. Une ligne est un type de produits qui possèdent des caractéristiques communes. Chaque gamme est caractérisée :
– par sa largeur : le nombre de lignes de produits ;
– par sa profondeur : le nombre de produits différents proposés dans chaque ligne ;
– par son ampleur ou son étendue : le nombre total de produits proposés.

5 Le rôle des produits dans la gamme

A. Fonction des produits intra-gamme

À l'intérieur d'une gamme, chaque produit a une fonction précise, soit en termes purement marketing soit en termes financiers :
– **les produits leaders** sont des produits qui font le plus important chiffre d'affaires ;
– **les produits d'appel** ont pour but d'attirer le client et de faire vendre directement ou indirectement un produit *leader* ;
– **les produits qui préparent l'avenir** sont les futurs produits *leaders* qui permettront d'ouvrir de nouveaux marchés ;
– **les produits régulateurs**, lors d'une activité saisonnière, permettent de réguler les ventes sur l'année ;
– **les produits tactiques** permettent de faire face rapidement à une action des concurrents.

B. Les niveaux de gamme

Une entreprise peut offrir différents produits selon leur niveau de gamme :
– **l'entrée de gamme** désigne des produits de moindre qualité qui permettent des ventes importantes à faibles coûts ;
– **le milieu de gamme** propose des produits de qualité à prix moyen, ils offrent donc un bon rapport qualité-prix pour le consommateur ;
– **le haut de gamme** désigne des produits de grande qualité, au prix élevé dans leurs catégories. Le produit peut être considéré comme situé dans le haut de gamme, car il est rare ou exclusif ou propose plus de fonctionnalités.

C. Les politiques de marque

L'entreprise choisit en fonction de son positionnement, de sa cible et de ses objectifs une politique de marque. Elle s'orientera :
– soit vers **une gamme large et profonde** (gamme étendue) qui permet de répondre aux besoins d'une large clientèle et lui évitera de mettre tous ses « œufs dans le même panier ». En revanche, les coûts liés à la production et à la communication seront élevés ;
– soit vers **une gamme peu large, mais profonde** (gamme courte) qui conférera à la marque une image de spécialiste ; les coûts de gestion seront diminués, mais elle devra rester attentive aux évolutions pour ne pas se retrouver obsolète.

Le produit a-t-il un prix ?

1 Les différentes politiques tarifaires

A. Les politiques de prix unique

▪ **La politique de prix unique.** Cette politique consiste à fixer un prix unique pour toutes les offres proposées afin de faciliter la lisibilité de celles-ci pour le client.

EXEMPLE Certains point de ventes proposent un prix unique tel que « tout à 2 € ».

▪ **La politique de pénétration.** Elle consiste à pratiquer un prix bas, inférieur à celui des concurrents. Cette politique repose sur une vente importante en volume et une faible rentabilité unitaire. L'objectif peut être de conquérir rapidement un marché ou de baisser les coûts de production unitaires en bénéficiant d'économies d'échelle.

▪ **La politique d'alignement.** Elle consiste à pratiquer un niveau de prix identique à celui des concurrents.

▪ **La politique d'écrémage.** Elle consiste à pratiquer un prix plus élevé que celui des concurrents pour lancer un nouveau produit soit de manière temporaire (prix de départ élevé qui baisse progressivement), soit de manière permanente (offre novatrice ou de très grande qualité).

B. Les politiques de prix différenciés

▪ **Définition.** Cela consiste à fixer un prix qui varie en fonction de critères prédéfinis sans que le produit ou le service n'en soit modifié, par exemple, l'âge.

▪ **Politique de gestion des capacités (*yield management*).** C'est la politique de prix différenciés qui prend en compte la variation du prix de vente en fonction du moment d'achat et/ou de la consommation prévue. Cette politique est très utilisée dans le domaine du transport et de l'hôtellerie. Le *yield management* permet à une entreprise d'optimiser au mieux le profit généré par la vente d'un produit.

C. La gratuité

▪ **Actions promotionnelles.** Certains produits ou services sont proposés sans contrepartie financière. C'est le cas, lorsque le prix est considéré comme une barrière importante à l'incitation d'utiliser le service ou le produit. Ce type de politique est pratiqué par des organisations à but non lucratif. Par exemple, pour promouvoir et démocratiser l'art, certains musées sont gratuits.

EXEMPLE Pour fidéliser un client en matière d'abonnement à Internet, une entreprise peut lui offrir la gratuité du service pendant une certaine durée ; ou encore pour faire connaître un produit, par exemple une nouvelle chaîne payante peut être offerte pendant plusieurs mois (ex. : BEIN TV).

▪ **Le choix d'une politique de prix.** Il doit être cohérent avec les autres variables du plan de marchéage ainsi qu'avec les objectifs stratégiques.

2 La fixation du prix

ZOOM

Le **choix d'une politique de prix** conduit ensuite à la **fixation du prix de vente**. Pour cette étape, il convient de déterminer les éléments à prendre en compte dans la fixation de ce prix tels que : les coûts de production, la demande, le positionnement et les contraintes légales en vigueur.

A. La demande

▪ **L'élasticité de la demande.** Elle permet d'évaluer les réactions de la demande par rapport aux variations de prix. Une baisse des prix n'est pas toujours synonyme de hausse de la demande même si tel est le cas d'une manière générale. Un produit dont le prix baisse peut subir une perte d'image et une telle action a un impact sur les marges de l'entreprise.

▪ **Interprétation.**

Si $e = 0$, la demande est inélastique, c'est-à-dire qu'il n'y a pas de variation de la demande par rapport au prix.

Si $-1 < e < 0$, la demande est faiblement élastique, c'est-à-dire qu'il y a peu de variation de la demande en fonction du prix.

$$e(P) = \frac{\frac{\Delta D}{D}}{\frac{\Delta P}{P}}$$

e : élasticité
P : prix
D : demande
Δ : indique une variation (nouvelle valeur – ancienne valeur)

Si $e < -1$, la demande est très élastique, c'est-à-dire qu'une variation du prix entraîne une variation plus importante des ventes.

La connaissance du sens positif ou négatif et de l'ampleur de cette élasticité permet donc de prendre des décisions de prix.

B. Les coûts à prendre en compte

▪ **Les coûts liés à la fabrication.** Le **coût de revient** correspond à l'ensemble des charges directes et indirectes supportées par l'entreprise pour fabriquer et vendre un produit. La **marge fabricant** est la différence entre le prix de vente HT et le coût de revient. C'est le bénéfice unitaire que la vente d'un produit va dégager.

FABRICANT
Coût de revient
+
marge fabricant
=
prix de vente HT au distributeur

DISTRIBUTEUR
Prix d'achat HT du distributeur
+
marge du distributeur
+
TVA
=
prix de vente TTC au consommateur

▪ **Les coûts liés à la distribution.** La **marge distributeur** est la différence entre le prix de vente HT et le prix d'achat HT. C'est le bénéfice unitaire que la vente d'un produit va dégager pour le distributeur.

Le **coefficient multiplicateur** permet de passer du prix d'achat au prix de vente TTC.

Prix de vente TTC = Prix d'achat + Marge + TVA
Prix de vente TTC = Prix de vente HT × (1 + Taux de TVA)
Prix de vente HT = Prix de vente TTC/(1 + Taux de TVA)
Marge brute ou commerciale = Prix de vente HT – Prix d'achat HT
Coefficient multiplicateur = Prix de vente TTC/Prix d'achat HT

C. Les contraintes légales

Les règles juridiques imposent la prise en compte de certaines mesures dans la fixation du prix.

EXEMPLE Il est interdit de vendre à perte sauf pendant les périodes de soldes.

D. Les concurrents

En fonction de ses concurrents, l'entreprise aura le choix de pratiquer des prix plus bas, plus élevés ou encore un même niveau de prix.

3 La cohérence du prix

Le prix choisi doit être cohérent avec les autres éléments de la démarche mercatique, c'est-à-dire avec le positionnement, les objectifs de l'entreprise et l'environnement.

6 LE COURS

La grande distribution est-elle incontournable ?

ZOOM

Pour un producteur, la distribution de son produit fait partie de son offre. Les choix qu'il adopte en matière de distribution ont un impact direct sur la valeur perçue de son offre par le client.

1 Les stratégies de distribution

Canal : ensemble des organisations qui interviennent dans l'acheminement d'un produit de l'entreprise de production jusqu'au consommateur final.
Circuit de distribution : ensemble des canaux choisis par une entreprise.

A. Les différents canaux de distribution

Il existe différents canaux de distribution que l'on peut classer selon leur longueur, c'est-à-dire par rapport au nombre d'intermédiaires intervenant dans le processus :

– **le canal direct** : du producteur au client final ;

EXEMPLE Vente de fruits et légumes sur l'exploitation, vente d'usine, vente dans les magasins de la marque, vente sur Internet directement sur le site de la marque.

– **le canal court** : du producteur au distributeur au client final ;

EXEMPLE Vente de billets d'avion dans une agence de voyage.

– **le canal long** : du producteur au grossiste au distributeur au client final.

EXEMPLE Un primeur, un fleuriste, une librairie.

B. Les différentes stratégies de distribution

▪ **Distribution intensive.** Le fabricant souhaite être présent dans un maximum de points de vente. Le nombre de distributeurs commercialisant les produits sera élevé. Ce type de stratégie permet d'obtenir des volumes de vente importants, cependant cela peut provoquer une perte de contrôle du fabriquant sur la distribution de ses propres produits.

EXEMPLE Les marques agroalimentaires.

▪ **Distribution sélective.** Le fabricant commercialise son produit uniquement dans certains points de vente qu'il a lui-même sélectionnés ou sur une zone géographique déterminée. Son choix porte essentiellement sur des critères qualitatifs.

EXEMPLE Les produits de luxe sont commercialisés uniquement dans certains points de vente.

▪ **Distribution exclusive.** Le fabricant commercialise ses produits uniquement dans certains points de vente ; soit dans ses propres points de vente, soit il en donne l'exclusivité (produit en vente exclusive chez…).

▪ **Distribution multi-canaux.** Aujourd'hui, les fabricants ne choisissent pas la plupart du temps un seul canal mais une multitude de canaux de distribution. Le développement du e-commerce pousse les entreprises vers ce choix. En effet, de nombreux fabricants choisissent de vendre leurs produits dans des canaux traditionnels ainsi que sur leur propre site Internet.

2 Les unités commerciales physiques

A. Définition

Une unité commerciale physique est un lieu où se déplace le client pour accéder à une offre de produits ou de services.

B. Les caractéristiques physiques des unités commerciales

▪ **La taille.** Les points de vente peuvent être classés en fonction de leur superficie de vente.

▪ **Le degré d'indépendance.** Les **commerces indépendants** sont souvent de petits commerces de proximité, spécialisés ou non. Le **commerce associé** est le groupement des commerçants et la **franchise** (le contrat de franchise est le contrat par lequel un franchiseur donne son image et son savoir-faire à un franchisé en contrepartie d'un droit d'entrée et d'un pourcentage de son chiffre d'affaires). Le **commerce intégré** comprend les grands magasins, les magasins populaires, les coopératives de consommateurs, les chaînes d'hyper et supermarchés et les *discounters*.

▪ **La situation géographique.** Il s'agit du centre-ville, rue piétonne, galerie commerciale, périphérie, etc.

▪ **L'aménagement.** Le *merchandising* et l'architecture extérieure sont également des critères importants.

▪ **La nature et la taille de l'assortiment.** Il s'agit des produits proposés à dominante alimentaire ou non et du nombre de références présentes dans le magasin.

C. Les caractéristiques commerciales

▪ **La cible.** On distingue les points de vente dédiés aux particuliers, on parle de vente en *B to C (Business to Consumer)* ou aux professionnels, on parle de vente en *B to B (Business to Business)*. Dans les points de vente réservés aux professionnels, les produits sont vendus hors taxe et sont destinés à être revendus, ou à contribuer à la production, ou encore à l'organisation de l'entreprise.

EXEMPLE Le magasin Métro propose, tel un supermarché, des produits exclusivement réservés aux professionnels. Un restaurateur peut y acheter des fruits/légumes, des plats surgelés, des desserts instantanés, des boissons, des pailles, etc.

▪ **Selon le type de vente.**
– **le libre-service** : le consommateur se dirige librement dans le point de vente sans intervention du vendeur. Exemple : supermarché ;
– **le libre-service assisté** : des vendeurs sont présents et interviennent pour conseiller le consommateur si celui ci en fait la demande ;
– **la vente assistée** : obligation de passer par le vendeur.

▪ **Positionnement, concept.**

3 Les unités commerciales virtuelles

A. Définition

Les unités commerciales virtuelles sont des lieux de vente virtuels accessibles *via* Internet, on parle de **e-commerce**. Le développement des smartphones et des tablettes a conduit à développer un nouveau procédé d'achat : le **m-commerce**. C'est un lieu de vente virtuel accessible *via* un téléphone portable ou une tablette.

B. Caractéristiques

Les caractéristiques principales sont un espace de vente évolutif, la rapidité des achats, la personnalisation des offres proposées grâce à l'utilisation de cookies, la facilité de l'acte d'achat.

4 La relation producteur/distributeur

A. Une relation positive qui contribue à la création de valeur de l'offre

▪ **Des intérêts communs.** Les producteurs et les distributeurs ont des intérêts communs et doivent collaborer pour répondre aux exigences des consommateurs. C'est pourquoi ils développent des partenariats en utilisant des outils informatiques communs qui vont permettre de réduire les coûts et d'optimiser l'échange de données. De plus, les opérations de promotion peuvent être mises en place et permettront de faire connaître le produit, mais aussi de développer la fréquentation d'un point de vente. Dans ce contexte, producteur et distributeur ont une relation de partenariat, ils coopèrent afin de mieux satisfaire le consommateur, de réduire leurs coûts et de maximiser leur rentabilité.

▪ **La méthode ECR.** Afin de faciliter cette relation, la mise en place d'un ECR (*Efficient Consumer Response*) est nécessaire. C'est une stratégie qui permet de s'adapter aux changements de comportement de la demande et de faciliter les échanges entre producteurs et distributeurs. Elle consiste à rationaliser et automatiser la distribution de l'offre (de la production aux caisses). Cette méthode repose sur un bon produit, au bon endroit, au bon moment, en bonne quantité et au moindre coût.
Elle nécessite de prendre en compte trois grands axes :
– **le *merchandising*** (marchandisage) afin de mettre en valeur l'offre tout en rendant le point de vente attractif ;
– **la logistique** pour réduire les stocks et optimiser le réapprovisionnement ;
– **l'apport de nouvelles technologies** : l'échange de données informatisées (EDI) et l'utilisation de codes-barres facilitent la gestion des stocks et permettent de mieux connaître les attentes du consommateur.

B. Producteur/distributeur : une relation parfois difficile

ZOOM
Les relations producteurs/distributeurs ne sont pas toujours idylliques ; un rapport de force peut s'installer du fait d'objectifs différents.

▪ **Les objectifs liés à la valorisation de l'offre.** Le producteur souhaite que son offre bénéficie de la meilleure valorisation possible, c'est-à-dire qu'elle soit visible, facilement accessible (milieu du linéaire) alors que le distributeur va aménager son point de vente en fonction des besoins et attentes de sa clientèle.

▪ **Les objectifs liés à l'aspect financier.** Le distributeur cherche à maximiser sa marge, donc à acheter à un prix bas, et à mettre en valeur les produits sur lesquels il dégage le plus de marge. Pour que la relation producteur/distributeur soit positive, ils doivent dépasser la relation conflictuelle qui naît souvent de la phase de négociation.

7
LE COURS

Une entreprise doit-elle nécessairement faire de la publicité ?

ZOOM
La communication commerciale doit créer ou maintenir une relation positive avec sa cible afin de l'influencer. Elle peut porter sur une entreprise, une marque ou sur un produit. La communication globale regroupe ces trois aspects.

1 La mise en place d'une communication efficace et contrôlée

A. Les objectifs de communication

La communication cognitive (faire connaître) est la communication qui vise à informer sur l'existence d'un nouveau produit ou sur ses caractéristiques.

La communication affective (faire aimer) est la communication qui a pour but de modifier ou renforcer l'image d'un produit ou d'une marque.

La communication conative (faire agir) est la communication qui a pour but d'inciter le consommateur à l'achat.

B. Les cibles de communication

La cible correspond au public auquel s'adresse la communication mise en place ; on peut différencier des cibles internes à l'entreprise (salariés, actionnaires) et des cibles externes à l'entreprise (clients, clients potentiels, journalistes, leaders d'opinion, prescripteurs).

C. Les types de communication

En fonction de la cible choisie, il sera possible de mettre en place deux stratégies :
– **la stratégie *push*** : actions sur les cibles intermédiaires (distributeurs, prescripteurs…) ;
– **la stratégie *pull*** : action sur la cible finale (consommateur).

2 La communication média : la publicité

ZOOM
Pour mettre en place un plan média (document qui regroupe l'ensemble des actions publicitaires prévues sur une période donnée), il faut choisir les médias (moyens interpersonnels de diffusion d'une information, exemple : la télévision) utilisés ainsi que les différents supports (supports matériels sur lesquels se situent le message, exemple : M6).

A. Les différents médias traditionnels

▪ **La télévision.** Média très puissant, mais très onéreux, la télévision permet une certaine sélection de la population grâce à la programmation des chaînes généralistes ainsi qu'aux chaînes thématiques et régionales.

▪ **La radio.** Il est nécessaire de distinguer les radios nationales des radios locales. Au niveau national, la diffusion de messages a un coût très élevé. Certaines stations ont un auditoire très ciblé, d'autres non. Au niveau local, les coûts sont moindres et ces radios permettent une bonne sélection géographique. Ces dernières sont surtout utilisées pour la diffusion d'ouverture de magasins, d'annonce de promotions, etc.

▪ **L'affichage.** Il existe de nombreux formats d'affichage, par exemple les 4 × 3 dits « grands formats », ou encore des formats adaptés aux abribus, gares, etc. Il existe des panneaux d'affichage vidéo ou encore trivision qui permettent une bonne attractivité.

▪ **La presse.** Elle regroupe différents types de presse qu'il est possible de classer selon le lieu de diffusion, la cible visée ou encore le prix.

Type de presse	Intérêts	Exemple de support presse
Presse quotidienne nationale (PQN)	Elle compte des informations générales relatives à l'actualité sur des thèmes tels que l'économie, la politique, le sport, etc. Elle s'adresse à un large public et paraît quotidiennement.	*Le Monde*
Presse quotidienne régionale (PQR)	Elle contient des informations économiques, politiques, sportives, relatives aux faits divers et loisirs qui comptent d'une manière générale un caractère local. Elle permet une bonne sélection géographique et bénéficie d'un tirage quotidien.	*Nice-Matin*
Presse gratuite	C'est la presse généraliste, distribuée gratuitement.	*20 minutes*
Presse spécialisée	Elle s'adresse à un public qui présente des similitudes telles que l'âge, les loisirs et des centres d'intérêts communs.	*Notre Temps* (magazine à destination des seniors)
Presse professionnelle	Elle s'adresse à un public présentant des intérêts professionnels communs.	*LSA*

B. Les autres médias

▪ **Le cinéma.** L'avantage de ce média est la forte attention du public, ce qui permet une plus grande mémorisation du message ainsi que la qualité de diffusion. De plus, il permet une bonne sélection géographique et qualitative.

▪ **Internet.** Média incontournable, Internet permet d'accroître la notoriété, de générer du trafic sur un site et d'augmenter son chiffre d'affaires. Il existe différents types de moyens de faire de la publicité sur Internet grâce à l'utilisation de bannières, liens sponsorisés, textes, vidéos, etc.

▪ **Le placement de produit.** Il consiste en la mise en avant du produit dans différents supports culturels (films, clips, séries, etc.). Il est indiqué par un pictogramme « P ». Les objectifs sont de faire connaître le produit ou la marque et de bénéficier de l'image positive du support pour les faire aimer.

8 LE COURS

Une entreprise peut-elle trouver une alternative à la publicité avec la communication hors média ?

1 La promotion des ventes

ZOOM

Pour faire connaître un produit, fidéliser le client ou encore pour augmenter rapidement ses ventes, l'entreprise peut avoir recours à la promotion des ventes. Il existe trois grands types de promotion des ventes.

A. Les promotions avec un avantage lié au prix

- **Le bon de réduction immédiate ou différée :** réduction de prix égale à la valeur du bon de réduction soit immédiatement, soit lors d'un prochain achat.
- **L'offre de remboursement :** remboursement total ou partiel du produit en contrepartie d'une preuve d'achat.
- **L'offre sur carte de fidélité.**
- **La vente par lot.** On place au sein d'un sur-packaging plusieurs produits identiques ou différents à un prix généralement inférieur à celui des articles vendus séparément.
- **La vente groupée :** en échange d'une augmentation de leurs ventes en volume, les producteurs consentent une baisse de prix. Ex. : Groupon.com.

B. Les promotions avec un avantage lié à un cadeau

Un **échantillon** permet de tester le produit grâce à une petite quantité de produit offerte. La **prime** peut prendre différentes formes comme un objet publicitaire, un conditionnement exceptionnel pouvant être réutilisable ; elle est considérée comme un cadeau.

C. Les promotions avec un avantage lié à un jeu

Les jeux et les concours permettent aux entreprises de récolter des données intéressantes sur la cible en les incitant à remplir des coupons-réponse pour participer à un tirage au sort. Les jeux doivent être sans obligation d'achat.

2 La mercatique directe

La mercatique directe est un système qui permet un contact direct avec la cible grâce à l'utilisation de médias. Les réponses obtenues sont facilement mesurables.

Moyens	Définitions	Avantages	Limites
Téléphone	Contact direct avec le client pour l'informer ou le fidéliser.	Permet l'interaction entre le conseiller et le client ou client potentiel.	Risque de déranger Fort taux de non réponse.
Sms/mms	Message écrit court envoyé par téléphone.	Permet d'informer les clients ou prospects. Peu coûteux.	De plus en plus utilisé, donc risque possible de saturation.
Courrier	Envoi d'une lettre personnalisée avec éventuellement des documents joints ou des coupons-réponse.	Le message est personnalisé.	Coût élevé, faible taux de retour.

Moyens	Définitions	Avantages	Limites
Courriel	Envoi d'un courriel personnalisé avec l'accord préalable de l'internaute.	Le message est personnalisé et le coût peu élevé.	Très nombreux donc souvent mis à la corbeille avant d'être ouverts car considérés comme indésirables (spams).
Imprimé sans adresse	Prospectus distribués dans les boîtes aux lettres.	Permet une bonne sélection géographique.	Trop nombreux, souvent jetés avant d'être lus.

3 La communication événementielle

A. Le parrainage

Le parrainage est un soutien financier et matériel apporté par un parrain à un individu ou à une organisation en contrepartie de la diffusion de la marque afin d'accroître la notoriété, d'améliorer la perception de l'image et d'augmenter le chiffre d'affaires. Les résultats attendus sont sur du court ou moyen terme. Le risque principal est une image dégradée dans le cas où un événement négatif surviendrait lors de la manifestation sponsorisée.

B. Le mécénat

ZOOM

La **communication événementielle** permet grâce à l'organisation ou à la participation à un événement d'atteindre les objectifs que l'organisation s'est fixés en termes de communication.

Le mécénat est un soutien financier ou matériel apporté par un mécène à un individu ou à une organisation pour la mise en valeur d'œuvres culturelles ou humanitaires en contrepartie de véhiculer une image positive chez le consommateur sur du long terme.

La communication événementielle regroupe les participations aux foires et salons, les relations publiques et le *street-marketing*.

4 La création du message et le contrôle

A. La création du message

- **Tout message diffusé doit être argumenté et donner l'envie de lire.** L'argumentation est la transformation d'une opinion en argument.

- **La méthode CAP.** Elle permet la construction d'une argumentation logique :

– **les caractéristiques de l'offre** peuvent être techniques ou commerciales, ce sont sur elles que vont porter les arguments ;

EXEMPLE Un téléviseur possédant 2 haut-parleurs intégrés.

– **l'avantage** que peut en retirer le consommateur ;

EXEMPLE Un son stéréo d'une qualité exceptionnelle.

– donner un avantage ne suffit pas pour convaincre, il faut en apporter **la preuve**.

EXEMPLE « Un son réaliste chez vous, tel qu'au cinéma. »

B. Des messages pas toujours contrôlés

À l'heure actuelle, de nombreux messages circulent sur un produit, une marque ou une entreprise sans que celle-ci ne l'ait décidé. Elle perd donc le contrôle de sa communication. Il existe différents moyens pour véhiculer rapidement des messages informels tel que le *buzz* ou encore la mercatique virale. Pour réagir face à ces attaques, l'organisation met alors en place une communication de crise.

Fidéliser ou conquérir : l'entreprise doit-elle choisir ?

ZOOM

La **fidélité** est l'attachement inconscient ou non que possède un consommateur pour un produit, une marque ou un point de vente.

1 Les différents types de fidélité

A. La fidélité comportementale

La fidélité comportementale est liée à l'acte d'achat répété d'un produit ou d'une marque. Un produit peut être acheté régulièrement par habitude ou pour une de ses caractéristiques sans qu'il n'y ait pour autant de fidélité à la marque.

B. La fidélité attitudinale

La fidélité attitudinale est l'attitude favorable d'un consommateur envers la marque. Elle repose sur la composante affective de l'attitude. C'est la préférence d'un consommateur pour une marque. Cependant, la fidélité attitudinale ne suffit pas, car un consommateur peut préférer une marque, mais ne pas l'acheter. La fidélité comportementale et attitudinale sont étroitement liées. En effet, très souvent quand un consommateur aime un produit, il l'achète. Cependant, un consommateur peut acheter un produit, par exemple pour son prix, sans pour autant avoir une préférence pour celui-ci.

2 Les stratégies de fidélité

A. Les stratégies de fidélisation induite

La stratégie de fidélité induite peut être liée à une situation dans laquelle le consommateur n'a pas le choix. Elle peut résulter d'une situation de monopole, de nombreux avantages liés à la fidélité ou encore à un produit lié à un autre indispensable.

B. Les stratégies de fidélisation recherchée

La stratégie de fidélisation recherchée correspond à l'ensemble des actions menées par l'entreprise pour construire et entretenir la fidélité d'un client.

3 Les facteurs de fidélité

A. Les facteurs de fidélité liés au produit

- **La satisfaction.** Elle est l'impression positive ou négative qui suit l'acte d'achat ou de consommation. Elle influence fortement la fidélité d'un client. En effet, un client satisfait aura tendance à réitérer son acte d'achat ou de consommation pour connaître à nouveau ce sentiment positif. Cependant, elle ne suffit pas à elle seule à fidéliser le client car même satisfait, celui-ci peut être influencé par les actions de la concurrence et avoir envie de changer.

- **Le rapport qualité-prix.** C'est un élément important qui va induire la fidélité. C'est le rapport entre la capacité d'un produit à satisfaire un besoin et le sacrifice que le consommateur a consenti pour l'acquérir. Plus le rapport qualité-prix est bien perçu, plus le client aura tendance à être fidèle.

- **L'image de marque.** Elle est également un facteur qui influence la fidélité.

- **Les services associés.** Ils peuvent inciter le client à toujours acheter le même produit, la même marque ou dans le même point de vente. La personnalisation de l'offre est un service associé qui fidélise la clientèle. En effet, en rendant chaque produit unique, elle permet au client d'être valorisé et de se sentir lui-même unique.

B. Les facteurs de fidélité liés au point de vente

- **L'expérience de consommation.** Elle doit être un moment unique, liée à un sentiment de bien-être. Une expérience positive conduira à l'envie de revenir et de racheter dans ce point de vente.

- **L'aménagement du point de vente.** C'est un élément clé de la fidélisation. Le consommateur est habitué au point de vente dans lequel il a des repères et se dirige facilement. Lors d'un changement, le client peut se sentir perdu ; il doit à nouveau chercher ses produits parmi une multitude d'offres. Le sentiment ressenti à ce moment précis peut être désagréable et lui donner envie de faire ses achats ailleurs.

4 Les outils de fidélité

A. Les programmes de fidélisation

Un **fichier clients** complet et à jour est un outil indispensable à tout programme de fidélisation afin d'éviter une perte de temps et d'argent. Un service clientèle pourra soit réceptionner les appels de clients, soit émettre. Le fabricant pourra envoyer des catalogues, lettres, magazines afin de présenter les nouvelles collections et informer régulièrement le client sur les actions de la marque. Le distributeur pourra mettre en place une carte de fidélité. C'est un outil indispensable pour fidéliser un client à un point de vente. La carte permet de mieux connaître les attentes du client et de lui proposer des actions de fidélisation en fonction de ses achats.

B. La GRC

La **gestion relation client** (GRC) est une méthode de coordination et de planification des actions qui a pour but de bâtir une relation forte, personnalisée, interactive et durable avec le client en le plaçant au centre de la démarche mercatique.

10 LE COURS La mercatique durable : mythe ou réalité ?

1 Les facteurs qui poussent l'entreprise à la mercatique durable

A. Les lois

Les lois évoluent constamment en matière environnementale et obligent l'entreprise à adapter ses pratiques très régulièrement.

B. Les normes

Les normes impactent l'entreprise qui souhaite obtenir des produits normalisés tant au niveau de la production, que de la conception du produit ou de la commercialisation. Elles sont contraignantes pour l'entreprise, mais elles permettent la reconnaissance des efforts grâce à la normalisation.

C. La pression des consommateurs

La pression des consommateurs peut s'exercer de différentes manières telles que par la mise en place de *boycotts* ou *via* des associations de consommateurs. Ce sont des groupes de pression qui ont un fort impact sur les ventes et surtout sur l'image quand leurs revendications sont relayées par les médias.

2 Choix du positionnement

L'entreprise va devoir se repositionner en fonction de la nature de ses objectifs. Elle pourra opter pour un positionnement :
- **environnemental** : produit respectueux de l'environnement au sens écologique ;
- **social** : respect des lois et des valeurs sociales ;
- **sociétal** : respect des valeurs liées à la société.

EXEMPLE Ne pas faire travailler des enfants, mettre en place de bonnes conditions de travail pour ses salariés sont des exemples de positionnement social.

3 Les avantages liés à l'utilisation de la mercatique durable

A. La réduction des coûts

La réduction des coûts peut être liés à une diminution de l'utilisation d'énergie, une réduction des matériaux utilisés, des économies d'échelle si les ventes sont plus importantes.

B. Augmentation de l'innovation

La mise en place d'une mercatique durable nécessite de repenser l'organisation du travail et des pratiques ; cela permet à l'entreprise d'innover constamment pour être toujours plus respectueuse des valeurs qu'elle a choisi de respecter.

C. Élément de différenciation

La mercatique durable permet à l'entreprise de trouver un élément de différenciation face à ses concurrents qui ne l'ont pas mise en place.

D. Amélioration de l'image de marque

Grâce à l'adoption de valeurs durables l'entreprise va améliorer son image et ainsi fidéliser sa clientèle.

4 La mise en place d'une mercatique durable

La mise en place d'une mercatique durable s'applique de la conception du produit jusqu'au recyclage du produit utilisé par le consommateur. Elle a donc un impact réel à tous les niveaux de la démarche mercatique.

A. Impact sur l'offre ou éco-conception

- **Au niveau du *packaging*.** Il s'allège, les matériaux utilisés sont recyclés et recyclables.

EXEMPLE Des yaourts ou des dentifrices sont maintenant vendus sans emballage secondaire.

- **Au niveau des composantes du produit.** L'utilisation d'éléments moins polluants et issus d'une agriculture biologique dans la conception du produit.

- **Au niveau de l'étiquetage.** La traçabilité et l'origine des produits sont renseignées et précisées sur l'étiquetage.

B. Impact sur la distribution

Certains distributeurs privilégient les produits locaux afin de diminuer les coûts de transport et les émissions de CO_2.

C. Impact sur la communication

La construction de l'argument repose sur le choix de positionnement qu'a fait l'entreprise en matière de mercatique durable.
La **mercatique durable** est la mise en place d'une démarche respectueuse des composantes écologiques, sociales et éthiques. Les normes peuvent être définies comme un ensemble de règles qui doivent être appliquées de la conception du produit, en passant par ses caractéristiques, jusqu'à la distribution au consommateur final.

11 LE COURS — La mercatique peut-elle être éthique ?

1 Pourquoi l'entreprise peut-elle choisir de ne pas respecter l'éthique ?

L'éthique des affaires : ce qui devrait être fait ou ce qui ne devrait pas être fait au nom de principes moraux.

Dans sa recherche permanente de profit, l'entreprise peut être confrontée à ce choix de non-respect de l'éthique. En effet, l'éthique revêt une dimension sur le long terme et le profit doit trop souvent être immédiat. Dans ce contexte, les entreprises peuvent être tentées d'avoir recours à certaines pratiques non conformes à l'éthique. Les conséquences de ces pratiques peuvent être une image détériorée et des ventes qui diminuent.

2 Les différents cas de pratiques non éthiques

A. Le cas de la publicité mensongère

La publicité mensongère ou trompeuse est un message publicitaire, sous quelque forme que ce soit, qui contient au niveau du fond ou de la forme des éléments susceptibles d'induire en erreur le consommateur. La publicité mensongère est interdite en France. Elle est définie dans l'article L121-1 du Code de la consommation. Elle est sanctionnée par une amende et par deux ans d'emprisonnement maximum. Dans le cas où le préjudice subi par le consommateur est important, celui-ci peut demander réparation.

B. Le cas de la vente agressive ou le *hard-selling*

Le *hard-selling* est une technique de vente qui consiste à obtenir l'accord du consommateur par tous les moyens argumentatifs possibles. C'est une technique de manipulation qui pousse le consommateur à l'achat. L'argument le plus utilisé est le prix.

ZOOM

En proposant un prix élevé au départ, le vendeur le baisse au fur et à mesure de la phase de négociation, quitte à réduire sa marge au maximum. Le consommateur est alors tenté de passer à l'achat par peur de rater une bonne affaire. Si le prix final annoncé par le vendeur avait été le prix initial, le consommateur n'aurait pas porté intérêt à cette vente.

3 La réactance psychologique et ses conséquences sur les pratiques marketing

Face à certaines pratiques, les consommateurs ont tendance à rejeter le modèle de consommation actuelle. Ils se dirigent alors vers une consommation plus responsable et plus citoyenne. Ces consommateurs responsables optent pour des produits issus du commerce équitable, favorisent les achats de proximité et privilégient les produits biologiques.

EXEMPLE Mise en place ponctuelle d'actions telles que la journée sans achat ou le mouvement *no logo*. *Boycott* de certains produits ou marques.

4 La protection du consommateur

A. Le consumérisme

Le consumérisme est l'ensemble des actions menées par des regroupements de consommateurs dans le but de défendre leurs intérêts. Face aux abus de pouvoir et au manque d'éthique qui peuvent être observés dans certaines entreprises, le consumérisme a permis de faire évoluer les règles juridiques visant à protéger le consommateur.

B. L'Institut national de la consommation (INC)

Établissement public sous la tutelle du ministère de l'Économie et des Finances, l'INC est chargé d'informer le consommateur. Pour ce faire, il met en place des études, des analyses, des tests produits. C'est également un soutien technique aux organisations de consommateurs agréées.

C. Les chartes éthiques

Charte éthique : document qui rassemble les engagements, les règles, les valeurs et les pratiques qu'a choisi d'adopter et de respecter une entreprise ou une profession.

La charte éthique est un outil permettant de rassurer les partenaires externes de l'entreprise et les consommateurs. Elle garantit le respect des règles énoncées dans son contenu afin de satisfaire le client. Elle permet ainsi à l'entreprise d'affirmer son positionnement éthique, d'asseoir son image et de maintenir sa réputation. Cependant, elle n'a pas de réelle portée juridique et constitue essentiellement un outil de communication externe.

D. Le Code de déontologie

Le Code de déontologie est un ensemble de règles éthiques élaborées par des organisations professionnelles (très souvent des associations professionnelles). Elles ont pour objectif de compléter les règles juridiques en matière de respect des règles éthiques et de loyauté. Elles ne reposent donc pas sur un cadre légal mais sur le bon vouloir des entreprises qui veulent les appliquer.

E. Le droit de la concurrence

La Direction générale de la concurrence de la consommation et de la répression des fraudes (DGCCRF) a trois grandes missions :
– la régulation concurrentielle des marchés ;
– la protection économique des consommateurs ;
– la sécurité des consommateurs tant au niveau des produits alimentaires que non alimentaires et des services.

5 Le commerce équitable

Le commerce équitable est une forme d'activité commerciale qui a pour but d'assurer une équité aux fournisseurs les plus démunis et notamment ceux des pays du Sud. Elle a pour objectif de **rétablir des relations plus équitables entre les pays du Nord et ceux du Sud** tout en respectant des conditions de travail décentes et l'environnement. Elle permet une relation commerciale équilibrée avec un nombre limité d'intermédiaires. Cette pratique permet de réduire les marges et ainsi de garantir un prix d'achat permettant au producteur d'assurer l'assouvissement de ses besoins primaires. De plus, ce principe garantit au producteur un respect de ses droits sociaux tout en préservant des modes de production respectueux de l'environnement.

Sujet du Bac

Mise en situation

L'entreprise artisanale de produits ménagers biologiques Emerine a été créée en 1971. Elle est implantée dans les Alpes-Maritimes et est présente sur le marché local. Les produits sont 100 % naturels, biodégradables et labellisés « écocert ». Ils sont composés sans solvant, ni colorant, ni paraben. L'ensemble des produits ménagers vendus est fabriqué à Grasse. La société emploie 13 personnes et bénéficie d'un point de vente en son nom en centre-ville. Elle souhaite étendre ses ventes sur toute la France grâce à la création d'un site Internet marchand et d'un référencement dans des points de vente spécialisés.

1 Partie 1 : analyse de la demande et de la gamme

1 Analysez les tendances sur le marché des produits ménagers en France de 2010 à 2013 et l'évolution des ventes de produits ménagers écologiques sur la même période. Que constatez-vous ?

2 Relevez et classez les facteurs psychologiques qui influencent l'achat de produits ménagers écologiques.

3 Analysez la gamme de l'entreprise Emerine.

4 Concluez sur la cohérence entre la gamme Emerine et les attentes des consommateurs.

➤ Corrigé page 85

2 Partie 2 : un nouveau mode de distribution

Afin de développer ses ventes, l'entreprise Emerine souhaiterait créer un site Internet marchand et tester l'implantation de ses produits dans les magasins spécialisés de la région.

5 Justifiez la création d'un site Internet marchand en identifiant ses avantages et ses limites.

6 Trouvez 3 arguments pour inciter les magasins spécialisés à référencer les produits ménagers Emerine.

7 Montrez la cohérence entre l'animation commerciale prévue dans les magasins spécialisés et les freins détectés dans la demande.

8 Proposez deux actions commerciales pour faire connaître son site Internet. En quoi sont-elles cohérentes avec l'organisation et ses objectifs ?

➤ Corrigé page 86

Question de gestion

À l'aide des annexes 2 et 5 et de vos connaissances, répondez à la question de gestion suivante : En quoi l'utilisation abusive de l'argument éthique peut-elle remettre en cause la valeur de ces produits ?

➤ Corrigé page 86

Annexe 1 : La gamme de produits ménagers Emerine

Produits sol : senteurs : lavande, menthe, citronnelle, cannelle, rose, mimosa ; bouteille de 1 litre, bouteille de 2 litres.
Produits multi-usages : senteurs : lavande, cannelle, rose, mimosa ; bouteille de 1 litre, spray de 1 litre.
Produits désinfectants : senteurs : lavande, menthe ; bouteille de 1 litre, spray de 1 litre.
Produits cuisine : senteurs : lavande, rose, mimosa ; spray de 1 litre, recharge de 1 litre.
Produits salle de bains : senteurs : lavande, menthe, citronnelle ; spray de 1 litre, recharge de 1 litre.
Liquides vaisselle : senteurs lavande, menthe, romarin, existent en version concentrée (500 ml) et non concentrée (1 litre).

Annexe 2 : Les tendances de la demande

Chaque famille française consomme entre 10 et 20 litres de produits ménagers par an, ce qui correspond à un budget de 220 €. Alors que globalement l'achat de produits ménagers stagne, le secteur des produits écologiques ne cesse de croître et représente environ 5 % des achats en 2013.
95 % des Français estiment que les produits ménagers actuels comportent des risques pour l'environnement et 84 % d'entre eux pensent qu'il existe des risques pour la santé. Les produits écologiques bénéficient d'une image positive : 85 % des Français les trouvent tout aussi efficaces que les produits ménagers classiques et 80 % estiment qu'ils sont moins nocifs pour l'environnement et pour la santé. Les Français recherchent à la fois des produits efficaces et possédant des senteurs originales. Cependant, 52 % d'entre eux pensent que les produits écologiques sont plus chers que les produits classiques ; 39 % pensent qu'il existe un manque d'information sur l'origine des produits utilisés dans la conception du produit et qu'ils sont souvent difficiles à repérer dans les linéaires des grandes surfaces. Ces produits écologiques sont effectivement 20 centimes plus chers par litre que les produits issus de l'industrie de pétrochimie. Certains segments bénéficient encore plus largement de cette « vague verte ». C'est notamment le cas des liquides vaisselle concentrés, un produit vendu sur quatre est labellisé écologique.
Aujourd'hui, les Français privilégient le *made in* France. 95 % d'entre eux estiment que c'est un acte citoyen. Le marché des produits ménagers n'échappe pas à cette nouvelle tendance. De plus, les produits fabriqués en France limitent l'utilisation de transport et donc réduisent les émissions de CO_2. Cependant, tout n'est pas si rose. De nombreuses marques utilisent les arguments écologiques et éthiques pour vendre et étendre leur marché, mais n'en respectent pas les principes. Ce procédé se nomme l'écoblanchiment ; l'objectif de l'entreprise est de se positionner comme socialement et/ou environnementalement responsable vis-à-vis de sa cible. De nombreuses enquêtes ont été faites et diffusées dans la presse ou à la télévision afin de sensibiliser l'opinion publique. Beaucoup de Français doutent de la véracité de ces arguments et hésitent à acheter ces produits plus chers que les autres.

Annexe 3 : Consommation produits ménagers écologiques en millions d'euros

Années	2010	2011	2012	2013
Consommation	126	132	139	148

Annexe 4 : L'animation commerciale

Afin de faire connaître les produits Emerine dans les surfaces spécialisées une animation commerciale sera organisée. Un animateur présentera l'ensemble des produits en les mettant en situation afin d'en prouver l'efficacité. Cette théâtralisation de l'offre sera couplée à la distribution d'une plaquette explicative de l'ensemble de la gamme des produits ménagers Emerine. Elle vise également à présenter le procédé de fabrication et sera illustrée avec des photos de l'usine de production. Des informations telles que le site Internet, l'adresse et le numéro de téléphone seront notifiées, une visite de la chaîne de production sera proposée sur rendez-vous.

Annexe 5 : Le rôle et les différents labels relatifs aux produits ménagers

Les produits ménagers bio sont aujourd'hui présents dans les boutiques spécialisées et se retrouvent de plus en plus dans les rayons des grandes surfaces. Le consommateur peut se sentir perdu face aux nombreux arguments marketing reposant sur l'écologie. Afin de le guider, des labels ont été créés pour vérifier le caractère écologique :
– l'écolabel européen et le label français « NF environnement » délivrés par l'AFNOR, certifient que les produits répondent à des impératifs écologiques ;
– le label Ecocert apporte une garantie très fiable, car il est délivré par un organisme indépendant, agréé par les pouvoirs publics, qui effectue des contrôles réguliers ;
– le label Origine France Garantie a été créé en mai 2011 et est délivré par l'organisme de vérification Veritas. Pour l'obtenir, l'entreprise doit pouvoir réunir deux critères : le produit qu'elle commercialise prend ses caractéristiques essentielles en France et au moins 50 % du prix de revient unitaire (PRU) est acquis en France.

1 Partie 1 : analyse de la demande et de la gamme

1 La consommation annuelle des Français représente entre 10 et 20 litres de produits ménagers. Ces ventes ont tendance à stagner.

CONSEIL Afin d'analyser une tendance, il est nécessaire d'en connaître les évolutions. C'est pourquoi, il faut calculer les taux d'évolution.

Années	2010 à 2011	2011 à 2012	2012 à 2013	2010 à 2013
Taux d'évolution	4,76 %	5,3 %	6,47 %	17,46 %

Une fois les calculs effectués, des commentaires doivent être rédigés avec une partie constat et une autre analyse.

Constat : Chaque année la consommation de produits ménagers écologiques ne cesse de croître. Elle augmente de 17,46 % de 2010 à 2013.
Analyse : On peut donc dire que le secteur des produits ménagers est un secteur porteur. Par rapport au cycle de vie du produit, il est nécessaire de préciser qu'il est en phase de croissance.
Conclusion : Contrairement à la tendance de stagnation du marché des produits ménagers, le secteur particulier des produits écologiques ne cesse de croître. Ce dernier reste donc un secteur très porteur.

2 Les facteurs psychologiques influencent l'achat de produits ménagers écologiques :
– **le besoin** : selon Maslow l'acte d'achat répond à un besoin de sécurité avec une bonne hygiène et l'utilisation de produits non toxiques ;
– **les attentes** : des produits responsables, efficaces, aux senteurs originales ;
– **les motivations** oblatives (respect de l'environnement) et hédonistes (« se faire plaisir avec une maison qui sent bon ») ;
– **les freins** : les peurs (payer trop cher), le risque (pour la santé et pour l'environnement).

CONSEIL Les facteurs psychologiques qui influencent l'acte d'achat sont les besoins, les attentes, les motivations et les freins. Ils ont été abordés dans la question de gestion : Le consommateur est-il toujours rationnel dans ses choix ?

3 Les caractéristiques de la gamme de l'entreprise Emerine sont :
– la **largeur** : 6 lignes de produits ;
– la **profondeur des lignes** : produits sol (12), produits multi-usages (8), produits désinfectants (4), produits cuisine (6), produits salle de bains (6), produits liquides vaisselle (6) ;
– l'**ampleur** : 42 produits.
La gamme est large : 6 lignes sont proposées et elles sont plutôt profondes.

CONSEIL La largeur d'une gamme correspond au nombre de lignes, sa profondeur se définit par le nombre de produits par ligne et l'ampleur est le nombre total de produits.

4 La gamme paraît bien répondre aux attentes des consommateurs. En effet, elle est composée uniquement de produits respectueux de l'environnement, labellisés, fabriqués avec des procédures artisanales en France. De plus, les différents parfums proposés répondent à l'envie de senteurs originales.

2 Partie 2 : un nouveau mode de distribution

5 Les avantages et les limites de la création d'un site Internet marchand :

Avantages	Limites
• Lien direct avec la clientèle. • Il permet une stratégie de distribution multi-canaux. • Il facilite la prise de commande avec un accès 7 jours/7 et 24 heures/24.	• Les coûts onéreux (logistiques et humains) liés à la création du site, à l'hébergement et aux mises à jour. • Les frais engagés pour faire connaître le site et obtenir un bon référencement.

6 Les arguments pour inciter les magasins spécialisés à référencer les produits ménagers Emerine sont les suivants :
– les produits Emerine sont des produits locaux totalement écologiques, leur présence dans vos linéaires enrichirait considérablement votre assortiment. En plus de répondre à une demande orientée écologique, ils correspondent parfaitement aux attentes de vos clients qui souhaitent acheter plus responsable, en favorisant les produits locaux ;
– les animations vont générer un trafic supplémentaire dans le point de vente, ce qui favorisera les achats et sera donc une source d'augmentation du chiffre d'affaires ;
– vendre des produits locaux conférera une image positive et notamment celle d'entreprise citoyenne ;
– nos produits sont uniques et proposent des senteurs originales qui répondent parfaitement aux attentes de la demande. Ils ne seront pas vendus dans la grande distribution, ce qui confère une exclusivité aux points de vente spécialisés.

7 L'animation est cohérente avec les freins détectés. En effet, grâce à la démonstration, elle donne la preuve de l'efficacité des produits. En communiquant sur la provenance, la labellisation et le mode de production, elle rassure le consommateur. Ainsi, elle lève les freins liés à l'efficacité et à la provenance des produits.

8 Les actions commerciales pour faire connaître son site Internet : en quoi sont-elles cohérentes avec l'organisation et ses objectifs ?
– Un site de ventes groupées permet de faire connaître le site Internet en proposant une quantité donnée de produits à prix réduits, ce qui va inciter les abonnés du site de ventes groupées à venir visiter le site Emerine.
– Faire de la publicité très ciblée sur les réseaux sociaux.
– Promotion : par exemple, les frais de port offerts sur une période donnée dès 15 € de commande ; car le surcoût engendré par les frais de port peut être un frein à l'achat.

Question de gestion :

En quoi l'utilisation abusive d'arguments éthiques peut-il remettre en cause la perception de ces produits ?

CONSEIL Pour cerner ce sujet, il est utile d'en définir les termes et de faire le lien avec les parties du cours concernées par la question de gestion. Il faut noter toutes les idées au brouillon. Elles devront ensuite être structurées et transformées en arguments. La construction de l'argument passe par l'idée puis l'explication de celle-ci et enfin par son illustration.
L'explication est la justification de l'idée. L'illustration correspond à l'utilisation d'exemples pour prouver ce qui a été expliqué. Les exemples peuvent être puisés dans les annexes de la partie du sujet de gestion. Cependant, il est aussi possible d'étayer cette partie avec ses propres exemples s'ils sont pertinents et judicieux.
Il n'est pas nécessaire d'introduire et de conclure car, comme l'indique l'intitulé, c'est une question. Pour répondre à la question trois à quatre arguments suffisent.
En ce qui concerne la présentation, la copie devra être aérée et ne pas excéder deux pages (une feuille recto verso).

Quelques définitions à connaître :
– argument éthique : l'argumentation repose sur des éléments valorisant les qualités éthiques d'une offre ou d'une entreprise ;
– l'éthique correspond à des manières d'agir ou non du fait de principes moraux.
– perception: interprétation des éléments externes par un individu en vue de construire une image cohérente du monde qui l'entoure.

Face à certaines pratiques, les consommateurs ont tendance à rejeter le modèle de consommation actuelle. Ils se dirigent alors vers une consommation plus responsable et plus citoyenne. Ces consommateurs responsables vont opter pour des produits plus éthiques tels que les achats de proximité et les produits biologiques et écologiques. Afin de rassurer le consommateur dans ses choix des labels ont été créés. En France, il existe des labels alimentaires reconnus par les pouvoirs publics. On peut à ce titre citer les labels AOC (appellation d'origine contrôlée) ou AB (agriculture biologique). Ils certifient l'origine du produit ou encore que la production respecte un cahier des charges d'une agriculture biologique. Ils permettent au consommateur d'obtenir une certification reconnue de la valeur du produit et des méthodes utilisées pour sa conception. C'est donc une garantie qui va rassurer le consommateur et faciliter l'acte d'achat. Pour l'entreprise c'est un excellent élément de différenciation qui permet d'accroître la valeur prix du produit. Le consommateur perçoit alors l'offre comme de qualité. Le label le conforte dans son choix car il permet une consommation responsable et répond donc à ses attentes. C'est notamment le cas sur le marché des produits ménagers pour lequel 95 % des français estiment que les produits actuels comportent des risques pour l'environnement, et 84 % qu'il existe des risques pour la santé. Cela peut représenter un frein à l'achat lié à la peur. Les produits écologiques bénéficient par contre d'une image positive : 85 % des français les trouvent tout aussi efficaces que les produits ménagers classiques et 80 % estiment qu'ils sont moins nocifs pour l'environnement et pour la santé, ce qui facilite le passage à l'acte d'achat.

À l'inverse, certaines entreprises ont tendance à vouloir utiliser des arguments éthiques pour générer du profit au détriment de la valeur citoyenne de leur démarche. Pour ce faire, elles peuvent utiliser des labels non reconnus tels que les « produits élus de l'année ». Les entreprises désirant y participer s'inscrivent moyennant une participation financière et un descriptif produit avec photographies est ensuite envoyé aux consommateurs participants. Dans cette démarche, les produits n'auront jamais été testés, mais élus, sur une argumentation purement marketing. Le consommateur peut se sentir trompé par cette démarche et donc rejeter les produits portant ce label.

D'autres entreprises n'hésitent pas à communiquer sur la qualité de leur produit et la démarche responsable mise en place pour protéger la planète. Si les engagements ne sont pas respectés, le consommateur peut se sentir abusé et boycotter la marque. Les conséquences pour l'entreprise peuvent être importantes :
– une image détériorée ;
– une perte de crédibilité ;
– une baisse du chiffre d'affaires.

Le nombre d'entreprises pratiquant l'écoblanchiment est très important car dans la société actuelle la consommation responsable fait partie des attentes principales des consommateurs. Avoir une image citoyenne permet donc de convaincre et de vendre.

Par exemple, le groupe Intermarché a été épinglé par l'autorité de régulation de la publicité pour son label « pêche responsable » et s'est vu interdire son utilisation ainsi que les publicités liées. En effet, la pêche pratiquée par la flotte d'Intermarché n'avait de responsable que le nom.

Au vue de la multitude de cas d'écoblanchiment, le consommateur est de plus en plus difficile à persuader ; ce qui remet en cause les entreprises véritablement écocitoyennes qui pratiquent une démarche de mercatique durable.

Ressources humaines et communication

LE COURS

Mobilisation/Motivation

Compétences/Potentiel

Cohésion/Conflits

Coordination/Coopération

ENTRAÎNEMENT

1 LE COURS Quels sont les facteurs de motivation au travail ?

ZOOM

Un personnel motivé représente un atout clé pour une organisation. Les théories de la motivation examinent les déterminants personnels (internes) et situationnels (externes) du comportement. Plusieurs théories présentent les facteurs de motivation.

1 Des facteurs internes

A. Les théories des besoins

Motivation : ensemble des facteurs dynamiques qui orientent l'action d'un individu vers un but donné, qui déterminent sa conduite et provoquent chez lui un comportement donné ou modifient le schéma de son comportement présent.

▪ **La hiérarchie des besoins selon Abraham Maslow (1943).** Les théories des besoins considèrent que la motivation est suscitée par la volonté d'assouvir des besoins. Pour A. Maslow, l'individu cherche à répondre à des besoins selon une hiérarchie de besoins (**pyramide de Maslow**) : une fois qu'un besoin est satisfait, l'individu souhaite satisfaire le besoin immédiatement supérieur dans la hiérarchie, jusqu'à ce qu'il parvienne au dernier niveau, celui de l'accomplissement personnel.

Ainsi, selon A. Maslow, la **rémunération** est un facteur de motivation pour les personnes à qui elle permet de satisfaire des besoins physiologiques (s'alimenter, se vêtir) qu'elles ne satisfaisaient pas auparavant.

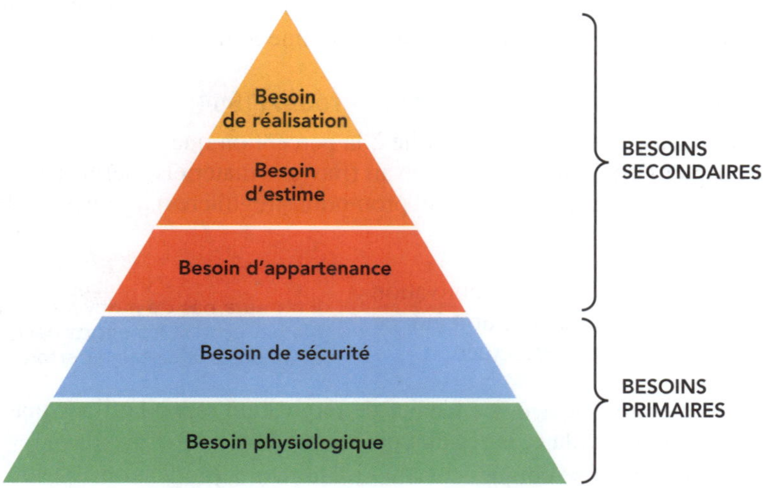

▪ **La motivation et le besoin selon F. Herzberg (1971).** Frederick Herzberg classe les besoins selon deux catégories :

– les **besoins physiologiques** (besoins primaires ou vitaux : manger, boire, se loger…) ;
– les **besoins spécifiquement humains** liés au développement personnel.

Les facteurs de motivation (ou facteurs internes) dépendent des besoins humains :

– le **sentiment d'accomplissement personnel** : la satisfaction de repousser ses limites, d'atteindre ses objectifs ;
– l'**estime de soi** : cohésion entre les aspirations et les succès d'un individu ;

– la **progression individuelle** : enrichissement du travail qui consiste essentiellement à acquérir plus de responsabilités et d'autonomie ;
– le **contenu du travail** : se voir confier des tâches plus complexes, construire une expertise ;
– la **responsabilité** : capacité de prendre des décisions par soi-même.
Ainsi, Frederick Herzberg classe la rémunération dans les facteurs physiologiques qui n'ont pas d'impact sur la motivation. Pour améliorer la motivation, il recommande d'enrichir le travail.

B. La théorie de l'autodétermination

Développée par Edward Deci et Richard Ryan (entre 1971 et 1985), la théorie de l'autodétermination considère que l'individu est motivé par trois types de besoins intrinsèques : l'autonomie, le sentiment de compétence et le sentiment d'appartenance sociale.

2 Des facteurs externes

A. Caractéristiques

Les facteurs externes de motivation répondent aux motivations extrinsèques : engagement non pas pour l'activité elle-même, mais pour ses conséquences. L'activité n'est alors plus une fin en soi, mais un moyen d'obtenir quelque chose. On retrouve dans ces motivations externes :
– **les récompenses** : salaires, promotions, médailles, cadeaux, etc.
– **l'approbation sociale** : obtenir l'admiration des autres, la reconnaissance d'une équipe, etc.
– **la comparaison sociale** (ou l'hyper compétitivité) : chercher à battre les autres à tout prix pour prouver sa valeur, vouloir apparaître comme le meilleur.

B. La théorie du processus par Victor H. Vroom (1964)

- **L'attente.** Le facteur de motivation est lié à la perception que l'individu a de lui-même. Il faut donc adapter l'environnement de travail (moyens matériels fournis par l'employeur, reconnaissance du supérieur hiérarchique, promotions régulières) à ce besoin de confiance en soi.

- **L'instrumentalité.** Le facteur de motivation répond à l'idée que la récompense doit être en adéquation à la performance effectuée.

> **ZOOM**
> Il n'y aura pas de motivation si un individu n'a pas produit les efforts nécessaires pour atteindre une certaine performance.

- **L'image et la reconnaissance.** Le facteur de motivation répond à l'adéquation entre la valeur attribuée à un individu et le résultat qu'il a produit.

Ces trois facteurs doivent se conjuguer pour conduire à la motivation.

C. La théorie des objectifs à atteindre

Les travaux d'Edwin Locke (1968) et Gary Latham (1990) établissent qu'un individu est motivé quand on lui fixe des objectifs clairs et qu'on lui fournit un *feedback* approprié sur sa capacité à les atteindre. L'individu est stimulé par la recherche d'un accomplissement. Il a le sentiment de développer ainsi ses capacités professionnelles, son expertise et son savoir-faire.

3 L'interaction des différents facteurs

A. La théorie de l'équité (1963) selon John Stacey Adams

John Stacey Adams considère que la motivation est la conséquence du mariage de plusieurs facteurs. Un individu sera motivé s'il considère que la rétribution qu'il perçoit de son travail (rémunération, reconnaissance personnelle) correspond parfaitement à sa contribution (son travail) et aux résultats de l'entreprise.

B. L'évolution des théories

▪ **Des facteurs psychologiques.** La rémunération n'est ni la seule ni la principale source de motivation. En effet, les principaux facteurs ou processus de la motivation sont d'ordre psychologique ; ils sont liés à la relation aux autres et à la relation à soi-même. En conséquence, pour stimuler la motivation, les facteurs clés de la gestion des ressources humaines sont d'ordre psychologique : l'évaluation, le développement des compétences et la gestion des carrières.

L'évaluation permet de développer l'estime de soi et la reconnaissance de ses pairs. Le développement des compétences permet d'améliorer sa performance et ses capacités professionnelles et personnelles. La gestion des carrières offre des opportunités de carrières et permet de motiver par l'estime de soi, la reconnaissance de l'accomplissement. En effet, la rémunération devient un facteur de motivation quand elle est liée à d'autres facteurs de motivation : la rémunération peut être perçue comme une reconnaissance du travail fourni (A. Maslow), comme une réponse à une attente (V. Vroom) ou comme un signe d'un traitement juste et équitable (J. S. Adams). Dans tous ces cas, le montant de la rémunération n'est pas important en soi, mais par rapport à autre chose.

> **ZOOM**
> Plusieurs facteurs de motivation déterminent le choix du salarié pour un poste précis : les responsabilités liées au poste, la perspective de progresser, la rémunération, les avantages en nature…

▪ **Les différents facteurs de motivation.** Différents facteurs de motivation peuvent cohabiter.

L'expérience de terrain semble montrer qu'il est souhaitable de disposer de différentes sources de motivation qui pourront en quelque sorte se relayer pour soutenir l'intensité de l'engagement de l'individu. Les travaux de nombreux chercheurs révèlent que la motivation intrinsèque est plus stable et plus durable. Le salaire ne peut donc pas être le seul facteur de motivation d'un individu.

2 LE COURS Comment faire de la relation de travail un facteur de motivation ?

ZOOM

Le contrat de travail est le déclencheur de la relation de travail entre les employeurs et les salariés. « Cette relation existe quand une personne exerce une activité ou fournit des services sous certaines conditions et en échange d'une rémunération. » (Définition de l'Organisation mondiale du travail)

1 Le contrat de travail

Un **contrat de travail** existe dès lors qu'une personne (le salarié) s'engage à travailler, moyennant rémunération, pour le compte et sous les ordres et le contrôle d'une autre personne (l'employeur) dans une entreprise privée. Son exécution entraîne un certain nombre d'obligations, tant pour le salarié que pour l'employeur.

A. L'exécution d'une prestation de travail

Le salarié s'engage à exécuter la prestation de travail pour laquelle il a été embauché, et s'il est incapable de l'exécuter, cette incapacité est susceptible d'être une cause de **licenciement**. Le salarié doit également exécuter sa prestation de travail de manière loyale (ne pas donner des informations à la concurrence) et de bonne foi.

B. Le versement d'une rémunération

▪ **Les différentes formes de rémunération.** Elles comprennent :

Rémunération : salaire versé par l'employeur, en contrepartie du travail effectué par le salarié dans le cadre d'une relation contractuelle (contrat de travail).

– la rémunération au temps (ex. : mensualisation) ;
– la rémunération au rendement (en fonction de la production) ;
– la rémunération à la commission (pour les commerciaux) ;
– la rémunération au pourboire (ex. : dans la restauration).

▪ **La rémunération dans les organisations.** Elle est établie en fonction du poste, les critères pris en compte sont :
– **la fonction** (ou l'emploi) : les postes sont hiérarchisés les uns par rapport aux autres dans les entreprises en fonction de la finalité du poste, du degré de difficulté, de la compétence requise pour le tenir. Des points sont attribués à chaque critère, l'addition des points permet de définir chaque poste et d'établir une rémunération en adéquation avec le poste occupé ;
– **le travail exécuté** : le salaire dépend de la productivité du salarié (nombre de pièces réalisées, nombre de voitures vendues).

D'autres critères liés au salarié influencent également la rémunération :
– **la qualification** : formation, expérience (savoirs et savoir-faire) ;
– **le comportement du salarié au travail** : démarche novatrice, sens de l'écoute et de l'analyse, réactivité, souci de la satisfaction du client, curiosité et dynamisme, force de proposition (savoir-être).

ZOOM

La politique de rémunération résulte de décisions stratégiques. Les choix des dirigeants se situent à la croisée d'arbitrages entre maîtrise de la masse salariale et motivation des salariés.

▪ **Les avantages pour l'organisation.** Un système de rémunération qui dépend de la fonction du salarié conduit à un sentiment d'équité et d'égalité chez les salariés. Cette « transparence des rémunérations » dans la promotion et l'évolution de carrière dépend de la hiérarchisation des postes. Ce système est reconnu et apprécié des représentants du personnel comme interlocuteurs lors des négociations.

Un système de rémunération lié aux compétences individuelles présente également des avantages, comme l'implication du salarié (autonomie, initiative, comportement), l'effort individuel et la motivation des salariés.

▪ **Les composantes de la rémunération.** Elle comprend :
– le salaire net ;
– les primes diverses : prime différentielle d'ARTT (pour compenser le salaire après passage aux 35 heures), prime de régularité, prime d'ancienneté ;
– les cotisations sociales « employé » et « employeur » ;
– les avantages en nature ;
– les avantages sociaux (mutuelle) ;
– éventuellement, une partie différée : intéressement et participation.

C. Le lien de subordination

Le lien de subordination existe dès qu'une personne (l'employeur) peut exercer un pouvoir de direction sur une autre personne (l'employé).

2 L'aménagement du temps de travail

Aménagement du temps de travail : pour l'entreprise, il s'agit d'adapter le rythme de travail des salariés à celui de l'activité, d'éviter les heures supplémentaires en période de haute activité ou le chômage partiel en période de basse activité.

A. Les formes d'aménagement du temps de travail

▪ **Le temps partiel.** Le salarié à temps partiel est celui dont la durée du travail, obligatoirement mentionnée dans son contrat de travail, est inférieure à la durée légale (35 heures par semaine) ou aux durées conventionnelles ou pratiquées dans l'entreprise.

▪ **Les horaires variables.** Sont appelés horaires variables ou individualisés, des horaires qui permettent au salarié, dans le cadre de certaines limites, de fixer ses heures d'arrivée et de départ à l'intérieur de plages horaires déterminées. Le salarié peut se constituer un débit ou un crédit de temps de travail pouvant être reporté d'une semaine à une autre.

La journée de travail ne peut ni excéder 10 heures (report créditeur) ni être inférieure à un certain seuil (souvent 5 heures 30).

▪ **L'annualisation du temps de travail.** L'annualisation est un calcul du temps de travail sur l'année sous la forme d'une modulation des horaires hebdomadaires.

Les durées maximales ne peuvent excéder celles prévues par le Code du travail, à savoir : 10 heures par jour, 48 heures par semaine, 44 heures par semaine sur une période quelconque de 12 semaines consécutives.

ZOOM

L'annualisation du temps de travail peut être aménagée ainsi : des horaires de 25 heures durant les périodes creuses et des horaires de 45 heures durant les périodes plus chargées.

Condition de l'annualisation : une convention ou un accord collectif doit autoriser l'entreprise à avoir recours à la modulation des horaires. La rémunération des salariés concernés par la modulation peut être lissée d'un mois sur l'autre, leur salaire reste fixe, calculé sur la base de l'horaire mensuel moyen.

▪ **Le repos compensateur.** Il est possible de remplacer le paiement de tout ou partie des heures supplémentaires effectuées au-delà de la 35e heure hebdomadaire incluse par un repos compensateur. Ce remplacement doit être prévu par un accord collectif. Ce repos compensateur peut être :
– **intégral** : toutes les heures supplémentaires ne sont pas payées, mais donnent droit à un repos équivalent ;
– **partiel** : une partie des heures supplémentaires sera payée, l'autre partie sera prise en repos.
L'employeur doit informer le salarié des droits acquis en matière de repos compensateur par le biais de la fiche de paie ou d'une annexe.

Horaires variables = facteurs de motivation.

L'intérêt d'un aménagement du temps de travail pour le salarié (temps partiel, horaires variables, annualisation, repos compensateur) est de concilier vie professionnelle et personnelle, d'améliorer ses conditions de travail et de vie en dégageant davantage de temps libre.

B. Calcul du temps de travail d'un salarié

Temps de travail d'un salarié = (nombre d'heures travaillées par semaine × nombre de semaines travaillées dans l'année)/12 mois.

Mensuellement, la durée légale est : (35 heures × 52 semaines)/12 mois = 151,67 heures. La base de calcul se fait sur 152 heures de travail mensuel. Annuellement, la durée légale est de 1 607 heures.

3 Les avantages offerts aux salariés d'une société

A. Les différentes formes d'avantages

On trouve différentes formes d'avantages offerts aux salariés d'une société. Ces avantages sont des compléments non négligeables à la rémunération du salarié. Il existe les avantages en nature tel que la voiture de fonction, le logement de fonction, les tickets repas, les chèques restaurants, les chèques carburants, le téléphone de fonction, etc.

B. L'épargne salariale

Il existe aussi l'épargne salariale qui peut prendre plusieurs formes :
– **la participation** : attribution d'une partie du bénéfice réalisé aux salariés ;
– **l'intéressement** : participation des salariés aux bénéfices de l'entreprise ;
– **le PEE** (plan épargne entreprise) : achat de titres de leur société par les salariés ;
– **le PERCO** (plan épargne pour la retraite collective) : il permet au salarié de se constituer une épargne, accessible au moment de la retraite sous forme de rente ou, si l'accord collectif le prévoit, sous forme de capital ;
– **le PERE** (plan épargne retraite entreprise) : contrat collectif d'assurance-vie.
Tous ces compléments de revenus sont, le plus souvent, sources de motivation, car ils permettent d'améliorer la qualité de vie des salariés.

ZOOM
L'employeur doit informer les salariés sur le contenu du PEE et ses modifications.

La gestion sociale participe-t-elle au bien-être au travail ?

ZOOM

La force de travail fournie par les salariés fait partie des ressources primordiales d'une organisation. Connaître la contribution des hommes à la performance de l'organisation peut servir à **améliorer les performances** de l'entité. Ainsi, le décideur a besoin d'établir un descriptif de l'état des ressources humaines dans son organisation. Aux informations économiques et financières s'ajoutent des informations sociales qui complètent le champ de réflexion pour aider à la prise de décision et pour tirer le meilleur parti de ses ressources humaines.

1 La santé et la sécurité au travail

A. Des conditions de travail à surveiller

Le travail ne doit pas nuire à l'état physique ou mental du salarié. Les conditions de travail doivent contribuer à garantir la santé de tout salarié. Les maladies professionnelles sont la conséquence de l'exposition du salarié à un risque lié à son poste de travail (amiante). Les accidents du travail, les maladies professionnelles sont des risques encourus par le salarié. Son intégrité physique peut être menacée et entraîner des conséquences graves : incapacité de travail, invalidité.

B. Accident du travail et maladie professionnelle

▪ **L'accident du travail.**

Plusieurs critères doivent être réunis :

– le **caractère soudain de l'événement** ou l'apparition soudaine d'une douleur (ex. : douleur au bras à l'occasion d'un geste répétitif) ;

– l'**existence d'une lésion corporelle**, quelle que soit son importance (ex. : une jambe fracturée) ;

– le **caractère professionnel** : l'accident survient par le fait ou à l'occasion du travail. La victime doit être placée sous la subordination juridique d'un employeur.

Les accidents du travail sont des accidents survenus à l'occasion du travail. L'accident du trajet (domicile – lieu de travail) est assimilé à l'accident du travail.

> **Accident du travail :** accident qui provoque des dommages corporels et qui survient, quelle qu'en soit la cause, à l'occasion du travail.

▪ **La maladie professionnelle.** Si la maladie est la conséquence directe d'une exposition d'un travailleur à un risque physique, chimique, biologique ou si elle résulte des conditions dans lesquelles l'assuré exerce son activité professionnelle, la maladie est professionnelle.

▪ **Les contraintes légales.** En vertu du contrat de travail, l'employeur est tenu envers le salarié d'une obligation de sécurité. Il s'agit d'une obligation de résultat : le manquement à cette obligation a le caractère d'une faute inexcusable. L'employeur avait ou aurait dû avoir conscience du danger auquel était exposé le salarié et n'a pas pris les mesures de protection nécessaires. L'employeur doit donc respecter des contraintes légales :

– en matière d'hygiène et de sécurité : respecter l'hygiène dans les conditions de travail ;

– en matière de durée du travail et d'aménagement du temps de travail : éviter la fatigue de ses salariés ;

– en matière d'organisation du travail : c'est l'employeur qui fixe les cadences et les rendements de travail ;

– en matière de respect de la dignité humaine et des libertés individuelles : la loi assure la primauté de la personne, interdit toute atteinte à la dignité de celle-ci et garantit le respect de l'être humain.

2 Les indicateurs de santé et de sécurité au travail

A. Le taux de fréquence des accidents

Le taux de fréquence est le calcul du nombre d'accidents du travail donnant lieu à un arrêt pour mille heures travaillées. Il se calcule ainsi :

$$\text{Taux de fréquence} = \frac{\text{Nombre d'accidents avec arrêt}}{\text{Nombre d'heures travaillées}} \times 1\,000$$

B. Le taux de gravité

Le taux de gravité correspond au calcul du nombre de jours d'incapacité de travail dus à un accident pour mille heures travaillées. Il se calcule ainsi :

$$\text{Taux de gravité} = \frac{\text{Nombre de journées d'incapacité}}{\text{Nombre d'heures travaillées}} \times 1\,000$$

C. La prévention

L'inspection du travail, le médecin du travail, le CHSCT (comité d'hygiène de la sécurité et des conditions de travail), le chef d'établissement et les salariés, en particulier leurs représentants, jouent tous un rôle de prévention. Les outils de prévention sont :

– le respect de l'ergonomie au travail ;
– l'effort de formation sur les risques encourus au travail : cette formation aura pour objectif de sensibiliser les salariés aux règles de sécurité à respecter (port du casque sur les chantiers) ;
– la mise en place d'une campagne de sécurité dans l'organisation pour faire respecter les règles d'hygiène et de sécurité dans les tâches quotidiennes (panneau d'affichage, note d'information, intranet, messagerie, articles dans les journaux internes…).

> **Ergonomie** : discipline qui vise à l'adaptation d'un système à son utilisateur, afin que ce dernier puisse mener ses activités avec un maximum d'efficacité, de satisfaction et de bien-être (adapter le poste de travail à la taille de son utilisateur, aux gestes qu'il effectue, etc.)

3 Les indicateurs de la gestion sociale

Les indicateurs de la gestion sociale concernent majoritairement les données relevant de l'administration du personnel (les effectifs, les flux de personnel, la démographie, l'absentéisme, la formation et les coûts salariaux).

A. Le tableau de bord

▪ **Un outil préventif.** Un tableau de bord est à la fois un outil préventif et réactif. Il permet :

– de prendre la bonne décision le plus tôt possible ;
– de mesurer la santé sociale de son entreprise (grâce aux calculs de ratios) ;
– de visualiser, d'un coup d'œil, une série de données stratégiques ;
– de mesurer l'impact des actions entreprises et de dégager les évolutions prévisibles.

> **Tableau de bord :** document de synthèse où sont recensés des indicateurs essentiels permettant à un responsable de piloter l'organisation dont il a la charge.

▪ **Un outil de pilotage.** Un tableau de bord est un outil de pilotage et d'aide à la décision à destination des responsables, mettant en évidence des écarts entre une situation prévue et une situation réelle. De cet écart, naît la mise en place de solutions par les responsables.

B. Les indicateurs de la gestion sociale

▪ **Les trois domaines de GRH.** Ils sont généralement couverts par les indicateurs sociaux : l'emploi, les rémunérations et les conditions de travail. Pour chaque domaine les indicateurs sont nombreux. Il est possible de les classer.

▪ **Les indicateurs liés au critère statique ou dynamique.** Les **indicateurs de situation** témoignent en valeur absolue ou relative de l'état d'un ensemble.

Les **indicateurs de situation** témoignent en valeur absolue ou relative de l'état d'un ensemble.

Les **indicateurs de mouvement** reflètent une tendance sur une période. Le **taux d'absentéisme** et le **taux de rotation** sont utilisés pour mesurer le bien-être au travail et l'implication des salariés dans l'organisation. Pris globalement, l'absentéisme reflète un problème collectif de l'organisation. En effet, les organisations où règne un bon climat social ont un taux d'absentéisme plus faible et en baisse. À l'inverse, les organisations où le climat se dégrade voient leur taux d'absentéisme augmenter.

ZOOM

L'effectif, la masse salariale, le budget dédié à la formation, le nombre d'accidents du travail sont des indicateurs de situation.

$$\text{Taux d'absentéisme} = \frac{\text{Heures d'absence pendant une période}}{\text{Heures théoriques de travail durant la même période}} \times 100$$

Le *turnover* ou **taux de rotation du personnel** mesure la rapidité de renouvellement du personnel. Un taux de rotation élevé signifie, généralement, que les collaborateurs de l'organisation ne se sentent pas bien et préfèrent chercher ailleurs de meilleures conditions de travail. De plus, cela peut se traduire par une perte de compétence et de mémoire de l'entreprise. Cependant, il peut aussi signifier que le personnel se renouvelle, que l'entreprise embauche des salariés plus jeunes.

$$\text{Taux de rotation} = \frac{\text{(Nombre de départs durant l'année N + Nombre d'arrivées pendant l'année N)/2}}{\text{Effectif moyen rémunéré au 31 décembre de l'année N-1}} \times 100$$

Exemple de calcul :

Une entreprise compte 300 salariés au 31/12/2015. En 2016, elle recense 23 départs et 10 embauches.

Le calcul du taux de rotation sera le suivant :

$$\frac{(23 + 10)/2}{300} \times 100 = 5{,}5\ \%.$$

Autre exemple :

Une organisation recense en 2016 : 4 entrées, 4 départs et 10 salariés.

Calcul : $[(4 + 4)/2]/10 \times 100 = 40\ \%$.

▪ **Les indicateurs liés au critère qualitatif/quantitatif.** L'indicateur fournit une information aisément chiffrable, un fait brut, en valeur absolue (critère quantitatif). L'indicateur met en relation deux variables à travers un taux (critère qualitatif).

▪ **Les indicateurs liés au critère collectif/individuel.** Les indicateurs sont des données qui donnent une image de la réalité. Ils sont objectifs, mais un indicateur seul n'est jamais complet : il doit toujours s'accompagner d'explications ou être comparé avec un autre indicateur pour garder du sens. Aucun indicateur seul ne peut suffire à justifier une décision. L'indicateur apporte une information concernant une personne (critère individuel) et donne une image de l'ensemble de l'organisation (critère collectif).

4 LE COURS

La communication interne suffit-elle à mobiliser ?

1 Les fonctions de la communication interne

Communication interne : ensemble des échanges (échanges d'informations, échanges affectifs ou culturels) qui s'établissent entre les membres d'une organisation. Elle favorise l'application du projet de l'organisation.

Il est important pour une organisation de garder un climat de travail agréable en son sein et d'associer les membres de l'organisation à ses différentes actions.
C'est le rôle de la **communication interne**.

La communication interne a plusieurs fonctions dans l'organisation :
– organiser la circulation de l'information ;
– participer à la prise de décision ;
– favoriser le dialogue social.

2 La circulation de l'information

A. Coordination des services

Organigramme : schéma qui permet de mettre en avant le système d'information formel.

La communication interne est un échange d'informations à objectifs professionnels (réunions, affichage, notes, journal interne, etc.) qui permet de coordonner les activités des différents services de l'entreprise. Cette organisation est représentée par un organigramme.

B. Les différentes formes de communication

On distingue :
– **la communication descendante** : les informations circulent du supérieur hiérarchique vers un subordonné ;
– **la communication ascendante** : les informations circulent d'un subordonné vers son supérieur hiérarchique ;
– **la communication latérale ou tranversale** : les informations circulent entre plusieurs personnes de même niveau hiérarchique.

C. Le rôle de la communication

La communication a pour objectif de transmettre la bonne information, à la bonne personne, au bon moment. Cette information doit être opérationnelle, c'est-à-dire :
– **actuelle** : elle doit être à jour (une information périmée est inutile) ;
– **disponible** : elle doit être utilisable au bon moment et au bon endroit, c'est-à-dire quand et où le décideur en a besoin. Une information trop longue à obtenir entrave la prise de décision ;
– **exacte** : elle doit être sans erreur, fidèle à la réalité et vérifiable ;
– **fiable** : elle doit être issue de sources sûres et doit donner une représentation exacte de l'objet qu'elle décrit ;
– **pertinente** : elle doit être adaptée au décideur qui la recherche et être appropriée à la situation, c'est-à-dire en rapport avec le problème traité ;
– **précise** : elle doit être suffisante pour réduire les risques d'erreur.

3 La prise de décision

Dans une organisation, l'information est une **base de décision** : elle est nécessaire pour choisir en connaissance et réduire ainsi le risque d'erreur. La communication assure la transmission des informations, elle est nécessaire pour obtenir l'information. Elle peut donc devenir un outil d'aide à la décision : de manière ascendante, elle permet d'accroître les connaissances du décideur, de manière descendante, elle permet de transmettre aux membres de l'organisation, les choix stratégiques des décideurs.
La communication est un outil d'aide à la décision dans la mesure où elle facilite la transmission de l'information et où elle permet une circulation rapide de cette information. Ici, les communications internes informelles et formelles peuvent cohabiter, à condition qu'elles soient voulues, orchestrées et organisées.

4 Communication et dialogue social

A. La communication accompagne le management

La communication a un rôle d'**animation de la hiérarchie**, elle favorise le dialogue social. La communication interne doit permettre de rassembler les équipes autour du projet de l'entreprise et de véhiculer les valeurs et l'image de l'entreprise.
Elle a pour rôle de **répondre aux attentes** d'informations des salariés. Elle doit favoriser le sentiment de compréhension et de participation aux choix stratégiques de l'entreprise. Elle est indispensable pour éviter les distorsions des messages stratégiques et pour une compréhension des choix opérés par la direction.

B. La communication, facteur de motivation

La communication doit favoriser le développement du sentiment d'appartenance et d'intégration.
La communication interne doit permettre au salarié de se sentir impliqué dans la vie de l'entreprise et par conséquent, de s'impliquer dans son travail.

5 Communication interne et communication globale

A. Définition de la communication globale

La communication globale est une approche rationnelle et harmonisée des différentes communications de l'entreprise, en interne et en externe : institutionnelle, marketing.
La communication interne de l'entreprise, pour être efficace et mobiliser, doit être en cohérence avec l'ensemble des communications de l'entreprise (externe et institutionnelle).

B. Les objectifs de la communication globale

Par la communication globale, l'organisation :
- diffuse quelques messages forts ;
- crée une identité forte ;
- justifie les choix de l'entreprise ;
- fait passer les valeurs fondamentales et la culture de l'entreprise, en interne et en externe, qui doivent refléter son positionnement et son identité.

Ces différents messages doivent être cohérents entre eux pour être efficaces et pour mobiliser les équipes. Ils doivent aussi être pensés en termes de stratégie de communication de l'entreprise pour favoriser la cohérence et la complémentarité de l'image entre l'interne et l'externe. Dans ce cadre, l'entreprise met en œuvre des outils : le plan de communication, le guide de communication, la charte graphique.

5
LE COURS

Comment peut-on répondre aux besoins de compétences de l'organisation ?

ZOOM
Deux outils permettent de répondre aux besoins de compétences de l'organisation : **le recrutement** et **l'évolution professionnelle** d'un salarié en interne.

1 Le processus de recrutement

A. Les enjeux

▪ **Le recrutement.** Il se définit comme la « meilleure adéquation possible » entre un poste et une personne. Recruter permet de positionner la bonne personne à la bonne place au bon moment. L'acte de recruter consiste donc à chercher et à trouver le candidat qui s'approche au plus près du profil désiré et donc du poste à pourvoir.

▪ **Le processus de recrutement.** C'est un élément clé de la gestion des ressources humaines, puisqu'il permet à l'organisation de bénéficier des compétences dont elle a besoin.

B. La réussite d'un recrutement

Elle repose sur une démarche rigoureuse ; c'est un ensemble de processus méthodiques qui s'articule autour de grandes phases :
- l'identification du besoin ;
- l'élaboration de la fiche de poste ;
- la gestion du recrutement ;
- la rédaction et la diffusion d'annonces ;
- la présélection ;
- l'entretien et la décision finale ;
- l'accueil et l'accompagnement à la prise de poste.

Recrutement : ensemble des actions mises en œuvre pour trouver un candidat correspondant aux besoins d'une organisation pour un poste donné.

C. L'identification des besoins

▪ **Déterminer le profil du poste à pourvoir.** Le recrutement correspond aussi au premier moment d'intégration, et, à ce titre, s'inscrit dans un processus beaucoup plus large qui concerne toutes les autres fonctions : mobilité, formation, traitement, gestion de carrières. Il est nécessaire d'identifier les besoins précis afin de définir au mieux le profil du poste à pourvoir et, par conséquent, le profil du candidat recherché.

▪ **Les objectifs de recrutement.** Lorsqu'une entreprise fait face à un besoin en personnel, elle se fixe des objectifs de recrutement :
- quantitatifs : c'est le nombre de nouveaux salariés à recruter ;
- qualitatifs : c'est la nature des compétences recherchées.

2 Les outils d'évaluation des besoins en RH

A. La fiche de fonction

▪ **La fiche de fonction.** Elle permet d'obtenir **une description qualitative des besoins** de l'organisation traduite en termes de tâches allouées à l'employé. La fiche de fonction est un document qui doit respecter des conditions de forme et de fond : elle est généralement composée de trois ou quatre rubriques (missions ou attributions principales (nature des activités réalisées), qualifications, classification, compétences) et l'on utilise des verbes d'action pour décrire le contenu des rubriques en question.

▪ **Le profil de poste.** C'est le portrait idéal du candidat postulant à un emploi ou une fonction. Il permettra, lors d'un entretien, d'établir le profil de chaque candidat et de le comparer avec le profil type pour le poste à pourvoir. Le candidat choisi sera celui qui s'en rapprochera le plus.

B. Qualifications

▪ **Les qualifications requises.** En termes de qualification, il faut distinguer la qualification nécessaire au poste disponible de la qualification du candidat à l'emploi. La qualification des postes à pourvoir relève des compétences de l'employeur ou du manager. Cependant, la convention collective dont dépend l'entreprise ou la loi peuvent parfois imposer des critères précis de qualification.

EXEMPLE Une infirmière ne peut être embauchée dans une clinique que sur présentation d'un certain diplôme.

▪ **La qualification du salarié.** Elle est une concomitance d'éléments comme ses connaissances, ses diplômes, ses titres ou son expérience personnelle et professionnelle. Lors de la signature du contrat de travail, le salarié peut être embauché à une qualification différente de sa qualification propre. La qualification professionnelle alors retenue sera celle qui résulte de son contrat de travail, puisqu'elle est contractuelle.

C. Classification

▪ **Définition.** Les classifications professionnelles sont des classements de fonctions, négociées lors de l'établissement des conventions collectives de branche qui permettent de **positionner les salariés hiérarchiquement**, en fonction de la qualification reconnue collectivement pour un poste occupé. Elle permet de positionner un salarié dans une grille de rémunération et dans une grille hiérarchique.

D. Compétences

La compétence regroupe :
– **les savoirs du futur salarié** : connaissances théoriques ou pratiques du candidat (domaine cognitif) ;
– **le savoir-être du futur salarié** : qualités personnelles et relationnelles du candidat qui transparaissent dans le comportement (domaine relationnel) ;
– **le savoir-faire du futur salarié** : compétences professionnelles ou techniques du candidat qui transparaissent surtout à travers l'expérience (domaine professionnel).

3 La recherche du candidat

A. Le mode de recrutement

À ce stade du processus de recrutement, la DRH doit définir le mode de recrutement à retenir : interne ou externe et les supports de communication associés. L'entreprise peut recruter en ayant recourt soit :
– au **marché interne**, c'est-à-dire aux salariés déjà présents dans l'organisation (au sens large : ou d'autres sites géographiques) ;
– au **marché externe**, c'est-à-dire en dehors de l'organisation.

B. Les moyens de prospection

Les recrutements en interne et en externe présentent chacun des avantages. Le recrutement en interne est intéressant, car les recrues connaissent déjà l'entreprise donc son mode de fonctionnement, son identité ; leur adaptation sera *a priori* plus simple. Alors que le recrutement externe permet d'apporter de nouvelles qualifications, compétences et un regard neuf sur l'entreprise elle-même. C'est en ce sens que les deux sources de recrutement se complètent.

▪ **En interne.** L'organisation utilise généralement la technique des offres d'emploi (annonces internes), la promotion, la recherche du salarié idéal dans la **base de données interne** à la société (étude d'anciens CV pour détecter d'autres compétences chez les salariés que celles utilisées au poste qu'ils occupent).

▪ **En externe.** On retrouve la communication d'une offre d'emploi sous différents canaux (petites annonces, Pôle emploi, APEC, établissements scolaires, forums d'emploi, sites Internet spécialisés), le recours à un cabinet de recrutement, l'étude des candidatures spontanées, le recours à la cooptation ou au parrainage. On voit aussi apparaître le **marketing social** qui consiste à attirer des bons profils de candidats en appliquant des techniques commerciales (séduction, intégration, fidélisation).

ZOOM

Le **mode de recrutement** sera déterminé en fonction de l'efficacité, la rapidité, le coût et le type de profil recherché.

4 La sélection des candidats

A. La phase de sélection

La sélection des candidats se fait :

– par **une présélection de candidats** : il s'agit de trier les CV pour ne retenir que ceux qui correspondent au profil recherché et d'étudier la motivation à travers la lettre de motivation ;

– par **des méthodes de sélection** des candidats : entretien des candidats retenus, tests psychologiques, vérification des informations fournies ;

– par **un entretien** avec le futur responsable hiérarchique et la personne chargée du recrutement ;

– par l'étude des adéquations entre les meilleurs candidats et leur futur environnement.

B. Le choix du candidat

Le choix du candidat à retenir peut s'effectuer de deux manières :

– **au *feeling*** : le recruteur va choisir la personne qui lui a fait la meilleure impression ;

– **à l'aide d'une grille multicritères** : le recruteur a déterminé un certain nombre de critères auxquels il attribue une note pour évaluer le candidat. Le profil retenu sera celui qui décrochera la meilleure note à l'issue de toutes les étapes de sélection.

5 Le cadre juridique du recrutement

A. La rédaction de l'offre d'emploi

▪ **Les lois.** Le recrutement est encadré par diverses lois : article L1221-10 et suivant du Code du travail relatif à l'embauche, article R1221-1 et suivant du Code du travail relatif à la déclaration d'embauche, loi n°92.1446 du 31/12/1992 sur à l'emploi, loi n°2008-496 du 27/05/2008 sur la non-discrimination.

▪ **Un encadrement juridique.** Plusieurs principes encadrent la rédaction de l'offre d'emploi :

– **non-discrimination à l'embauche** (loi du 27 mai 2008) : lors de l'embauche, l'employeur ne peut pas prendre de décisions en tenant compte d'éléments personnels sur le candidat (sexe, mœurs, opinions politiques, nationalité, race, appartenance religieuse ou syndicale, orientation sexuelle, etc.) ;

> **EXEMPLE** Une offre d'emploi ne peut pas mentionner l'âge de la personne recherchée.

– **utilisation de la langue française** : une offre d'emploi doit être rédigée en français (langue nationale). Si l'emploi désigné ne peut l'être que par un terme étranger, le vocabulaire étranger peut alors être utilisé, à condition que ce poste soit accompagné d'une description suffisamment détaillée pour ne pas induire le candidat en erreur ;

> **ZOOM**
> Un recours pénal (plainte) ou civil (auprès du Conseil des prud'hommes) peut être réalisé. La Commission pour la promotion de l'égalité des chances et la citoyenneté (COPEC) lutte contre les discriminations.

– **identité de l'employeur** : toute offre d'emploi doit mentionner le nom de l'employeur ;
– **date** : toute offre d'emploi publiée doit être datée.

B. Les formalités liées à l'embauche

▪ **Des formalités administratives.** L'embauche donne lieu à la signature d'un contrat de travail et l'accomplissement d'un certain nombre de formalités administratives. Tout employeur est tenu d'informer par écrit son salarié des éléments essentiels applicables à leur relation de travail. Cela peut être une lettre de promesse d'embauche (ou lettre d'engagement), « précontrat » qui lie l'entreprise vis-à-vis de son futur salarié, ou un contrat de travail. Ce document écrit est établi en double exemplaire dont un exemplaire est remis au salarié.

▪ **Les obligations légales.** Lors de l'embauche, l'employeur doit respecter des obligations légales liées à l'embauche :
– établir **la déclaration unique d'embauche (DUE)** au plus tard le premier jour d'embauche du salarié ;
– inscrire le salarié auprès de caisses de retraite complémentaire, de mutuelles de santé ;
– faire passer la visite médicale d'embauche ;
– compléter le registre unique du personnel (registre où sont consignées toutes les entrées et sorties du personnel).

6 L'intégration du salarié

A. L'intégration fonctionnelle

▪ **Les enjeux d'une intégration réussie.** Pour l'organisation, il faut réussir à la fois l'**intégration fonctionnelle** (former le salarié) et l'**intégration sociale** (il faut que le salarié connaisse ses collègues, qu'il sache à qui s'adresser, qu'il se sente bien sur son lieu de travail) du salarié.

L'intégration constitue une **étape essentielle dans la réussite du salarié**. Une phase d'intégration ratée peut conduire à une démission, à des difficultés de prise de fonction, et donc à un échec du recrutement.

▪ **Les clés d'une intégration réussie.** L'organisation doit assister son nouveau salarié dans cette phase pour qu'il se situe dans son nouveau poste de travail et qu'il s'adapte à la culture de l'organisation. Elle doit aussi déceler les éventuels besoins en formation. Le salarié a également une responsabilité dans la réussite de son intégration. Il doit rapidement, non seulement s'adapter à son poste de travail afin d'en remplir les missions, mais aussi se mettre au courant des habitudes, des procédures…

B. Les moyens mis en œuvre

Pour faciliter l'intégration du salarié, l'organisation peut mobiliser divers moyens :
– accueil par les responsables du service ;
– présentation et visite de l'entreprise, des différents services et collaborateurs ;
– remise d'une documentation (livret d'accueil, procédures administratives, vidéo) ;
– nomination d'un tuteur, qui aura pour mission de faciliter l'intégration du nouveau venu dans les équipes, de lui indiquer les connaissances spécifiques du poste, les procédures, etc.

7 Les bases de données des salariés

A. Les données administratives

Les entreprises se constituent également des dossiers ou fiches sur chaque employé avec toutes les données administratives nécessaires pour pouvoir le contacter, le payer, ainsi que toutes les données professionnelles pour suivre son parcours. Les composantes essentielles d'une base de données du personnel sont :
– le dossier individuel du salarié ;
– les fichiers du personnel ;
– le registre du personnel.

> **ZOOM**
> L'établissement d'un dossier individuel pour chaque salarié correspond à un impératif de gestion.

B. Les données personnelles

Les données personnelles sur le salarié contiennent : la lettre de candidature ou de motivation du salarié, son curriculum vitae, son contrat de travail, sa fiche de renseignement (numéro de sécurité sociale, adresse, téléphone, personne à contacter en cas d'accident, etc.), ses informations bancaires, sa fiche de poste ou sa fiche d'attributions, le duplicata de ses diplômes, de sa pièce d'identité, de ses arrêts de travail, de ses bulletins de salaire, les rapports ou résultats des entretiens d'évaluations annuels, des demandes de congés ou d'absences, ses demandes de formation, les courriers divers qui lui ont été adressés.

C. Des informations confidentielles

Les informations portant sur des salariés sont confidentielles dans l'entreprise et seules quelques personnes peuvent, de par leur fonction, y avoir accès. Les bases de données sur les salariés, contenues dans « le système d'information des ressources humaines » (SIRH) de l'entreprise doivent avoir fait l'objet d'une déclaration à la CNIL (Commission nationale de l'informatique et des libertés).

Peut-on évaluer les compétences, mais aussi le potentiel d'un individu ?

1 La performance de l'organisation

A. La GPEC

Le fonctionnement et la performance de l'organisation reposent notamment sur les compétences qui y sont mobilisées. Dans le cadre général de la **gestion prévisionnelle des emplois et compétences (GPEC)**, la définition des emplois, en termes de compétences attendues et de qualifications recherchées, constitue un préalable incontournable.
Aujourd'hui, les entreprises réalisent une « gestion des compétences » pour maximiser leur compétitivité.

B. La veille informationnelle

L'entreprise utilise la veille informationnelle qui lui permet, d'une part, d'évaluer les évolutions des métiers dont elle a besoin et, d'autre part, d'évaluer les connaissances théoriques et compétences à attendre des populations employables. Les entreprises cherchent la **synergie entre les compétences collectives et individuelles** de leurs collaborateurs. Ainsi, elles tendent vers une adéquation permanente entre les compétences nécessaires à leur fonctionnement et les compétences individuelles de chaque collaborateur.
Le salarié, en participant à sa formation va, quant à lui, développer son employabilité, c'est-à-dire sa capacité à **rester qualifié malgré les évolutions de sa profession**.

2 L'évolution professionnelle

A. Le parcours professionnel du salarié

L'évolution professionnelle peut consister en un changement de lieu, fonction, statut ou métier. La succession de ces évolutions, ou mobilités professionnelles, constitue le parcours professionnel d'un salarié. L'entreprise s'efforce de participer à cette évolution, car se préoccuper du parcours professionnel de ses salariés permet de favoriser leur motivation et d'attirer de nouveaux collaborateurs performants.

B. Développer les compétences du salarié

La gestion de l'évolution professionnelle de ses salariés permet à l'entreprise de disposer de compétences adaptées en quantité et en qualité aux besoins en compétences, qualifications et main-d'œuvre d'aujourd'hui et de demain. Pour le salarié, évoluer professionnellement, c'est enrichir ses compétences et maintenir son employabilité, obtenir une promotion, développer ses qualifications.

3 Mobilité professionnelle et mobilité géographique

A. La mobilité professionnelle

La mobilité professionnelle consiste à changer d'employeur en externe ou à changer de poste en interne (changement de poste, de niveau hiérarchique, d'entreprise). On retrouve différentes formes de mobilités professionnelles :
– la **mobilité interne** permet à un individu de changer de poste de travail à l'intérieur de l'entreprise ou du groupe ;
– la **mobilité fonctionnelle** (ou horizontale) est un changement de fonction : un salarié change de poste pour exercer le même type de fonction à un niveau équivalent dans un

autre service, ce qui permet d'atténuer le côté routinier d'une fonction ;
– la **mobilité hiérarchique** (ou verticale) s'effectue à l'issue d'une formation professionnelle et après accord de la hiérarchie du salarié : le salarié obtient un poste nécessitant des qualifications, des compétences supérieures à celui qu'il occupait. Ce changement représente une promotion pour le salarié qui sera valorisé en termes de rémunération.

B. La mobilité géographique

Mobilité géographique : changement de lieu de travail dans la même région, dans une autre région ou dans un autre pays.

▪ **Caractéristiques.** D'une manière générale, il y a **mobilité géographique** à partir du moment où il y a déménagement pour le salarié. C'est une mutation. La **mobilité internationale** permet à un salarié d'être expatrié, d'effectuer une mission à l'étranger.

▪ **Mobilité géographique et promotion professionnelle.** Dans les entreprises privées, la mobilité résulte, généralement, d'un accord entre l'employeur et le salarié. La mobilité constitue, d'une part, un facteur de motivation des salariés, d'autre part, un élément de flexibilité et de gestion prévisionnelle des emplois et des compétences. La mobilité représente une chance et une incertitude, un risque pour les salariés. Les attentes de ces derniers sont donc d'obtenir de meilleures conditions de travail, un enrichissement personnel, une rémunération augmentée…

4 La formation

A. La formation continue

▪ **Son rôle.** Elle permet d'actualiser les connaissances, d'assurer la mobilité professionnelle et géographique, mais elle est également un facteur clé de la compétitivité de l'entreprise.

▪ **Le plan de formation.** C'est un document finalisé par la direction d'une entreprise afin de prévoir, mettre en œuvre et évaluer la formation de son personnel pour une période donnée. Il a plusieurs fonctions : il détaille le bilan de compétences, il recense et hiérarchise les actions de formation qui seront organisées pour le personnel de l'entreprise. Il indique les publics visés, le budget et les résultats attendus. Il peut également intégrer des demandes individuelles. Il est annuel (mais l'employeur a la possibilité de prévoir un programme pluriannuel de formation).

▪ **Des obligations légales.** Le plan de formation, même s'il n'est pas rendu obligatoire par la loi, permet à l'employeur de remplir son obligation d'assurer l'adaptation de ses salariés à leur poste de travail. Le plan de formation n'est pas un document négocié, il relève de la seule responsabilité de l'employeur. Une fois établi, le plan de formation doit être soumis à l'avis du comité d'entreprise (étape indispensable à sa mise en œuvre).

B. Les actions de formations collectives

Des actions de formation sont proposées par l'employeur après consultation des représentants du personnel. Elles peuvent être organisées sur le temps de travail des salariés ou en dehors du temps de travail. Lors de l'établissement du plan de formation, il est nécessaire de s'interroger sur les objectifs, le budget, les contenus, les bénéficiaires, les formateurs, la pédagogie, l'évaluation, afin de répondre au mieux aux besoins de l'organisation et des salariés.

C. Les actions de formations individuelles

▪ **Les demandes de formation.** Les propositions de formation proviennent le plus souvent de l'employeur. Cependant, le salarié peut également formuler des demandes, lors de son entretien d'évaluation, pour différentes raisons : meilleure adaptation à son poste, souhait de changer de poste, conversion dans un autre métier, volonté d'obtenir une qualification professionnelle, une promotion, maintenir son employabilité, etc.

CPF : compte personnel de formation
DIF : droit individuel de formation.
CIF : congé individuel de formation.
VAE : validation des acquis de l'expérience.

▪ **Le compte personnel de formation (CPF).** Depuis le 1er janvier 2015, le CPF s'est substitué au DIF et permet à tout salarié de suivre des formations, tout au long de sa vie professionnelle. Chaque salarié peut cumuler jusqu'à 150 heures sur 7 ans : 24h/an jusqu'à la 120e heure, puis 12h/an. Des abondements supplémentaires pourront être effectués par l'employeur, le salarié… L'utilisation du CPF est à l'initiative du salarié.

▪ **Contrat de professionnalisation.** D'une durée minimale de 6 à 12 mois, il s'adresse aux jeunes de 16 à 25 ans et aux demandeurs d'emploi de plus de 26 ans.

▪ **Le CIF.** D'une durée maximale d'un an, il concerne plutôt les formations en vue d'une reconversion professionnelle.

▪ **La VAE.** La validation des acquis de l'expérience prolonge le dispositif de 1992 sur la validation des acquis professionnels (VAP). Désormais, toute personne engagée dans la vie active est en droit de faire valider les acquis de son expérience, notamment professionnelle, y compris celle acquise dans des activités de bénévolat, en vue de l'obtention d'un diplôme.

D. Les différentes formules de formation

Selon la nature de la formation envisagée, le public visé, le budget alloué, le volume horaire, l'entreprise peut opter pour différentes formules de formation :
– **formation interne** : formation qui regroupe les salariés d'une même entreprise, sur place avec un formateur généralement salarié de l'entreprise ;
– **formation intra-entreprise** : formation qui regroupe les salariés d'une même entreprise avec un formateur externe. Elle peut se dérouler dans l'entreprise ou dans un centre de formation ;
– **formation interentreprises** : formation qui regroupe des salariés de différentes entreprises sur un même stage ;
– **formation à distance** : suivi de stages par le biais d'entretiens périodiques ;
– ***e-learning*** : formation, composée de modules suivis à l'aide d'un ordinateur, elle contient un programme établi, une progression, un contrôle des connaissances avec un encadrement pédagogique.

5 L'évaluation des compétences

A. Évaluation et évolution du salarié

Compétences : ensemble des savoirs (connaissances), savoir-être (comportement) et savoir-faire (qualification, expérience professionnelle, et aptitudes personnelles) d'un individu.

▪ **Les compétences.** Ce sont des ressources que met en œuvre une personne ou un ensemble de personnes dans une situation de travail précise afin que ce travail soit réalisé le mieux possible. Elles intègrent donc l'aptitude d'une personne à utiliser, dépasser et compléter sa qualification pour réaliser son travail de manière optimale, en fonction des objectifs de l'entreprise, à produire de la valeur ajoutée par rapport à sa qualification de recrutement. Au cours de sa vie professionnelle, le salarié peut régulièrement faire le point sur ses compétences et son potentiel.

▪ **L'évaluation des salariés.** C'est l'occasion pour l'entreprise de penser à ses futurs plans d'action. Quant aux salariés, cela leur permet d'exprimer leurs attentes en matière d'évolution professionnelle et d'estimer l'évolution de leur potentiel. L'évaluation professionnelle est l'occasion pour un salarié de faire valoir ses compétences par rapport à ses qualifications de départ. De plus, il peut y voir l'opportunité d'envisager à plus long terme son avenir professionnel dans ou hors de la société qui l'emploie actuellement.

B. L'entretien annuel (ou d'évaluation)

Un entretien annuel entre le salarié et son supérieur semble donc indispensable dans une entreprise. Une grille d'évaluation peut être utilisée. Cet entretien permet d'identifier les atouts et les limites du salarié, d'évaluer ses compétences et ses motivations, de valider des axes de progression professionnelle et personnelle, de valider ses besoins en formation.

C. Le bilan de carrière

Le bilan de carrière est un dispositif réalisé en collaboration entre l'entreprise et le salarié. C'est un outil de gestion de carrière qui sert à anticiper les évolutions individuelles et collectives de l'entreprise. Le bilan de carrière se termine nécessairement par une prise de décision commune entre l'entreprise et le salarié concernant le devenir professionnel du collaborateur à l'intérieur de l'entreprise, voire éventuellement à l'extérieur. Il est souvent organisé vers 40 ou 50 ans.

D. Le bilan de compétences

Le bilan de compétences fait partie du Code du travail. Cet outil sert à l'insertion ou à la réinsertion professionnelle, mais il doit aussi être considéré dans **une perspective à long terme de gestion de carrière, d'orientation et de formation** tout au long de la vie professionnelle du salarié. Le bilan de compétences est individuel. Il est réalisé à l'initiative seule du salarié et les résultats sont confidentiels (le salarié n'est pas tenu de les partager avec l'entreprise). Il doit permettre au salarié d'analyser ses compétences professionnelles et personnelles, ainsi que ses aptitudes et ses motivations afin de définir un projet professionnel, et éventuellement un projet de formation.

La gestion des compétences permet-elle de garantir l'employabilité des individus ?

1 Les enjeux de la GPEC

A. La pérennité de l'entreprise

Gestion prévisionnelle de l'emploi et des compétences (GPEC) : gestion anticipative et préventive des ressources humaines en fonction des contraintes de l'environnement et des choix stratégiques de l'entreprise.

▪ **Une gestion anticipative et préventive.** La Gestion prévisionnelle de l'emploi et des compétences (GPEC) est une gestion anticipative et préventive des ressources humaines en fonction des contraintes de l'environnement et des choix stratégiques de l'entreprise. C'est aussi, depuis la loi Borloo de 2008, une obligation, réglementée, de négociation triennale qui doit permettre d'éviter les restructurations brutales.

▪ **Choix stratégique de l'entreprise.** La GPEC est une obligation, réglementée, de négociation triennale qui doit permettre d'éviter les restructurations brutales (loi Borloo de 2008).
Les transformations des métiers, des emplois et les incertitudes pesant sur la pérennité de l'entreprise et le maintien des emplois ont conduit les organisations :
– à la nécessité d'observer, d'analyser et d'anticiper ses besoins futurs en compétences et en emplois d'un point de vue quantitatif (augmentation ou réduction des effectifs) ;
– à la nécessité de prévoir ses besoins futurs en compétences d'un point de vue qualitatif (nature des emplois et compétences).

B. L'évolution du salarié remise en question

Les salariés doivent, quant à eux, davantage s'interroger sur leur perspective d'évolution professionnelle et le maintien de leur emploi. En effet, dans ce contexte d'incertitude, l'organisation se doit de rapprocher au mieux ses ressources humaines de ses besoins à un moment donné et à moyen terme (3 à 5 ans).

2 Les rôles de la GPEC

A. L'anticipation

La GPEC consiste donc à anticiper les tendances et l'évolution des compétences pour réagir de manière optimale. Cette gestion des besoins en personnel repose sur :
– une veille permanente de l'environnement ;
– une analyse, un suivi et un développement des compétences professionnelles des salariés.
La GPEC doit permettre :
– une anticipation de l'adaptation des compétences aux emplois ;
– une optimisation de l'adéquation des postes et des niveaux de rémunération ;
– une maîtrise des conséquences des changements technologiques et économiques ;
– une bonne gestion des carrières ;
– une réduction des risques liés aux déséquilibres démographiques.

B. La gestion des carrières

C'est par la gestion de carrière qu'elle intervient dans l'employabilité des individus. Si la GPEC est bien réalisée, elle **participe à la gestion de carrière et à l'évolution professionnelle** des salariés et, dans ce cas, elle permet au salarié de rester en contact avec les réalités et les évolutions de son métier. Elle peut même permettre, dans certaines situations, de favoriser la reconversion des salariés d'une organisation.

8 LE COURS

La dynamique de groupe peut-elle garantir la cohésion d'un groupe ?

1 Les différents groupes

A. Les fonctions d'un groupe

Groupe : ensemble d'individus qui interagissent pour atteindre un but commun.

▪ **Son statut.** Un groupe impose des règles de comportement à ses membres (la norme), développe un sentiment d'appartenance. Il établit des relations interactives : les membres établissent des liens réciproques et des échanges avec les autres membres du groupe.

▪ **Les différentes fonctions d'un groupe.** Elles se répartissent en trois catégories :

– la **production** : elle correspond à l'ensemble des moyens mis en œuvre pour répondre au problème soulevé ;
– la **facilitation** : elle correspond à tout ce qui doit être réalisé pour permettre à la fonction de production d'être remplie le mieux possible ;
– la **régulation** : elle consiste à introduire dans le groupe les règles de conduite nécessaires pour atteindre le but préalablement fixé.

B. Les formes de groupes

On distingue les groupes primaires et secondaires et les groupes formels et informels.

▪ **Les groupes primaires (ou restreints).** Ce sont des systèmes organisés constitués d'un petit nombre de personnes en interaction. Leurs membres poursuivent le même but et développent des relations affectives et un sentiment de solidarité. Dans ce type de groupe se créent des normes, des croyances et des rites propres au groupe.

Ex. : un groupe de travail, un groupe de projet.

▪ **Les groupes secondaires.** Ce sont des systèmes organisés et structurés qui fonctionnent selon des règles précises et préexistantes au groupe. Les relations entre les individus sont souvent formelles et impersonnelles, indirectes et codifiées par les usages de l'organisation.

Ex. : une entreprise, un hôpital, une école, etc.

▪ **Les groupes formels.** Ce sont des systèmes organisés officiels, permanents ou temporaires qui ont pour objectif de remplir des fonctions spécifiques au sein d'une organisation. Les relations entre ses membres sont codifiées par les normes officielles de l'organisation.

Ex. : un groupe de projet.

▪ **Les groupes informels.** Ce sont des systèmes organisés non officiels, créés par des relations spontanées d'affinité entre les membres d'une organisation. Les relations entre les individus sont libres.

Ex. : des salariés qui se retrouvent pour déjeuner le midi.

C. Les caractéristiques des groupes

Les éléments qui permettent de caractériser les groupes sont les suivants :
– **la taille** : nombre de membres qui composent le groupe (au moins 3 personnes) ;
– **le statut de ses membres** : position accordée par les membres du groupe à une personne. Les sources de statut peuvent être formelles (poste occupé, salaire, responsabilités…) ou informelles (âge, sexe, antécédents familiaux, réputation…). Une même personne cumule en général plusieurs statuts en fonction des groupes auxquels elle participe ;

– **les rôles de ses membres** : ensemble de comportements attendus et caractéristiques du statut qu'occupe un individu dans le groupe ;
– **les normes au sein du groupe** : règles et usages prescrits par le groupe.

2 La dynamique de groupe

Dynamique d'un groupe : manière dont le groupe fonctionne, façon dont il s'adapte aux différentes situations, modifie sa structure, c'est-à-dire les affinités, attirances, répulsions qui s'établissent entre ses membres.

A. Les modes de collaboration et de décision dans le groupe

▪ **La cohésion.** Le degré de cohésion du groupe a un impact sur son efficacité. Divers facteurs renforcent la cohésion (taille du groupe, types de réseaux de communication). Une bonne cohésion de groupe est propice à la performance du groupe. À l'opposé, une trop grande homogénéité est gênante puisqu'elle limite la créativité.

▪ **La prise de décision.** C'est un processus qui passe par trois étapes : la **collecte** d'informations, l'**évaluation** et l'**influence**. Un groupe dispose de meilleures informations qu'un individu, et pour cela sa décision est supposée meilleure. En revanche, elle pourra prendre plus de temps. Au sein du groupe, des phénomènes psychologiques, émotionnels, affectifs et sociaux peuvent influer sur la prise de décision. La prise de décision dépend donc de plusieurs facteurs dans le groupe : les relations, la psychologie des membres du groupe, l'environnement du groupe, etc. Par exemple, lorsque les relations sont formelles, la prise de décision est simplifiée puisqu'elle relève principalement des *leaders* du groupe. Cependant, la décision ne fait pas toujours l'unanimité et ne prend pas en compte les avis de tous les membres du groupe.

ZOOM
Plusieurs règles de prise de décision peuvent être adoptées dans un groupe : consensus, unanimité, majorité simple, majorité qualifiée.

▪ **Les normes.** Ce sont les modes de décision mis en place dans les groupes. Ils peuvent être influencés par les normes existantes dans le groupe. Lorsque les normes sont implicites, elles ne sont pas clairement établies et n'imposent donc pas forcément de règles de conduite dans la prise de décision.

B. Les fonctions des membres d'un groupe

▪ **Le *leader*.** Il peut détenir son **autorité de droit** : autorité donnée par son statut (un directeur, un chef, un responsable, etc.) ou son **autorité de fait** : capacité naturelle à exercer l'autorité.

▪ **Le *leadership*.** Il traduit l'influence prépondérante d'un individu sur un groupe, les aptitudes d'un individu à exercer un pouvoir déterminant sur la conduite d'un groupe, à mettre les autres en confiance, à impulser les actions du groupe et à créer un sens commun.

Il existe trois styles de *leadership* :
– le ***leadership* autoritaire** : le *leader* prend seul les décisions et les impose aux autres ;
– le ***leadership* participatif** : le *leader* décide après avoir négocié avec les membres. Il décide *in fine*, mais il tient compte de l'avis des membres du groupe ;
– le ***leadership* « laisser-faire »** : le *leader* indique les objectifs finaux et fait confiance au groupe pour prendre la meilleure décision.

C. Les techniques de communication de groupe

▪ **L'écoute active.** C'est une attitude relationnelle qui demande une grande disponibilité intérieure. Cette disponibilité s'appuie sur la bienveillance et l'authenticité. Dans un échange, il s'agit d'être conscient de l'impact du discours et du comportement d'autrui sur notre personne.

▪ **Les quatre types d'arguments.** L'**argument d'autorité** : l'individu mobilise une autorité (positive ou négative) acceptée par l'auditoire et qui met en avant l'opinion que l'on défend. Il fait appel à des compétences reconnues par l'auditoire ou au statut de l'orateur. L'individu fait appel à des croyances ou à des valeurs partagées par l'auditoire, c'est l'**argument de communauté**. Si l'individu présente le réel d'un certain point de vue, en amplifiant, par exemple, certains aspects et en minorant d'autres, afin de faire ressortir la légitimité d'une opinion, c'est l'**argument de cadrage**. Quand l'individu associe deux situations identiques ou opposées et les illustre par un exemple, c'est l'**argument d'analogie**.

▪ **La créativité.** C'est la capacité d'un groupe à imaginer ou construire et mettre en œuvre un concept nouveau ou à imaginer une solution optimale face à un problème. La créativité a pour objectif de libérer les membres d'un groupe des idées toutes faites, de la routine, des habitudes.

▪ **L'influence.** Il s'agit de convaincre les autres participants à la communication, de les pousser à agir dans un sens donné, les commander, voire les séduire.

On trouve plusieurs stratégies d'influence : appel au sentiment d'appartenance, raisonnement logique, action sur les émotions (séduction, menace, doute, etc.).

▪ **La manipulation.** Manipuler consiste à faire adhérer autrui à une opinion dont le contenu peut être ambigu ou obscur, de sorte qu'aucune réponse n'est possible.

On trouve plusieurs stratégies de manipulation : l'utilisation de la déstabilisation, l'aménagement de la présentation des faits, l'action sur les émotions, les sentiments, les valeurs intrinsèques.

▪ **Les réunions de groupe.** Elles sont un moyen de partager, au sein d'un groupe de personnes, des informations sur un sujet ou un problème et de prendre des décisions collectivement. Il existe plusieurs formes de réunion :

– la **réunion d'information** qui consiste à faire part d'informations ou à partager l'information sur un sujet ou un problème ;

– la **réunion d'échange** dont l'objectif est d'écouter l'avis de chacun pour avancer (ex. : trouver des idées pour un projet) ;

– la **réunion de prise de décision** qui consiste à faire proposer une décision par le collectif ou à faire valider une décision par le groupe (ex. : résoudre un problème) ;

– la **réunion de négociation** qui a pour objectif de trouver soit un compromis, soit un consensus ;

– la **réunion de résolution de problème** qui cherche à proposer des solutions face à une difficulté donnée ;

– les **réunions d'intégration** qui cherchent à favoriser les liens interpersonnels au sein d'un groupe ou à faciliter l'intégration d'un ou plusieurs salariés.

Les tensions professionnelles peuvent-elles renforcer la cohésion ?

ZOOM

Les relations professionnelles, caractérisées par une multitude d'interactions, de dialogues, de tensions, d'ajustements, de compromis, sont propices à l'émergence de conflits. Les conflits peuvent être sources de problème dans l'entreprise, mais ils peuvent aussi être source de dépassement de soi. Il faut cependant savoir les maîtriser pour permettre un bon climat social dans l'entreprise.

1 Les différentes formes de conflit

A. Les sources d'un conflit

Les sources d'un conflit peuvent être psychologiques, sociales ou organisationnelles. Certains conflits sont liés à la personnalité des collaborateurs : une différence de perception sur un sujet donné, une différence de caractères, une lutte de territoire ou de pouvoir.

Conflit : différence entre deux ou plusieurs personnes se caractérisant par des tensions, des émotions, des désaccords et des polarisations.

D'autres sont liés à l'organisation de l'entreprise : une absence de structure suffisante et l'orientation trop braquée sur l'objectif, une démarche qui oublie l'aspect humain, un traitement inégal entre les collaborateurs, une remise en cause du système organisationnel.

B. Les caractéristiques du conflit

On peut caractériser un conflit en fonction de son apparence, en fonction de sa portée, de l'objet (intérêts, objectifs, valeurs, méthodes, rôles et statuts contradictoires ou exclusifs) et des enjeux du conflit.

En fonction de l'apparence, il existe deux formes de conflits :

– le **conflit ouvert**, exprimé et apparent : les acteurs qui le vivent expriment leur ressenti et leurs revendications ;

– le **conflit larvé** : il n'est pas exprimé, mais il se perçoit par le malaise ambiant ou par des comportements (non-dits pesants, démotivation, stress, absentéisme, retards, etc.).

En fonction de leur portée, il existe deux classifications :

– les **conflits personnels** : conflits entre collègues, avec un supérieur hiérarchique ;

– les **conflits collectifs** : conflits entre deux équipes de travail, entre différents services.

C. L'objet du conflit

L'objet du conflit se caractérise par les faits, la signification qu'on apporte aux faits, l'intérêt du conflit, les objectifs à atteindre pour chaque partie, les méthodes de travail, les valeurs, les rôles et les statuts de chaque partie. Les enjeux consistent à déterminer ce que chaque partie peut perdre ou gagner dans un conflit. Il faut aussi identifier si les enjeux sont d'ordre personnel ou professionnel, s'il s'agit, par exemple, d'un besoin de reconnaissance ou d'une volonté d'obtenir un poste à pourvoir.

D. Les conséquences des conflits

Les conflits peuvent avoir des effets néfastes en entreprise tels que :

– une baisse de la créativité à cause d'échanges inexistants ;

– une baisse de la productivité par manque de collaboration ;

– une perte de temps et d'énergie par manque de cohésion.

***Turn-over* :** rotation du personnel dans une entreprise.

Ils peuvent aussi provoquer un *turn-over* important, un fort taux d'absentéisme et détériorer le climat social dans une équipe de travail. C'est pourquoi il est important de les traiter.

2 Les modalités de dépassement des conflits

A. Les attitudes dans les conflits

Il existe plusieurs styles possibles de gestion de conflits. Le style choisi doit correspondre à la situation :
– l'**évitement** consiste à refuser d'être impliqué dans le conflit et à refuser d'admettre qu'il existe des tensions ;
– la **dénégation** est un mécanisme de défense qui consiste à nier la situation. Dans le cas du conflit, la dénégation consiste à nier l'existence même des tensions et à ignorer la situation ;
– la **démission** consiste à remettre le problème à plus tard, à éluder le problème ;
– la **réponse autoritaire ou oppressive** : faire accepter la situation à son adversaire par l'autorité, par la force ;
– la **recherche de solutions** : elle consiste à faire rechercher des solutions à tous les protagonistes du conflit, à les faire discuter et accepter la situation, en négociant.

B. Le dépassement du conflit

▪ **L'ajustement.** Il consiste à ajuster la méthode de résolution de conflits aux acteurs du conflit.

▪ **La concession.** Il y a concession lorsque les acteurs en présence acceptent la situation et s'adaptent à cette situation en changeant leur mode de fonctionnement.

▪ **Le compromis.** On recherche une situation où tout le monde aurait quelque chose à gagner.

▪ **La médiation.** Le travail du médiateur (en tant que partie neutre) est d'aider les parties à résoudre leur conflit, et non de le résoudre pour elles. Il peut avoir à rétablir des moyens de communication entre les parties, si la communication n'existe plus entre elles. Il est primordial que le médiateur les aide à discuter du problème de manière positive. Les accusations doivent être évitées.

▪ **La négociation.** Parfois, il se peut qu'une personne soit amenée à négocier avec un collaborateur avec lequel elle est en conflit. Dans ce cas, elle devra suivre une démarche pour faciliter l'accès à une solution acceptable :
1. Adopter une approche de résolution de problème.
2. Écouter l'autre partie.
3. Poser des questions pour connaître les arguments de l'autre partie, clarifier les problèmes et vérifier la compréhension.
4. Rester ouvert.
5. Se rapprocher de l'interlocuteur pour casser la distance.
6. Distinguer le problème des personnes.

▪ **L'arbitrage.** Il se fait, le plus souvent, par recours à la hiérarchie. Il consiste à faire intervenir la hiérarchie pour régler le conflit par une décision irrévocable. L'arbitrage est un cas extrême de gestion de conflit et est souvent peu recommandable, car les solutions proposées sont acceptées à contrecœur par les parties.

Le bilan social est-il un outil du dialogue social ?

ZOOM

Depuis la loi 77-769 du 12 juillet 1977, les entreprises ou établissements dont l'effectif est supérieur à 300 personnes ont l'obligation de **publier un bilan social**. Il ne devient définitif qu'après consultation du comité d'entreprise.

1 Les destinataires du bilan social

A. Les procédures

Chaque salarié ou actionnaire peut obtenir gratuitement un exemplaire du bilan social. Il est également transmis au comité d'entreprise et aux délégués syndicaux, puis envoyé à l'inspecteur du travail (avec le procès-verbal du comité d'entreprise) et remis aux commissaires aux comptes qui ont pour mission de vérifier la sincérité des données.

B. L'examen du bilan social

L'examen du bilan social doit avoir lieu dans les quatre mois qui suivent la fin de la dernière année visée au bilan social.

EXEMPLE Le bilan social examinant les années civiles 2010, 2011 et 2012 sera examiné avant le 30 avril 2013.

Le comité d'entreprise ou d'établissement émet chaque année un avis sur le bilan social. À cet effet, les membres du comité d'entreprise ou d'établissement et les délégués syndicaux reçoivent la communication du projet de bilan social quinze jours au moins avant la réunion au cours de laquelle le comité émettra son avis. Dans les entreprises comportant un ou plusieurs établissements tenus de présenter un bilan social d'établissement, la réunion au cours de laquelle le comité central d'entreprise émet son avis a lieu dans les six mois suivant la fin de la dernière des années visées par le bilan social.

2 Le contenu du bilan social

Le nombre et la teneur des informations contenues dans le bilan social dépendent de la taille de l'entreprise et de l'établissement. Le contenu du bilan social est encadré par des dispositions légales ; il est composé de sept chapitres :

1. **l'emploi** (effectif total au 31 décembre, pyramide des âges, durée moyenne des contrats de travail temporaire, nombre d'embauches, nombre de départs…) ;
2. **les rémunérations et charges accessoires** ;
3. **les conditions d'hygiène et de sécurité** (accidents de travail et de trajet…) ;
4. **les autres conditions de travail** (durée, aménagement du temps de travail, organisation…) ;
5. **la formation professionnelle** ;
6. **les relations professionnelles** (représentants du personnel et délégués syndicaux…) ;
7. **les autres conditions de vie relevant de l'entreprise** (activités sociales, autres charges sociales).

3 Le bilan social : outil du dialogue social

A. L'ouverture du dialogue social

Bilan social : état des lieux de la situation du personnel dans une organisation.

Le bilan social répond à une obligation : dans le cadre de la loi sur la rénovation du dialogue social, il est présenté une fois par an aux représentants du personnel qui en débattent. Il doit permettre l'ouverture du dialogue social.

En effet, dans l'entreprise, le bilan social est un outil d'analyse qui sert à apprécier les données sociales disponibles dans l'entreprise ou l'établissement, grâce à des indicateurs chiffrés. Il détermine les priorités d'actions en matière de politique salariale. À ce titre, il constitue également une base de réflexion pour les partenaires sociaux.

B. Le bilan social : un indicateur du climat social

L'organisation rassemble des individus et des groupes, aux intérêts parfois divergents, qui doivent trouver ensemble des équilibres permettant d'atteindre une performance globale. Le dialogue avec les partenaires, en améliorant le climat social, tente d'améliorer la cohésion.

Le **climat social** peut être identifié comme le degré de satisfaction qui règne dans une organisation. Il peut être influencé par des facteurs internes ou externes :

Facteurs internes	Facteurs externes
• Satisfaction des salariés • Stress • Aménagement du temps de travail • Ergonomie du poste de travail, etc.	• Période de croissance ou crise économique • Taux de chômage • Augmentation ou baisse de la consommation

L'absentéisme, le *turn-over*, les revendications, le recrutement de nouveaux collaborateurs, les démissions sont des indicateurs du climat social. Le bilan social permet de calculer ces indicateurs.

C. Outil de gestion des ressources humaines et de dialogue social

Le **bilan social** apporte une vue d'ensemble des caractéristiques du personnel et de ses conditions de travail. Il permet aux représentants du personnel et aux dirigeants de l'organisation de repérer les problèmes et les dysfonctionnements. Pour diagnostiquer clairement les problèmes, l'entreprise devra réunir autour d'une table l'ensemble de ses collaborateurs (ou leurs représentants) : c'est le début du dialogue social. L'étude du bilan social a pour objectif de prévoir des solutions face aux dysfonctionnements observés et d'anticiper une politique de gestion des ressources humaines. Les solutions sont plus faciles à mettre en œuvre lorsqu'elles sont concertées avec l'ensemble des parties prenantes (dirigeants, salariés, etc.).

11 LE COURS À quelles conditions l'organisation du travail favorise-t-elle la coopération ?

1 Les enjeux de l'organisation du travail

A. Définition

L'organisation du travail est un ensemble d'éléments en interaction, regroupés au sein d'une même entité, qui facilitent la circulation de l'information, dans le but de répondre à des besoins et d'atteindre des objectifs déterminés. L'organisation du travail consiste à répartir (ou diviser) et coordonner les activités productives au sein de l'entreprise afin d'assurer leur efficacité.

B. Cerner ses points faibles

Lorsque l'organisation du travail est optimale, la performance de l'entreprise s'en trouve améliorée et les activités à réaliser en vue d'un même objectif sont rationalisées.
Lorsque l'organisation du travail n'est pas suffisamment soignée, l'entité a davantage de difficultés à atteindre la performance.

2 L'étude de l'organisation du travail

A. Les indicateurs de l'organisation du travail

Différents indicateurs permettent d'analyser l'organisation du travail :
– la **répartition du travail** : technique (qui fait quoi ?) et hiérarchique (qui commande qui ?) ;
– la **production** : déterminer les objectifs et les moyens à mettre en œuvre pour atteindre les objectifs, organiser méthodiquement les processus de fabrication, contrôler le travail ;
– l'**organisation temporelle** : concerne principalement la durée, la répartition et l'aménagement du travail.

B. Les moyens pour organiser le travail

La **spécialisation du travail** définit le poste de travail en termes de qualification et de missions. La **standardisation** permet d'établir des tâches communes et des processus de fabrication commune en fonction de standards et de normes correspondant à un référentiel de production. La **flexibilité** consiste à adapter la charge de travail et à aménager le temps de travail en fonction du carnet de commandes d'une organisation.
L'organisation d'une entreprise est généralement représentée par un organigramme. On trouve différentes formes d'organigrammes (structure hiérarchique, structure en étoile).

C. Les outils d'organisation du travail

Le travail peut être organisé de manière individuelle ou collective.

Outils d'organisation individuelle du travail	Outils d'organisation collective du travail
– l'agenda personnel ; – la fiche d'auto-pointage ou la fiche d'auto-analyse ; – la fiche d'instruction ; – la *check-list* ou liste des tâches ; – la liste de contrôle.	– les agendas partagés ; – le tableau de répartition des tâches ; – les échéanciers.

12 LE COURS Travailler ensemble suffit-il à coopérer ?

1 Les objectifs du travail coopératif

A. La répartition des tâches

Travail coopératif : ensemble des interactions individuelles des membres d'un groupe dans l'exercice d'un travail commun.

Le travail coopératif est un travail de groupe hiérarchiquement organisé, qui fonctionne selon un planning impliquant des délais et un partage des tâches (coordination), dans lequel la mission se réalise par addition des travaux personnels de chaque membre du groupe.
Chaque acteur maintient son identité, tout en partageant les ressources avec les autres membres du groupe et en suivant un objectif commun à tous les membres du groupe.

B. Les enjeux du travail coopératif

Le travail coopératif améliore l'efficacité d'un groupe par une meilleure gestion du temps et un partage des ressources. Il participe à la cohésion d'un groupe en reconnaissant les compétences et qualités de chaque membre du groupe, ce qui devrait également favoriser la motivation des individus. Il permet la réactivité d'un groupe en créant des interactions avec des collaborateurs.

C. Les trois dimensions du travail coopératif

Le travail coopératif a trois dimensions principales :
– **la communication** : pour travailler à plusieurs, il faut communiquer, s'échanger des informations et des documents ;
– **la production** : chacun réalise une ou plusieurs tâches qui concourent à un projet commun. Le travail de chaque participant au projet est identifiable à la fin de la mission ;
– **la coordination** : il s'agit d'établir un délai et un partage équitable des tâches de chaque membre du groupe.

2 L'organisation du travail coopératif

A. Les contraintes du travail coopératif

- **La contrainte du temps.** Dans un travail coopératif, chaque participant au projet dépend de l'avancée dans ses travaux des autres membres de l'équipe. Le retard de l'un entraîne le retard des autres. La gestion du temps a une importance capitale dans ce type de travaux, puisqu'elle va induire la réussite ou non du projet.

- **La contrainte du lieu.** Tous les membres d'une équipe de projet ne travaillent pas toujours sur le même site. La distance génère des frais de communication, des déplacements professionnels et des difficultés de coordination de l'équipe. De plus, certains travaux sont difficiles à réaliser à distance.

- **L'organisation hiérarchique d'une entreprise.** Elle peut avoir une incidence sur le travail coopératif. Si l'organisation est verticale (très hiérarchisée), elle devient un frein au travail coopératif, car elle induit une communication formelle et ne laisse que peu de place à la communication informelle.

B. Les outils du travail coopératif

TCAO : travail coopératif assisté par ordinateur.
TIC : technologies de l'information et de la communication.

▪ **TIC et TCAO.** Les TIC ont permis de réduire ces contraintes. Le TCAO est un moyen qui permet aux membres d'un groupe de coordonner leurs actions, de communiquer sans contrainte de temps et de lieu. Cependant, le TCAO nécessite :
– l'adhésion des salariés (une certaine réticence et méfiance demeurent à l'encontre des nouvelles technologies et du partage de l'information) ;
– un contexte technique de qualité dans l'organisation (mise en œuvre du matériel nécessaire à la mise en place d'un réseau coopératif tel que des plateformes sécurisées, un intranet, etc.) ;
– un management des équipes adéquat (il ne faut pas trop hiérarchiser les relations dans le groupe, mais il ne faut pas, non plus, déréglementer toutes les communications).

▪ **Les outils.** Les **progiciels** d'entreprises sont des ensembles complets et documentés de programmes (logiciels) conçus pour être fournis à plusieurs utilisateurs (dans une même structure), en vue d'une même application ou d'une même fonction.
Les **plateformes collaboratives** sont des espaces de travail virtuels (sites) qui centralisent tous les outils liés à la conduite d'un projet et les mettent à disposition des acteurs.
Les **forums** sont des espaces de discussion asynchrone sur un site web ou sur un service en ligne qui permettent aux internautes d'échanger, de poser des questions ou de poster des réponses sur les thématiques proposées.

C. Les techniques du travail coopératif

▪ **Le *groupware*.** Ce sont les méthodes et les outils logiciels qui permettent à des utilisateurs de mener un travail en commun à travers les réseaux. Les applications correspondant à cette catégorie incluent la messagerie électronique, la gestion du temps, la multiconférence et l'édition de groupe, le routage et le partage des fichiers.

▪ **Le *workflow*.** Il permet l'automatisation des procédures administratives, qu'il s'agisse de l'ordonnancement des tâches ou du pilotage de leur déroulement. Il permet d'accélérer le traitement des flux d'informations, une meilleure organisation du travail, une meilleure répartition des tâches.

▪ **L'EDI.** L'*Electronic Data Interchange* est un système destiné à la transmission de données entre entreprises. Il passe par le langage EDIFACT, élaboré en 1987. L'EDI est un processus d'intégration de données commerciales et techniques avec différents partenaires de l'organisation. Toutes les étapes du processus (bon de commande, facture, bon de livraison, accusé de règlement) sont informatisées et dématérialisées. Ainsi, les supports papiers n'existent plus et l'échange s'effectue grâce aux ordinateurs.

13 LE COURS Le document est-il un vecteur de coopération ?

ZOOM
L'entreprise produit et manipule beaucoup de documents. Ces documents sont un vecteur de l'image de l'entreprise, en interne et en externe.

1 La production des documents

Les documents, émis par l'entreprise, doivent comporter des champs obligatoires et appliquer la charte de l'entreprise (normes de fond, de forme et de structure).

Les courriers	Les courriels
■ **En-tête** : nom-adresse de l'expéditeur du courrier et autres informations relatives à l'expéditeur. ■ **Suscription** : nom-adresse du destinataire ■ **Objet :** pour que le récepteur se situe dans le même cadre de référence que l'émetteur, puis : – P.J. (facultatif) ; – lieu et date ; – titre de civilité ; – structure apparente de la lettre ; – qualité du signataire ; – signature ; – initiale du prénom et nom du signataire.	■ **La formule d'introduction** « Bonjour », parfois accompagnée du prénom du destinataire pour plus de proximité. ■ **La formule de clôture** « Cordialement », voire « Très cordialement » ou, à défaut, une simple signature. ■ **La signature :** elle pourra contenir des informations telles que Prénom + Nom + Nom de la société + numéro de téléphone intégrées automatiquement grâce au logiciel de messagerie.

2 Le document, outil de coopération dans l'entreprise

A. L'enrichissement

Enrichir un document : apporter une information supplémentaire substantielle soit en brut, soit sous forme d'analyse.

Les nouvelles technologies permettent le travail participatif des membres de l'organisation et favorisent donc la récupération et l'enrichissement des documents par l'ensemble des membres de l'organisation.

B. Le rôle du document

Un document est à la fois :
– un support d'information, qui peut être transmis à des collaborateurs ;
– un support de communication à travers ses visuels (un livret d'accueil est à la fois un support d'informations pour donner les heures de travail dans l'entreprise et un support de communication dans le sens où il transmet un certain nombre de valeurs de l'entreprise) ;
– un outil collaboratif à travers les échanges de données dans l'entreprise.

C. Typologie des documents

La typologie des documents s'articule autour de différents critères :
– le **support** (les livres, les supports magnétiques, les supports numériques) ;
– la **forme** (les essais, les manuels, les encyclopédies) ;
– le **niveau et l'utilisation** (les documents généraux, spécialisés, scientifiques, destinés

à la jeunesse) ;
– l'**élaboration du document** (les documents primaires, secondaires, tertiaires) ;
– la **diffusion** (en kiosque, en librairie, par abonnement).

D. La gestion des documents

▪ **Les activités de la gestion documentaire.** Elle comprend l'acquisition, le classement, le stockage, la diffusion et la transmission.

▪ **Principes de classement.** Un bon classement doit être :
– simple, global, évolutif (prend en compte tous les sujets traités) ;
– applicable à tous les documents ;
– valable pour tout le personnel ;
– supervisé par une seule personne (*check-in*/*check-out*).

▪ **Le plan de classement.** C'est un langage documentaire destiné à classer un ensemble de connaissances dans diverses catégories. Il permet à plusieurs personnes d'un même service de retrouver le document recherché rapidement.

Classement : technique qui consiste à ranger dans un ordre méthodique les documents selon un ordre préétabli, de façon à pouvoir se procurer facilement et rapidement l'information recherchée.

▪ **Les ordres de classement.** Il y a plusieurs façons de prévoir et d'organiser un bon classement. Il faut seulement que toute personne ayant besoin d'un document puisse le retrouver facilement et rapidement.

Les ordres fondamentaux	Les ordres dérivés
• Classement alphabétique • Classement numérique • Classement thématique (ou idéologique)	• Classement décimal • Classement chronologique • Classement géographique • Classement alphanumérique

▪ **GED ou GEIDE.** La **GED est la gestion électronique des documents**. Également appelée **GEIDE (gestion électronique d'informations et de documents de l'entreprise)**, elle permet d'acquérir, de classer, de stocker et de transmettre des documents grâce aux outils technologiques.
Elle consiste à classer et indexer un grand nombre de fichiers de tous types (texte, image, sons, interactifs…) selon des critères propres au fonctionnement de l'organisation. Elle utilise généralement différents moteurs de recherche et formes (plein texte, multicritères, index, thèmes…).

Les techniques de GED recouvrent les différentes tâches documentaires réalisées habituellement de manière manuelle (rangement, classification, stockage, transmission et diffusion). Elles facilitent la gestion documentaire classique d'une organisation par :
– les facilités d'accès et de diffusion ;
– l'impression à la demande ;
– la diffusion puis la production (**ex. :** diffuser à un grand nombre d'individus et seules les personnes intéressées l'imprimeront) ;
– la connexion des activités de documentation, de pré-presse et de production ;
– la présentation d'informations sous forme multimédia (image, son, textes, etc.) ;
– le regroupement, en un seul dossier numérique, de l'ensemble des documents émis et reçus.
Le document peut être considéré comme un outil de coopération dans l'entreprise puisqu'il permet à la fois d'être produit par plusieurs personnes, d'être transmis à plusieurs individus (et donc d'échanger) et même d'être partagé entre plusieurs collaborateurs.

ÉNONCÉ

Sujet du Bac

Santemer (société anonyme), dirigée par Manuel Ibrahimvuc, est une clinique spécialisée dans la chirurgie plastique réparatrice. Située à Nice, ses patients sont originaires de toute l'Europe. Dotée d'une grande notoriété dans le monde médical, elle ne reçoit les patients que sur prescriptions médicales ou sur recommandation de confrères. Elle emploie 299 salariés et assure des actes chirurgicaux dont les interventions consistent à réparer diverses lésions du corps humain. La clinique Santemer appartient à un réseau de cliniques et de maisons de soins médicalisés. Ses médecins sont donc parfois appelés à pratiquer dans d'autres établissements que la clinique.

Les **dossiers** suivants sont à traiter :
1. Le recrutement d'une employée administrative ;
2. Le bilan social ;
3. L'organisation du travail ;
4. La communication externe (question de gestion).

1 Le recrutement d'une employée administrative

L'accompagnement des médecins dans leurs tâches quotidiennes demande une très grande disponibilité. Lors d'un entretien (**annexe 1**) Nadia Bellathsem, l'assistante du gérant de la clinique, a exprimé l'impossibilité de continuer à assumer seule les tâches liées au suivi des médecins. Elle a donc pris contact avec M. Ibrahimvuc qui gère les ressources humaines.

À l'aide de vos connaissances et de l'annexe 1 :

1 Caractérisez et illustrez les différents arguments utilisés par Nadia pour convaincre le gérant de la clinique.

2 Précisez à quel mode de recrutement peut recourir M. Ibrahimvuc. Justifiez la réponse.

3 Listez les étapes du recrutement selon le mode choisi précédemment.

4 Quels moyens M. Ibrahimvuc pourra-t-il mettre en place pour faciliter l'intégration dans son service du nouveau collaborateur ? Justifiez et argumentez votre réponse.

➤ Corrigé page 128

2 Le bilan social

Comme tous les ans, le bilan social de la société vient d'être réalisé par votre service (annexe 2). M. Ibrahimvuc souhaite l'analyser avant la réunion de présentation au comité d'entreprise.

À l'aide de vos connaissances et de l'annexe 1 :

1 Déterminez les enjeux pour cette organisation de se doter d'un bilan social.

2 Calculez le taux d'absentéisme des agents de restauration dans cette clinique pour 2013.

3 Identifiez les actions que l'entreprise pourrait mettre en œuvre pour limiter l'absentéisme. Justifiez votre réponse.

➤ Corrigé page 128

3 L'organisation du travail

Le docteur Neveu, responsable du pôle médical, réunit tous les lundis les médecins pour faire le point sur les patients hospitalisés, sur les entrées et sorties de la semaine et pour échanger sur les différentes opérations de la semaine. Cette organisation ne donne pas entièrement satisfaction au docteur : les médecins sont régulièrement absents, car ils sont en déplacements ou donnent des cours, et envoient donc des internes ou des infirmières à leur place. Monsieur Neveu souhaite, cependant, garder un contact direct avec son équipe ; c'est également pour les jeunes praticiens un moment d'échanges important. Son assistante a réuni une documentation (**annexes 3 et 4**).

Aujourd'hui, les médecins se déplacent tous à la clinique pour le lundi matin. En cas d'absence, cependant, la réunion est filmée et se trouve ensuite sur le site intranet de la clinique et l'assistante du docteur Neveu, édite, le jour même, le compte-rendu de cette réunion.

À l'aide de vos connaissances et des **annexes 3 et 4** :

1 Identifiez le dispositif de travail qui pourrait être mis en place ici.

2 Précisez en quoi il pourrait améliorer la situation. Justifier la réponse.

3 Dans l'hypothèse où la conférence en ligne serait le moyen le plus adapté à la situation de la clinique, indiquez la préparation matérielle nécessaire pour organiser cette réunion.

4 Quelles sont les limites de cette organisation du travail ?

➤ Corrigé page 129

4 La communication externe (question de gestion)

En termes de communication avec ses prescripteurs, la clinique utilise principalement son site Internet et l'e-mail. Le site de la clinique est un site « vitrine », il permet aux prescripteurs et aux clients (patients) de découvrir les services et les spécialités médicales de la clinique. Le système d'information, en interne, est doté d'un site Internet sur lequel les salariés de l'entreprise peuvent récupérer tous les documents communs (demande de congés, procédures d'accueil, etc.), se renseigner sur les informations institutionnelles de la société et profiter d'une messagerie interne. Cependant, Monsieur Ibrahimvuc s'est avisé que l'Intranet ne servait que pour la messagerie électronique.

En une ou deux pages maximum, à partir de vos connaissances et en vous inspirant de l'exemple de la clinique Santemer, répondez à la question suivante :

À quelles conditions le système d'information est-il source de services pour les divers métiers de l'organisation ?

➤ Corrigé page 129

Annexe 1 : Extrait de l'entretien entre le gérant de la clinique et son assistante (Nadia)

M. Ibrahimvuc fait entrer son assistante dans son bureau et l'invite à s'asseoir.

M. Ibrahimvuc : Asseyez-vous, Nadia. J'ai l'impression qu'en ce moment vous êtes un peu débordée, ce qui rejaillit sur le climat du service administratif.

Nadia : Je dois dire qu'en ce moment je ne sais plus où donner de la tête. Je suis débordée par le classement des dossiers, le téléphone n'arrête pas de sonner. J'ai de nombreuses photocopies à faire et je n'arrive pas à suivre correctement les dossiers qui me sont confiés par les médecins. Comme toutes les assistantes, j'ai besoin d'un peu de temps et j'ai l'impression de tout faire dans l'urgence.

M. Ibrahimvuc : Bon, calmez-vous. Si nous reprenions dans l'ordre. Si nous embauchions une employée pour vous aider, quelles sont les tâches que vous pourriez lui confier ?

Nadia : Je pense déjà qu'elle pourrait prendre toutes les communications téléphoniques et noter les messages : cela me ferait gagner du temps. C'est ce qui se passe dans les entreprises, l'assistante est aidée par une employée qui gère toutes les communications téléphoniques.

M. Ibrahimvuc : Bien ! Ensuite ?

Nadia : Les photocopies me prennent beaucoup de temps, de même que les travaux répétitifs tels que les déplacements des médecins. Je pense aussi que le classement des dossiers me libérerait beaucoup de temps.

M. Ibrahimvuc : Bien. Tout ce que vous me décrivez semble justifier l'embauche d'une employée. Qui en interne pourrait occuper un tel poste ? Je vous laisse regarder tout ceci et me faire des propositions.

Annexe 2 : Le bilan social

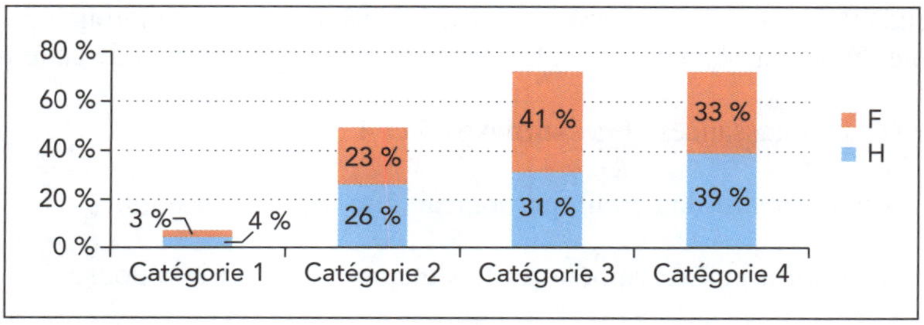

Répartition des effectifs par catégories d'emploi et par sexe

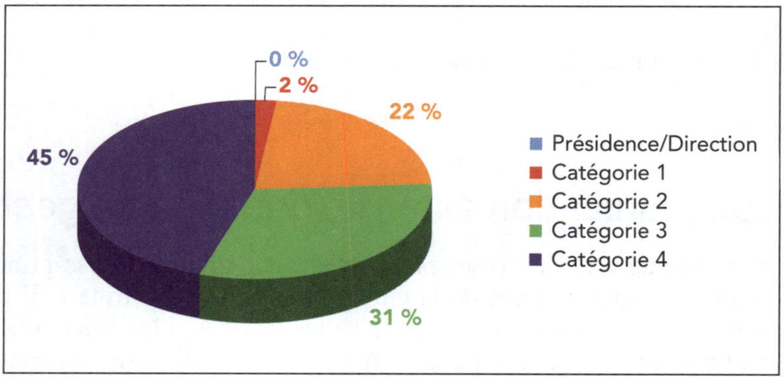

Répartition des effectifs par catégories d'emploi

Promotions	Évolution pro
Changement d'emploi	2
De catégorie 2 à 1	2
De catégorie 3 à 2	1
De catégorie 4 à 3	1

Tableau des promotions

Annexe 2 (suite)

Absences et congés

	Nombre total salariés	Congés maladie	Accident du travail	Total absences	Nombre moyen de jours d'absences/personne	Congés paternité	Congés pathologiques	Congés maternité	Total congés P+P+M	Total tous motifs d'absences
Présidence	4	2	0	2	0,50	0	0	0	0	2
Cadres supérieurs administratifs (cat. 1)	16	49	1	50	3,13	0	0	112	112	162
Cadres sup médical (cat. 1)	24	122	2	124	5,17	0	3	0	3	127
Cadres moyens administratifs (cat. 2)	13	77	0	77	5,92	0	0	0	0	77
Infirmiers (cat. 2)	56	256	5	261	4,66	12	14	336	362	623
Employés (cat. 3)	18	44	0	44	2,44	0	1	103	104	148
Aides soignants (cat. 3)	69	459	12	471	6,83	17	16	219	252	723
Employés (cat. 4)	26	103	0	103	3,96	0	0	44	44	147
Agents d'entretien (cat. 4)	31	105	22	127	4,10	0	2	137	139	266
Agents de restauration (cat. 4)	21	212	0	212	10,10	0	2	107	109	321
Ouvriers (cat. 4)	11	33	3	36	3,27	0	4	0	4	40
Autres catégories	10	44	0	44	4,40	1	0	0	1	45
Total	**299**	**1506**	**45**	**1551**	**5,19**	**30**	**42**	**1058**	**1130**	**2681**
Chiffres 2012	168	1409	43	1620,00	5,42	32,00	32,00	1233,00	1297,00	2917

Annexe 3 : La conférence en ligne

Un moyen de communication à distance : la conférence en ligne

Réunion à distance : plus facile qu'on ne le croit !

Les conférences en ligne et autres solutions de « télé présence » s'appuient sur des technologies performantes et des outils d'animation très pratiques. Idéal pour gagner du temps et réduire les frais de déplacement.

Lever à 5 heures du matin, décollage à 7 heures... Quiconque a travaillé dans un groupe dont les bureaux sont éclatés entre plusieurs centres le confirmera : faire la navette de l'un à l'autre peut sembler excitant au début... mais devient vite éprouvant. Physiquement, nerveusement, mais aussi financièrement. Entre les dépenses de taxi, d'avion et d'hôtel, les déplacements à répétition sont aujourd'hui considérés comme un luxe par les entreprises. La plupart font désormais la promotion des échanges à distance, par téléphone ou vidéo. Le manager désireux de faire le point avec ses commerciaux nomades y trouve son intérêt, tout comme le salarié qui doit rendre compte de l'avancement d'un dossier à sa direction régionale.

Un outil fiable et facile à utiliser

Une solution abordable est la conférence en ligne - Adobe Connect, Microsoft Office Live Meeting... - qui permet à plusieurs participants d'accéder simultanément d'un simple clic sur un lien Internet à une salle de conférence virtuelle où ils peuvent échanger des documents, se parler et se voir. Idéal pour les réunions de services, ces solutions sont accessibles à partir de 400 euros par an environ.

Les applications conçues par Adobe et Microsoft sont devenues d'une utilisation très confortable. Elles ne nécessitent aucune installation préalable et permettront de bénéficier d'une image et d'un son haute définition. Il suffit en général d'un accès Internet haut débit pour en profiter. Une fois en ligne, les participants n'ont qu'à cliquer sur un lien ou à taper un code pour voir apparaître leurs interlocuteurs et rejoindre la conférence.

Des fonctions qui facilitent la tâche de l'animateur

Vous craignez de ne pas pouvoir « tenir » la réunion parce que tous les intervenants ne sont pas physiquement présents dans la même pièce ? En réalité, une application de conférence en ligne offre les mêmes garanties de contrôle que n'importe quelle réunion classique. Pour demander la parole, les participants cliquent sur une icône prévue à cet effet ou tapent sur « noms » ; exactement comme s'ils levaient la main autour d'une table. C'est alors à l'animateur de distribuer la parole. De même, des fonctions permettent si on le souhaite d'interdire aux participants de s'envoyer des messages entre eux durant la réunion. Et puis, l'image est une garantie à la différence d'une conférence téléphonique ou d'un échange de courriels, la conférence en ligne vous met en position de vérifier que le collaborateur qui se trouve à des centaines de kilomètres de vous est attentif à votre exposé et non occupé à consulter ses courriels ou à traiter son courrier...

Des écrans qui décomplexent les timides

Comment se comporter devant un objectif ? La crainte de la caméra constitue en réalité le principal frein au développement des conférences en ligne. Longtemps en effet, les participants ont eu comme consigne de ne surtout pas brouiller le signal et de préserver la netteté de l'image (...). Aujourd'hui, la plupart des nouveaux outils permettent de se comporter avec le plus grand naturel vis-à-vis de la caméra. (...)

Sachez que plus vous serez expressif et mobile, plus la réunion sera réussie. Comme en « vrai ».

D'après la revue *Management*, juillet-août 2009.

Annexe 4 : La réunion téléphone

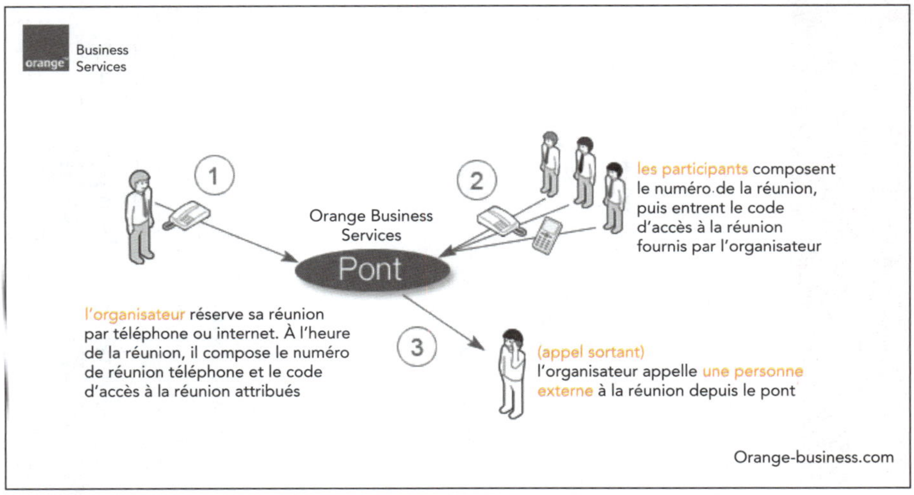

Remarques complémentaires :

Accès par un Numéro Vert®
L'accès au service s'effectue grâce à un Numéro Vert à partir d'un simple téléphone (fixe ou portable).

Disponible 24 h/24, 7 j/7 en France et à l'étranger
Le service peut être utilisé depuis la France et l'étranger.
Pour y accéder depuis l'étranger, composez le numéro unique de la réunion-téléphone, précédé du code pays.

Coût approximatif pour un téléphone de 20 personnes : 60 €

Annexe 5 : Les outils de communication

Aujourd'hui, l'ensemble de la communication envers les prescripteurs se fait par « mailing » ou par courrier.
Pour les prescripteurs, un espace dédié sur le site Internet permet aussi de découvrir le nom des praticiens de la clinique, les nouvelles techniques opératoires utilisées par la clinique, les nouveaux équipements médicaux, les spécialités de la clinique.

Annexe 6 : Les souhaits du gérant

Le gérant souhaite une plus grande interaction avec ses partenaires externes et particulièrement avec les prescripteurs.

Souhaits pour la communication externe	
Clients	• Un avis possible à poster, sur le site, sur la clinique. • Un accès aux tarifs et aux remboursements applicables. • Un accès aux services de confort.
Prescripteurs	• La mise à disposition de vidéos en ligne de techniques médicales utilisées par l'entreprise avec des explications, le détail des procédures et les protocoles médicaux suivis. • Les dernières nouvelles : le nom des nouveaux praticiens de la clinique, les nouvelles techniques opératoires utilisées par la clinique, les nouveaux équipements médicaux, les spécialités de la clinique. • La proposition d'une inscription à une newsletter. • Une foire aux questions des collègues. • Un accès direct, par des liens hypertextes, aux publications des praticiens de la clinique.
Fournisseurs	• Une présentation de l'utilisation de leurs produits. • Un accès extranet pour permettre une meilleure circulation de l'information.

CORRIGÉ

Sujet du Bac

1 Le recrutement d'une employée administrative

1 Les différents arguments utilisés par Nadia pour convaincre le gérant de la clinique sont :
- l'**argument de communauté** : « comme toutes les assistantes, j'ai besoin d'un peu de temps et j'ai l'impression de tout faire dans l'urgence » ;
- l'**argument d'analogie** : « c'est ce qui se passe dans les entreprises, l'assistante est aidée par une employée qui gère toutes les communications téléphoniques ».

2 Monsieur Ibrahimvuc peut recourir à un recrutement interne, il s'agit de recruter quelqu'un qui pourrait correspondre au profil du poste. Si personne dans l'entreprise ne correspond, au final, au poste de travail, il faudra procéder à un recrutement externe.

3 Les étapes du recrutement selon le mode choisi précédemment sont les suivantes :
- **analyse du besoin** : création de la description du poste et de la fiche de poste ;
- **recherche des candidats** : rédaction de l'annonce + réception des CV et des lettres de motivation ;
- **présélection des candidats** : tri des CV et des lettres de motivation ;
- **sélection des candidats** : entretien de sélection ;
- **embauche** : requalification du contrat de travail (additif).

4 Les moyens que Monsieur Ibrahimvuc pourrait mettre en œuvre sont :
- proposer un pot d'accueil pour expliquer l'arrivée dans le service de cette personne ;
- prévoir un poste de travail pour cette assistante ;
- prévoir des modes opératoires pour aider l'assistante dans sa prise de fonction.

CONSEIL L'intégration est la dernière étape du recrutement. Elle permet au futur salarié d'être efficace dans son poste de travail. Il est important qu'il trouve sa place dans l'entreprise pour qu'il s'investisse pleinement dans son travail.

2 Le bilan social

1 L'organisation établit un bilan social afin d'apprécier les données sociales disponibles dans l'entreprise ou l'établissement, la santé sociale de l'entreprise et de déterminer les stratégies sociales à suivre.

CONSEIL Cette question fait appel à vos connaissances acquises en cours. Le bilan social fournit des informations sur trois ans, qui permettent d'apprécier la situation de l'entreprise.

2 Calculs du taux d'absentéisme des agents de restauration :

$$\textbf{Taux d'absentéisme} = \frac{\text{heures d'absence pendant une période } P}{\text{heures théoriques de travail pendant la même période}} \times 100.$$

$$\textbf{Taux d'absentéisme} = \frac{\text{jours d'absence pendant une période } p}{\text{jours théoriques de travail}} \times 100 = \frac{212}{1\,820} \times 100 = 12\ \%.$$

C'est le plus élevé des taux d'absentéisme. Pour comparer, le taux d'absentéisme des agents d'entretien est de $\frac{105}{1\,820} \times 100$ soit 6 %, donc beaucoup moins élevé.

CONSEIL L'information sur le nombre de jours travaillés dans une année doit être connue. Cette information n'apparaît pas dans un sujet de bac. Un salarié à temps complet effectue 1 607 heures de travail par an pour 1 820 heures rémunérées (prenant en compte les congés annuels et jours fériés). 35 heures x 52 semaines = 1 820 heures. 52 semaines – 5 semaines de congés – jours fériés = 35 heures x 45,9 semaine = 1 607 heures

3 Pour limiter l'absentéisme, l'entreprise pourrait mettre en œuvre :
- des pauses plus régulières ;
- un renforcement des équipes pour partager la charge de travail ;

– des formations pour permettre une optimisation du travail et une baisse de la pénibilité du travail ;
– la perspective de promotions internes.

3 L'organisation du travail

1 Le dispositif de travail qui pourrait être mis en place est la réunion à distance par vidéoconférence ou visioconférence.

CONSEIL Vous devez faire appel à des arguments, les illustrer par des exemples.

2 La réunion à distance permet de communiquer à distance sans avoir besoin de se déplacer (économie du coût du voyage et d'hébergement). Les collaborateurs sont ainsi moins stressés : ils ne perdent plus de temps ni d'énergie dans les déplacements professionnels.
C'est également une démarche de protection de l'environnement : il y a moins de déplacements, donc moins de gaz à effet de serre.
En choisissant de collaborer par vidéoconférence ou visioconférence, la communication est améliorée dans une équipe de travail, et devient plus fréquente.

3 Dans l'hypothèse où la conférence en ligne serait le moyen le plus adapté à la situation de la clinique, la préparation matérielle est nécessaire pour organiser cette réunion :
1. Préparation de l'ordre du jour.
2. Convocation qui comportera l'heure, le jour, la date, l'ordre du jour de la réunion, le nom des participants, les démarches à suivre pour pouvoir participer à la réunion (code d'accès, etc.).
3. Vérification du bon fonctionnement de l'équipement matériel et informatique.

4 La réunion à distance présente quelques limites :
– un **frein culturel** : tous les participants ne sont pas à l'aise avec l'outil informatique et les technologies à mettre en œuvre ;
– un **frein matériel** : lorsque l'outil informatique tombe en panne, la réunion ne peut pas se faire.

4 La communication externe (question de gestion)

Le système d'information (SI) doit, pour toute organisation, répondre à des objectifs et assurer des fonctions (acquisition, mémorisation, traitement, communication) et être une source de services pour chaque métier de l'organisation. Les outils de communication utilisés par la clinique sont les suivants :
– un site internet : le site désigne l'ensemble des pages et des documents reliés par des liens hypertextes, mises en ligne à une adresse web ;
– le mail (courriel) ;
– le courrier commercial avec publipostage.
Le SI permet la gestion de contenu et la gestion des accès (flux). Monsieur Ibrahimvuc souhaite faire évoluer la communication de la clinique. Il existe des outils plus interactifs pour faire évoluer la communication de la clinique, comme :
– le flux RSS (*Really Simple Syndication*) pour permettre une navigation plus rapide et plus efficace des prescripteurs et pour qu'ils reçoivent aussi régulièrement et automatiquement des informations sur un sujet qu'ils ont préalablement choisis ;
– l'*e-newsletter* (info-lettre ou cyberlettre) pour répondre aux besoins en information des prescripteurs : lettre d'information envoyée à date régulière par courrier électronique à une liste de diffusion ;
– le forum de discussion pour échanger avec les prescripteurs.
Ces outils contribueraient à développer l'interaction avec les prescripteurs :
– en étant présents, visibles, sur Internet (notoriété) ;
– en améliorant les relations de la clinique avec les prescripteurs ;
– en communiquant sur l'actualité médicale et l'actualité de la clinique ;
– en identifiant ce qui se dit sur la réputation de la clinique ;
– en partageant, échangeant des informations avec les prescripteurs, aussi médecins ;
– en collaborant avec les prescripteurs et les confrères.

CONSEIL Plus d'informations sur la qualité du SI comme enjeu pour l'organisation, p. 131.

Systèmes d'information de gestion

LE COURS

ENTRAÎNEMENT

1 LE COURS — Pourquoi la qualité du système d'information est-elle un enjeu pour l'organisation ?

1 Le système d'information

A. Information

Information : données (objectives : indépendantes de l'observateur) + interprétation (subjective : attribuée par le destinataire) + utilité (subjective).

▪ **L'information est liée à un individu et un contexte.** Les mêmes données sont interprétables autrement par des individus différents dans des contextes différents.

▪ **L'utilité d'une information.** Elle dépend de la différence entre les **gains** qu'elle permet et ses **coûts** d'obtention, parfois difficiles à déterminer et pas toujours sous forme monétaire (temps passé, risque évité grâce à une information…).

▪ **L'information est un bien immatériel.** Le principal coût réside dans la création et non la reproduction (résumée à son support). Par comparaison, un bien matériel doit être refabriqué pour chaque reproduction (avec des coûts de matières, main-d'œuvre…).

B. Organisation

▪ **Objectif.** Une organisation structure une action collective produisant des biens ou des services visant à satisfaire les besoins de ses clients (au sens large : ceux qui s'adressent à elle ; cette relation peut être commerciale ou non).

▪ **La division du travail au sein des organisations.** Elle permet une productivité élevée grâce à la spécialisation, mais nécessite en contrepartie une coordination par l'information des activités menées en vue d'atteindre l'objectif final.

C. Système d'information (SI) de gestion

▪ **Le système d'information d'une organisation.** C'est une activité transversale à toutes les autres activités au sens où l'information est partout dans l'organisation pour coordonner les activités.
Le SI se définit par ses **fonctions** (ce qu'il fait), ses **composantes** (avec quoi et comment il le fait) et les **rôles** de l'information (pourquoi il le fait).

Les quatre fonctions du SI :
– l'acquisition (la collecte) ;
– la mémorisation (le stockage) ;
– la transformation (le traitement) ;
– la diffusion (la communication) des informations.

▪ **Trois composantes.** Un SI remplit ses fonctions à l'aide de trois composantes :
– organisationnelle : les processus ;
– TIC : les technologies de l'information et de la communication ;
– humaine : les utilisateurs du SI, ses gestionnaires.

▪ **Deux types d'informations et deux rôles.** Un SI manipule deux types d'informations :
– l'information **opérationnelle** permet la réalisation des activités des processus, elle permet d'entreprendre des actions immédiates ;
– l'information **décisionnelle** éclaire la prise de décisions managériales (pilotage de tout ou partie de l'organisation) ou stratégiques (fixation des objectifs de l'organisation).
Les informations décisionnelles sont souvent issues de l'agrégation des informations opérationnelles. En ce sens, elles sont plus espacées dans le temps et moins détaillées.

ZOOM
L'ensemble des informations détenues par une organisation forme un patrimoine informationnel qui peut être valorisable, notamment sous forme de connaissances capitalisables et transférables.
→ Voir le chapitre 7.

D. L'apport des TIC au système d'information

TIC : Technologies de l'information et de la communication.

▪ **Un SI efficace.** Il décharge ses utilisateurs des tâches sans valeur ajoutée et délivre la bonne information, au bon destinataire, au bon moment, sous la bonne forme, notamment grâce aux **TIC**.

▪ **Les principaux apports des TIC.** Les TIC sont un outil de productivité indispensable, mais peuvent également être en elles-mêmes à l'origine d'avantages concurrentiels. Les principaux apports sont :
– **opérationnels** : traitements automatisés, partage et circulation des informations (informations centralisées pour leur cohérence avec un accès décentralisé grâce aux réseaux)… ;
– **décisionnels** : agrégation de données pour faire émerger de nouvelles informations.

2 Gestion par les processus

La division du travail, sans une coordination efficace, donne lieu à des défauts de qualité et de réactivité. Ainsi, le toyotisme est une évolution du taylorisme et du fordisme qui a pris en compte l'interdépendance des activités au sein de processus « orientés client » (dans une optique de qualité). Cette approche industrielle a été transposée au domaine de l'information.

A. Processus

Processus : ensemble d'activités, coordonnées par l'information, produisant un résultat (service ou bien) qui satisfait un besoin (déclencheur du processus) en consommant des ressources (humaines, matérielles ou informationnelles).

▪ **Processus métier ou support.** Le type d'un processus dépend du destinataire de son résultat, appelé « client du processus » :
– un processus **métier** sert un client de l'organisation (externe à elle) dans son cœur de métier ;
– un processus **support** délivre un résultat à un client interne à l'organisation et permet indirectement le fonctionnement de processus métier.
Les activités d'un processus réalisent les fonctions du SI manipulant, transformant ou créant de l'information. Les acteurs du processus sont des utilisateurs du SI.

Progiciel : contraction de produit et logiciel.

▪ **Progiciel de gestion intégré (PGI).** Un PGI est un **progiciel** visant à gérer les informations de l'ensemble des processus d'une organisation.
Les processus étant transversaux et partageant les mêmes informations, le PGI se fonde sur une base de données unique (assurant sa cohérence et évitant les doubles saisies, c'est ce qui fait son aspect intégré) et différents modules correspondant aux différents métiers au sein de l'organisation.
Le PGI peut intégrer un ***workflow*** (ou flux de travail) assurant la circulation automatique de l'information tout au long des processus.

B. Modélisation des processus

▪ **La modélisation d'un processus.** Un schéma événements-résultats représente le déroulement d'un processus. C'est un outil d'abstraction (observer et comprendre), de communication et d'analyse (en vue d'améliorations). L'évolution d'un processus peut avoir lieu de deux façons (éventuellement complémentaires) :
– l'amélioration de l'efficacité (coût, délai, qualité) des activités, surtout avec les TIC ;
– la réorganisation du processus (suppression d'activités, moindre délais d'attente…).

Les éléments d'un schéma événements-résultats sont :
– les **acteurs** : les personnes (désignées par leur rôle) ou groupes de personnes ;
– les **activités** : suite non interruptible de tâches qui reçoivent, transforment, créent ou émettent des informations ;
– les **événements** : flux d'informations reçu ou émis par le SI ; ils sont déclencheurs d'une activité (avant), éventuellement temporels, ou résultats d'une activité (après).
Une activité a au moins un événement déclencheur et au moins un événement-résultat.

▪ **Les acteurs internes au processus.** Ils réalisent des activités, contrairement aux acteurs externes, uniquement émetteurs et récepteurs d'événements. Cette classification est à différencier de l'appartenance ou non à l'organisation (par exemple, un processus support a un client du processus interne à l'organisation, mais externe au processus), d'autant que certains processus sont inter-organisationnels.

▪ **Les règles d'émission d'une activité.** Elles indiquent le cas dans lequel le (ou les) événement(s)-résultat(s) issu(s) se produise(nt). Elles sont alternatives ou additionnelles.

Schéma événement-résultat du processus d'adhésion à un club sportif

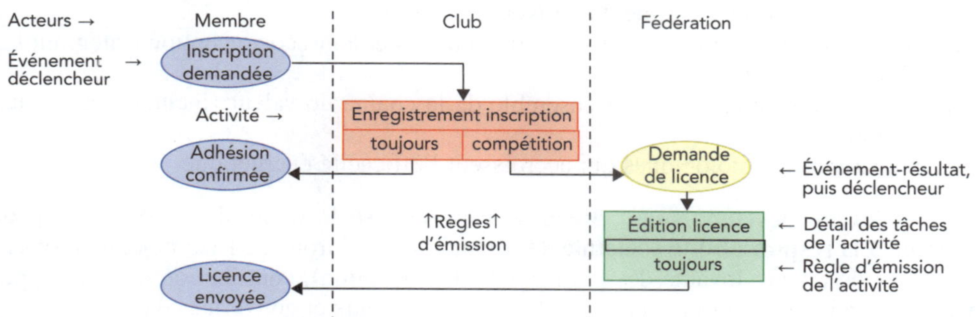

▪ **Le membre.** Il est l'acteur externe déclencheur et bénéficiaire du processus. Le club et la fédération sont des acteurs internes d'un processus inter-organisationnel. Seuls les membres qui ont une pratique en compétition font l'objet d'une demande de licence auprès de la fédération (règles d'émission additionnelles).

Nous avons modélisé indépendamment de l'environnement technologique interne aux activités : les demandes sont-elles transmises par courrier, Internet ?

Un processus peut avoir une ou plusieurs **fins** (événement-résultat sans suite), mais généralement il aboutit à une fin « normale » et des fins interruptives.

▪ **Lorsque le déclenchement d'une activité est lié à plusieurs événements.** Les **règles de synchronisation** précisent la (ou les) conjonction(s) nécessaire(s) de ces événements à l'aide d'opérateurs booléens ET, OU, PAS (avec des parenthèses si nécessaire) :

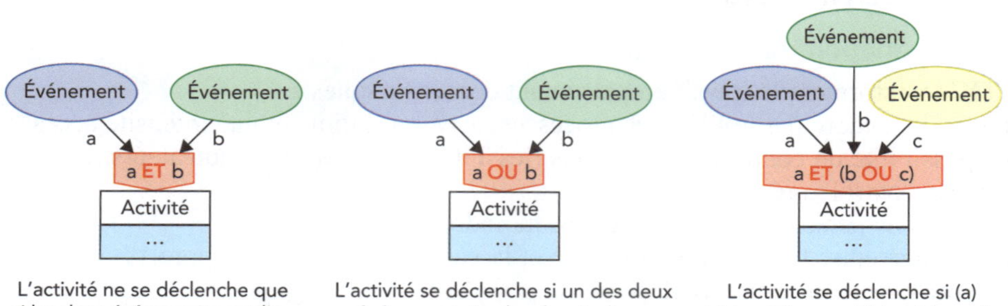

L'activité ne se déclenche que si les deux événements ont lieu.

L'activité se déclenche si un des deux événements (ou les deux) a lieu.

L'activité se déclenche si (a) et (b) ont lieu ou si (a) et (c) ont lieu.

Les évolutions technologiques sont-elles exemptes de risques pour l'organisation ?

1 Système d'information et développement durable

Le lien entre les SI et le développement durable est bilatéral :
– la composante technologique des SI peut avoir un impact environnemental « négatif » ;
– les SI peuvent contribuer à réduire l'impact environnemental de nombreuses activités.

A. Impact des TIC sur l'environnement

▪ **Les technologies des SI.** Elles provoquent des nuisances écologiques au cours des cinq étapes de leur cycle de vie : extraction de matières premières, fabrication, transport (jusqu'au lieu d'utilisation), utilisation et fin de vie. L'impact de l'utilisation ne dépasse celui de la fabrication qu'après une certaine période.

▪ **L'amélioration de l'empreinte écologique de la composante technologique du SI.** Elle passe par :
– des réglementations (notamment au niveau européen) ;
– un allongement de la durée de vie des équipements et leur écoconception (intégrant les exigences de recyclage) ;
– une démarche responsable sur l'ensemble de la chaîne de valeur (incluant les achats, les sous-traitants) ;
– les innovations technologiques qui accroissent l'efficacité énergétique.

▪ **La démarche développement durable.** Elle dépasse la dimension écologique pour s'étendre à la **responsabilité sociétale** des organisations : droits de l'Homme, relations et conditions de travail, loyauté des pratiques (anti-corruption), contribution au développement local, relations transparentes avec les consommateurs et gouvernance.

B. Apport des TIC au développement durable

▪ **Les progrès technologiques.** Ils permettent l'acquisition, le traitement et la diffusion à moindre coût de données pouvant guider les décisions (meilleure application du principe pollueur-payeur par exemple, en mesurant de façon précise les pollutions, géolocalisation pour l'optimisation des parcours…).

▪ **Le partage des biens.** Il en découle de nouveaux services notamment fondés sur le partage des biens (vélo, covoiturage) plutôt que sur la propriété (cela réduit la production au profit d'un usage plus intensif et plus long des biens).

2 TIC et conditions de travail

A. Transformation du travail par les TIC : les risques

Les TIC transforment le travail en présentant certains risques :
– un travail encadré par le SI et ses processus, avec un rythme et une intensité accrus ;
– une possibilité de contrôle des activités (les TIC fournissent des indicateurs de mesure et donc de contrôle précis) ;
– des relations personnelles et collectives moindres ;
– un mélange entre la vie professionnelle et la vie privée (spacio-temporel) ;
– une surcharge informationnelle.

B. Le télétravail

Le télétravail se développe ; il pourrait concerner 50 % des travailleurs français d'ici 2015 (mais rarement pour l'intégralité de leur activité).

Les difficultés du télétravail	Les avantages du télétravail
▪ Ouverture du SI vers l'extérieur à sécuriser. ▪ Contrôle du travail, relation de confiance manager-salarié. ▪ Qualification juridique du temps de travail, réversibilité du télétravail. ▪ Indemnisation des frais du salarié (équipement, abonnement Internet…). ▪ Formation à ce mode de travail. ▪ Maintien du lien social.	▪ Gains de temps et d'énergie par la réduction des déplacements domicile-travail ou des voyages d'affaires (téléprésence). ▪ Maintien de populations dans certains territoires ruraux. ▪ Plus grande liberté d'organisation de la vie familiale et partage des tâches. ▪ Intégration de travailleurs handicapés à mobilité réduite.

3 Données personnelles

A. L'identité numérique

▪ **Accès protégé à une identité numérique : l'authentification.** Un internaute français possèderait ainsi une douzaine d'identités numériques, favorisant la liberté d'expression (par le pseudonyme de certaines) et le droit à l'oubli.

L'usurpation d'identité numérique est un délit pénal en forte croissance.

Identité numérique : lien technologique entre une entité réelle (personne, organisation) et une entité virtuelle : un site, un blog, un compte d'utilisateur sur une application (intranet, forum, réseau social…) donnant lieu à un profil, une adresse de messagerie, un pseudonyme, un avatar.

Les principaux modes de sécurisation sont :
– l'authentification simple (un facteur secret d'authentification, par exemple un mot de passe) ;
– l'authentification forte (deux facteurs d'authentification : mot de passe + facteur biométrique ou certificat numérique ou mot de passe à usage unique envoyé par SMS).

▪ **Les traces numériques.** L'utilisateur du réseau Internet laisse des **traces numériques** déclaratives (volontaires) et comportementales (par sa navigation) :
– dans son navigateur (historique, *cookies*) ;
– chez son fournisseur d'accès (qui a l'obligation légale, en France, de conserver pendant un an les traces de connexion) ;
– sur les serveurs des sites consultés (requêtes Google gardées neuf mois, par exemple).
Dans ces deux derniers cas, l'**adresse IP** est le principal élément d'identification. Il est souhaitable que ces traces soient conservées de façon sûre (cryptées, par exemple) afin de limiter les risques d'atteinte à la vie privée en cas d'accès extérieur.

Adresse IP : numéro qui identifie chaque ordinateur connecté sur un réseau.

▪ **L'e-réputation.** L'ensemble des informations disponibles sur une personne ou une organisation, laissées par elle-même ou autrui, forme sur le web son **e-réputation** :
– une e-réputation négative peut parfois faire l'objet d'actions judiciaires (en diffamation ou en dénigrement), mais peut se heurter au caractère international d'Internet ;
– une e-réputation positive peut être créée de façon proactive en diffusant des contenus sur soi-même sur le web.
Du fait de ses impacts économiques et/ou en termes d'image, l'e-réputation doit être :
– surveillée (il existe maintenant des outils automatiques) ;
– gérée par les organisations des gestionnaires de communauté (*community manager*) qui communiquent au nom de l'organisation sur les médias sociaux afin de renforcer ou de défendre son image et d'y collecter des informations utiles à son évolution.

B. La protection des données personnelles

▪ **Les données à caractère personnel.** Ce sont les données pouvant permettre une identification directe (nom et prénom, biométrique, courriel…) ou indirecte (par exemple, une adresse IP) d'une personne.

Beaucoup de services numériques, en apparence gratuits, fondent leur modèle économique sur la collecte de données personnelles afin d'établir des publicités ciblées (en fonction d'un profil, d'une localisation…). La sauvegarde des libertés et de la vie privée nécessitent de protéger ces données, d'autant que leur numérisation et les réseaux facilitent leur duplication (et ainsi leur persistance), leur circulation et leur traitement automatique. Cette protection passe par une règlementation, une éducation aux risques et à des règles de protection de données au sein des organisations.

▪ **Règlementations.** Les principales règlementations sont :
– la loi française dite « Informatique et Libertés » du 6 janvier 1978 qui a inspiré des lois similaires dans le monde ;
– la directive européenne du 24 octobre 1995 visant à harmoniser, par transposition, les lois nationales ;
– la loi du 6 août 2004 modifiant la loi Informatique et Libertés pour transposer la directive européenne ;
– un règlement européen, en cours de négociation, pour remplacer immédiatement, à l'horizon fin 2014, toutes les lois nationales de l'UE pour une harmonisation complète.

CNIL : Commission nationale de l'informatique et des libertés.
CIL : correspondant informatique et libertés.

▪ **CNIL.** La loi Informatique et Libertés a créé la CNIL, autorité indépendante qui assure des missions d'information (des droits et devoirs des particuliers et organisations) et des sanctions en cas de non-respect de la loi. L'action de la CNIL peut être relayée au sein des organisations par des CIL (puis par le DPO, *Data Protection Officer*, délégué à la protection des données, dans la future réglementation européenne).

▪ **Droits, obligations et interdictions.**

Les droits des individus	
Information préalable	Pas de collecte à l'insu de l'individu, qui doit être informé de la finalité (des données collectées, en adéquation avec cette finalité) et de son éventuel transfert à d'autres organismes.
Opposition	S'opposer à votre fichage pour des raisons légitimes.
Curiosité	Demander à un organisme s'il détient des données sur vous.
Accès direct	Consulter les informations vous concernant dans un fichier.
Accès indirect	Pour certains fichiers (médicaux, police…), l'accès est confié à un intermédiaire.
Rectification	Faire rectifier des erreurs pour des données vous concernant.
Oubli	Demander un effacement des données vous concernant.

Toute collecte et tout traitement informatique de données doivent faire l'objet d'une déclaration à la CNIL (hors exemptions) et d'une demande d'autorisation s'il s'agit de données sensibles (données génétiques, données biométriques, interconnexion de fichiers, utilisation du numéro INSEE…). La collecte de certaines données est soumise à autorisation (neuf cas définis par la loi) : les origines ethniques, les opinions politiques, philosophiques ou religieuses, l'appartenance syndicale, la santé, la vie sexuelle.

1 Automatisation de la résolution des problèmes de gestion

A. La démarche algorithmique et programmation

▪ **La résolution d'un problème.** Elle passe par une démarche algorithmique :

1. Données → **2. Traitements** → **3. Résultats**

▪ **La programmation.** Elle consiste à faire exécuter cette séquence par une machine. Elle nécessite de définir le résultat recherché (3), d'identifier les données disponibles (1) et de concevoir les traitements (2) permettant de passer de ces données à ces résultats. Toute application informatique propose des fonctionnalités, reposant sur des programmes, répondant aux besoins des utilisateurs.

B. Le langage PHP

▪ **Définition.** PHP est un **langage de programmation** exécuté par un interpréteur PHP. Il est notamment utilisé pour produire des pages web dynamiques, mais on peut l'utiliser également de façon « autonome ».

PHP : *Hypertext Preprocessor*, langage libre et multiplateforme developpé par Rasmus Lerdorf pour la production de pages web dynamiques.

▪ **Exécution du PHP par l'interpréteur d'un serveur web.** Le fonctionnement est le suivant :

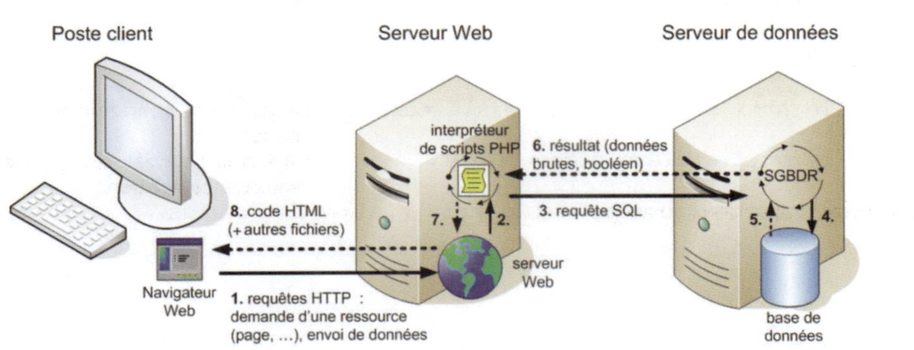

Lorsqu'une page PHP est demandée par le navigateur au serveur web (1) *via* le protocole HTTP, ce dernier fait appel à l'interpréteur PHP (2) pour qu'il exécute ce script, ce qui peut nécessiter la réalisation de requêtes SQL transmises au serveur de données (3). Le SGBDR exécute la requête sur la base de données (4) et renvoie un résultat (5) à l'interpréteur PHP (6). L'interpréteur PHP, à l'issue de traitements (dont ceux portant sur les données reçues), génère du code HTML uniquement (7) que le serveur Web retourne au navigateur (8) en réponse à sa demande initiale.

2 Les variables

A. Propriétés des variables

Variable : emplacement en mémoire de l'ordinateur destiné à stocker une valeur, saisie ou calculée, temporairement (le temps d'exécution du programme).

▪ **En PHP.** Les libellés de variables sont préfixés par un $, ne comptent ni espace, ni caractère accentué et sont sensibles à la casse ($prix et $Prix sont deux variables différentes).

En PHP, les variables sont faiblement typées : on ne prédéfinit pas un type de valeur (entier, réel, date, booléen ou chaîne de caractères). Elles sont dynamiques : leur type de contenu peut changer en cours de programme (même si ce n'est pas conseillé).
En début de programme, les variables n'ont pas de valeur prédéterminée. En fin de programme, leur contenu est effacé de la mémoire (et donc perdu à moins de les sauvegarder sur un support physique).

B. Opérations sur les variables

▪ **L'affectation.** L'opération d'affectation consiste à stocker (« affecter ») la valeur à droite du signe = dans la variable à gauche du signe =. Une variable peut faire l'objet de plusieurs affectations successives au cours d'un programme.

EXEMPLE

`$prix = 2;`	la variable $prix stocke la valeur 2 à l'issue de l'affectation
`$marge = $prix * 0.2;`	$marge reçoit la valeur calculée 0,4
`$libelle = "boulon";`	valeur texte entre guillemets
`$import = True;`	valeur booléenne sans guillemets

▪ **La concaténation.** Dans le contexte du développement client-serveur, l'affichage consiste, en PHP, à envoyer des informations vers le navigateur client chargé de les afficher. De ce fait, les informations peuvent contenir aussi bien du texte, des variables que des balises HTML que le navigateur se chargera d'interpréter.

EXEMPLE

`echo "le prix s'élève à ".$prix." €uros.";`	le point est opérateur de concaténation.
`echo "le prix s'élève à $prix €uros. ";`	la variable est détectée (grâce au $) sans concaténation.

Ils renvoient tous deux au navigateur : `Le prix s'élève à 2 €uros.`

3 Les structures de programme

A. Les structures alternatives

▪ **Leur rôle.** Les structures alternatives permettent de prévoir plusieurs séquences d'instructions dans un programme. À chaque exécution du programme, la séquence choisie sera fonction du résultat de conditions.

▪ **Les conditions.** Une condition est exprimée à l'aide d'opérateurs de comparaison : >, >=, <, <=, = = (égal à), != (différent de). Une condition peut être formée de plusieurs sous-conditions, combinées à l'aide des opérateurs && (ET) et || (OU). Le résultat d'une condition est booléen : la condition est vérifiée (True) ou non (False).

Structure alternative en PHP	
complète	**appauvrie**

if (condition)
{ si condition vraie bloc1 instruction(s) }
else
{ si condition fausse bloc2 instruction(s) }
	if(condition)
	{
	Si condition vraie bloc1 instruction(s)
	}

B. Les structures itératives

▪ **Leur rôle.** Elles permettent la répétition de séquences d'instructions (ce qui évite de les écrire plusieurs fois ou de relancer le programme), là encore en fonction du résultat d'une condition.

Structure itérative en PHP		
avec compteur	**sans compteur**	
for (initialisation;condition; incrémentation) { instruction(s); }	while (condition) { instruction(s); }	Tant que (while) la *condition* booléenne est vérifiée, exécuter les *instruction(s)*. Il se peut qu'il n'y ait aucune itération si la condition est d'emblée vérifiée.
Cette structure permet de répéter un bloc d'instructions pour un nombre de répétitions (itérations) connu à l'avance. Elle utilise un compteur dont les valeurs de départ et d'arrivée sont bornées.	ou do { instruction(s); } while (condition)	Exécuter les *instruction(s)* tant que (while) la *condition* booléenne est vérifiée. Il y aura au moins une itération, même si la *condition* booléenne est fausse, car celle-ci est testée pour la première fois à l'issue du premier tour de boucle.

4 Les tableaux

Une **variable** dite **élémentaire** ne peut contenir à un moment donné qu'une seule valeur ; toute nouvelle valeur affectée à cette variable remplace son ancienne valeur stockée. Une **variable structurée** peut stocker plusieurs valeurs simultanément, c'est le cas des **tableaux** composés de « cases » (la longueur d'un tableau est son nombre de cases).

A. Les tableaux numérotés

Remplissage du tableau	Extraction du tableau
Déclaration et initialisation simultanées : $txTVA =array(0.05,0.10,0.20); D'où le tableau de longueur 3, indicé à partir de 0 : $txTVA[0] | $txTVA[1] | $txTVA[2] 0.05 | 0.10 | 0.20	Affichage de tous les éléments du tableau : for($i=0;$i<count($txTVA);$i++) { echo $txTVA[$i]." "; } La fonction count délivre la longueur du tableau. foreach est une boucle spécialisée dans le parcours intégral d'un tableau : la valeur de chaque ligne du tableau $txTVA va être stockée dans une variable temporaire $montant foreach($txTVA as $montant) { echo $montant." "; }

B. Les tableaux associatifs

Les tableaux associatifs étiquettent les cases au lieu de les numéroter. Les cases peuvent contenir des valeurs de types différents (ils sont notamment utilisés pour stocker des enregistrements issus de requêtes d'interrogation) :

Remplissage du tableau	Extraction du tableau	Affichage
Déclaration et initialisation simultanées : $txTVA=array(nom⇒"normal", montant=>0.20);	echo $txTVA[montant];	0.20

	foreach($txTVA as $cle ⇒ $valeur)
	{
	echo $cle."
	".$valeur."
	";
	}
		normal
		0.20

5 Fonctions

Fonction : sous-programme appelé par un programme principal.

La création de fonctions permet un gain de temps pour des traitements fréquemment utilisés (il sera inutile de les reprogrammer, il sera fait appel à la fonction programmée « une fois pour toutes »).

Pour gagner encore plus de temps, chaque langage propose des fonctions prédéfinies dont on peut trouver l'existence à travers une recherche dans un moteur de recherche spécifiant le langage et le traitement souhaité (par exemple « arrondir php » délivrera plusieurs fonctions répondant à ce besoin : arrondi supérieur, inférieur, au plus proche).

Une fonction est un programme qui a deux particularités :
– en fin d'exécution, elle renvoie une valeur-résultat (au type spécifié) au programme qui l'a appelée ;
– elle peut recevoir des valeurs en entrées qui lui sont transmises par le programme (principal) appelant.
Il est possible de créer ses propres fonctions :

Syntaxe	Interprétation	Exemple

Définition
function *nom_fonction*([*paramètres formels*])
{
instruction(s);
return *$resultat*;
}
	Des paramètres formels (valeurs, variables, constantes) en entrée sont facultatifs.
	Une valeur retournée (souvent une variable) est nécessaire lorsque la fonction est appelée pour délivrer une valeur.
		function
		nbsec($nbh,$nbmin)
		{
		*$sec=3600*$nbh+60*$nbmin;*
		return $sec;
		}

Appel *nom_fonction*([*paramètres effectifs*])	Dans le cadre d'un passage par position, les valeurs des paramètres effectifs sont affectées aux paramètres formels dans l'ordre correspondant (la valeur du 1er paramètre effectif apparaissant dans l'appel de fonction est affectée au 1er paramètre formel apparaissant dans la définition de la fonction, etc.)	$tpssec=nbsec(2,10); *(2 est la valeur effective qui sera transmise dans le paramètre formel $nbh ; 10 sera transmis à $nbmin)* *($tpssec recevra 7800)*
ou $var=*nom_fonction*([*paramètres effectifs*])		

SIG

6 Accès aux données d'une base

A. Connexion à la base de données

> **ZOOM**
> Un programme peut faire appel à des données d'une base, en plus de variables, afin que les valeurs soient pérennes (les variables sont effacées en fin de programme).

▪ **Avant de se connecter à une base de données.** Il faut d'abord se connecter au SGBDR du serveur qui l'héberge ; par exemple s'il s'agit d'un serveur MySQL :

```
$cxServeur = mysql_connect($IPserveurMySQL,$nomUtilisateurMySQL,$motPasseUtilisateurMySQL);
```

▪ **Si la connexion réussit.** La variable `$cxServeur` reçoit un identifiant de session ouverte avec le serveur MySQL, sinon elle reçoit `False`. La connexion à la base de données se réalise en reprenant cet identifiant : `$cxBase = mysql_select_db($nomBase,$cxServeur);`

B. Exécution d'une requête SQL

> **SQL** : *Structured Query Language* signifie langage de requête structuré, langage de communication avec les bases de données relationnelles.

Le langage de programmation PHP peut envoyer au SGBDR des requêtes SQL pour en demander l'exécution et en récupérer le résultat :

`$resultat = mysql_query($query);` `$query` contient une chaîne de caractères (entre guillemets) correspondant à une requête SQL.

`$resultat` contient un jeu d'enregistrement pour une requête (sans erreurs !) de type `SELECT` ; et un booléen pour tout autre requête (`True` en cas de succès, `False` en cas d'erreur de syntaxe ou d'opération non autorisée pour l'utilisateur).

C. Lecture séquentielle d'un jeu d'enregistrement

▪ **Les enregistrements d'un jeu d'enregistrement.** Ils sont accessibles séparément grâce à la fonction `mysql_fetch_array` qui renvoie un enregistrement dans une variable de type tableau associatif.

▪ **Traiter les enregistrements d'un jeu d'enregistrement.** On procède généralement à une lecture séquentielle (du premier au dernier) à l'aide d'une structure itérative (« jusqu'à ce qu'il n'y ait plus d'enregistrement à lire dans le jeu d'enregistrements ») :

```
$enreg = mysql_fetch_array($resultat)    // affectation à $enreg du premier enregistrement du jeu d'enregistrements $resultat
while($enreg!=False)
{
  // action(s)
  $enreg = mysql_fetch_array($resultat)    // lecture de l'enregistrement suivant, si on était au dernier $enreg reçoit la valeur False
}
```

La valeur de chaque attribut de l'enregistrement en cours de lecture est ainsi accessible : `$enreg['libAttribut']`

4 LE COURS Comment peut-on produire de l'information à partir de données contenues dans une base ?

1 Les bases de données

A. SGBDR

ZOOM

Les applications informatiques présentent des interfaces, exécutent des traitements et reposent souvent sur des **bases de données** (fonction de mémorisation du SI).

▪ **La composante base de données d'une application.** Elle est gérée par un SGBDR : système de gestion de bases de données relationnelles (Microsoft Access, MySQL…).

▪ **Une base de données sous un SGBDR.** C'est un ensemble de données organisé en **tables** ; chaque table est un groupe homogène de données (les clients, les fournisseurs, les produits, les salariés…), chaque ligne de la table, appelée **enregistrement**, concerne un « membre » de ce groupe (un client précis, un fournisseur, un produit, un salarié…).

B. De l'information aux données

▪ **Les informations.** Elles peuvent être décomposées en valeurs élémentaires stockées dans des données. Chaque valeur d'une donnée est une occurrence (par exemple, 10/10/1997 est une occurrence d'une donnée *dateNaissance*).

2 Schéma relationnel

ZOOM

Les bases de données relationnelles sont organisées selon une **non-redondance des données** : chaque donnée n'est saisie qu'une seule fois (gain de temps, moins de risques d'erreur, moindre volume de stockage, mise à jour facilitée).

A. Relation

▪ **Relation, attributs, occurrence.** Une relation rassemble des données caractérisant un même « objet ». Ces données sont appelées **attributs de la relation** et ne peuvent, pour une occurrence de la relation, contenir qu'une seule valeur à un instant donné (chaque nouvelle valeur écrase la précédente).

EXEMPLE Relation **client** (num, nom, prenom, dateNaiss, statutFamilial, adherent)
Une occurrence de cette relation est (1, «Durand», «Max», '1982-04-21', «célibataire», False)
La valeur «marié» peut par exemple remplacer la valeur «célibataire»

▪ **La clé primaire.** Elle est un attribut ou un groupe d'attributs caractérisés par :
– l'**existence** d'une valeur non vide pour cette clé primaire ;
– l'**unicité** de cette valeur (aucune autre occurrence n'a la même valeur de clé primaire) ;
– la **stabilité** de cette valeur, cette caractéristique est liée au fait que la clé primaire peut servir à établir le lien avec d'autres relations ; or si sa valeur change, le lien sera rompu.
Il y a une seule clé primaire par relation (mais elle peut être constituée de plusieurs attributs dont l'ensemble qu'ils forment respecte les trois contraintes précédentes).

B. Liens entre relations

ZOOM

Les liens entre les relations d'une base de données sont mis en œuvre par des clés étrangères.

▪ **Clé étrangère.** Une clé étrangère est un attribut :
– qui met en œuvre un lien entre deux relations ;

– qui tire ses valeurs (et donc son type de données) d'une clé primaire (au niveau Terminale STMG SIG) à laquelle elle fait référence. Sous un SGBDR la mise de l'intégrité référentielle assure cette correspondance de valeurs.
Une clé étrangère n'est pas soumise aux trois contraintes d'une clé primaire :
– elle peut éventuellement être vide (Null), selon le contexte ;
– elle peut ne pas être unique ;
– elle peut ne pas être stable (changer de valeur pour une occurrence).
Une relation peut avoir aucune à plusieurs clés étrangères, indépendantes entre elles.

- **Lien de un à plusieurs.** Ce lien est identifié lorsque :

– une occurrence de la relation *A* s'associe avec une seule occurrence de la relation *B* ;
– **et** une occurrence de *B* peut être associée avec plusieurs occurrences de *A*.
La relation *A* dépend alors de la relation *B*. Cela est mis en œuvre à l'aide d'une clé étrangère dans la relation *A* qui associe à toute occurrence de la relation *A* une valeur de la clé primaire de *B* et donc une occurrence de *B*.

EXEMPLE Un client appartient à un type de client (mais pour chaque type de client, il peut y avoir plusieurs clients associés).
typeclient (code, libelle)
clé primaire : code
client (num, nom, prenom, dateNaiss, statutFamilial, adherent, codeType)
clé primaire : num (auto-incrémenté)
clé étrangère : codeType en référence à code de la relation typeclient

- **Lien de plusieurs à plusieurs.** Ce lien est identifié lorsque :

– une occurrence de *A* peut être associée avec plusieurs occurrences de *B* ;
– **et** une occurrence de *B* peut être associée avec plusieurs occurrences de *A*.
La relation *A* ne dépend pas de la relation *B* et la relation *B* ne dépend pas de la relation *A*. Ce lien est mis en œuvre à l'aide d'une relation « intermédiaire » entre *A* et *B* dont la clé primaire est formée d'un couple de clés étrangères issues des clés primaires de *A* et de *B*.

EXEMPLE Une commande peut compter plusieurs produits (avec pour chacun d'eux une quantité), un produit peut être présent dans plusieurs commandes.
produit (num, libelle, prix, …)
clé primaire : num (auto-incrémenté)
commande (num, date, numClient)
clé primaire : num (auto-incrémenté)
clé étrangère : numClient en référence à num de la relation client
lignecommande (numCommande, numProduit, quantite)
clé primaire : numCommande, numProduit
clés étrangères : numCommande en référence à num de la relation commande
numProduit en référence à num de la relation produit

Le SQL n'est pas en soi objet d'enseignement, mais il permet de structurer sous une forme répandue les concepts associés.

3 Langage SQL

A. Les types de données

Voici les types de données les plus courants pris en charge par les SGBDR :

Données	Type SQL	Description
Alphanumérique	varchar(n)	Chaîne de caractères de *n* caractères maximum (n<16383)
Numérique	integer	Entiers de 32 bits (-2E31 à 2E31-1)
	float	Réels (saisir les décimales après un point)
	decimal(n,[d])	Nombre de *n* chiffres [*d* décimales (facultatif)]

Données	Type SQL	Description
Date/Heure	date	Date sous la forme 16/07/99
	time	Heure sous la forme 12:54:24.85
	timestamp	Date et Heure
Booléen	boolean	0 ou False pour FAUX, 1 ou True pour VRAI

B. Requêtes de définition des données

ZOOM

Le langage de définition de données permet d'agir sur la structure de la base.

▪ **Création de tables.** La création d'une table consiste à lister ses champs avec leur type et à créer ses clés primaire et étrangère(s) :

```
CREATE TABLE nomTable (champ1 TypeDonnées [,champ2 TypeDonnées… ],
PRIMARY KEY (champCléPrimaire [,…]),
[CONSTRAINT nomContrainte] FOREIGN KEY (champCléEtrangère [, …])
REFERENCES NomTableSource(champReference [, …]))
```

EXEMPLE relation client (num, nom, prenom, dateNaiss, statutFamilial, adherent, codeType)

clé primaire : num (auto-incrémenté)
clé étrangère : codeType en référence à code de la relation typeclient

CREATE TABLE client (num integer auto_increment, nom varchar(25), prenom varchar(25), dateNaiss date, statutFamilial varchar(15), adherent boolean, codeType varchar(2), PRIMARY KEY(num), FOREIGN KEY (codeType) REFERENCES typeclient(code))

▪ **Suppression d'une table.** La suppression d'une table supprime également de manière irréversible son contenu : `DROP TABLE nomTable`

▪ **Modifications de la structure d'une table.** Elles sont de deux types :

– l'ajout d'un champ `ALTER TABLE nomTable ADD champAjouté1 type [,champAjouté2 type… ]`

d'une clé primaire `ALTER TABLE nomTable ADD PRIMARY KEY (champClé [,…])`

d'une clé étrangère `ALTER TABLE nomTable ADD FOREIGN KEY (champCléEtrangère[,…]) REFERENCES NomTableSource(champReference [, …])`

– la suppression d'un champ `ALTER TABLE nomTable DROP champSupprimé1 [,champSupprimé2 … ]`

d'une clé `ALTER TABLE nomTable DROP PRIMARY KEY`

Lors d'un ajout de champ, ce nouveau champ n'aura pas de valeur pour tous les enregistrements déjà présents dans la table. Lors d'une suppression d'un champ, son contenu sera perdu pour tous les enregistrements de la table.

C. Requêtes de manipulation des données

ZOOM

Le langage de manipulation de données permet la modification du contenu d'une table.

▪ **Insertion d'enregistrements.**

```
INSERT INTO nomTable [(champ1, champ2,…)] VALUES (valeurChamp1, valeurChamp2,…)
```

EXEMPLE client (num, nom, prenom, dateNaiss, statutFamilial, adherent, codeType)
clé primaire : num (auto-incrémenté)
clé étrangère : codeType en référence à code de la relation typeclient

```
INSERT INTO client
VALUES ('',"Durand","Max",'1982-04-01',"célibataire",False,"P")
```

■ **Mise à jour de champs d'enregistrements.**

```
UPDATE nomTable
SET ChampMisAJour1 = nouvelleValeur [,ChampMisAJour2 = nouvelleValeur…]
[WHERE critère1 de restriction AND/OR critère2 de restriction…]
```

EXEMPLE Max Durand (client n°1) s'est marié :

```
UPDATE client
SET statutFamilial = "marié"
WHERE num = 1
```

■ **Suppression d'enregistrements.**

```
DELETE        FROM nomTable
[WHERE        critère1 de restriction AND/OR critère2 de restriction…]
```

EXEMPLE La commande n°233 a été annulée, elle peut donc être supprimée :

```
DELETE FROM commande
WHERE num = 233
```

D. Critères de restrictions

■ **Des critères de restrictions.** Ils limitent la portée d'une requête interrogation, de mise à jour et de suppression aux seuls enregistrements respectant ces critères.

■ **La mise en relation de ces expressions avec ces valeurs.** Elle se fait au moyen :

– d'opérateurs de comparaison : =, >, <, >=, <=, < > (différent de)

– d'opérateurs SQL :

`expr BETWEEN val1 AND val2` la valeur d'`expr1` doit être comprise entre les valeurs `val1` et `val2` (incluses) ;

`expr IN (val1, val2, ...)` la valeur d'`expr1` doit être égale à (au moins) une des valeurs de la liste entre parenthèses (IN = parmi) ;

`expr LIKE chaine` la valeur d'`expr` est égale à la valeur de `chaine`, une chaîne de caractères qui peut contenir des caractères jokers ('_' pour un seul caractère, '%' pour plusieurs caractères) ;

– de l'opérateur de négation NOT.

Les critères de restriction peuvent être multiples, le premier prend place dans un critère WHERE, les suivants dans des critères AND s'ils s'ajoutent ou OR s'ils sont alternatifs :

Requête d'interrogation	Requête de mise à jour	Requête de suppression
SELECT champsProjetés FROM tables WHERE restriction1 [AND|OR restriction2 AND|OR restrict3…]	UPDATE nomTable SET champsMaJ WHERE restriction1 [AND|OR restrict2 AND|OR restrict3…]	DELETE FROM nomTable WHERE restriction1 [AND|OR restriction2 AND|OR restriction3…]

E. Requêtes d'interrogation

■ **Projection.** La projection est l'opération qui consiste à délivrer des données, elle est associée à l'ordre `SELECT`, l'ordre `FROM` permettant de désigner les tables nécessaires à la réalisation de la requête (dans toutes ses opérations) :

```
SELECT champProjeté1 [, champProjeté2 …]
FROM nomTable
```

```
SELECT *
FROM nomTable
```
* signifie que tous les champs de la table sont projetés.

▪ **Tris.** Les éventuels critères de tri sont hiérarchisés dans la clause facultative `ORDER BY`.

```
SELECT champProjeté1 [, champProjeté2 …]
FROM nomTable
[ORDER BY champTri1 [DESC], champTri2 [DESC]…]
```
il y a au minimum un champ projeté

ASC pour ascendant (croissant), DESC pour descendant (décroissant)

EXEMPLE Liste des clients du plus jeune au plus âgé :

```
SELECT nom, prenom
FROM client
ORDER BY dateNaiss DESC
```

▪ **Restrictions.** Les critères de restrictions, présentés auparavant, prennent place avant la clause `ORDER BY` :

```
SELECT champProjeté1 [, champProjeté2 …]
FROM   nomTable
[WHERE critereRestriction1
AND|OR autresCritereRestriction]
[ORDER BY    champTri1 [DESC], champTri2 [DESC]…]
```

▪ **Jointures.** Les jointures sont nécessaires dès lors que la requête fait appel à plusieurs tables ; elles indiquent au SGBDR les liens entre les tables (exprimés dans le schéma relationnel). Les tables sont donc jointes deux à deux et il y a (au niveau Tle STMG SIG) *n*-1 critères de jointure pour *n* tables.

EXEMPLE Liste des commandes de chaque client dont le type commence par P :

```
SELECT   client.num, nom, prenom, commande.num, date
FROM     client, commande
WHERE    commande.numClient = client.num
AND      codeType LIKE "P%"
ORDER BY nom, prenom, date
```

▪ **Fonctions d'agrégat.** Une fonction d'agrégat réalise un calcul « en colonne » sur tous les enregistrements d'un champ :

Fonction d'agrégat	Description
SUM (…)	Somme des valeurs de données de type numérique ou date/heure.
AVG (…)	Moyenne des valeurs de données de type numérique ou date/heure.
MIN (…)	Minimum des valeurs de données de type numérique ou date/heure.
MAX (…)	Maximum des valeurs de données de type numérique ou date/heure.
COUNT (…)	Compte du nombre d'enregistrements d'une sélection.

Une opération d'agrégat effectuée dans l'instruction `SELECT` délivrera un **seul enregistrement-résultat**, la clause `ORDER BY` n'a donc pas lieu d'être. En revanche, une telle requête peut faire appel à des critères de restriction et de jointure.

EXEMPLE Nombre de commandes en avril 2013 :

```
SELECT COUNT(*)
FROM   commande
WHERE  date BETWEEN '2013-04-01' AND '2013-04-30'
```

▪ **Regroupement des résultats.** La clause `GROUP BY` effectue des opérations par sous-groupes d'enregistrements délivrant ainsi plusieurs enregistrements-résultats (un par sous-groupe d'enregistrements). La clause `ORDER BY` retrouve ici sa raison d'être (mais reste facultative). Les critères de restriction et de jointure peuvent toujours être présents.

EXEMPLE Chiffre d'affaires par client des types C1 et C2 (par ordre décroissant) :

```
SELECT      client.nom, client.prenom, SUM(produit.prix*lignecommande.
            quantite)
FROM        commande, client, lignecommande, produit
WHERE       commande.numClient = client.num
AND         commande.num = lignecommande.numCommande
AND         lignecommande.numProduit = produit.num
AND         client.codeType IN ("C1", "C2")
GROUP BY    client.num, client.nom, client.prenom
ORDER BY    SUM(produit.prix*lignecommande.quantite) DESC
```

▪ **Restrictions d'affichage des résultats.** La clause `HAVING` permet une restriction d'affichage sur les résultats d'une opération avec regroupement. Cette restriction intervient après l'opération. À ne pas confondre avec la clause `WHERE` qui induit une restriction sur les enregistrements auxquels s'applique l'opération et intervient avant celle-ci.

EXEMPLE Clients adhérents qui ont fait au moins 6 commandes (par ordre croissant de ce nombre) :

```
SELECT      client.nom, client.prenom, COUNT(*)
FROM        commande, client
WHERE       adherent = True
AND         commande.numClient = client.num
GROUP BY    client.num, client.nom, client.prenom
HAVING      COUNT(*)>=6
ORDER BY    COUNT(*)
```

4 Les accès aux données utilisateurs

A. Les utilisateurs

▪ **Les bases de données.** Elles sont souvent partagées en réseau et comptent **plusieurs utilisateurs**, avec des **besoins (métiers) différents**. Il faut limiter les droits de chacun sur la base de données aux seuls besoins afin de minimiser les risques de dégradation (accidentelle ou malveillante) des données, voire de vols.

▪ **Le choix des droits à accorder à un utilisateur.** C'est un choix organisationnel et non technique. Il existe des profils d'utilisateurs liés à des métiers, avec des droits associés.

B. Les droits sur les données

▪ **Les droits de l'utilisateur sur la base de données.** Ils sont plus ou moins étendus sur :
– l'exploitation des données : consultation, ajout, mise à jour et suppression ;
– la structure de la base de données (réservée aux développeurs) ;
– l'administration des droits.

▪ **En pratique.** La mise en œuvre de ces droits est la conjonction de plusieurs niveaux :
– une personne physique identifiée ;
– un utilisateur nominatif de l'application (identifiant, mot de passe) ;
– un type d'utilisateur défini au niveau de l'application avec un profil de droits.

5 LE COURS La numérisation suffit-elle à valoriser l'information ?

1 La numérisation

A. Ses avantages

Numériser : stocker dans un fichier informatique une représentation numérique d'une information (numérisée ou créée en numérique de façon native).

La numérisation permet un gain de place pour un coût de stockage réduit, une duplication facile, une circulation rapide (réseaux).

Les documents électroniques s'efforcent de séparer leur contenu (l'information et sa structure) et leur forme (la présentation) pour permettre la création et la mise à jour de plusieurs formes.

Le cycle de vie des documents

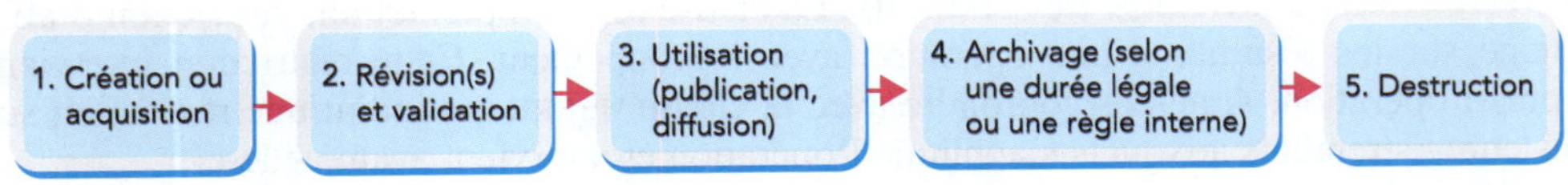

B. La GED (gestion électronique des documents)

Elle applique ce cycle de vie aux documents électroniques grâce à des technologies qui tirent parti des atouts des formats numériques (indexation, travail collaboratif…). Cela permet une gestion efficace du patrimoine informationnel.

2 Le référencement des informations

A. Le référencement par les moteurs de recherche

ZOOM

La quantité de données disponibles, notamment sur le web, nécessite leur classement pour une exploitation efficace, celle-ci pouvant d'ailleurs être à la source d'avantages concurrentiels et d'évolution stratégique des organisations.

À moins qu'elle ne soit connue, l'accès à une ressource est le résultat d'une action de recherche et cela nécessite qu'elle soit référencée (répertoriée), notamment par des **moteurs de recherche**.

Ceux-ci associent deux types de référencement :

– le **référencement naturel** réalisé automatiquement par les robots des moteurs de recherche qui parcourent en permanence le web et l'indexent par des mots-clés dans une base de données gigantesque ; l'exploitation de ces mots-clés lors d'une recherche et le classement des résultats est fonction d'un algorithme hiérarchisant des critères ;

– le **référencement payant** grâce à l'achat de mots-clés sur des moteurs de recherche (c'est de là que provient la quasi-totalité des revenus de Google, par exemple).

B. Le référencement « humain »

Les procédés automatiques des moteurs de recherche sont complétés par diverses méthodes humaines qui apportent notamment un supplément de sens :

– les **portails** et **annuaires** regroupent de façon thématique des liens vers des sites (la candidature et la validation sont humaines), il est possible de constituer des portails personnalisés (netvibes ou iGoogle) ;

– les **marque-pages** (ou favoris) personnels (liés au navigateur et éventuellement portables *via* un profil) ou partagés en ligne (*social bookmarking*) afin de bénéficier des apports du nombre et de faire ressortir les liens les plus pertinents ;

– la **syndication de contenu** (flux RSS ou ATOM en XML) signale automatiquement

à ses abonnés la publication de nouveautés sur un site (sans avoir la nécessité de s'y rendre pour le savoir) ;
– la **curation** fait appel à un curateur, bénévole ou professionnel, qui sélectionne et éditorialise des contenus concernant un thème ;
– les **folksonomies** créent leurs propres mots-clés et peuvent les associer à des objets informatiques (données, textes, images…) grâce à des **tags** (ou marqueurs, étiquettes, libellés).

Folksonomies : systèmes d'indexation qui émanent de façon collaborative de non-spécialistes, contrairement à une taxinomie établie par une « autorité ».

3 Les métadonnées

Un fichier informatique peut contenir des données qui caractérisent son contenu (auteur, date…).

Métadonnée : donnée qui caractérise une autre donnée.

La normalisation des métadonnées par une autorité facilite leur exploitation et les échanges.

A. Le registre Dublin Core

▪ **Normalisation des métadonnées.** Le groupe de travail Dublin Core a établi en 1995 un des registres de métadonnées les plus utilisés pour décrire une ressource numérique. Il compte 15 éléments répartis en trois domaines :
– le **contenu** : titre, sujet, description (résumé, table des matières), source (s'il dérive d'une ressource principale), relation (avec d'autres ressources), langue, couverture (spatiale ou temporelle) ;
– la **propriété intellectuelle** : créateur, contributeur, éditeur, droits de propriété intellectuelle ;
– la **matérialisation** : date, type de ressource (périodique…), format (de fichier ou support physique), identifiant du document (URL, ISBN…).

▪ **La caractérisation des contenus par les métadonnées.** Elle facilite :
– l'indexation sémantique et l'exploitation par les moteurs de recherche ;
– l'interopérabilité ;
– la gestion du cycle de vie des documents ;
– l'authentification et la gestion des droits de propriété intellectuelle et d'accès.

Interopérabilité : qui permet d'assurer l'échange d'informations.

▪ **Les principaux formats de stockage des métadonnées.** Ce sont le HTML (balises `<meta>`, attributs `rel`, balises structurantes de pages en HTML5, …) le XML ou le langage RDF (*Resource Description Framework*).

Les tags sont assimilables à des métadonnées, mais relevant plus d'une folksonomie que d'un registre défini par une autorité.

B. Le web sémantique

▪ **Le web actuel.** Il recense des documents dont le contenu peut être indexé sous forme de mots-clés sans que leur sens soit clairement établi (le mot *apple* peut désigner autant le fruit que le fabricant informatique ; seul le rapprochement de mots-clés permet aux moteurs de recherche de s'approcher au mieux du sens des mots, par exemple la proximité du mot « fruit » orientera du côté de la nourriture).

▪ **Le web sémantique.** Il consisterait à associer aux mots (importants) un descripteur de leur sens afin de permettre un web de données plus riche et mieux exploité. Cette perspective nécessite la fixation de standards techniques et se heurte à l'immensité de la tâche (cette caractérisation est un travail supplémentaire).

C. Le XML

Le XML (*eXtensible Markup Language*) est un langage de description de données conçu principalement pour créer des *fichiers porteurs de données et de métadonnées et d'échange entre applications* dans un format intermédiaire (il rend ces applications interopérables). Ses autres usages ne seront pas étudiés ici.
Le document suivant présente, au format XML, une liste de pays :

<?xml version="1.0" encoding="UTF-8"?>	prologue (version du XML et jeu de caractères)
<monde>	élément racine (unique, englobant tous les éléments)
<!--par ordre alphabétique-->	commentaire non lu par les logiciels
<pays>	balise ouvrante de l'élément pays
<nom>Afghanistan</nom>	couple de balises de l'élément nom imbriqué dans l'élément pays
<capitale>Kaboul</capitale>	donnée *Kaboul* décrite comme une valeur de l'élément capitale
<langues>	élément complexe langues imbriquant des éléments simples
<langue>dari (persan)</langue>	élément simple langue
<langue>pachto</langue>	élément langue répété (2e occurrence)
</langues>	
</pays>	balise fermante de l'élément pays
<pays>	élément pays répété (2e occurrence)
<nom>Afrique du Sud</nom>	
...	
</pays>	
</monde>	fermeture de l'élément racine et fin du fichier XML

Les balises des éléments peuvent être imbriquées selon une arborescence, mais non enchevêtrées (en les fermant dans l'ordre inverse de leur ouverture).

▪ **Du contenu structuré.** Le langage XML véhicule du contenu (des données). Il structure ce contenu (grâce aux éléments) afin de donner du sens aux données pour pouvoir les exploiter. Il n'a pas besoin de mise en forme, car il n'a pas pour objet d'être affiché (mais peut l'être, notamment à l'aide de feuilles de styles CSS ou de transformations XSLT).

▪ **Le XML, un standard.** Le XML est un **standard universel** d'échange grâce à :
– son **extensibilité** : tout type de contenu peut être décrit en créant les éléments appropriés ;
– sa **lisibilité** : il est facilement compréhensible, car auto-descriptif de son contenu selon une arborescence ;
– sa **portabilité** : il s'agit d'un fichier au simple format texte donc lisible sans difficulté par tout logiciel.

▪ **Un document bien formé et valide.** Un document XML doit **être bien formé** : tous ses éléments seront biens fermés et correctement imbriqués (il a un prologue et un élément racine). Il peut, en plus, être **valide** (facultatif), c'est-à-dire respecter une structure prédéfinie. Par exemple, stocké dans un schéma XML ou une DTD associée au fichier XML. Ce schéma recense les éléments admis, leur arborescence, leur type de données, leur nombre d'occurrences admises. La validité est un gage de qualité par rapport à un standard.

Comment les technologies répondent-elles aux besoins de collaboration ?

1 Les différents types de réseaux

A. Typologie des réseaux selon les utilisateurs et l'étendue

> **Réseau :** ensemble d'ordinateurs et de périphériques connectés entre eux.

▪ **Trois types de réseaux basés sur les protocoles TCP/IP.** Selon leurs utilisateurs et leur étendue, on distingue :

– l'**Internet** : ce réseau interconnecte à l'échelle mondiale différents réseaux qui proposent des services (le web, la messagerie électronique, le partage de fichiers…) ;

– les **intranets** : un intranet est un réseau réservé aux membres d'une organisation (ce critère d'appartenance n'est pas géographique, car bien des intranets sont accessibles, après authentification, de l'extérieur des locaux de l'organisation) pour leur permettre un partage d'informations et un travail collaboratif ;

– les **extranets** : un extranet donne accès à une partie du système d'information d'une organisation ; cela l'ouvre à des partenaires extérieurs (clients, fournisseurs, …) authentifiés ; ces échanges sont sécurisés (car l'accès se fait *via* le réseau public Internet).

B. Architectures des réseaux

▪ **Généralisation du mode client-serveur.** Les services offerts sur ces réseaux fonctionnent généralement en mode **client-serveur** :

– un serveur est un logiciel qui attend la demande (requête) d'un client et lui délivre en retour un service (ce logiciel est exécuté par une machine dite serveur, mais qui peut exécuter plusieurs logiciels serveurs). Les serveurs, accessibles par Internet, sont dotés d'adresses IP publiques ;

– un client est un logiciel qui émet des requêtes auprès d'un serveur (demande de services). À chaque type de serveur, correspond un type de client (par exemple, un navigateur client pour un serveur web, un client de messagerie, un client FTP…).

▪ **Les avantages.** L'architecture client-serveur s'est généralisée, car elle permet de cumuler les avantages :

– de la centralisation des ressources : unicité et cohérence des données, maintenance facilitée, sécurité renforcée ;

– de l'accès décentralisé (multiple et sans « déplacement ») aux ressources.

2 Infrastructure matérielle des réseaux

A. La carte réseau

La carte réseau d'un équipement est le point de connexion au réseau. Elle possède :

– une **adresse physique MAC**, fixe et unique au monde, car attribuée en usine par son constructeur ;

– une **adresse logique IP** attribuée selon des règles dues à l'administrateur du réseau.

> **ZOOM**
> Un réseau nécessite des points de connexion au réseau, une infrastructure matérielle (architecture physique) et des protocoles logiciels.

B. Les supports de communication

Les **supports de communication** sont filaires (câbles *ethernet* à connecteur RJ45, fibre optique, CPL…), non filaires par ondes radios ou lumineuses.

C. Les matériels d'interconnexion

Il existe des éléments d'interconnexion au sein d'un réseau :
– un **commutateur** (*switch*) est une multiprise réseau qui transmet les données entre les équipements qui y sont connectés (il n'a pas d'adresse MAC ou IP en lui-même) ;
– un **routeur** interconnecte des réseaux différents (au sens où leurs plages d'adresses IP sont différentes). Il possède plusieurs cartes réseau, chacune étant adressée sur un des réseaux interconnectés. Il assure le routage, c'est-à-dire la redirection des données de réseau en réseau jusqu'à leur destinataire.

3 Les principaux protocoles du modèle TCP/IP

Protocole réseau : ensemble de règles de communication.

A. Les quatre couches de protocoles

▪ **Des protocoles communs.** L'adoption de protocoles communs par les équipements d'un réseau leur permet de communiquer entre eux. Le modèle TCP/IP contient différents protocoles indépendants, mais communicant et complémentaires entre eux afin de permettre à des données de passer d'une machine à une autre sur un réseau. Ils sont classés en **quatre couches**.

▪ **Les protocoles qui gèrent les applications. HTTP** (*HyperText Transfert Protocol*) permet le transfert de fichiers (essentiellement au format HTML) entre un serveur web (qui les stocke) et un navigateur client.

SMTP, POP, IMAP sont des protocoles de courrier :
– SMTP (*Simple Mail Transfert Protocol*) gère les envois d'un client de courrier vers un serveur de courrier (ou entre serveurs de courrier) ;
– POP (*Post Office Protocol*) permet la récupération par un client de son courrier électronique sur un serveur distant ;
– IMAP (*Interactive Message Access Protocol*) permet la consultation et la gestion en ligne sur un serveur distant de courrier reçu.

FTP permet un échange de fichiers entre un serveur qui les héberge et un client qui les y télécharge (ou téléverse) ; le serveur FTP est alors un espace de partage de fichiers.

DNS convertit les noms de domaine utilisés dans des URL en adresses IP correspondantes, permettant ainsi de se connecter aux serveurs hôtes de ces ressources.

DHCP délivre aux hôtes d'un réseau, ainsi configurés, leur configuration IP (qui n'a donc pas à être configurée « sur » le poste).

Un ordinateur (client ou serveur) pouvant recevoir des données en provenance de plusieurs applications, il les distingue par le **port** (une « porte d'entrée ») utilisé ; chaque protocole est associé à un port distinct.

EXEMPLE Port 80 pour le protocole HTTP (par défaut, s'il n'est pas modifié), 20 et 21 pour le FTP, 25 pour SMTP, 53 pour DNS, 110 pour POP3, 143 pour IMAP…

▪ **Le protocole qui gère les transmissions de données. TCP** fragmente les messages en paquets afin de pouvoir les acheminer sur la couche Internet d'une machine à une autre. Il contrôle la réception des paquets et leur remise en ordre (contrairement à UDP, plus rapide de ce fait).

▪ **Le protocole qui gère les échanges sur Internet. IP** est chargé du routage des paquets de données de réseau en réseau jusqu'à la machine de destination, en passant par des routeurs.

▪ **Le protocole de gestion des adresses des hôtes réseau. ARP** (*Address Resolution Protocol*) délivre l'adresse physique d'une carte réseau correspondant à une adresse logique IP recherchée, permettant ainsi la mise en œuvre réelle de la communication.

B. Le principe de l'adressage IP (v4)

▪ **Adresse et masque.** Des machines devant communiquer à l'aide du protocole IP doivent disposer d'une adresse IP. Celle-ci est composée de 4 nombres de 8 bits (soit de 0 à 255) :
– les 1 à 3 octets de gauche permettent d'identifier le **réseau** auquel appartient la machine (et celles qui partagent ces mêmes valeurs dans leur adresse) ;
– les 1 à 3 octets complémentaires de droite désignent les **hôtes** (ordinateurs, routeurs, imprimantes, etc.) sur ce réseau.
C'est le masque par défaut qui permet de distinguer quels octets relèvent du réseau d'une part et de l'hôte d'autre part. Un masque est lui aussi un groupe de 4 octets : ceux prenant la valeur 255 désignent le réseau, ceux à 0 correspondent à l'hôte.

EXEMPLE Si un poste possède l'adresse IP 124.102.42.216 et que le masque est 255.255.255.0 :

Cela veut dire que la partie de l'adresse qui concerne le réseau est 124.102.42 (124.102.42.0 est l'adresse du réseau) ; ce réseau peut contenir 254 hôtes (de 124.102.42.1 à 124.102.42.254, le .255 étant réservé).

Masque	Octet 1	Octet 2	Octet 3	Octet 4
255.0.0.0	Réseau	Hôte	Hôte	Hôte
255.255.0.0	Réseau	Réseau	Hôte	Hôte
255.255.255.0	Réseau	Réseau	Réseau	Hôte

▪ **Adresses publiques et adresses privées.** Il existe deux types d'**adresses IP** (selon des plages prédéfinies) :
– les adresses **publiques** : elles sont routables (reconnues) sur Internet ;
– les adresses **privées** : elles ne sont reconnues qu'à l'intérieur des réseaux locaux.
Ainsi, un réseau local utilisera généralement des adresses privées sauf pour le routeur qui a une adresse privée côté réseau local et une adresse publique côté Internet (puisqu'il a deux cartes réseau). Plusieurs réseaux privés peuvent utiliser les mêmes adresses puisque ces adresses ne sont pas visibles en dehors du réseau (en revanche, les adresses publiques sont uniques au monde).
Si une machine émettrice contacte une machine destinataire sur le même réseau, la remise de données est directe. Si elles ne sont pas sur le même réseau, la machine émettrice doit « connaître » une porte pour sortir de son réseau : cela est renseigné par l'adresse de **passerelle** qui est généralement l'adresse d'un routeur.

C. L'adressage d'une ressource

Les ressources sur les réseaux TCP/IP sont localisées à l'aide d'**adresses réticulaires** ou **URL** (*Uniform Resource Locator*) :

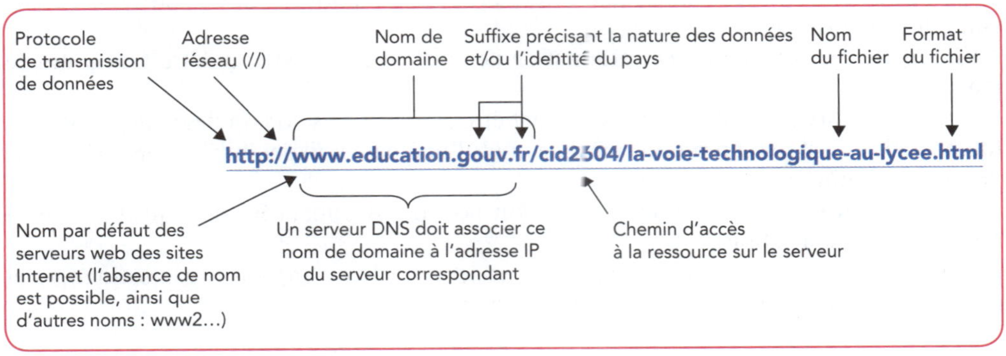

4 La régulation d'Internet

A. Les régulations techniques et juridiques

ZOOM

Le caractère international d'Internet rend difficile la mise en place d'un droit, mais les États, le secteur privé et la société civile collaborent à une gouvernance d'Internet consistant à la mise en place de règles partagées.

Les régulations sont des techniques pour harmoniser les infrastructures et les normes logicielles (notamment par le **W3C**, *World Wide Web Consortium*, organisme non lucratif). Ce sont également des régulations juridiques de la part de l'ISOC (*Internet Society*), association américaine dont la légitimé provient de sa fondation dès 1992 par des pionniers d'Internet, et de l'ICANN qui gère les plages d'adresses IP (publiques) et les serveurs racines DNS et noms de domaines de premier niveau.

B. Les régulations mondiales, européennes et nationales

L'ONU organise des sommets mondiaux de la société de l'information dans l'optique de réduire les inégalités d'accès sur la planète à la société de l'information. Les débats portent notamment sur la neutralité du Net, c'est-à-dire l'égal accès des internautes à tous les contenus, services et applications du web. Cet idéal de neutralité se heurte à des questions déontologiques, techniques et financières. Au niveau européen, l'UE harmonise les droits de ses membres concernant l'économie numérique.
Les organisations peuvent réguler leur usage interne d'Internet et des TIC par une charte.

5 La sécurité du système d'information

A. À chaque risque sa mesure de sécurité

ZOOM

Un système d'information est soumis dans sa composante technologique à différents risques : erreurs humaines, problèmes matériels, erreurs logicielles, malveillance...

À chaque risque correspondent des mesures de sécurité préventives, palliatives et curatives adaptées : mesures physiques (accès aux locaux, dispositifs anti-incendie, redondance des équipements...), protections logiques (authentification, autorisation d'accès aux applications, pare-feu...), protection des données (sauvegarde, chiffrement...).
La mise en place de ces mesures a un coût, mis en regard de la probabilité de survenance du risque et de ses impacts (financiers, image...).

B. Les critères de sécurité

Les critères de sécurité définis par une norme ISO sont :
– la **confidentialité** : une information ne doit pas être portée à la connaissance d'une entité non autorisée ;
– l'**intégrité** : le contenu d'une information ne doit pas être altéré ou détruit au cours du temps ;
– la **disponibilité** : les informations doivent être accessibles selon un degré de disponibilité négocié (c'est un compromis entre le coût d'une haute disponibilité et le coût d'une non-disponibilité) ;
– l'**imputabilité** : l'auteur d'une action doit pouvoir être identifié sans qu'il puisse se répudier (nier son action).
La démarche de sécurisation compte des aspects technologiques, organisationnels et humains (sensibilisation, formation, voire sanctions...).

En quoi les SI transforment-ils les échanges entre les acteurs des organisations ?

1 Le Web, plate-forme d'échanges

Le réseau **Internet** (issu en 1984 de son ancêtre l'Arpanet, créé en 1969) offre de nombreuses applications dont celle qui l'a popularisé : le **web** (accès à travers un navigateur à des pages contenant des liens hypertextes) :
– le web né en 1989, rétrospectivement dit 1.0, est statique (« descendant » vers l'internaute « passif ») ;
– le **web 2.0**, à partir de 2005, permet aux internautes de participer de façon interactive à sa construction ;
– le web sémantique et l'Internet des objets sont annonciateurs d'un web 3.0.

A. Les défis du web

L'apport du web dépend de la quantité de données, d'où trois problématiques :

▪ **Amener les données sur le web.** L'acquisition des données peut être une opération coûteuse pour un site : le web 2.0 permet de déporter son coût sur les usagers (ce coût, essentiellement en temps, restant faible pour chacun d'entre eux) en faisant en sorte qu'ils y aient intérêt (si chacun contribue, la quantité de données et donc de services offerts s'accroît). Par exemple, toutes les vidéos de YouTube proviennent des internautes.

▪ **Chercher et trouver.** La quantité de données pose le problème de la recherche des données pertinentes. Trois modes coexistent :

Mode	Outil	Exemple	Référencement	Confiance accordée
feuilleter (*browse*)	portail	Yahoo!	humain	à l'éditeur du portail
chercher (*search*)	moteur de recherche	Google	automatique	à l'algorithme du moteur
partager (*share*)	réseau social	Facebook	humain	aux membres du réseau

▪ **Stocker et rendre accessible.** Le *cloud computing* et le web sur mobile permettent un stockage à moindre coût et une accessibilité maximale des données.

B. Les apports du mode participatif

▪ **Effets de réseau.** L'effet de réseau est la croissance de l'utilité d'un bien avec celle de son nombre d'utilisateurs (externalité positive croissante de consommation). Cela s'applique bien aux réseaux informatiques. L'utilisateur bénéficie d'un nombre potentiellement élevé de correspondants, mais également de l'intelligence collective que cet ensemble forme : personne ne sait tout mais tout le monde sait quelque chose, le tout est supérieur à la somme des parties.

▪ **Sagesse des foules et *crowdsourcing*.** Face à un problème, une multiplicité d'avis provenant de sources diverses et indépendantes fournit des résultats supérieurs à ceux des seuls experts dans ce domaine : c'est la sagesse des foules.

Le *crowdsourcing* reprend ce concept (*wisdom of crowds* : sagesse des foules) et indique qu'une tâche peut ainsi être externalisée (*outsourcing*) auprès d'un groupe volontaire (l'écriture de l'encyclopédie participative Wikipedia en est un bon exemple). Si chacun participe un peu, la présence d'experts est pourtant souvent indispensable, le nombre permettant de réguler le contenu et l'aspect ouvert d'attirer ces experts.

2 Les transformations de l'économie

A. La transformation des échanges

▪ **Dématérialisation.** La dématérialisation de l'information facilite son stockage, son traitement, sa duplication et sa circulation.

▪ **Réduction de l'espace.** Les réseaux transportent l'information à faible coût et au niveau mondial.

▪ **Réduction du temps.** L'information dématérialisée circule quasi instantanément.

B. L'économie en réseau

Dans une économie en réseau, les différents acteurs sont interdépendants.

▪ **Coopération.** La production est divisée en tâches individuelles coordonnées. La coopération consiste à assurer une production en divisant le travail nécessaire en tâches. La production s'obtient par addition et coordination de ces tâches.

▪ **Collaboration.** Une production commune est réalisée ensemble par plusieurs personnes.

3 Les réseaux sociaux

Réseau social : ensemble d'acteurs (individus ou organisations) et de relations sociales entre ces acteurs (échange d'informations, d'émotions...).

Les réseaux sociaux ont toujours existé ; les TIC et médias sociaux sur Internet ont permis de les entretenir ou de les étendre.

A. Les apports des réseaux sociaux

▪ **L'étendue des relations.** La théorie des six degrés de séparation (Karinthy, 1929) indiquait qu'il était possible de joindre toute personne dans le monde par un maximum de 5 intermédiaires en relation. L'expérience du « petit monde » (Milgram, 1967) montrait la difficulté à activer les bonnes relations (trouver ce « chemin »). Aujourd'hui, les TIC réduisent la longueur de cette chaîne et accroissent la possibilité de trouver le bon chemin car l'activation des relations est peu coûteuse (en 2011, sur Facebook, chaque utilisateur était relié à n'importe quel autre par une chaîne de 4,74 utilisateurs en moyenne).

▪ **La force des liens faibles.** Le sociologue américain Mark Granovetter indique en 1973 que nous entretenons des liens forts (relations soutenues et fréquentes) avec des amis ou de la famille proches, et des liens faibles (épisodiquement) avec nos connaissances. La multitude et la diversité des liens faibles leur donne une force et permet au final d'accéder à plus de ressources que les liens forts. Les médias sociaux actuels permettent d'entretenir et d'activer facilement ces liens faibles.

▪ **La confiance.** Les fonctionnalités de commentaire, notation (réputation) doivent renforcer la crédibilité (et donc la qualité) d'une information.

B. La typologie des réseaux sociaux

▪ **Les réseaux sociaux grand public.** Ces réseaux (Facebook, Twitter...) permettent la circulation rapide, gratuite et large d'informations au sein des groupes d'intérêt qui s'y créent. Leur gratuité a pour contrepartie l'exploitation par l'éditeur des données personnelles qui y sont laissées par les utilisateurs (publicités personnalisées...).

▪ Les organisations y sont en interaction avec les particuliers pour y collecter de l'information ou en diffuser (pro-agir ou réagir). Un gestionnaire de communautés est souvent garant de cette animation qui participe à l'e-réputation de l'organisation.

▪ **Les réseaux sociaux professionnels.** Ces réseaux sociaux (Viadeo, LinkedIn…) ont une visée professionnelle : trouver des partenaires d'affaires (investisseurs, fournisseurs…), augmenter sa visibilité sur le marché de l'emploi.

▪ **Les réseaux sociaux internes.** Ces réseaux sociaux internes sont réservés aux membres d'une organisation pour y permettre une meilleure circulation de l'information (s'affranchissant des structures traditionnelles), une plus grande efficacité et réactivité, les échanges d'expérience et la capitalisation de connaissances (les rendre réutilisables). Ces réseaux informels (souples, mais pas sans règles) ne contournent pas les processus formels, mais les enrichissent. Il faut les intégrer au reste du SI de l'organisation.

4 L'intelligence collective

A. L'intelligence collective selon Pierre Lévy

Le philosophe français Pierre Lévy définit (1994) l'intelligence collective comme « une intelligence partout distribuée [*personne ne sait tout, tout le monde sait quelque chose*], sans cesse valorisée [*chaque personne apporte une richesse au collectif (formateur, il est valorisé ; apprenant il valorise ses formateurs)*], coordonnée en temps réel [*les TIC permettent une communication s'affranchissant des contraintes d'espace et de temps et ainsi une adaptation continue (organisation apprenante)*] qui aboutit à une mobilisation effective des compétences ».
L'**intelligence collective** sous-tend une nouvelle organisation sociale fondée sur les compétences, le savoir et les connaissances. Elle se construit par l'interconnexion d'intelligences individuelles, notamment dans des communautés de pratiques.
Une **communauté de pratique** est formée d'un groupe de personnes qui collaborent autour d'un centre d'intérêt commun dans le but d'apprendre, de coproduire, de progresser. Les TIC y apportent des moyens d'échange et de partage des informations.

B. Le management de la connaissance (*knowledge management*)

▪ **Les connaissances, compétences et savoir-faire dans une organisation.** Ils sont souvent attachés aux individus et de ce fait sous-exploités (car non partagés) ou risquent d'être perdus (au départ de l'individu).

▪ **Le management de la connaissance.** Il consiste à capitaliser ces connaissances (c'est-à-dire les stocker, les rendre partageables). L'informatique contribue à ce partage efficace transformant des connaissances individuelles en connaissances collectives.

5 La sécurité des échanges

A. Les critères de sécurité

Les échanges sur les réseaux sont soumis à des risques d'interception des données et d'usurpation d'identité du correspondant. Il faut assurer :
– la **confidentialité** des données (seulement lisibles de l'émetteur et du destinataire) ;
– l'**intégrité** (information non modifiable par autrui, seulement par l'émetteur et le destinataire) ;
– l'**authentification** de l'émetteur et du destinataire (être sûr de leur identité),
– la **non-répudiation** (ne pas pouvoir nier une action réalisée : traçabilité probante).

B. Les moyens de sécurisation des échanges

▪ **Cryptage.** Le contenu du message est crypté (par un système de clés asymétriques) ; cela assure sa confidentialité en cas d'interception.

▪ **Certificats.** Un certificat, délivré par un tiers de confiance, authentifie un correspondant. Cela lutte contre l'usurpation d'identité.

▪ **Hachage.** Le hachage crée une signature numérique d'un fichier permettant de s'assurer de son intégrité à la réception.

Comment la fonction SI accompagne-t-elle les choix de l'organisation ?

1 La DSI (direction des systèmes d'information)

A. Les rôles de la DSI

La DSI (direction des systèmes d'information) est le service en charge du SI :
– de son exploitation quotidienne : administration, maintenance, assistance aux utilisateurs ;
– de son évolution par le biais de projets ;
– de la veille technologique pour détecter des opportunités de croissance ou des changements à ne pas manquer pour assurer la survie de l'organisation.

B. Le DSI, directeur des systèmes d'information

La DSI est dirigée par un DSI (directeur des systèmes d'information) qui doit présenter des compétences managériales (diriger des équipes), financières (respecter son budget), techniques et juridiques.

C. Les travailleurs de l'informatique

> **ZOOM**
> Le SI, fonction support transverse de l'organisation, doit être géré et doit évoluer avec l'organisation.

Les profils des travailleurs de l'informatique sont aussi nombreux que la diversité des tâches associées : pilotage du SI et des projets, élaboration et gestion des applications, gestion de l'infrastructure, assistance aux utilisateurs, qualité et sécurité.
Ils se répartissent en France environ à égalité entre des DSI et des prestataires externes, faisant partie des 21 000 ESN (entreprises et services du numérique).

2 L'externalisation

A. Externaliser les fonctions support, garder son cœur de métier

> **Externaliser :** transfert d'activités réalisées par l'organisation à un prestataire extérieur spécialisé (la sous-traitance n'est que ponctuelle ou concerne des activités qui n'ont jamais été internes à l'organisation).

L'externalisation de tout ou partie du SI peut concerner des tâches d'exploitation (infogérance) ou des projets d'évolution du SI. Pour déterminer ce qui est externalisable et ce qui ne l'est pas, on distingue :
– les **activités support standardisées** et à faible valeur ajoutée qui peuvent être réalisées par des prestataires spécialisés ;
– le **cœur de métier** qui définit l'organisation (son offre identifiée par les clients) et comprend les activités et ressources (matérielles, immatérielles, humaines et organisationnelles) par lesquelles elle se distingue de ses concurrents (car elles sont rares, imparfaitement imitables et difficilement substituables).

Gains attendus	Difficultés
▪ Accès à des ressources (matérielles, immatérielles et/ou humaines) indisponibles en interne ▪ Baisse des coûts grâce à l'efficacité d'un prestataire spécialisé ▪ Coûts prévisibles (contractualisés) ▪ Flexibilité du personnel déporté chez l'infogérant (pas d'embauche, pas de licenciement pour le client)	▪ Transmission des besoins ▪ Suivi de l'activité du prestataire ▪ Inquiétude sociale des personnels internes **Risques** ▪ Dépendance vis-à-vis du prestataire ▪ Perte de savoir-faire ▪ Perte de confidentialité ▪ Coûts cachés (coûts non prévus, perte de qualité…) ▪ Défaillance du prestataire

B. Les risques de l'externalisation

Afin de maîtriser les risques, le contrat d'**infogérance** doit prévoir toutes les dimensions de la relation entre l'organisation et son prestataire (objectifs, mesures de performance, outils de dialogue, réversibilité…). Il existe en particulier deux modes de facturation :
– en régie, le prestataire facture sa consommation de ressources (il en est « remboursé », l'organisation prend à sa charge les risques de dépassement par rapport aux prévisions) ;
– au forfait, le prestataire reçoit un montant fixé (et supporte tout dépassement de coût).

3 Le suivi du SI

A. Le budget du SI

▪ **Le budget de la DSI.** Il récapitule ses recettes et dépenses prévisionnelles. Il reflète ses deux horizons d'action :
– avec des dépenses de **fonctionnement** (exploitation, maintenance, assistance) qui sont répétées (70 à 80 % du budget de la DSI) ;
– des dépenses d'**investissement** dans des projets ponctuels (20 à 30 % du budget).

▪ **Les recettes.** La DSI peut disposer d'un montant attribué par la direction financière ou tirer ses ressources d'une refacturation interne de ses services aux directions utilisatrices (par abonnement forfaitaire ou facturation proportionnelle à l'utilisation de services).

B. Les tableaux de bord du SI

ZOOM

Qu'il y ait « subvention » de la direction financière ou refacturation interne, il sera « demandé » de savoir en contrepartie combien « rapporte » le SI et quels services il rend. On met en place pour cela des indicateurs numériques, rassemblés dans des tableaux de bord à destination de la direction générale, de la direction financière, des directions métiers utilisatrices et de la DSI elle-même afin qu'il gère ses équipes ou ses prestataires.

▪ **Des objectifs.** Ils sont fixés pour chaque indicateur et lorsqu'ils ne sont pas atteints, il faut entreprendre des mesures correctrices :
– la DSI est responsable du coût unitaire des ressources délivrées par le SI ;
– les métiers sont responsables de la quantité de ces ressources utilisées.
Le tableau de bord permet leur suivi dans le temps et dans l'espace (comparaisons entre entités).

▪ **Des indicateurs.** Ils portent à la fois sur :
– l'exploitation quotidienne du SI (assistance, résolution de pannes, réactivité aux montées en charge…) ;
– l'évolution à moyen terme du SI au travers de projets.
Ces deux horizons sont liés, car un projet a une influence sur l'exploitation (renouvellement, diminution des coûts de fonctionnement, nouveau coût de fonctionnement…).

Les critères courants sur lesquels portent les indicateurs sont :
– l'ampleur du parc installé (postes de travail, serveurs, applications…) ;
– l'activité réalisée (volumes traités, ressources consommées, temps d'utilisation…) ;
– l'efficacité (atteinte des objectifs de service) ;
– le coût des ressources consommées ;
– la qualité des ressources mises à disposition (incidents, disponibilités, temps de réponse) ;
– la flexibilité (capacité à absorber les variations de charge…) ;
– l'efficience qui croise le coût et l'efficacité (et avec également, dans une moindre mesure, qualité et flexibilité).

9
LE COURS

En quoi un projet de système d'information est-il une réponse au besoin d'évolution de l'organisation ?

1 Évolution de l'organisation et de son SI

Les organisations font évoluer leur SI en raison de contraintes externes (réglementaires, etc.), de recherche d'améliorations organisationnelles (notamment des processus), de mise en œuvre d'évolutions stratégiques (nouvelle offre de biens et services, nouveaux processus) sur lesquelles le SI doit s'aligner.

Les TIC peuvent être au cœur de certaines de ces évolutions par les gains qu'elles permettent dans les processus, voire par la création de nouvelles offres (réduction « du temps et de l'espace » : services en ligne, …) et avantages concurrentiels.

Les acteurs sources de ces projets dans l'organisation peuvent être :
– les « métiers » pour des évolutions organisationnelles des processus et des métiers ;
– la DSI si l'intégration de nouvelles technologies initie le projet ;
– la direction générale lorsqu'il s'agit d'une évolution stratégique.

2 Le projet de SI

ZOOM
Un projet de SI est une action unique et ponctuelle. Sa fin identifiée correspond à la mise en exploitation du « nouveau SI » élaboré par le projet. Le SI peut évoluer dans ses composantes : organisationnelles (processus), technologiques (TIC : applications, infrastructures…) et humaines (évolution des tâches métiers, des compétences (pouvant nécessiter des formations)).

A. Les critères d'évaluation d'un projet de SI

Un projet est mis en œuvre si les gains sont supérieurs au coût du projet.

▪ **Des coûts.** Ils se répartissent en coûts d'**investissement** (coûts ponctuels liés à la mise en œuvre du projet) et coûts de **fonctionnement** (se répétant de période en période), issus de projets mis en exploitation.

▪ **Des gains.** Ils sont **qualitatifs** (satisfaction, qualité, …) et **quantitatifs**, mesurables en coûts (de fonctionnement moindres), délais (raccourcis) et volume traité.
L'évaluation des gains est prévisionnelle (à vérifier *a posteriori*) et parfois difficile. Il faut également faire entrer en compte la dimension risque dans l'évaluation du projet.

B. La gestion du projet

▪ **Les trois contraintes « qualité-coût-délai » (QCD) d'un projet de SI.**

Contraintes	Contenu	Risques associés
Qualité	Atteinte des objectifs fonctionnels et non fonctionnels	→ Internes : cahier des charges imprécis, incomplet, incohérent, ou évoluant en cours de projet, risques techniques → Externes : évolution des réglementations, obsolescence des solutions choisies en cours de projet, indisponibilité des ressources (dont les personnels compétents…)
Coût	Respect des prévisions et d'un budget	→ Insuffisance initiale de budget, dépassement en cours de projet de budget
Délai	Planification et suivi	→ Délais initiaux trop courts, dépassement en cours de projet de dates butoirs

▪ **Le pilotage du projet.** Il se fait en fonction des contraintes prioritaires (car il y a une opposition coût-délai/qualité) et des risques, classés par exigence de surveillance prioritaire :

> **Exigence de surveillance** = probabilité de survenance du risque × impact si le risque survient

Le projet prend fin avec la **recette**, étape consistant à vérifier que le « produit » livré par l'équipe de projet répond aux exigences fixées par le client du projet.
La réussite d'un projet a certes une indispensable part technique mais cela ne suffit pas. Son adoption par les utilisateurs est également nécessaire pour produire ses effets (d'où un accompagnement du changement).

C. La planification

▪ **Le diagramme de Gantt.** C'est un outil de visualisation graphique de l'enchaînement au cours du temps des tâches d'un projet. Il permet la planification d'un projet et son suivi dans le temps (cela concerne également les ressources mobilisées). L'objectif est de minimiser la durée de réalisation tout en identifiant les tâches critiques (celles sans marge, dont le retard allongerait le projet).
Une **tâche** peut avoir une à plusieurs tâches antérieures (c'est-à-dire qui doivent impérativement être achevées avant). Elle correspond à une charge de travail exprimée en jours-homme. Elle requiert éventuellement des tâches antérieures et nécessite des ressources (humaines, matérielles…).

▪ **La charge et la durée des tâches et du projet.** Le lien entre la **charge de travail** et la **durée** de la tâche (en jours ouvrés) dépend des ressources affectées.

> **EXEMPLE** Une tâche nécessitant deux jours-homme peut être réalisée en 2 jours par une personne ou en une seule journée par deux personnes (si la nature de la tâche permet un travail coopératif simultané).

On peut mettre en évidence plusieurs règles :
– charge d'un projet en jours-homme = somme des charges de ses tâches en jours-homme ;
– durée d'une tâche en jours travaillés <= charge de la tâche en jours-homme
(< s'il y a une **coopération** entre plusieurs intervenants pour une même tâche dont la nature le permet) ;
– durée d'un projet en jours travaillés <= somme de la durée de ses tâches en jours travaillés
(< s'il y a une **synchronisation** de plusieurs tâches menées en parallèle) ;
– durée d'un projet/tâche en jours travaillés <= délai calendaire
(car la durée du projet est en jours ouvrés alors que tous les jours ne sont pas travaillés sur un calendrier).

▪ **La gestion des écarts.** Au fur et à mesure du déroulement du projet on réalise un suivi d'avancement, pour chaque tâche et pour l'ensemble du projet, en mesurant :
– l'**écart** entre le temps passé et le temps prévu (positif en cas de retard, négatif en cas d'avance) ;
– le **reste à faire** (nombre de jours-homme encore nécessaires pour mener à bien la tâche ou le projet).
Une action correctrice en cas de retard est l'accroissement des ressources affectées à une tâche afin d'en raccourcir le temps de réalisation (dans la mesure du possible, éventuellement en redéployant ces ressources à partir d'une tâche ayant de la marge).

Sujet du Bac

Les dépenses de santé augmentent constamment en France : la consommation de soins et de biens médicaux atteint 12 % du PIB en 2011 (environ 2 700 € par habitant et par an) contre 4,2 % en 1960. Les causes de cette évolution sont multiples :
– certaines semblent irréversibles : vieillissement de la population, coûts de la recherche et des technologies…
– d'autres témoignent d'un manque d'efficacité du système de santé : surconsommation médicamenteuse, nomadisme médical…
Face à la stagnation des sources de financement, des politiques nationales de maîtrise des dépenses de santé ont été mises en œuvre. Elles ne peuvent être efficaces qu'à l'aide d'un système d'information de santé performant.

Partie 1 : Le parcours de soins

Tous les bénéficiaires d'une couverture maladie sont invités, à partir de 16 ans, à choisir un médecin traitant pour s'inscrire dans un parcours de soins coordonnés.
À l'issue d'une consultation dite de premier niveau, le médecin traitant peut, si nécessaire, orienter le patient vers un spécialiste. Toute consultation (de premier niveau ou d'un spécialiste) donne lieu à une feuille de soins électronique directement transmise à la caisse d'assurance-maladie du patient afin de permettre un remboursement plus rapide. Toutefois, en cas d'oubli de la carte Vitale, une feuille de soins papier est délivrée au patient qui aura la charge de demander son remboursement.
Le médecin spécialiste informe le médecin traitant du résultat de ses investigations.
La déclaration d'un médecin traitant, non obligatoire, permet un meilleur remboursement : le patient doit s'acquitter d'un ticket modérateur (part non remboursée de la consultation) s'il consulte un médecin qui n'est pas son médecin traitant ou un spécialiste sans prescription de son médecin traitant (sauf exceptions prévues).
Le processus de la page suivante représente un parcours de soins dans le cas général.

1 Quels sont l'événement déclencheur et le client de ce processus ?

2 De quel type de processus s'agit-il (métier, support) ? Justifier.

3 Énoncer les règles d'émission RE2 et RE4 (une règle d'émission est un cas).

4 Déterminer si les règles RE1, RE2, RE3 et RE4 sont, deux à deux, alternatives (l'une ou l'autre) ou additionnelles (éventuellement les deux à la fois).

5 Justifier la présence de l'expression de synchronisation ET dans ce schéma.

6 Achever la représentation du processus.

7 À quel(s) stade(s) le processus peut-il se terminer ? Justifier.

Si le médecin traitant est absent ou si le patient ne peut pas le consulter (vacances…), ce dernier peut consulter un autre médecin, sans incidence sur le remboursement. Le médecin consulté cochera une case prévue à cet effet sur la feuille de soins.

8 Ce cas nécessite-t-il l'ajout d'un nouvel acteur au processus ? Justifier.

Sentinelle, réseau national de médecins, suit la progression saisonnière de différentes épidémies (grippe, gastro-entérite…).

9 Déterminer quelles activités du processus parcours de soins peuvent être liées au réseau Sentinelle. À quelle fonction du SI de ce réseau cela correspond-il ?

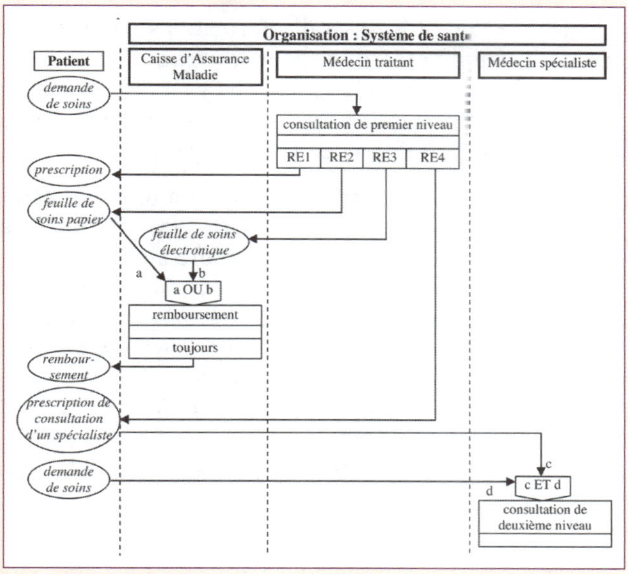

➤ Corrigé page 166

Partie 2 : Le dossier médical personnel informatisé

Chaque acteur du système de santé (médecin, hôpital, pharmacien…) a été amené à constituer un dossier médical pour chacun de ses patients, autant de systèmes d'information isolés qui nuisent à la continuité et à la qualité des soins. Le carnet de santé papier, présenté à chaque professionnel de santé, devait assurer ce rôle.

1 Quelle fonction du SI devait principalement assurer le carnet de santé ? Quelles peuvent être les raisons de son échec ?

> La loi n° 2004-810 du 13 août 2004 a prévu la création du dossier médical personnel (DMP) informatisé. Pour mettre en œuvre le DMP, un groupement d'intérêt public (GIP) a été constitué, regroupant le ministère de la Santé et l'assurance-maladie.
> La loi du 4 mars 2002 définit la fonction d'hébergement de données de santé et indique qu'elle est assurée par un « hébergeur » à qui ces données ont été confiées. Le décret n° 2006-6 du 4 janvier 2006 prévoit les conditions d'agrément de ces hébergeurs de données. Ils doivent offrir un certain nombre de garanties parmi lesquelles figure la mise en œuvre de règles de confidentialité et de sécurité. L'agrément est délivré par le ministre chargé de la Santé après avis de la CNIL et d'un comité national d'agrément.
> Le DMP appartient au patient. C'est lui qui détermine les professionnels de santé à qui il permet de consulter son DMP ou de l'enrichir. De même, c'est le patient qui choisit son hébergeur. Aucune agrégation des données à des fins d'étude globale n'est prévue d'autant plus que les DMP sont donc « dispersés » entre différents hébergeurs.
> L'agrément a été délivré à 6 hébergeurs (l'ESN Atos Origin, France Télécom, etc.).

2 Expliquer pourquoi le DMP est bien dans la continuité du parcours de soins. Préciser si l'apport du DMP est opérationnel ou décisionnel (pilotage).

3 Qui est le gestionnaire des droits d'un DMP donné ? Justifier ce choix.

4 Quels sont les gains attendus, par acteur du système de santé, du DMP ?
Certains hôpitaux commencent à équiper leurs personnels de tablette afin d'avoir accès aux données des patients lors de déplacement à leur chevet, l'information restant centralisée. Toutefois la mise en place du Wi-Fi suscite des polémiques dans ce milieu.

5 Expliquer la dernière phrase.

6 Le dossier du patient se compose aussi d'informations non textuelles (radiographie, comptes rendus audio…). Que faut-il faire pour les rendre également disponibles à la recherche et à la consultation sur les tablettes ?
Chaque professionnel de santé a le choix de son progiciel pour gérer ses dossiers. Ces progiciels sont interfacés avec les DMP chez les hébergeurs.

7 Quels sont les avantages de cet interfaçage ? Citer un format d'échange adéquat.
Prévu pour le 1er juillet 2007, le DMP n'a commencé à être mis en place qu'en 2011. Un rapport du Sénat a comparé le projet avec celui similaire au Royaume-Uni :
« *L'analyse du projet anglais met en lumière les insuffisances du projet français de déploiement du DMP. Tout d'abord, l'élément […] le plus important réside dans l'absence de pilotage global du dossier, résultant de l'éclatement des structures.*
Le calendrier fixé pour le DMP, qui apparaît intenable [pour toutes] les personnes rencontrées conduit à précipiter la démarche, au risque d'oublier l'objectif final. Du point de vue budgétaire, la différence est frappante, puisque les Anglais se sont donnés les moyens de leurs ambitions sur une période relativement longue (10 ans). […]
Une adhésion de l'ensemble des acteurs n'a pas été recherchée pour le moment, alors qu'elle conditionne la réussite de ce projet important pour notre système de santé. »

8 Analyser le projet français quant aux critères de coût, de qualité et de délai.

➤ **Corrigé page 167**

Partie 3 : Le traitement automatisé des remboursements

Le taux de remboursement Assurance Maladie (hors mutuelle) d'une consultation est :
– au taux « plein » de 70 % du montant de la consultation dans le cadre du parcours de soins coordonnés (médecin traitant ou remplaçant, spécialiste sur prescription) ;
– au taux réduit de 30 % sinon.
Le montant de la consultation diffère selon le médecin (généraliste ou spécialiste) et le secteur (conventionné ou libre). Une franchise de 1 € est à la charge du patient (le taux de remboursement s'applique donc sur le montant de la consultation une fois déduite la franchise).

1 Poser les calculs justifiant le montant remboursé au patient dans ces cas :
a) 15,4 € pour une consultation à 23 € chez le médecin traitant généraliste,
b) 21 € pour une consultation à 71 € chez un spécialiste hors parcours de soins.

2 Écrire le code du corps de la fonction PHP qui retourne le montant remboursé :

```
function rembConsult($tarif, $parcours)
  {// $tarif correspond au montant de la consultation
   // $parcours vaut True si le patient respecte le parcours de soins
   $txPlein = 0.7;
   $txReduit = 0.3;
   …              // partie à écrire
   return $remb; // retourne $remb, montant calculé du remboursement}
```

À chaque vignette correspond un taux de remboursement différent, fonction du service médical rendu. M. Malenpoint a visité son médecin traitant ce matin et lui a réglé 23 € pour sa consultation. Il s'est ensuite dirigé vers sa pharmacie pour se fournir les trois médicaments à vignette blanche non barrée (65 %) qu'il a réglés par carte bancaire (28 €).

3 Calculer le montant remboursé et le restant à la charge de M. Malenpoint.
Les données d'une feuille de soins sont saisies sur un formulaire dont voici un extrait :

Montant consultation [ ] €	Suivi du parcours de soin ○ oui ○ non

```
Montant consultation <input type="text" size="2" name="txtMtConsult"
/>€ | Suivi du parcours de soins coordonnés
<input type="radio" name="radioSuivi" value="True" /> oui
<input type="radio" name="radioSuivi" value="False" /> oui
```

4 Un script PHP est chargé de traiter ces données. Compléter ce script.

```
// $tabMed est un tableau associatif qui contient les données
   recueillies sur les médicaments de la feuille de soins sous la
   forme de couples prix=>couleur de la vignette ("8.21"=>"blanc"…)
$suivi = $_POST['…'];
$montantConsult = $_POST['…'];
$montantRembourse = rembConsult (… , …);
$totalMed = 0;
foreach($tabMed as $prixMed => $coulVignette)
   { switch($coulVignette)
      { case "blanc":
          { $tauxRemb = 65;
            break; }
        case "bleu":
          { $tauxRemb = 35;
            break; }
        case "orange":
          { $tauxRemb = 15;
            break; }
        default:
          { $tauxRemb = 100;
            break; }
      }
     $totalMed = … ;
     $montantRembourse = … ;
   }
montantPatient = … ;
// appel d'une procédure chargée d'éditer les données
include("editionRemboursement.php");
```

➤ Corrigé page 167

Partie 4 : La base de données

Les médicaments sont recensés par une base fondée sur le schéma relationnel suivant :

```
categorie (code, libelle)
    clé primaire :          code
medicament (num, nom, prix, vignette, …, codeCat)
    clé primaire :          num (auto-incrémenté)
    clé étrangère :         codeCat en référence à code de la relation
                            categorie
```

1 Un médicament peut-il faire partie de plusieurs catégories ? Commenter.

Un nouveau médicament, le *ecrasor*, de la catégorie des antibiotiques (code ANB) est mis en vente avec une vignette blanche barrée au prix de 15,23 € la boîte. Le médicament n° 235 qu'il doit « remplacer » en étant plus efficace passe en vignette blanche.

2 Écrire les requêtes associées.

3 Déterminer le nombre de médicaments par catégorie (libellé).

➤ Corrigé page 168

Question de gestion

L'hébergement des DMP a été externalisé. En expliquer les raisons puis mettre en évidence des risques associés et des mesures pouvant limiter ces risques.

➤ Corrigé page 168

CORRIGÉ

Sujet du Bac

1 Partie 1

CONSEIL Pour répondre aux questions de la partie 1, vous devez mobiliser les connaissances présentées dans le chapitre 1 : « Pourquoi la qualité du système d'information est-elle un enjeu pour l'organisation ? ».

1 Le client est le patient : seul acteur externe du processus (le client est toujours un acteur externe au domaine étudié), il en initie l'événement déclencheur : la demande de soins.

2 Le parcours de soins est un processus métier du système de santé, car il délivre directement un service à son client, le patient, consistant à le soigner, raison d'être de ce système.

3 RE2 : le patient a oublié sa carte Vitale.
RE4 : le cas du patient nécessite le recours à un spécialiste.

4

RE1-RE2	additionnelles	prescription du médecin traitant avec feuille de soins papier
RE1-RE3	additionnelles	prescription du médecin traitant avec feuille électronique
RE1-RE4	additionnelles	deux prescriptions distinctes
RE2-RE3	alternatives	une seule feuille de soins : papier ou électronique
RE2-RE4	additionnelles	prescription de consultation d'un spécialiste avec feuille papier
RE3-RE4	additionnelles	prescription de consultation d'un spécialiste avec feuille électronique

5 Le cas d'un patient respectant le parcours de soins coordonnés, sans accès direct aux spécialistes : par conséquent, l'accès à un spécialiste est conditionné à la possession d'une prescription du médecin traitant et bien sûr à la demande de soins du patient.

6 L'activité « consultation de deuxième niveau » possède quatre RE et événements associés :
RE5 : envoi d'une feuille de soins papier (on peut remonter sur l'événement déjà modélisé)
RE6 : envoi d'une feuille de soins électronique (alternatif à RE5)
RE7 : prescription (facultative)
Toujours : compte rendu de consultation vers le médecin traitant (cet événement peut donner lieu à une activité du médecin traitant qui aboutit toujours à un dossier médical mis à jour).

7 Le processus peut s'achever à trois stades :
– le médecin traitant n'oriente pas vers un spécialiste et le patient obtient un remboursement ;
– le processus suit toutes les activités et s'achève après la consultation d'un spécialiste et le remboursement du patient ;
– le patient choisit de ne pas aller voir le spécialiste malgré une prescription.

8 Les acteurs dans la modélisation sont définis par leur rôle : le cas qui est décrit ne correspond pas à un nouvel acteur car le médecin de remplacement joue le rôle du médecin traitant.

9 Les deux activités de consultation permettent aux médecins de collecter des informations ensuite retransmises au réseau Sentinelle qui assure ainsi sa fonction de collecte (le processus mis en œuvre crée de l'information décisionnelle à partir d'informations opérationnelles).

2 Partie 2

1 Le carnet de santé devait stocker l'ensemble des informations médicales concernant le patient, permettant ainsi à chaque médecin de connaître l'état de santé et les antécédents du patient. Le carnet de santé était détenu par le patient qui devait l'amener au médecin avec des risques d'oubli ou d'impossibilité (transfert non prévu aux urgences, …). Les médecins n'ont pas non plus adhéré et encouragé ce système.

CONSEIL Les questions de la deuxième partie font appel aux connaissances abordées dans les chapitres 1, 2, 5, 6 et 9.

2 Le parcours de soins formalise un processus destiné à coordonner les actions des professionnels de santé, le mode de coordination étant l'information ; or le DMP le permet puisqu'il facilite le partage de l'information médicale : elle est centralisée (comme sur le carnet de santé), mais accessible facilement de manière décentralisée grâce aux réseaux informatiques (contrairement au carnet, lieu de stockage qu'il fallait « véhiculer »).
Le DMP a un apport opérationnel uniquement car il permet de réaliser une action : soigner le patient titulaire du DMP. Il n'a pas d'apport de pilotage puisque il est précisé qu'aucune agrégation des données des DMP n'est prévue à des fins d'étude globale

3 Le patient gère les droits d'accès à son DMP car il contient des données personnelles soumises au secret médical et lui seul peut décider avec qui les partager (ce qui peut poser un problème de fiabilité du contenu pour les médecins utilisateurs si le patient n'y a pas autorisé le stockage d'informations importantes de la part d'un autre médecin).

4 Les patients devraient bénéficier d'une meilleure qualité de soins (moins d'erreurs…).
Les professionnels de santé verront leur travail et leurs décisions facilités par un meilleur accès à l'information (rapidité, exhaustivité, traçabilité). L'assurance-maladie devrait réaliser des économies (moins d'erreurs, moins de soins redondants, moins de papier…).

5 L'innocuité du Wi-Fi n'a pas été prouvée ; or le milieu hospitalier accueille par définition des personnes fragiles et utilise des appareils avec lesquels le Wi-Fi ne doit pas interférer (la solution réside dans des équipements à émissions très faibles et à portée réduite).

6 Ces données doivent être numérisées et caractérisées à l aide de métadonnées, puis rattachées au dossier du patient.

7 Cela rend le système intégré en évitant la double saisie (gain de temps, réduction du risque d'erreur). Le progiciel et le DMP peuvent être interopérables (capacité à échanger) grâce au format XML, stockant les données de façon intermédiaire entre les deux logiciels.

8 Le projet français a subi des dépassements de coût et de délai en raison d'une mauvaise évaluation au départ du délai et des besoins, notamment car la relation avec les futurs utilisateurs n'a pas été suffisante, ce qui a freiné leur adhésion au projet. De façon globale, le projet a été mal piloté.

3 Partie 3

1 **a)** (23 – 1) × 70 % = 15,40 €
b) (71 – 1) × 30 % = 21 €

2
```
if($parcours= = True)
{ $remb = ($tarif – 1) * $txPlein; }
else
{ $remb = ($tarif – 1) * $txReduit; }
```

CONSEIL Si vous avez des difficultés pour répondre aux questions de cette partie, retravaillez le chapitre 3 « La résolution de tous les problèmes de gestion est-elle automatisable ? ».

3 Montant remboursé = (23 – 1) × 70 % + 28 × 65 % = 33,60 €
Restant à la charge = (consultation + médicaments) – montant remboursé = 51 – 33,60 = 17,40 €

4

```
1.    $suivi = $_POST['radioSuivi'];
2.    $montantConsult = $_POST['txtMtConsult'];
3.    $montantRembourse=rembConsult($montantConsult,$suivi);
20.   $totalMed=$totalMed+$prixMed;
21.   $montantRembourse=$montantRembourse+$prixMed*$tauxRemb/100;
23.   $montantPatient=($montantConsult+$totalMed)–$montantRembourse;
```

4 Partie 4

CONSEIL La partie 4 fait appel à vos connaissances sur la base de données (chapitre 4).

1 Un médicament n'appartient qu'à une seule catégorie, car *codeCat* est en dépendance fonctionnelle de *num* donc pour un numéro de médicament il n'y a qu'un code de catégorie même si certains médicaments peuvent avoir des effets dans d'autres domaines.

2

```
INSERT INTO medicament VALUES ('', "ecrasor", 15.23, "blanche barrée",
…, "ANB")
UPDATE medicament SET vignette = "blanche" WHERE num = 235
```

3

```
SELECT libelle, COUNT(*)
FROM medicament, categorie
WHERE categorie.code = medicament.codeCat        préfixage facultatif
GROUP BY code, libelle
```

Question de gestion

Le GIP a externalisé l'hébergement afin de faire appel à des prestataires spécialisés dans ce domaine. On peut cependant penser que la caisse d'assurance maladie en avait aussi les compétences. La mise en concurrence a pu réduire les coûts de cette prestation.
L'externalisation présente des risques concernant :
– la confidentialité des données personnelles et sensibles (médicales) soumises à la loi Informatique et Libertés ; leur accès doit être restreint (tant chez l'hébergeur que chez les professionnels de santé) par une politique de droits (dont le patient est l'administrateur) et l'accès sécurisé surtout s'il se fait par Internet (authentification forte, chiffrement) ;
– la pérennité et l'intégrité des données ; le GIP doit s'assurer de la solidité financière des hébergeurs et des mesures techniques prises (sauvegardes…) ;
– le suivi de la prestation : il y a plusieurs hébergeurs, le GIP se doit de les contrôler à l'aide d'indicateurs.

Économie-Droit

ÉCONOMIE

DROIT

COMPRENDRE EN VIDÉO

Retrouvez les vidéos sur www.hachette-education.com

ENTRAÎNEMENT

ÉCO – DROIT

Présentation de l'épreuve

Épreuve écrite
Durée : 3 heures
Coefficient : 5

L'épreuve d'Économie-Droit est commune aux deux matières (Économie et Droit) et porte sur les programmes de classes de Première et de Terminale de la série STMG.
Dans l'épreuve, les **deux parties sont indépendantes et représentent le même poids dans la note** (soit 10 pour le droit, 10 pour l'économie). Il est nécessaire que le candidat accorde environ le même temps de traitement à chaque partie.
L'objectif de l'épreuve est de vérifier que le candidat comprend et sait expliquer le contexte économique et juridique présenté dans l'épreuve.

La partie économie

COMPRENDRE 14 EN VIDÉO

Elle vise à évaluer la capacité du candidat à analyser un problème économique d'actualité et à construire une argumentation pertinente.
Les candidats seront confrontés à deux types de questions :

COMPRENDRE 15 EN VIDÉO

– **des questions de méthodologie** en relation avec un ou plusieurs documents (textes, graphiques, tableaux...) qui aideront le candidat dans sa compréhension du problème. Les questions pourront porter sur l'identification d'une argumentation (rechercher les idées exprimées), sur une notion ou sur l'explication d'un mécanisme économique ;

COMPRENDRE 16 EN VIDÉO

– **des questions d'analyse** en relation avec le problème économique posé, ce qui demandera au candidat de construire une réponse argumentée et organisée en mobilisant ses connaissances, mais aussi en utilisant la documentation fournie et les réponses aux questions précédentes.

La partie droit

Elle vise à évaluer la capacité du candidat à analyser un document juridique ou une situation juridique et à construire une réponse argumentée.
Les candidats pourront être confrontés à :

COMPRENDRE 12 EN VIDÉO

– **l'analyse d'un document juridique** (contrat, statuts...) : il s'agira de déterminer la nature du document, de le définir, d'en analyser les clauses...

COMPRENDRE 13 EN VIDÉO

– **une situation juridique** : il s'agira de résoudre un cas proposé à partir d'une situation exposée et d'une documentation juridique jointe. Le candidat devra cerner le domaine juridique concerné (les cours seront précieux dans ce cas pour le définir rapidement) et il devra ensuite rechercher les connaissances qui ont un lien avec le sujet.
La documentation fournie pourra aider à compléter les connaissances pour s'adapter complètement à la situation.
Le questionnement demandera au candidat d'exposer les faits, d'identifier le problème à résoudre, de le qualifier juridiquement, d'exposer les règles à appliquer en faisant référence à l'article (ou aux articles) fournis en annexe et d'apporter sa solution au problème posé.

Le fonctionnement du marché du travail

1 L'offre et la demande de travail

A. Les déterminants de l'offre de travail

Marché du travail : demandes de travail proposées par les entreprises et offres présentées par les salariés.

▪ **L'offre de travail.** Elle doit être capable de répondre à la demande. La **population active** est composée des personnes en âge de travailler, qui exercent un emploi (population active employée) ou qui en cherchent un (chômeurs). Elle représente l'offre de travail.

▪ **Le taux d'activité.** C'est le rapport entre la population active et la population totale. Sur 66,9 millions de Français, la population active est d'environ 28,6 millions, soit un taux d'activité de 71,4 % de la population totale. Le taux d'activité est influencé :
– par l'élévation du taux d'activité des femmes : elles représentent 59 % de la population active ;
– par l'allongement de la scolarité : l'entrée tardive dans la vie active diminue la population active des moins de 20 ans ;
– par un âge de départ à la retraite relativement bas (60 ans), qui va être retardé (car il faut justifier de 42 ans de cotisations pour avoir droit à une pension complète) ;
– par le taux de fécondité.

ZOOM
En moyenne, le **taux de natalité** est de 2 enfants en France, le plus fort taux de toute l'Europe (mais en baisse depuis 2015).

B. Les déterminants de la demande de travail

▪ **La conjoncture économique.** L'importance de la demande et de la croissance, le développement de secteurs porteurs, les progrès technologiques et la productivité du travail influencent le besoin de main-d'œuvre de l'entreprise. En période de croissance, l'entreprise est incitée à embaucher pour produire plus. En revanche, elle réduit sa production et son personnel en période de crise ou de récession.

▪ **L'évolution des secteurs d'activité.** Le développement du tertiaire a entraîné un besoin de cadres, d'employés administratifs ou commerciaux dans les services. Ce besoin est accentué par le fait que les industries recourent souvent à des prestataires de service plutôt que d'accomplir elles-mêmes certaines tâches : les entreprises ont recours à des sous-traitants pour faire leur comptabilité, leur publicité, l'entretien, assurer le gardiennage des locaux…

▪ **La productivité.** Si l'entreprise constate une baisse dans la durée du travail (passage aux 35 heures, développement du temps partiel…), elle doit la compenser par une amélioration de la productivité pour stabiliser le besoin de main-d'œuvre dans l'entreprise. La durée du travail influence également la productivité.

▪ **Le coût du travail.** Il incite l'entreprise à embaucher s'il est faible, à délocaliser s'il est élevé.

▪ **La combinaison productive.** L'entrepreneur peut adopter une combinaison productive très mécanisée, utilisant beaucoup de machines et peu de personnel (choix des pays industrialisés où le coût du travail est élevé) ou une combinaison peu mécanisée mais utilisant beaucoup de main-d'œuvre (comme dans les pays en développement).

▪ **Les qualités du personnel recherché par l'entreprise.** Il doit être qualifié, polyvalent et flexible.

2 Le fonctionnement du marché du travail : la détermination du salaire

A. Définition du salaire

▪ **Le salaire est la contrepartie du travail.** C'est la rémunération du travail. Il représente un revenu pour le travailleur, mais un coût pour l'entreprise qui recherche le profit. Son montant est donc un compromis entre le salarié qui recherche un pouvoir d'achat et l'employeur qui recherche un bénéfice et la pérennité de son entreprise.

▪ **Détermination du salaire.** En principe, le salaire est fixé librement dans le contrat de travail par accord entre l'employeur et le salarié, mais des contraintes légales ou conventionnelles interviennent dans sa détermination.

B. Les influences sur la détermination des salaires

▪ **La négociation collective.** Le salaire est aujourd'hui fixé dans le cadre de négociations collectives. Ces négociations sont réalisées entre organisations syndicales de salariés et d'employeurs. Les syndicats de salariés veulent préserver le pouvoir d'achat de leurs membres, assurer une évolution identique à celle des revenus non salariaux et obtenir un meilleur partage des gains de productivité. Les employeurs doivent trouver un équilibre pour satisfaire les apporteurs de capitaux (verser des dividendes aux actionnaires) et assurer le développement de l'activité (garder une partie des bénéfices en réserve pour financer les investissements). Ces négociations aboutissent à des grilles de rémunération qui fixent des minimas par catégorie d'emploi qui s'imposent aux employeurs.

▪ **Les contraintes légales et conventionnelles.** L'État intervient dans la fixation des salaires en instaurant des règles protectrices pour ceux qui ont un travail (ex. : le Smic) ou ceux qui en sont privés (prime d'activité, allocations chômage). Il limite le recours aux emplois précaires (le CDI doit rester la règle).

Les choix économiques et sociaux liés à la redistribution nécessitent l'intervention de l'État qui joue un rôle d'arbitre et mène une politique de revenus par la fixation des revenus (pour les fonctionnaires ou les professionnels de la santé), la création d'allocations pour garantir un minimum de ressources aux plus démunis (ex. : prime d'activité, relèvement du salaire minimum…).

Prime d'activité (qui remplace le RSA, revenu de solidarité active depuis 2016) : prestation versée en complément des revenues d'activité professionnelle modestes (s'ils sont inférieurs à 1 500 € nets mensuels) pour salariés et indépendants.
Smic : salaire minimum interprofessionnel de croissance.

▪ **Le Smic.** Il a été créé pour maintenir le pouvoir d'achat des plus défavorisés. Le Smic est calculé sur 35 heures par semaine et sa valeur est revue tous les six mois pour tenir compte de l'évolution des prix (réévaluation si la hausse est supérieure à 2 %).
En janvier 2016, le taux horaire est de 9,67 € soit un Smic mensuel brut pour 35 heures hebdomadaires : 1466,62 € bruts pour 151h67 par mois.

Les principales explications du chômage

1 Le chômage et le taux de chômage

A. Définition du chômage et du chômeur

Le chômage résulte de l'excédent de l'offre par rapport à la demande de travail. Selon le BIT (Bureau international du travail), un chômeur est une personne sans emploi, disponible pour travailler (immédiatement ou dans 15 jours), à la recherche d'un emploi rémunéré et qui effectue une recherche activement.

> **ZOOM**
> Dans son évaluation, le BIT tient compte des personnes en chômage partiel ou saisonnier. Ses chiffres sont annuels.

Chaque année, l'INSEE publie les chiffres du chômage selon des critères plus restrictifs. Créé en 2008, Pôle emploi évalue mensuellement le nombre de demandeurs d'emploi à partir des flux d'inscriptions et de radiations de ses listes : les DEFM (demandeurs d'emploi en fin de mois) qui se définissent comme des personnes inscrites sur les listes et qui recherchent activement un emploi.

> **ZOOM**
> Les données sont corrigées selon des variations saisonnières car certaines périodes de l'année connaissent un afflux important de personnes sur le marché de l'emploi (ex. : à l'automne, l'arrivée des nouveaux diplômés sur le marché du travail ferait exploser les chiffres du chômage si on ne lissait pas ce pic de nouveaux entrants).

B. Définition du taux de chômage

Le taux de chômage est le rapport entre les chômeurs (au sens du BIT) et l'ensemble de la population active.
En 2016, le taux de chômage atteint 9,7 % en France (et 9,8 % en zone euro et 8,3 % dans l'UE).

> **Taux de chômage** = (Nombre de chômeurs/Population active) × 100

2 Les principales causes du chômage

A. Le manque de flexibilité du marché du travail

Les employeurs considèrent que le Smic est un coût trop lourd compte tenu de la productivité trop faible apportée par des personnes peu qualifiées. Un licenciement est délicat, car l'entreprise doit payer des indemnités et prévoir des mesures de reclassement.

B. L'insuffisance de la demande et de l'activité économique

Une croissance faible n'incite pas les entreprises à investir et à embaucher : on parle de **chômage conjoncturel**. La **récession** économique et la mondialisation ont entraîné une recherche de compétitivité qui conduit les entreprises à investir dans des matériels pour supprimer du personnel ou à délocaliser vers des pays à faible coût de main-d'œuvre ou vers des pays où la réglementation est moins contraignante.

> **Récession :** ralentissement ou fléchissement de l'activité économique.
> **Chômage conjoncturel :** chômage de courte durée, dû à un ralentissement de l'activité économique en phase de récession.
> **Exportation :** action de vendre et d'expédier à l'étranger des produits nationaux.

C. L'inadéquation de l'offre et de la demande d'emplois

Les entreprises demandent flexibilité et mobilité aux travailleurs. Or les travailleurs sont souvent peu mobiles, trop attachés à leur région et peu flexibles aussi par manque de qualification. Par conséquent, les demandes d'emploi ne sont pas satisfaites sur le plan géographique ou des compétences : on parle alors de **chômage structurel**.

3 LE COURS Les domaines d'intervention de l'État

1 Les inégalités et la justice sociale

A. Les raisons de l'intervention sociale de l'État

Jusqu'à la fin du XIXe siècle, les individus sans fortune personnelle étaient démunis devant les risques de l'existence, que sont la maladie, la vieillesse, l'invalidité… De nos jours, avec les crises, l'accroissement de la concurrence se traduit par un ralentissement des salaires et une augmentation des licenciements qui développent une précarité débouchant sur la pauvreté et l'exclusion si la personne cumule une qualification insuffisante, des problèmes familiaux (divorce), de santé, de logement, de surendettement. L'État veut donc réduire la pauvreté mais aussi réduire les inégalités et établir une justice sociale.

B. Notion de protection sociale

L'État a voulu couvrir les charges et les risques pesant sur les ménages comme la maladie, l'invalidité, la vieillesse, le décès, la maternité, le chômage, le logement, la formation professionnelle et des circonstances exceptionnelles (catastrophes naturelles). Le but des interventions était :
– d'assurer une couverture des risques liés à l'existence par la création de la Sécurité sociale, l'assurance chômage ;
– de garantir un minimum vital ;
– d'établir un minimum d'égalité entre les individus.

C. Logiques de la protection sociale

▪ **Logique d'assistance (ou de solidarité).** Le versement des prestations n'est pas lié à une contribution des bénéficiaires (ex. : la prime d'activité).

▪ **Logique d'assurance.** Elle s'applique lorsque les allocations versées par les pouvoirs publics dépendent des cotisations versées (indemnités journalières en cas de maladie…).

2 Les modes d'intervention de la politique sociale

A. Notion de redistribution horizontale et verticale

La politique sociale poursuit des objectifs de réduction des inégalités, de justice et de solidarité. Pour cela, l'État corrige la situation initiale par l'attribution d'allocations versées par les organismes de protection sociale. Cette redistribution est :
– **horizontale** s'il y a transfert de ressources vers des personnes atteintes par les risques sociaux : les bien portants pour les malades, les actifs pour les chômeurs ;
– **verticale** quand l'État cherche à réduire les inégalités de revenus (ex. : allocations familiales pour les ménages ayant des enfants).

B. Un exemple de la politique sociale : le traitement social du chômage

Le **traitement économique du chômage** vise à créer de l'emploi par la formation, la stimulation de la demande. Ces mesures demandent du temps et des moyens, souvent l'État doit se contenter d'un **traitement social du chômage** consistant à verser des allocations pour rendre cette situation moins douloureuse, comme les allocations chômage ou les emplois aidés (souvent en faveur des jeunes), par les mécanismes de l'assurance (indemnités versées en contrepartie de cotisations) ou de l'assistance (ex. : prime d'activité).

L'efficacité de la politique sociale

1 Le budget social

▪ **Les contributions sociales.** Pour pouvoir verser des prestations, l'État agit par l'intermédiaire de la Sécurité sociale qui est alimentée par :
– les cotisations des salariés, employeurs et travailleurs indépendants (calculées sur les salaires pour les travailleurs ou le chiffre d'affaires pour les non-salariés) ;
– les apports de l'État et des collectivités locales.

▪ **Les nouvelles politiques de financement.** Elles cherchent à élargir la base des cotisations en prenant en considération l'ensemble des revenus des ménages et en créant des impôts pour le financement de la politique sociale comme la CSG ou la CRDS.

> **CSG :** contribution sociale généralisée.
> **CRDS :** contribution pour le remboursement de la dette sociale qui vise à combler le déficit de la Sécurité sociale.

2 La progressivité de l'impôt

▪ **Le budget social.** Il fait partie du budget général de l'État financé par :
– **les impôts** : impôt sur le revenu pour les particuliers et les entreprises individuelles ou impôt sur les sociétés pour certaines sociétés (ex. : sociétés anonymes) ;
– **les taxes** : la TVA (50 % des recettes, 145 milliards €), les droits de douane…
– **les cotisations**.

▪ **Le système fiscal.** Il repose essentiellement sur des impôts proportionnels, surtout la TVA qui ne réduit pas les inégalités car les personnes aisées comme les personnes défavorisées paient la TVA lorsqu'elles consomment. En revanche, l'**impôt sur le revenu** est le seul qui réduise les inégalités car, grâce à un barème, ceux qui ont de petits revenus rendent une petite part à l'État et ceux qui ont des revenus importants donnent une part plus grande. Il ne représente que 20 % des recettes de l'État.

3 L'efficacité de la politique sociale

A. L'efficacité en matière de réduction des inégalités de revenu

Le SMIC est le principal instrument de l'État pour éviter de creuser les inégalités de revenu mais sa marge de manœuvre est limitée car à trop augmenter le salaire minimum, on décourage l'employeur, qui trouvera le salarié trop cher, d'embaucher.

B. L'efficacité en matière de financement de la protection sociale

Le **financement de la Sécurité sociale est problématique** : le déficit est permanent mais se réduit (de 18 milliards € en 2012 à 9,1 milliards en 2016). L'assurance chômage a aussi des problèmes de financement car le chômage reste élevé (plus de 3,5 millions de chômeurs). Le système de retraite pose aussi problème car le pays est confronté au vieillissement de la population (les retraités représentent 16 % de la population aujourd'hui).

C. L'efficacité des prestations sociales et des minimas sociaux

On observe des progrès en matière de santé, d'espérance de vie… Les prestations permettent un soutien de la consommation et donc de l'activité économique (surtout chez les revenus modestes).

D. L'efficacité en matière de redistribution

La France a un taux élevé de prélèvements obligatoires (44,6 % du PIB). L'augmenter encore serait défavorable à l'emploi car les investisseurs pourraient fuir le pays pour éviter cela.

4 L'économie sociale et solidaire (ESS)

- **Définition.** L'ESS désigne un ensemble d'entreprises organisées sous forme de coopératives, mutuelles, associations, ou fondations, dont le fonctionnement interne et les activités sont fondés sur un principe de solidarité et d'utilité sociale.

- **Son but.** L'économie sociale et solidaire regroupe des organisations qui visent en général la satisfaction de besoins sociaux qui ne sont pas couverts par l'État et les entreprises traditionnelles.

- **Son domaine.** Elle touche au logement social, aux activités sportives, aux activités culturelles, à l'entraide agricole, au service social, etc. Son champ d'action est restreint (village, quartier) ou très large (international pour les ONG).

- **Son importance.** L'ESS regroupe plus de 200 000 établissements employeurs comptant plus de 2,39 millions de personnes salariées et créant plus de 100 000 emplois chaque année (en progression de 24 % par rapport à 2000). Elle représente 10 % du PIB et 10,5 % des emplois (12,7 % de l'emploi dans le privé). L'ESS prévoit 600 000 embauches d'ici 2020 en raison des départs en retraite.

- **Ses principes fondateurs.** Elle repose sur la liberté d'adhésion, la non-lucrativité individuelle (on ne vise pas l'enrichissement personnel), la gestion démocratique (une personne = une voix, l'utilité collective ou sociale du projet, la mixité des ressources privées et publiques).

- **Ses acteurs.** Ils sont nombreux et diversifiés comme :

– les **associations** sont très nombreuses (1.3 millions, 23 millions d'adhérents) et investissent une grande diversité de domaines, allant des activités sportives et culturelles à la défense des droits et des causes, en passant par l'entraide et la solidarité (ex. : Emmaüs, les Restos du Cœur) ;

– les **mutuelles** sont des organisations qui proposent aux individus des compléments aux prestations versées par la Sécurité sociale ou par les assurances, en échange de cotisations. L'adhésion est volontaire et non obligatoire (ex. : MGEN, MAIF, MMA, Matmut…). Elles fonctionnent sur le principe de la mutualisation (« mettre ensemble ») ;

– les **SCOP** (sociétés coopératives de production) sont des entreprises qui, bien qu'elles recherchent comme toutes les entreprises la rentabilité, adoptent un mode participatif de fonctionnement (un salarié = une voix) qui place tous les salaires de l'entreprise sur un pied d'égalité dans les prises de décisions importantes. Un décret de 2014 permet la création des SCOP d'amorçage pour les salariés repreneurs d'entreprise ;

– les **fondations** résultent de l'**engagement financier et irrévocable des créateurs**, elles n'ont **pas d'adhérents et ne perçoivent pas de cotisations** (ex. Fondation Nobel qui attribue des prix chaque année dans tous les domaines, Fondation Cousteau pour la protection des fonds marins).

▪ **Leur évolution.** Elle met en place des modes de fonctionnement alternatif dans l'insertion professionnelle (embauche de jeunes sans formation, de chômeurs de longue durée, de personnes en difficultés personnelles, etc.), le recyclage des produits, l'aide alimentaire, la diminution du nombre d'intermédiaires avant la livraison d'un produit au client final (circuits courts), le commerce équitable, etc. Ces modèles visent à replacer l'individu au centre des transactions et de la société.

Le décret n° 2015-90 du 28 janvier 2015, pris en application de la loi sur l'économie sociale et solidaire, renforce les obligations des collectivités locales en matière d'achats socialement responsables et de développement local durable.

La loi **économie sociale et solidaire ESS** répond à cinq objectifs :
– reconnaître l'ESS comme un mode d'entreprendre spécifique ;
– consolider le réseau, le gouvernement et les outils de financement des acteurs de l'ESS ;
– renforcer les politiques de développement local durable ;
– provoquer un choc coopératif ;
– redonner du pouvoir d'agir aux salariés.

5 LE COURS Les politiques macroéconomiques de l'État

1 La politique économique

A. Les degrés d'intervention de l'État

▪ **Réguler les marchés.** L'État prend en charge des services collectifs (école, police, justice…), il met en œuvre une politique industrielle et soutient la recherche et le développement. Son intervention doit permettre une meilleure redistribution des ressources que celle résultant du libre jeu du marché.

▪ **Redistribuer les richesses.** Pour réduire les inégalités et promouvoir une protection sociale, l'État peut modifier la répartition des revenus résultant du marché en versant des revenus de transfert et en développant la protection sociale.

▪ **Réguler l'activité économique.** L'État intervient pour corriger les dysfonctionnements du marché (chômage, inflation, déficit des échanges extérieurs, récession).

B. Le constat de l'irrégularité de l'activité économique

▪ **Irrégularité de l'activité.** Elle n'est qu'une succession de fluctuations, de phases de croissance (d'expansion) et de ralentissement (de récession, voire de **dépression**). On parle de **cycle économique** pour décrire cette expansion (qui se termine par une crise) et cette récession (qui ne peut s'achever qu'avec une reprise de l'activité).

> Dépression : chute importante et durable de l'activité sur plusieurs années.

L'**expansion** se caractérise par un accroissement des indicateurs économiques (production, emploi, salaires, consommation, profits, investissements). La **crise** est une brusque rupture de ce mouvement de croissance (ex. : la crise de 1929 ou la crise financière de 2008). La **récession** s'analyse comme une diminution passagère de l'activité qui peut aller jusqu'à la dépression. La **reprise** viendra quand des innovations apparaîtront, quand les entreprises dépassées auront fermé ou se seront reconverties, quand l'investissement reprendra comme la consommation.

▪ **Intervention de l'État.** L'État peut intervenir pour empêcher que la récession ne se transforme en dépression : il soutient donc l'emploi pour enrayer la montée du chômage (ex. : des mesures en faveur des jeunes ou des seniors), subventionne les entreprises sur des secteurs porteurs ou dans des secteurs en difficulté… L'État peut également laisser le marché s'autoréguler, revenir naturellement à un équilibre.

C. Le libéralisme et l'interventionnisme

> Politique économique : ensemble des actions mises en œuvre par les pouvoirs publics pour atteindre certains objectifs économiques ou sociaux.

Certains économistes, dits interventionnistes, considèrent que l'État doit assurer une régulation plus efficace que celle émanant du libre jeu du marché. L'État doit donc intervenir quand l'investissement privé est défaillant. Il est le seul à pouvoir sortir le pays d'une crise économique (ex. : la crise de 1929) : on parle dans ce cas d'un **État providence**.

En revanche, d'autres économistes, dits libéraux, pensent que l'État doit se limiter à soutenir le bon fonctionnement du marché et à assurer l'ordre et la sécurité du pays : on parle dans ce cas d'un **État gendarme**, garant des libertés individuelles : liberté d'entreprendre, de contracter, protection de la propriété.

D. Les politiques conjoncturelles et structurelles

▪ **La politique structurelle.** Une politique économique est structurelle quand l'objectif des mesures est de modifier en profondeur le fonctionnement de l'économie : elle a donc un objectif à long terme. Elle demande des bouleversements :
– dans **l'organisation des marchés** : la régulation se fait-elle par le marché ou par l'État ?
– dans **le tissu économique** : quelles structures faut-il choisir de développer ?
– dans **l'aménagement du territoire** : comment répartir les activités ? Comment attirer les capitaux étrangers ?
– dans **la formation** : quelles formations pour développer l'employabilité ?
– dans **la recherche et l'innovation** : quelles nouvelles activités développer ?
– dans **le modèle social** : comment réduire les inégalités ?
– dans **l'environnement** : comment le préserver ?

Pour favoriser la croissance, les gouvernements ont pratiqué des politiques structurelles pendant les Trente Glorieuses avec les nationalisations ou la création de la Sécurité sociale, ou depuis la crise des années 1970 (privatisations, déréglementation des marchés financiers).

> ZOOM
>
> **Trente Glorieuses** : période historique comprise entre 1946 et 1975 pendant laquelle la France et la plupart des économies occidentales connurent une croissance exceptionnelle et régulière, période pendant laquelle elles sont entrées dans l'ère de la société de consommation.

▪ **Les politiques conjoncturelles.** Une politique économique est conjoncturelle quand l'objectif des mesures est d'agir sur les fluctuations économiques : elle a un objectif à court terme. Ces objectifs apparaissent à travers des grandeurs mesurables comme :
– **la croissance**, mesurée par le taux de croissance (en % du PIB) ;
– **le solde du commerce extérieur** (calculé en % du PIB) ;
– **la stabilité des prix**, évaluée par le taux d'inflation ;
– **l'emploi**, apprécié par le taux de chômage (en % de la population active).

Ces quatre grands équilibres sont connus sous le nom de « **carré magique** » et établis par **Nicholas Kaldor**. L'État doit choisir son domaine d'intervention parmi eux tout en tenant compte de leur interdépendance. Ces choix dépendent des conceptions économiques et sociales du Gouvernement qui est soit libéral, soit interventionniste.

2 Les instruments de la politique économique de l'État

A. La politique budgétaire

La politique budgétaire est l'ensemble des mesures prises par l'État pour orienter l'activité économique en s'appuyant sur le budget qui regroupe les recettes et les dépenses pour l'année suivante. Les États décident de leur politique budgétaire dans l'UE et agissent par une politique de relance (augmentation des dépenses publiques, baisse des recettes fiscales, avantages fiscaux) ou une politique de rigueur (maîtrise de l'inflation et des dépenses publiques).

B. La politique monétaire

La politique monétaire consiste à fournir aux agents économiques les liquidités dont ils ont besoin tout en veillant à la stabilité de la monnaie. L'État doit trouver le juste milieu entre :
– freiner la croissance de la masse monétaire pour maîtriser l'inflation ;
– laisser croître la masse monétaire pour éviter la récession.

Pour contrôler l'évolution de la masse monétaire afin de maîtriser l'inflation et de maintenir les grands équilibres économiques, l'État peut jouer sur les taux d'intérêt. Ce sont les taux d'intérêt fixés par une Banque centrale (d'un pays ou d'une zone monétaire) auxquels la Banque centrale accorde des crédits à court terme aux banques commerciales en manque de liquidités (ce taux influencera le taux accordé aux particuliers ou aux entreprises qui voudront emprunter).

6 LE COURS Les contraintes des politiques économiques dans la zone euro

1 La coordination des politiques monétaires européennes

A. L'organisation de la politique monétaire

La mise en place de l'euro a réduit les possibilités d'intervention des États dans l'économie. La politique monétaire est établie par la Banque centrale européenne (BCE) depuis 1999, les banques centrales des pays membres de la zone euro étant chargées d'appliquer la politique décidée par la BCE.

La BCE est totalement indépendante. Ni la BCE, ni les banques centrales nationales de l'eurosystème, ni les membres de leurs instances de décision ne peuvent solliciter ou accepter d'instructions d'un autre organisme. Les institutions de l'UE et les gouvernements des États membres sont également tenus de respecter ce principe.

B. Les principes

La Banque centrale européenne est l'une des institutions de l'Union européenne. Ses principaux objectifs sont :

– maintenir la **stabilité des prix** (maîtriser l'inflation), d'après le traité de Maastricht. Elle se fixe deux objectifs intermédiaires pour y parvenir : la stabilité de la monnaie et la maîtrise de la masse monétaire. Le mécanisme européen de stabilité adopté en 2012 confirme cet objectif ;

– maintenir la **stabilité du système financier**, en veillant à assurer une surveillance appropriée des institutions et marchés financiers.

> **ZOOM**
> Le traité instituant le mécanisme européen de **stabilité** crée une institution internationale qui peut lever des fonds sur les marchés financiers (jusqu'à 700 milliards d'euros) pour aider des pays membres de la zone euro en difficulté ou sauver des banques privées pour limiter les taux d'intérêt dans ces pays en difficulté.

La BCE travaille en collaboration avec les banques centrales des **28 États membres de l'UE**. Ensemble, elles forment le Système européen de banques centrales (SEBC).

La BCE coordonne également l'étroite coopération entre les banques centrales au sein de la zone euro, qui regroupe les dix-huit États membres ayant adopté l'euro. Cet espace de coopération entre un nombre restreint de banques centrales est appelé « l'eurosystème ».

C. Les problèmes

Comme la BCE doit tenir compte de la diversité des situations économiques des membres de la zone euro (des pays comme la Grèce ou l'Espagne sont très endettés), l'efficacité de cette politique est moindre. La BCE décide pour l'ensemble de la zone euro, pas pour un groupe de pays. Sa politique peut être jugée trop restrictive pour les pays en récession et trop accommodante pour les pays en expansion. De plus, ses objectifs peuvent être en contradiction avec ceux des États membres : la BCE veut la stabilité des prix et les gouvernements cherchent le plein emploi, mais la maîtrise de l'inflation entraîne la hausse du chômage car les salaires n'augmentent pas, ce qui freine la consommation. Un projet d'union bancaire où la BCE aurait le pouvoir de surveiller les banques à la place des banques centrales nationales, de garantir les dépôts et d'intervenir en cas de crise majeure vient d'être voté, ce qui est un pas de plus dans l'intégration.

2 Le financement du déficit budgétaire

A. Les effets négatifs de la politique budgétaire

Quand un État veut injecter des capitaux dans l'économie (par des grands travaux, une orientation de la fiscalité pour faciliter des activités), cela peut avoir des effets négatifs :
– **sur l'équilibre des finances publiques** : si les recettes n'augmentent pas, l'État doit financer le déficit public par l'emprunt, ce qui augmentera la dette publique, réduisant ainsi sa marge de manœuvre (la France compte 2 148 milliards d'euros de dette) ;
– **sur l'équilibre du marché monétaire** : l'incitation à produire entraîne une demande de monnaie qui peut amener une hausse des taux d'intérêt ;
– **sur l'équilibre du commerce extérieur** : si l'offre n'est pas adaptée à la demande intérieure de consommation, cela peut déclencher une hausse des importations qui entraînera une dégradation, voire un déficit du commerce extérieur.

B. Les solutions possibles pour éviter les déséquilibres

Les États gardent la maîtrise de leur politique budgétaire. Face à un déficit, un État peut :
– **augmenter la pression fiscale**, mais cela risque de nuire à l'activité économique étant donné que le revenu disponible des individus diminue ;
– **réduire les dépenses publiques**, de fonctionnement principalement (par exemple, en réduisant le nombre de fonctionnaires) de façon à garder des ressources disponibles pour soutenir ou développer l'activité économique ;
– **recourir à l'emprunt**, mais l'État ne doit pas trop s'endetter (en France, le poste de la dette publique est le 2e poste de dépenses). Le pays doit assurer ses remboursements, il risque une dégradation de son indice de solvabilité (le fameux AAA ou « triple A » des agences de notation est l'équivalent d'un 20/20 !). Les pays dégradés (Grèce ou Espagne) sont obligés d'emprunter à des taux plus élevés, ce qui accentue leur endettement. De plus, le pays court le risque de voir les capitaux privés préférer prêter à l'État plutôt qu'aux entreprises, ce qui est nuisible à l'activité économique.

ZOOM

On nomme **dette souveraine** l'emprunt émis ou garanti par un État (parfois une banque centrale) pour financer sa dette. Elle peut être formée de crédits bancaires, de prêts d'autres États (ou institutions officielles) et de titres d'emprunts émis par le Trésor public d'un pays. Elle dépend de la qualité des émetteurs (un État est généralement plus solvable qu'une entreprise). Les possibilités de remboursement sont liées aux performances économiques, à la bonne gestion budgétaire et à la capacité fiscale. C'est à partir de ces critères que les agences établissent la notation de la dette souveraine (le calcul « endettement/PIB » en est une des bases d'évaluation).

C. Les critiques apportées aux solutions

Les critiques des politiques de relance ont débouché sur des mouvements de libéralisation pour un retour à la régulation naturelle par le marché, d'où des privatisations, une déréglementation du marché du travail et une baisse des prélèvements obligatoires. Ces mesures doivent améliorer la compétitivité des entreprises, lutter contre le chômage, permettre la cohésion des économies (surtout européennes).

D. La solution européenne

Un **pacte de stabilité et de croissance (PSC)** fixe pour horizon permanent à la politique budgétaire, un budget équilibré ou un déficit structurel inférieur à 0,5 % du PIB, hors effet de conjoncture. Cela vient en complément des règles contraignantes de la politique monétaire qui imposent, sous peine de sanctions, une limitation du déficit budgétaire à 3 % du PIB et une dette publique inférieure à 60 % du PIB.
La stratégie Europe 2020 a pour but de relancer l'économie européenne après la crise de 2008 qui a montré les faiblesses économiques structurelles de l'Europe face à la mondialisation, la raréfaction des ressources naturelles et le vieillissement de la population.

7
LE COURS

Des échanges internationaux multipolaires

1 L'ouverture des économies

A. La justification des échanges

Aucun pays n'a tous les biens nécessaires à la satisfaction des besoins de sa population, d'où des échanges économiques (sur biens, services ou capitaux), humains (flux d'émigration et d'immigration), technologiques (cessions de brevets d'invention, investissements à l'étranger…) ou intellectuels (programmes de recherche)…

B. L'évolution des échanges

▪ **Évolution globale.** Les échanges ont eu une croissance supérieure à celle de la production mondiale (dans la seconde moitié du XXe siècle, les échanges ont été multipliés par 30 alors que la production n'a été multipliée que par 10).

On a assisté à une **mondialisation des échanges** qui s'est traduite par un effacement des frontières et la création d'un grand marché mondial où les États, les entreprises et les individus se sont retrouvés en concurrence.

▪ **Évolution sectorielle.** Avant, les échanges concernaient surtout les produits primaires (2/3 des échanges) ; aujourd'hui, 60 % des échanges portent sur des produits manufacturés, 20 % sur des matières premières et 20 % sur les services.

▪ **Évolution par pays.** Le commerce international concerne les pays développés (2/3 des échanges y ont lieu) et surtout trois zones que l'on appelle la **Triade** : l'Amérique du Nord, l'Union européenne et l'Asie du Sud-Est (autour du Japon) qui concentrent 50 % du commerce mondial. À l'intérieur de ces zones, les échanges sont intenses : plus des 2/3 des exportations européennes se font vers d'autres pays membres de l'UE. Les pays en développement se marginalisent (surtout l'Afrique, de plus en plus pauvre). Les BRICS (Brésil, Russie, Inde, Chine, Afrique du Sud) sont un groupe de pays émergents qui représentent 40 % de la population mondiale (3 milliards d'habitants) et 30 % du PIB mondial. Ils ont une forte croissance et sont complémentaires : Brésil puissance agricole, Chine industrielle, Inde pour les services, Russie riche en pétrole et gaz, Afrique du Sud en minerais. Les pays du Sud échangent principalement avec ceux du Nord pour y acheter des produits manufacturés pour leur développement.

2 La mesure des échanges : la balance des transactions courantes

A. Définition

La balance des transactions courantes enregistre :
– les importations et les exportations de biens et de services ;
– les revenus des investissements reçus ou versés ;
– les revenus versés à des non-résidents et reçus par des personnes à l'étranger ;
– les dons et aides fournis ou reçus.

B. Forces et faiblesses du commerce extérieur français

▪ **Les forces du commerce extérieur français.** La France est le **6e exportateur et importateur mondial** et le **5e importateur mondial**. Elle a des atouts comme :
– les produits agroalimentaires ;
– les produits de haute technologie (ex. : aérospatial) ;

– les biens d'équipement : équipements professionnels, électroménager, électronique grand public...
– le tourisme (plus de 7 % du PIB).

▪ **Les faiblesses du commerce extérieur français.** Depuis une quinzaine d'années, la France perd des parts de marché. **L'euro, plus fort que le dollar**, fait que les importations paraissent moins chères, mais cela augmente le prix à l'exportation et comme le pays vend moins, l'avantage lié à l'euro fort ne profite pas au pays.

Les exportations ne sont pas assez orientées vers les pays émergents aux forts taux de croissance : 2 % d'exportations vers les pays asiatiques, 9 % pour l'Allemagne.
Seuls les grands groupes français exportent, peu de PME tentent l'international.
La France reste dépendante sur le plan énergétique (surtout le pétrole) : des efforts sont faits pour réduire cette facture, mais l'augmentation des cours annule les efforts.

▪ **Sa localisation.** La France réalise près des deux tiers de ses échanges avec les autres membres de l'Union européenne, son principal client étant l'Allemagne (pour un quart des exportations). Les échanges sont facilités par l'euro et le libre-échange instauré dans la zone.

C. Les principaux pôles d'échanges

▪ **L'Union européenne est une puissance économique.** Sa population lui offre un grand marché intérieur : 510 millions d'habitants sur 4 millions de km² (324 millions aux États-Unis et 127 millions au Japon).

Elle a un PIB global important : 18 812 milliards de dollars en 2016 contre 18 698 aux États-Unis et 4 171 au Japon, mais un PIB par habitant plus faible que les deux autres puissances à cause de cette population importante (36 869 dollars contre 57 766 aux États-Unis et 33 010 au Japon). Elle connaît une stabilité des prix qui favorise les échanges. Son commerce extérieur est classé au premier rang mondial : c'est le premier exportateur mondial et deuxième importateur avec une faible ouverture sur le monde, car les deux tiers des exportations se font de façon **intracommunautaire**.

> **Intracommunautaire :** qui se fait à l'intérieur d'une communauté, en particulier à l'intérieur de l'Union européenne.

▪ **L'ALENA (accord de libre-échange nord américain).** Les États-Unis, le Canada et le Mexique ont instauré une zone de libre-échange qui vise à éliminer les barrières douanières et faciliter les échanges entre ces trois pays, assurer une concurrence équitable et augmenter l'investissement dans la zone, mais aussi protéger les droits de la propriété intellectuelle (brevets d'invention), l'environnement...

▪ **Le Mercosur.** Il regroupe l'Argentine, le Brésil, le Vénézuela (suspendu fin 2016), l'Uruguay, le Paraguay, la Bolivie et des membres associés (le Chili, le Pérou, l'Équateur, la Colombie, la Guyane, le Suriname).

▪ **L'ASEAN (Association des nations de l'Asie du Sud-Est).** C'est une organisation politique, économique qui regroupe l'Indonésie, la Malaisie, les Philippines, Singapour, la Thaïlande, le Brunéi, le Vietnam, le Laos, la Birmanie et le Cambodge.

D. Le rôle des FMN (firmes multinationales)

À côté des pays ou des groupes de pays que sont les zones de libre-échange, les firmes multinationales sont des acteurs spécifiques, leur puissance financière est considérable et leurs actions sont difficilement contrôlables à cause des échanges intragroupes (entre filiales). En 2016, 80 000 firmes multinationales contrôlent 840 000 filiales et représentent le quart de la production mondiale. Elles visent une implantation internationale, une réduction des coûts (de main-d'œuvre, de transport). Elles sont une aubaine pour les pays où elles s'installent, car elles représentent un potentiel d'emplois et de développement du pays.

Des pratiques d'échanges divergentes

1 Le libre-échange

ZOOM
Le libre-échange repose sur le principe du « Laissez faire, laissez-passer ». Il amène une liberté totale du commerce et l'interdiction des mesures qui feraient obstacle à cette liberté comme les barrières tarifaires (droits de douane) ou non tarifaires (contingentement, normes).

A. Les avantages du libre-échange

Le libre-échange permet :
– une amélioration de la compétitivité au niveau du prix et de la qualité ;
– des économies d'échelle par un accroissement de la spécialisation (on aboutit à une division internationale du travail) ;
– une croissance économique qui permet l'accès à de nouveaux marchés ;
– une amélioration du pouvoir d'achat due à une concurrence accrue.
La création de zones de libre-échange vise à développer les échanges entre partenaires afin d'augmenter la croissance ou le développement des pays membres.

B. Les inconvénients du libre-échange

Le libre-échange présente quelques inconvénients :
– une pratique accrue du *dumping* qui consiste à exporter un produit à un prix inférieur à son coût de production afin d'augmenter ses ventes ;
– la création d'ententes ou de monopoles à cause de la spécialisation des pays ;
– une perte d'indépendance du pays, car s'il s'est spécialisé, il dépend de la demande.

2 Le protectionnisme

A. Protéger le marché national comme justification

L'État, pour protéger ses industries naissantes des industries étrangères plus compétitives, peut instaurer des **droits de douane temporaires** : on parle de **protectionnisme éducateur** dans les pays en développement.
On rencontre également cette pratique dans les pays développés, pour des industries vieillissantes, afin de leur laisser le temps de se restructurer ou de se reconvertir, mais aussi pour protéger l'emploi contre la concurrence des pays à faible coût de main-d'œuvre ou défendre des intérêts particuliers (ex. : les agriculteurs, les artisans…) : on parle dans ce cas de **protectionnisme défensif**.

B. Les moyens utilisés

Contingentement : limitation autoritaire des quantités (quotas) importées.
Embargo : interdiction totale d'échanger avec un pays.

L'État applique des mesures tarifaires comme les droits de douane (taxes perçues lors du passage des importations à la frontière et qui renchérissent ces importations) et des mesures non tarifaires : **contingentement**, **embargo**.

C. Les avantages du protectionnisme

Le protectionnisme permet ;
– une maîtrise de la contrainte extérieure par la réduction des importations ou le redressement de la balance du commerce extérieur ;
– la sauvegarde ou une modernisation de secteurs en difficulté ;

– la réduction des dépenses budgétaires, car en important moins, on va leur substituer des produits nationaux qu'il faut produire, ce qui développera l'emploi.

D. Les inconvénients du protectionnisme

Le dirigisme de l'État impose ces règles protectionnistes et crée un renchérissement des importations (s'il y a droits de douane), des mesures de rétorsion : les pays taxés diminuent leurs achats. Il entraîne une perte d'emploi dans les secteurs exportateurs du pays qui vendent moins. Les subventions à l'exportation déséquilibrent le budget national. Il fait naître un développement de rivalités entre les entreprises subventionnées et les autres.

3 La régionalisation des échanges

A. Définition

Des pays proches géographiquement se regroupent pour faciliter les échanges entre eux, les libérer, car on constate que le commerce international se développe plus vite dans un environnement géographique et économique déterminé qu'avec le reste du monde : on parle d'**intégration économique**. Cette intégration est plus ou moins poussée.

B. Les différentes formes d'organisations régionales

- **Les zones de libre-échange.** Elles visent à supprimer ou réduire les barrières tarifaires ou non qui freinent les échanges dans la zone, chaque pays conservant ses tarifs douaniers vis-à-vis des pays extérieurs (ex. : l'ALENA).

- **Les unions douanières.** Ce sont des zones de libre-échange avec une politique extérieure commune instaurant un **tarif extérieur commun (TEC)**. C'est, par exemple, la Communauté économique européenne (CEE) créée en 1957 qui est devenue une union douanière en 1968.

- **Le marché commun.** C'est une union douanière avec libre circulation des biens, des services, des hommes et des capitaux (ex. : le Mercosur).

- **Les unions économiques.** Ce sont les organisations les plus élaborées, car au sein d'un marché commun, les politiques économiques et monétaires sont communes. L'Union européenne en est le meilleur exemple.

C. Un exemple d'intégration économique régionale : l'Union européenne

- **Les étapes de la création de l'UE.** Six pays (Allemagne, France, Italie, Belgique, Luxembourg et Pays-Bas) signent le **traité de Rome en 1957** qui crée la CEE et instaure un marché commun pour les produits industriels. L'**acte unique européen** de 1986 lance l'idée d'un **marché unique** pour 1993 avec la libre circulation des biens, des services, des hommes et des capitaux.
Le **traité de Maastricht de 1992** voit naître l'idée d'une Union économique et monétaire (UEM) et une monnaie unique. La CEE devient l'UE (Union européenne). L'UE est une Europe de 28 pays et d'autres pays veulent aussi l'intégrer.

- **Les réalisations de l'UE.** Multiples sont les domaines où l'UE a établi des politiques communes : une **politique agricole commune (PAC)** qui lui a permis de devenir la deuxième puissance agroalimentaire mondiale, une politique monétaire commune qui concerne 18 pays, une politique de la concurrence régionale, de l'environnement, de la défense, de la pêche, de l'industrie, de l'énergie, des transports, de la recherche, de l'éducation.

9 LE COURS La nécessité d'une régulation mondiale des échanges

1 Le GATT, l'ancêtre d'une régulation

GATT : accord général sur les tarifs et le commerce, accord commercial signé entre les pays développés en 1947 pour libéraliser les échanges entre pays.

Les principes de base du **GATT** reposent sur l'absence de discrimination entre les pays membres et entre les produits (*dumping* et subventions à l'exportation sont interdits). Ils comprennent également l'élimination des barrières douanières et l'interdiction des contingentements. Ces principes admettent des exceptions sur les produits (ex. : les produits agricoles subventionnés) et les pays (ex. : les pays en développement sont favorisés), car ils ne sont pas obligés d'accorder les mêmes avantages que ceux qu'ils ont reçus, les unions régionales peuvent supprimer les droits de douane entre pays membres, mais établir un tarif extérieur commun pour les autres pays.

2 La régulation actuelle par l'OMC

A. Définition

Créée en 1995 dans la continuité du GATT, l'**OMC** (**Organisation mondiale du commerce**) a pour but la coopération internationale et la libéralisation des échanges. L'OMC regroupe 164 pays (parmi les derniers entrés : la Chine en 2001 et la Russie en 2012). L'OMC a repris les principes du GATT, mais ne se limite pas aux marchandises : elle concerne aussi les services et la propriété intellectuelle (brevets). Les avancées sont issues de cycles de négociations appelés *rounds*.

B. Réalisations

L'OMC est devenue une structure de négociation internationale chargée du développement d'accords multilatéraux, de la réduction importante des droits de douane, de la diminution des contingents, du début d'une libéralisation des services.

C. Les problèmes restant à résoudre

- **Un protectionnisme récurent.** Le protectionnisme reste sous la forme de barrières non tarifaires. Les États-Unis ne respectent pas les engagements signés. On recense des contentieux sur les produits agricoles (entre États-Unis et Union européenne), sur les produits industriels (*dumping* ou subventions toujours pratiqués), la propriété intellectuelle (contrefaçon) ou les conditions sociales (les pays à faible coût de main-d'œuvre pratiquent le *dumping* social en sous-payant leurs salariés).

- **L'impact des zones de libre-échange.** Les échanges se régionalisent, les pays membres détaxent leurs exportations entre eux et taxent les produits venant de l'extérieur. Il y a un détournement de trafic au profit des pays membres de la zone régionale.

D. L'ORD (Organe de règlement des différends)

L'Organe de règlement des différends est la nouvelle composante de l'OMC : l'ORD est chargé de régler les conflits commerciaux entre membres : il examine le conflit, tranche et veille au respect de la solution retenue.

Les déséquilibres actuels de la croissance

1 Notion de croissance et de développement économiques

A. La croissance

La croissance est un phénomène durable d'augmentation de la production qui entraîne la modification du milieu économique. Elle se différencie de l'expansion qui est une augmentation de l'activité sur une courte période. Elle influence les structures sociales, en profondeur et durablement (par l'augmentation du niveau de vie, la mobilité géographique…).

B. Le développement

Le développement peut se définir comme l'ensemble des transformations économiques, sociales, techniques et culturelles. Il implique l'abandon du mode de vie antérieur en raison de l'accroissement des richesses et du savoir.

2 Les aspects négatifs de la croissance économique

A. Croissance et inégalités sociales

▪ **Inégalités entre pays riches et pays pauvres.** L'écart grandit entre les pays développés et les moins avancés qui n'ont pas l'épargne nécessaire pour le financement de leurs investissements. De plus, ils bénéficient peu des **IDE**, car la formation de la main-d'œuvre est insuffisante, comme les infrastructures, et ces pays offrent peu de débouchés sur leur marché intérieur. L'espérance de vie est faible ainsi que le niveau d'éducation.

IDE : investissement direct à l'étranger (créations de filiales, fusions d'acquisitions).

▪ **Inégalités à l'intérieur d'un pays.** La croissance de l'économie française a transformé profondément les modes de vie au cours du siècle dernier et les conditions de vie se sont améliorées par l'élévation des revenus des ménages (revenus directs et indirects comme les prestations sociales versées et les biens collectifs offerts par les pouvoirs publics comme l'éducation, la santé, etc.). Mais les progrès réalisés n'ont pas été partagés par tous de la même façon, qu'il s'agisse du logement, des soins ou des loisirs. La montée du chômage nourrit les inégalités sociales et une exclusion de cette société riche. Les plus touchés sont les moins qualifiés et les jeunes.

B. Croissance et démographie

Le problème majeur des pays en développement est de maîtriser l'augmentation constante de la population et de la nourrir. Un meilleur accès aux soins médicaux a permis de réduire le taux de mortalité infantile, mais la contraception reste mal maîtrisée. Cela dégrade les conditions de vie, car il y a plus de bouches à nourrir.

C. Croissance et épuisement des ressources

Le mode de vie des pays développés épuise les ressources naturelles et détruit l'environnement. Ce modèle n'est pas possible à long terme et il faut remettre en cause le modèle actuel de consommation.

La nécessité d'une nouvelle forme de croissance

1 Les conséquences de l'activité économique

A. Le constat

Le développement économique est à l'origine des problèmes environnementaux que subit la planète depuis plusieurs dizaines d'années. Ce sont des problèmes liés :
– **à l'équilibre général** : pollution de l'eau (marée noire), de l'air (gaz d'échappement), du sol (engrais, pesticides), changement climatique (désertification, réchauffement de la planète par effet de serre), déforestation ;
– **à la surexploitation des ressources naturelles** : épuisement des sols, dégradation de la qualité de l'eau, de l'air, de la terre ;
– **aux déchets** : leur traitement (recyclage) ou élimination sont nécessaires ;
– **au cadre de vie** : par la conservation des sites, la lutte contre les invasions…

B. Les indicateurs du développement utilisés

PIB : produit intérieur brut.
PNB : produit national brut.
IDH : indicateur de développement humain.
IPH : indice de pauvreté humaine.

Si la croissance utilise des indicateurs quantitatifs comme le PIB ou le PNB pour chiffrer l'augmentation de l'activité économique, le développement utilise des indicateurs composés de plusieurs éléments comme l'IDH ou l'IPH.
L'**IDH** prend en compte :
– le niveau de vie, mesuré par le revenu par habitant ;
– l'espérance de vie, qui représente le niveau de santé du pays ;
– le taux d'éducation : taux de scolarisation des enfants et des adultes.
L'**IDHI** est l'IDH adapté aux inégalités car l'IDH ne donne qu'une moyenne.
L'IPH est calculé pour les pays pauvres (IPH1) et les pays riches (IPH2).

ZOOM

Chaque année, la Banque mondiale fait un classement des pays pour montrer leur évolution. Elle classe les pays en quatre catégories :
– **les pays à faible revenu** : moins de 1 046 $ par an et par habitant (31 pays principalement africains : Congo, Mali…) ;
– **les pays à revenu intermédiaire inférieur** : entre 1 047 et 4 125 $ par an pour vivre (51 pays comme l'Inde, l'Égypte…) ;
– **les pays à revenu intermédiaire supérieur** : entre 4 086 et 12 615 $ pour vivre (54 pays dont la Chine, le Brésil, la Russie…) ;
– **les pays industriels à économie de marché** : plus de 12 735 $ pour vivre (ex. : les États-Unis, la France, l'Allemagne, le Qatar, le Koweit…).
Les deux premières catégories forment les PED (pays en développement) et la dernière catégorie est celle des grandes puissances (ou des pays exportateurs de pétrole).

L'**IPH1** prend en considération :
– le pourcentage de population dont l'espérance de vie est inférieure à 40 ans ;
– le pourcentage d'analphabètes chez les adultes ;
– les conditions de vie (accès aux soins, à l'eau potable, malnutrition des enfants) ;

L'**IPH2** prend en considération :
– le pourcentage de population dont l'espérance de vie est inférieure à 60 ans ;
– le pourcentage d'analphabètes chez les adultes ;
– le pourcentage de personnes vivant avec moins de 50 % du revenu médian ;
– le pourcentage de chômeurs de longue durée (plus d'un an).

L'IPM (indice de pauvreté multidimensionnelle) se base sur la malnutrition, le mal-logement, la mortalité infantile, la scolarité insuffisante.

2 Le développement durable

A. Définition

Le développement durable se définit comme un développement qui répond aux besoins du présent sans compromettre la capacité des générations futures à répondre aux leurs.

B. Principes

Pour concilier progrès économique, social et respect de la nature, l'État doit miser sur :
– la solidarité avec les générations futures et les populations de la planète ;
– la mise en place d'actions pour prévenir les dégradations plutôt que de les réparer ;
– la participation de tous les acteurs de la société civile aux décisions.

C. Les indicateurs du développement durable

Le **PIB vert** a pour vocation de mesurer l'impact de notre production sur l'environnement de façon économique pour le retrancher du PIB. L'**empreinte écologique** traduit l'impact des activités humaines sur l'environnement (si tous les habitants de la planète vivaient comme les Américains, il faudrait cinq planètes pour leur consommation et trois pour la France). Le modèle a tenu parce que la majorité des individus (les pays pauvres) n'ont pas ce niveau de consommation.
On peut ajouter le BIB (bonheur intérieur brut), qui mesure la qualité de vie, ou l'IPV (indice de progrès véritable), qui détermine la vraie richesse du pays (PIB, pollution, chômage…).

3 Les instruments du développement durable

A. Les instruments utilisés par les États

▪ **Les éléments internationaux.** En 1992, la conférence des Nations unies a rappelé la responsabilité collective des populations actuelles et de leurs actions inconséquentes sur l'environnement vis-à-vis des générations futures. Des conférences comme celle de Kyoto (1997) sur la réduction des gaz à effet de serre veulent obtenir l'engagement des États de limiter leurs émissions polluantes (les grandes puissances comme les États-Unis ou la Chine n'ont pas ratifié les accords de Kyoto).

▪ **Les éléments nationaux.** Les pouvoirs publics ont mis en place des réglementations spécifiques (définition des normes de pollution à respecter), des mesures répressives (sanction des entreprises pollueuses selon le principe du « **pollueur-payeur** »), des mesures incitatives (participation au financement d'investissements antipollution…).

B. Les instruments utilisés par les entreprises

▪ **Les engagements des entreprises.** Les entreprises responsables ont réagi :
– en utilisant de façon rationnelle et économe les ressources naturelles ;
– en donnant une qualité écologique à leurs produits (produits verts, recyclables…) ;
– en réduisant la production de déchets (proposition d'emballages biodégradables) et la pollution ;
– en réparant les dommages causés à l'environnement (dépollution, reforestation…).

Ces entreprises réagissent en entreprises citoyennes, responsables de l'avenir de la planète. Elles utilisent des énergies renouvelables. Elles recherchent l'intérêt de la collectivité par le développement de transports urbains non polluants, tout en respectant un ordre moral (ex. : établissement d'écobilan).

> **Écobilan :** analyse de tous les stades de fabrication pour mettre en évidence les points faibles et les solutions pour que le produit réponde aux exigences des normes de production écologiques.

▪ **Les nouvelles activités liées au développement durable.** La protection de l'environnement a développé de nouvelles activités comme :
– la création d'activités spécifiquement tournées vers la **protection de l'environnement** : traitement des eaux usées, collecte et traitement des déchets ménagers et industriels…
– le **développement de l'écotourisme** : développement des parcs naturels, aménagement des forêts pour les randonnées, tourisme à la ferme…

La responsabilité civile

1 Les fondements de la responsabilité civile

A. Définition

▪ **La responsabilité.** Elle est l'obligation de répondre de ses actes. Tout fait quelconque qui cause un dommage à autrui engage la responsabilité civile de son auteur, qui sera obligé de réparer. Elle provient :
– d'un **acte juridique** : c'est l'inexécution ou le retard dans l'exécution d'un contrat ;
– d'un **fait juridique** : c'est le fait de se retrouver débiteur d'une obligation sans l'avoir voulu (ex. : en circulant en voiture, vous renversez un cycliste qui a fait un écart).

▪ **La responsabilité civile.** Elle est délictuelle si le fait était intentionnel et quasi délictuelle s'il ne l'était pas, quand la personne a agi par imprudence ou négligence.

B. Responsabilité civile et responsabilité pénale

La **responsabilité civile** vise à réparer un dommage, indemniser la victime. La **responsabilité pénale** vise à sanctionner une infraction prévue et punie par la loi. Son but est de punir le coupable (par une amende ou/et de la prison). Il peut s'agir d'une contravention (ex. : tapage nocturne), d'un délit (ex. : vol) ou d'un crime (ex. : meurtre, viol).

C. L'action en responsabilité civile

Pour faire valoir ses droits, la victime du dommage doit engager une action en justice dans un délai de dix ans s'il s'agit d'une responsabilité délictuelle et trente ans pour la responsabilité contractuelle. Elle agira devant un **tribunal civil** (tribunal d'instance ou de grande instance) et au pénal, devant le tribunal de police pour les contraventions, le tribunal correctionnel pour les délits et la cour d'assises pour les crimes.
Au civil, le tribunal compétent est en principe celui du lieu du défendeur et au pénal, celui du lieu des faits.

2 Le dommage

A. Définition

La condition indispensable pour mettre en œuvre la responsabilité est l'existence d'un dommage, c'est-à-dire un **préjudice** subi par une personne suite au comportement fautif d'une autre. En principe, la victime devra prouver le dommage (sauf pour les accidents de la route où l'automobiliste est toujours responsable vis-à-vis du piéton).

B. Caractères du dommage

Pour donner lieu à indemnisation, le dommage doit être :
– **direct** : il doit résulter directement du fait générateur (la faute) ;
– **certain** : il doit être réalisé, mais on admet le dommage futur s'il va se réaliser (ex. : une blessure qui va entraîner une incapacité de travail future) ;
– **légitime** : il nuit à l'ordre public et aux bonnes mœurs ;
– **personnel** : il concerne la personne dont on n'a pas respecté les droits.

C. Natures du dommage

Le dommage est **matériel** (ex. : détérioration ou destruction d'un bien), **moral** (atteinte à l'honneur, à la vie privée, aux sentiments) **corporel** (atteinte à l'intégrité physique).
Il est patrimonial (évaluable en argent) ou extrapatrimonial (atteinte à l'honneur).

13 LE COURS La réparation du préjudice

1 Les différents types de faute

A. La responsabilité du fait personnel

- **Le fait.** La responsabilité est engagée en raison d'une faute (négligence ou imprudence).
- **Prouver la faute.** Si la preuve est difficile à apporter, le législateur favorise la victime :

– **en présumant la faute** : le présumé responsable doit alors prouver qu'il n'a pas commis la faute ;
– **en adoptant la théorie du risque** (celui qui exerce une activité générant un risque doit l'assumer) ou la théorie de la garantie (dans un accident de la circulation, la loi favorise les victimes par rapport à l'automobiliste).

ZOOM

Trois éléments doivent être réunis pour mettre en œuvre la responsabilité :
– **un dommage** (ou préjudice) : la victime doit démontrer le préjudice subi ;
– **un fait générateur** (ou faute) : c'est l'élément qui cause le dommage ;
– **un lien de causalité** : la victime doit prouver que le dommage résulte de la faute pour être indemnisée. La relation entre les deux doit être certaine et directe.

B. La responsabilité du fait des choses

- **Un lien de causalité.** Si un dommage est causé par l'intermédiaire d'une chose, son gardien (celui qui en a l'usage, la direction, le contrôle – souvent le propriétaire) en est automatiquement responsable.
- **La preuve du dommage.** La victime n'a pas à prouver la faute de l'auteur du dommage, elle devra seulement apporter la preuve du dommage et montrer qu'il est la conséquence de l'intervention de la chose. Cela concerne :

– les choses que l'on a sous sa garde et qui ont causé le dommage (ex. : un pot de fleurs tombe de votre balcon sur la tête d'un passant : vous êtes responsable) ;
– les animaux dont on est propriétaire ou que l'on a sous sa garde ;
– les bâtiments dont on est propriétaire et qui ont causé des dommages par leur ruine, leur défaut d'entretien ou un vice de construction.

C. La responsabilité du fait d'autrui

- **Les parents.** Ils sont responsables de leurs enfants mineurs et vivants avec eux, car ils ont un droit de garde, un devoir de surveillance et d'éducation vis-à-vis d'eux.
- **Les artisans.** Ils sont responsables de leurs apprentis si le dommage est survenu aux lieux et temps de travail, car les artisans doivent surveiller leurs apprentis.
- **Les commettants (employeurs).** Ils sont responsables de leurs préposés (salariés) si le dommage est survenu au travail, car les salariés ne font qu'obéir aux ordres.
- **L'enseignant.** Il est responsable de ses élèves si le dommage est survenu sous sa surveillance. L'État répondra du dommage et indemnisera la victime.

2 Les cas d'exonération de responsabilité

A. Le cas de force majeure

Le cas de force majeure est l'événement imprévisible, insurmontable, irrésistible (ex. : une tempête empêche la livraison d'une marchandise) et extérieur à la personne (séisme, incendie…). Il s'applique aux domaines de la responsabilité contractuelle, délictuelle et quasi-délictuelle, aussi bien en droit privé qu'en droit public.

B. Le fait du créancier ou de la victime

Dans un contrat, si c'est le créancier qui est à l'origine du dommage, il ne peut réclamer une indemnisation. Ex. : il y a eu de la casse à cause d'un colis mal ficelé par la personne qui déménage : c'est donc elle qui a commis la faute.
La victime à l'origine du dommage ne peut prétendre à indemnisation. Ex. : celui qui court après le bus qui démarre et chute ne peut prétendre à indemnisation.

C. Le fait d'un tiers

Si c'est un tiers qui provoque la faute, le responsable se retrouve exonéré, car on ne peut rien lui reprocher. Ex. : l'automobiliste qui percute la voiture qui vient en face pour éviter une personne qui traverse sans regarder, une livraison qui n'a pu être effectuée parce que le livreur a eu un accident avec un automobiliste qui lui a refusé la priorité et le livreur, blessé, s'est retrouvé à l'hôpital…
Le contrat peut prévoir des clauses limitatives de responsabilité (exonération totale ou partielle de responsabilité) valables sauf en cas de faute lourde ou intentionnelle.

3 La réparation

A. L'action en réparation

- **L'action en responsabilité civile délictuelle.** Une action en justice est nécessaire quand la responsabilité délictuelle est en cause pour déterminer la responsabilité et l'étendue de la réparation (sauf si une transaction est intervenue). L'objectif est de remettre les choses en l'état, de replacer la victime dans la situation où elle se serait trouvée si le dommage ne s'était pas produit. La réparation se fait en nature et souvent par l'attribution de dommages et intérêts à la victime ou héritiers. Le **défendeur** (ou son assureur) est le responsable contre qui la victime a une action directe.

- **L'action en responsabilité civile contractuelle.** Il y a mauvaise exécution du contrat ou inexécution. Le **créancier** doit d'abord mettre en demeure son débiteur de s'exécuter. S'il ne s'exécute pas, le créancier peut demander l'exécution forcée du contrat ou sa résolution. Dans tous les cas, il aura droit à des dommages et intérêts moratoires (en cas de retard) ou compensatoires (en cas d'inexécution).

> Créancier : personne à qui quelqu'un doit de l'argent.

B. Évolution de la réparation pour une meilleure indemnisation des victimes

- **Objectivisation de la responsabilité.** Elle est engagée dès que l'acte est rattaché à un individu ou une chose. La recherche de la faute n'est plus essentielle, les cas d'exonération se réduisent (ex : l'employeur est automatiquement responsable des accidents de travail).

- **Collectivisation de la réparation.** De plus en plus de dommages sont pris en charge par les compagnies d'assurance (ex. : assurance automobile obligatoire). L'assureur prend en charge la réparation du dommage, mais se retournera ensuite contre le responsable. C'est l'État, à travers la Sécurité sociale ou des fonds de garantie, qui assure parfois l'indemnisation telle l'indemnisation des accidents médicaux s'il n'y a pas faute des médecins.

C. Un exemple de cette évolution : les accidents de la circulation

Dans les accidents impliquant des véhicules terrestres à moteur (voitures, camions, motos…), la responsabilité du conducteur est quasiment automatique quand la victime est un piéton, un cycliste ou ses passagers. Cette règle déroge au régime de la **responsabilité du fait des choses** en limitant les causes d'exonération, car la force majeure ou le fait d'un tiers ne sont opposables aux victimes par le conducteur sauf faute inexcusable de la victime : tentative de suicide, traversée à pied d'une autoroute, circulation à contresens sur une autoroute…

Le contrat de travail

COMPRENDRE
11
EN VIDÉO

ZOOM

Le **contrat de travail** est une convention par laquelle une personne (le salarié) s'engage à mettre au service d'un employeur, ses capacités physiques, intellectuelles et professionnelles en contrepartie d'une rémunération (appelée **salaire**) versée par l'employeur. Il présente la particularité d'établir un **lien de subordination** entre le salarié et son employeur : le salarié doit exécuter son travail conformément aux instructions et selon les conditions prévues par l'employeur. Ce type de contrat intéresse principalement les salariés du secteur privé.

1 Les conséquences du lien de subordination

A. Le pouvoir de direction de l'employeur

L'employeur est le seul juge de l'opportunité des décisions à prendre : il embauche, détermine les conditions de travail, les modifie, licencie également.

B. Le pouvoir réglementaire de l'employeur

Par le règlement intérieur, l'employeur fixe unilatéralement les conditions d'exécution du travail dans l'entreprise. Ce règlement intérieur est obligatoire dans les entreprises de plus de 20 salariés. Il détermine :
– les règles relatives à la discipline : horaires, absences, sanctions ;
– les dispositions relatives aux droits de la défense des salariés en cas de sanctions disciplinaires (assistance, représentation...) ;
– les dispositions de protection contre le harcèlement sexuel ou moral ;
– les règles d'hygiène et de sécurité : pas d'alcool au travail, ne pas fumer ;
Les clauses discriminatoires (physique, sexuelle, religieuse) sont interdites.

C. Le pouvoir disciplinaire de l'employeur

▪ **Les motifs.** L'employeur peut prendre des sanctions s'il considère que le comportement d'un salarié est fautif. Cette mesure peut affecter immédiatement ou non la présence du salarié dans l'entreprise, sa fonction, sa carrière, sa rémunération.

▪ **Les sanctions.** Les sanctions peuvent être (par ordre croissant d'importance) : l'avertissement (verbal), le blâme, la mise à pied, la mutation, le blocage de carrière (ou de rémunération), la rétrogradation et le licenciement. Les sanctions pécuniaires sont interdites. Dans tous les cas, l'employeur doit convoquer le salarié pour lui indiquer les motifs de la sanction. La sanction doit être justifiée et fondée sur des éléments objectifs. Le salarié peut contester la sanction devant le conseil des prud'hommes.

2 Le contrat de travail type : le CDI

A. Définition

Le CDI est le contrat type qui offre au salarié la possibilité de travailler dans une entreprise de manière continue pour un temps non défini à l'avance.

B. Forme

Le CDI n'obéit à aucune condition de forme, mais une directive communautaire oblige l'employeur à fournir un écrit : pas obligatoirement un contrat de travail, une déclaration d'embauche auprès de l'URSSAF pour assurer le salarié suffit. Dans tous les cas, un document écrit doit être remis au salarié dans les deux mois. Depuis 2004, il peut même être établi sous forme électronique.

C. Modalités

▪ **Les obligations du salarié.** Il doit exécuter personnellement le travail confié, le réaliser avec diligence, loyauté (ne pas faire de concurrence déloyale à son employeur) et fidélité (respecter le secret professionnel).

▪ **Les obligations de l'employeur.** Il doit respecter les conditions prévues par le contrat (donner au salarié la tâche convenue et lui verser le salaire prévu) et les règles imposées par la loi sur la durée du travail, les congés, l'égalité de traitement entre hommes et femmes... ainsi que celles établies par les conventions collectives ou accords d'entreprises. Des modifications peuvent s'avérer indispensables à la bonne marche de l'entreprise (ex. : mutation du salarié, déménagement de l'entreprise…). L'employeur peut introduire des clauses comme une clause de mobilité pour suivre l'entreprise dans ses déplacements, une clause de non concurrence qui interdit au salarié qui a quitté l'entreprise d'aller chez un concurrent proche ou de s'installer à son compte à proximité.

3 Les conditions de travail

A. Le lieu de travail

La définition de l'emploi est réalisée précisément dans le contrat de travail. Le lieu de travail est défini dans le contrat, mais l'employeur peut insérer une **clause de mobilité** par laquelle le salarié s'engage à suivre l'entreprise dans ses déplacements. De plus en plus, cette clause est limitée à un certain périmètre, il faudra donc l'accord du salarié si le déplacement dépasse les limites fixées.

B. La durée du travail

▪ **La durée hebdomadaire du travail.** La **durée légale du travail est de 35 heures par semaine** (soit 151,67 heures par mois). La loi prend en considération le temps de travail effectif, c'est-à-dire le temps pendant lequel le salarié est sous la dépendance de l'employeur. Sont exclus les temps de trajet, les pauses et repos, l'habillement (sauf mesure de protection comme dans les centrales nucléaires), les astreintes (périodes pendant lesquelles le salarié reste disponible pour réparer des installations mais l'intervention sera rémunérée). La **durée quotidienne ne peut dépasser 10 heures** (8 heures pour apprentis et mineurs). La durée maximale est de 48 heures par semaine. Si les circonstances l'exigent, la durée peut être calculée sur une période plus longue (12 semaines consécutives), mais **ne peut dépasser 44 heures par semaine**.

▪ **Les heures supplémentaires.** Afin de pourvoir à un surcroît d'activité, la loi autorise le recours aux heures supplémentaires. Elles sont évaluées dans le cadre de la semaine, limitée à 220 heures par an et par salarié. L'employeur doit en informer l'inspecteur du travail et les représentants du personnel. Il peut, sur autorisation de l'inspection du travail, déroger à cette limite de 220 heures. Les heures supplémentaires effectuées sont payées avec une majoration de 25 % de la 36e à la 43e heure (ou avec un minimum de majoration de 10 %) et de 50 % au-delà de la 43e heure.

▪ **La modulation du temps de travail (ou annualisation).** Pour adapter la durée du travail aux besoins de l'entreprise (souvent l'activité est irrégulière ou saisonnière) et du salarié, se développe une réglementation légale et conventionnelle de l'aménagement du temps de travail. L'employeur répartit sur l'année la durée légale du travail afin de tenir compte des baisses ou des pointes d'activité. L'augmentation de la durée du travail en période de pointe est compensée par une diminution en période de baisse d'activité. L'**annualisation** doit obligatoirement être négociée avec les représentants du personnel. Les accords conclus ont souvent débouché sur une réduction du temps de travail avec modulation des horaires ou attribution de journées de récupération ajoutées aux congés légaux.

Pour rentabiliser au maximum l'outil de production, l'employeur peut instaurer le travail en continu sur 7 jours, 24 heures sur 24, par des équipes successives. Enfin, de nombreuses entreprises ont développé **le système des horaires individualisés**, organisant ainsi la journée de travail en plages fixes où la présence du salarié est obligatoire et en plages mobiles laissées à la libre gestion du salarié.

C. Les repos

▪ **Le repos quotidien.** Un repos quotidien d'une durée minimale de 11 heures consécutives doit être accordé au salarié. Aucun temps de travail quotidien ne doit atteindre 6 heures d'affilées sans que le salarié bénéfice d'une pause d'une durée minimale de 20 minutes.

▪ **Le repos hebdomadaire.** Un salarié ne peut travailler plus de 6 jours par semaine. Le principe est le respect du repos dominical, mais des dérogations existent en raison de la spécificité de l'entreprise (commerce d'alimentation, de détail…).

▪ **Les jours fériés.** Le salarié bénéficie de **11 jours fériés** (1er Janvier, lundi de Pâques, 1er Mai, 8 Mai, lundi de Pentecôte, Ascension, 14 Juillet, 15 Août, 1er Novembre, 11 Novembre et Noël). Seul le 1er Mai, jour de la fête du travail, est chômé et férié.

▪ **Les congés payés.** Depuis 1936, le salarié a droit à des congés payés. Depuis 1982, ils sont de 30 jours ouvrables par an. Ils sont calculés sur une base de 2,5 jours par mois travaillé entre le 1er juin et le 31 mai (soit 5 semaines). Ces congés sont pris soit en même temps par tous les salariés si l'entreprise ferme, soit par roulement avec l'accord amiable des salariés, ou selon un ordre de départ défini par l'employeur après consultation des représentants du personnel. Les congés peuvent être pris en une seule fois (24 jours ouvrables soit 4 semaines), mais la 5e semaine est obligatoirement prise entre Noël et le Nouvel An. Le salarié peut aussi les prendre en plusieurs fois avec un minimum de 12 jours ouvrables (2 semaines) pris en continu. Si le salarié n'a pas pris ses congés, une indemnité de congés payés de 1/10e de la rémunération totale perçue pendant ses congés lui est due ou le maintien de son salaire.

▪ **Les congés légaux pour événements familiaux.** Au titre des congés légaux pour événements familiaux, le salarié peut bénéficier de :
– 4 jours pour son mariage (ou remariage) ;
– 3 jours pour une naissance ou adoption ;
– 2 jours pour le décès d'un enfant ; conjoint ou partenaire PACSé ;
– 1 jour pour le mariage d'un enfant ; pour le décès du père, de la mère, du beau-père, de la belle-mère, d'un frère ou d'une sœur.

La convention collective applicable à l'entreprise peut prévoir des jours de congés supplémentaires.

Des congés particuliers existent pour les événements familiaux (ex. : congé maternité de 16 semaines ou congé parental d'un an maximum, congé paternité de 11 jours pour la naissance d'un enfant, et de 18 jours en cas de naissances multiples) ou pour formation (ex. : congé de reconversion, congé sabbatique…).

D. Le salaire

C'est la contrepartie du travail. Il est fixé par accord entre les parties (souvent, la convention collective fournit des grilles de rémunération). L'employeur ne peut payer moins que le SMIC. Au salaire de base peuvent s'ajouter des primes, des avantages en nature (ex. voiture de fonction) et de l'épargne salariale.

ÉCO – DROIT

15 LE COURS Les libertés individuelles et collectives des salariés

1 Les libertés individuelles des salariés

A. Les droits à l'embauche

▪ **Les obligations de l'employeur.** Si le **lien de subordination** est la caractéristique essentielle du contrat de travail, l'employeur doit respecter les libertés individuelles liées à la personne du salarié ou à sa vie privée. Il est donc **interdit à l'employeur de faire des discriminations** selon l'âge, le sexe, la race, la religion, l'appartenance à un syndicat. Les informations demandées doivent avoir un lien direct avec l'emploi et l'employeur doit informer le comité d'entreprise des méthodes de recrutement utilisées.

▪ **Les droits du salarié.** Le salarié a le droit de négocier son contrat de travail. Par exemple, il peut discuter son salaire ou demander un aménagement de ses horaires de travail.

B. Les libertés lors de l'exécution du travail

▪ **Le respect de la personne du salarié.** L'employeur doit s'abstenir de tout harcèlement physique, moral ou sexuel et doit s'engager à faire cesser tout harcèlement de la part de ses collaborateurs. Si l'employeur utilise des moyens de surveillance ou de contrôle des salariés (ex. : caméra vidéo, badge électronique), le salarié doit être préalablement mis au courant. De même, l'employeur n'a pas le droit d'ouvrir les courriers électroniques personnels (mails) de ses salariés.

▪ **Le respect des engagements.** L'employeur doit respecter les termes du contrat de travail, c'est-à-dire fournir le travail proposé et payer le salaire convenu.

▪ **Le respect des obligations légales.** L'égalité homme-femme, le minimum légal (Smic) et les minimas professionnels sont définis par les conventions collectives ainsi que l'emploi de travailleurs handicapés (6 % des emplois leur sont réservés dans les entreprises de plus de 20 salariés, mais possibilité de verser une contribution à un organisme spécialisé pour s'affranchir de l'obligation).

▪ **Le respect du droit d'expression.** Le salarié a le droit de s'exprimer directement auprès de son supérieur hiérarchique ou auprès de l'employeur sans passer par les institutions représentatives du personnel (délégués du personnel) ou les syndicats.

2 Les libertés collectives des salariés

A. L'expression des salariés par leurs représentants

▪ **Les délégués du personnel.** Ils sont un organe de revendication : ils présentent à l'employeur les réclamations individuelles et collectives du personnel. Ils peuvent saisir l'inspection du travail des plaintes et observations du personnel sur les domaines qui font l'objet de leur mission. Ils sont élus pour quatre ans par les salariés dans les entreprises de plus de 10 salariés et leur nombre varie avec l'effectif de l'entreprise.

▪ **Le comité d'entreprise.** Afin d'associer plus étroitement les salariés à la vie de l'entreprise, les employeurs ont l'obligation de créer un comité d'entreprise quand l'effectif atteint 50 salariés. Comme les délégués, leur nombre varie avec l'effectif. Élus pour 4 ans, les membres du comité d'entreprise ont plusieurs rôles au sein de l'entreprise :
– une consultation en matière économique et professionnelle : le comité est informé de toute décision concernant l'organisation, la gestion et la marche générale de l'entreprise ;

– une gestion des œuvres sociales et culturelles (cantine, bibliothèque, colonies de vacances, arbre de Noël...).

▪ **Les syndicats et la section syndicale d'entreprise.** Un syndicat est un groupement de personnes exerçant la même profession (ou des professions annexes) et ayant pour but la défense des droits et intérêts moraux et matériels individuels et collectifs de leurs membres. Quel que soit le nombre de salariés, un syndicat représentatif peut décider de créer une section syndicale dans une entreprise, mais la présence d'un délégué syndical, désigné par le syndicat parmi les salariés adhérents, n'est possible que si l'effectif atteint 50 salariés.

ZOOM

Les principaux syndicats

Pour les salariés :
- CGT (Confédération générale du travail) ;
- CFDT (Confédération française démocratique du travail) ;
- CFTC (Confédération française des travailleurs chrétiens) ;
- FO (Force ouvrière) ;
- CGC (Confédération générale des cadres).

Pour le patronat : le MEDEF (Mouvement des entreprises de France).

Le syndicat a **un rôle revendicatif**, car il défend les intérêts professionnels, matériels et moraux de ses membres, organise des grèves. Il a également **un rôle représentatif** en ayant le monopole de la présentation des candidats au premier tour des élections professionnelles qui participent à la négociation et à la signature des conventions et accords collectifs.
La loi détermine la représentativité (sa légitimité) d'un syndicat selon ses effectifs, son indépendance, ses cotisations, son expérience et son ancienneté, son action, son audience (résultats aux élections professionnelles).

ZOOM

Un **syndicat** doit prouver sa représentativité selon ces critères et son audience :
– au niveau national ou de la branche professionnelle : il doit avoir recueilli au moins 8 % des suffrages exprimés au premier tour des dernières élections de représentants du personnel ;
– au niveau de l'entreprise : il doit avoir recueilli au moins 10 % des suffrages exprimés au 1er tour des dernières élections de comité d'entreprise ou délégués du personnel.
S'il est représentatif, il fait partie des **partenaires sociaux** qui participent à la négociation et à la signature des conventions et accords collectifs.

B. L'expression des salariés par la grève

▪ **Définition.** C'est une cessation concertée et collective du travail par des salariés pour contraindre l'employeur à céder à leurs revendications. C'est un droit reconnu par la Constitution.

▪ **Formes.** Elle prend différentes formes :
– la grève surprise (sans préavis) ou sauvage (en dehors du syndicat) ;
– le débrayage : arrêt de travail pendant une courte période ;
– la grève tournante : services en grève à tour de rôle pour paralyser l'activité ;
– la grève du zèle : travailler en respectant toutes les procédures pour freiner l'activité ;
– la grève perlée : travail au ralenti ;
– la grève avec occupation des locaux ;
– la grève de solidarité : pour soutenir les revendications d'une autre entreprise ;
– la grève politique.
Certaines grèves sont licites (ex. : grève de solidarité), d'autres sont illicites (ex : grève avec occupation des locaux). Les grévistes ne peuvent pas nuire aux installations (interdiction de dégrader ou détruire les machines ou les locaux) ni à la liberté du travail (les grévistes ne peuvent empêcher les non grévistes de travailler).

▪ **Conséquences.** La grève entraîne un arrêt de l'activité. Le contrat de travail est suspendu. Le salarié retrouve son poste de travail après le conflit, mais il perd son salaire pendant la grève.

16 LE COURS — La rupture du contrat de travail

1 Les formes de rupture du contrat de travail

A. La démission

> **ZOOM**
> En principe, le salarié démissionnaire n'a le droit à **aucune indemnité**, sauf dans certains cas.

La démission est l'acte par lequel le salarié fait connaître à l'employeur sa décision de rompre le contrat de travail. Elle résulte d'une décision claire et non équivoque, elle n'a pas à être motivée. Aucune forme n'est imposée, mais les conventions collectives imposent souvent un écrit comme preuve.

B. Le licenciement

Le licenciement est la rupture du contrat de travail à l'initiative de l'employeur pour faute (licenciement pour motif personnel) ou pour cause économique (licenciement économique). Le licenciement est une situation réglementée. L'employeur doit justifier cette rupture par l'existence d'une cause « réelle (vérifiable) et sérieuse (suffisamment grave) ».

2 Procédures à respecter en cas de licenciement

A. Le licenciement pour motif personnel

▪ **Définition.** Le licenciement pour motif personnel est appliqué lorsque l'employeur rencontre une faute dans le travail qui entraîne l'impossibilité de maintenir la relation de travail. Cette faute doit être **grave** (des absences répétées, refus d'obéissance, injures) ou **lourde** (acte de concurrence déloyale, violence, vol…) privant le salarié de l'indemnité de préavis et de licenciement. Cela peut être dû aussi à une insuffisance professionnelle (erreurs répétées, inadaptation à un nouveau matériel).

▪ **Procédure légale à suivre par l'employeur.** La procédure légale compte 3 phases :
– la **convocation** du salarié à un entretien préalable faite au moins 5 jours à l'avance par lettre recommandée avec accusé de réception (LRAR) ou remise en main propre ;
– l'**entretien** préalable avec le salarié qui peut se faire assister par un membre de l'entreprise ou une personne extérieure inscrite sur une liste et au cours duquel l'employeur expose les griefs justifiant le licenciement ;
– la **notification** du licenciement par lettre recommandée au moins 2 jours ouvrables après l'entretien.

▪ **Contestation.** Si le licenciement ne présente pas de motif réel et sérieux, le Conseil des prud'hommes peut décider la réintégration du salarié ou le versement d'une indemnité au plus égale à six mois de salaire.

B. Le licenciement pour motif économique

▪ **Définition.** Le motif peut être lié à :
– des difficultés économiques (réduction d'activité) ;
– des mutations technologiques (suppression ou transformations d'emplois) ;
– au refus par le salarié d'une modification importante du contrat de travail ;
– à une réorganisation de l'entreprise.

▪ **Procédure.** Le licenciement économique ne peut intervenir que lorsque tous les efforts de formation et d'adaptation ont été réalisés et que le reclassement du salarié n'est pas

possible. L'employeur doit proposer à chaque salarié licencié des mesures d'évaluation des compétences professionnelles et d'accompagnement en vue d'un reclassement.
L'employeur doit établir l'ordre des licenciements à partir de critères définis après consultation des représentants du personnel.

La procédure diffère selon le nombre de salariés licenciés et la taille de l'entreprise :

– **pour un licenciement individuel** : l'employeur suit la procédure du licenciement pour faute, à savoir convocation à un entretien préalable, entretien avec proposition d'un contrat de sécurisation professionnelle, notification du licenciement par lettre recommandée avec accusé de réception, information de l'inspection du travail à la DIRECCTE (Direction régionale des entreprises, de la concurrence, de la consommation, du travail et de l'emploi) ;

> **ZOOM**
> Le contrat de sécurisation professionnelle est un dispositif comportant un suivi personnailisé et des formations pour faciliter le retour à l'emploi.

– **pour un petit licenciement (de 2 à 9 salariés)** : l'employeur réunit le comité d'entreprise ou les délégués du personnel pour les avertir de l'opération. Ensuite, il convoque les salariés licenciés à un entretien où il leur propose un contrat de sécurisation professionnelle ou un congé de reclassement. Il notifie le licenciement par lettre avec accusé de réception (LRAR) et informe la DIRECCTE ;

– **pour un grand licenciement (plus de 10 salariés en 30 jours)** : l'employeur convoque le comité d'entreprise (ou les délégués du personnel) et lors de la réunion, présente le plan de sauvegarde de l'emploi (si l'effectif est de plus de 50 salariés) ou sinon des mesures de reclassement. Il informe la DIRECCTE et notifie les licenciements par LRAR.
Ce plan a pour objectif d'éviter les licenciements (en proposant des mesures de réduction ou d'aménagement du travail) et de faciliter le reclassement.

> **ZOOM**
> Les mesures d'accompagnement du licenciement sont un plan de sauvegarde dans les entreprises de plus de 500 salariés, un contrat de sécurisation professionnelle quand il y a moins de 1 000 salariés et un congé de reclassement ou de mobilité quand il y a plus de 1 000 salariés.

C. Les conséquences du licenciement

▪ **Le délai-congé (ou préavis).** La rupture du contrat de travail ne doit pas être brutale, aussi la loi prévoit de laisser à l'autre partie le temps de retrouver un nouvel emploi (ou un nouvel employé si c'est le salarié qui démissionne). Sauf en cas de faute grave ou lourde qui justifie le licenciement immédiat, l'employeur doit respecter un **délai-congé** dont la durée varie selon l'ancienneté du salarié.

▪ **Les indemnités.** Une indemnité de licenciement est due par l'employeur au salarié sauf en cas de faute grave ou lourde à condition que le salarié ait au moins un an d'ancienneté. Ce dernier peut aussi bénéficier d'une indemnité de brusque rupture si l'employeur l'a dispensé du préavis et une indemnité de congés payés qui solde ses droits à congés.

D. Cas particulier : la rupture conventionnelle

Certains salariés préfèrent **négocier leur départ** plutôt que d'être licenciés. Ce n'est ni une démission ni un licenciement. Cette rupture doit être réalisée de manière libre et éclairée. Cette procédure permet à l'employeur d'éviter le licenciement (ce qui est signe de difficultés aux yeux des créanciers ou des tiers) et au salarié de bénéficier de l'indemnité de rupture et de chômage (comme dans un licenciement). Une **transaction** s'opère entre employeur et salarié pour déterminer l'indemnité de départ (le montant ne pourra être remis en cause devant un tribunal). La convention fixe la date de la rupture. Chacune des parties a cependant 15 jours pour se rétracter.

Les contrats précaires

1 Les contrats à durée déterminée (CDD)

A. Forme

> ZOOM
> Pour répondre à un souci de flexibilité de l'entreprise, pour faire face aux variations de l'activité, **les contrats précaires** sont des formes de travail qui créent une situation instable pour le travailleur qui risque de se retrouver sans emploi à la fin du contrat.

Le CDD doit être établi par écrit et préciser le motif du recours à ce contrat :
– **le remplacement d'un salarié** temporairement absent (maladie, accident, maternité) ;
– **l'accroissement temporaire de l'activité** de l'entreprise (ex. : commande importante) ;
– des emplois temporaires par nature (emplois saisonniers) ;
– des emplois où il est courant de recourir au travail temporaire (ex. : dans le cinéma).

Le contrat à durée déterminée ne peut être renouvelé que deux fois, la durée totale ne pouvant dépasser 18 mois.

B. Avantages et inconvénients

▪ **Pour le salarié.** Les droits et obligations du salarié titulaire d'un CDD sont les mêmes que ceux d'un salarié en CDI. Mais il a droit à une indemnité de fin de contrat pour compenser la précarité de sa situation. Elle est égale à 10 % de la rémunération brute totale. Un salarié en CDD ne peut rompre son contrat avant le terme sauf s'il est embauché en CDI dans une autre entreprise. L'inconvénient majeur du salarié en CDD peut être son manque de motivation car il sait que son CDD ne débouchera pas souvent sur un CDI.

▪ **Pour l'employeur.** Il permet à l'entreprise de pourvoir un poste non durable, non lié à une activité normale et permanente, ce qui répond au besoin de flexibilité. L'inconvénient majeur est l'intégration parfois délicate du CDD au personnel en CDI.

2 Les contrats de travail temporaire (CTT)

A. Forme

> ZOOM
> Les **conditions de recours au CTT** sont aussi limitatives que dans le cas du CDD (remplacement d'un salarié absent, accroissement temporaire de l'activité de l'entreprise).

Il met en relation l'entreprise utilisatrice de travail temporaire et le salarié intérimaire. Entre l'entreprise utilisatrice et celle de travail temporaire est établi un contrat écrit de mise à disposition précisant les dates de début et de fin, le motif, le poste à pourvoir. L'entreprise de travail temporaire, employeur du salarié intérimaire, lui remet un contrat de mission qui précise la qualification, la rémunération et les possibilités d'embauche ultérieure de l'utilisateur.

B. Avantages et inconvénients

▪ **Pour le travailleur intérimaire.** Il percevra la rémunération d'un salarié permanent et une **indemnité de précarité** (de fin de mission) de 10 % de la rémunération brute totale. Il aura de l'expérience, mais une certaine lassitude apparait si les missions ne débouchent pas sur un CDI.

▪ **Pour l'employeur.** L'entreprise gagne en flexibilité, elle se décharge sur l'agence de travail temporaire de chercher la personne compétente, mais c'est coûteux et l'intégration n'est pas toujours facile.

18 LE COURS — Les principes juridiques de l'activité économique

1 La liberté du commerce et de l'industrie

A. Leurs principes

En France, le droit repose sur la liberté du commerce et de l'industrie qui recouvre :
– **la liberté d'entreprendre** : droit de se livrer à l'activité de son choix ;
– **la liberté d'exploiter** : droit de gérer l'activité à sa guise ;
– **la liberté de la concurrence** : droit d'attirer la clientèle mais loyalement.

B. Leurs limites

L'exercice de ces libertés peut engendrer des tensions entre entreprises, consommateurs, salariés et État. Le droit les encadre par des mesures d'ordre public :
– **des règles d'ordre public de direction** visent à protéger l'intérêt général et à assurer les grands équilibres économiques : interdiction ou réglementation de certaines activités, respect de la concurrence loyale (interdiction d'ententes illicites ou de concentration qui suppriment toute concurrence, respect de l'environnement)… ;
– **des règles d'ordre public de protection** pour rétablir l'équilibre entre les parties comme l'employeur et le salarié (respect du Smic, de la durée du travail, des règles de licenciement...) ou l'entreprise et le consommateur (information, publicité honnête…).

C. Les règles communautaires et internationales

▪ **Les règles communautaires.** Chaque État membre de l'Union européenne doit faire disparaître les entraves susceptibles de freiner les échanges commerciaux au sein de l'UE. En plus de la liberté d'entreprise, elle a instauré la libre circulation des biens, des services, des capitaux et des personnes pour réaliser le grand marché intérieur.

▪ **Les règles internationales.** Les accords de l'OMC (Organisation mondiale du commerce) ont pour objectif de faciliter le commerce mondial en développant le libre-échange et en supprimant toutes les barrières tarifaires (ex. : droits de douane) et non tarifaires (ex. : tracasseries administratives).

2 La loyauté de la concurrence

A. La concurrence loyale et la concurrence déloyale

On ne peut admettre qu'un commerçant détourne par des moyens frauduleux la clientèle de ses concurrents à son profit. Sont des comportements déloyaux :
– **le dénigrement** : lorsqu'une entreprise répand des informations malveillantes sur la personne, l'entreprise ou les produits d'un concurrent ;
– **la désorganisation interne d'un concurrent** (ex. : débauchage de salariés, espionnage) ;
– **l'imitation** d'un élément distinctif d'un concurrent (nom, enseigne, produit) pour créer une confusion dans l'esprit de la clientèle ;
– **le parasitisme** qui consiste à profiter des idées, du savoir-faire ou de la notoriété d'un concurrent pour développer sa clientèle.

B. Les sanctions

La concurrence déloyale entraîne la responsabilité de son auteur. Une action en justice est donc possible pour le commerçant lésé et les sanctions sont la cessation des agissements déloyaux, des dommages et intérêts et la publication de la condamnation dans la presse.

19 LE COURS Les pratiques anticoncurrentielles

1 Les modes de pratiques anticoncurrentielles

A. Les pratiques anticoncurrentielles

On parle de **pratiques anticoncurrentielles** lorsqu'une entreprise cherche à restreindre, à fausser le libre jeu de la concurrence :
– en se concertant (en faisant des ententes avec d'autres entreprises par exemple) ;
– en abusant de son pouvoir sur un partenaire (abus de position dominante) ;
– en abusant de sa position sur le marché (en se groupant avec d'autres entreprises).

B. Les ententes

Les ententes sont des accords entre entreprises qui entraînent une atteinte au libre jeu de la concurrence (peu importe la forme de l'entente, écrite ou non). La bonne entente contribue au développement du progrès économique (amélioration de la qualité, baisse des prix), la mauvaise fausse le jeu de la concurrence (entente sur les prix, répartition du marché).

2 La réglementation de la concurrence

A. La réglementation nationale

La mauvaise entente pourra être poursuivie devant l'**Autorité de la concurrence** qui, après étude des aspects positifs et négatifs, la déclarera licite ou illicite.

> **Autorité de la concurrence :** autorité administrative indépendante spécialisée dans le contrôle des pratiques anticoncurrentielles et l'expertise du fonctionnement des marchés.

Si l'entente est déclarée illicite, l'Autorité :
– fait cesser les agissements illicites ;
– impose la publication de la décision dans la presse ;
– inflige une sanction financière : jusqu'à 10 % du chiffre d'affaires hors taxes réalisé en France au cours de l'exercice précédent.

B. La réglementation communautaire

Dans le cadre de la réglementation communautaire, c'est la **Commission européenne (à Bruxelles)** qui est compétente. Elle est saisie par les entreprises concernées ou toute personne intéressée (ex. : les victimes de l'entente) et elle peut aussi se saisir d'office. Elle peut faire des recommandations avant de prendre des sanctions :
– injonction de cesser les agissements sous astreinte ;
– sanction pécuniaire : jusqu'à 10 % du chiffre d'affaires de l'exercice précédent pour chaque entreprise concernée par l'entente.

3 L'abus de position dominante

Une entreprise est en position dominante si sa part de marché ou sa supériorité dans un domaine particulier (lié à une innovation technologique par exemple) lui permet de se soustraire à la concurrence (la situation s'apprécie par rapport au marché : il doit y avoir exploitation anormale de la situation).
C'est l'Autorité de la concurrence ou la Commission européenne qui sanctionnent cet abus dans les mêmes conditions que les ententes.

20 LE COURS Les pratiques restrictives de concurrence

1 Modalités

A. La revente à perte

La loi interdit la revente à perte (prix abusivement bas par rapport aux coûts de production qui ont pour objet ou effet d'éliminer d'un marché une entreprise ou l'un de ses produits). Elle est autorisée pendant les soldes.

> ZOOM
> Les **pratiques anticoncurrentielles** restreignent le jeu de la concurrence, elles sont sanctionnées.

B. La rupture brutale des relations commerciales (ou déréférencement abusif)

Ce texte vise les pratiques des acheteurs (ex. : la grande distribution) qui exercent des pressions auprès de leurs fournisseurs en utilisant la menace de déréférencement pour obtenir des avantages (prix, délai de paiement…) qu'ils n'obtiendraient pas par la seule négociation.

C. Le refus de vente

▪ **Principes.** Le refus de vente aux particuliers est interdit sauf si :
– la demande est anormale (ex. : demander un article à un grossiste) ;
– la demande est de mauvaise foi (ex. : demander un produit dans le but de le dénigrer) ;
– le client est mauvais payeur ou insolvable ;
– il y a indisponibilité matérielle quand le commerçant n'a pas le produit en stock ou parce que le produit demande un outillage que le commerçant n'a pas ;
– il y a indisponibilité juridique (un produit peut être disponible uniquement chez un concessionnaire ou un franchisé).

▪ **Exceptions.** Le refus de vente peut avoir un motif légitime s'il est, par exemple, justifié par la loi qui réglemente certaines ventes : alcool aux mineurs, alcool le soir dans les stations-service, armes, produits toxiques, substances dangereuses pour la santé, etc. (le commerçant qui vend dans ces cas devient hors la loi !). En revanche, le refus de vente entre professionnels est autorisé.

2 Procédure et sanctions

A. Procédure

La pratique concernant souvent des commerçants, le **tribunal de commerce** est compétent pour la sanctionner. Elle sera punie par une amende de 75 000 € (ou 375 000 € pour une société).
Le tribunal compétent est la juridiction du domicile du défendeur ou du lieu du dommage.
Le demandeur a un délai de cinq ans pour exercer une action pour actes déloyaux.

B. Sanctions

La principale sanction en matière de concurrence déloyale est l'attribution de dommages et intérêts. Leur montant peut être très variable, et est toujours apprécié par le juge. La répétition ou la durée des agissements peuvent être aggravantes.
L'évaluation du préjudice subi est difficile à estimer : le chiffre d'affaires de la partie lésée peut donner une indication sur l'impact des agissements, mais le préjudice peut aussi consister en un manque à gagner qui sera difficile à évaluer.

> ZOOM
> Le **tribunal** peut imposer la publication des sanctions dans un journal spécialisé. Sinon, rien n'empêche en principe la victime de publier elle-même le jugement pour avertir le consommateur.

Les formes d'entreprises

1 L'entreprise individuelle

A. Caractéristiques

ZOOM

Pour exercer son activité, **l'entrepreneur** va choisir un cadre juridique selon différents critères : veut-il exercer seul ou à plusieurs le pouvoir de décision ? Quelle sera son activité ? Nécessite-t-elle des moyens importants ? Quelle responsabilité veut-il avoir ?

L'entrepreneur individuel, qui apporte la totalité des moyens nécessaires à l'exercice de l'activité qu'il a choisie, exerce seul le pouvoir de décision. Comme l'entreprise individuelle se confond avec l'entrepreneur, il sera seul responsable de la totalité des dettes sur ses biens personnels.

B. Les structures pour limiter les risques des créateurs

- **L'EURL (entreprise unipersonnelle à responsabilité limitée).** Elle préserve les avantages du statut d'entrepreneur individuel (liberté car on est seul maître à bord, simplicité, souplesse de la gestion) tout en accordant une responsabilité limitée aux apports (depuis 2003, plus de capital minimum). L'EURL est une société qui a la personnalité juridique, il y a donc séparation des patrimoines. L'exploitant est baptisé **associé unique**.

- **L'EIRL (entrepreneur individuel à responsabilité limitée).** Depuis 2011, un entrepreneur individuel peut affecter un patrimoine à son activité professionnelle, ce qui lui permet de protéger ses biens personnels des créanciers professionnels. Il reste un entrepreneur individuel.

C. Une forme simplifiée : l'auto-entrepreneur

Ce statut a été créé en 2008 afin de favoriser la création d'entreprise et de simplifier les démarches des entrepreneurs individuels : il s'adresse aux demandeurs d'emploi, étudiants, salariés, fonctionnaires, retraités et aux professions libérales qui veulent exercer une activité dont le chiffre d'affaires ne dépassera pas 82 200 euros HT (pour l'achat-revente de biens) et 33 100 euros HT pour des prestations de services.
La création se fait par une déclaration sur Internet ou après du centre de formalités des entreprises car il y a obligation d'être immatriculé (sauf pour les professions libérales).
L'entrepreneur ne facture pas de TVA, il ne paye de cotisations sociales qu'en fonction des recettes encaissées.
Depuis le 1er janvier 2016, les régimes sociaux de l'auto-entrepreneur et la micro-entreprise ont fusionné pour créer des « micro-entrepreneurs ».

2 Les sociétés

A. Notion de contrat de société

La société est instituée par deux ou plusieurs personnes qui conviennent par un contrat d'affecter à une entreprise commune des biens ou leurs industries en vue de partager le bénéfice ou de profiter de l'économie qui pourra en résulter. Elle peut être instaurée, dans les cas prévus par la loi, par l'acte de volonté d'une seule personne. Les associés s'engagent à contribuer aux pertes (art. 1832 du Code civil).

B. Les éléments caractéristiques du contrat de société

En plus des conditions de validité des contrats (consentement, capacité, objet et cause licites), le contrat de société présente trois caractéristiques :
– **faire un apport** : en numéraire (argent), en nature (bâtiments, machines...) ou en industrie (savoir-faire, compétences). Ces apports constituent le capital social ;

– **avoir un but lucratif** : rechercher un bénéfice, ce qui distingue la société de l'association ;
– **participer activement à la vie de la société** et contribuer aux objectifs fixés : cette volonté des associés de s'engager s'appelle l'*affectio societatis*.

C. Conséquences

▪ **Sociétés unipersonnelles et sociétés pluripersonnelles.** En principe, la société est pluripersonnelle : il faut être au minimum deux pour s'associer, mais elle peut être créée avec une seule personne (appelée associé unique). C'est le cas de l'EURL et de la SASU.

> **EURL** : entrepreneur unipersonnelle à responsabilité limitée.
> **SASU** : société par actions simplifiée unipersonnelle.

▪ **L'attribution de la personnalité juridique.** La société, personne morale, a les attributs d'une personne juridique :
– **un nom** : raison ou dénomination sociale ;
– **un domicile** : le siège social ;
– **une nationalité** : celle du siège social ;
– **un patrimoine social** qui lui est propre.
Personne juridique, la société peut signer des contrats, agir en justice.

▪ **L'organisation de la société.** Ce sont les associés qui ont le pouvoir : ils s'expriment lors de l'assemblée générale où le droit de vote est en principe proportionnel à l'apport. Ils vont désigner des mandataires sociaux pour diriger la société et la représenter vis-à-vis des tiers : un gérant dans les petites sociétés et un manager dans les grandes sociétés.

D. Classification des sociétés

▪ **Les sociétés de personnes.** Les associés s'unissent selon leur personnalité. Cet *intuitu personae* fait que la cession de parts à une personne extérieure à la société demande l'accord de tous les associés. La loi n'exige pas de capital minimum, car les associés sont responsables indéfiniment et solidairement des dettes de la société.
L'exemple type de ces sociétés de personnes est la société en nom collectif (SNC).

▪ **Les sociétés de capitaux.** La personnalité de l'associé importe peu, seul l'argent apporté compte. Les associés sont appelés **actionnaires** et leur responsabilité est limitée aux apports (le capital est donc la seule garantie des créanciers). La loi impose un capital minimum : 37 000 euros dans la société anonyme (SA).

▪ **Les sociétés mixtes ou de type intermédiaire.** L'exemple type est la SARL.
Ces sociétés ont certaines caractéristiques :
– **des sociétés de personnes** : les parts sociales ne sont pas librement cessibles, car il faut l'accord d'une majorité des associés (pas dans l'EURL où l'associé est seul) ;
– **des sociétés de capitaux** : la responsabilité des dettes sociales est limitée à l'apport.

> **SNC :** société en nom collectif.
> **SARL :** société à responsabilité limitée.
> **SA :** société anonyme.

E. Cas particulier : la SCOP (société coopérative et participative)

▪ **Caractéristiques.** C'est une société commerciale (SA ou SARL). Son capital est variable. Les associés (au moins deux) de la SCOP sont majoritairement salariés : le pouvoir leur appartient, car ils sont responsables de la bonne marche de leur entreprise.

▪ **Fonctionnement.** Soumise à l'impératif de rentabilité comme toute entreprise, elle bénéficie :
– d'une gouvernance démocratique : une personne = une voix (et pas une part sociale = une voix comme dans les sociétés). Le gérant est obligatoirement salarié ;
– d'une répartition des résultats favorisant la pérennité des emplois et l'entreprise, car le résultat est réparti en trois « parts » : **travail** (participation des salariés), **capital** (dividendes, obligatoirement limités) et **réserves** pour financer les investissements.

22

LE COURS

Le partenariat entre entreprises

1 Les raisons du partenariat

A. Les gains espérés

Si la concurrence est la règle en économie libérale, les entreprises choisissent parfois de coopérer pour améliorer les résultats en mettant en commun des moyens et des compétences, en partageant les risques et les coûts ou en développant des complémentarités.

B. Les techniques de coopération

Deux techniques juridiques sont possibles :
– de simples contrats : on parle d'accords de coopération encadrés par le droit à la concurrence au niveau national ou communautaire ;
– la constitution de véritables structures de coopération.

2 Les contrats de coopération

A. La concession

La concession est un accord par lequel un distributeur indépendant appelé **concessionnaire** a l'exclusivité, sur une zone territoriale déterminée, de la revente des produits d'un fournisseur appelé **concédant**. C'est la situation des garages ou des stations essence.
Le concessionnaire bénéficie de l'exclusivité sur le secteur, de la garantie de l'approvisionnement, de l'enseigne et du soutien publicitaire et technique du concédant.
En contrepartie, le concédant lui impose un quota d'approvisionnement, l'obligation de respecter les conditions de vente et de publicité.

B. La franchise

▪ **Caractéristiques.** La franchise est un mode de distribution sélectif par lequel un commerçant indépendant, le **franchisé**, utilise les procédés de vente mis au point par un producteur, le **franchiseur**, et vend ses produits sous la marque et l'enseigne de celui-ci. On rencontre cette méthode chez les prestataires de service : l'hôtellerie, l'intérim, la restauration, les loueurs de voiture, la distribution.

▪ **Le franchiseur.** Il optimise ses ventes et ne doit pas acheter le fonds de commerce, mais il doit communiquer au franchisé son nom, sa marque, ses produits ; former le franchisé et lui apporter une assistance technique et commerciale.

▪ **Le franchisé.** Il reste son propre patron, bénéficie de l'assistance du franchiseur, mais il doit payer un droit d'entrée et une redevance périodique proportionnelle au chiffre d'affaires réalisé ; respecter les normes de gestion et les méthodes commerciales du franchiseur et ne pas lui faire concurrence.

▪ **La loi.** Elle oblige le franchiseur à remettre au candidat franchisé au moins 20 jours à l'avance, un document d'information et le projet de contrat. C'est la seule obligation légale, les autres émanent de la jurisprudence.

C. La sous-traitance

La sous-traitance est un contrat par lequel une entreprise (le donneur d'ordre) confie sous sa responsabilité, à une autre entreprise (le sous-traitant) tout ou partie de l'exécution d'un contrat conclu avec le maître de l'ouvrage. Un cahier des charges précise au sous-traitant le travail à effectuer. Le donneur d'ordre (entrepreneur principal) dirige le travail des sous-traitants et il est responsable de leurs fautes.

Sujet du Bac

COMPRENDRE EN VIDÉO 6 vidéos de méthode pour réussir l'épreuve

1 Partie juridique

COMPRENDRE 13 EN VIDÉO

Amis de longue date, Capucine, Violette et Samuel souhaitent créer une société dont l'objet social sera la production de films d'animation. Capucine apporte un local estimé à 20 000 €, Violette 5 000 € en espèces et Samuel 4 000 € en espèces. Samuel a déjà travaillé comme infographiste et compte bien faire profiter ses amies de ses compétences (compétences estimées à 6 000 €). Ses amies l'ont nommé gérant. Ils souhaitent protéger leur patrimoine, rester entre eux.

1. Présentez toutes les possibilités qui s'offrent à eux et choisissez la plus pertinente.

COMPRENDRE 12 EN VIDÉO

2. Qualifiez juridiquement les apports effectués par les trois amis.

Les trois amis veulent s'impliquer dans la société. Outre Samuel qui va dessiner, Capucine veut écrire les scénarios des films et Violette veut coloriser les dessins. Ils ont entendu parler de la SCOP par un ami…

3. Présentez la SCOP et ses caractéristiques aux trois amis.

Leur choix s'est finalement porté sur la SARL. Au bout de quelques mois d'existence la société envisage de s'agrandir : il est décidé d'augmenter le capital de 15 000 € et de recruter une secrétaire. Les trois amis ne savent pas s'ils auront assez de travail pour l'occuper de façon permanente. Ils voudraient d'abord l'embaucher en contrat précaire avant de le transformer en contrat définitif.

COMPRENDRE 11 EN VIDÉO

4. Définissez le contrat de travail.

5. Présentez les types et les caractéristiques des contrats précaires ainsi que les avantages et inconvénients de ces formules pour un employeur.

Depuis que la secrétaire a été embauchée de façon définitive, elle arrive régulièrement en retard, ronchonne quand on lui demande quelque chose, conteste les décisions… Ils envisagent de la licencier…

6. Sur quel motif pourront-ils la licencier ? Quelle sera la procédure à suivre ?

Sur le rebord de la fenêtre, il y a des pots de fleurs et en les arrosant, Violette en fait tomber un qui atterrit malheureusement sur la tête d'un passant qui devra aller chez le médecin pour trois points de suture.

7. Violette est-elle responsable ? Quelles seront les conséquences de son acte ?

➤ **Corrigé page 209**

ANNEXE : Code civil, chapitre II : des délits et des quasi-délits

Art. 1382 : Tout fait quelconque de l'homme, qui cause à autrui un dommage, oblige celui par la faute duquel il est arrivé à le réparer.

Art. 1383 : Chacun est responsable du dommage qu'il a causé non seulement par son fait, mais encore par sa négligence ou par son imprudence.

Art.1384 : On est responsable non seulement du dommage que l'on cause par son propre fait, mais encore de celui qui est causé par le fait des personnes dont on doit répondre, ou des choses que l'on a sous sa garde. Le père et la mère, en tant qu'ils exercent l autorité parentale, sont solidairement responsables du dommage causé par leurs enfants mineurs habitant avec eux.

Les maîtres et les commettants, du dommage causé par leurs domestiques et préposés dans les fonctions auxquelles ils les ont employés. Les instituteurs et les artisans, du dommage causé par leurs élèves et apprentis pendant le temps qu'ils sont sous leur surveillance.

Art. 1385 : Le propriétaire d'un animal, ou celui qui s'en sert, pendant qu'il est à son usage, est responsable du dommage que l'animal a causé, soit que l'animal fût sous sa garde, soit qu'il fût égaré ou échappé.
Art. 1386 : Le propriétaire d'un bâtiment est responsable du dommage causé par sa ruine, lorsqu'elle est arrivée par une suite du défaut d'entretien ou par le vice de sa construction.

2 Partie analytique économique

A. Questions de nature méthodologique

1. Définissez la mondialisation et la démondialisation.

2. Quel est le rôle de l'OMC dans les échanges internationaux ? Quel organisme de l'OMC va régler le conflit entre la Chine et les États-Unis ?

3. Définissez le terme de protectionnisme et citez une mesure protectionniste.

B. Question de nature analytique

Présentez des arguments qui permettent de répondre à la question suivante : Les accords de partenariat entre pays proches aboutissent à la constitution de zones régionales de libre-échange comme l'Union européenne, mais cette régionalisation n'est-elle pas un obstacle au libre-échange ?

➤ Corrigé page 210

ANNEXE

La démondialisation a-t-elle commencé ?

Doublement alimenté par la montée de l'insécurité sociale et par l'érosion accélérée de l'influence occidentale dans le monde, le discours sur la démondialisation recouvre des aspirations aussi contrastées que le recouvrement de la souveraineté économique et monétaire, l'approfondissement de l'intégration au niveau régional ou encore la mise en place de nouveaux cadres de régulation de l'économie mondiale. Il n'évoque pas tant la tentation d'un illusoire repli sur soi que la fin de la mondialisation libérale, [...] triomphe des marchés sur les velléités régulatrices des États.

Les échanges mondiaux en repli

La démondialisation s'inscrit-elle pour autant dans les faits ? Triomphant jusqu'en 2007, le processus d'intégration globale des échanges, de la production et de la finance marque clairement le pas depuis 2008. Malgré la nette reprise du commerce mondial en 2010, la tendance à l'internationalisation croissante des échanges s'est clairement brisée avec la crise. Malgré une demande toujours dynamique dans les économies émergentes, la croissance en volume des échanges mondiaux de biens et de services a été divisée par trois sur la période 2008-2012 (+ 2,5 % par an) par rapport à la tendance antérieure. Dans les économies avancées, les importations de marchandises n'ont progressé que de 6 % au total au cours des cinq dernières années.
[...] la décélération du commerce mondial est due à l'atonie (faiblesse) de l'activité, en particulier en Europe. Mais la multiplication des entraves aux échanges, décriée par l'Organisation mondiale du commerce (OMC), pèse aussi sur les flux commerciaux. [...] Un sixième seulement des mesures protectionnistes mises en place au plus fort de la crise en 2008-2009 ont été abrogées depuis. Au lieu du retour à la normale escompté, on assiste à l'émergence d'un protectionnisme plus structurel, en particulier dans les pays en développement.
Parfois assumé, comme en Argentine ou en Indonésie, le plus souvent masqué, comme en Russie [...], le nationalisme économique a le vent en poupe dans les Brics (Brésil, Russie, Inde et Chine), où les mesures de protection des industries locales (automobile, moteurs, acier, etc.), mais aussi des services (Inde) prolifèrent. Second marché d'importation mondial, la Chine est en conflit commercial ouvert avec les États-Unis qu'elle accuse, entre autres choses, de subventionner indûment son industrie automobile. Quant aux négociations multilatérales (cycle de Doha), elles sont mortes et enterrées et laissent la place à de nouvelles initiatives « plurilatérales », comme l'accord de partenariat transpacifique ou son équivalent transatlantique en projet, dont l'intention inavouée semble d'isoler les Brics et tout particulièrement la Chine.

Alternatives économiques, HS 96 du 2e trimestre 2013

CONSEIL COMPRENDRE EN VIDÉO

Vous pouvez aussi être interrogé sur d'autres types de documents : tableau, graphique... Pour la méthode, voir les vidéos 14, 15, 16.

Sujet du Bac

1 Partie juridique

1 Les trois amis ont le choix entre :
– une société de personnes où les associés sont solidairement et indéfiniment responsables des dettes sociales mais comme les trois amis veulent protéger leur patrimoine, cette proposition est à écarter ;
– une société hybride comme la SARL constituée avec au moins au deux associés (ils sont trois), un capital minimum de 1 € (ils ont plus !), où la responsabilité est limitée aux apports (ce qui protège leur patrimoine) et l'entrée d'un nouvel associé est soumis à l'agrément des autres (ce qu'ils recherchent).

CONSEIL Les trois amis veulent rester ensemble, ils ne peuvent pas choisir la SA, société anonyme, où il faut être un minimum de 7 associés et avoir un capital de 37 000 € (ils ont 35 000 €).

COMPRENDRE 12 EN VIDÉO

2 Capucine apporte un local : c'est un apport en nature. Violette et Samuel apportent de l'argent : ce sont des apports en numéraire. Samuel apporte aussi son savoir-faire (estimé 6 000 €) : c'est un apport en industrie.

3 La SCOP (société coopérative de production) est une société commerciale (sous forme de SA ou SARL). Son capital est variable. Les associés de la SCOP sont majoritairement salariés : le pouvoir leur appartient car ils sont responsables de la bonne marche de leur entreprise. La SCOP est une entreprise collective : il doit y avoir au moins deux salariés associés co-entrepreneurs.
Soumise à l'impératif de rentabilité comme toute entreprise, elle bénéficie :
– d'une gouvernance démocratique : chaque salarié coopérateur ne dispose que d'une voix lors de l'assemblée générale (une personne = une voix et non pas une part sociale = une voix comme dans les sociétés). Le gérant est obligatoirement salarié ;
– d'une répartition des résultats favorisant la pérennité des emplois et l'entreprise, car le résultat est réparti en trois « parts » : une part travail (participation des salariés), une part capital (dividendes, obligatoirement limités) et une part réserves pour financer les investissements.

CONSEIL Les réserves ne peuvent être redistribuées, elles sont gardées pour les périodes difficiles.

COMPRENDRE 11 EN VIDÉO

4 Le contrat de travail est une convention par laquelle une personne (le salarié) s'engage à mettre au service d'un employeur ses capacités physiques, intellectuelles et professionnelles en contrepartie d'une rémunération (appelée salaire) versée par l'employeur. Il crée un lien de subordination entre les deux.

5 Les contrats de travail précaires sont le CDD et le CTT.
- Le CDD (contrat à durée déterminée) est écrit et doit préciser le motif du recours :
– le remplacement d'un salarié temporairement absent (maladie, accident, maternité) ;
– l'accroissement temporaire de l'activité de l'entreprise (ex. : commande importante) ;
– des emplois temporaires par nature (emplois saisonniers) ;
– des emplois où il est courant de recourir au travail temporaire (ex. : dans le cinéma).
Sa durée est de 18 mois au maximum, renouvelable une fois. Il répond au besoin de flexibilité. L'inconvénient majeur est l'intégration parfois délicate du CDD au personnel en CDI et le sentiment que l'employeur pourrait créer des postes plutôt que de recourir régulièrement à des CDD.
- Le CTT (contrat de travail temporaire) est un contrat écrit entre l'entreprise utilisatrice de travail temporaire et le salarié intérimaire, précisant les dates de début et de fin, le motif, le poste à pourvoir. L'entreprise de travail temporaire, employeur du salarié intérimaire, lui remet un ordre de mission qui précise la qualification, la rémunération et les possibilités d'embauche ultérieure de l'utilisateur. L'entreprise est plus flexible (l'agence de travail temporaire cherche la personne compétente), mais c'est coûteux et l'intégration n'est pas toujours facile.

COMPRENDRE 13 EN VIDÉO

6 L'employée est en faute (retards répétés, mauvaise volonté, contestation des ordres donnés). Il s'agira d'un licenciement pour motif personnel. La procédure est la suivante : convocation de la salariée à un entretien préalable, entretien pour exposer à la salariée les motifs retenus contre elle, notification du licenciement à la salariée par LRAR. La salariée peut contester la décision devant le conseil des prud'hommes.

7 D'après l'article 1383, chacun est responsable du dommage causé par son fait personnel, sa négligence ou son imprudence. Violette a été imprudente en faisant tomber le pot de fleurs : elle sera donc responsable du dommage. Elle devra indemniser la victime des frais médicaux engagés.

2 Partie analytique économique

A. Questions de nature méthodologique

1 La mondialisation se caractérise par un effacement des frontières et les entreprises produisent maintenant pour un grand marché mondial. C'est un processus d'intégration global des échanges, de la production, de la finance. La démondialisation se traduit par le retour à la souveraineté des États dans les domaines économique et monétaire, le renforcement des zones régionales et la mise en place de nouveaux cadres de régulation de l'économie mondiale.

2 L'OMC (Organisation mondiale du commerce) a été créée en 1994 et prolonge l'action du GATT qui visait à libéraliser les échanges entre pays. L'OMC a libéralisé les échanges de biens (et a commencé la libéralisation des services), développé les accords multinationaux, réduit les barrières protectionnistes (droits de douane, contingents…). L'ORD (Organe de règlement des différends) est chargé de résoudre les conflits commerciaux entre pays membres de l'OMC.

3 Le protectionnisme est une pratique selon laquelle le marché national doit être protégé. L'État, pour protéger ses industries naissantes de la concurrence des industries étrangères plus compétitives, va instaurer des droits de douane temporaires, le temps qu'elles deviennent capables d'affronter la concurrence : on parle de « protectionnisme éducateur » dans les pays en développement.
On rencontre aussi cette pratique dans les pays développés, pour des industries vieillissantes, afin de leur laisser le temps de se restructurer ou de se reconvertir mais aussi pour protéger l'emploi contre la concurrence des pays à faible coût de main-d'œuvre ou défendre des intérêts particuliers (ex. : les agriculteurs…) : c'est un « protectionnisme défensif ». Il utilise des mesures tarifaires (ex. : droits de douane) ou non tarifaires (ex. : contingentement…).

B. Question de nature analytique

Les blocs commerciaux sont des zones de libre-échange qui adoptent la libre circulation des biens et des services, un tarif extérieur commun. La régionalisation entraîne une augmentation des échanges entre pays de la zone (l'OMC vise aussi le développement des échanges au niveau international). Dans la zone régionale, il existe des règles qui favorisent le libre-échange (ex. : la commission européenne veille au respect des règles de la concurrence et l'ORD peut sanctionner des pays d'une zone régionale).

La régionalisation amène une nouvelle forme de protectionnisme. Les échanges entre partenaires de la zone sont favorisés (pas de taxation donc préférence affichée : la France fait les deux tiers de ses échanges avec les pays membres de l'UE). Le fait d'adopter un tarif extérieur commun est un protectionnisme tarifaire, car on applique des droits de douane aux produits qui ne proviennent pas des pays partenaires, membres de la zone régionale de libre-échange. Certaines régions subventionnent leurs exportations, ce qui est contraire aux principes de l'OMC. L'OMC autorise parfois un pays (ou une région) à utiliser les droits de douane en représailles à un conflit. De nouvelles formes de protectionnisme se développent entre zones régionales comme des normes techniques, des règles sanitaires.

Management des organisations

Présentation de l'épreuve

Épreuve écrite
Durée : 3 heures
Coefficient : 5

1. Cadre réglementaire de l'épreuve

L'épreuve de management des organisations est une **épreuve écrite** qui porte sur le programme de management de Première et de Terminale. Elle vise à évaluer la connaissance des notions fondamentales de management par le candidat et sa capacité à les mobiliser pour l'analyse des organisations et des pratiques de management. L'épreuve permet également de vérifier les acquis méthodologiques du candidat en management des organisations.

2. Présentation de l'épreuve

L'épreuve prend la forme d'un **cas pratique** composé de travaux qui permettent l'analyse d'**une ou plusieurs situations** de management des organisations présentées dans un **dossier documentaire** composé d'annexes. La première page du dossier présente une liste de travaux à effectuer ainsi qu'une liste d'annexes.

3. Contenu de l'épreuve

L'épreuve porte sur l'ensemble des notions et méthodes étudiées en Première et en Terminale STMG. En aucun cas, les seules notions de Première ou les seules notions de Terminale ne peuvent suffire pour aborder l'épreuve. Les travaux à effectuer portent toujours sur des notions ou des **méthodes acquises en Première et en Terminale**.

4. Critères d'évaluation

L'épreuve n'est pas un exercice théorique mais un exercice pratique qui doit permettre au jury de vérifier les capacités du candidat :
– à **analyser et exploiter des documents** concernant une ou plusieurs organisations ;
– à **analyser une organisation** : présenter ses caractéristiques, étudier son fonctionnement, examiner ses modes de management et éventuellement son évolution ;
– à **identifier une situation** ou un problème de management ;
– à **procéder à une analyse méthodique** ou à un **diagnostic raisonné** et argumenté de la situation ou du problème de management.

5. Conseils et méthodes de travail

Bien que l'épreuve se présente sous la forme d'un cas pratique, des connaissances ou notions doivent être nécessairement mobilisées pour réaliser les travaux demandés. Le programme de Première comprend des notions qui servent notamment à **caractériser** les organisations, à **analyser** leur fonctionnement et à **comprendre** les grandes fonctions du management. Ces notions doivent être maîtrisées, car elles constituent les bases de la discipline.

L'épreuve vous invite à analyser une situation de management en effectuant une série de travaux qui respectent une chronologie. Vous ne pouvez donc pas réaliser les travaux demandés dans un ordre quelconque. Ces travaux forment une démarche logique d'analyse : certains travaux doivent être nécessairement réalisés avant que d'autres soient effectués. Vous devez prêter une attention particulière aux verbes employés et aux notions utilisées dans l'énoncé.

Les annexes du dossier ne sont jamais très longues et proposent en principe des documents de natures différentes (schéma, texte, tableau). Elles comptent souvent des **comptes rendus d'entretien**.

La réalisation des travaux vous oblige à présenter une **réponse rédigée et argumentée**.

Le management peut-il tenir compte de l'intérêt de tous les acteurs de l'organisation ?

1 Statut du dirigeant et organes de direction

A. Les dirigeants d'entreprise privée

▪ **La propriété de l'entreprise.** Le statut du dirigeant, c'est-à-dire sa position dans l'entreprise, varie en fonction du lien qui l'unit à l'entreprise. Dans une entreprise privée, le statut du dirigeant dépend principalement de la source de son pouvoir de direction, c'est-à-dire de la propriété ou non du capital.

Ainsi, dans une **entreprise entrepreneuriale** ou simple, le dirigeant est à la fois propriétaire et gestionnaire de l'entreprise. Ce double statut donne au dirigeant un pouvoir de décisions étendu sur le fonctionnement de l'entreprise et lui confère une lourde responsabilité sur l'existence et le devenir de l'entreprise.

Dans une **entreprise familiale**, les dirigeants sont membres d'une même famille. Ils exercent un pouvoir de décision parce qu'ils occupent des postes de direction et parce qu'ils détiennent, souvent conjointement, des droits de propriété sur l'entreprise.

L'**entreprise managériale** est caractérisée par une séparation entre la propriété du capital de l'entreprise détenue par les actionnaires et la direction de l'entreprise confiée à des dirigeants ou managers. Les dirigeants exercent un pouvoir de décision dans la limite du mandat de gestion que leur ont délégué les actionnaires.

> **Actionnaire :** propriétaire d'un titre de propriété qui reçoit, sous forme de dividendes, une participation aux bénéfices de l'entreprise et qui détient un pouvoir de décision.
> **Dirigeant :** personne exerçant une autorité et détenant un pouvoir de décision dans une organisation.

▪ **Le secteur d'activité.** Il détermine en grande partie les principaux domaines de compétences dont devra faire preuve le dirigeant.

> **Secteur d'activité :** ensemble des activités de production d'une entreprise exerçant le même métier principal.

▪ **Le secteur de la grande industrie ou celui de la haute technologie.** Il impose aux dirigeants de posséder de fortes compétences techniques ainsi que des compétences conceptuelles pour analyser et anticiper les changements de l'environnement technologique. Dans ces deux grands secteurs d'activité, les dirigeants d'entreprise doivent mobiliser et répartir des ressources techniques, humaines et financières dans l'objectif principal de développer la recherche et l'innovation.

▪ **Le secteur des services.** Les dirigeants d'entreprise sont entourés de nombreux collaborateurs et entretiennent de multiples relations avec des partenaires extérieurs. Ces échanges, qui déterminent souvent le développement de l'activité de l'entreprise, obligent les dirigeants à posséder et mettre en œuvre principalement des compétences relationnelles.

B. Les dirigeants d'organisations publiques

▪ **La représentation démocratique.** Dans les administrations centrales locales comme les collectivités territoriales (communes, départements et régions), les dirigeants sont le plus souvent élus. Ils tirent donc leur position et leur statut dans l'organisation de la représentation démocratique. C'est le cas également des groupements de communes (communautés urbaines, communautés d'agglomération et communautés de communes) dont les dirigeants sont des élus.

> **Collectivité territoriale :** circonscription administrative dotée de la personnalité juridique et disposant du pouvoir de s'administrer par le biais d'autorités élues : communes, départements, régions.

▪ **La nomination des dirigeants.** Dans les administrations publiques centrales (État, ministères…) et les établissements publics, les dirigeants sont des hauts fonctionnaires recrutés par **voie de concours** de la catégorie A qui regroupe les fonctions de direction, d'encadrement, de conception et d'expertise.

Les dirigeants des organisations publiques sont ensuite nommés et exercent leur pouvoir de direction sous l'autorité et le contrôle des ministres. Ces hauts fonctionnaires dirigent une administration en définissant des orientations stratégiques et en mettant en œuvre des politiques publiques au plan national. Lorsqu'ils ne sont pas élus, les dirigeants des collectivités locales sont en relation directe avec les élus et les instances de décision (conseils municipaux, généraux ou régionaux). Ils participent à la définition et à la mise en œuvre des orientations stratégiques dans le respect de l'intérêt général. Il s'agit pour eux de superviser, d'arbitrer et d'organiser les ressources de la collectivité en déclinant les objectifs et les moyens par directions et services.

C. Les dirigeants d'association

▪ **Les dirigeants élus de l'association.** Les dirigeants de l'association sont élus dans le cadre de l'**assemblée générale** des adhérents ou par le conseil d'administration, lorsque cette instance existe. Les statuts de l'association doivent préciser le nombre de dirigeants, les modalités de désignation, le mode de révocation, la nature du mandat et de leurs attributions. En retour, les dirigeants doivent consentir formellement à accepter leurs missions.

> Mandataire : personne chargée d'agir pour le compte de quelqu'un, pour défendre des intérêts.

▪ **Un rôle de mandataire.** Les dirigeants d'une association sont considérés comme les **mandataires**. Leurs compétences, leurs pouvoirs, tant pour les actes de gestion interne qu'externe à l'association, sont définis par les statuts de l'association. Dans le cadre des pouvoirs qui leur sont conférés par l'assemblée générale ou le conseil d'administration, les dirigeants de l'association engageront l'association en tant que personne morale et non les sociétaires ou adhérents qui la composent.

D. Le caractère collégial d'une direction

Très souvent, la direction d'une organisation est assurée de manière collégiale, c'est-à-dire par une **équipe de dirigeants** (directeurs et directeurs adjoints, présidents et vice-présidents, etc.). Parfois même, les décisions mises en œuvre par les dirigeants sont prises dans le cadre d'assemblées qui réunissent les véritables décideurs (conseil d'administration et assemblées générales pour les sociétés, assemblées délibératives pour les collectivités territoriales, assemblée générale des adhérents pour les associations, etc.). Enfin, le dirigeant prend rarement seul les décisions qui vont engager l'organisation sur le long terme, il sollicite dans ce cas des conseillers ou des experts avant de faire des choix décisifs.

2 Les styles de direction

A. La typologie classique des styles de direction

> ZOOM
>
> À partir d'enquêtes de terrain sur les rapports entre supérieurs et subordonnés, il est possible de dégager **quatre grands styles de direction** qui caractérisent chacun une façon particulière d'exercer le pouvoir dans une organisation.

▪ **Le style autoritaire.** Il est caractérisé par la crainte, les menaces et les sanctions, une communication interne descendante, une distance entre le dirigeant et les subordonnés, l'absence d'esprit d'équipe et une centralisation des décisions et du pouvoir au niveau du dirigeant qui assume seul les responsabilités.

▪ **Le style paternaliste.** Il est caractérisé par des récompenses et des sanctions, une attitude plutôt soumise des subordonnés à l'égard du dirigeant, le manque de travail en équipe et une bienveillance distante, voire une condescendance de la part du dirigeant. Les subordonnés sont néanmoins soudés par un fort sentiment de solidarité.

▪ **Le style consultatif.** Il est caractérisé par une implication des employés dans les décisions, des rapports de coopération et de confiance, des communications ascendantes et descendantes, le travail en équipe, une implication et une motivation des membres de l'organisation.

▪ **Le style participatif.** Il est caractérisé par la participation des membres à la définition des objectifs communs, des rapports coopératifs et de confiance totale entre le dirigeant et les subordonnés, l'implication de chacun, à son niveau, dans la prise de décisions et une forte cohésion de l'organisation.

B. Les facteurs qui influencent les styles de direction

▪ **Le type d'organisation.** Pour une entreprise privée, une organisation publique ou une association, le type d'organisation influence la manière dont le style de direction est exercé. Ainsi, le **style consultatif** se rencontre presque systématiquement dans les associations dont les statuts attribuent une place importante aux adhérents. Le **style autoritaire** ou paternaliste s'observe plutôt dans les petites entreprises privées. Le **style participatif** n'existe pas dans les organisations publiques soumises à l'obligation de service public et dont les actions sont orientées vers la satisfaction des usagers.

▪ **La culture de l'organisation.** Elle influence le style de direction du dirigeant. Ainsi, une entreprise privée, dont l'histoire est ancienne, peut avoir fondé ses valeurs sur un savoir-faire transmis de génération en génération. De même, la culture du service public influence de manière déterminante le style de direction dans les organisations publiques.

▪ **L'environnement de l'organisation.** Les **valeurs sociétales** exercent une influence sur le style de direction. C'est le cas des préoccupations environnementales et écologiques des citoyens qui obligent aujourd'hui les dirigeants à intégrer des actions liées au développement durable dans leur manière de diriger une organisation.

> **ZOOM**
> La **responsabilité sociétale** est la responsabilité découlant de l'application du concept de développement durable. En effet, une organisation doit se soucier des impacts environnementaux et sociaux de ses activités et être plus attentive aux attentes et aux préoccupations de ses parties prenantes.

▪ **La personnalité du dirigeant.** La personnalité du dirigeant influence de manière déterminante le style de direction. Ainsi, le style autoritaire reste étroitement lié à l'absence de confiance du dirigeant à l'égard des salariés. Inversement, le style participatif suppose une confiance totale du dirigeant et sa volonté de déléguer son pouvoir de décision.

C. Le style de direction idéal

▪ **L'absence de style de direction idéal.** Il n'existe pas de style de direction idéal. Dans la réalité, le style de direction d'un dirigeant doit s'adapter à la fois aux caractéristiques de l'organisation (type, culture, taille…), à son environnement et aux caractères de ses membres. Un bon style de direction est un style adapté (ou un **style adaptatif**), c'est-à-dire en harmonie avec un contexte et des personnes.

MANAGEMENT

▪ **L'adaptation d'une personnalité à un contexte.** Un style de direction adapté (ou adaptatif) résulte d'une combinaison de trois grands facteurs :
– **le caractère du dirigeant** : valeurs, personnalité, convictions, degrés de tolérance et de confiance à l'égard des autres membres, formation, ambitions personnelles, etc ;
– **les caractères des membres** : degré d'implication et de motivation, confiance et loyauté, intérêts individuels, besoin d'autonomie ou d'encadrement, désir d'être plus responsables, etc ;
– **les caractéristiques de l'organisation** : type, taille, culture, propriété du capital, secteur d'activité, système de décision, réseaux de communication, mode d'organisation et de fonctionnement, etc.

3 Les acteurs de l'organisation

A. Les rôles et les intérêts des acteurs

▪ **Un rôle lié au statut et au groupe.** L'engagement dans une organisation est toujours un acte volontaire qui suppose l'adhésion à des obligations en échange de l'octroi de droits. Les différents acteurs d'une organisation tiennent chacun un rôle défini en fonction de leur statut dans l'organisation et de leur appartenance à un groupe.

▪ **La défense des intérêts individuels.** Pour faire valoir ou défendre ses **intérêts personnels**, chaque acteur dispose de moyens et de pratiques légitimes que lui accorde généralement le droit : statut professionnel, assemblée générale, délégation syndicale, bilan de compétences, etc.

B. Les acteurs de l'entreprise

▪ **Les salariés : cadres et employés.** Un salarié est lié à un dirigeant par un contrat de travail individuel qui lui permet de recevoir un salaire en contrepartie du travail fourni. Cet engagement volontaire du salarié l'oblige à effectuer le travail pour lequel il est rémunéré. Son intérêt personnel est donc de défendre l'emploi qui le fait vivre.

Le **cadre** se distingue de l'employé et de l'ouvrier par le fait qu'il détient sur celui-ci une autorité hiérarchique. Le cadre doit faire passer l'intérêt de l'organisation avant les intérêts individuels des employés et des ouvriers. Les intérêts de l'employé et ceux du cadre doivent converger vers un objectif commun de création de richesses permettant d'assurer la pérennité de l'entreprise et la préservation des emplois.

Délégué du personnel : salarié d'une entreprise chargé de représenter le personnel.
Délégué syndical : salarié d'une entreprise chargé de représenter un syndicat et de négocier des accords collectifs.

▪ **Les relations actionnaires-salariés.** L'objectif de l'**actionnaire** ou du sociétaire, associé propriétaire d'un titre de propriété de l'entreprise, est de percevoir sous forme de dividendes une partie des bénéfices résultant de l'activité de l'entreprise. Le partage de la valeur ajoutée par l'entreprise est l'enjeu de prises de positions contradictoires entre les syndicats de salariés, les actionnaires et les dirigeants.

Le rôle des **délégués syndicaux** désignés dans une entreprise ou un établissement de 50 salariés est de représenter le syndicat auquel ils appartiennent, de formuler des revendications et de négocier des conventions ou des accords collectifs.

Le rôle des **délégués du personnel**, élus dans les établissements de 11 salariés et plus, est de représenter le personnel auprès de l'employeur et de lui faire part de toute réclamation individuelle ou collective en matière d'application de la réglementation du travail.

C. Les acteurs des organisations publiques et des associations

▪ **Fonctionnaires et services publics.** Le service public doit garantir l'accès à tous des services destinés à la satisfaction des besoins fondamentaux. L'**intérêt général** est de préserver ces missions garantes de la cohésion sociale. Cet intérêt général repose sur l'existence de fonctionnaires, c'est-à-dire les personnes recrutées par concours, nommées dans un emploi permanent et titularisées dans un grade de la hiérarchie administrative. Le statut général des fonctionnaires repose essentiellement sur des lois qui constituent les droits et les obligations des fonctionnaires. Le **principe de neutralité** du service public interdit au fonctionnaire de faire de sa fonction l'instrument d'une propagande quelconque.

▪ **Bénévoles et adhérents d'associations.** Les **bénévoles** sont des personnes volontaires qui consacrent une partie de leur temps, sans être rémunérées, aux activités d'une association. Ils peuvent être remboursés des frais induits par leur activité (déplacement, hébergement, achat de matériel...). Ils ne sont soumis à aucune subordination juridique et ne reçoivent pas d'ordre ni ne peuvent être sanctionnés par l'association. Les adhérents englobent la quasi-totalité des personnes qui participent à la vie associative, soit formellement par une adhésion et une cotisation (environ 80 % des cas), soit de fait, par la participation active à une activité associative.

D. Des rôles multiples générateurs de conflits

Partie prenante : individu ou groupe d'individus pouvant affecter ou être affecté par la réalisation des objectifs d'une organisation.

▪ **Les parties prenantes.** Ce sont des acteurs individuels ou, le plus souvent, des groupes d'acteurs animés par des objectifs et des intérêts particuliers qui peuvent affecter une organisation ou être affectés par elle. Leurs **intérêts divergents** peuvent générer des conflits entre les parties prenantes et l'organisation, voire entre les parties prenantes elles-mêmes.

▪ **En fonction de leur appartenance à ces groupes.** Les acteurs individuels tiennent des **rôles multiples** dont les objectifs sont parfois antagonistes. Un même individu peut appartenir à plusieurs parties prenantes ou groupes et tenir plusieurs rôles, ce qui peut être générateur de tensions pour lui-même et pour le groupe.

2 LE COURS

Comment orienter le management des emplois et des compétences selon les besoins de l'organisation ?

1 La gestion prévisionnelle des emplois et des compétences

A. La prévision des qualifications et des compétences

Compétence : prise d'initiative et de responsabilité de l'individu sur des situations professionnelles auxquelles il est confronté avec d'autres acteurs et pour lesquelles il doit mobiliser ses connaissances, son savoir-faire et son expérience.

▪ **La compétence et la qualification.** La **compétence professionnelle** est une combinaison de connaissances, savoir-faire, expériences et comportements s'exerçant dans un contexte précis. Elle se constate lors de la mise en œuvre en situation professionnelle à partir de laquelle elle peut être validée. La **qualification individuelle** est définie comme l'ensemble des aptitudes et capacités propres à un individu et acquises par la formation ou l'expérience. La **qualification d'un poste** (ou d'une fonction) est définie par l'ensemble des aptitudes et capacités requises par un poste de travail ou par une fonction.

▪ **La finalité d'une démarche compétence.** Une démarche compétence a pour finalité de valoriser les compétences des membres d'une organisation en s'appuyant sur leurs capacités d'initiative et de prise de responsabilités. La spécificité de la démarche compétence tient à la prise en compte des incidences de la stratégie sur l'évolution des métiers et des compétences. La démarche compétence permet la mise en œuvre de la stratégie en donnant aux salariés la possibilité d'évoluer vers de nouvelles compétences grâce à la mobilité professionnelle interne.

GPEC : gestion prévisionnelle des emplois et des compétences.

▪ **Stratégie de l'organisation et GPEC.** Elle permet à une organisation d'identifier les compétences qui lui seront nécessaires pour réaliser sa stratégie tout en facilitant la mobilité des salariés. Elle permet d'anticiper les besoins en formation nécessaires au développement des compétences stratégiques. Un dispositif de GPEC s'articule autour d'une démarche et d'un ensemble d'**outils de diagnostic des ressources humaines**.

B. Les étapes d'une gestion prévisionnelle des emplois et des compétences

▪ **L'analyse de l'environnement et le choix stratégique.** Une démarche de GPEC débute toujours par l'étape d'**élaboration de la stratégie**. Cette étape consiste à analyser l'environnement et à anticiper ses évolutions technologiques, économiques, écologiques, sociales, culturelles… afin que l'organisation puisse se positionner face aux autres organisations et déterminer son offre future. Concrètement, l'organisation confronte ses capacités internes (en termes de forces et faiblesses) à l'évolution prévisible de son environnement (en termes d'opportunités et de menaces) afin de déterminer la stratégie à mettre en place. Le choix stratégique implique une adaptation des ressources de l'organisation aux évolutions prévisibles de son environnement.

▪ **L'évolution souhaitable des ressources humaines.** La deuxième étape consiste à évaluer les conséquences des choix stratégiques sur la structure de l'organisation et sur la nature et le volume des emplois et des compétences individuelles qui en découlent. Cette étape doit permettre de définir quantitativement et qualitativement **les emplois et les compétences souhaitables** (emplois à créer, à supprimer, à redéfinir…) pour mettre en œuvre la stratégie choisie.

Cette étape vise principalement à identifier les emplois et compétences sensibles, c'est-à-dire ceux qui sont directement liés aux décisions stratégiques (emplois clés pour le développement de certaines activités, emplois dont le contenu va se transformer radicalement, emplois dont les effectifs vont être sérieusement diminués…).

▪ **L'évolution probable des ressources humaines.** La troisième étape consiste à établir un état des emplois et des compétences actuellement disponibles et à anticiper leur évolution à l'horizon stratégique compte tenu des recrutements et des départs prévus. Concrètement, il s'agit de décrire les principales caractéristiques des emplois et des compétences actuelles et de simuler leur évolution naturelle.

▪ **Le constat d'un écart à corriger.** Les simulations effectuées précédemment aboutissent presque systématiquement au constat d'un écart entre les besoins en compétences résultant du choix stratégique de l'organisation (étape 2) et l'évolution naturelle des compétences actuelles (étape 3).

Cette dernière étape consiste alors à mettre en œuvre une **politique de ressources humaines** visant à corriger l'écart constaté : changement dans l'organisation du travail (tâches et activités à effectuer), recrutements (recherche de compétences), mobilités géographique et professionnelle (promotions, mutations), formation, etc.

> ZOOM
> Une politique de ressources humaines comprend des outils d'ajustement des ressources humaines aux choix stratégiques de l'organisation.

MANAGEMENT

2 La dimension stratégique du recrutement

A. Les enjeux stratégiques du recrutement

▪ **La finalité du recrutement.** Le recrutement doit permettre de répondre conjointement aux besoins de l'organisation et aux attentes des candidats. Après avoir attiré les candidats sur un emploi, l'organisation doit conserver durablement les compétences acquises et les faire évoluer en fonction de ses besoins et de ceux de l'individu. Un recrutement réussi permet de pourvoir l'organisation en collaborateurs compétents, de limiter les coûts nécessaires au recrutement, de fidéliser et de valoriser ces compétences une fois que le candidat a intégré l'organisation.

▪ **Les enjeux économiques.** Le recrutement représente toujours un coût pour l'organisation suivant la nature des compétences recherchées et les modalités de recrutement. De plus, une organisation n'est jamais sûre de recruter la personne détenant l'ensemble des compétences recherchées. En outre, la personne recrutée ne disposera peut-être pas au sein de l'organisation des outils nécessaires pour mettre en œuvre efficacement ses compétences.

▪ **Les enjeux sociaux.** Le recrutement est un facteur déterminant du climat social d'une organisation. Il peut influencer la cohésion et l'efficacité des unités de travail en les renforçant ou en les diminuant. Il peut transformer partiellement la pyramide des âges, redynamiser le personnel, remettre en cause une hiérarchie, créer des conflits…

▪ **Les enjeux juridiques.** Le choix du statut de l'emploi et la nature du contrat de travail qui vont lier la personne recrutée à l'organisation sont déterminants. En effet, suivant la nature de ce contrat (CDI, CDD, intérim, travail à temps partiel…), l'implication et l'engagement individuels dans la réalisation des objectifs stratégiques de l'organisation seront plus ou moins forts. Si l'organisation ne recrute pas les bonnes compétences, elle devra mettre en place une procédure de licenciement ou de reclassement, toujours longue et coûteuse.

B. Les modalités de recrutement

▪ **Les deux modes de recrutement.** Le **recrutement sur le marché interne** consiste à vérifier si les compétences recherchées ne sont pas déjà présentes dans l'organisation, d'où l'importance des entretiens annuels d'évaluation. L'avantage de cette option est que le collaborateur connaît déjà la structure, ses métiers ou missions et sa culture. Le recrutement interne montre, par ailleurs, aux membres de l'organisation que des évolutions d'emploi sont possibles, ce qui peut favoriser leur implication et leur motivation face à des opportunités de carrière par exemple. Le **recrutement sur le marché externe** consiste à rechercher les candidats sur le marché du travail selon différentes modalités : annonces, concours, recours à un cabinet de recrutement, Pôle emploi, etc.

▪ **Le recrutement dans les entreprises.** Les modalités de recrutement sont liées à la taille de l'entreprise et à la nature ou au statut du poste à pourvoir. Les grandes entreprises font le plus souvent appel à des cabinets de recrutement, alors que les PME se tournent plutôt vers Pôle emploi ou publient des annonces dans des journaux locaux ou nationaux. La multiplication des sites Web spécialisés dans le dépôt d'annonces et de candidatures permet aux entreprises de déposer leurs offres d'emploi et aux internautes-candidats de déposer en ligne leur *curriculum vitae* et d'exposer leurs prétentions (on parle d'**e-recrutement**).

▪ **Le recrutement dans les organisations publiques.** Les fonctionnaires de l'État sont recrutés exclusivement par voie de concours tandis que les fonctionnaires territoriaux accèdent aux grades par voie de concours, de promotion interne ou d'avancement. L'inscription aux concours est assortie de conditions d'âge, de diplômes, de nationalité…

▪ **Le recrutement dans les organisations à but non lucratif.** Les salariés sont recrutés selon les mêmes modalités que les salariés dans les entreprises. En revanche, les bénévoles sont des volontaires qui sont recrutés en fonction de leurs compétences et surtout de leur implication personnelle, de leur disponibilité et de l'adéquation entre leurs objectifs personnels et les objectifs poursuivis par l'organisation.

3 La flexibilité des ressources humaines

A. Flexibilité et gestion des ressources humaines (GRH)

▪ **Environnement et flexibilité.** L'environnement d'une organisation est caractérisé par des changements fréquents et imprévisibles qui lui imposent d'être réactive afin d'adapter son offre à la variabilité de la demande. Cet impératif de réactivité oblige les organisations à adopter des structures souples et flexibles qui rendent nécessaire une flexibilité des ressources humaines.

> **ZOOM**
> La **flexibilité** est un outil qui permet d'adapter quantitativement et qualitativement les ressources humaines aux besoins stratégiques de l'organisation.

▪ **L'évolution des pratiques de GRH.** Désormais, les pratiques de GRH valorisent l'autonomie, la polyvalence et la responsabilisation de tous les collaborateurs.

Dans les entreprises notamment, l'organisation du travail privilégie **l'élargissement et l'enrichissement des tâches** et s'appuie sur une décentralisation du pouvoir de décision en vue d'une réactivité accrue face aux changements environnementaux. L'impératif de flexibilité imposé par ces changements conduit les responsables des ressources humaines à mettre en place des politiques de ressources humaines axées sur le développement des compétences et de la polyvalence.

▪ **Une gestion des ressources humaines fondée sur la flexibilité.** Elle a pour vocation de développer la capacité de l'organisation à ajuster rapidement ses compétences collectives aux changements environnementaux, par définition imprévisibles. Elle se distingue de la GPEC qui a pour finalité d'anticiper cet ajustement et de le mettre en œuvre avant qu'il ne s'impose dans l'urgence.

B. Les différentes formes de flexibilité des ressources humaines

▪ **La flexibilité quantitative externe.** Elle a pour finalité d'ajuster les **effectifs** aux besoins de personnel de l'organisation, le plus souvent par le recours au marché externe. Ce type de flexibilité se traduit par l'embauche de personnel temporaire (CDD ou intérimaires) ou par le recours à des travailleurs indépendants ou des sous-traitants.

▪ **La flexibilité quantitative interne.** Elle consiste à rendre le **temps de travail** plus flexible par le recours à la modulation des heures de travail, l'annualisation du temps de travail, l'aménagement du temps de travail, des horaires de travail variables, etc.

▪ **La flexibilité qualitative.** Elle a pour finalité d'ajuster les ressources humaines disponibles dans l'organisation à ses besoins en **compétences**. Elle s'applique aux salariés permanents de l'entreprise. Les modalités de la flexibilité qualitative impliquent la polyvalence, la responsabilité, l'autonomie, la mobilité, le développement des compétences…

▪ **Les avantages de la flexibilité qualitative.** Elle suppose de fournir aux salariés les moyens de développer leurs compétences et de leur offrir des perspectives d'évolution d'emploi ou de carrière. Pour cela, l'organisation doit leur permettre d'actualiser leurs connaissances grâce à la formation notamment. La confrontation à de nouvelles situations de travail et les échanges entre salariés permettent également d'enrichir les savoir-faire et l'expérience.

Pour être efficace, la flexibilité qualitative doit s'accompagner d'autonomie et de responsabilité, ce qui implique une délégation du pouvoir de décision et une transformation des styles de direction vers davantage de consultation ou de participation des collaborateurs. La flexibilité qualitative suppose une implication personnelle qui doit avoir pour contrepartie une rétribution financière ou non financière. Cette rétribution est un moyen de reconnaître la valorisation des compétences.

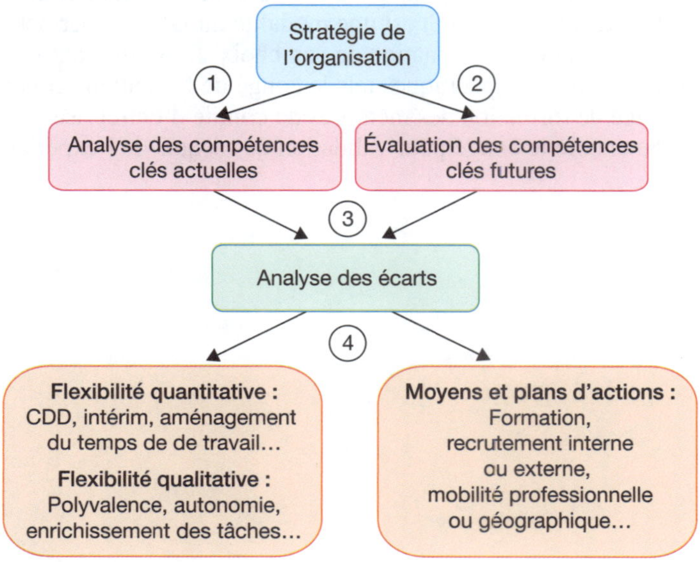

MANAGEMENT

4 Enjeux et politique de formation

A. Objectifs et contenu de la formation

▪ **L'obligation légale de formation.** Il existe des **dispositions légales** qui obligent les organisations à mettre en place des formations. Ainsi, l'organisation d'une formation s'impose à l'employeur qui embauche un jeune en contrat d'insertion en alternance. De même, un accord collectif d'entreprise peut prévoir des périodes de formation obligatoires pour les salariés. Un plan de formation annuel est une obligation légale pour un grand nombre d'organisations.

▪ **Les objectifs de la formation.** La **formation professionnelle** regroupe tout d'abord les actions d'adaptation et de développement des compétences destinées à favoriser l'adaptation des salariés à l'évolution des emplois. Elle comprend également des actions de promotion qui ont pour objet de permettre à des travailleurs d'acquérir une qualification plus élevée. Enfin, les actions de prévention et de conversion ont pour but de permettre aux salariés de s'adapter à l'évolution de leur emploi ou d'accéder à des emplois exigeant une qualification différente.

▪ **L'organisation de la formation.** Une organisation peut organiser elle-même la formation de ses membres : c'est la formation interne. Elle peut également faire appel à un prestataire extérieur : c'est la formation externe.

B. Le contenu d'une politique de formation

▪ **La formation collective.** Dans les entreprises, le dirigeant peut organiser un plan de formation après consultation des représentants du personnel. Dans ce cas, les actions de formation professionnelle se déroulent conformément à un programme établi qui précise les moyens mis en œuvre ainsi que le dispositif de suivi et de contrôle des résultats de la formation. Les organisations publiques mettent également en place des plans de formation spécifiques pour adapter les savoirs et savoir-faire des fonctionnaires aux spécificités et à l'évolution des missions de service public.

▪ **La formation individuelle.** Le **droit individuel à la formation (DIF)** est un droit reconnu aux salariés disposant d'une ancienneté d'au moins un an dans une entreprise. Le **congé individuel de formation (CIF)** est une modalité du DIF qui permet à un salarié de prendre l'initiative de suivre une formation de son choix. Il existe d'autres congés de formation avec des objectifs plus spécifiques tels le congé de formation économique, sociale et syndicale, le congé de formation des membres du comité d'entreprise, le congé de bilan de compétences ou encore le congé pour validation des acquis de l'expérience.

Peut-on entretenir durablement la motivation des hommes par la seule rémunération ?

1 Politique et mode de rémunération des ressources humaines

A. Les composantes de la rémunération

▪ **La notion de masse salariale.** La **masse salariale** d'un ensemble de salariés pour une période donnée (mois ou année généralement), dans une organisation donnée, est composée de l'ensemble des salaires nets et des charges sociales (patronales et salariales) concernant ces salariés.

▪ **La notion de rémunération globale.** La **rémunération globale** comprend d'une part la rémunération principale composée du salaire de base et des primes qui constituent une part individualisée dont le montant varie en fonction de la performance individuelle ou collective. La rémunération principale peut être complétée par des avantages en nature (logement de fonction, voiture de société, téléphone personnel…) ou en espèces (mutuelle, chèques repas…). D'autre part, la rémunération globale comprend l'épargne salariale composée de l'intéressement, de la participation et des plans d'épargne collectifs soumis à des conditions particulières d'utilisation.

B. Objectifs et modalités d'une politique de rémunération

▪ **Les objectifs d'une politique de rémunération.** La **politique de rémunération** vise à rétribuer les membres d'une organisation selon un principe d'équilibre entre la contribution individuelle apportée à une organisation et la rétribution reçue en contrepartie. C'est également un moyen de mobiliser et fidéliser les membres d'une organisation pour conserver des compétences clés et assurer une certaine stabilité au sein de l'organisation. La politique de rémunération peut encourager la performance par la mise en place de primes individuelles ou collectives en fonction des résultats de l'individu, du groupe, du service, etc.

▪ **Les contraintes d'une politique de rémunération.** La politique de rémunération doit tenir compte de contraintes propres à l'organisation concernée : maîtrise des coûts, lois et conventions collectives, maintien de la cohésion sociale. Ainsi, la réduction de coûts salariaux peut constituer un objectif de politique de rémunération lorsque la stratégie concurrentielle repose sur une domination par les coûts de production.

▪ **Les types de politiques de rémunération.** Il existe trois grands types de politiques de rémunération :
– **par le marché** qui fixe le niveau des salaires dans l'organisation par comparaison au marché de l'emploi ;
– **par les qualifications** qui définissent le niveau des salaires en référence aux qualifications et par la négociation ;
– **par les primes et avantages** qui fixent les salaires en fonction de la performance individuelle ou collective.

▪ **L'individualisation de la rémunération.** De profondes évolutions traversent la politique de rémunération. Elles se traduisent notamment par l'**individualisation de la rémunération** et la diversification de ses composantes.

> **ZOOM**
> Les **pratiques d'individualisation** des rémunérations s'observent essentiellement dans les entreprises privées.

L'individualisation de la rémunération consiste à ajouter à la rémunération fixe, une **rémunération variable** liée aux résultats individuels que l'activité du salarié a générés pour l'organisation. Cette part variable de la rémunération étant associée aux résultats, le salarié est plus impliqué et motivé.

- **La diversification de la rémunération.** On observe dans les entreprises une diversification de la part des éléments périphériques du salaire constitués notamment par l'épargne salariale. Celle-ci comprend l'**intéressement**, la **participation** et les **plans d'épargne** collectifs. L'intéressement aux résultats est un mode de rémunération collective lié aux performances de l'entreprise. De même, la participation aux bénéfices permet de distribuer aux salariés une partie des bénéfices qu'ils ont contribué à réaliser grâce leur travail. Un système d'épargne collectif permet aux salariés d'une entreprise de se constituer une épargne personnelle.

2 Les autres facteurs de motivation au travail

A. Les composantes et les enjeux de la motivation

- **La notion de motivation.** La **motivation au travail** est une volonté individuelle de fournir un effort important dans le but d'atteindre les objectifs fixés par une organisation et de satisfaire conjointement un besoin personnel. Pour favoriser la motivation, les organisations doivent donc créer les conditions qui poussent un individu à s'engager personnellement pour conduire une activité qui concourt à la réalisation des objectifs de l'organisation et de ses objectifs personnels.

- **Les enjeux de la motivation.** L'absence de motivation d'un salarié peut conduire à un dysfonctionnement dans les processus professionnels en raison d'un défaut d'ajustement de son activité aux activités des autres salariés. L'absence de motivation individuelle peut avoir des répercussions négatives sur la performance globale d'un groupe de travail, d'un projet, d'un processus, ou de l'organisation.

B. Les facteurs de motivation liés au contexte de travail

- **La qualité de vie au travail.** L'existence d'une cohésion et d'une stabilité du groupe de travail dans lequel l'individu est intégré et impliqué constitue un facteur déterminant de sa motivation. Les relations de respect, de confiance et de solidarité entre les collaborateurs eux-mêmes et entre les collaborateurs et leur hiérarchie sont également des facteurs de motivation importants. Tous ces facteurs agissent sur le climat social, l'ambiance de travail, et influencent plus globalement la **qualité de vie au travail**.

- **Les groupes de projets.** Les groupes de projets sont des groupes de travail qui permettent à leurs membres de s'exprimer sur les activités à réaliser ou encore sur les conditions de travail. Ils constituent à ce titre un facteur important d'implication personnelle à condition que les attentes exprimées soient prises en compte par l'équipe dirigeante.

- **L'autonomie et la responsabilité.** Favoriser l'autonomie des salariés par la délégation de pouvoir et l'appel à la créativité, stimuler la prise de responsabilité individuelle par la participation à la définition des objectifs et au choix des moyens à mettre en œuvre constituent des leviers déterminants de la motivation individuelle. L'autonomie et la responsabilité nécessitent cependant la mise en place de processus participatifs fondés sur une décentralisation du pouvoir de décision afin de permettre aux membres d'une organisation de s'exprimer sur le contenu et les activités de leur cadre de travail.

▪ **La valorisation individuelle.** La motivation des membres d'une organisation ne peut se concevoir sans la valorisation des compétences individuelles, notamment grâce à la formation. Pour les fonctionnaires, la participation à une mission de service public et l'adhésion à des valeurs sociales constituent des facteurs de motivation. Ainsi, le travail réalisé dans le cadre d'un intérêt général apparaît comme ayant davantage de sens qu'une activité qui concourt à la réalisation d'objectifs essentiellement économiques.

> **ZOOM**
> La reconnaissance des résultats individuels et collectifs par la hiérarchie et la prise en compte des attentes personnelles sont de puissants facteurs d'épanouissement personnel, d'estime et de valorisation de soi en général.

C. La culture de l'organisation, facteur de cohésion et d'implication

▪ **Les composantes de la culture organisationnelle.** La **culture d'une organisation** comprend les artefacts, valeurs, croyances et symboles spécifiques à cette organisation. Les valeurs sont les normes de comportement acceptées et reconnues par les membres de l'organisation. Il s'agit des principes communs jugés essentiels par tous les membres et auxquels ils sont très attachés : tradition, savoir-faire, soin et qualité du travail, etc.

> **Artefacts :** éléments perceptibles, tangibles ou non, visibles et audibles d'une organisation : objets physiques (bâtiment, vêtements…), comportements (relations, cérémonies, traditions…) et paroles (anecdotes, histoires, vocabulaire…).

Les croyances sont des conceptions fondamentales de la nature humaine et de la société que les membres d'un groupe véhiculent : solidarité, générosité, respect de l'autre, etc.
Les symboles permettent d'associer les éléments tangibles de l'organisation à ses éléments intangibles afin de donner davantage de réalité à ces derniers : logos, signes, couleurs, etc.

▪ **Partage de valeurs et sentiment d'appartenance.** La culture d'une organisation véhicule des valeurs qui dictent les comportements des membres de l'organisation. Quand les valeurs de l'organisation sont en harmonie avec les valeurs individuelles, les personnes qui les partagent sont motivées par des sentiments de sécurité, d'appartenance et d'épanouissement. Les valeurs de l'organisation permettent alors de fédérer les énergies et d'orienter les comportements de ses membres vers la réalisation des objectifs de l'organisation.

▪ **La diffusion de la culture organisationnelle.** Dans une organisation, la promotion des valeurs appartient aux dirigeants et aux équipes de responsables (cadres, managers, chefs de service, etc.).

> **ZOOM**
> Il est impossible d'imposer des valeurs par la contrainte ; les valeurs ne peuvent se transmettre que par imprégnation librement consentie.

Il leur appartient de véhiculer les valeurs qui sous-tendront toutes les activités de l'organisation et contribueront à la création d'un contexte favorable à la motivation et à l'implication individuelles.
Cependant, l'influence de la culture d'une organisation sur la motivation suppose que les valeurs qu'elle véhicule soient adoptées volontairement par la majorité de ses membres et qu'elles concourent à la réalisation des objectifs de l'organisation.

3 Le stress et la souffrance au travail

A. Le stress et les risques psychosociaux

▪ **La notion de stress au travail.** Le **stress au travail** est le résultat d'un déséquilibre entre les demandes et les pressions exercées sur une personne et les connaissances et capacités dont elle dispose pour y faire face.

> **ZOOM**
> Certaines pratiques de management sont génératrices de stress, occasionnant de la souffrance au travail dont les manifestations prennent des formes différentes.

Le stress remet donc en cause la capacité d'une personne à accomplir son travail et affecte sa santé physique, son bien-être et la productivité.

▪ **Les risques psychosociaux.** Ils recouvrent les risques rencontrés dans un contexte professionnel et pouvant porter atteinte à la santé mentale des individus, voire à leur intégrité physique : état de tension, anxiété, problèmes de sommeil, fatigue, faible satisfaction au travail, perception amplifiée des contraintes au travail, etc.

B. Les causes et les conséquences du stress au travail

▪ **Le contexte économique et social.** Face à la concurrence, les entreprises sont engagées dans une course à la productivité et à la performance qui modifie le travail et les relations professionnelles. Les salariés doivent être plus polyvalents et autonomes tout en étant beaucoup plus isolés et plus individualistes. Au niveau de l'organisation du travail plus flexible, les salariés sont contraints d'être réactifs et de passer très rapidement d'une activité à une autre en privilégiant l'urgent sur l'important et l'important sur l'essentiel.

▪ **Le cadre de travail.** Les réorganisations fréquentes des processus de travail remettent régulièrement en question les postes de travail et leurs contenus, ce qui déstabilise les salariés sur le plan psychologique. L'évolution rapide des technologies de l'information et de la communication impose aux salariés de s'adapter en permanence à de nouveaux outils de travail. Parallèlement à leur vie professionnelle, les individus doivent faire face dans leur vie personnelle à des événements difficiles d'ordre conjugal, familial, financier qui ont des impacts forts sur le plan psychologique. Vie professionnelle et vie personnelle apparaissent de plus en plus souvent indissociables.

▪ **Les conséquences du stress.** Le stress au travail apparaît comme l'un des risques récents auxquels les entreprises sont confrontées. Outre ses effets sur la santé des salariés, le stress professionnel affecte directement la performance de l'organisation : absentéisme, dévalorisation des compétences, difficultés de recrutement…

4 LE COURS Comment émergent les grandes orientations stratégiques ?

1 Finalité et stratégie d'une organisation

A. L'identification de la finalité de l'organisation

▪ **Le métier de l'entreprise.** Avant d'élaborer une stratégie, une organisation doit nécessairement identifier sa finalité qui s'exprime à travers son **métier** ou sa mission.

> **Finalité :** raison d'être d'une organisation, but général qu'elle s'est fixé et qui justifie son existence. Il s'agit le plus souvent de son métier (entreprise), de sa mission (organisation publique) ou de son objet (association).

La **finalité** d'une entreprise peut être économique (croissance, chiffre d'affaires, rentabilité, marché…), sociale (création ou sauvegarde d'emplois, formation, épanouissement personnel…) et/ou sociétale (développement durable, protection de l'environnement, protection et égalité des salariés, non-discrimination…).

Dans l'entreprise, la stratégie est fondée sur le métier qui résulte d'une combinaison de savoir-faire et de compétences distinctives propres à l'entreprise adaptés à un marché ou à un secteur d'activité. Le métier d'une entreprise correspond à l'ensemble des activités principales qui mobilisent des ressources et des compétences spécifiques et qui permettent à l'entreprise de se distinguer de la concurrence.

▪ **La mission des autres organisations.** Pour les autres organisations, la mission correspond à leur vocation à satisfaire un intérêt général, un intérêt collectif ou des intérêts particuliers. Elle s'appuie sur des finalités non lucratives. La mission principale des organisations publiques est la satisfaction des **besoins sociétaux**, c'est-à-dire des besoins essentiels pour vivre dans une société, que ces besoins soient solvables ou non solvables. Une mission publique nationale est définie par l'État, tandis qu'une mission publique locale est définie par une collectivité territoriale conformément aux intérêts généraux de l'État.

La **mission** d'une association correspond à son objet défini dans le cadre d'une assemblée générale et précisant la vocation de l'association à agir au service de ses adhérents ou pour la défense d'un intérêt collectif ou général.

B. Stratégie et type d'organisation

▪ **La notion de stratégie.** La **stratégie** peut être définie comme l'orientation des activités d'une organisation à long terme, destinée à consolider ou à obtenir un avantage concurrentiel, grâce à la mobilisation des ressources et des compétences de l'organisation dans un environnement incertain et changeant.

▪ **La stratégie de l'entreprise.** Elle a pour objectif essentiel d'assurer la pérennité de l'entreprise par la satisfaction des clients, la prise en compte des attentes des autres parties prenantes et la valorisation des différentes ressources qui la composent. La stratégie de l'entreprise vise à consolider ou à obtenir un avantage décisif et durable sur la concurrence.

> **Pérennité :** caractère d'une organisation dont l'activité se perpétue.

▪ **La stratégie de l'organisation publique.** Elle correspond à une **politique publique** définie dans le cadre de l'intérêt général et fondée sur des missions de services publics.

▪ **La stratégie de l'association.** Elle est limitée à la réalisation de son **objet social**. Elle est liée directement aux buts que l'association s'est assignés au moment de sa constitution et qui ont été précisés lors des assemblées générales des adhérents.

2 Les trois grandes étapes du processus stratégique

Dans toute organisation, la stratégie découle d'un processus de management stratégique intégrant trois grandes étapes successives, qui consistent à définir ce qu'elle sait faire, ce qu'elle veut faire et comment elle veut le faire.

A. Le diagnostic stratégique

Le diagnostic stratégique constitue la première étape du processus ou de la démarche stratégique. Il comprend :
– une **dimension interne** par l'étude des ressources et l'analyse des compétences propres à l'organisation ;
– une **dimension externe** par l'examen des composantes propres à l'environnement de l'organisation.
La phase de diagnostic stratégique permet de répondre aux questions « Où veut-on aller ? » et « Comment allons-nous y parvenir ? ». L'objectif est de mettre en évidence le métier de l'entreprise ou la mission de l'organisation publique ou de l'association.

B. La fixation des objectifs stratégiques

▪ **« Où veut-on aller ? »** La seconde étape conduit les dirigeants à fixer des objectifs qui engageront l'existence de l'organisation sur le long terme. Pour une entreprise, les objectifs stratégiques sont définis par l'équipe dirigeante au niveau global et concernent le(s) métier(s) de l'entreprise.

▪ **Dans les grandes entreprises.** Dans les grands groupes qui comptent plusieurs filiales, les objectifs stratégiques sont assignés à la fois pour l'ensemble des activités, on parle alors de **stratégie globale**, et pour chaque **domaine d'activité stratégique (DAS)**. Un DAS est une sous-partie autonome d'une grande entreprise qui résulte d'une segmentation de son marché et correspond à une combinaison spécifique de ressources et de compétences distinctives.

▪ **Pour une organisation publique.** Les objectifs stratégiques concernent des missions d'intérêt général et sont définis par les pouvoirs publics (élus, ministres, hauts fonctionnaires…) dans le cadre de politiques publiques.

▪ **Pour une association.** Les objectifs stratégiques sont définis collectivement par le bureau et les adhérents au regard des missions assignées à l'association conformément à ses statuts.

C. La décision ou le choix stratégique

▪ **« Comment allons-nous y parvenir ? »** La décision stratégique consiste à définir la stratégie et à choisir les moyens à mettre en œuvre pour réaliser efficacement les objectifs stratégiques. Ce choix stratégique doit procurer un **avantage concurrentiel** à l'organisation ou valoriser celui qu'elle détient déjà.

▪ **La mise en œuvre de la stratégie.** Elle nécessite une multitude de décisions stratégiques et opérationnelles qui s'articulent de manière cohérente entre elles et avec les objectifs stratégiques, formant ainsi un système de décisions complexe. Le **contrôle stratégique** consiste à évaluer en permanence le décalage éventuel entre les résultats atteints et les objectifs stratégiques fixés. La démarche stratégique est un processus continuel, car le contrôle stratégique conduit toujours à un ajustement entre les objectifs stratégiques fixés et les résultats atteints.

5
LE COURS

Quelles sont les composantes du diagnostic stratégique ?

1 Les composantes du diagnostic interne de l'organisation

A. L'analyse des ressources stratégiques

Ressource stratégique ou spécifique : ressource qu'une organisation peut mobiliser pour générer un avantage concurrentiel.

▪ **La notion de ressource stratégique.** Pour une entreprise, il appartient au dirigeant de choisir une stratégie qui exploite au mieux les ressources spécifiques de l'entreprise dans la mesure où celles-ci sont valorisées et recherchées sur le secteur d'activité ou sur le marché convoité par la concurrence. Il s'agit de constituer un portefeuille de **ressources valorisables** dans un contexte concurrentiel.

Pour les autres organisations dont le contexte est le plus souvent non concurrentiel, les ressources stratégiques sont également des ressources valorisables. Cependant, l'objectif n'est pas de générer à proprement parler un avantage concurrentiel, mais d'accomplir les missions confiées grâce à la mobilisation et à la valorisation des ressources stratégiques.

▪ **L'identification des ressources stratégiques internes.** Le diagnostic stratégique interne vise à identifier des ressources stratégiques parmi les ressources internes à l'organisation. Il peut s'agir d'une spécificité liée aux **ressources physiques** : coûts et capacités de production très concurrentiels, flexibilité du système de production, équipements techniques récents et performants, qualité du service après-vente, etc.

ZOOM

C'est grâce à la coordination de ses différentes ressources stratégiques qu'une organisation peut dégager un **avantage concurrentiel**. Quel que soit le type d'organisation, c'est cette capacité à combiner avec efficacité des ressources stratégiques qui constitue une compétence fondamentale.

La spécificité peut concerner également les **ressources humaines** : savoir-faire particulier, haut niveau d'expertise, expérience confirmée, haut niveau de qualification, fortes capacités d'adaptabilité et d'innovation, climat de confiance, motivation, etc.

Pour les **ressources financières**, il peut s'agir de fortes capacités de financement, de la détention de capitaux propres, etc. L'organisation peut détenir des ressources immatérielles ou intangibles stratégiques comme des brevets de R&D, des marques reconnues, une réputation établie, une image de marque confirmée, etc.

B. L'évaluation des compétences distinctives

▪ **La notion de compétence d'une organisation.** Les compétences d'une organisation désignent des capacités particulières à déployer des ressources stratégiques ou spécifiques de façon organisée pour atteindre des objectifs stratégiques. Elles sont toujours collectives et se distinguent des compétences individuelles des membres de l'organisation appelées compétences professionnelles. Les compétences d'une organisation correspondent aux fonctions du management et concernent donc les capacités à piloter l'organisation, à organiser la production, à animer et mobiliser les hommes, et à diriger l'organisation.

▪ **Les compétences distinctives ou fondamentales.** Certaines compétences détenues par une organisation possèdent un caractère stratégique : ce sont des compétences distinctives ou compétences fondamentales. Elles permettent à une organisation de se distinguer des autres organisations. Le diagnostic stratégique interne consiste à identifier ces compétences fondamentales détenues par l'organisation, à les évaluer et à envisager leur valorisation et leur développement.

C. La capacité stratégique de l'organisation

▪ **Les forces et les faiblesses de l'organisation.** Le diagnostic interne permet de déterminer la capacité stratégique d'une organisation en termes de forces et de faiblesses, c'est-à-dire sa capacité à formuler une stratégie qui doit lui permettre d'obtenir, de conserver ou de développer un avantage concurrentiel.

▪ **L'adéquation avec la demande ou avec les attentes.** L'organisation doit vérifier si ses ressources stratégiques et ses compétences distinctives ou fondamentales lui permettent de proposer une offre de biens ou de services en adéquation avec les besoins et les attentes de ses clients ou usagers. Cette offre doit nécessairement se distinguer de l'offre de la concurrence, si celle-ci existe.

2 Les composantes du diagnostic externe de l'organisation

A. L'analyse des composantes de l'environnement

▪ **L'analyse du macro-environnement.** Le diagnostic stratégique externe correspond à une identification et une analyse approfondie des **facteurs environnementaux** qui ont et qui auront un impact réel sur l'organisation en termes de menaces (effets négatifs sur l'organisation) ou d'opportunités (effets positifs sur l'organisation). Cette analyse consiste à décrire et surtout anticiper l'évolution de l'environnement afin de dégager des scénarios possibles profitables à l'organisation. Le diagnostic externe suppose le traitement et l'interprétation d'informations qui permettent de prévoir l'évolution de l'environnement.

▪ **La nécessité d'une veille informationnelle.** La veille informationnelle représente un **atout stratégique** pour les organisations, car elle permet d'anticiper les tendances de l'environnement en matières réglementaire, sociale, juridique, culturelle… Pour une entreprise, la veille informationnelle suppose l'identification préalable de son cœur du métier. Pour les autres organisations, il s'agit d'identifier d'abord les missions qu'elles se sont assignées. Elle permet à l'organisation d'être la première à répondre aux attentes de ses clients ou de ses usagers et à satisfaire de nouveaux besoins. Elle suppose l'existence d'un système d'information performant qui peut apparaître alors comme une ressource stratégique de l'organisation.

▪ **L'analyse stratégique du micro-environnement.** Pour une entreprise, l'analyse stratégique du marché passe par l'analyse du marché réel et du marché potentiel. Le diagnostic de la demande consiste à analyser l'ensemble des caractéristiques de la demande et à anticiper son évolution pour se forger une idée sur les **tendances du marché** en termes d'opportunités et de menaces. L'analyse stratégique suppose également le diagnostic de l'offre de l'entreprise concernée et celle de la concurrence directe et indirecte.

B. L'analyse de l'environnement concurrentiel

Veille concurrentielle : activité consistant à rechercher des informations sur les concurrents qui permettront d'anticiper leurs actions et de prévoir leurs stratégies.

▪ **Forces concurrentielles et veille concurrentielle.** L'intensité de la concurrence sur un marché ou sur un secteur d'activité résulte de l'attrait qu'exerce ce marché ou ce secteur en termes de profit et de rentabilité. Plus les perspectives de profit sont ouvertes, plus l'attrait est fort et plus la concurrence est intense.

L'analyse de l'**intensité de la concurrence** passe par l'analyse des entreprises concurrentes et de leurs rapports de force. La pression qu'exercent les clients et les fournisseurs sur l'entreprise fait également l'objet d'une analyse. Cette pression s'exerce notamment à travers le prix. L'analyse porte sur les offreurs de produits de substitution ou de remplacement, c'est-à-dire les entreprises d'autres secteurs d'activité qui proposent des produits satisfaisant les mêmes besoins.

- **L'analyse spécifique des groupes stratégiques.** Sur un marché ou un secteur d'activité donné, des entreprises peuvent suivre une stratégie sensiblement identique. Ces entreprises forment alors un groupe stratégique. Le repérage des groupes stratégiques et l'analyse de leur intensité concurrentielle permettent à une entreprise de réfléchir à l'opportunité de modifier sa stratégie pour améliorer sa compétitivité ou à la nécessité de se retirer du secteur pour se développer sur un autre lorsqu'elle estime ne pas disposer d'atouts suffisants sur son secteur.

- **Le diagnostic des opportunités et des menaces.** Le diagnostic externe est une facette du diagnostic stratégique qui comprend également le diagnostic interne. Le diagnostic externe correspond à une double analyse de l'environnement et des forces concurrentielles. L'objectif principal est de savoir si le secteur auquel appartient ou souhaite appartenir l'organisation, et plus particulièrement l'entreprise, est attractif (existence de nombreuses opportunités) ou au contraire répulsif (existence d'importantes menaces).

3 L'identification de l'avantage concurrentiel

A. Les facteurs de succès

- **Le diagnostic stratégique.** Il articule l'évolution de l'environnement en termes d'opportunités et menaces avec le potentiel de l'organisation en termes de forces et faiblesses. Ce double diagnostic externe et interne permet à l'organisation d'identifier les facteurs qui constituent les bases de son succès sur un marché ou un secteur d'activité.

- **Les facteurs de succès.** Ils sont fondés sur les ressources spécifiques et les compétences distinctives diagnostiquées par l'organisation. Lorsqu'ils correspondent à l'évolution de la demande environnementale, ils procurent à l'organisation une capacité concurrentielle dans une activité ou un secteur d'activité donné.

B. L'avantage concurrentiel

- **Pour être concurrentielle.** Une entreprise doit être capable de proposer une offre de produits ou de services possédant des caractéristiques jugées uniques par les clients ou être capable de produire une offre à des coûts inférieurs à ceux de ses concurrents.

- **Pour les autres organisations.** L'avantage concurrentiel est fondé sur leur capacité à proposer une offre correspondant à la fois aux missions qu'elles se sont assignées et aux attentes des usagers ou des adhérents.

6
LE COURS

Quelles sont les principales options stratégiques pour les entreprises ?

1 La stratégie de spécialisation

A. La stratégie de spécialisation

▪ **Le métier de l'entreprise.** Une entreprise met en œuvre une **stratégie de spécialisation** quand elle choisit de fonder ses activités sur un seul **métier**. Ainsi, les stratégies de spécialisation reposent le plus souvent sur la maîtrise d'un savoir-faire qui permet à l'entreprise de satisfaire la demande du marché à de meilleures conditions que la concurrence. La spécialisation sur un métier implique que l'entreprise mobilise ses compétences distinctives et ses ressources spécifiques pour augmenter ses parts de marché au détriment de ses concurrents.

▪ **Les objectifs de la spécialisation.** Une entreprise peut choisir de se spécialiser pour couvrir la demande sur un marché en croissance offrant des opportunités et des perspectives favorables. Une entreprise peut également consolider sa spécialisation sur un marché en pleine maturité où les caractéristiques de la demande sont déjà cernées.

B. Les axes de la stratégie de spécialisation

▪ **Le couple produits/marché.** Le couple ou la matrice produits/marché permet d'analyser les axes des stratégies de spécialisation. Ainsi, une entreprise peut se développer avec les mêmes produits, ou en élargissant la gamme de ses produits, tout en conservant le même métier. Les axes de la stratégie de spécialisation sont alors déclinés en fonction de la combinaison de ces deux paramètres.

▪ **La spécialisation par pénétration de marché.** Cet axe de la spécialisation consiste à accroître les **parts de marché** de l'entreprise en valorisant ses activités et ses produits existants. Cette modalité passe souvent par une politique commerciale (prix, publicité, communication…).

▪ **La spécialisation par développement de marché.** Cet axe consiste à rechercher de **nouveaux clients** afin d'élargir le marché actuel de l'entreprise tout en conservant les mêmes produits. C'est le cas quand une entreprise propose une offre à des particuliers après l'avoir limitée exclusivement à des professionnels ou lorsqu'elle étend son offre géographiquement.

▪ **La spécialisation par développement de produits.** Cet axe consiste à enrichir l'offre de produits sur les marchés actuels. Concrètement, l'entreprise élargit sa **gamme de produits** en créant de nouveaux modèles et de nouvelles versions de produits existants.

C. Les avantages et les limites de la spécialisation

La spécialisation présente de nombreux avantages :
– concentration des ressources et des actions stratégiques sur un seul métier ;
– clientèle peu diversifiée dont les caractéristiques sont cernées et dont les besoins et les attentes sont connus ;
– maîtrise du métier et haut degré d'expertise reconnu ;
– image de marque de spécialiste expérimenté dans son domaine ;
– économies d'échelle et réduction des coûts de production.

La spécialisation a également des limites :
– entreprise très sensible aux changements de l'environnement et surtout à l'évolution conjoncturelle du marché ;
– entreprise soumise à l'arrivée de produits de substitution qui risquent de séduire sa clientèle ;

– nécessité d'innover face au risque de standardisation ou de banalisation d'une offre spécialisée ;
– nécessité de se maintenir à un haut niveau de compétences distinctives notamment par la formation ;
– nécessité de renforcer la qualité de production ou de maintenir des coûts de production faibles pour affronter la concurrence.

2 La stratégie de diversification

A. Spécialisation et diversification

▪ **Les objectifs de la diversification.** En règle générale, la diversification consiste, pour une entreprise, à s'engager sur de nouveaux domaines d'activité qui correspondent à de **nouveaux métiers**. L'entreprise peut y développer par extension ses compétences actuelles ou être amenée à acquérir de nouvelles compétences, ce qui est plus souvent le cas.

▪ **Spécialisation et diversification.** La stratégie de diversification peut résulter de l'abandon d'une stratégie de spécialisation sur un marché ou un secteur d'activité en déclin. En effet, lorsque le métier d'une entreprise arrive en phase de déclin, celle-ci doit s'orienter vers de nouvelles activités fondées sur un nouveau métier. Mais la diversification peut également résulter d'une situation favorable où une entreprise, disposant d'un excédent de ressources financières grâce à ses activités actuelles, décide de s'engager sur un nouveau métier sans remettre en cause sa position concurrentielle ni son métier actuel.

B. Les axes de la stratégie de diversification

▪ **La diversification de placement.** Cet axe de la diversification concerne les entreprises positionnées sur des secteurs d'activité en forte croissance, et qui tirent de leur métier actuel un **excédent de liquidités** qui leur permet d'acquérir de nouvelles compétences sur de nouveaux métiers.

▪ **La diversification de confortement.** Cet axe concerne les entreprises positionnées sur des secteurs d'activité en phase de croissance, et qui cherchent à conforter leurs résultats et leur position concurrentielle en complétant leur métier actuel avec de **nouvelles compétences** correspondant à de nouveaux métiers.

▪ **La diversification de redéploiement.** Cet axe concerne les entreprises positionnées sur des secteurs d'activité en **phase de maturité** (précédant la phase de déclin), et qui envisagent de se reconvertir à terme dans un nouveau métier avant la disparition de leur métier principal.

▪ **La diversification de survie.** Cet axe concerne les entreprises engagées sur des secteurs d'activité vieillissants ou en phase de déclin, et qui doivent trouver rapidement de nouvelles activités et un **nouveau métier** pour assurer leur pérennité (leur survie).

▪ **La diversification liée ou diversification concentrique.** Cet axe correspond à un développement vers de nouvelles activités qui présentent des points communs avec les activités et le métier existants. Cette diversification repose sur l'exploitation de synergies entre différents domaines d'activité.

▪ **La diversification non liée ou diversification conglomérale.** Cet axe correspond au développement d'activités qui ne présentent aucun point commun avec les activités et le métier existants. Cette diversification consiste donc à développer de nouvelles compétences afin d'exploiter de nouvelles opportunités de marché.

C. Les avantages et les limites de la diversification

La diversification présente des avantages :
– développement de l'entreprise sans risque de dépendance liée à un métier unique (spécialisation) ;
– moindre dépendance aux changements environnementaux ;
– acquisition, maîtrise ou développement de nouvelles compétences ;
– répartition des risques sur plusieurs activités reposant sur des métiers différents ;
– meilleure flexibilité stratégique.

Mais elle a également quelques limites :
– investissements matériels et financiers importants ;
– complexité de gestion et de contrôle et difficultés de coordination ;
– risque de dilution de l'identité de l'entreprise ;
– délai de mobilisation des ressources ;
– dispersion des compétences et des ressources ;
– éparpillement des efforts, manque d'unité et de cohésion.

3 Stratégie de domination par les coûts ou stratégie de différenciation

A. La stratégie de domination par les coûts

▪ **Le rôle de l'expérience.** En théorie, le coût d'une production baisse d'environ 10 à 30 % chaque fois que la production cumulée de ce produit est multipliée par deux. Ceci est dû à l'expérience de l'entreprise qui apprend à gérer son activité de manière plus efficiente. En effet, grâce à l'expérience acquise, l'entreprise développe un savoir-faire et des compétences qui lui permettent de réduire ses coûts de production avec les mêmes résultats.

▪ **L'objectif de la stratégie de domination par les coûts.** Le coût de l'offre est un élément déterminant du succès d'une entreprise car il rend le produit plus attractif par rapport au prix et l'entreprise devient donc plus compétitive. L'objectif de la stratégie de domination par les coûts est de dominer les concurrents grâce à des prix de vente très compétitifs permettant ainsi à l'entreprise de réaliser de confortables marges.

B. Les deux grands types de domination par les coûts

▪ **La stratégie de volume.** Elle consiste à produire une quantité de biens la plus élevée possible pour conquérir la part de marché la plus importante, bénéficier de l'effet d'expérience pour obtenir les coûts les plus faibles et profiter des **économies d'échelle** pour diminuer le prix de vente.

▪ **La stratégie d'efficience.** Elle consiste à produire mieux, c'est-à-dire à mettre en rapport les moyens utilisés avec les résultats obtenus. Dans ce cas, l'avantage de coût n'est pas dû au volume, mais à des facteurs de rationalisation des moyens de production qui améliorent la **productivité** : robotisation, informatisation, amélioration du processus de production, de l'organisation du travail, etc.

▪ **Les avantages et risques de la domination par les coûts.** Ses avantages reposent sur une rentabilité importante grâce à des coûts très compétitifs et une position de force sur le marché par rapport aux concurrents et aux fournisseurs. Mais elle ne génère pas ou peu d'innovation, rendant les produits rapidement obsolètes. L'entreprise reste sensible aux évolutions conjoncturelles du marché (baisse de la demande).

C. La stratégie de différenciation

Différenciation : distinction du bien ou du service offert par une entreprise qui fait percevoir, aux yeux du consommateur, ce produit comme unique sur un secteur ou sur un marché donné.

▪ **La notion de différenciation.** L'entreprise fonde alors son avantage concurrentiel sur la **spécificité de son offre**, valorisée et reconnue par le marché. L'offre de l'entreprise devient ainsi difficilement comparable à celle de ses concurrents dans la mesure où elle apporte une valeur supplémentaire (fonctionnelle ou psychologique) au client qui accepte de payer le produit à un prix plus élevé que celui offert par les concurrents.

▪ **Les facteurs de différenciation.** La différenciation du produit peut s'appuyer sur la qualité intrinsèque du produit, la qualité du service associé au produit, l'esthétique du produit, l'efficacité du circuit de distribution, l'image de marque de l'entreprise, l'originalité du conditionnement, l'innovation technologique, etc. Le plus souvent, pour se différencier de la concurrence, les entreprises proposent des produits de qualité et dont les caractéristiques sont innovantes. Ce caractère innovant s'appuie généralement sur une innovation technologique et prend la forme de brevets déposés par les entreprises pour se défendre contre le risque d'être copiées par la concurrence.

▪ **Avantages et risques de la différenciation.** L'entreprise est protégée de la concurrence dont les produits sont en retrait même s'ils sont moins chers. L'offre différenciée dissuade l'entrée de nouveaux concurrents sur le marché. En revanche, la différenciation peut présenter quelques inconvénients. En effet, le client doit payer un prix souvent élevé qui s'écarte du prix moyen d'un produit comparable. Le produit est exposé à la contrefaçon et risque d'être copié ou de faire l'objet d'une imitation.

4 Stratégie d'externalisation ou stratégie d'intégration

A. La stratégie d'externalisation

▪ **La notion d'externalisation.** Pour une entreprise, l'**externalisation** consiste à recourir à un prestataire extérieur pour lui faire faire tout ou partie d'une ou plusieurs de ses fonctions : production, comptabilité, logistique, distribution…

Sous-traitance : relation contractuelle par laquelle une entreprise donneur d'ordre confie à une autre entreprise sous-traitant une activité à réaliser.

▪ **Les modalités d'externalisation.** La **sous-traitance** consiste, pour une entreprise appelée « donneur d'ordre », à confier à des partenaires extérieurs appelés « sous-traitants » tout ou partie d'une activité ou d'une fonction donnée. La **co-traitance** consiste, pour une entreprise, à réaliser en commun avec un partenaire extérieur une activité ou une fonction donnée.

L'entreprise peut confier à des partenaires extérieurs une ou plusieurs fonctions en les rémunérant par une commission. Enfin, la concession, la licence ou la franchise permettent à l'entreprise de concéder à des tiers extérieurs le droit d'exploiter sa marque ou d'utiliser ses ressources moyennant une redevance.

▪ **Les formes de la sous-traitance.** La **sous-traitance de capacité** permet à une entreprise « donneur d'ordre » confrontée à un surcroît d'activité de recourir de façon temporaire à une entreprise « sous-traitant » du même secteur d'activité. La **sous-traitance de spécialité** permet à une entreprise « donneur d'ordre » qui n'est pas équipée pour prendre en charge certaines activités de les confier à des entreprises « sous-traitants » spécialisées dans ces activités. La **sous-traitance de marché** correspond à la prise en charge collective d'un chantier exigeant une répartition des activités entre des entreprises appartenant à des corps de métiers différents. Ce type de collaboration met en relation trois acteurs : le maître de l'ouvrage, l'entrepreneur principal et l'entreprise sous-traitante.

▪ **Les avantages de l'externalisation.** Elle permet la réduction des coûts salariaux, l'exploitation d'un savoir-faire et de compétences spécialisées. Les compétences fondamentales, les activités ou des fonctions maîtrisées et créatrices de valeur sont recentrées. L'entreprise est alors flexible et réactive face à l'évolution conjoncturelle de la demande.

▪ **Les risques de l'externalisation**. Elle présente quelques risques :
– position de dépendance de l'entreprise « donneur d'ordre » à l'égard du « sous-traitant » ;
– perte de contrôle de l'activité ou de la fonction et de la maîtrise des délais ;
– risque de perte de la qualité de production si le cahier des charges n'est pas respecté par le sous-traitant ;
– risque d'atteinte à la notoriété ou à l'image de marque de l'entreprise en cas de perte de qualité.

B. La stratégie d'intégration

▪ **L'intégration horizontale.** Elle consiste pour une entreprise à élargir ses activités grâce à l'union, le rachat ou l'alliance avec une autre entreprise qui exerce les mêmes activités. L'entreprise cherche alors à accroître sa part de marché en renforçant sa position par rapport à ses concurrents.

▪ **L'intégration verticale.** Elle permet, pour une entreprise, de prendre le contrôle de certaines activités en amont et/ou en aval de ses propres activités afin de maîtriser différentes étapes de la filière de production.

▪ **Les formes économiques de l'intégration verticale.** La stratégie d'intégration verticale complète consiste à intégrer toutes les activités de la filière (approvisionnement, production, distribution et administration) afin qu'elles soient réalisées à l'intérieur de l'entreprise. La stratégie d'intégration verticale modulée consiste à confier une partie des activités de la filière à des entreprises fournisseurs ou des distributeurs indépendants. La stratégie de quasi-intégration verticale consiste à confier une partie des activités de la filière à des entreprises rattachées à l'entreprise par des contrats de concession, franchisage ou sous-traitance.

▪ **Les formes juridiques de l'intégration verticale.** La **fusion** est une réunion de deux ou plusieurs entreprises qui donnent naissance à une société unique regroupant les actifs, les dettes et les capitaux propres des sociétés réunies. L'**absorption** est une association d'entreprises dont certaines, appelées sociétés absorbées, disparaissent au profit de l'une d'entre elles appelée société absorbante. La société absorbante réunit alors tous les actifs des sociétés absorbées et reprend à sa charge leurs dettes.
La **scission** est une forme juridique d'intégration qui entraîne la disparition d'une société qui répartit ses actifs et ses dettes entre deux ou plusieurs sociétés déjà existantes ou qui se créent à l'occasion de la scission.

▪ **Les avantages de l'intégration.** Elle permet :
– le contrôle des approvisionnements en amont et/ou la distribution en aval ;
– de maîtriser tout ou partie de la filière de production ;
– l'obtention des marges commerciales des fournisseurs et/ou des distributeurs ;
– l'acquisition de nouvelles technologies ou des technologies innovantes ;
– la détention d'une position concurrentielle dominante ;
– des économies d'échelle grâce à l'augmentation de la taille de l'entreprise.

▪ **Les inconvénients de l'intégration.** En revanche, la gestion des activités intégrées est plus complexe. L'intégration nécessite de coordonner les étapes et/ou des activités intégrées. La restructuration des systèmes d'information et de décision est nécessaire. De plus, il est impossible de changer d'entreprises partenaires.

Les stratégies des organisations publiques : quelles spécificités ?

1 Missions et politiques publiques

A. L'impératif d'intérêt général

▪ **Dans les organisations publiques.** Les **missions** sont définies dans le cadre de l'intérêt général à partir de la demande des citoyens. Les missions fondamentales des organisations publiques répondent à des finalités non lucratives et relèvent de la responsabilité conjointe de l'État et des collectivités territoriales qui définissent des **politiques publiques** nationales ou locales. Les missions nationales des organisations publiques rattachées à l'État sont définies chaque année par le Gouvernement à travers la loi de finances.

▪ **La loi de finances.** Elle fixe l'architecture du budget de l'État et les parlementaires votent donc le budget des politiques publiques nationales.

B. Les politiques publiques

▪ **La loi organique relative aux lois de finances (LOLF).** Elle a profondément modifié le budget de l'État qui reflète désormais les politiques publiques menées par l'État à travers de grandes missions comme l'enseignement scolaire, la sécurité sanitaire, la solidarité et l'intégration, la culture, la défense, la justice, etc.

▪ **Objectifs de la loi LOLF.** Chacune de ces grandes missions fait l'objet d'un vote par les parlementaires qui apprécient les objectifs de la mission et évaluent les moyens déployés pour mettre en œuvre les politiques de l'État. C'est dans ce cadre que s'exerce la marge de manœuvre stratégique de l'État. La LOLF a permis de passer d'une logique de moyens affectés à une administration à une logique de résultats par politique publique.

C. La structure du budget

Les missions correspondent aux grandes politiques de l'État. Une mission est créée à l'initiative du Gouvernement et peut être ministérielle ou interministérielle. Elle regroupe des programmes qui relèvent d'un seul ministère et regroupent un ensemble cohérent d'actions piloté par un responsable sous l'autorité du ministre.

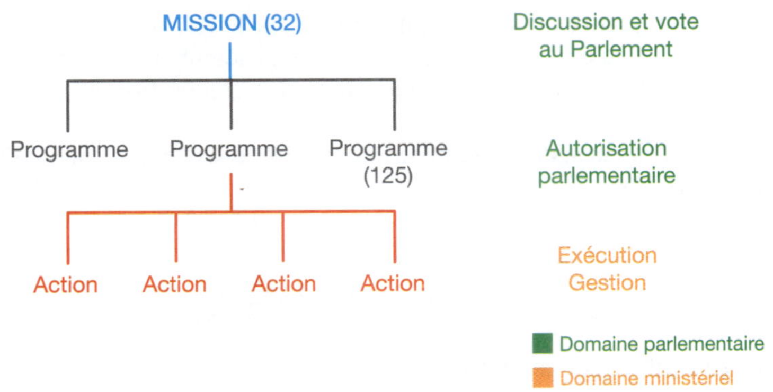

www.performance-publique.budget.gouv.fr

Le responsable de programme élabore les objectifs stratégiques du programme et assure sa mise en œuvre opérationnelle. Une fois le budget exécuté, le programme fait l'objet d'un rapport annuel de performances qui permet au Parlement d'apprécier l'efficience de l'action publique et de mettre en œuvre des mesures correctrices.

Mission : Sécurité

Programme : Police nationale
Ministère concerné : Intérieur
Les actions :
- ordre public et protection de la souveraineté
- sécurité et paix publiques
- sécurité routière
- police des étrangers et sûreté des transports internationaux
- missions de la police judiciaire et concours à la Justice
- commandement, ressources humaines et logistique.

Programme : Gendarmerie nationale
Ministère concerné : Intérieur
Les actions :
- ordre et sécurité publics
- sécurité routière
- missions de la police judiciaire et concours à la justice
- commandement, ressources humaines et logistique
- exercice des missions militaires.

http://www.performance-publique.budget.gouv.fr

D. La révision générale des politiques publiques

▪ **La RGPP.** Lancée officiellement en 2007, la **révision générale des politiques publiques (RGPP)** avait pour ambition de remettre à plat l'ensemble des missions de l'État pour dépenser mieux tout en améliorant la qualité des services rendus. Cette révision a pris la forme d'audits conduits dans chaque ministère pour identifier des pistes de réformes et mettre en place des mesures de modernisation.

▪ **La MAP.** En 2012, les trois inspections générales interministérielles ont remis au Premier ministre un rapport critique sur le bilan de la RGPP. En s'appuyant sur leurs recommandations de la mission, le Gouvernement va engager une nouvelle **politique de modernisation de l'action publique (MAP)** destinée à renforcer l'efficacité de l'action publique et réorganiser les compétences entre l'État et les collectivités territoriales. Cette politique reposera sur trois piliers :
– l'amélioration de la qualité du service public sur tout le territoire pour toujours mieux répondre aux besoins et aux attentes des citoyens et des acteurs économiques et sociaux ;
– l'association des agents et de leurs représentants à l'élaboration et à la conduite des réformes ;
– la définition des priorités des administrations afin d'assurer l'adéquation de leurs moyens et leurs missions.

2 Les stratégies des collectivités territoriales

A. Les politiques de décentralisation

Décentralisation (de la décision) : se dit d'un pouvoir de décision délégué à des niveaux subalternes.

▪ **Les lois de décentralisation.** Elles ont marqué la volonté politique d'opérer une redistribution des pouvoirs entre l'État et les collectivités locales avec comme objectifs une meilleure efficacité de l'action publique et le développement d'une démocratie de proximité.

La décentralisation est un processus consistant pour l'État à transférer au profit des collectivités territoriales certaines compétences et les ressources correspondantes.

▪ **La loi de réforme des collectivités territoriales du 16 décembre 2010.** Elle a ouvert une nouvelle étape dans la politique de décentralisation. La loi modifie en profondeur l'architecture institutionnelle locale, tout en maintenant l'existence de la région et du département.

B. L'intercommunalité et le transfert effectif de compétences

▪ **La métropole.** Elle est une nouvelle catégorie d'établissements publics de coopération intercommunale (EPCI) dont la vocation est de se substituer aux collectivités préexistantes sur son territoire (communes, communautés et conseil général) pour mettre en œuvre les politiques locales qui ont notamment pour objectif la valorisation des ressources locales (festivals, ville d'eau et ville d'art, parc naturel).

Bilan de l'intercommunalité en 2012

17 368 groupements de collectivités territoriales dont 2 581 établissements publics de coopération intercommunale (EPCI) et 14 787 syndicats.

www.dgcl.interieur.gouv.fr

▪ **Les EPCI.** Ils exercent les compétences d'intérêt communautaire qui leur ont été transférées par les communes. Leur nature et leur nombre varient selon la nature du groupement et le degré d'intégration intercommunale choisi : emploi, culture, habitat, sécurité, urbanisme, enseignement, etc.

Les parties prenantes aux missions assurées par les organisations publiques (citoyens, habitants, fonctionnaires, syndicats, associations, etc.) constituent des contraintes ou des appuis supplémentaires aux choix politiques. Dans certains cas, elles se constituent en **groupes de pression** pour faire valoir des intérêts collectifs ou défendre l'intérêt général.

C. Concurrence et valorisation des ressources locales

▪ **Les organisations publiques.** Comme les entreprises, les organisations publiques peuvent être confrontées à des choix décisifs pour leur avenir en termes de services rendus et de ressources à mobiliser. Elles peuvent être confrontées à la concurrence d'autres collectivités (par exemple, pour attirer de nouvelles entreprises) ou d'autres organisations privées (par exemple, la concurrence entre les hôpitaux publics et les cliniques privées).

▪ **Les collectivités territoriales.** Outre la gestion de services obligatoires et l'entretien des biens publics (voirie, établissements scolaires, infrastructures…), les collectivités territoriales disposent, en matière économique ou sociale, d'opportunités de développement stratégique. Elles analysent ainsi les potentiels de développement liés à leurs caractéristiques locales et valorisent ensuite leurs atouts économiques, culturels, naturels, etc.

Concrètement, les collectivités territoriales mettent en place des programmes d'actions liés au tourisme culturel, à un savoir-faire local, à une activité économique ou artisanale locale, à la valorisation d'un patrimoine naturel ou historique, à un cadre de vie particulier, à des traditions locales, à la mémoire collective (fait ou personnage célèbre), à un festival célèbre (bandes dessinées à Angoulême, cinéma à Cannes, théâtre à Avignon…), etc.

8 LE COURS Peut-on parler de stratégies pour les associations ?

1 Un cadre stratégique contraint et limité

A. Une contrainte liée à l'objet social

Association : contrat par lequel au moins deux personnes décident de mettre en commun leurs connaissances et leurs activités dans un but non lucratif. L'association est régie par la loi du 1er juillet 1901 sur la liberté d'association.

L'association est amenée à définir des stratégies limitées à la réalisation de son objet social. Les stratégies des associations sont donc expressément limitées aux missions d'intérêt collectif ou d'intérêt général qu'elles se sont assignées à travers leurs statuts et les grandes orientations définies lors des assemblées générales d'adhérents. Compte tenu de cette obligation de respecter l'objet social défini dans leurs statuts, les associations déploient des stratégies reposant toujours sur la **spécialisation**.

B. Un objectif principal de diversification des ressources

Dans les associations, la réflexion stratégique est particulièrement orientée vers la recherche et la **pérennisation de ressources financières** (dons, subventions, mécénat, activités marchandes…) et **humaines** (recrutement et fidélisation des bénévoles notamment). Les stratégies des associations s'expriment essentiellement en termes de développement et de mobilisation de ressources financières et humaines. Elles font en outre l'objet d'un contrôle stratégique de la part des adhérents lors des assemblées générales.

2 Les moyens de développement stratégique des associations

A. Le partenariat avec les organisations publiques

Les associations dont les missions et les actions concordent avec les politiques publiques peuvent faire une demande de **subvention**. La participation de l'action associative à la mise en œuvre d'une politique publique signifie que ses activités seront subventionnées et que l'association inscrira son action dans la réalisation d'un programme public.

B. Le mécénat et le parrainage

- **Le mécénat.** Il se distingue du parrainage (*sponsoring* en anglais) par la notion de contrepartie. Le mécène ne recherche pas de contrepartie qui se limite le plus souvent à la simple citation de son nom.

- **Le parrainage.** En revanche, le parrainage suppose une relation commerciale qui implique que le parrain en tire un bénéfice économique ou financier. Le mécénat prend la forme d'un apport de compétences professionnelles ou de prestations de services que l'association n'a pas les possibilités de se payer.

C. La reconnaissance d'utilité publique

La **reconnaissance d'utilité publique** permet d'élargir les possibilités de ressources des associations. La reconnaissance est accordée sous la forme d'un décret du ministère de l'Intérieur, après avis du Conseil d'État. Elle permet à l'association reconnue d'utilité publique de recevoir des dons manuels, des donations et des legs.

Sujet du Bac

Le rapport de l'entreprise à son territoire

Deux organisations aux finalités différentes peuvent voir leurs intérêts converger.
Vous analyserez la situation de management présentée dans les annexes 1 à 7 en effectuant les travaux suivants :

1 Caractérisez les deux organisations présentées : l'organisation Bonté Pinson et la communauté de communes Terres de Vendée (type, champ d'action, taille, ressources, finalités).

2 Réalisez le diagnostic stratégique interne pour chacune des deux organisations.

3 Identifiez et justifiez la stratégie choisie par Bonté Pinson.

4 Repérez ce qui a conduit Bonté Pinson à segmenter son marché.

5 Identifiez, en vous appuyant sur le diagnostic stratégique interne, le problème de management rencontré par Bonté Pinson.

6 Qualifiez la décision prise en 2010 par Bonté Pinson concernant le nouveau site de production. Justifiez votre réponse.

7 Montrez que cette décision répond au problème de management rencontré par Bonté Pinson.

8 Identifiez les enjeux que représente le choix d'implantation de Bonté Pinson pour la communauté de communes Terres de Vendée.

➤ **Corrigé page 245**

Annexes

Annexe 1 : Présentation de Bonté Pinson
Annexe 2 : Des berlingots de Nantes
Annexe 3 : Le berlingot en Chine
Annexe 4 : Présentation de la communauté de communes Terres de Vendée
Annexe 5 : Les atouts de Terres de Vendée
Annexe 6 : Le berlingot Bonté Pinson quitte Nantes
Annexe 7 : Entretien avec le dirigeant de Bonté Pinson

ANNEXE 1

Présentation de Bonté Pinson

Bonté et Pinson fabriquent de la confiserie traditionnelle de sucre cuit, un savoir-faire maîtrisé transmis de génération en génération. Le 1er mars 2007, ces deux dernières confiseries nantaises ont décidé de fusionner.

Aujourd'hui, le site de production se situe à Saint Herblain sur 1 500 m². Cinq lignes de production anciennes très souples permettent de faire des petites séries, des recettes spécifiques. Pour assurer cette production, l'entreprise dispose d'une grande quantité de moules différents, un véritable atout face à la concurrence. La production s'élève à 15 tonnes de bonbons par semaine.
L'entreprise fournit environ 400 clients dont une trentaine à l'international. Elle peut répondre à des demandes particulières sur les quantités, le conditionnement, la recette, le délai... Elle est dotée d'un magasin d'usine. Actuellement, le chiffre d'affaires est de 3,5 millions d'euros pour un effectif de 25 personnes.

Communiqué de presse Bonté Pinson, octobre 2010.

ANNEXE 2

Des berlingots de Nantes

Je suis constitué de sucre et d'eau. Bonté et Pinson me fabriquent depuis 1860 pour l'un et 1895 pour l'autre. [...] Je me décline en quinze saveurs et autant de couleurs. Je suis, je suis... Non, pas un biscuit issu de la Biscuiterie Nantaise, plus connue sous le nom de BN. Ni de l'usine Lu, en périphérie Nantaise. Encore moins un savon parmi les millions fabriqués pour la grande distribution à Nantes, *via* l'entreprise SDA... Je suis, je suis... Le berlingot nantais ! Plus d'un siècle d'existence et toujours là. La fabrication ancestrale a juste suivi le goût du jour et les évolutions techniques. Fini les deux seuls parfums anis et menthe des débuts. Les senteurs hibiscus ou rose viennent d'arriver pour le plaisir des fleuristes qui les cachent dans les bouquets ! Pierre-Olivier Bonté, petit-fils du créateur, continue l'aventure auprès du nouveau dirigeant de la confiserie Bonté Pinson, Patrick Rangeard, avec pour objectif de donner un coup de jeune à la sucrerie. Pas tant dans sa forme, qui n'est pas près de bouger. Plus dans son emballage et sa renommée. Pierre-Olivier vend ses fameux berlingots et confiseries jusqu'en Chine, au Japon ou aux États-Unis. Six cents tonnes sont avalées chaque année !

Elisabeth Bureau, « Repartez avec... des berlingots de Nantes ! », *Ouest France*, 26 juillet 2010.

ANNEXE 3

Le berlingot de Chine

La confiserie Bonté Pinson, qui fabrique le berlingot nantais, adapte ses recettes pour le marché étranger.

Partir à l'assaut du marché international ne s'improvise pas, même si on est le dernier fabricant de berlingots nantais. Installé à Saint Herblain depuis 2007, le confiseur Bonté Pinson, spécialisé dans la fabrication de bonbons de sucre cuit traditionnels, a soigneusement préparé ce grand saut : « Nous avons sélectionné d'abord des pays où nous souhaitons êtres présents, explique Patrick Rangeard, directeur de l'entreprise. Nous avons choisi la Chine, le Japon, les États-Unis, les Émirats arabes et l'Europe. Nous visons des pays où le pouvoir d'achat est fort et où la population est importante. » Tout a été repensé pour séduire les clients étrangers : de l'identité de la marque aux conditionnements plus petits adaptés aux épiceries fines, aux aéroports ou aux boulangeries. Le packaging a été particulièrement soigné : « À l'étranger, nous représentons le savoir-faire français, l'image de la finesse. »

Pas de bonbons noirs

Les recettes ont été revues entièrement pour répondre aux attentes des consommateurs du monde entier : « On a supprimé, par exemple, les bonbons de couleur noire, parce qu'à l'étranger, personne n'en mange, explique Patrick Rangeard. On ne vendra pas non plus de bonbons au cognac ou au whisky aux Émirats arabes. Les bonbons aux fruits rouges sont très appréciés au Japon alors que les bonbons verts sont détestés. Enfin, on sait que les Américains raffolent des caramels ! » Résultat, dans la gamme Bonté Pinson, on trouve des bonbons fourrés au caramel, des rubis exquis aux fruits rouges ou encore des promesses ensoleillées aux fruits.

Des exigences douanières

Mais pour pouvoir entrer dans les pays convoités, Bonté Pinson a dû satisfaire toutes leurs exigences : « On a dû ajouter les valeurs nutritionnelles des bonbons pour pouvoir entrer au Japon, ajouter la date de fabrication des bonbons pour entrer aux Émirats arabes. Et cette date doit être directement imprimée sur la boîte et non sur une étiquette ! On a dû s'équiper en jet d'encre. » En tout, ce défi à l'export aura coûté 100 000 €. En 2010, l'entreprise continuera de privilégier l'Asie, notamment Taïwan et Singapour mais « L'Europe est aussi une cible prioritaire. »

Julie Charrier-Jégo, « Le berlingot en Chine »,
Presse Océan, 16 septembre 2009.

ANNEXE 4

Présentation de la communauté de communes Terres de Vendée

Antoine Chéreau, président de la communauté de communes* depuis 2001 : « La richesse d'une collectivité n'a de sens que si cette richesse est synonyme de bien-être de la population et de développement harmonieux dans tous ses domaines de compétences. C'est le pari qu'a fait la communauté de communes Terres de Vendée depuis plusieurs décennies déjà : depuis 1969, année de sa création, elle œuvre pour créer les conditions d'un développement optimal du territoire, tant en termes d'infrastructures que d'équipements ou d'évènements. »

La communauté de communes Terres de Vendée en quelques chiffres :
- Date de création : 18 juin 1969
- 8 communes (dont Boufféré) sur 160 km²
- 22 000 habitants
- 6 500 scolaires
- 1 400 entreprises
- 12 000 emplois
- 600 voyageurs par jour à la gare
- plus de 250 hectares de zones d'activités économiques
- 3,3 % de chômage
- plus de 300 associations
- 43 % des habitants ont moins de 30 ans

En 2010, environ 200 personnes forment le personnel de la communauté de communes, regroupé en 6 services généraux.

* Établissement public de coopération intercommunale regroupant plusieurs communes

Site Internet de la communauté de communes.

ANNEXE 5

Les atouts de Terres de Vendée

Rien n'est laissé au hasard pour que cette vocation à l'harmonisation générale du territoire soit constante. Les compétences de la communauté de communes ont ainsi pu s'accroître au rythme du développement de notre territoire : aujourd'hui, c'est par dizaines que se comptent les projets entrepris dans une multitude de domaines, au premier rang desquels l'aménagement économique, la culture et le tourisme prennent une part capitale.
Selon Antoine Chéreau, Président de la communauté de communes, ils font partie de ces outils précieux créateurs de richesse au sens où nous l'entendons : attractif, notre territoire l'est grâce à son dynamisme économique, grâce à son développement culturel et touristique, grâce à l'attention portée à la formation, la santé, l'accueil des personnes âgées ou handicapées.

Installez votre entreprise sur le territoire de la communauté de communes Terres de Vendée pour bénéficier de ses atouts :
- des zones d'activités situées sur les grands axes routiers (A83, A87) ;
- à 30 minutes de la métropole de Nantes, de la Roche-sur-Yon, de Cholet ;
- des prix au m² compris entre 5 € HT/m² et 25 € HT/m² ;
- un bassin de vie de 12 000 emplois.

Site Internet de la communauté de communes.

MANAGEMENT

ANNEXE 6

Le berlingot Bonté Pinson quitte Nantes

Née il y a plus d'un siècle, Bonté Pinson, dernière confiserie nantaise, part s'installer en Vendée. Il faudra s'y faire : d'ici quelques mois, les fameux berlingots nantais seront vendéens. Basée à Saint Herblain [...], la confiserie Bonté Pinson s'installera en avril 2011 dans une usine toute neuve à Boufféré, au sein de la communauté de communes Terres de Vendée. « Nos locaux actuels sont trop petits et plus du tout adaptés », explique Patrick Rangeard, qui a repris l'entreprise il y a trois ans. Décidé à construire un nouveau bâtiment, ce dernier a d'abord cherché un terrain dans l'agglomération nantaise : « Trop cher ».
Après avoir prospecté le sud-Loire, il a fini par trouver son bonheur à Boufféré. Un terrain de 15 000 m^2, en bordure de la voie rapide Nantes-La Roche-sur-Yon. « Une situation idéale pour notre magasin d'usine, explique Patrick Ringeard. Et j'ai obtenu le permis de construire en huit jours. » La nouvelle usine s'étendra sur 2 200 m^2. Et elle pourrait s'agrandir rapidement si l'activité continue de progresser au même rythme. Cette année, le chiffre d'affaires devrait atteindre 3,5 millions d'euros, soit 15 % de plus qu'en 2009.
Sous la houlette de son nouveau patron, la vénérable maison Bonté Pinson, fondée en 1895, a pris un nouveau départ. Elle exporte désormais ses bonbons dans une trentaine de pays et est présente aussi bien dans la grande distribution que chez les détaillants. La confiserie mise aussi sur l'innovation : en trois ans, elle a élaboré une quarantaine de recettes nouvelles. Pour ses produits haut de gamme, elle a même fait appel à un cuisinier étoilé, Lilian Grimaud, du restaurant *Le Passé Simple*, à Cholet. « Pour s'en sortir, il faut se battre, avoir des idées nouvelles, s'entourer de gens motivés », explique son directeur, qui a prévu de doubler l'effectif actuel (25 salariés) dans les trois ans.

Xavier Boussion, « Le berlingot quitte Nantes », *Presse Océan*, 4 novembre 2010.

ANNEXE 7

Entretien avec le dirigeant de Bonté Pinson

Quels sont les intérêts d'une nouvelle implantation pour votre entreprise ?

Le site actuel à Saint Herblain est très ancien et plus du tout adapté à la fabrication de produits agroalimentaires. Cette nouvelle implantation nous permettra d'améliorer les conditions de travail des salariés. Elle permettra d'obtenir des certifications indispensables au développement international. [...]
Suite à la fusion, il y a trois ans, le développement s'accélère et nous devons augmenter nos capacités de production et de stockage.

Pourquoi la Vendée, pourquoi la communauté de communes Terres de Vendée ? Quelle importance a le choix du site de Boufféré dans votre développement futur ?

Compte tenu du lieu d'habitation des salariés, nous devions trouver un terrain au sud de Nantes sans trop s'en éloigner pour leur permettre de suivre l'entreprise sans grands frais. Le conseil général de la Vendée et la communauté de communes Terres de Vendée nous ont proposé les meilleures conditions. Nous avons senti de la part des élus locaux [...] une volonté très forte de nous voir implantés sur la zone, ce qui n'a pas été le cas dans le département voisin.
Le choix de Boufféré et de la zone intercommunale du Point du Jour nous permet d'être particulièrement visibles d'une voie de communication majeure. Cela est important car nous disposons d'un magasin d'usine auquel l'accès doit être facile. Enfin, le terrain choisi permet d'envisager plusieurs agrandissements.

Communiqué de presse Bonté Pinson, octobre 2010.

Sujet du Bac

1 L'organisation Bonté Pinson et la communauté de communes Terres de Vendée

CONSEIL Le travail demandé aurait pu être formulé différemment : « Présentez les caractéristiques principales des deux organisations... » ou « Identifiez... ». Les synonymes de « caractériser » sont « distinguer » ou encore « identifier ». Il s'agit de dégager les éléments distinctifs de deux organisations sans toutefois les comparer. Ce travail vise à évaluer votre capacité à exploiter des critères de caractérisation des organisations tels qu'ils sont définis dans le programme de Première à travers le thème « Les organisations : des réalités diverses ». Les critères sont ici clairement indiqués, il est donc inutile d'en utiliser d'autres. La consigne ne vous oblige pas à présenter une réponse rédigée. Vous pouvez alors opter pour une présentation sous la forme d'un tableau à double entrée.

	Bonté Pinson	Terres de Vendée
Type d'organisation	Entreprise privée familiale et industrielle	Organisation publique, communauté de communes
Champ d'action	Principalement local et national mais aussi international (7,5 %)	Local, Vendée
Taille	PME avec un effectif de 25 salariés Chiffre d'affaires : 3,5 millions d'euros	8 communes représentant au total 22 000 habitants 200 agents territoriaux
Ressources	– *Ressources humaines* : 25 salariés disposant d'un savoir-faire – *Ressources financières* : très certainement un capital – *Ressources matérielles* : site de production, usine, nouveau magasin d'usine, bâtiments, moules de fabrication…	– *Ressources humaines* : un président et 200 agents territoriaux – *Ressources financières* : taxes et impôts locaux – *Ressources matérielles* : locaux des services généraux, zones d'activités, terrains…
Finalités	Finalité lucrative : satisfaire les besoins des clients pour dégager un profit nécessaire à la pérennité de l'entreprise	Finalité non lucrative : satisfaire les besoins sociétaux des habitants en leur fournissant des services

2

CONSEIL Ce travail renvoie directement à une compétence essentielle du programme de management des organisations : savoir conduire, savoir établir ou savoir procéder à un diagnostic stratégique. Un thème entier du programme de Terminale est consacré à ce travail d'analyse : « *Le diagnostic stratégique* ». Le programme précise : « Du point de vue interne, il prend la forme d'un inventaire des *forces et des faiblesses* en termes de compétences et de ressources ». Il s'agit donc de présenter un diagnostic interne des forces et faiblesses de Bonté Pinson et un autre diagnostic interne portant sur Terres de Vendée. Là encore, la consigne ne vous oblige pas à rédiger la réponse qui peut donc être présentée sous la forme d'un tableau. Mais il faut veiller toutefois à proposer des éléments de diagnostic suffisamment clairs et précis.

	Bonté Pinson	Terres de Vendée
Forces	– Savoir-faire maîtrisé de génération en génération (fabrication ancestrale) – Organisation du travail flexible (lignes de production souples) – Grande capacité de production grâce à des moules différents – Clientèle variée et nombreux clients (400) – Capacité de satisfaire des demandes particulières et exigeantes (produits et types de clients)	– 200 agents territoriaux au service de la population – Zones d'activités bénéficiant d'un dynamisme économique (250 hectares et 1 400 entreprises déjà installées) – Bassin d'emplois et taux de chômage faible (12 000 emplois et 3,3 %) – Zones d'activités situées sur les grands axes routiers – Terrains dont les prix au m^2 sont attractifs

	Bonté Pinson	Terres de Vendée
Forces	– Capacité d'innovation : 40 nouvelles recettes, élargissement de la gamme (vers le haut de gamme), packaging, logo, saveurs, qualités nutritionnelles… – Partenariat avec un cuisinier étoilé disposant d'une expertise dans son métier – Bonne image (finesse/qualité des produits), notoriété – Politique mercatique performante – Nouveau site de production en Vendée (agrandissements possibles) – Chiffre d'affaires en croissance dans un contexte de crise (+ 10 % par an)	– Proximité des grandes métropoles (30 minutes de Nantes, 600 voyageurs à la gare/jour) – Dynamisme culturel et touristique (300 associations et de nombreux événements) – Population jeune (43 % ont moins de 30 ans, 6 500 scolaires)
Faiblesses	– Site de production actuel désormais inadapté à la production (locaux trop petits) – Capacités de production et de stockage désormais insuffisantes, pas de possibilité d'extension du terrain ou d'acquisition dans la région nantaise – Handicap pour se développer à l'international… – Pas de certifications – Incertitude relative concernant la production de la nouvelle usine en Vendée	Pas de faiblesses signalées dans les documents fournis

3

CONSEIL « Identifiez » signifie ici « qualifier ». Ce travail s'appuie sur les connaissances acquises en Terminale concernant les options stratégiques. Il s'agit d'abord de préciser quelle est la nature de la stratégie choisie par Bonté Pinson et de justifier ensuite ce choix stratégique en le mettant en rapport avec l'avantage concurrentiel qu'il est censé valoriser. En effet, une stratégie se fonde toujours sur un avantage concurrentiel que l'entreprise doit préserver et qui sera valorisé par la stratégie.

L'entreprise Bonté Pinson a opté pour une stratégie de spécialisation dans la fabrication de bonbons. En effet, Bonté Pinson concentre son activité sur un seul métier pour lequel elle dispose d'un savoir-faire ancestral spécifique et sur lequel elle fonde son avantage concurrentiel. À partir de ce savoir-faire, l'entreprise développe des produits particulièrement adaptés à la diversité de ses clients.

4

CONSEIL « Repérez » signifie ici « retrouver » ou encore « cerner ». Le travail demandé consiste à retrouver dans les documents fournis en annexe les raisons pour lesquelles Bonté Pinson a choisi de différencier ses clients par rapport à des caractéristiques spécifiques et de composer des groupes de clients cibles distincts.

L'entreprise Bonté Pinson a décidé d'orienter sa production vers l'international. Mais pour satisfaire les attentes spécifiques de la nouvelle clientèle, l'entreprise a dû adapter ses produits aux besoins spécifiques de ces clients en matière de goût et d'exigence.

Dans cet objectif, Bonté Pinson a segmenté son marché en constituant des groupes spécifiques de consommateurs afin de caractériser leurs attentes et ainsi de satisfaire au mieux leurs besoins particuliers en produisant des bonbons correspondant à leur demande.
Concrètement, Bonté Pinson a segmenté son marché suivant les caractéristiques culturelles de ses clients : pas de bonbons à l'alcool dans les émirats arabes, pas de bonbons verts au Japon, des bonbons au caramel au États-Unis, etc.

5

CONSEIL « Identifiez » signifie ici « exposer ». Le travail demandé s'appuie sur le diagnostic interne (réponse à la question 2). Vous devez donc reprendre nécessairement les éléments de votre diagnostic puis repérer et exposer clairement le problème de management rencontré par l'entreprise Bonté Pinson.

Afin de conquérir de nouveaux marchés, l'entreprise Bonté Pinson a décidé de développer sa production à l'international. Pour satisfaire cette nouvelle demande étrangère sans perdre son marché national, l'entreprise doit nécessairement augmenter sa capacité de production. Or le site de production actuel situé à Nantes est trop ancien, et les locaux de fabrication et de stockage inadaptés ne permettent pas d'augmenter la production.
Après avoir envisagé dans un premier temps la construction d'un nouveau bâtiment dans l'agglomération nantaise, le dirigeant de Bonté Pinson a finalement opté pour l'implantation d'une nouvelle usine à Boufféré en Vendée.

6

CONSEIL « Qualifiez » signifie « nommer » ou « désigner ». Il s'agit, dans un premier temps, de résumer la décision prise par Bonté Pinson avant de préciser quelle est la nature de cette décision. Ce travail s'appuie sur la notion de décision stratégique abordée en Première à travers le thème du programme de première «Sur quoi portent les décisions et comment sont-elles prises ? ». Dans un deuxième temps, la question posée vous invite à justifier votre choix et donc à expliquer pourquoi vous avez estimé qu'il s'agissait d'une décision stratégique.

Patrick Rangeard, dirigeant de Bonté Pinson, a décidé d'implanter son site de production à Boufféré et d'y transférer une partie des biens d'équipement utilisés dans l'usine de Saint Herbain dont les lignes de production sont trop anciennes et les locaux de stockage trop petits.
C'est une décision stratégique car elle est prise au niveau supérieur de l'entreprise, elle a une influence sur sa pérennité, elle engage toute l'organisation et elle est difficilement réversible.

7

CONSEIL « Montrez » signifie ici « expliquer pourquoi ». Il s'agit de prolonger la réponse à la question précédente en montrant en quoi cette décision stratégique prise par le dirigeant est pertinente dans la mesure où elle permet d'apporter une solution adaptée au problème identifié à l'issue de la question 5. Votre réponse doit montrer que le nouveau site de production permet de répondre effectivement au problème que vous avez identifié et exposé précédemment. N'hésitez donc pas à relire votre réponse à la question 5 et, le cas échéant, à la compléter pour qu'elle s'articule logiquement avec votre réponse à la question 7.

La décision stratégique d'implanter un nouveau site de production à Boufféré en Vendée permet à l'entreprise de répondre favorablement à l'augmentation de la demande liée à la conquête de nouveaux marchés à l'étranger. En effet, l'entreprise Bonté Pinson dispose désormais d'un terrain de 15 000 m^2 sur lequel elle a construit une usine de 2 200 m^2 qui pourra même être étendue (agrandissements possibles) par la suite en cas de nouvel accroissement de la production.
La décision prise est d'autant plus adaptée au problème rencontré que la communauté de communes propose des conditions et des prix de terrain intéressants pour attirer des entreprises. De plus, le permis de construire a été obtenu en huit jours.

8

CONSEIL « Identifiez » signifie « présenter » ou « exposer ». Il s'agit de présenter les avantages que Terres de Vendée peut tirer de l'implantation de l'usine de production de Bonté Pinson. En favorisant cette implantation, Terres de Vendée cherche nécessairement un intérêt pour la communauté de communes.

Le choix d'implantation à Boufféré revêt d'abord des enjeux financiers pour Terres de Vendée. En effet, la communauté de communes va tirer des ressources (ou recettes) supplémentaires grâce aux taxes et aux impôts dont l'entreprise Bonté Pinson fera l'objet, et indirectement par les impôts locaux dont devront s'acquitter les salariés de Bonté Pinson nouvellement installés. Terres de Vendée peut également obtenir des subventions de l'État pour avoir favorisé le redéploiement industriel d'une entreprise en difficulté.

Le choix d'implantation à Boufféré revêt ensuite des enjeux économiques et culturels. En effet, l'arrivée de l'entreprise Bonté Pinson et l'agrandissement de l'usine vont dynamiser l'économie de la région, développer l'emploi dans le bassin et accroître la notoriété de la communauté de communes grâce à l'image de marque des produits Bonté Pinson.

Maths

LE COURS

EXERCICES

ENTRAÎNEMENT

Présentation de l'épreuve

1 L'épreuve écrite

Épreuve écrite
Durée : 3 heures
Coefficient : 3

A. Objectif de l'épreuve

L'épreuve porte sur le programme de mathématiques de la classe de Terminale. Les compétences développées en classe de Première ne sont pas directement évaluées, mais doivent être connues et mobilisables.
Elle est destinée à évaluer la façon dont les candidats ont atteint les grands objectifs de formation mathématique visés par le programme de la série STMG :
– acquérir des connaissances et les organiser ;
– mettre en œuvre une recherche de façon autonome ;
– mener des raisonnements ;
– avoir une attitude critique ;
– communiquer à l'écrit.

B. Nature du sujet

Le sujet est constitué de trois ou quatre exercices indépendants les uns des autres, notés chacun sur 3 à 10 points, pouvant comporter plusieurs questions. Il aborde des domaines divers du programme de mathématiques de la série STMG. Une question peut faire appel aux autres disciplines, à condition que les connaissances requises dans cette autre discipline soient données dans l'énoncé.
Si des questionnaires à choix multiple (QCM) sont proposés, les modalités de notation sont précisées.
La calculatrice est autorisée dans les conditions prévues par la réglementation en vigueur, afin d'évaluer les compétences du candidat à la mobiliser dans le cadre de la résolution de problèmes. L'autorisation ou l'interdiction de l'usage de la calculatrice est indiquée sur la première page du sujet.
Il n'y a pas de formulaire de mathématiques pour cette épreuve. En fonction de la nature des exercices, des formules peuvent être données dans le corps du sujet ou en annexe.

2 L'épreuve du second groupe

Épreuve orale
Durée : 20 minutes
Préparation : 20 minutes

L'épreuve consiste en un entretien entre le candidat et un examinateur. Cet entretien porte sur plusieurs questions relatives au programme de mathématiques de la classe de Terminale.
Au début du temps de préparation, l'examinateur soumet au moins deux questions au candidat, portant sur des parties différentes du programme.
Pendant la préparation, le candidat peut prendre des notes sur lesquelles il pourra s'appuyer lors de l'entretien.
Durant celui-ci, l'examinateur cherchera avant tout à permettre au candidat de valoriser ses connaissances.
La calculatrice est autorisée, dans le cadre de la réglementation en vigueur. L'examinateur peut fournir, avec les questions, certaines formules jugées nécessaires. En revanche, l'utilisation par le candidat d'un formulaire non fourni par l'examinateur est interdite.

Taux d'évolution moyen ; indices

1 Taux d'évolution moyen

A. Problème

Le chiffre d'affaires d'une entreprise a augmenté de 45 % en trois ans. Comment déterminer le taux d'évolution t % sur un an qui équivaudrait à cette évolution de 45 % sur les trois ans ?

Utilisons pour cela les coefficients multiplicateurs (rappelons à cet effet que, lorsqu'une quantité varie de t %, elle est multipliée par $1 + \frac{t}{100}$) :

– en trois ans, le chiffre d'affaires de l'entreprise a été multiplié par 1,45 ;

– appelons k le coefficient par lequel le chiffre d'affaires est multiplié chaque année : k doit donc vérifier : $k^3 = 1,45$.

Le problème est donc de déterminer le réel k, solution de cette équation.

B. Racine *n*-ième d'un nombre réel positif

▪ **Propriété.** Soit a un réel positif, n un entier naturel non nul.

L'équation $x^n = a$ admet pour solution le nombre noté $x = a^{1/n}$, appelé la racine n-ième de a.

▪ **Cas particulier.** L'équation $x^2 = a$ admet pour solution $x = \sqrt{a}$; ainsi : $\sqrt{a} = a^{1/2}$.

La solution de notre problème est donc : $k = 1,45^{1/3} \approx 1,1318$.

On peut donc considérer que, chaque année, le chiffre d'affaires de l'entreprise a augmenté d'environ 13,18 % (lorsque qu'une quantité est multipliée par C, cela signifie qu'elle a subi une évolution de t % avec $t = (C - 1) \times 100$).

C. Généralisation

Considérons une quantité subissant une évolution de T % sur une période de n unités de temps.

Le taux d'évolution t % que subirait la quantité sur une période d'une unité de temps, équivalent au taux d'évolution de T % sur la période n unités de temps, vérifie :

$$\boxed{\left(1 + \frac{t}{100}\right)^n = 1 + \frac{T}{100}}.$$

On a donc une équation de la forme $\boxed{k^n = a}$.

La solution est donc : $\boxed{k = a^{1/n}}$ et le taux cherché est : $t = (k - 1) \times 100$.

Le taux ainsi déterminé est appelé **taux d'évolution moyen**.

EXEMPLE

De janvier à décembre 2012, le prix d'un article est passé de 130 € à 161,20 €.

1° Déterminer le taux d'évolution du prix de cet article de janvier à décembre 2012.

2° Calculer le taux d'évolution mensuel moyen de cet article.

Modèle de résolution

1° Le taux d'évolution du prix de l'article est : $\frac{161,2 - 130}{130} = 0,24$.

Le prix a donc augmenté de 24 % entre janvier et décembre 2012.

On rappelle que, lorsqu'une quantité varie de y_1 à y_2, le taux d'évolution est $\frac{y_2 - y_1}{y_1}$.

2° Le prix de l'article a augmenté de 24 % en onze mois ; il a donc été multiplié par 1,24.

Soit t le taux d'évolution mensuel moyen cherché ; si l'on pose : $k = 1 + \frac{t}{100}$, alors k vérifie : $k^{11} = 1,24$. On a alors : $k = 1,24^{1/11} \approx 1,019$.

Le taux d'évolution mensuel moyen est donc d'environ 1,9 %.

2 Indices

A. Exemple

Le tableau suivant donne l'évolution du nombre de voyageurs transportés dans les aéroports français (en milliers de passagers) :

Année	1980	1990	2000	2009	2010
Nombre de voyageurs	35 352	62 368	101 694	122 730	124 828

Par de simples soustractions, on peut calculer les variations absolues du nombre de voyageurs dans les aéroports français.

Exemple : entre 1980 et 1990, augmentation de 27 016 voyageurs.

Construisons un tableau permettant de calculer facilement les variations relatives, c'est-à-dire les taux d'évolution, par rapport à une année choisie ; choisissons comme année de référence 1980 ; affectons l'indice 100 au nombre de voyageurs transportés durant cette année de référence.

Les indices affectés aux autres années se calculent alors en conservant les proportions ; par exemple : si l'on note I_{1990} l'indice affecté à l'année 1990, on a : $\frac{I_{1990}}{62\,368} = \frac{100}{35\,352}$ ce qui donne $I_{1990} = 176$.

On obtient ainsi le tableau suivant (les indices ont été arrondis à l'unité) :

Année	1980	1990	2000	2009	2010
Nombre de voyageurs	35 352	62 368	101 694	122 730	124 828
Indice	100	176	288	347	353

On peut ainsi facilement constater que le nombre de voyageurs transportés dans les aéroports français a augmenté de 76 % entre 1980 et 1990, de 188 % de 1980 à 2000.

B. Généralisation

Si une quantité prend des valeurs V_0, V_1, V_2… et que l'on affecte l'indice $I_0 = 100$ pour la valeur V_0, les valeurs V_n se verront alors affectées les indices I_n tels que : $\frac{I_n}{V_n} = \frac{100}{V_0}$.
(Le tableau des indices s'obtient par proportionnalité).

Le taux d'évolution de la valeur V_0 à la valeur V_n est alors de $(I_n - 100)$ %.

EXEMPLE

Le tableau suivant donne le prix en euros du litre de super dans une station-service le 1er jour de chaque mois au cours du second semestre 2012 :

Mois	Juillet	Août	Septembre	Octobre	Novembre	Décembre
Prix	1,62	1,63	1,58	1,57	1,55	1,6

1° Compléter le tableau d'indices suivant, base 100 au 1er juillet (arrondir les résultats à 0,1 % près).
2° En déduire le taux d'évolution du prix du super entre le 1er juillet et le 1er octobre 2012.
3° Calculer le taux d'évolution du prix du super entre le 1er octobre et le 1er décembre 2012.

Modèle de résolution

1° Exemple de calcul : l'indice en août est : $\frac{1{,}63 \times 100}{1{,}62} = 100{,}6$.

Mois	Juillet	Août	Septembre	Octobre	Novembre	Décembre
Prix	1,62	1,63	1,58	1,57	1,55	1,6
Indice	100	100,6	97,5	96,9	95,7	98,8

2° Entre le 1er juillet et le 1er octobre, le prix du super a baissé de 3,1 % (l'indice est passé de 100 à 96,9).
3° Entre le 1er octobre et le 1er décembre, le prix du super a augmenté de 1,96% :

$$\frac{98{,}8 - 96{,}9}{96{,}9} = 0{,}0196.$$

2
LE COURS

Suites arithmétiques, géométriques

1 Suites arithmétiques

A. Rappel

Une suite (u_n) est arithmétique si, pour passer d'un terme au suivant, on ajoute toujours le même nombre, appelé raison de la suite.
Autrement dit, pour tout entier naturel n, il existe un réel r tel que : $\boxed{u_{n+1} = u_n + r}$.

B. Propriété

Si une suite (u_n) est arithmétique de raison r, son terme général u_n est donné en fonction de son premier terme u_0 par : $\boxed{u_n = u_0 + n \times r}$.

Si le premier terme est u_1, on a alors : $u_n = u_1 + (n - 1) \times r$.

EXEMPLE

Un contrat de location est proposé à une personne désireuse de louer une maison : le loyer annuel initial se monte à 6 500 € et une augmentation forfaitaire annuelle de 30 € sera appliquée. On désigne par u_n le loyer de la n^e année ; ainsi, on a : $u_1 = 6\,500$.

1° Calculer u_2, u_3.
2° Exprimer u_{n+1} en fonction de u_n ; en déduire la nature de la suite (préciser le premier terme et la raison).
3° Exprimer u_n en fonction de n.
4° Calculer le loyer annuel à payer la dixième année de location.
5° Déterminer l'année à partir de laquelle le loyer annuel sera supérieur à 7 000 €.

Modèle de résolution

1° $u_2 = 6\,500 + 30 = 6\,530$; $u_3 = 6\,530 + 30 = 6\,560$.
2° $u_{n+1} = u_n + 30$; la suite (u_n) est donc arithmétique, de premier terme $u_1 = 6\,500$ et de raison $r = 30$.
3° $u_n = u_1 + (n - 1) \times 30 = 6\,500 + 30(n - 1)$.
4° Il s'agit de calculer u_{10} : $u_{10} = 6\,500 + 30 \times 9 = 6\,770$.
Le loyer annuel la dixième année s'élèvera à 6 770 €.
5° Il s'agit de déterminer n tel que $u_n > 7\,000$:
$6\,500 + 30\,(n - 1) > 7\,000 \Leftrightarrow 30\,(n - 1) > 500 \Leftrightarrow n - 1 > \dfrac{500}{30} \Leftrightarrow n > \dfrac{500}{30} + 1$.
Le loyer annuel sera supérieur à 7 000 € à partir de la 18ᵉ année de location.

2 Suites géométriques

A. Rappel

Une suite (u_n) est géométrique si, pour passer d'un terme au suivant, on multiplie toujours par le même nombre, appelé raison de la suite.
Autrement dit : pour tout entier naturel n, il existe un réel b tel que : $\boxed{u_{n+1} = b \times u_n}$.

Remarque : le programme limite l'étude aux suites géométriques à termes strictement positifs.

B. Propriété

Si une suite (u_n) est géométrique de raison b, son terme général u_n est donné en fonction de son premier terme u_0 par : $\boxed{u_n = u_0 \times b^n}$.

Si le premier terme est u_1, on a alors : $\boxed{u_n = u_1 \times b^{n-1}}$.

EXEMPLE

Un contrat de location est proposé à une personne désireuse de louer une maison : le loyer initial se monte à 5 800 € et une augmentation annuelle de 2 % du loyer de l'année précédente sera appliquée.
On désigne par u_n le loyer de la n^e année ; ainsi : $u_1 = 5\,800$.
1° Calculer u_2 et u_3.
2° Exprimer u_{n+1} en fonction de u_n ; en déduire la nature de la suite (préciser le premier terme et la raison).
3° Exprimer u_n en fonction de n.
4° Calculer le loyer annuel à payer la dixième année de location (arrondir le résultat à 10^{-2} près).
5° Déterminer à partir de quelle année le loyer annuel sera supérieur à 8 000 €.

Modèle de résolution

1° $u_2 = 5\,800 \times 1{,}02 = 5\,916$; $u_3 = 5\,916 \times 1{,}02 = 6\,034{,}32$.
On rappelle le résultat suivant : augmenter une quantité de 2 % revient à multiplier celle-ci par $1 + \dfrac{2}{100}$.
2° $u_{n+1} = u_n \times 1{,}02$: la suite (u_n) est donc géométrique, de premier terme $u_1 = 5\,800$ et de raison $b = 1{,}02$.
3° $u_n = u_1 \times 1{,}02^{n-1} = 5\,800 \times 1{,}02^{n-1}$.
4° Il s'agit de calculer u_{10} : $u_{10} = 5\,800 \times 1{,}02^9 = 6\,931{,}54$.
5° Il s'agit de déterminer n tel que $u_n > 8\,000$: en utilisant le menu `TABLE` de la calculatrice, on obtient les termes consécutifs de la suite (u_n) : ainsi, on a : $u_{17} = 7\,962$ et $u_{18} = 8\,121$.
C'est donc à partir de la 18e année que le loyer annuel sera supérieur à 8 000 €.

3 Comparaison de suites ; calcul de la somme de termes consécutifs

A. Comparaison de suites

EXEMPLE

Une ville A comptait 20 000 habitants au 1er janvier 2008 ; on s'aperçoit que la population a augmenté de 3 % en un an. Une ville B comptait 30 000 habitants au 1er janvier 2008 ; on s'aperçoit que la population a diminué de 2 % en un an.
1° Calculer la population de chaque ville au 1er janvier 2009.
2° On suppose que l'évolution se poursuit pour chacune des deux villes : on appelle u_n la population de la ville A au 1er janvier de l'année 2008 + n et v_n la population de la ville B au 01/01 de l'année 2008 + n ; ainsi, on a : $u_0 = 20\,000$ et $v_0 = 30\,000$.
a. Montrer que les suites (u_n) et (v_n) sont des suites géométriques dont on précisera le premier terme et la raison ; en déduire l'expression de u_n et v_n en fonction de n.
b. Déterminer la population de chacune des villes au 01/01/2012.
c. Déterminer à partir de quelle année la population de la ville B sera inférieure à celle de la ville A.

Modèle de résolution

1° Pour la ville A, la population au 1er janvier 2009 sera de : $20\,000 \times 1{,}03 = 20\,600$ habitants.
Pour la ville B, la population au 1er janvier 2009 sera de : $30\,000 \times 0{,}98 = 29\,400$ habitants.
(On rappelle que diminuer une quantité de 2 % revient à multiplier cette quantité par $1 - 2/100$).
2° a. D'une année sur l'autre, la population de la ville A est multipliée par 1,03 ; la suite (u_n) est donc une suite géométrique, de premier terme $u_0 = 20\,000$ et de raison $b = 1{,}03$.
On en déduit que, pour tout entier n, on a : $u_n = u_0 \times b^n = 20\,000 \times 1{,}03^n$.
D'une année sur l'autre, la population de la ville B est multipliée par 0,98 ; la suite (v_n) est donc une suite géométrique, de premier terme $v_0 = 30\,000$ et de raison $b = 0{,}98$.
On en déduit que, pour tout entier n, on a : $v_n = v_0 \times 0{,}98^n = 30\,000 \times 0{,}98^n$.
b. La population de la ville A au 01/01/2012 sera de 22 510 habitants car :
$u_4 = 20\,000 \times 1{,}03^4 = 22\,510$.
La population de la ville B au 1er janvier 2012 sera de 27 671 habitants car :
$v_4 = 30\,000 \times 0{,}98^4 = 27\,671$.

c. Il s'agit de déterminer n tel que $v_n < u_n$:
En utilisant le menu `TABLE` de la calculatrice :

Pour les calculatrices Casio :

1. Dans le menu `TABLE`, entrer l'expression de u_n dans Y_1 et l'expression de v_n dans Y_2 :
$$Y_1 : 20\,000 \times 1{,}03^x \quad \text{et} \quad Y_2 : 30\,000 \times 0{,}98^x$$
2. On règle le paramétrage de la calculatrice en sélectionnant `SET` :
```
Start : 0
End : 30
Step : 1
```
3. On valide deux fois avec `EXE` ; on obtient alors les termes consécutifs des deux suites.

Pour les calculatrices TI :

1. Après avoir appuyé sur la touche *f*(*x*), entrer l'expression de u_n dans Y_1 et l'expression de v_n dans Y_2 ;
2. Dans `déftable`, paramétrer la calculatrice de la façon suivante :
```
DébTable : 1
PasTable : 1
```
3. Pour obtenir le tableau contenant les termes consécutifs des deux suites, sélectionner `TABLE`.

Ainsi, on a : $u_8 = 25\,355$, $v_8 = 25\,522$; $u_9 = 26\,095$, $v_9 = 25\,012$.
C'est donc à partir de la 9e année, soit au 1er janvier 2017, que la population de la ville *B* sera inférieure à celle de la ville *A*.

B. Somme de termes

EXEMPLE

Une personne souhaite emprunter 10 000 € ; sa banque lui propose deux types de remboursement :
– la personne rembourse les 10 000 € en 8 mensualités : une première mensualité de 1 000 € puis les mensualités suivantes augmentées de 90 € par mois ;
– la personne rembourse les 10 000 en 8 mensualités : une première mensualité de 1 000 € puis les mensualités suivantes augmentées de 7 % par mois.
Déterminer le remboursement le plus avantageux pour la personne.

Modèle de résolution

Posons $u_1 = 1\,000$ et u_n la n^e mensualité remboursée avec la première proposition ; la suite (u_n) est une suite arithmétique, de premier terme $u_1 = 1\,000$ et de raison $r = 90$.
Posons $v_1 = 1\,000$ et v_n la n^e mensualité remboursée avec la deuxième proposition ; la suite (v_n) est une suite géométrique, de premier terme $v_1 = 1\,000$ et de raison $b = 1{,}07$.
Il s'agit, dans les deux cas, de calculer la somme des 8 mensualités versées.

Utilisons pour cela un tableur :
Dans la cellule A3, on a entré la formule :
`=A2+90` ;
dans la cellule B3 :
`=B2*1,07` ;
on recopie vers le bas ces formules pour obtenir les termes consécutifs de chaque suite.
Dans la cellule A11, on a entré la formule :
`=SOMME(A2:A9)`
et dans la cellule B11 :
`=SOMME(B2:B9)`.
La deuxième proposition est plus intéressante, car la personne aura remboursé au total 10 259,80 € alors qu'avec la première proposition, elle aura remboursé 10 520 €.

	A	B
1	U_n	V_n
2	1 000	1000
3	1 090	1070
4	1 180	1144,9
5	1 270	1225,043
6	1 360	1310,79601
7	1 450	1 402,55173
8	1 540	1 500,73035
9	1 630	1 605,78148
10	total	total
11	10 520	10 259,8026

MATHS

Dérivation et applications

1 Dérivées des fonctions usuelles

A. Rappel

On rappelle les deux formules suivantes :
– si $f(x) = ax^2 + bx + c$ alors $f'(x) = 2ax + b$ (où a, b et c sont des réels avec a non nul) ;
– si $f(x) = ax^3 + bx^2 + cx + d$ alors $f'(x) = 3ax^2 + 2bx + c$ (où a, b, c et d sont des réels avec a non nul).

B. Formules de dérivées des fonctions usuelles

Si $f(x) = k$ alors $f'(x) = 0$ (k est une constante).
Si $f(x) = x$ alors $f'(x) = 1$.
Si $f(x) = x^2$ alors $f'(x) = 2x$.
Si $f(x) = x^n$ alors $f'(x) = nx^{n-1}$ (pour tout entier naturel n).
Si $f(x) = \frac{1}{x}$ alors $f'(x) = -\frac{1}{x^2}$

2 Opérations sur les fonctions dérivées

Soient u et v deux fonctions définies et dérivables sur un intervalle I, dont les dérivées u' et v' existent sur I.

A. Dérivée de la somme de deux fonctions

Si f est une fonction telle que, pour tout x appartenant à I, $f(x) = u(x) + v(x)$ alors f est dérivable sur I et, pour tout x appartenant à I : $\boxed{f'(x) = u'(x) + v'(x)}$.

B. Dérivée du produit d'une fonction par une constante

Si f est une fonction telle que, pour tout x appartenant à I, $f(x) = k \times u(x)$ (où k est une constante réelle) alors f est dérivable sur I et, pour tout x appartenant à I : $\boxed{f'(x) = k \times u'(x)}$.

C. Dérivée du quotient de deux fonctions

Si f est une fonction telle que, pour tout x appartenant à I, $f(x) = \frac{u(x)}{v(x)}$ (la fonction v ne s'annulant pas sur I) alors f est dérivable sur I et, pour tout x appartenant à I :

$$\boxed{f'(x) = \frac{u'(x) \times v(x) - u(x) \times v'(x)}{[v(x)]^2}}$$

Cas particulier : si f est une fonction telle que, pour tout x appartenant à I, $f(x) = \frac{1}{v(x)}$ (la fonction v ne s'annulant pas sur I) alors f est dérivable sur I et, pour tout x appartenant à I :

$$\boxed{f'(x) = -\frac{v'(x)}{[v(x)]^2}}.$$

EXEMPLE

Déterminer la fonction dérivée de chacune des fonctions suivantes :

1° $f(x) = x^3 - x^2 + x - 3$.

2° $f(x) = \frac{-2x^2 + 1}{3}$.

3° $f(x) = 2x^3 - 3x^2 + 6x - 5$.

4° $f(x) = -2x + 1 - \frac{4}{x}$.

5° $f(x) = \frac{2x - 3}{5 - 3x}$.

Modèle de résolution

1° $f'(x) = 3x^2 - 2x + 1$.

2° f est de la forme $k \times u$ avec : $u(x) = -2x^2 + 1$ et $k = 1/3$; on a alors : $u'(x) = -2 \times 2x = -4x$;
ainsi : $f'(x) = \frac{1}{3} \times (-4x) = -\frac{4}{3}x$.

3° $f'(x) = 3 \times 2x^2 - 2 \times 3x + 6 = 6x^2 - 6x + 6$.

4° $f'(x) = -2 - 4 \times \left(-\frac{1}{x^2}\right) = -2 + \frac{8}{x^2}$.

5° f est de la forme $\frac{u}{v}$ avec : $u(x) = 2x - 3$; $v(x) = 5 - 3x$; on a alors : $u'(x) = 2$; $v'(x) = -3$; ainsi :

$$f'(x) = \frac{2 \times (5 - 3x) - (2x - 3) \times (-3)}{(5 - 3x)^2} = \frac{10 - 6x + 6x - 9}{(5 - 3x)^2} = \frac{1}{(5 - 3x)^2}$$

3 Lien entre le signe de la dérivée et le sens de variation de la fonction

A. Théorème

Soit f une fonction définie et dérivable sur un intervalle I ; soit f' la fonction dérivée.

– Si, pour tout x appartenant à I, $f'(x)$ est strictement positif, alors f est strictement croissante sur I.

– Si, pour tout x appartenant à I, $f'(x)$ est strictement négatif, alors f est strictement décroissante sur I.

– Si, pour tout x appartenant à I, $f'(x)$ est nul, alors f est constante sur I.

B. Méthode

L'étude des variations d'une fonction se fera donc en trois étapes :

– déterminer la fonction dérivée ;

– étudier le signe de la dérivée ;

– dresser le tableau de variations de la fonction en appliquant le théorème.

EXEMPLE

Étudier les variations des deux fonctions suivantes :

1° f est la fonction définie sur [0 ; 4] par $f(x) = -x^3 + \frac{9}{2}x^2 - 6x - 1$.

2° f est la fonction définie sur [– 1 ; 1] par $f(x) = \frac{x^2 + 1}{x^2 - 4}$.

Modèle de résolution

1° Déterminons la fonction dérivée de f : $f'(x) = -3x^2 + \frac{9}{2} \times 2x - 6 = -3x^2 + 9x - 6$.

Étudions le signe de $f'(x)$: il faut déterminer les solutions de l'équation $f'(x) = 0$:
$\Delta = 9^2 - 4\times(-3)\times(-6) = 81 - 72 = 9$; l'équation admet donc deux solutions :

$$x_1 = \frac{-9 - \sqrt{9}}{2 \times (-3)} = \frac{-12}{-6} = 2 \ ; \ x_2 = \frac{-9 + \sqrt{9}}{2 \times (-3)} = \frac{-6}{-6} = 1$$

Le signe de $f'(x)$ est alors : (signe de « a » à l'extérieur des racines, « –a » à l'intérieur.)

x	0		1		2		4
$f'(x)$		–	0	+	0	–	

Dressons le tableau de variations de la fonction :

x	0		1		2		4
$f'(x)$		–	0	+	0	–	
$f(x)$	–1	↘	–3,5	↗	–3	↘	–17

2° Déterminons la fonction dérivée de f : f est de la forme $\frac{u}{v}$ avec $u(x) = x^2 + 1$; $v(x) = x^2 - 4$; on a alors : $u'(x) = 2x$; $v'(x) = 2x$; ainsi :

$$f'(x) = \frac{2x \times (x^2 - 4) - (x^2 + 1) \times 2x}{(x^2 - 4)^2} = \frac{2x^3 - 8x - 2x^3 - 2x}{(x^2 - 4)^2} = \frac{-10x}{(x^2 - 4)^2}$$

Étudions le signe de $f'(x)$: $\frac{-10x}{(x^2 - 4)^2} = 0 \Leftrightarrow -10x = 0 \Leftrightarrow x = 0$.

Le signe de $f'(x)$ est alors :

x	– 1		0		1
$-10x$		+	0	–	
$(x^2 - 4)^2$			+		
$f'(x)$		+	0	–	

Dressons le tableau de variations de la fonction :

x	– 1		0		1
$f'(x)$		+	0	–	
$f(x)$	$\frac{-2}{3}$	↗	$\frac{-1}{4}$	↘	$\frac{-2}{3}$

4. Équation de la tangente en un point

A. Définition

Soit f une fonction définie sur un intervalle I ; on désigne par C_f la courbe représentative de la fonction ; soit a un nombre réel appartenant à I.

La tangente à la courbe C_f au point d'abscisse a est la droite passant par le point A de coordonnées $(a ; f(a))$ et de coefficient directeur $f'(a)$.

B. Méthode pour déterminer une équation de cette tangente

On cherche l'équation sous la forme $y = mx + p$.

m étant le coefficient directeur, on remplace m par $f'(a)$.

On calcule ensuite p en utilisant les coordonnées du point A (on remplace x par a et y par $f(a)$; on obtient alors une équation d'inconnue p).

EXEMPLE

Soit f la fonction définie par $f(x) = \frac{x^2 + 1}{x^2 - 4}$; déterminer une équation de la tangente à la courbe représentative de f au point d'abscisse 3.

Modèle de résolution

D'après le paragraphe précédent, $f'(x) = \frac{-10x}{(x^2 - 4)^2}$.

On cherche une équation de la tangente à la courbe sous la forme : $y = mx + p$.

$m = f'(3) = \frac{-30}{25} = \frac{-6}{5}$; l'équation s'écrit alors : $y = \frac{-6}{5}x + p$.

La tangente passe par le point A (3 ; $f(3)$) avec $f(3) = 2$; on obtient alors : $2 = \frac{-6}{5} \times 3 + p$

ce qui donne $p = 2 + \frac{18}{5} = \frac{28}{5}$.

La tangente a donc pour équation : $y = \frac{-6}{5}x + \frac{28}{5}$.

Statistiques à deux variables

1 Nuage de points et point moyen

Considérons deux caractères quantitatifs discrets x et y d'une population.
Notons $(x_i\,;\,y_i)$ les couples de valeurs prises par ces caractères.

A. Nuage de points

Dans un repère orthogonal $(O\,;\,\vec{i}, \vec{j})$ l'ensemble des points M_i de coordonnées $(x_i\,;\,y_i)$ constitue le nuage de points associé à la série statistique à deux variables x et y.

B. Point moyen

Le point G de coordonnées $(\overline{x}\,;\,\overline{y})$ est le point moyen du nuage, où $\overline{x}$ et $\overline{y}$ désignent la moyenne des valeurs x_i et y_i. On rappelle les formules suivantes :

$$\overline{x} = \frac{x_1 + x_2 + \ldots + x_n}{n} \quad \text{et} \quad \overline{y} = \frac{y_1 + y_2 + \ldots + y_n}{n}.$$

2 Ajustement affine

A. Principe

Lorsque les points du nuage sont « presque alignés », on peut envisager de chercher une fonction affine f telle que la droite D d'équation $y = f(x)$ passe « le plus près possible » des points du nuage.
Une telle droite réalise un ajustement affine du nuage de points.
Il existe différents types d'ajustement :
– on peut réaliser un ajustement affine au jugé, en traçant une droite qui, visuellement, passe le plus près possible de l'ensemble des points du nuage ;
– on peut réaliser un ajustement par la méthode des moindres carrés (méthode détaillée dans le paragraphe suivant) ;
– il existe d'autres types d'ajustement qui pourront éventuellement être découverts en exercice.

3 Méthode des moindres carrés

A. Situation

Considérons une série statistique à deux variables x et y ; les points M_i de coordonnées $(x_i\,;\,y_i)$ constituent le nuage de points de cette série.
Soit une droite D d'équation : $y = ax + b$ réalisant un ajustement affine du nuage de points M_i.
Notons P_i les points de D d'abscisse x_i ; ainsi : $P_i\,(x_i\,;\,ax_i + b)$.

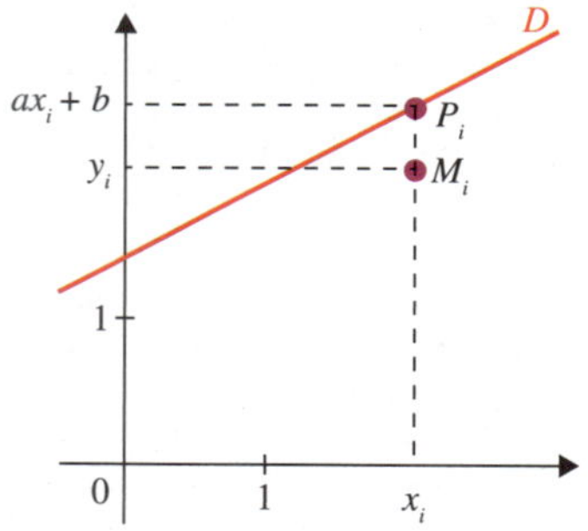

B. Propriété

Il existe une unique droite passant par le point moyen G du nuage telle que la somme $\sum M_iP_i^2$ soit minimale :
Cette droite s'appelle droite de régression de y en x obtenue par la méthode des moindres carrés.
Son équation est de la forme : $y = ax + b$; les coefficients a et b sont obtenus à l'aide de la calculatrice ou à l'aide d'un tableur.

EXEMPLE

Un centre commercial propose huit modèles de lave-linge. Le tableau ci-dessous donne pour chacun des huit appareils le prix de vente unitaire x en euros et le nombre y de lave-linge vendus en un an :

Prix x_i (en euros)	250	300	350	400	500	550	600	700
Nombre d'appareils vendus y_i	105	95	80	76	62	56	49	29

1° Représenter le nuage de points associés à la série statistique $(x_i ; y_i)$.

2° Calculer les coordonnées du point moyen G de ce nuage.

3° Déterminer une équation de la droite d'ajustement obtenue à l'aide de la méthode des moindres carrés (le coefficient a sera arrondi à 10^{-3}, le coefficient b sera arrondi à l'unité).

Modèle de résolution

1° Nuage de points :

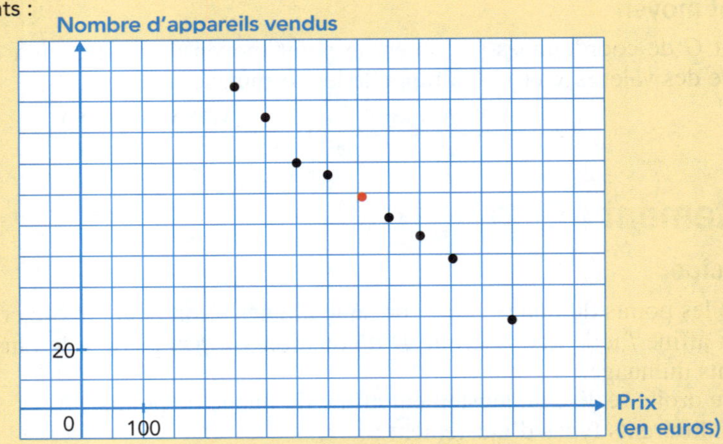

2° Coordonnées du point moyen : $G(456{,}25 ; 69)$

$\overline{x} = (250 + 300 + 350 + 400 + 500 + 550 + 600 + 700)/8 = 456{,}25$

$\overline{y} = (105 + 95 + 80 + 76 + 62 + 56 + 49 + 29)/8 = 69$

G est le point rouge sur le graphique.

3° Programmation de la calculatrice :

Pour les calculatrices Casio :

1. Sélectionner le Menu STAT.
2. Entrer les données x_i en List1 et y_i en List2.
3. Vérifier le réglage de la calculatrice : CALC puis SET, List 1 doit être écrit devant 2Var XList et List 2 doit être écrit devant 2Var YList.
4. Appuyer deux fois sur EXIT pour revenir aux listes.
5. Pour obtenir les coefficients a et b de l'équation de la droite d'ajustement : CALC, REG, X puis $ax + b$.

Pour les calculatrices TI :

1. Après avoir appuyé sur la touche stats, sélectionner EDIT.
2. Entrer alors les données x_i en L1 et les données y_i en L2.
3. Appuyer alors sur la touche stats ; sélectionner CALC puis RégLin($ax + b$).
4. Saisir alors (L1,L2) puis valider : les coefficients a et b apparaissent.

Ainsi, on obtient : $a = -0{,}158$ et $b = 141$.

La droite d'ajustement obtenue par la méthode des moindres carrés a donc pour équation :

$$y = -0{,}158x + 141.$$

Obtention des résultats à l'aide d'un tableur :

	A	B
1	*Xi*	*Yi*
2	250	105
3	300	95
4	350	80
5	400	76
6	500	62
7	550	56
8	600	49
9	700	29
10	3 650	552
11	456,25	69

La fonction `PENTE` fournit le coefficient directeur *a* de la droite d'ajustement de *y* en *x* selon la méthode des moindres carrés ; la syntaxe est `=PENTE(plage des y donnés ; plage des x donnés)`.
Ici, il conviendra donc d'entrer : `=PENTE(B2:B9 ;A2:A9)`.
La fonction `ORDONNEE.ORIGINE` fournit l'ordonnée à l'origine *b* de la droite d'ajustement de *y* en *x* selon la méthode des moindres carrés ;
la syntaxe est `=ORDONNEE.ORIGINE(plage des y donnés ; plage des x donnés)`.
Ici, il conviendra donc d'entrer : `=ORDONNEE.ORIGINE(B2:B9 ;A2:A9)`.

4 Utilisation d'un ajustement affine

Les deux caractères x et y étant reliés par une équation, un ajustement affine permet d'établir des prévisions.

EXEMPLE

En reprenant les données de l'exemple précédent :
1° Déterminer combien d'appareils auraient pu être vendus au prix de 425 euros.
2° Déterminer le prix à partir duquel les ventes seraient inférieures à 15 appareils par an.

Modèle de résolution

1° À l'aide de l'équation $y = -0{,}158x + 141$:
pour $x = 425$, on obtient $y = -0{,}158 \times 425 + 141 = 73{,}85$.
On pourrait espérer vendre 74 appareils à un prix de 425 euros.
2° On cherche à déterminer x tel que $-0{,}158x + 141 < 15$:
on obtient $-0{,}158x < -126$ soit $x > \dfrac{126}{0{,}158} = 797{,}47$.
Les ventes seraient donc inférieures à 15 appareils par an si le prix dépassait 797,47 euros.

MATHS

Probabilités conditionnelles

1 Probabilité conditionnelle

A. Définition

Soit A et B deux événements avec $p(A) \neq 0$.
La probabilité conditionnelle de B sachant A est la probabilité notée $p_A(B)$, définie par :

$$\boxed{p_A(B) = \frac{p(A \cap B)}{p(A)}}.$$

Cette formule implique : $\boxed{p(A \cap B) = p(A) \times p_A(B)}$.

De même, si $p(B) \neq 0$, on a : $p_B(A) = \dfrac{p(A \cap B)}{p(B)}$;
Ainsi $p(A \cap B) = p(B) \times p_B(A)$.

B. Exemple

Des jetons sont numérotés de 1 à 10 :
– les jetons numérotés de 1 à 3 sont bleus ;
– ceux numérotés de 4 à 10 sont rouges.
On tire au hasard un jeton. Quelle est la probabilité qu'il porte un numéro pair sachant qu'il est rouge ?
Si l'on note A l'événement : « le jeton est rouge » et B l'événement : « le jeton porte un numéro pair », il s'agit de calculer $p_A(B)$:

$$p_A(B) = \frac{p(A \cap B)}{p(A)} = \frac{\frac{4}{10}}{\frac{7}{10}} = \frac{4}{10} \times \frac{10}{7} = \frac{4}{7}$$

$A \cap B$ est l'événement : « le jeton est rouge et porte un numéro pair ».

2 Arbre pondéré

Soit A et B deux événements tels que : $p(\text{A}) \neq 0$ et B est conditionné par A.

A. Construction d'un arbre

Représentons la situation à l'aide d'un arbre pondéré, en respectant les règles de construction suivantes :
– sur les branches du premier niveau figurent les probabilités : $p(A)$ et $p(A)$ (avec $p(A) + p(A) = 1$) ;
– sur les branches du second niveau figurent les probabilités conditionnelles :

$$p_A(B),\ p_A(\overline{B}),\ p_{\overline{A}}(B) \text{ et } p_{\overline{A}}(\overline{B})$$

(en respectant toujours la règle : la somme des probabilités affectées aux branches issues d'un même nœud est égale à 1).

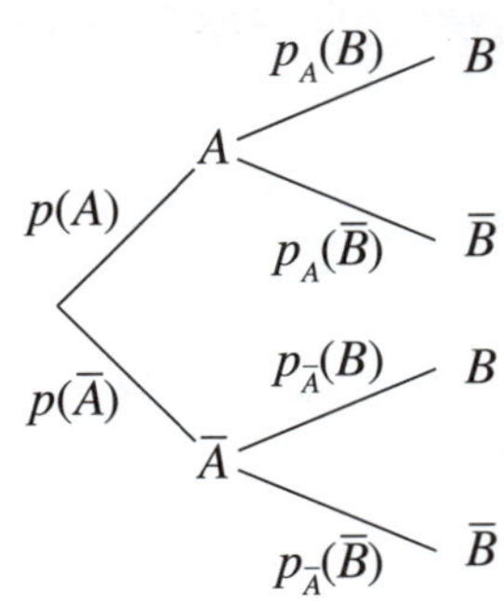

B. Utilisation de l'arbre pour le calcul de probabilités

- **Calcul de $p(A \cap B)$: $p(A \cap B) = p(A) \times p_A(B)$**

Concrètement : la probabilité d'un événement correspondant à un chemin est égale au produit des probabilités rencontrées sur ce chemin.

- **Calcul de $p(B)$: $p(B) = p(B \cap A) + p(B \cap \overline{A})$**

Concrètement : la probabilité d'un événement est égale à la somme des probabilités des chemins qui le réalisent.

- **Calcul de $p_B(A)$:** on utilise la définition.

EXEMPLE

Dans une classe, 40 % des élèves sont des garçons ; parmi les garçons, 30 % sont majeurs ; parmi les filles, 25 % sont majeures. On choisit au hasard un élève de cette classe.

1° Calculer la probabilité que l'élève choisi soit un garçon majeur.

2° Calculer la probabilité que l'élève choisi soit majeur.

3° Calculer la probabilité que l'élève choisi soit un garçon sachant qu'il est majeur.

Modèle de résolution

Notons G l'événement « l'élève choisi est un garçon » et M l'événement « l'élève choisi est majeur ».

Représentons la situation à l'aide d'un arbre pondéré :

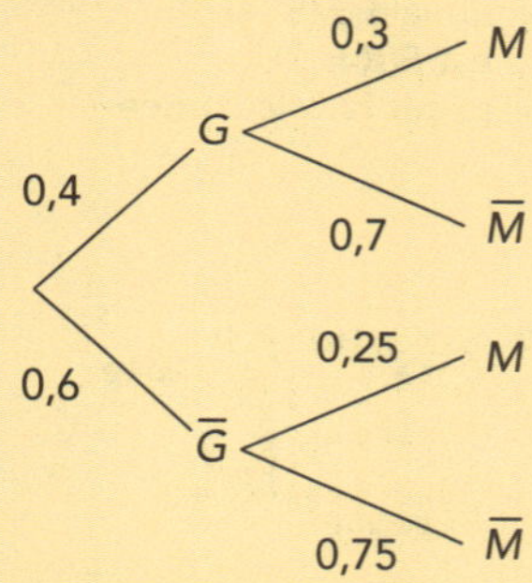

1° Il s'agit de calculer $p(G \cap M)$: $p(G \cap M) = p(G) \times p_G(M) = 0{,}4 \times 0{,}3 = 0{,}12$.

2° Il s'agit de calculer $p(M)$: $p(M) = p(G \cap M) + p(\overline{G} \cap M) = 0{,}12 + 0{,}6 \times 0{,}25 = 0{,}27$.

3° Il s'agit de calculer $p_M(G)$: $p_M(G) = \dfrac{p(G \cap M)}{p(M)} = \dfrac{0{,}12}{0{,}27} = \dfrac{12}{27} = \dfrac{4}{9}$.

Loi normale

1 Rappels sur la loi binomiale

A. Schéma de Bernoulli

On considère une expérience aléatoire ne comportant que deux issues : le « succès » noté S et « l'échec » noté $\overline{S}$. On note p la probabilité de S et donc $q = 1 - p$ celle de $\overline{S}$.
On répète n fois la même épreuve dans des conditions indépendantes et on obtient alors un schéma de Bernoulli de paramètres n et p.

B. Définition

La variable aléatoire X égale au nombre de succès lors de ces n épreuves suit la loi binomiale de paramètres n et p, notée $\mathcal{B}(n\ ;\ p)$.

C. Propriété

L'espérance de la loi $\mathcal{B}(n, p)$ est : $E(X) = np$ et son écart-type est : $\sigma_x = \sqrt{np(1-p)}$.

EXEMPLE

On lance huit fois une pièce de monnaie truquée de façon que la probabilité d'obtenir pile est égale à 0,3. On convient que l'obtention d'un « pile » est le succès et d'un face est « l'échec ».
Le nombre de succès X suit la loi binomiale $\mathcal{B}(8\ ;\ 0{,}3)$.
La probabilité d'obtenir trois succès est $P(X = 3)$.
Comment obtient-on cette probabilité sur la calculatrice ?

Modèle de résolution

Sur calculatrice Casio :

Menu, **STAT**, **DIST**, **BINM** et **Bpd**

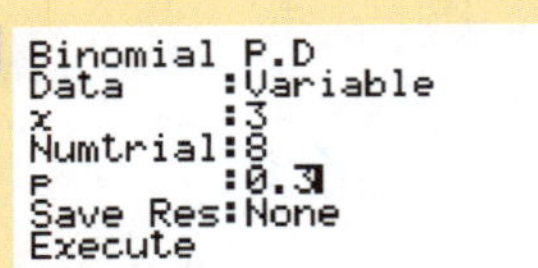

Alors $P(X = 3) = 0{,}2541$

Sur calculatrice Ti :

Appuyer successivement sur les touches **2nde**, **var**, **binomFdp** (8,0.3,3) puis **entrer**.

Remarque : Pour calculer $P(X \leq 3)$, on remplace **Bpd** par **Bcd** sur Casio et **binomFdp** par **binomFRép** sur Ti.

D. Représentation graphique d'une loi binomiale

On donne ci-dessous les distributions en bâtons de la loi binomiale $\mathcal{B}(n\ ;\ p)$ avec $p = 0{,}3$ pour les valeurs respectives $n = 8$ et $n = 17$

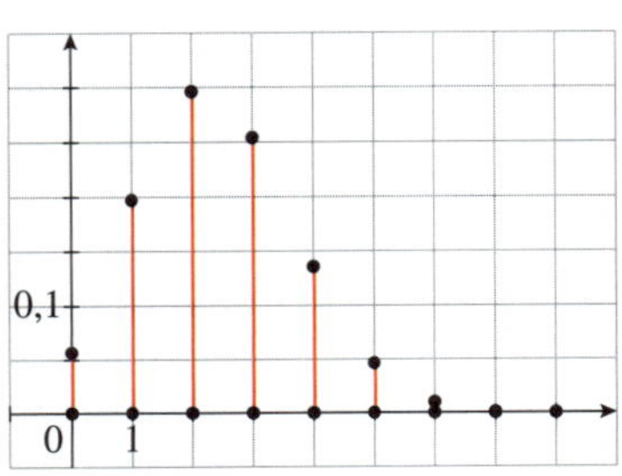

$n = 8$

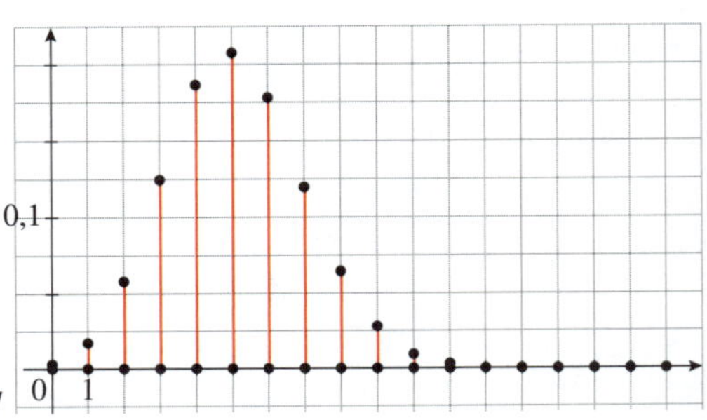

$n = 17$

2 Loi normale d'espérance μ et d'écart-type σ : $\mathcal{N}(\mu ; \sigma^2)$

A. Propriété 1

Lorsque n augmente, la distribution de la loi binomiale prend l'allure d'une courbe « en cloche » bien particulière, représentée ci-contre. L'aire totale sous cette courbe est égale à 1.

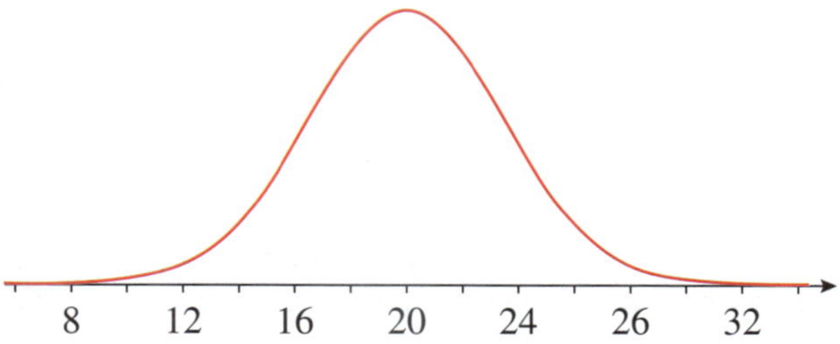

EXEMPLE

On a superposé ci-dessous un histogramme de la loi binomiale pour $n = 50$ et $p = 0,4$

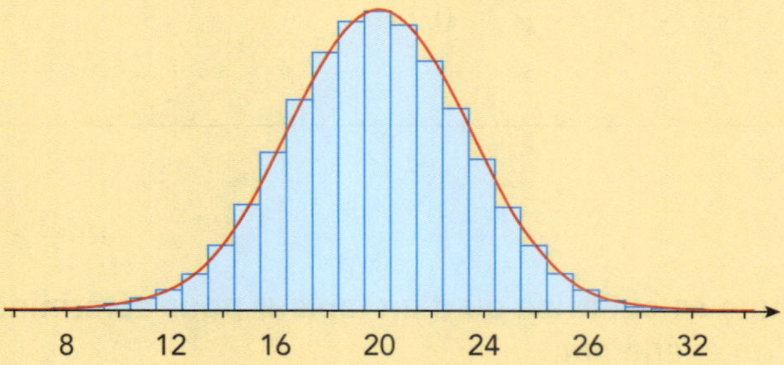

Modèle de résolution

Si X suit la loi $\mathcal{B}(50 ; 0,4)$, la probabilité $P(X \leq t)$ qui est la somme des aires des rectangles avant t est sensiblement égale à l'aire sous la courbe avant t.

B. Définition

On dit qu'une variable aléatoire X suit la loi normale d'espérance μ et d'écart-type σ lorsque pour tout réel σ, la probabilité $P(X \leq t)$ est égale à l'aire sous la courbe représentée par la fonction f entre $-\infty$ et t.
Cette courbe est appelée courbe de densité de la loi normale d'espérance μ et d'écart-type σ.

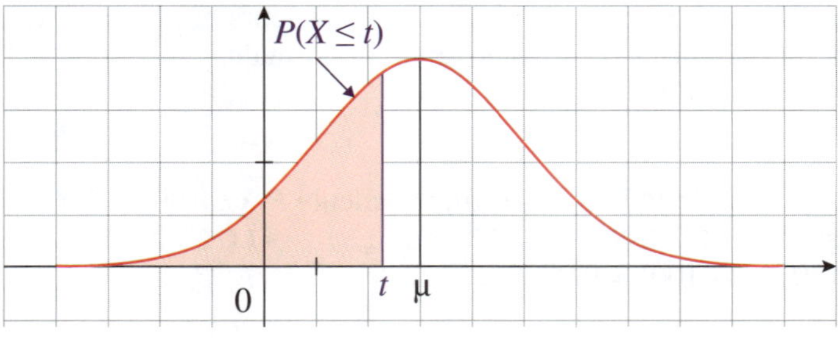

Remarques :

La loi normale d'espérance μ et d'écart-type σ est notée $\mathcal{N}(\mu ; \sigma^2)$.
La courbe de la loi normale a pour axe de symétrie la droite d'équation $x = \mu$.

C. Propriété 2

Si X suit la loi normale $\mathcal{N}(\mu ; \sigma^2)$ alors :
(a) $P(X \leq \mu) = P(X \geq \mu) = 0,5$
(b) Pour tout réel a :
$P(X \leq a) = P(x < a)$

(c) Pour tous réels a et b tels que $a \leq b$, on a : $P(a \leq X \leq b) = P(X \leq b) - P(X \leq a)$
(d) Pour tout réel $a \geq \mu$, on a : $P(X \leq a) = 0{,}5 + P(\mu \leq X \leq a)$
et $P(X \geq a) = 0{,}5 - P(\mu \leq X \leq a)$
(e) Pour tout réel $a \leq \mu$, on a : $P(X \leq a) = 0{,}5 - P(a \leq X \leq \mu)$
et $P(X \geq a) = 0{,}5 + P(a \leq X \leq \mu)$

D. Cas particulier

Lorsque $\mu = 0$ et $\sigma = 1$, la loi normale $\mathcal{N}(0\ ;\ 1)$ s'appelle loi normale centrée réduite. La courbe associée est symétrique par rapport à l'axe des ordonnées.

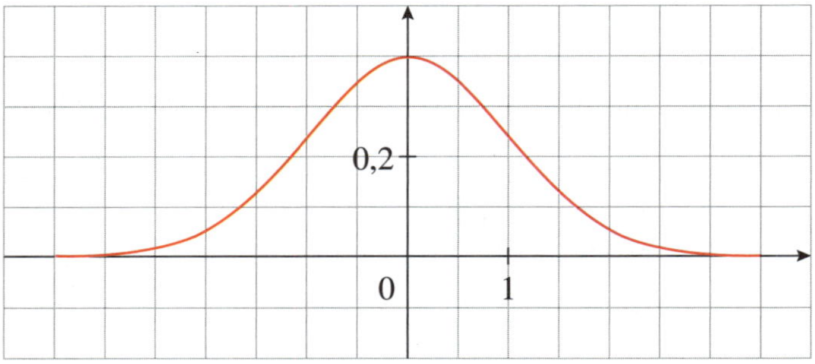

E. Utilisation d'une calculatrice ou d'un tableur pour déterminer la probabilité d'un événement

X est une variable aléatoire suivant la loi normale $\mathcal{N}(0\ ;\ 1)$; on veut calculer $P(70 \leq X \leq 100)$.

▪ Sur calculatrice Casio

1. Appuyer successivement sur les touches Menu, STAT, DIST, NORM et Ncd. Saisir ensuite les bornes de l'intervalle (`Lower`, `upper`) puis l'écart-type σ et l'espérance μ de la loi normale.
2. Ce qui donne ici : Menu, STAT, DIST, NORM, Ncd `(70,100,5,90)`.
3. Après exécution, on obtient $P(70 \leq X \leq 100) = 0{,}9772$.

▪ Sur calculatrice Ti

1. Appuyer successivement sur les touches 2nde puis var.
2. La fonction s'appelle `normalFRép`, entrer les valeurs `a`, `b`, `c` et `d`, valeurs respectives des bornes, de l'espérance et écart-type de la loi normale.
On obtient $P(70 \leq X \leq 100) = 0{,}9772$.

▪ Sur tableur

Pour obtenir la valeur de $P(70 \leq X \leq 100)$, on calcule $P(X \leq 100) - P(X \leq 70)$ à l'aide de la formule suivante `=LOI.NORMALE(100;90;5;1)-LOI.NORMALE(70;90;5;1)`
On obtient $P(70 \leq X \leq 100) = 0{,}9772$.

EXEMPLE

X est une variable aléatoire suivant la loi normale $\mathcal{N}(20\ ;\ 4)$. Calculer les probabilités suivantes :
$P(15 < X < 22)$; $P(X \leq 25)$; $P(X \leq 12)$; $P(X > 22)$.

Modèle de résolution
$P(15 < X < 22) = 0{,}835$;
$P(X \leq 25) = 0{,}5 + P(20 \leq X \leq 25) = 0{,}5 + 0{,}494 = 0{,}994$;
$P(X \leq 12) = 0{,}5 - P(12 \leq X \leq 20) = 0{,}5 - 0{,}499 = 0{,}001$;
$P(X > 22) = 0{,}5 - P(20 \leq X \leq 22) = 0{,}5 - 0{,}341 = 0{,}159$.

F. Propriété 3

Si X suit la loi normale d'espérance μ et d'écart-type σ alors $P\{X \in [\mu - 2\sigma ; \mu + 2\sigma]\} \approx 0{,}95$

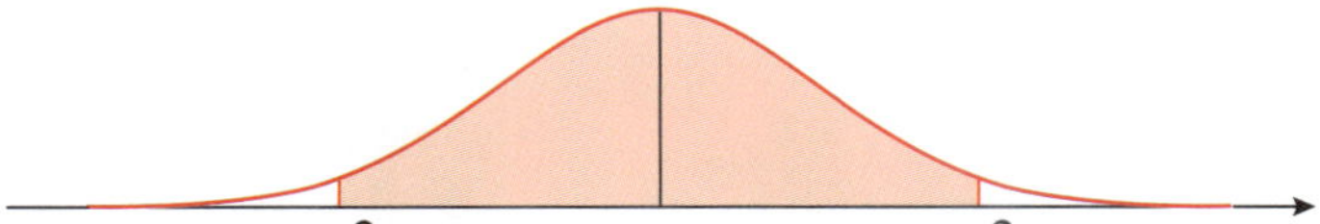

EXEMPLE

X est une variable aléatoire suivant la loi normale d'espérance $\mu = 70$ et d'écart-type $\sigma = 5$.
On souhaite déterminer un intervalle I centré en μ tel que $P(X \in I) \approx 0{,}95$.

Modèle de résolution

Il suffit de choisir l'intervalle $[\mu - 2\sigma ; \mu + 2\sigma] = [60 ; 80]$, ainsi $P\{X \in [60 ; 80]\} \approx 0{,}95$.

▪ **Remarques :**

– Si on connaît seulement des valeurs approchées pour les bornes $\mu - 2\sigma$ et $\mu + 2\sigma$, on prendra soin pour donner l'intervalle I de prendre une valeur approchée par défaut de $\mu - 2\sigma$ (c'est-à-dire une valeur inférieure ou égale à $\mu - 2\sigma$) et par excès de $\mu + 2\sigma$ (c'est-à-dire une valeur supérieure ou égale à $\mu + 2\sigma$).
– D'autres intervalles sont importants mais seul l'intervalle ci-dessus est à connaître.

Pour information : $P\{X \in [\mu - \sigma ; \mu + \sigma]\} \approx 0{,}68$

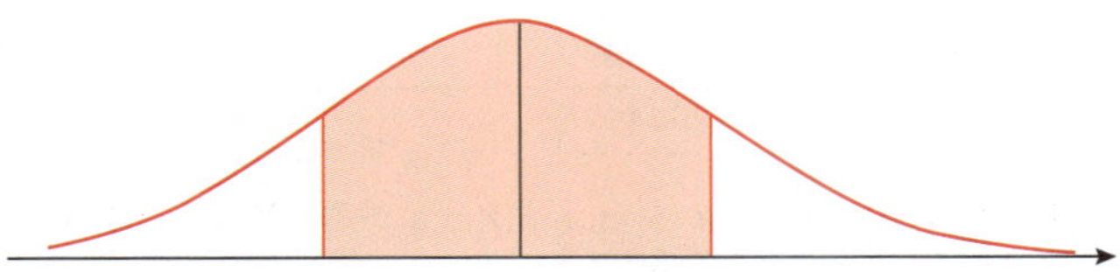

et $P\{X \in [\mu - 3\sigma ; \mu + 3\sigma]\} \approx 0{,}99$.

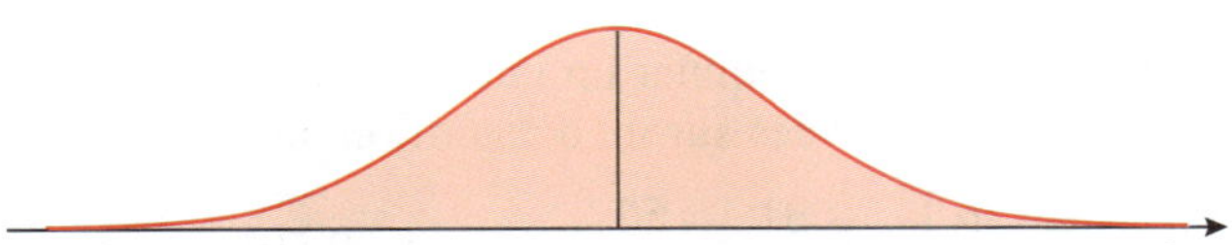

EXEMPLE

La température T en France d'une journée d'octobre suit la loi normale de moyenne 15 et d'écart-type 3.
1° Calculer la probabilité qu'un jour d'octobre, la température soit inférieure à 10 °C.
2° Sans utiliser la calculatrice, donner la probabilité que la température, un jour d'octobre, soit comprise entre 9 °C et 21 °C.

Modèle de résolution

1° Il s'agit de calculer $P(T < 10)$: $P(T < 10) = 0{,}5 - P(10 < T < 15) \approx 0{,}5 - 0{,}452 = 0{,}048$.
2° Il s'agit de calculer $P(9 \leq X \leq 21)$:
L'intervalle $[9 ; 21]$ correspondant à l'intervalle $[\mu - 2\sigma ; \mu + 2\sigma]$, on en déduit : $P(9 \leq X \leq 21) \approx 0{,}95$.

MATHS

7 LE COURS Échantillonnage et prise de décision

1 Rappels de première

EXEMPLE

Un laboratoire certifie qu'un médicament sauve 40 % des patients atteints d'une maladie *M*. On note *X* le nombre de malades sauvés dans un échantillon aléatoire de 100 personnes. *X* suit alors une loi binomiale de paramètres $n = 100$ et $p = 0,4$. On donne ci-dessous à l'aide d'un tableur les probabilités $P(X \leq k)$ pour la loi binomiale $\mathscr{B}(100 ; 0,4)$ et pour des valeurs de *k* entre 30 et 50.

k	$P(X = k)$	$P(X \leq k)$
30	0,0100075	0,02478282
31	0,01506506	**0,03984788**
32	0,02165603	0,06150391
33	0,02974969	0,0912536
34	0,03908293	0,13033653
35	0,04913282	0,17946935
36	0,05914136	0,23861071
37	0,06819905	0,30680976
38	0,0753779	0,38218766
39	0,07988768	0,46207534
40	0,08121914	0,54329449

k	$P(X = k)$	$P(X \leq k)$
41	0,07923819	0,62253268
42	0,07420719	0,69673987
43	0,06672895	0,76346882
44	0,05762955	0,82109837
45	0,04781118	0,86890955
46	0,03811036	0,90701991
47	0,02919091	0,93621082
48	0,02148776	0,95769858
49	0,01520222	0,9729008
50	0,01033751	**0,98323831**

On observe que le plus petit entier *a* tel que $P(X \leq a) > 0,025$ est $a = 31$ et que le plus petit entier *b* tel que $P(X \leq b) \geq 0,975$ est $b = 50$.

A. Intervalle de fluctuation

On peut à partir de cette affirmation donner un intervalle de fluctuation au seuil de 95 % de la fréquence des personnes sauvées sur un échantillon de taille 100.

Cet intervalle est $I = \left[\frac{a}{n} ; \frac{b}{n}\right] = \left[\frac{31}{100} ; \frac{50}{100}\right] = [0,31 ; 0,50]$.

Autrement dit, si le laboratoire dit juste, parmi tous les échantillons de taille 100, 95 % d'entre eux ont une fréquence de personnes sauvées dans cet intervalle.
En effet :

$$P\left(\frac{a}{100} \leq \frac{X}{100} \leq \frac{b}{100}\right) = P(a \leq X \leq b) = P(X \leq b) - P(X < a) \geq 0,95$$

C'est-à-dire 95 % d'entre eux ont une fréquence de personnes sauvées dans cet intervalle. C'est une certitude !

B. Prise de décision sur un échantillon

Une fois l'intervalle de fluctuation au seuil de 95 % déterminé, on peut prendre alors une décision quant à l'acceptation de la proportion p d'un caractère dans la population.
Sur un échantillon donné, si la fréquence observée n'est pas dans l'intervalle de fluctuation, comme cela n'arrive que dans 5 % des cas, on rejettera alors l'hypothèse faite sur p, avec un risque d'erreur de 5 %.

EXEMPLE

Dans la situation précédente, on a observé sur un échantillon de taille 100 que 30 individus ont été sauvés en utilisant ce médicament.
Ce médicament peut-il sauver 40 % des malades ?

Modèle de résolution
La fréquence est alors de $\frac{30}{100} = 0{,}3$. Celle-ci n'étant pas dans l'intervalle [0,31 ; 0,50], on rejette l'hypothèse selon laquelle ce médicament sauve 40 % des malades.

2 Intervalle de fluctuation d'une fréquence

Soit X_n une variable aléatoire suivant la loi binomiale $B(n\,;p)$. La variable aléatoire $F_n = \frac{X_n}{n}$ est alors égale à la fréquence de succès dans un échantillon de taille n.

On admet que pour n assez grand, X_n suit approximativement la loi normale $\mathcal{N}(\mu\,;\sigma^2)$ d'espérance $\mu = np$ et d'écart-type $\sigma = \sqrt{np(1-p)}$.

On sait alors que $P\{X_n \in [\mu - 1{,}96\sigma\,;\mu + 1{,}96\sigma]\} \simeq 0{,}95$.
Par conséquent, on peut déterminer un intervalle dans lequel F_n prend ses valeurs avec une probabilité de 0,95 quand n est assez grand.

Cet intervalle est : $\left[p - 1{,}96\frac{\sqrt{p(1-p)}}{\sqrt{n}}\,;p + 1{,}96\frac{\sqrt{p(1-p)}}{\sqrt{n}}\right]$

Autrement dit, $P\left(F_n \in \left[p - 1{,}96\frac{\sqrt{p(1-p)}}{\sqrt{n}}\,;p + 1{,}96\frac{\sqrt{p(1-p)}}{\sqrt{n}}\right]\right) \simeq 0{,}95$

On a alors dans au moins 95 % des cas l'inégalité suivante :

$$p - 1{,}96\frac{\sqrt{p(1-p)}}{\sqrt{n}} \leq F_n \leq p + 1{,}96\frac{\sqrt{p(1-p)}}{\sqrt{n}}$$

A. Définition

On appelle intervalle de fluctuation, à au moins 95 % d'une fréquence d'un échantillon de taille n, l'intervalle : $I_n = \left[p - \frac{1}{\sqrt{n}}\,;p + \frac{1}{\sqrt{n}}\right]$ lorsque la proportion p dans la population est connue.

On peut montrer que l'intervalle $\left[p - 1{,}96\frac{\sqrt{p(1-p)}}{\sqrt{n}}\,;p + 1{,}96\frac{\sqrt{p(1-p)}}{\sqrt{n}}\right]$ est inclus dans l'intervalle $\left[p - \frac{1}{\sqrt{n}}\,;p + \frac{1}{\sqrt{n}}\right]$.

▪ **Remarque :**
Cette approximation est valable dès que $n \geq 30$, $np \geq 5$ et $n(1-p) \geq 5$ (il ne sera pas nécessaire de vérifier ces conditions dans les exercices)

EXEMPLE

Selon l'Insee, le taux de chômage en France a continué à augmenter au troisième trimestre 2012, de 0,1 point par rapport au trimestre précédent, pour atteindre 9,9 % de la population active en métropole et 10,3 % dans les départements d'outre-mer.
On souhaite déterminer un intervalle de fluctuation, à environ 95 %, de la fréquence des chômeurs dans un échantillon de taille 800 en métropole.

MATHS

Modèle de résolution

Ici $p = 0{,}099$.

Par conséquent l'intervalle demandé est $I = \left[p - \frac{1}{\sqrt{n}} \,;\, p + \frac{1}{\sqrt{n}}\right]$

En effectuant les approximations pour les bornes de cet intervalle, on prendra soin de prendre un nombre plus petit pour la borne inférieure de l'intervalle et un nombre plus grand pour la borne supérieure.

On obtient $I = [0{,}063 \,;\, 0{,}135]$ en arrondissant les résultats à 10^{-3} près.

On peut donc affirmer que la fréquence des chômeurs dans cet échantillon de taille 800 en métropole est comprise dans l'intervalle $I = [0{,}063 \,;\, 0{,}135]$ à environ 95 %.

Il y a donc un risque de 5 % de se tromper.

B. Prise de décision sur un échantillon

Nous allons dans cette partie exploiter un tel intervalle pour rejeter ou non une hypothèse sur une proportion.

Faisons l'hypothèse que la proportion d'un caractère étudié dans une population est p. Sur un échantillon de taille n de cette population, on observe si la fréquence du caractère observé appartient à l'intervalle de fluctuation.

Voici alors la règle que l'on applique :

Règle de décision

Si la fréquence observée f appartient à l'intervalle de fluctuation, on accepte l'hypothèse faite sur la proportion p. Dans le cas contraire, on rejette l'hypothèse faite sur p avec un risque de 5 % de se tromper.

EXEMPLE

En lançant un dé 250 fois, on obtient 41 fois le chiffre 6 et 117 fois un chiffre pair. Peut-on dire que le dé est bien équilibré ?

Modèle de résolution

La probabilité d'obtenir un 6 est $p = \frac{1}{6}$, on obtient alors un intervalle de fluctuation à environ 95 % :

$$I = \left[\frac{1}{6} - \frac{1}{\sqrt{250}} \,;\, \frac{1}{6} + \frac{1}{\sqrt{250}}\right] \approx [0{,}103 \,;\, 0{,}230].$$

La probabilité d'obtenir un nombre pair est $p = \frac{1}{2}$, on obtient alors un intervalle de fluctuation à environ 95 % :

$$I = \left[\frac{1}{2} - \frac{1}{\sqrt{250}} \,;\, \frac{1}{2} + \frac{1}{\sqrt{250}}\right] \approx [0{,}436 \,;\, 0{,}564]$$

La fréquence de 6 lors des 250 lancers est $f_6 = \frac{41}{250} = 0{,}164$.

La fréquence de nombres pairs lors des 250 lancers est $f_{\text{pair}} = \frac{117}{250} = 0{,}468$

Ces deux dernières fréquences étant dans les intervalles de fluctuation, on accepte l'hypothèse faite sur les deux proportions.

Par conséquent, on accepte le fait que le dé soit parfaitement équilibré.

3 Estimation

Introduction

Une urne contient un grand nombre de boules rouges et blanches. On ne connaît pas la proportion p de boules blanches dans cette urne. L'estimation consiste à évaluer la proportion p en procédant à des tirages aléatoires de boules dans l'urne. On obtiendra alors p avec un certain niveau de confiance.

On a vu précédemment que $P\left(F_n \in \left[p - \frac{1}{\sqrt{n}} ; p + \frac{1}{\sqrt{n}}\right]\right) \simeq 0,95$ où F_n est égale à la fréquence de succès dans un échantillon de taille n.

On a alors dans au moins 95 % des cas l'inégalité suivante :

$$p - \frac{1}{\sqrt{n}} \leq F_n \leq p + \frac{1}{\sqrt{n}}$$

On obtient ensuite l'encadrement de p suivant :

$$F_n - \frac{1}{\sqrt{n}} \leq p \leq F_n + \frac{1}{\sqrt{n}}$$

On peut donc dire que pour n suffisamment grand,

p appartient à l'intervalle $\left[F_n - \frac{1}{\sqrt{n}} ; F_n + \frac{1}{\sqrt{n}}\right]$ avec une probabilité supérieure ou égale à 0,95.

Intervalle de confiance

Sur un échantillon de taille n, on note f la fréquence d'un caractère observé.

L'intervalle $\left[f - \frac{1}{\sqrt{n}} ; f + \frac{1}{\sqrt{n}}\right]$ est appelé intervalle de confiance de la proportion p au niveau de confiance 95 %.

EXEMPLE

Dans l'urne précédente, on a tiré 292 boules rouges et 108 boules blanches.
Déterminer un intervalle de confiance de la proportion de boules blanches, au niveau de confiance 95 %.

Modèle de résolution

L'échantillon étant de taille $n = 400$, la fréquence de boules blanches obtenues est :

$$f_{\text{pair}} = \frac{108}{400} = 0,27.$$

L'intervalle $\left[0,27 - \frac{1}{\sqrt{400}} ; 0,27 + \frac{1}{\sqrt{400}}\right] = [0,22 ; 0,32]$ est un intervalle de confiance de la proportion p de boules blanches dans l'urne au niveau de confiance 95 %.

MATHS

Exercices

1 Taux d'évolution moyen, indices

1 Au 1er janvier 2012, un article coûtait 250 € ; au 1er septembre, cet article coûte 295 €.
1° Déterminer le taux d'évolution du prix de cet article entre le 1er janvier et le 1er septembre 2012.
2° Déterminer le taux d'évolution mensuel moyen du prix de cet article entre le 1er janvier et le 1er septembre 2012 (arrondir le résultat à 0,1 %).

➤ **Corrigé page 281**

2 Le nombre de connexions à un site Internet a subi les évolutions suivantes au cours du dernier trimestre 2012 : de septembre à octobre : + 5 % ; d'octobre à novembre : – 2 % ; de novembre à décembre : – 3 %.
1° Déterminer le taux d'évolution mensuel moyen du nombre de connexions sur ce site pour le dernier trimestre 2012 (arrondir le résultat à 0,01 %).
2° Le nombre de connexions en décembre s'élevait à 1 500. Déterminer le nombre de connexions en mars 2013 si l'évolution mensuelle déterminée à la question précédente se poursuit (arrondir le résultat à l'unité).

➤ **Corrigé page 281**

3 On donne l'évolution de l'indice de référence des loyers (base 100 au 4e trimestre 1998) :

Période	Date de parution au Journal Officiel	Indice de référence des loyers
3e trimestre 2012	13/10/2012	
2e trimestre 2012	17/07/2012	**122,96**
1er trimestre 2012	18/04/2012	122,37
4e trimestre 2011	15/01/2012	121,68
3e trimestre 2011	15/10/2011	120,95
2e trimestre 2011	22/07/2011	120,31
1er trimestre 2011	16/04/2011	

1° Interpréter le chiffre en gras dans le tableau.
2° Quel serait le montant d'un loyer au 2e trimestre 2012 si au 4e trimestre 1998, ce loyer était de 500 € ?
3° Déterminer l'indice de référence des loyers au 3e trimestre 2012 sachant qu'il a augmenté de 0,48 % entre le 2e trimestre et le 3e trimestre 2012 (arrondir le résultat à 0,01 près).
4° Déterminer l'indice de référence des loyers au 1er trimestre 2011 sachant qu'il a augmenté de 0,52 % entre le 1er trimestre et le 2e trimestre 2011 (arrondir le résultat à 0,01 près).
5° Déterminer le taux d'évolution trimestriel moyen de l'indice de référence des loyers entre le 2e trimestre 2011 et le 2e trimestre 2012 (arrondir le résultat à 0,01 %).

➤ **Corrigé page 281**

2 Suites arithmétiques, géométriques

4 À la naissance de leur fils en 2007, des parents bloquent une somme d'argent afin de pouvoir financer d'éventuelles études à sa majorité.
La banque B leur propose un placement à intérêts simples à 5 % par an.
La banque C leur propose un placement à intérêts composés à 4,5 % par an.
Ils décident de simuler un placement de 5 000 € dans chacune des deux banques.

On note B_n la somme disponible l'année $(2007 + n)$ suite au placement dans la banque B et C_n la somme disponible l'année $(2007 + n)$ suite au placement dans la banque C.
1° En annexe, on donne la copie de la simulation réalisée sur un tableur. Quatre nombres ont été effacés, les retrouver et compléter le tableau.

ANNEXE

	A	B	C
1	année	Banque B	Banque C
2	2007	5 000	5 000
3	2008	N_1	N_2
4	2009	N_3	N_4
5	2010	5 750,00	5 705,83
6	2011	6 000,00	5 962,59
7	2012	6 250,00	6 230,91
8	2013	6 500,00	6 511,30
9	2014	6 750,00	6 804,31
10	2015	7 000,00	7 110,50

	A	B	C
11	2016	7 250,00	7 430,48
12	2017	7 500,00	7 764,85
13	2018	7 750,00	8 114,27
14	2019	8 000,00	8 479,41
15	2020	8 250,00	8 860,98
16	2021	8 500,00	9 259,72
17	2022	8 750,00	9 676,41
18	2023	9 000,00	10 111,85
19	2024	9 250,00	10 566,88
20	2025	9 500,00	11 042,39

2° a) Exprimer B_{n+1} en fonction de B_n. Quelle est la nature de la suite (B_n) ? Préciser sa raison.
b) Exprimer C_{n+1} en fonction de C_n. Quelle est la nature de la suite (C_n) ? Préciser sa raison.

3° Dans le tableau de l'annexe, quelles formules a-t-on entrées dans les cellules B3 et C3 et recopiées vers le bas ?

4° a) Calculer pour chaque placement le taux d'évolution exprimé en pourcentage, arrondi au centième, du capital à la fin des dix-huit années.
b) Quel est le placement le plus avantageux ?
c) Suite à ce constat, les parents déposent 10 000 € sur le placement le plus avantageux, au lieu de 5 000 €. Quelle sera la somme disponible à la majorité de leur fils (c'est-à-dire pour ses 18 ans) ?

➤ **Corrigé page 281**

5 Un entrepreneur achète à crédit le 1er janvier 2003 une machine coûtant 500 000 €. Il rembourse son prêt en 10 annuités en versant le 1er janvier de chaque année (à partir du 1er janvier 2004), la somme de 64 752,29 € qui se décompose en deux parties :
– les intérêts à 5 % sur le capital restant dû l'année précédente ;
– l'amortissement du prêt (le capital remboursé).
Voici le détail de ces premiers versements donné à l'aide d'un tableur :

	A	B	C	D	E
1	Dates	Annuité	Intérêts	Amortissement	Capital restant dû
2	01/01/2003				500 000,00
3	01/01/2004	64 752,29	25 000,00	39 752,29	460 247,71
4	01/01/2005	64 752,29	23 012,39	41 739,90	418 507,81
5	01/01/2006	64 752,29	20 925,39	43 826,90	374 680,91
6					

Ainsi, les intérêts payés le 01/01/2004 représentent les 5 % du capital restant dû au 01/01/2003, la somme amortie en 2003 étant la différence entre le montant de l'annuité et les intérêts payés en 2003. Toutes les sommes seront données avec deux décimales.

1° Vérifier que les sommes indiquées en `C3` et `D3` sont correctes. Faire de même avec les sommes indiquées en `C4` et `D4`. Compléter alors la ligne 6 de ce tableau fournie en annexe.

ANNEXE

Dates	Annuité	Intérêts	Amortissement	Capital restant dû
01/01/2007	64 752,29			

2° Dans la cellule D3 a été entrée la formule « =B3–C3 » qui, par « copier-glisser », a permis de compléter la colonne D.
a) Donner, de la même façon, la formule entrée en C3.
Que devient cette formule si on la recopie en C4 ?
b) Donner la formule entrée en E3 qui, par « copier-glisser », a permis de compléter la colonne E.
3° On définit les suites (i_n), (a_n) et (c_n) pour $n \geq 1$ par :

Dates	Annuité	Intérêts	Amortissement	Capital restant dû
01/01/(2003 + n)	64 752,29	i_n	a_n	c_n

Par exemple, i_1 = 25 000 représente les intérêts au 01/01/2004.
Donner les valeurs de i_2, i_3, i_4, a_2, a_3, a_4, c_2, c_3, c_4.
4° Sachant qu'une de ces trois suites et une seule est géométrique, déterminer laquelle en précisant votre méthode. Quelle est la raison de cette suite ? (On arrondira les calculs à 10^{-2} près.)
5° Déterminer, sans calcul et en justifiant, la somme $a_1 + a_2 + \ldots + a_{10}$.
6° Par la méthode de votre choix, déterminer le montant total des intérêts payés par l'entrepreneur.

➤ Corrigé page 282

3 Dérivation et applications

6 **1°** Calculer la dérivée de chacune des fonctions suivantes :

$i(x) = \frac{3}{2}(x^4 - 3x)$ $\quad j(x) = \frac{2x - 1}{-x + 5}$ $\quad l(x) = \frac{-3}{x^2 - 1}$

2° Déterminer une équation de la tangente à la courbe représentative de la fonction j au point d'abscisse 3.

➤ Corrigé page 282

7 Étudier le sens de variation des fonctions suivantes en tenant compte des ensembles de définition :
f est définie par $f(x) = -3x^2 + 12x - 1$ sur [– 1 ; 5] ;
g est définie par $g(x) = 2x^3 + x^2 - 8x + 2$ sur [– 1 ; 3] ;
h est définie par $h(x) = -2x + 1 - \frac{8}{x}$ sur [0,25 ; 4].

➤ Corrigé page 283

8 Une entreprise fabrique des machines-outils. Sa capacité maximale de production est de 100 machines par an. Le coût total de production de x machines est donné en milliers d'euros par la fonction f définie sur l'intervalle [0 ; 100] par $f(x) = 0{,}2x^2 + 8x + 60$.
On a tracé ci-dessous la représentation graphique de la fonction f sur l'intervalle [0 ; 100].

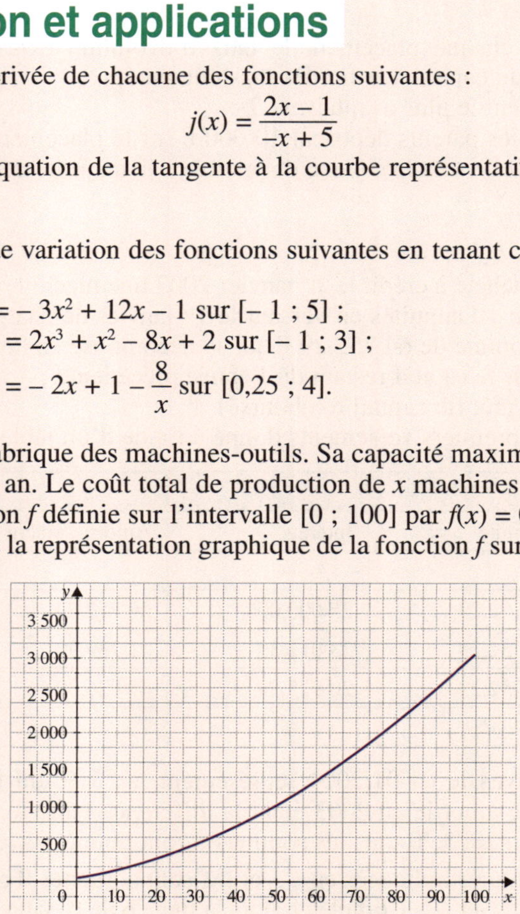

1° a) Chaque machine-outil étant vendue au prix de 20 000 €, exprimer le chiffre d'affaires $g(x)$ en milliers d'euros réalisé par l'entreprise pour la vente de x machines-outils.
b) Tracer la courbe représentative de la fonction g sur le graphique précédent.
c) Déterminer graphiquement, avec la précision permise par le dessin, le nombre minimal et le nombre maximal de machines-outils que l'entreprise doit produire pour réaliser un profit. Expliquer la démarche.

2° Le bénéfice (ou résultat d'exploitation), en milliers d'euros, réalisé par la production et la vente de x machines-outils est donné par la fonction h définie sur l'intervalle [0 ; 100] par : $h(x) = g(x) - f(x)$.
a) Vérifier que pour tout réel x de l'intervalle [0 ; 100], $h(x) = -0{,}2x^2 + 12x - 60$.
b) Calculer $h'(x)$, puis étudier son signe sur l'intervalle [0 ; 100].
c) En déduire le tableau de variations de la fonction h sur l'intervalle [0 ; 100].
d) À l'aide du tableau de variations, déterminer le profit maximal ainsi que la production pour laquelle il est réalisé.

➤ **Corrigé page 284**

4 Statistiques à deux variables

9 Les tableaux ci-dessous donne le prix du tabac x_i (indice base 100 en 1995) et la consommation en grammes de tabac y_i par adulte de 15 ans et plus par jour depuis 1995.

Année	Prix du tabac	Consommation
1995	100	5,1
1996	105,5	5,0
1997	112,5	4,8
1998	115,1	4,7
1999	119,5	4,7

Année	Prix du tabac	Consommation
2000	123	4,6
2001	127,2	4,6
2002	135,3	4,4
2003	151,6	3,9
2004	184,9	3,3

1° Déterminer une équation de la droite d'ajustement affine obtenue avec la méthode des moindres carrés (on arrondira les coefficients à 10^{-4}).
2° En utilisant cet ajustement, déterminer une estimation de la consommation de tabac si son prix indiciaire (base 100 en 1995) était de 250 (arrondir le résultat à 10^{-2}). Interpréter le résultat obtenu.

➤ **Corrigé page 285**

10 Le tableau ci-dessous donne la charge maximale y_i en tonnes qu'une grue peut lever pour une longueur x_i en mètres de la flèche :

Longueur x_i	16,5	18	19,8	22	25	27	29	32	35	39
Charge y_i	10	9	8	7	6	5,5	5	4,5	4	3,5

1° Représenter le nuage de points associé à la série statistique $(x_i ; y_i)$ dans le plan rapporté à un repère orthogonal d'unités 1 cm pour 2 mètres sur l'axe des abscisses et 1 cm pour une tonne sur l'axe des ordonnées.

2° Calculer les coordonnées du point moyen G de ce nuage et placer G sur le graphique.
3° a) Déterminer une équation de la droite d'ajustement affine obtenue par la méthode des moindres carrés associée à ce nuage (arrondir les coefficients à 10^{-2}).
b) Utiliser cet ajustement pour donner une estimation de la charge maximale que peut lever la grue avec une flèche de 26 mètres.

MATHS

4° On pose $z_i = \dfrac{1}{y_i}$.

a) Compléter le tableau suivant (arrondir les résultats à 10^{-3}) :

Longueur x_i	16,5	18	19,8	22	25	27	29	32	35	39
z_i										

b) Déterminer une équation de la droite d'ajustement affine obtenue par la méthode des moindres carrés associée à la série $(x_i\,;\,z_i)$ (arrondir les coefficients à 10^{-3}).

c) En utilisant cet ajustement, déterminer la charge maximale que peut lever la grue avec une flèche de 26 mètres ; ce résultat vous paraît-il plus satisfaisant que celui obtenu à la question **3° b)** ? Pourquoi ?

➤ **Corrigé page 285**

11 Une commune, proche d'une grande agglomération, a vu sa population augmenter fortement en quelques années. Le tableau suivant donne l'évolution du nombre d'habitants sur la période considérée.

Année	1995	1996	1997	1998	1999	2000	2001	2002	2003	2004	2005
Rang de l'année x_i	1	2	3	4	5	6	7	8	9	10	11
Nombre d'habitants y_i	450	495	545	600	660	725	800	880	960	1060	1170

Les parties A et B sont indépendantes.

Partie A

1° Quel est le taux d'évolution du nombre d'habitants de l'année 1995 à l'année 2005 ?

2° Montrer que le taux d'évolution annuel moyen du nombre d'habitants de l'année 1995 à l'année 2005, arrondi à 0,1 %, est de 10 %.

3° Représenter sur le graphique suivant le nuage de points $M(x_i\,;\,y_i)$ de la série statistique.

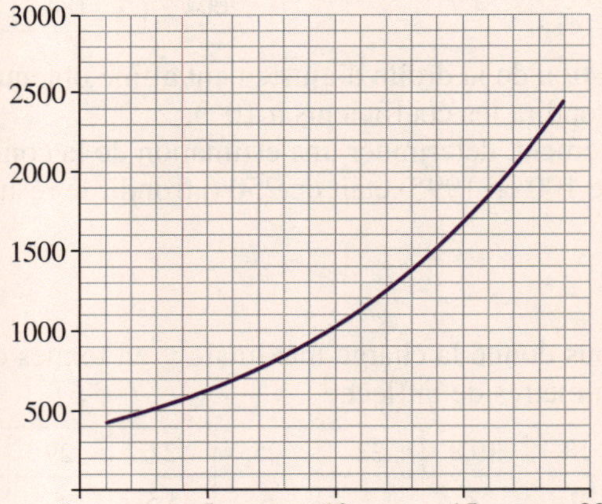

4° À l'aide de la calculatrice, donner une équation de la droite (D) d'ajustement affine obtenue par la méthode des moindres carrés (donner les valeurs des coefficients arrondies à 0,1 près). Tracer (D) dans le repère précédent.

5° En utilisant l'ajustement précédent, déterminer une estimation du nombre d'habitants en 2011 ; on arrondira le résultat à la dizaine près.

Partie B

On pense pouvoir estimer le nombre d'habitants de la commune l'année de rang x à l'aide de la fonction f définie par $f(x) = 0{,}14x^3 + 0,\ 84x^2 + 42x + 405{,}42$, où x appartient à l'intervalle [1 ; 19].

6° Calculer $f'(x)$ pour tout x de l'intervalle [1 ; 19].

7° Vérifier que pour tout x de [1 ; 19], $f'(x) = 0{,}42(x + 2)^2 + 40{,}32$.
En déduire que $f'(x) > 0$.

8° La courbe de f est donnée sur le graphique précédent. Déterminer graphiquement, en faisant figurer tous les tracés utiles, une estimation du nombre d'habitants en 2011.

9° Retrouver par le calcul l'estimation du nombre d'habitants en 2011.

Partie C

10° On admet que le taux d'évolution moyen du nombre d'habitants de 2005 à 2011 sera le même que celui de 1995 à 2005. Quelle est, des deux estimations précédentes, (question **5°** de la partie A et question **9°** de la partie B), celle qui donne le résultat le plus proche ?

➤ **Corrigé page 285**

5 Probabilités conditionnelles

12 Un lycée de 1 200 élèves comporte 60 % de garçons ; 1/6 des élèves pratiquent un sport à l'UNSS ; 80 % des filles ne pratiquent pas de sport à l'UNSS.

1° Compléter le tableau suivant :

	Filles	Garçons	Total
Pratiquant un sport à l'UNSS			
Ne pratiquant pas de sport à l'UNSS			
Total			

2° On interroge un élève au hasard.

a) Quelle est la probabilité que l'élève interrogé soit un garçon pratiquant un sport à l'UNSS ?

b) Quelle est la probabilité que l'élève interrogé soit une fille ou un élève ne pratiquant pas de sport à l'UNSS ?

c) Quelle est la probabilité que l'élève interrogé soit une fille sachant que cet élève pratique un sport à l'UNSS ?

➤ **Corrigé page 286**

13 Un hypermarché a réalisé une étude auprès d'un grand nombre de ses clients :

– 55 % des clients possèdent une carte de fidélité ;
– parmi les clients possédant une carte de fidélité, 75 % règlent leurs achats en carte bancaire, 20% règlent en chèque et le reste règle en argent liquide ;
– 30 % des clients ne possédant pas de carte de fidélité règlent leurs achats en chèque ;
– 61,5 % des clients de l'hypermarché règlent leurs achats en carte bancaire.

On note :
– F l'événement : « le client possède une carte de fidélité » ;
– B l'événement : « le client règle ses achats en carte bancaire » ;
– C l'événement : « le client règle ses achats en chèque » ;
– L l'événement : « le client règle ses achats en liquide ».

1° a) Traduire les données de l'énoncé à l'aide de probabilités.

b) Déterminer $p(\overline{F})$.

MATHS

2° Compléter l'arbre pondéré ci-dessous uniquement à l'aide de probabilités déjà connues.

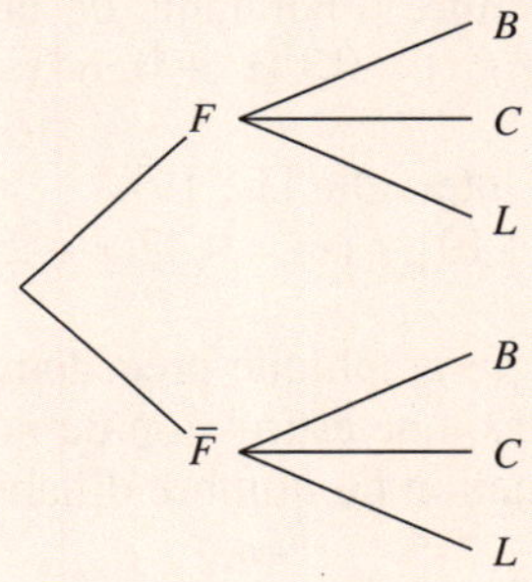

3° a) Déterminer $p(B)$ à l'aide de l'énoncé.
b) Déterminer $p(F \cap B)$.
c) Déduire des questions a) et b) $p(\overline{F} \cap B)$.
d) Calculer la probabilité que le client règle ses achats en carte bancaire sachant qu'il ne possède pas de carte de fidélité.

➤ **Corrigé page 287**

6 Loi normale

14 Soit X une variable aléatoire suivant la loi $\mathcal{N}(0\ ;\ 1)$ de courbe de densité représentée ci-dessous :

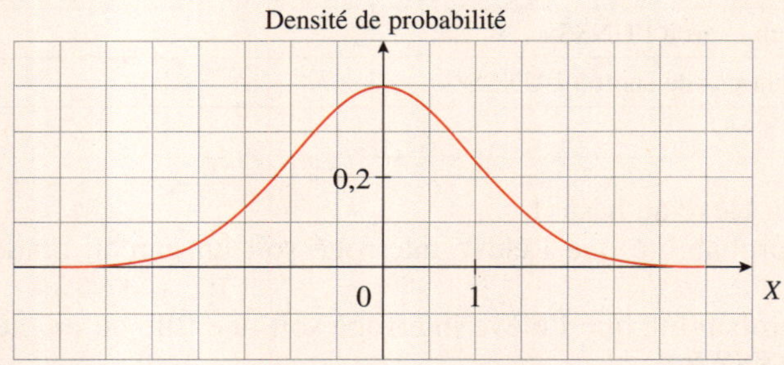

1° Donner une interprétation graphique des affirmations suivantes :
$P(X \geq 0) = 0{,}5$
$P(X \geq 1) = P(X \leq -1)$
2° Représenter graphiquement le réel $P(-2 \leq X \leq 2)$.

➤ **Corrigé page 287**

15 Sur une autoroute, où la vitesse est limitée à 130 km/h, on constate que la vitesse V des véhicules suit une loi normale d'espérance 130,5 km/h et d'écart-type 5,7 km/h.
On contrôle au hasard la vitesse d'un véhicule.

1° Calculer $p(V \leq 130)$.
2° Quelle est la probabilité que le conducteur ait commis un excès de vitesse d'au moins 5 km/h ?
3° Un conducteur a fait un excès de vitesse d'au moins 10 km/h ; quelle est la probabilité qu'il roule à moins de 150 km/h ?

➤ **Corrigé page 288**

16 Partie A
Un garagiste a acheté 70 % de ses pneus chez un fournisseur F_1 et 30 % chez un fournisseur F_2. 5% des pneus provenant de chez le fournisseur F_1 ont un défaut ; 10 % des pneus provenant de chez le fournisseur F_2 ont un défaut.

On prélève un pneu au hasard dans le stock du garagiste ; tous les pneus ont la même probabilité d'être choisis ; on considère les événements suivants :
F : « le pneu provient du fournisseur F_1 ».
G : « le pneu provient du fournisseur F_2 ».
D : « le pneu a un défaut ».

1° Construire un arbre pondéré représentant la situation.
2° Déterminer la probabilité que le pneu choisi ait un défaut.
3° Déterminer la probabilité que le pneu provienne du fournisseur F_2 sachant qu'il a un défaut (arrondir le résultat à 10^{-3} près).

Partie B

Le garagiste choisit dix pneus au hasard dans son stock, que l'on considère suffisamment important pour assimiler ce choix à un tirage avec remise. On rappelle que la probabilité qu'un pneu ait un défaut est égal à 0,065. On considère la variable aléatoire X qui, à tout prélèvement de dix pneus, associe le nombre de pneus ayant un défaut.

4° Justifier que la variable aléatoire X suit une loi binomiale, dont on précisera les paramètres.
5° Calculer la probabilité qu'aucun des dix pneus n'ait un défaut (arrondir à 10^{-3}).
6° Calculer la probabilité qu'au plus deux des dix pneus aient un défaut (arrondir à 10^{-3}).

Partie C

Le garagiste décide de lancer une campagne promotionnelle ; il envoie un courrier à 400 personnes choisies au hasard dans sa banque de données de clients potentiels.
On assimile ce prélèvement à un tirage avec remise de 400 personnes.
On considère la variable aléatoire Y qui, à tout prélèvement de 400 personnes, associe le nombre de personnes venues faire changer leurs pneus ; on suppose que Y suit la loi normale $\mathcal{N}(80 ; 64)$.

7° Calculer la probabilité qu'entre 90 et 100 clients soient venus faire changer leurs pneus (arrondir à 10^{-3}).
8° Calculer la probabilité que cette campagne promotionnelle ait amené plus de 120 clients (arrondir à 10^{-3}).
9° Déterminer et interpréter la probabilité de l'événement $\{Y \in [\mu - 2\sigma ; \mu + 2\sigma]\}$.

➤ **Corrigé page 288**

7 Échantillonnage et prise de décision

17 Une entreprise fabrique chaque jour 1 000 pièces dont le diamètre en millimètres est supposé être dans l'intervalle $I = [120 ; 130]$. On note X la variable aléatoire qui, un jour donné, associe à toute pièce produite son diamètre.
Le directeur affirme qu'au moins 90 % des pièces produites ont leur diamètre dans l'intervalle $I = [120 ; 130]$.
1° Vérifier l'affirmation du directeur en admettant que X suit la loi normale $\mathcal{N}(125 ; 9)$.
2° Un jour donné, on constate que 268 pièces sur les 1 000 ont un diamètre qui n'est pas dans l'intervalle I. Doit-on ou non sur cet échantillon rejeter l'hypothèse faite par le directeur ?

➤ **Corrigé page 288**

18 Un fournisseur de téléphones mobiles vend son produit sur Internet. 2 % des clients ne reçoivent pas leur produit dans les délais indiqués par l'expéditeur. On choisit au hasard 300 clients et on suppose que le nombre d'acheteurs est assez important pour que l'on puisse assimiler ce tirage à un tirage avec remise. Soit X la variable aléatoire égale au nombre d'acheteurs qui ne reçoivent pas le produit dans les délais.

MATHS

1° Justifier que X suit une loi binomiale et déterminer les paramètres de cette loi.
2° Calculer $P(X = 10)$.
On suppose dans toute la suite que X peut être approché par la loi normale $\mathcal{N}(\mu\ ;\ \sigma^2)$ avec $\mu = 6$ et $\sigma = 2{,}42$.
3° Calculer $P(10 \leq X \leq 20)$.
4° Sur un échantillon de 2 500 clients, donner un intervalle de fluctuation à au moins 95 % de la fréquence des clients ne recevant pas le produit dans les délais.
5° Un portable est vendu en moyenne 100 € et les frais de port s'élèvent à 7 €. Le fournisseur s'engage à rembourser la somme de 20 € au client si celui-ci reçoit son téléphone en retard. On choisit un client au hasard et on note Y la variable aléatoire égale au prix réellement payé par le client. Compléter le tableau suivant et calculer l'espérance de Y.

y_i	107	87
$P(Y = y_i)$		

➤ **Corrigé page 289**

19 Une entreprise produit en grande série des plaques métalliques rectangulaires pour l'industrie automobile. On arrondira les résultats à 10^{-3} près.

Partie A

On suppose que 2 % de la production est défectueuse. On prélève au hasard 50 plaques dans la production d'une journée. On note X la variable aléatoire qui, à tout prélèvement de 50 plaques, associe le nombre de plaques défectueuses. On admet que X suit la loi binomiale de paramètres 50 et 0,02.

1° Calculer $P(X = 0)$ et $P(X = 5)$.
2° Calculer la probabilité qu'au plus deux plaques soient défectueuses.
3° Calculer la probabilité $P(3 \leq X \leq 5)$.

Partie B

Une grosse livraison étant prévue pour une chaîne de montage de véhicules électriques, on considère un échantillon de 100 plaques prélevées au hasard dans cette livraison. La livraison est assez importante pour assimiler ce tirage à un tirage avec remise.
On constate que 94 plaques sont sans défaut.

4° Quelle est la proportion f de plaques sans défaut dans cet échantillon de 100 plaques ?
5° À partir de cet échantillon, donner un intervalle de confiance de la proportion p des plaques de cette livraison qui sont sans défaut, au niveau de confiance 95 %.
6° Quelle devrait être la taille de l'échantillon prélevé pour que l'intervalle de confiance ait une amplitude inférieure ou égale à 5 % ?

➤ **Corrigé page 289**

Exercices

1 1° Le taux d'évolution du prix de l'article entre le 1er janvier et le 1er septembre est de 18 % :

$\frac{295 - 250}{250} = 0,18$. Le prix a donc augmenté de 18% sur cette période.

2° Le taux d'évolution mensuel moyen du prix de l'article est d'environ 2,1 %.

Si l'on suppose que chaque mois le prix est multiplié par k alors on doit déterminer k tel que $k^8 = 1,18$: $k = 1,18^{1/8} \approx 1,021$; ce qui donne un taux mensuel moyen de 2,1 %.

Le prix de l'article a donc augmenté d'environ 2,1% par mois entre janvier et septembre.

2 1° De septembre à décembre, le nombre de connexions a été multiplié par :

$1,05 \times 0,98 \times 0,97 = 0,99813$.

Si l'on suppose que chaque mois le nombre de connexions est multiplié par k alors on doit déterminer k tel que $k^3 = 0,99813$: $k = 0,99813^{1/3} \approx 0,9994$; ce qui donne un taux mensuel moyen de – 0,06 %. Le nombre de connexions a donc baissé d'environ 0,06 % par mois.

2° Si une telle évolution se poursuit, le nombre de connexions pour mars 2013 sera d'environ 1 497 : $1\,500 \times \left(1 - \frac{0,06}{100}\right)^3 \approx 1\,497$ (chaque mois, le nombre de connexions diminuant de 0,06 %, il est multiplié par 1 – 0,06/100 donc par $\left(1 - \frac{0,06}{100}\right)^3$ en trois mois).

3 1° Entre le 4e trimestre 1998 et le 2e trimestre 2012, l'indice de référence des loyers a augmenté de 22,96 %.

2° Le prix du loyer serait, au 2e trimestre 2012, de 614,8 € : en effet, en utilisant la proportionnalité du tableau d'indices, on obtient : $\frac{500 \times 122,96}{100} = 614,8$.

Date	4e trimestre 1998	2e trimestre 2012
Prix	500	?
Indice	100	122,96

On pouvait aussi calculer ce prix en utilisant le taux d'évolution entre le 4e trimestre 1998 et le 2e trimestre 2012 : $500 \times \left(1 + \frac{22,96}{100}\right) = 614,8$.

3° L'indice de référence des loyers du 3e trimestre 2012 est 123,55 : $122,96 \times 1,0048 \approx 123,55$.

4° L'indice de référence des loyers du 1er trimestre 2011 était 119,69 : $\frac{120,31}{1,0052} \approx 119,69$.

5° Entre le 2e trimestre 2011 et le 2e trimestre 2012, l'indice de référence des loyers a été multiplié par 1,022 : $\frac{122,96}{120,31} \approx 1,022$.

Si l'on suppose que chaque trimestre l'indice de référence des loyers a été multiplié par k alors on doit déterminer k tel que $k^4 = 1,022$: $k = 1,022^{1/4} \approx 1,0055$; ce qui donne un taux trimestriel moyen de 0,55 %. L'indice de référence des loyers a augmenté d'environ 0,55% par trimestre entre le 2e trimestre 2011 et le 2e trimestre 2012.

4 1° Montant des intérêts simples : $5\,000 \times \frac{5}{100} = 250$.

Calcul de N1 : 5 000,00 + 250 = 5 250,00.

Calcul de N3 : 5 250,00 + 250 = 5 500,00.

Calcul de N2 : 5 000,00 × 1,045 = 5 225,00

(augmenter une quantité de 4,5 % revient à multiplier cette quantité par $1 + \frac{4,5}{100} = 1,045$).

Calcul de N4 : 5 225,00 × 1,045 = 5 460,12.

	A	B	C
1	Année	Banque B	Banque C
2	2007	5 000,00	5 000,00
3	2008	N_1=5 250	N_2=5 225
4	2009	N_3=5 500	N_4=5 460,12
5	2010	5 750,00	5 705,83
6	2011	6 000,00	5 962,59
7	2012	6 250,00	6 230,91
8	2013	6 500,00	6 511,30
9	2014	6 750,00	6 804,31
10	2015	7 000,00	7 110,50

	A	B	C
11	2016	7 250,00	7 430,48
12	2017	7 500,00	7 764,85
13	2018	7 750,00	8 114,27
14	2019	8 000,00	8 479,41
15	2020	8 250,00	8 860,98
16	2021	8 500,00	9 259,72
17	2022	8 750,00	9 676,41
18	2023	9 000,00	10 111,85
19	2024	9 250,00	10 566,88
20	2025	9 500,00	11 042,39

2° a) $B_{n+1} = B_n + 250$; la suite (B_n) est une suite arithmétique de raison $r = 250$.
b) $C_{n+1} = C_n \times 1{,}045$; la suite (C_n) est une suite géométrique de raison $b = 1{,}045$.
3° Dans la cellule B3, la formule entrée est : = B2 + 250 ; dans la cellule C3, la formule entrée est : = C2*1,045.
4° a) Pour le placement B, le taux d'évolution est 90 % : $\dfrac{9\,500 - 5\,000}{5\,000} \times 100$.

Pour le placement C, le taux d'évolution est 120,85 % : $\dfrac{11\,042{,}39 - 5\,000}{5\,000} \times 100$.

b) Le placement le plus avantageux est celui effectué dans la banque C.
c) Posons $C_0 = 10\,000$; la suite (C_n) est géométrique, de premier terme $C_0 = 10\,000$ et de raison $b = 1{,}045$, on a : $C_n = C_0 \times 1{,}045^n = 10\,000 \times 1{,}045^n$
et donc $C_{18} = 10\,000 \times 1{,}045^{18} = 22\,085$.
La somme disponible à la majorité de leur fils sera 22 085 €.

5 **1°** En C3 : 5 × 500 000/100 = 25 000 ; en D3 : 64 752,29 – 25 000 = 39 752,29.
En C4 : 5 × 460 247,71/100 = 23 012,39 ; en D4 : 64 752,29 – 23 012,39 = 41 739,90.

Dates	Annuité	Intérêts	Amortissement	Capital restant dû
01/01/2007	64 752,29	18 734,05	46 018,24	328 662,67

2° a) La formule entrée en C3 est : =5*E2/100. Si on la recopie en C4, cette formule devient : =5*E3/100.
b) La formule entrée en E3 est : =E2–D3.
3° $i_2 = 23\,012{,}39$; $i_3 = 20\,925{,}39$; $i_4 = 18\,734{,}05$.
$a_2 = 41\,739{,}90$; $a_3 = 43\,826{,}90$; $a_4 = 46\,018{,}24$.
$c_2 = 418\,507{,}81$; $c_3 = 374\,680{,}91$; $c_4 = 328\,662{,}67$.

4° La suite (a_n) est géométrique de raison 1,05 car $\dfrac{a_4}{a_3} = \dfrac{a_3}{a_2} = 1{,}05$.

5° La somme $a_1 + a_2 + \ldots + a_{10} = 500\,000$ car la totalité de l'amortissement correspond à la somme empruntée.
6° Le montant total des intérêts s'élève à : 64 752,29 × 10 – 500 000 = 147 522,90 €.

6 **1°** $i'(x) = \dfrac{3}{2}(4x^3 - 3)$, car i est de la forme $k \times u$ avec $k = \dfrac{3}{2}$ et $u(x) = x^4 - 3x$
donc i' est de la forme $k \times u'$ avec $u'(x) = 4x^3 - 3$;

$$j'(x) = \frac{2 \times (-x+5) - (2x-1) \times (-1)}{(-x+5)^2} = \frac{-2x + 10 + 2x - 1}{(-x+5)^2} = \frac{9}{(-x+5)^2}$$

car j est de la forme u/v avec
$u(x) = 2x - 1$; $v(x) = -x + 5$ donc j' est de la forme $\dfrac{u'v - uv'}{v^2}$ avec $u'(x) = 2$ et $v'(x) = -1$;

$l'(x) = \dfrac{-3 \times (-2x)}{(x^2-1)^2} = \dfrac{6x}{(x^2-1)^2}$ car : l est de la forme $k \times u$ avec $u(x) = \dfrac{1}{(x^2-1)}$
donc l' est de la forme $k \times u'$ avec $u'(x) = \dfrac{-2x}{(x^2-1)^2}$.

2° La tangente à la courbe représentative de la fonction j au point d'abscisse 3 a une équation de la forme $y = \text{m}x + \text{p}$: $\text{m} = j'(3) = \dfrac{9}{(-3+5)^2} = \dfrac{9}{4}$;
l'équation s'écrit donc : $y = \dfrac{9}{4}x + \text{p}$;
on calcule ensuite p en utilisant le fait que la tangente passe par le point de coordonnées (3 ; $j(3)$)
avec $j(3) = \dfrac{2 \times 3 - 1}{-3+5} = \dfrac{5}{2}$: $\dfrac{5}{2} = \dfrac{9}{4} \times 3 + \text{p}$ donc $p = \dfrac{5}{2} - \dfrac{9}{4} \times 3 = \dfrac{10}{4} - \dfrac{27}{4} = \dfrac{-17}{4}$.
La tangente a donc pour équation : $y = \dfrac{9}{4}x - \dfrac{17}{4}$.

7 Étude des variations de la fonction f sur [– 1 ; 5] :
$f'(x) = -6x + 12$; on étudie le signe de $f'(x)$: $-6x + 12 = 0$ pour $x = 2$ et $-6x + 12 > 0$ pour $x < 2$;
on obtient donc :

x	– 1		2		5
$f'(x)$		+	0	–	
$f(x)$	–16	↗	11	↘	–16

Étude des variations de la fonction g sur [– 1 ; 3] :
$g'(x) = 6x^2 + 2x - 8$; on étudie le signe de $g'(x)$:
recherche des solutions de l'équation $6x^2 + 2x - 8 = 0$:
$\Delta = 2^2 - 4 \times 6 \times (-8) = 4 + 192 = 196 > 0$ donc l'équation admet deux solutions :
$x_1 = \dfrac{-2-\sqrt{196}}{2\times 6} = \dfrac{-2-14}{12} = \dfrac{-16}{12} = \dfrac{-4}{3}$ et $x_2 = \dfrac{-2+\sqrt{196}}{2\times 6} = \dfrac{-2+14}{12} = \dfrac{12}{12} = 1$;
le signe de $g'(x)$ sera donc :

x		– 4/3		1	
$g'(x)$	+	0	–	0	+

On obtient ainsi :

x	–1		1		3
$g'(x)$		–	0	+	
$g(x)$	9	↘	–3	↗	41

Étude des variations de la fonction h sur [0,25 ; 4] :
$h'(x) = -2 + \dfrac{8}{x^2} = \dfrac{-2x^2+8}{x^2}$; le signe de $h'(x)$ dépend du signe de $-2x^2 + 8$, car x^2 est toujours positif.
Recherche des solutions de l'équation $-2x^2 + 8 = 0$:
$-2x^2 + 8 = 0 \Leftrightarrow -2x^2 = -8 \Leftrightarrow x^2 = 4 \Leftrightarrow x = 2$ ou $x = -2$
le signe de $-2x^2 + 8$ sera donc :

x		– 2		2	
$-2x^2 + 8$	–	0	+	0	–

On obtient ainsi :

x	0,25		2		4
$h'(x)$		+	0	–	
$h(x)$	–31,5	↗	–7	↘	–9

8 **1° a)** $g(x) = 20x$.

b)

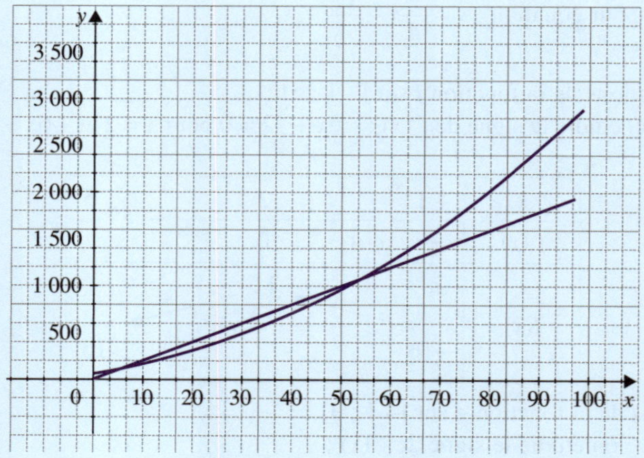

c) L'entreprise réalise un profit lorsque le chiffre d'affaires est supérieur au coût de production ; on cherche donc l'intervalle sur lequel la droite représentant la fonction g est au-dessus de la courbe représentant la fonction f : l'entreprise réalise donc un profit lorsqu'elle produit entre 6 et 55 machines.

2° a) $h(x) = 20x - (0{,}2x^2 + 8x + 60) = 20x - 0{,}2x^2 - 8x - 60 = -0{,}2x^2 + 12x - 60$.

b) $h'(x) = -0{,}2 \times 2x + 12 = -0{,}4x + 12$.

Signe de $h'(x)$ sur l'intervalle [0 ; 100] : $-0{,}4x + 12 = 0$ pour $x = 30$; $-0{,}4x + 12 > 0$ pour $x < 30$.

x	0		30		100
$h'(x)$		+	0	–	

c) On en déduit le tableau de variations suivant :

x	0		30		100
$h'(x)$		+	0	–	
$h(x)$	–60	↗	120	↘	–860

d) L'entreprise réalise donc un profit maximal lorsqu'elle produit et vend 30 machines ; ce profit maximal s'élève à 120 000 euros.

9 1° La calculatrice nous donne : $a = -0{,}0214$ et $b = 7{,}2373$; la droite d'ajustement a donc pour équation : $y = -0{,}0214x + 7{,}2373$.

2° Pour $x = 250$, on obtient : $y = -0{,}0214 \times 250 + 7{,}2373 = 1{,}89$.
Si le prix du tabac augmentait de 150 % (puisque l'indice est passé de 100 à 250), la consommation de tabac pour un adulte de 15 ans et plus tomberait à 1,89 gramme par jour (soit une baisse d'environ 63 %).

10 1° Nuage de points :

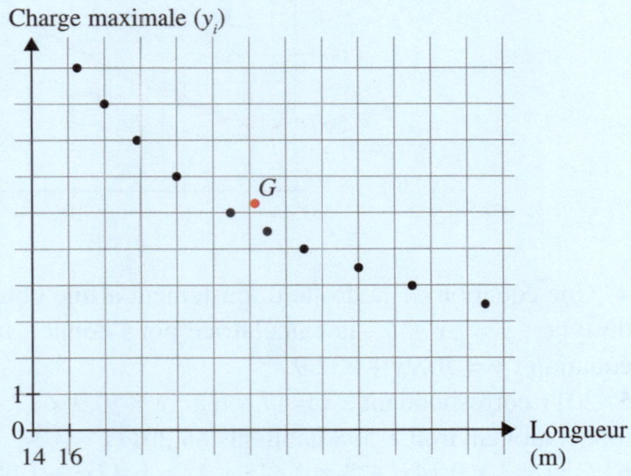

2° Le point moyen G a pour coordonnées (26,33 ; 6,25).

3° **a)** La calculatrice donne : $a = -0{,}28$ et $b = 13{,}67$; la droite d'ajustement a donc pour équation :

$$y = -0{,}28x + 13{,}67.$$

b) Pour $x = 26$, on obtient :

$$y = -0{,}28 \times 26 + 13{,}67 = 6{,}39.$$

La grue pourrait donc lever une charge de 6,39 tonnes avec une flèche de 26 mètres.

4° **a)**

Longueur x_i	16,5	18	19,8	22	25	27	29	32	35	39
z_i	0,1	0,111	0,125	0,143	0,167	0,182	0,2	0,222	0,25	0,286

b) La calculatrice donne : $a = 0{,}008$ et $b = -0{,}037$; la droite d'ajustement a donc pour équation :

$$z = 0{,}008x - 0{,}037.$$

c) Pour $x = 26$, on obtient : $z = 0{,}008 \times 26 - 0{,}037 = 0{,}171$;
on cherche donc y tel que $\dfrac{1}{y} = 0{,}171$: $y = \dfrac{1}{0{,}171} = 5{,}85$.
La grue pourra donc lever une charge de 5,85 tonnes avec une flèche de 26 mètres. Ce résultat est plus plausible que celui trouvé à la question **3°** b), car si l'on regarde dans le tableau initial : pour une flèche de 25 mètres, la grue peut lever 6 tonnes et pour une flèche de 27 mètres, elle peut lever 5,5 tonnes.

11 1° Le taux d'évolution du nombre d'habitants entre 1995 et 2005 est :

$$\frac{1\,170 - 450}{450} = 1{,}6,$$

c'est-à-dire une augmentation de 160 %.

2° Entre 1995 et 2005 le nombre d'habitants a été multiplié par 2,6 ; appelons k le coefficient par lequel est multiplié le nombre d'habitants chaque année ; k vérifie alors : $k^{10} = 2{,}6$.
On obtient : $k = 2{,}6^{1/10} \approx 1{,}10$, ce qui donne un taux annuel moyen de 10 %.

MATHS

3° Nuage de points :

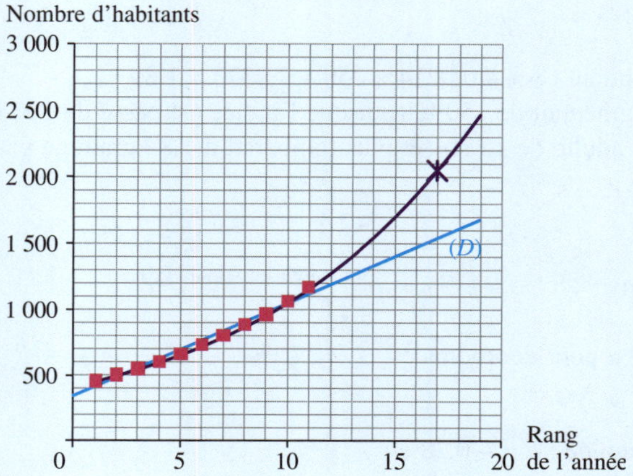

4° Une équation de la droite d'ajustement affine obtenue avec la méthode des moindres carrés est du type : $y = ax + b$; la calculatrice nous donne : $a = 70{,}9$ et $b = 332{,}9$; ainsi, la droite a pour équation : $y = 70{,}9x + 332{,}9$.

5° 2011 correspondant à $x = 17$, on a : $y = 70{,}9 \times 17 + 332{,}9 = 1\,538$. On peut estimer que la commune aura environ 1 538 habitants en 2011.

6° $f'(x) = 3 \times 0{,}14x^2 + 2 \times 0{,}84x + 42 = 0{,}42x^2 + 1{,}68x + 42$.

7° $0{,}42(x + 2)^2 + 40{,}32 = 0{,}42(x^2 + 4x + 4) + 40{,}32$

$= 0{,}42x^2 + 1{,}68x + 1{,}68 + 40{,}32$

$= 0{,}42x^2 + 1{,}68x + 42$.

Donc, pour tout x appartenant à $[1 ; 19]$, $f'(x) = 0{,}42(x + 2)^2 + 40{,}32$.

On en déduit que, pour tout x appartenant à $[1 ; 19]$, $f'(x) > 0$ (c'est la somme de deux termes positifs).

8° Graphiquement, on peut estimer le nombre d'habitants en 2011 à 2050.

9° Par le calcul, le nombre d'habitants en 2011 est : $f(17) = 2050$.

10° Le nombre d'habitants augmentera de 10 % par an après 2005, donc il s'élèvera en 2011 à : $450 \times 1{,}10^{16} = 2068$ (chaque année, le nombre d'habitants augmente de 10 % donc est multiplié par $1 + \frac{10}{100}$ donc par $\left(1 + \frac{10}{100}\right)^6$ entre 2005 et 2011).

La meilleure estimation est donc celle de la question **9°**.

12 **1°** 60 % de garçons dans le lycée : $\frac{60}{100} \times 1\,200 = 720$; $\frac{1}{6}$ des élèves pratiquent un sport à l'UNSS : $\frac{1}{6} \times 1\,200 = 200$; 80 % des filles ne pratiquent pas de sport à l'UNSS : $\frac{80}{100} \times 480 = 384$.

	Filles	Garçons	Total
Pratiquant un sport à l'UNSS	96	104	200
Ne pratiquant pas de sport à l'UNSS	384	616	1 000
Total	480	720	1 200

2° a) La probabilité que l'élève interrogé soit un garçon pratiquant un sport à l'UNSS est :

$$\frac{104}{1\,200} = \frac{13}{150}$$

b) En notant F l'événement « l'élève interrogé est une fille » et S l'événement « l'élève interrogé pratique un sport à l'UNSS », la probabilité que l'élève interrogé soit une fille ou un élève ne pratiquant pas de sport à l'UNSS est :
$p(\text{F} \cup \overline{\text{S}}) = p(\text{F}) + p(\overline{\text{S}}) - p(\text{F} \cap \overline{\text{S}}) = \frac{480}{1\,200} + \frac{1\,000}{1\,200} - \frac{384}{1\,200} = \frac{1\,096}{1\,200} = \frac{137}{150}$.

c) La probabilité que l'élève interrogé soit une fille sachant que cet élève pratique un sport à l'UNSS est : $p_{\text{S}}(\text{F}) = \frac{96}{200} = \frac{12}{25}$ (il y a 96 filles parmi les 200 élèves pratiquant un sport à l'UNSS).
On pouvait aussi déterminer cette probabilité à l'aide de la définition d'une probabilité conditionnelle :

$$p_{\text{S}}(\text{F}) = \frac{p(\text{F} \cap \text{S})}{p(\text{S})} = \frac{\frac{96}{1200}}{\frac{200}{1200}} = \frac{96}{1200} \times \frac{1200}{200} = \frac{96}{200}.$$

13 **1° a)** $p(F) = 0{,}55$; $p_F(B) = 0{,}75$; $p_F(C) = 0{,}20$; $p_F(L) = 0{,}05$; $p_{\overline{F}}(C) = 0{,}30$; $p(B) = 0{,}615$.
b) $p(\overline{F}) = 1 - p(F) = 1 - 0{,}55 = 0{,}45$.
2°

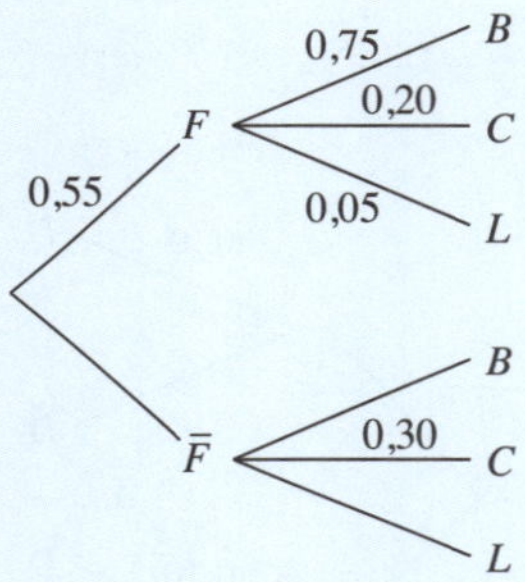

3° a) $p(B) = 0{,}615$.
b) $p(F \cap B) = p(F) \times p_F(B) = 0{,}55 \times 0{,}75 = 0{,}4125$.
c) On veut calculer $p(\overline{F} \cap B)$:
$p(B) = p(F \cap B) + p(\overline{F} \cap B) \Leftrightarrow 0{,}615 = 0{,}4125 + p(\overline{F} \cap B)$
$\Leftrightarrow p(\overline{F} \cap B) = 0{,}615 - 0{,}4125 = 0{,}2025$.
d) Il s'agit de calculer $p_{\overline{F}}(B)$:
$p_{\overline{F}}(B) = \frac{p(\overline{F} \cap B)}{p(\overline{F})} = \frac{0{,}2025}{0{,}45} = 0{,}45$.

14 **1°**

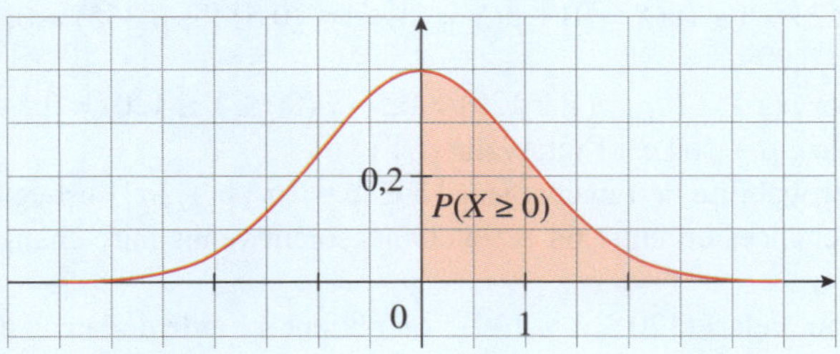

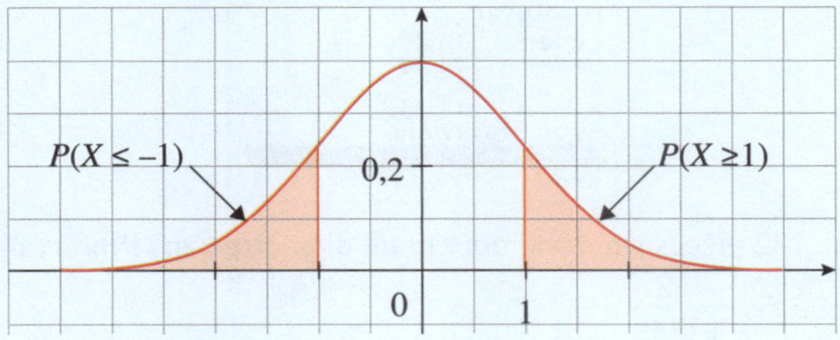

2°

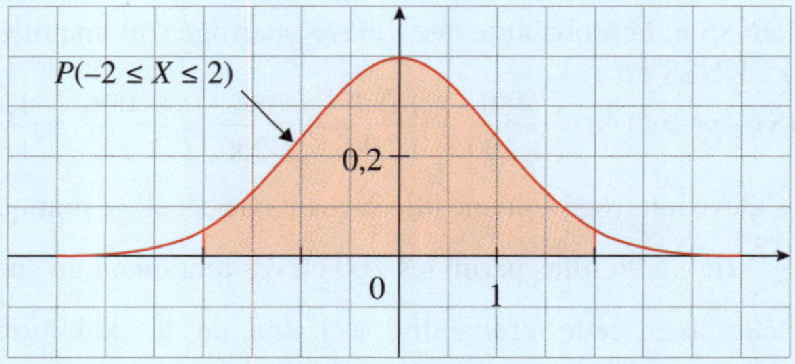

15 **1°** $p(V \leq 130) = 0{,}5 - p(130 \leq V \leq 130{,}5) = 0{,}5 - 0{,}035 = 0{,}465$.

2° Il s'agit de calculer $p(V \geq 135)$: $p(V \geq 135) = 0{,}5 - p(130{,}5 \leq V \leq 135) = 0{,}5 - 0{,}285 = 0{,}215$.

3° Il s'agit de calculer la probabilité conditionnelle $p_{(V \geq 140)}(V \leq 150)$:

$$p_{(V \geq 140)}(V \leq 150) = \frac{p((V \geq 140) \cap p(V \leq 150))}{p(V \geq 140)} = \frac{p(140 \leq V \leq 150)}{p(V \geq 140)}$$

Avec $p(140 \leq V \leq 150) \approx 0{,}047$ et $p(V \geq 140) = 0{,}5 - p(130{,}5 \leq V \leq 140) = 0{,}5 - 0{,}452 = 0{,}048$.

On a donc : $p_{(V \geq 140)}(V \leq 150) = \dfrac{0{,}047}{0{,}048} \approx 0{,}979$.

16 **1°** Arbre pondéré :

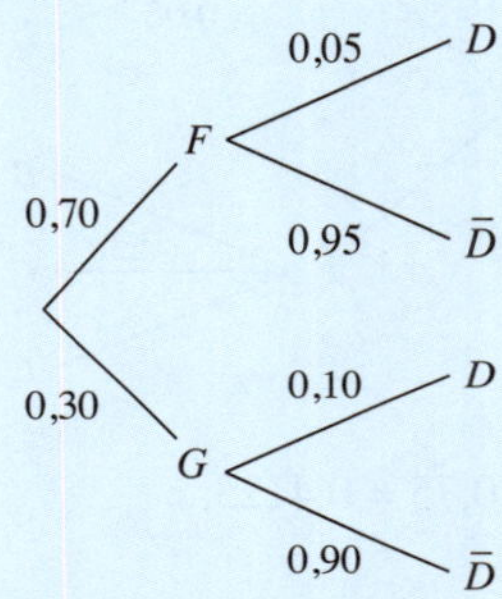

2° Il s'agit de calculer $p(\text{D})$: $p(\text{D}) = 0{,}7 \times 0{,}05 + 0{,}3 \times 0{,}1 = 0{,}065$.

3° Il s'agit de calculer $p_{\text{D}}(G)$: $\text{p}_{\text{D}}(G) = \dfrac{p(D \cap G)}{p(D)} = \dfrac{0{,}3 \times 0{,}1}{0{,}065} = 0{,}461$

4° Les tirages étant indépendants, X suit la loi binomiale de paramètres $n = 10$ et $p = 0{,}065$.

5° Il s'agit de calculer $p(X = 0)$: $p(X = 0) = 0{,}511$.

6° Il s'agit de calculer $p(X \geq 2)$:

$p(X \geq 2) = 1 - p(X < 2) = 1 - (p(X = 0) + p(X = 1) = 1 - (0{,}511 + 0{,}355) = 0{,}134$.

7° $p(90 \leq Y \leq 100) = 0{,}099$.

8° Il s'agit de calculer $p(Y \geq 120)$: $p(Y \geq 120) = 0{,}5 - p(80 \leq Y \leq 120) = 0{,}5 - 0{,}499 = 0{,}001$.

9° L'intervalle $[\mu - 2\sigma\ ;\ \mu + 2\sigma]$ est l'intervalle $[64\ ;\ 96]$;
d'après le cours, la probabilité de l'événement $\{Y \in [\mu - 2\sigma\ ;\ \mu + 2\sigma]\}$ est égale environ à 0,95.
Il y a donc 95 % de chances qu'entre 64 et 96 clients soient venus faire changer leurs pneus.

17 **1°** On calcule pour cela $P(120 \leq X \leq 130)$: on obtient à l'aide de la calculatrice 0,904

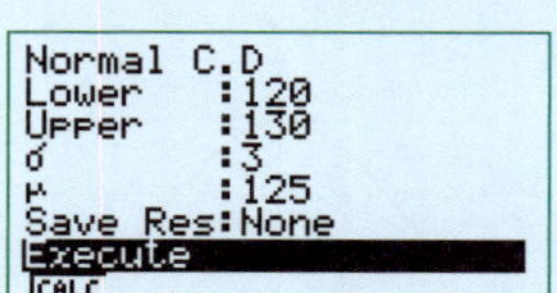

2° Ce jour, il y a donc 732 pièces sur 1000 qui ont un diamètre dans l'intervalle I. La fréquence de cet échantillon est donc $f = \dfrac{732}{1\,000} = 0{,}732$.

Un intervalle de confiance à au moins 95% est :

$$\left[0{,}732 - \frac{1}{\sqrt{1000}}\ ;\ 0{,}732 + \frac{1}{\sqrt{1000}}\right] = [0{,}700\ ;\ 0{,}764]$$

Comme $p = 0{,}90$ n'est pas dans cet intervalle, on rejette au risque de 5 % l'hypothèse faite par le directeur.

18 **1°** Les tirages étant assimilés à des tirages avec remise, X suit une loi binomiale de paramètres $n = 300$ et $p = 0{,}02$ (le succès étant de ne pas recevoir le produit dans les délais).
2° $P(X = 10) \approx 0{,}041$ (obtenu à la calculatrice).

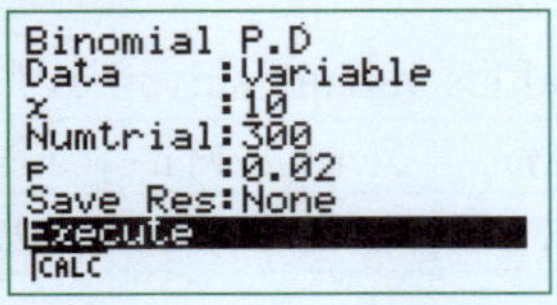

On suppose dans toute la suite que X peut être approché par la loi normale $\mathcal{N}(\mu\ ;\ \sigma^2)$ avec $\mu = 6$ et $\sigma = 2{,}42$.
3° $P(10 \leq X \leq 20) \approx 0{,}049$ (obtenu à la calculatrice).

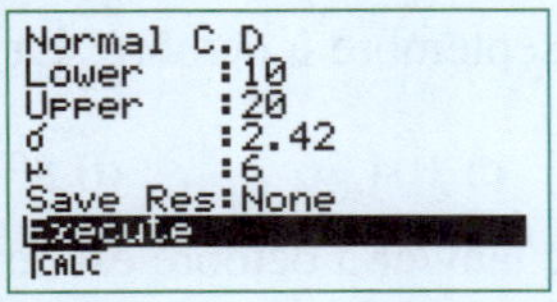

4° Ici $p = 0{,}02$ d'où l'intervalle de fluctuation demandé :

$$\left[0{,}02 - \frac{1}{\sqrt{2500}}\ ;\ 0{,}02 + \frac{1}{\sqrt{2500}}\right] = [0\ ;\ 0{,}04]$$

5°

y_i	107	87
$P(Y = y_i)$	0,98	0,02

L'espérance de Y est $E(Y) = 107 \times 0{,}98 + 87 \times 0{,}02 = 106{,}6$
En considérant un très grand nombre de ventes, $E(Y)$ est le prix moyen payé par le client.

19 X suit la loi binomiale de paramètres 50 et 0,02. On obtient avec la calculatrice :
1° $P(X = 0) = 0{,}364$ et $P(X \leq 5) = 0{,}999$.
2° La probabilité qu'au plus deux plaques soient défectueuses est $P(X \leq 2) = 0{,}922$.
3° $P(3 \leq X \leq 5) = P(X \leq 5) - P(X \leq 2) = 0{,}999 - 0{,}922 = 0{,}077$
4° 94 plaques sur les 100 sont sans défaut donc $f = \frac{94}{100} = 0{,}94$.
5° Un intervalle de confiance de la proportion p des plaques sans défaut, au niveau de confiance 95 %, est : $\left[0{,}94 - \frac{1}{\sqrt{100}}\ ;\ 0{,}94 + \frac{1}{\sqrt{100}}\right] = [0{,}84\ ;\ 1{,}04]$.
Sachant forcément que p est inférieure ou égale à 1, on prendra l'intervalle [0,84 ; 1].
6° L'amplitude est $\frac{2}{\sqrt{n}}$, donc : $\frac{2}{\sqrt{n}} \leq 0{,}05$ puis $n \geq \left(\frac{2}{0{,}05}\right)^2$ c'est-à-dire $n \geq 1\,600$.

Sujet du Bac

Exercice 1 : Taux d'évolution, indices

Cet exercice est un questionnaire à choix multiple. Pour chaque question, une seule des quatre réponses proposées est correcte.
Indiquer sur la copie le numéro de la question ainsi que la réponse choisie. Aucune justification n'est demandée.
Une réponse juste rapporte 1 point ; une réponse fausse ou l'absence de réponse ne rapporte ni n'enlève de point.
Une action cotée en bourse prend les valeurs suivantes :

Mois	Janv.	Fév.	Mars	Avril	Mai	Juin	Juillet	Août	Sept.	Oct.
Valeur en euros	258	273	310	389	178	127	…	109	…	97

1° L'action a augmenté de 11,6 % entre juin et juillet. La valeur de l'action en juillet est donc de :
a) 115,4 **b)** 141,73 **c)** 113,80 **d)** 112,27

2° L'action a baissé de 8 % de septembre à octobre. La valeur de l'action en septembre est donc de :
a) 105,00 **b)** 105,43 **c)** 104,76 **d)** 89,81

3° Le taux d'évolution global de janvier à octobre est de :
a) – 62,4 % **b)** – 65,98 % **c)** 65,98 % **d)** – 61 %

4° La meilleure approximation du taux d'évolution moyen mensuel entre janvier et octobre est de :
a) – 6,93 % **b)** – 7,33 % **c)** – 5,79 % **d)** – 10,30 %

5° En prenant pour indice de base 100 la valeur de l'action au mois de janvier, l'indice de la valeur de l'action au mois d'août est de :
a) 42,2 **b)** 97 **c)** 131 **d)** 237

➤ **Corrigé page 293**

Exercice 2 : Suites

Le premier janvier 2010, Monsieur X débute sa carrière professionnelle. Il est rémunéré 24 000 € la première année. Il estime pouvoir compter ensuite sur une augmentation régulière de son salaire annuel de 2 % chaque premier janvier.
On note U_n le salaire annuel (arrondi au centime d'euros) de Monsieur X l'année $2010 + n$, où n est un entier naturel. On a donc $U_0 = 24\,000$.

1° Calculer U_1.

2° **a)** Exprimer U_{n+1} en fonction de U_n.
b) En déduire la nature de la suite (U_n).
c) Exprimer U_n en fonction de n.

3° Calculer le salaire annuel de Monsieur X en 2015.

4° Le premier janvier 2011, Monsieur X ouvre un compte épargne rémunéré 2,5 % par an à intérêts composés. Il verse alors 4 000 € sur ce compte.
Par la suite, il versera à nouveau 4 000 € chaque premier janvier.
On note V_n le montant disponible sur le compte épargne de Monsieur X le 1er janvier de l'année $2011 + n$. Ainsi, $V_0 = 4\,000$.
a) Calculer V_1.
b) Expliquer pourquoi, pour tout entier naturel n, $V_{n+1} = 1{,}025V_n + 4\,000$.

c) Dans une feuille de calcul reproduite ci-dessous, on veut calculer les montants du livret d'épargne de Monsieur X jusqu'en 2020.

	A	B	C	D	E	F	G	H	I	J	K
1	Année	2011	2012	2013	2014	2015	2016	2017	2018	2019	2020
2	Montant	4 000									

Donner une formule qui, entrée en cellule C2, permet, par recopie vers la droite, d'obtenir le contenu des cellules de la plage C2:K2.

5° En supposant que l'augmentation annuelle du salaire reste fixée à 2 %, déterminer en quelle année l'épargne de Monsieur X dépassera son salaire annuel.

➤ **Corrigé page 293**

Exercice 3 : Loi binomiale, loi normale, intervalle de confiance

Dans un groupe d'assurances, on s'intéresse aux sinistres susceptibles de survenir, une année donnée, aux véhicules de la flotte d'une importante entreprise de maintenance de chauffage collectif.

Dans cet exercice, sauf mention contraire, les résultats approchés seront arrondis à 10^{-3}.

Partie A

On note E l'événement : « un conducteur choisi au hasard dans l'ensemble des conducteurs de l'entreprise n'a pas de sinistre pendant l'année considérée ».

On suppose que la probabilité de l'événement E est égale à 0,6.

On choisit au hasard 15 conducteurs dans l'effectif des conducteurs de l'entreprise. Cet effectif est assez important pour que l'on puisse assimiler ce prélèvement à un tirage avec remise de 15 conducteurs.

On considère la variable aléatoire Y qui, à tout prélèvement de 15 conducteurs, associe le nombre de conducteurs n'ayant pas de sinistre pendant l'année considérée.

1° Justifier que la variable aléatoire Y suit une loi binomiale dont on déterminera les paramètres.

2° Calculer la probabilité que, dans un tel prélèvement, 10 conducteurs n'aient pas de sinistre pendant l'année considérée.

Partie B

Dans ce qui suit, on s'intéresse au coût d'une certaine catégorie de sinistres survenus dans l'entreprise pendant l'année considérée.

On considère la variable aléatoire C qui, à chaque sinistre choisi au hasard parmi les sinistres de cette catégorie, associe son coût en euros. On suppose que C suit la loi normale de moyenne 1 200 et d'écart-type 200.

Calculer la probabilité qu'un sinistre choisi au hasard parmi les sinistres de ce type coûte entre 1 000 € et 1 500 €.

Partie C

On considère un échantillon de 100 véhicules prélevés au hasard dans le parc de véhicules mis en service depuis 6 mois. Ce parc contient suffisamment de véhicules pour que l'on puisse assimiler ce tirage à un tirage avec remise.

On constate que 89 véhicules de cet échantillon n'ont pas eu de sinistre.

1° Préciser la fréquence observée f, dans cet échantillon, de véhicules qui n'ont pas eu de sinistre 6 mois après leur mise en service.

2° On note p la proportion de véhicules de ce parc qui n'ont pas eu de sinistre 6 mois après leur mise en service.

Déterminer l'intervalle de confiance au niveau de confiance 95 % de la proportion p.

3° On considère l'affirmation suivante : « la proportion p est obligatoirement dans l'intervalle de confiance obtenu à la question précédente ».
Cette affirmation est-elle vraie ? Justifier.

➤ Corrigé page 293

Exercice 4 : Lectures graphiques, étude d'une fonction polynôme de degré trois

Une entreprise fabrique et vend chaque jour au plus 40 matelas « grand confort ». On décide en conséquence de modéliser la situation au moyen de fonctions définies sur l'intervalle [0 ; 40]. Le coût total, exprimé en euros, de la production journalière de x matelas est donné par : $C(x) = x^3 - 60x^2 + 1\ 800x + 3$.
Chaque matelas est vendu 1 275 euros.
La recette journalière, exprimée en euros, est donc donnée par : $R(x) = 1\ 275x$.
Les représentations graphiques des fonctions C et R sont construites en annexe. Les deux parties sont indépendantes.

Partie 1 : lectures graphiques
1° Laquelle des deux représentations graphiques est celle de la fonction R ? Justifier.
2° Avec la précision permise par le graphique, estimer :
– le nombre de matelas que l'entreprise doit produire chaque jour pour que le coût total de production journalière soit de 30 000 euros ;
– le nombre minimum de matelas que l'entreprise doit produire et vendre chaque jour afin de ne pas réaliser de perte. Justifier.

Partie 2 : étude du bénéfice en fonction de la production
On rappelle que le bénéfice journalier total, exprimé en euros, est donné par :

$$B(x) = R(x) - C(x).$$

1° Vérifier que : $B(x) = -x^3 + 60x^2 - 525x - 3$.
2° a) Calculer $B'(x)$.
b) Étudier le signe de $B'(x)$ sur l'intervalle [0 ; 40].
c) Dresser le tableau de variations de la fonction B sur l'intervalle [0 ; 40].
d) En déduire combien de matelas l'entreprise doit produire et vendre chaque jour pour que le bénéfice réalisé soit maximal. Que vaut alors ce bénéfice maximal ?
e) Expliquer comment retrouver graphiquement ce résultat. Faire apparaître les traits de constructions utiles à la lecture graphique.

ANNEXE

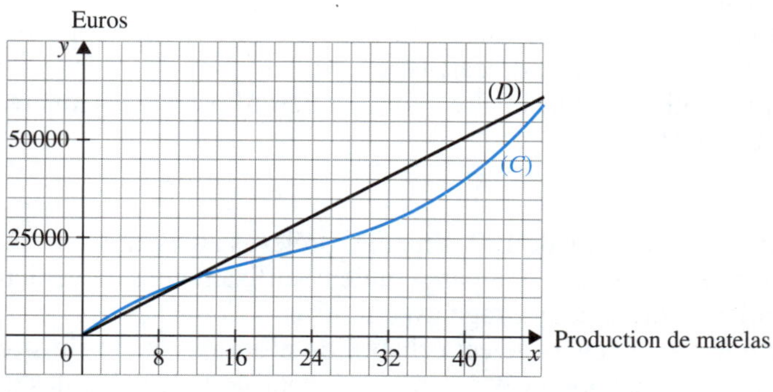

➤ Corrigé page 294

Sujet du Bac

1 1° Réponse **b)**.

CONSEIL Augmenter une quantité de 11,6 % revient à multiplier celle-ci par $\left(1 + \frac{11,6}{100}\right)$ donc la valeur de l'action en juillet est : $127 \times \left(1 + \frac{11,6}{100}\right) \approx 141,73$.

2° Réponse **b)**.

CONSEIL Diminuer une quantité de 8 % revient à multiplier celle-ci par $\left(1 - \frac{8}{100}\right)$ donc la valeur de l'action en septembre, notée V, est telle que : $V \times \left(1 - \frac{8}{100}\right) = 97$, soit $V = \frac{97}{1 - \frac{8}{100}} \approx 105,43$.

3° Réponse **a)**.

CONSEIL Le taux d'évolution global entre janvier et octobre est $\frac{97 - 258}{258} \approx -0,624$, soit une baisse de 62,4 %.

4° Réponse **d)**.

CONSEIL Si on note k le coefficient multiplicateur correspondant au taux annuel moyen cherché, alors k vérifie : $k^9 = 1 - \frac{62,4}{100} = 0,376$; on obtient donc : $k = 0,376^{1/9} \approx 0,897$; ce qui correspond à un taux annuel moyen d'environ –10,3% [$t = (0,897 - 1) \times 100$].

5° Réponse **a)**.

CONSEIL L'indice se calcule par proportionnalité : $\frac{109 \times 100}{258} \approx 42,2$.

2 **1°** $U_1 = 24\,000 \times \left(1 + \frac{2}{100}\right) = 24\,480$.

2° a) $U_{n+1} = U_n \times 1,02$.

b) La suite (U_n) est une suite géométrique, car on passe d'un terme au suivant en multipliant toujours par le même nombre, ici 1,02 (c'est la raison de la suite).

c) On en déduit donc : $U_n = U_0 \times b^n = 24\,000 \times 1,02^n$.

3° Le salaire de 2015 est U_5 : $U_5 = 24\,000 \times 1,02^5 = 26\,497,94$.

4° a) $V_1 = 4\,000 \times (1 + 2,5/100) + 4\,000 = 8\,100$.

b) Au 1er janvier de l'année 2011+ $(n + 1)$, le capital de l'année précédente V_n augmente de 2,5 % donc est multiplié par 1,025 ; à quoi s'ajoute les 4 000 euros versés le 1er janvier.

On obtient donc : $V_{n+1} = 1,025 \times V_n + 4\,000$.

c) Dans la cellule `C2`, on peut entrer la formule : `= B$2*1,025+4000`.

5° Il s'agit de déterminer n tel que $V_n > U_n$; la calculatrice donne :
$V_5 = 25\,550$ et $U_5 = 26\,497$; $V_6 = 30\,189$ et $U_6 = 27\,027$; c'est donc à partir de la sixième année, soit en 2016, que l'épargne de Monsieur X dépassera son salaire annuel.

3 **Partie A**

1° Les tirages étant assimilés à des tirages avec remise, la variable aléatoire Y suit la loi binomiale de paramètres $n = 15$ et $p = 0,6$ (le succès étant : le conducteur n'a pas eu de sinistre pendant l'année considérée).

2°

CONSEIL Il s'agit de calculer $p(Y = 10)$.

La calculatrice donne $p(Y = 10) = 0{,}186$.

Partie B

CONSEIL Il s'agit de calculer $p(1\,000 \leq C \leq 1\,500)$.

La calculatrice donne $p(1\,000 \leq C \leq 1\,500) = 0{,}775$.

Partie C

1° La fréquence observée est : $f = 89/100 = 0{,}89$.

2° L'intervalle de confiance au niveau de confiance 95 % est donné par :

$$\left[f - \frac{1}{\sqrt{n}} \ ; f + \frac{1}{\sqrt{n}}\right] = \left[0{,}89 - \frac{1}{\sqrt{100}} \ ; 0{,}89 + \frac{1}{\sqrt{100}}\right] = [0{,}79 \ ; 0{,}99]$$

3° La proportion p n'est pas obligatoirement dans l'intervalle de confiance obtenu à la question précédente : dans plus de 95 % des cas, la proportion inconnue p appartient à l'intervalle de confiance considéré.

4 Partie 1

1° La représentation graphique de la fonction R est la droite, car R est une fonction linéaire.

2° a) Le coût est de 30 000 € si l'entreprise produit 33 matelas (on cherche l'abscisse du point de la courbe C ayant pour ordonnée 30 000).

b) L'entreprise ne réalisera pas de perte si elle produit au moins 11 matelas : c'est à partir de $x = 11$ que la courbe représentative de R est au-dessus de la courbe représentative de C.

Partie 2

1° $B(x) = R(x) - C(x) = 1275x - (x^3 - 60x^2 + 1\,800x + 3) = 1275x - x^3 + 60x^2 - 1\,800x - 3$
$= - x^3 + 60x^2 - 525x - 3$.

2° a) $B'(x) = -3x^2 + 60 \times 2x - 525 = -3x^2 + 120x - 525$.

b) Étudions le signe de $B'(x)$ sur l'intervalle $[0 \ ; 40]$: cherchons tout d'abord les racines de $B'(x)$:
$\Delta = 120^2 - 4 \times (-3) \times (-525) = 14\,400 - 6300 = 8\,100$.

Il y a donc deux racines : $x_1 = \dfrac{-120 - \sqrt{8100}}{2\times(-3)} = \dfrac{-210}{-6} = 35$

et $x_2 = \dfrac{-120 + \sqrt{8100}}{2\times(-3)} = \dfrac{-30}{-6} = 5$.

On obtient alors le tableau de signes suivant :

x	0		5		35		40
$B'(x)$		–	0	+	0	–	

c) On déduit du tableau de signes le tableau de variations suivant :

x	0		5		35		40
$B'(x)$		–	0	+	0	–	
$B(x)$	–3	↘	–1 253	↗	12 247	↘	10 997

d) L'entreprise doit donc produire 35 matelas pour que le bénéfice soit maximal ; ce bénéfice maximal s'élève à 12 247 €.

e) On peut vérifier ce résultat en remarquant que pour $x = 35$, l'écart entre la droite représentant R et la courbe représentative de C est le plus important.

Histoire-Géographie Enseignement moral et civique

Présentation de l'épreuve

Épreuve écrite
Durée : 2h30
Coefficient : 2

L'épreuve d'histoire-géographie est une **épreuve écrite** du premier groupe, qui porte sur le programme de Terminale. Vous disposerez de 2 h 30 pour réaliser une copie qui se décomposera en deux parties différentes et indépendantes. **Chacune des deux parties est notée sur 10 points.**

La première partie : les questions obligatoires

Elle porte sur les « **questions obligatoires** » du programme d'histoire-géographie, c'est-à-dire sur l'ensemble des six points « A » dans le programme.

Elle se présente sous la forme d'une série de **5 à 7 questions à réponse courte** qui vont porter sur des thèmes d'histoire et de géographie de manière équilibrée, trois questions sur chaque discipline, par exemple. Les questions peuvent porter sur tous les thèmes du programme.

Ces questions peuvent être formulées ou non sous forme de questionnaires à choix multiple et appeler des réponses simples et précises pour :
- citer des acteurs ;
- justifier une affirmation en proposant ou choisissant des arguments ;
- localiser sur un croquis ou le compléter, présenté en annexe à rendre avec la copie ;
- proposer ou choisir des dates ou des périodes clés ;
- proposer ou choisir une définition pour une ou des notions définies dans le programme.

Il peut s'agir dans ce cas de questions « ouvertes » qui vous amènent alors à rédiger une réponse argumentée :
- pour caractériser un espace, une période, un événement, une situation ou un personnage ;
- pour justifier une affirmation.

La seconde partie : les sujets d'étude

Elle porte sur les « **sujets d'étude au choix** » (les 12 points « B » du programme) : quatre sujets différents seront proposés, correspondant à deux thèmes d'histoire et/ou de géographie. Chaque thème du programme étant associé à deux études au choix, les quatre sujets proposés le jour de l'examen seront les deux études correspondantes. Ainsi, vous aurez forcément étudié deux points « B » en classe entre lesquels il vous faudra choisir. Vous ne devez réaliser le jour de l'examen qu'**un seul des quatre sujets proposés** dans cette deuxième partie.

Les sujets peuvent se présenter sous deux formes différentes :
- **un document de base**, qui peut être accompagné de notes explicatives, et sur lequel vous devrez répondre à une série de questions. Ces questions peuvent porter sur le document, les connaissances nécessaires à sa compréhension, ou sur des notions que le document peut amener à mobiliser ;
- **deux documents**, qui peuvent aussi être accompagnés de notices explicatives : les questions vont alors amener à dégager les points communs, les différences, les oppositions ou les complémentarités entre ces deux documents.

Ces documents peuvent être de **nature variée** : textes, cartes ou croquis, graphiques, documents iconographiques divers : photographies, affiches…

Attention !
Vous pourrez éventuellement présenter l'histoire-géographie à l'oral de rattrapage (deuxième groupe d'épreuves), mais le faible coefficient risque de rendre ce choix peu judicieux. Il est donc nécessaire de bien préparer l'épreuve écrite pour si possible gagner des points.

Le jeu des puissances dans un espace mondialisé de 1945 à nos jours

Au sortir de la Seconde Guerre mondiale le monde devient bipolaire. L'effondrement du bloc de l'Est en 1991 complexifie les relations internationales.

1 La coupure du monde en deux blocs : 1947-1949

A. La Guerre froide : opposition de deux modèles

▪ **La Grande Alliance (États-Unis, URSS et Royaume-Uni) disparaît en 1947.** Le président américain, Harry Truman, veut limiter l'expansion soviétique en Europe, c'est le *containment*. Le dirigeant de l'URSS, Joseph Staline, accuse, lui, les Américains d'**impérialisme**, c'est le début de la **Guerre froide**.

▪ **Une opposition idéologique.** Les États-Unis défendent le **libéralisme** avec la mise en place de **démocraties libérales** caractérisées par la séparation des pouvoirs, des élections libres.
Les Soviétiques défendent une **société égalitaire** grâce au **socialisme** qu'il faut imposer. Les pays d'Europe de l'Est, leurs alliés, sont des **démocraties populaires** où seuls les partis communistes sont autorisés.

> **ZOOM**
> Dans les pays de l'Est et en URSS, socialisme et communisme sont synonymes. Le Parti communiste d'Union soviétique (PCUS) dirige seul l'URSS : Union des Républiques Socialistes Soviétiques.

▪ **Une opposition économique.** Dans les démocraties libérales, l'**économie de marché** et le **capitalisme** sont en place : libre concurrence, propriété privée caractérisent ce système. En URSS et dans les démocraties populaires, l'État contrôle toute l'économie.

B. L'Allemagne, un symbole de la Guerre froide

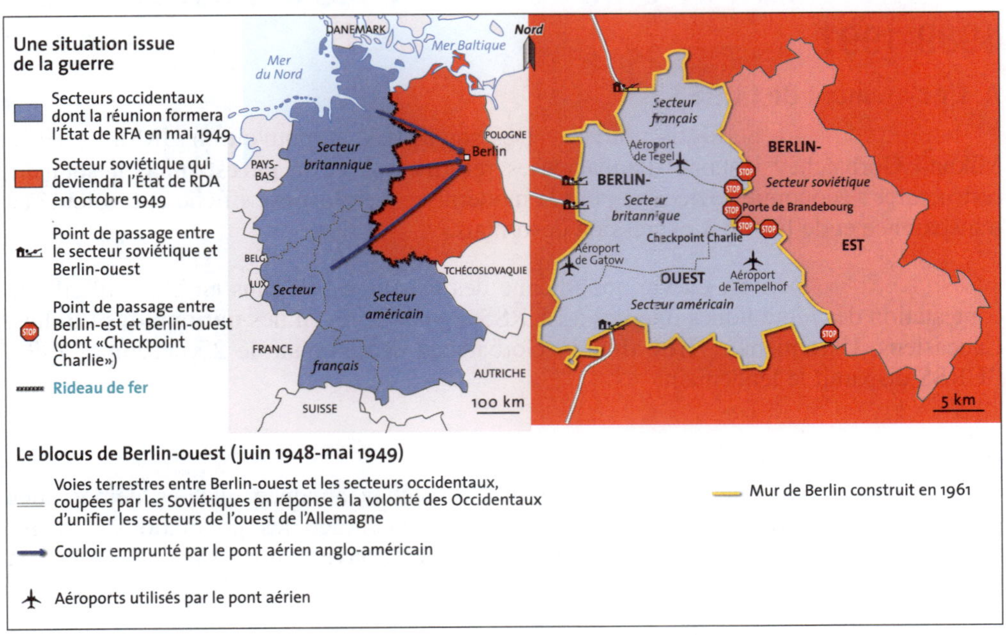

▪ La crise de Berlin : 1948 à 1949. En 1945, les Alliés occupent l'Allemagne divisée en 4 secteurs, tout comme Berlin située en zone soviétique. Staline met en place un blocus terrestre qui doit forcer les Occidentaux à quitter la capitale allemande. Les Américains ripostent par un pont aérien qui dure 11 mois, le blocus est levé.

ZOOM

Le pont aérien : pas moins de 800 atterrissages par jour déchargent durant 11 mois de quoi ravitailler 2 millions de Berlinois.

▪ La naissance de deux Allemagne en 1949. Cette crise aboutit à la division de l'Allemagne et de Berlin en 1949. À l'Ouest, la **République Fédérale Allemande (RFA)** est pro-occidentale, à l'Est, la **République Démocratique Allemande (RDA)** est prosoviétique. La construction du mur de Berlin en 1961 marque encore davantage cette séparation.

OTAN : Organisation du traité de l'Atlantique Nord, alliance militaire regroupant les États-Unis et leurs alliés.
OECE : Organisation européenne de coopération économique, mise en place en 1947 pour l'application du plan Marshall. 13 milliards de dollars de dons que les États-Unis envoient aux États d'Europe occidentale.
CAEM : Conseil d'aide économique mutuel, créé en 1949 = COMECON.
Propagande : ensemble des moyens mis en œuvre par un État pour façonner l'opinion publique, voire la contrôler.

C. Un monde bipolaire

▪ Un « rideau de fer ». Dès 1946, W. Churchill dénonce par cette métaphore une séparation qui part de la Baltique jusqu'à l'Adriatique. La division de l'Europe est visible aussi à travers des alliances militaires : l'**OTAN** créée en 1949 à laquelle répond le **pacte de Varsovie** dès 1955. Elles sont aussi économiques avec l'**OECE** tandis qu'à l'Est le **CAEM** est mis en place.

▪ Une Guerre froide mondiale. La Chine, devenue communiste en 1949, soutient les luttes contre l'occident en Asie alors que les États-Unis mettent en place l'Organisation du Traité de l'Asie du Sud-Est (**OTASE**) en 1954 pour limiter cette influence. Cette politique est toujours servie par une intense **propagande**.

2 L'effondrement du bloc de l'Est et ses conséquences : 1989-1991

A. L'éclatement de l'URSS

▪ Homme nouveau, politique nouvelle. Dès son arrivée au pouvoir en URSS en 1985, Mikhaïl Gorbatchev instaure d'audacieuses réformes. Avec la **perestroïka**, il souhaite restructurer l'économie soviétique pour la moderniser. La **glasnost** affiche une volonté de transparence et de liberté d'expression désormais.

▪ L'échec des réformes. La vie quotidienne des Russes est de plus en plus difficile, la contestation des républiques internes à l'URSS signale le réveil des **nationalités** : Baltes, Caucasiens, Ukrainiens… Très affaibli, Gorbatchev démissionne le 25 décembre 1991, l'URSS disparaît le lendemain.

B. Des Allemagne à l'Allemagne

▪ La chute du Mur de Berlin. En 1988, Gorbatchev annonce que les démocraties populaires sont entièrement souveraines, ce qui encourage les populations à manifester pour plus de droits. À Berlin, elles réclament l'ouverture du Mur, elle a lieu le 9 novembre 1989.

▪ La réunification. La fin des tensions entre les deux blocs, associée aux pressions populaires et à la volonté politique, aboutit à la réunification de l'Allemagne le 3 octobre 1990.

C. Le réveil des nationalités en Europe

▪ **Des élections libres.** Les mesures libérales de Gorbatchev ont encouragé en Europe de l'Est une opposition grandissante contre le pouvoir communiste. En juin 1989, la Pologne organise des élections libres, les autres démocraties populaires suivent.

▪ **La naissance de nouveaux États.** Au Nord-Ouest de l'URSS, les États baltes (Estonie, Lettonie et Lituanie) ont dès 1991 proclamé leur indépendance. Plus au sud, l'Ukraine, la Biélorussie et la Moldavie sont souveraines et intègrent la **Communauté des États Indépendants (CEI)** créée après l'implosion de l'URSS.

▪ **Conflits en ex-Yougoslavie.** La Yougoslavie disparaît au début des années 1990 au terme d'une guerre où des communautés s'affrontent pour la domination de leur culture. Six nouveaux États naissent en 1999 : la Slovénie, la Bosnie, la Serbie, la Croatie, le Monténégro et la Macédoine.

3 Un nouvel ordre mondial

A. Les États-Unis, une superpuissance en déclin ?

▪ **Les attributs de la puissance américaine.** Les États-Unis cumulent différents facteurs de puissance. Disposant d'un *hard power*, ils sont leaders dans les domaines des nouvelles technologies, militaire, de l'économie et financier. Leur culture est la plus diffusée, faisant du *soft power* américain l'illustration de leur domination mondiale. Cependant, les États-Unis sont aujourd'hui le pays le plus endetté au monde : 16 700 milliards de dollars en 2013.

▪ **Le tournant du 11 septembre 2001.** Les attentats contre les deux tours jumelles à New York ont démontré que la première puissance du globe pouvait être frappée en plein cœur par des groupes terroristes comme **Al Qaïda**. Face à ces menaces nouvelles, les États-Unis réagissent en dénonçant et en frappant les États-voyous : guerre du Golfe en 1991 et en 2003 en Irak, invasion de l'Afghanistan en 2001.

> **Terrorisme :** ensemble des actions violentes (attentats, enlèvements, attaques…) menées par des groupes aux revendications nationalistes, culturelles, politiques…
> **États-voyous :** pour les États-Unis, il s'agit notamment de l'Iran, l'Afghanistan, l'Irak.

B. Des puissances concurrentes mais incomplètes

▪ **Une Union européenne puissante économiquement, mais faible politiquement.** L'Europe occidentale est – mais pour combien de temps ?– le pôle de la Triade le plus riche, celui où les flux et les échanges sont les plus importants. Mais sa croissance demeure faible face au dynamisme asiatique. Plus grave, l'Union européenne n'a pas de représentation politique claire et étale souvent ses divisions à propos des questions internationales.

▪ **Les BRICS entre faiblesses et dynamismes.** Le Brésil, la Russie, l'Inde, la Chine et l'Afrique du Sud sont les cinq États émergents qui connaissent les taux de croissance les plus élevés. Ils conservent, cependant, des faiblesses au premier rang desquelles les très fortes inégalités sociales. Il n'empêche que, si le pouvoir et la majeure partie des richesses sont encore au Nord, le dynamisme économique est au Sud, le monde est devenu **multipolaire**.

Sujets d'étude : Le Moyen-Orient et le pétrole – L'Amérique latine

1 Le Moyen-Orient et le pétrole

Proche et Moyen-Orient sont souvent deux expressions confondues qui désignent la partie située au Nord-Est de l'Afrique et au Sud-Ouest de l'Asie, dans un arc qui va de la Libye à la Turquie en passant par l'Iran. Cet espace est l'enjeu de multiples tensions liées notamment à la présence de l'or noir.

A. La découverte de l'or noir au Proche-Orient

▪ **Un enjeu économique pour les Occidentaux.** Avant même la Première Guerre mondiale, les puissances occidentales avaient investi au Proche-Orient en vue d'effectuer des repérages sur les ressources pétrolières. Le XIXe siècle avait été celui du charbon, pour les économies industrialisées le XXe siècle serait celui du pétrole. Le marché du pétrole, qui se met en place dès le début du XXe siècle, est contrôlé par les Sept Sœurs, des entreprises occidentales : *Standard Oil of New Jersey* futur Exxon, *British Petroleum* firme anglo-hollandaise… En Arabie Saoudite, où les gisements les plus importants ont été découverts, les compagnies américaines s'installent dès les années 1930 ; elles sont en situation de monopole.

> *Majors* : principales firmes pétrolières privées à côté d'autres compagnies nationales, anciennement appelés les « Sept sœurs ».
> OPEP : Organisation des pays exportateurs de pétrole a été créée par le Venezuela et l'Iran en septembre 1960 à Bagdad.

▪ **Le *boom* de l'après Seconde Guerre mondiale.** La période de reconstruction des économies européennes entraîne une explosion de la demande dans les pays du Proche-Orient. Ceux-ci prennent conscience de l'importance de contrôler leurs ressources contre la mainmise des majors. L'Irak, le Koweït et l'Arabie Saoudite participent à la création de l'OPEP qui négocie avec les compagnies pétrolières tout ce qui concerne l'exploitation des gisements. L'entrée des Émirats Arabes Unis en 1971 renforce le poids du Golfe persique dans la production de l'or noir.

B. Une zone de tensions majeure

▪ **Une « épine » nommée Israël.** Dans un contexte où les tensions grandissent à cause des luttes coloniales, la création de l'État d'Israël en 1948 sur des territoires où résident des Palestiniens, ajoute un nouveau motif de troubles. Les Arabes, proches des Palestiniens dont une partie a dû s'exiler, mènent différentes guerres contre l'État hébreu : en 1948, en 1967, en 1973. Le pétrole est un moyen de pression et de financement de la lutte contre Israël et ses alliés américains. L'OPEP est à l'origine d'un premier choc pétrolier en 1973, à la suite de la Guerre du Kippour qui multiplie par quatre le prix du baril de pétrole.

▪ **Flux et instabilité.** Dans les années 1960, près de trois quarts des flux pétroliers transitent par le détroit d'Ormuz. Ces flux prennent la direction du canal de Suez pour assurer le ravitaillement des États-Unis et de l'Europe. Les Américains financent la construction d'oléoducs passant par la Turquie et l'Arabie pour soulager cette zone sensible. Suite à la guerre des Six Jours, l'Égypte ferme le **canal de Suez** de 1967 à 1975. Les pétroliers doivent alors faire le tour par le sud de l'Afrique. Le deuxième choc pétrolier de 1979 fait suite à la révolution religieuse en Iran et confirme que le prix du baril de pétrole, multiplié par deux, et ses fluctuations, sont liés à l'instabilité de la région.

C. Le Proche-Orient : cœur pétrolier et point chaud permanent

▪ **Des Américains soucieux de protéger l'accès au pétrole.** Avec 60 % des réserves mondiales, le Proche-Orient reste le cœur pétrolier du monde, l'Arabie Saoudite est en tête des pays producteurs. L'alliance conclue entre Ryad et Washington dès 1945 lui assure des rentes confortables, tandis que les États-Unis obtiennent le contrôle des ressources saoudiennes et un allié de poids contre l'expansion communiste. Depuis les années 1990, pétrole et gaz demeurent au cœur de toutes les rivalités stratégiques. Les interventions américaines au Koweït en 1991, puis en Irak en 2003, rappellent que la première puissance du globe n'entend pas voir menacée une ressource essentielle à son économie.

▪ **Des tensions toujours fortes.** Ces vagues contestataires et libertaires (les printemps arabes) ont pris différentes formes en Égypte, en Libye, et en Syrie depuis 2011. Toutes visent des changements de dirigeants et de société en dénonçant notamment la confiscation par les élites des profits liés au pétrole. L'Iran organise régulièrement des manœuvres dans le détroit d'Ormuz par où transitent encore 30 % des flux pétroliers mondiaux. Les patrouilles de la Vᵉ flotte américaine dans la région rappellent quel rôle chacun entend jouer au Proche-Orient.

> **ZOOM**
> La Vᵉ flotte américaine a été recréée en 1995 suite à la première Guerre du Golfe en 1991.

2 L'Amérique latine : entre domination traditionnelle des États-Unis et remise en cause du *leadership* américain

Le président des États-Unis Monroe proclamait dès 1823 : « L'Amérique aux Américains ! ». Comment la domination des États-Unis s'exerce-t-elle en **Amérique latine**, depuis la fin de la Seconde Guerre mondiale ?

A. L'Amérique latine, une arrière-cour des États-Unis ?

▪ **Un enjeu de poids durant la Guerre froide.** Dans le contexte de la Guerre froide qui débute en 1947, le souci du président Truman est de limiter l'expansion communiste. La CIA, organisation d'espionnage créée en 1947, a cette vocation d'abord en Europe, puis rapidement en Amérique latine.

> **ZOOM**
> La *Central Intelligence Agency* (CIA) est une agence d'espionnage centrée sur les affaires extérieures alors que le FBI (*Federal Bureau of Investigation*) s'occupe de la sécurité interne du territoire.

Elle tente en vain de renverser Fidel Castro à Cuba en 1961 après le rapprochement de ce dernier avec l'Union soviétique.

La **mise en place des dictatures anticommunistes** est encouragée voire orchestrée par les États-Unis. Au Chili, les militaires dirigés par Pinochet qui renversent le président socialiste Salvador Allende en 1973 sont soutenus par la CIA. Les autres dictatures militaires au Brésil, en Argentine, au Nicaragua reçoivent soutien et financement des États-Unis.

▪ **Des déséquilibres.** Le relatif équilibre démographique entre Amérique du Nord et Amérique latine qui existait dans les années 1950 est rompu : États-Unis et Canada représentent 350 millions d'individus et le reste de l'Amérique presque 600 millions en 2012. Surtout, c'est l'écart de niveau de vie entre les populations du Sud et leur puissant voisin du Nord qui explique en partie la nature des relations et l'attractivité migratoire que conservent les États-Unis.

Ces disparités entraînent de multiples flux en direction du Nord : clandestins, drogue…

> **ZOOM**
> 80 % de la cocaïne et 90 % de la marijuana pénétrant aux États-Unis proviennent d'Amérique latine. Les narcotrafiquants constituent de puissantes mafias.

HISTOIRE-GÉO

Pour les limiter, les États-Unis érigent des barrières frontalières. Ils financent aussi la **lutte anti-drogue**, ce qui peut aussi servir de prétexte pour réinvestir la scène latino-américaine.

B. Une redistribution des cartes ?

Juntes militaires : gouvernements dictatoriaux militaires ayant accédé au pouvoir par la force avec le soutien des États-Unis.

▪ **De nouveaux acteurs qui s'opposent aux États-Unis.** À la fin des années 1970, le président des États-Unis Jimmy Carter est favorable à une démocratisation des pays d'Amérique du Sud dans un contexte d'apaisement de la Guerre froide.

La démocratisation s'opère dans les années 1980, les juntes militaires disparaissent laissant la place à des démocraties encore timides. L'intérêt nouveau pour la politique, par des électeurs nombreux et pauvres, donne l'occasion de porter au pouvoir ceux qui affirment les défendre. Des figures politiques se réclamant du socialisme sont élues ou demeurent au pouvoir au tournant des années 2000. C'est le cas d'Hugo Chavez au Venezuela qui est élu en 1998, de Daniel Ortega en 2006 au Nicaragua, d'Evo Morales président amérindien de la Bolivie élu en 2005… Tous se positionnent pour la lutte anti-impérialiste contre les États-Unis, ligne défendue par Cuba depuis les années 1960. Au Brésil, l'élection du premier président brésilien de gauche, Lula en 2003, ouvre la voie à une politique au volet social affirmé.

▪ **L'affirmation de l'ALBA/TCP.** En plein processus de mondialisation, les États d'Amérique latine se sont dotés d'organisations économiques régionales telles que le **Mercosur** destinés à favoriser le commerce intra-régional. La création de **l'ALBA**, agence bolivarienne pour les peuples de notre Amérique en 2004, par Cuba et le Venezuela devenue **ALBA/TCP** (Traité de commerce des peuples) à l'initiative du président bolivien Evo Morales, compte aujourd'hui 8 États, tous dirigés par des gouvernements socialistes.

Elle défend une identité amérindienne « notre Amérique », et rejette les principes libéraux pour défendre plutôt des valeurs sociales, écologiques et culturelles.

▪ **Le Brésil, l'autre géant.** Bien que le Brésil cherche à s'imposer sur la scène diplomatique mondiale, sa puissance demeure avant tout régionale. Ses exportations se sont diversifiées ces dernières années et il représente à lui seul la moitié de l'activité économique des États d'Amérique latine. Avec ses 8,5 millions de km² et ses 200 millions d'habitants en 2013, il est l'autre géant du continent. Son PIB le classe au sixième rang des puissances mondiales et s'il ne rivalise encore que dans quelques domaines avec les États-Unis (agriculture, richesse des sous-sols…), ses réserves de développement peuvent en faire un sérieux concurrent dans l'avenir. Pour l'heure, les inégalités sociales demeurent fortes malgré les programmes mis en œuvre pour tenter de les réduire. 25 % des habitants vivent sous le seuil de pauvreté au Brésil, c'est-à-dire avec moins de 60 % du revenu moyen qui est de 573 dollars mensuels en 2010.

3 LE COURS — De la décolonisation à la mise en place de nouveaux États depuis 1945

Les processus de **décolonisation** aboutissent à l'indépendance et à la naissance de nouveaux États rapidement confrontés à la réalité des politiques à mener et notamment celle du **développement**.

1 L'accession progressive à l'indépendance

A. Des étapes différentes expliquent la décolonisation

▪ **Des arguments pour les indépendantistes.** Après la Seconde Guerre mondiale, la résistance à la colonisation s'intensifie. Les métropoles sont affaiblies et déconsidérées par la démonstration de leur barbarie. L'action des mouvements nationalistes fait valoir la participation des colonies à l'effort de guerre.

▪ **Un contexte international favorable.** Les deux Grands, États-Unis et URSS, encouragent le processus de décolonisation. Les États-Unis, ancienne colonie, souhaitent ouvrir le monde aux échanges, les Soviétiques s'opposent aux métropoles au nom de l'**anti-impérialisme**. L'ONU, créée en 1945 à San Francisco, affirme l'égalité entre tous et devient une tribune internationale pour les leaders indépendantistes.

> **ZOOM**
> Ancienne colonie britannique, les États-Unis ont obtenu leur indépendance au terme d'une guerre qui démarra en 1776.

B. Une indépendance acquise par différentes voies

▪ **La voie négociée et pacifique.** En Inde, les Britanniques mettent en place des réformes qui laissent les élites indiennes gérer les affaires intérieures. L'accession à l'indépendance en 1947 ouvre cependant la voie à un cycle de violences entre hindous et musulmans. La France mène aussi une politique de décolonisation pacifique dans ses colonies d'Afrique noire. Elle leur accorde à partir de 1956 une large autonomie et dès 1960, elles accèdent à l'indépendance.

▪ **La voie violente.** L'Indonésie et son *leader* Soekarno oblige les Pays-Bas à reconnaître son indépendance en 1949. Au Kenya, les Britanniques répriment durement la révolte des paysans Mau Mau en 1952. La France est engagée dans deux conflits successifs. En 1945 éclate la **guerre d'Indochine** qui s'achève par l'indépendance lors des accords de Genève en 1954. Les dirigeants de la métropole sont confrontés à la **guerre d'Algérie** qui aboutit à l'indépendance avec les accords d'Évian conclus en mars 1962.

2 Des défis de différente nature à l'échelle nationale

A. Politique

▪ **Des États sans nation ?** Tout en conservant les frontières issues de la colonisation, les jeunes États d'Afrique tentent de forger un sentiment national autour de symboles, de drapeaux, d'une histoire commune qu'illustrent les héros nationaux et indépendantistes. Ces politiques n'empêchent pas les heurts, les rivalités parfois violentes entre clans et ethnies.

ZOOM
Félix Houphouët Boigny dirige la Côte d'Ivoire de 1960 à 1993, année de sa mort.

▪ **Choisir son camp démocratiquement ?** Dans le contexte de la Guerre froide, les jeunes États optent pour l'un des deux modèles idéologiques. L'Algérie choisit la voie socialiste, la Côte d'Ivoire et le Kenya une voie plus libérale et capitaliste. Mais c'est surtout l'absence de culture démocratique que révèlent les premières années de pouvoir. Des régimes autoritaires, des pouvoirs personnels se mettent en place. L'interdiction ou la répression des opposants explique les nombreux **coups d'État**. Les démocraties, bien que rares, existent cependant, en Inde, au Sénégal.

B. Économique

▪ **Les problèmes de développement.** Les taux de natalité élevés, les carences alimentaires et le faible encadrement médical sont quelques causes de la vulnérabilité des populations. Le souci premier est la survie, ce qui explique l'importance des activités liées à une agriculture souvent archaïque. Lorsque certains États développent une agriculture commerciale, fondée sur l'exportation du cacao (Côte d'Ivoire), du coton (Afrique de l'Ouest), ils ne maîtrisent pas les cours des produits.

Révolution verte : politique de développement agricole fondée sur l'introduction de variétés nouvelles, l'utilisation d'engrais et de pesticides, la généralisation de l'irrigation.

▪ **Voie agricole ou voie industrielle ?** Pour de nombreux États asiatiques, l'Indonésie, le Pakistan, l'Inde… l'objectif est d'assurer l'autosuffisance alimentaire atteinte à la fin des années 1970. Des « **révolutions vertes** » permettent d'accroître la productivité et même d'exporter. Certains misent aussi sur les industries qui dans leur sillage doivent entraîner le développement d'autres secteurs industriels, ce sont les industries industrialisantes. En Inde, le groupe sidérurgique Tata se lance dans la construction automobile dès 1945.

C. Héritage colonial

▪ **Liens économiques et culturels.** Ils existent entre les anciennes colonies britanniques et leur métropole au sein du **Commonwealth**, de la politique de coopération (technique, économique et militaire) avec la France. Les empreintes du passé colonial, langues, monnaies, religions… demeurent : il y a 115 millions d'Africains francophones et un Africain sur quatre (250 millions) est chrétien aujourd'hui.

▪ **Liens politiques.** L'Afrique est encore souvent présentée comme le « pré carré » de la France, on parle de Françafrique pour dénoncer parfois le caractère nébuleux de ces liens : flux financiers, ventes d'armes…

3 Quelle place sur la scène internationale ?

A. Tiers-monde : de l'unité à la division

▪ **S'unir à Bandung (1955).** Sur l'île de Java en Indonésie à Bandung, une conférence réunit 29 pays du 18 au 24 avril 1955, ils se reconnaissent comme appartenant au **tiers-monde**. Là se retrouvent la Chine de Mao, l'Inde de Nehru, l'Égypte de Nasser…. Tous les présents défendent l'**anticolonialisme** et réclament des relations commerciales plus justes.

Tiers-monde : expression inventée par Alfred Sauvy (démographe français), ensemble des pays pauvres qui se distinguent de l'Occident développé et du monde communiste, par référence au Tiers état de la Révolution française.
Anticolonialisme : idéologie, vise à condamner définitivement le colonialisme, la conquête et le contrôle de colonies.

▪ **Ne pas s'aligner à Belgrade (1961).** Tito, dirigeant de la Yougoslavie, Nehru et Nasser sont à l'origine d'une nouvelle conférence en septembre 1961, à Belgrade. À cette occasion naît le mouvement des pays non alignés sur Washington ou sur Moscou. Ce mouvement s'élargit au cours des années 1960 aux États d'Amérique latine.

▪ **Des regroupements régionaux.** En Afrique, la création de l'Organisation de l'unité africaine (OUA) en 1963 tente de promouvoir le **panafricanisme**. Mais les divisions sont rapidement majoritaires. Le **panarabisme** veut exalter la culture arabo-musulmane. Mais c'est dans l'opposition à Israël que l'unité du monde arabe est la plus évidente.

▪ **Le basculement dans les blocs.** Outre la fragmentation du tiers-monde en sous-ensembles régionaux, la division s'accentue au cours des années 1960 lorsque des États soutiennent l'un des deux blocs. En 1973, à la conférence des non-alignés à Alger, les pays de l'OPEP affichent leur soutien à Moscou.

B. Des Sud très différents

▪ **NPIA : nouveaux pays industrialisés asiatiques.** La Corée du Sud, Taïwan et Singapour bâtissent leur développement sur le modèle japonais dans les années 1960 en promouvant les secteurs industriels. Ils sont aujourd'hui parfaitement intégrés à la mondialisation.

Des Sud : expression créée pour mettre en évidence une opposition à l'échelle mondiale. Les pauvres au Sud, les riches au Nord. Elle remplace celle de tiers-monde.

▪ **Pays rentiers et intermédiaires.** Il s'agit d'abord des États du Proche-Orient qui bénéficient de la rente pétrolière et ont pu en s'enrichissant se développer. En Amérique latine, les situations varient entre des **États émergents** dynamiques (Brésil) et des périphéries (Colombie) peu intégrées à la mondialisation.

▪ **PMA.** Sur une cinquantaine de **pays les moins avancés (PMA)**, 34 sont en Afrique, 15 en Asie plus Haïti. Les situations sanitaires des populations, la faiblesse des équipements, la corruption de la classe politique et les conflits qui trouvent parfois leur origine dans la période coloniale (Éthiopie et Somalie) sont quelques raisons de ces situations dramatiques.

C. Les défis présents

▪ **Inégalités et endettement.** L'endettement très important a conduit à des plans d'ajustement structurel imposés par le Fonds monétaire international (FMI). Ils ont aggravé les conditions de vie des populations en coupant dans les dépenses publiques, notamment en Afrique noire où les inégalités ne cessent de se creuser.

▪ **Conflits et risques environnementaux.** En prenant la forme de guerres internes, les conflits constituent des freins réels au développement. Les camps de réfugiés les plus importants sont situés en Afrique et au Proche-Orient. Les réfugiés climatiques pour les décennies à venir seront d'abord ceux des pays en développement dont les populations demeurent les plus vulnérables.

Sujets d'étude : L'Algérie de 1954 à 1962 – L'Union indienne à partir de 1947

1 L'Algérie de 1954 à 1962

A. L'Algérie de la France

▪ **Une société inégale.** La présence française en Algérie remonte à 1830, c'est un territoire où une population européenne nombreuse est appelée à venir s'installer. L'Algérie est divisée en 1848 en trois départements : Alger, Oran et Constantine. Dès 1886, tout Européen de souche né en Algérie devient citoyen français. Alors que les musulmans sont soumis au service militaire dès 1911, ils ne bénéficient pas des mêmes droits civiques que les autres Français. Les tentatives de réformes successives visant à conférer la citoyenneté française ont échoué.

▪ **Une société duale en 1954.** 95 % des Européens vivent en ville, contre 20 % pour les musulmans. La situation économique et sociale entre les populations entraîne frustrations et rancœurs. Les Européens représentent 10 % de la population sur 10 millions d'habitants au total, et seulement 2 % de la population agricole ; ils possèdent un quart des terres cultivables. Leurs exploitations génèrent en moyenne des revenus bien plus importants que celles des musulmans, ils contrôlent totalement la production de vins à destination de la métropole. Le taux de mortalité infantile est de 181 pour mille chez les musulmans contre 46 pour mille chez les Européens. 100 % des enfants des Européens sont scolarisés dans le primaire contre seulement 18 % chez les musulmans. Cette situation est condamnée par le *Manifeste du peuple algérien* que le *leader* nationaliste Ferhat-Abbas, favorable à une autonomie, fait paraître en 1943.

B. Une décolonisation violente et douloureuse (1954-1962)

▪ **La « sale guerre ».** Après les violentes émeutes de Sétif en 1945, très durement réprimées par le pouvoir français, le nationalisme algérien se radicalise. La **Toussaint rouge** de 1954 (une vague d'attentats éclate dans toute l'Algérie le 1er novembre 1954) marque la naissance du FLN qui engage une guerre contre la France. Les dirigeants français masquent la réalité du conflit tout en poursuivant une politique de répression. La censure permet le contrôle des médias même si certains journalistes parlent de « sale guerre » dès 1955. Les actes de torture qui sont dénoncés par des écrivains, des intellectuels, isolent l'armée française aux yeux de l'opinion publique. La France est dénoncée sur la scène internationale, tandis qu'une partie toujours plus grande de Français est favorable à la négociation avec le FLN.

FLN : Front de libération nationale, parti indépendantiste algérien qui accède au pouvoir politique en 1962.
MNA : (autre) Mouvement nationaliste algérien que combat le FLN.
Harkis : soldats algériens combattant dans l'armée française ou dans des unités auxiliaires : forces supplétives.
Pieds-noirs : nom donné aux Européens vivant en Afrique du Nord.

▪ **Vers l'indépendance.** Sur le terrain, les nationalistes algériens divisés entre FLN et MNA ne peuvent faire face à une armée française mieux équipée. Renforcée par les appelés du contingent à partir de 1956, les Français sont désormais directement concernés. La bataille d'Alger en 1957 assure le contrôle de la capitale, mais l'instabilité ministérielle contribue à fragiliser la IVe République.

Le 13 mai 1958, le coup de force de militaires qui veulent conserver l'Algérie française révèle les faiblesses du pouvoir ; Alger n'obéit plus à Paris. Cette crise politique conduit à la disparition de la IVe République, de Gaulle rappelé par le président René Coty pour sortir la France de la « crise algérienne » instaure la Ve République en septembre 1958.

Le FLN gagne progressivement la confiance des musulmans. Sa détermination, la lassitude des Français hâtent les pourparlers pour l'autodétermination de l'Algérie approuvée par référendum en janvier 1961. Les pieds-noirs rejoignent alors massivement la métropole, mais de nombreux harkis abandonnés vont subir d'impitoyables représailles. L'indépendance est acquise à l'issue des accords d'Évian signés en mars et proclamée officiellement en juillet 1962.

C. Des relations difficiles et complexes depuis 1962

▪ **Un « passé qui ne passe pas ».** Le million de pieds-noirs, les quelques milliers de harkis et tous les anciens combattants des deux camps constituent des groupes de pression qui jouent un rôle certain dans les relations diplomatiques entre les deux pays. Des anciens du FLN sont devenus des cadres de l'appareil politique, c'est le cas de l'actuel président algérien Abdelaziz Bouteflika. Les relations entre les deux pays fluctuent et malgré des périodes de rapprochement, voyage de Jacques Chirac en Algérie en 2003, les deux pays n'ont pas été capables, 50 ans après la fin du conflit, de signer un traité d'amitié franco-algérien.

▪ **Apaiser les « mémoires ».** Des gestes forts, comme celui du président François Hollande le 18 octobre 2012, reconnaissant la responsabilité de l'État français dans les massacres à Paris du 17 octobre 1961, sont une manière de ne plus occulter la souffrance de l'autre. En Algérie, l'État surveille l'écriture de cette histoire encore largement « officielle ». Il exige comme condition première à la signature de tout traité d'amitié la reconnaissance par la France des exactions coloniales et la présentation d'excuses. En voyage à Alger en décembre 2012, le Président français a rappelé qu'il n'était pas question de repentance.

> ZOOM
>
> **Massacres à Paris du 17 octobre 1961 :** des Algériens manifestent à Paris contre le couvre feu imposé à Alger. La police réplique très violemment, il y a de nombreux morts.

2 L'Union indienne à partir de 1947

L'Inde obtient son indépendance en 1947 au terme d'un processus négocié avec les Britanniques. Le nouvel État se scinde en deux nations distinctes, l'Inde (ou Union indienne) et le Pakistan. Comment l'Inde relève-t-elle les défis politiques et économiques auxquels elle est confrontée ?

A. Une démocratisation progressive

▪ **La plus grande démocratie de la planète.** 715 millions d'électeurs en 2010 : l'Inde est dès le départ une république fédérale qui explique son autre nom officiel d'Union indienne. Son modèle politique parlementaire est largement inspirée du Royaume-Uni. Les citoyens jouissent de droits civils et civiques : droits relatifs aux libertés inhérents à toute démocratie : liberté d'aller et venir, de s'exprimer… Ils sont égaux devant la loi. Le Premier ministre dispose des pouvoirs exécutifs, il s'appuie sur une majorité à la Chambre du peuple qui dispose du pouvoir législatif. La vie politique demeure encore largement dominée par le parti de l'indépendance : le parti du Congrès. Multiconfessionnelle et multi-éthnique, l'Inde est composée très majoritairement de populations hindoues (80 %), musulmanes (12 %), sikhs (2 %), chrétiennes (2 %) et d'autres minorités.

▪ **Les fragilités de la démocratie indienne.** L'achat du vote des électeurs (corruption politique) est demeuré une pratique assez courante qui s'est doublée dans les années 1970 de liens entre classe politique et pègre. Celle-ci, en terrorisant les électeurs, obtenait des appuis politiques. La montée du nationalisme hindou au tournant des années 1990 s'est traduite pour les minorités musulmanes et chrétiennes notamment par des persécutions, qui reviennent encore périodiquement. Les leaders politiques ont été eux-mêmes les victimes de violences nationalistes. Après l'assassinat de Gandhi en 1948, Indira Gandhi (la fille de Nehru) et son fils également Premier ministre, furent assassinés respectivement en 1984 et en 1991.

Le système des castes, aboli officiellement depuis 1951, survit encore très largement dans les mentalités. Les « intouchables » ont peu de possibilités d'accéder aux castes supérieures des Shudras, travailleurs manuels, des Vaishyas, commerçants et agriculteurs.

B. Différentes voies pour le développement économique

▪ **Un système d'économie mixte.** Pour répondre aux défis nombreux (autosuffisance alimentaire, contrôle démographique…), l'État reste un acteur central. Il dirige les banques et gère les grandes entreprises. Il lance notamment en 1956 une « révolution verte » qui met un terme aux famines dès les années 1970. D'importants investissements favorisent l'équipement du pays en infrastructures et dans l'industrie : armement, énergie nucléaire… Dès l'indépendance, d'importants groupes industriels se développent (Tata) à côté de petites entreprises, notamment d'un petit commerce très important. Dans les années 1980, des réformes libérales ouvrent le pays à la mondialisation et aux investisseurs étrangers. La région de Bangalore devient la Silicon Valley indienne aux ingénieurs très bien formés.

▪ **Le tournant des années 1980.** Dans les années 1980, l'Inde s'oriente vers un modèle de développement résolument capitaliste. Des réformes libérales ouvrent le pays aux investisseurs étrangers. Cette dynamique se poursuit : les enseignes étrangères de la grande distribution s'implantent dans le pays à partir de 2013. Depuis trente ans, le pays voit émerger une classe moyenne urbaine de plus en plus importante.

Cependant, les inégalités demeurent très fortes au sein de la population indienne, mais aussi entre les États qui composent l'Union. Un quart de la population indienne vit avec moins de un dollar par jour. Les États les plus pauvres, situés à l'intérieur des terres, sont les plus enclavés. Les infrastructures restent souvent vétustes. Le grand *black-out* (panne d'électricité) dont 600 millions d'individus ont été victimes durant l'été 2012 en témoigne.

C. L'Inde, une puissance en devenir

ZOOM
Né en même temps que l'Inde à l'issue de l'indépendance, le Pakistan est composé de 2 territoires : Pakistan occidental et oriental. Ce dernier devient le Bengladesh en 1971.

▪ **Le poids de l'histoire.** Mosaïque de peuples, l'Union indienne est dès son indépendance confrontée à une partition très violente qui voit une partie des populations musulmanes s'établir au Pakistan. En 1949, une opposition armée, qui se déroule dans la province du Cachemire au nord de l'Inde, aboutit à un nouveau tracé frontalier. Le territoire du Cachemire demeure encore aujourd'hui une zone de fortes tensions entre ces deux pays. Dans les décennies 1970 et 1980, l'Inde est un État marginal, largement sous la coupe de l'URSS. La chute de cette dernière en 1991 va la pousser à opter pour une politique affirmant résolument la puissance de l'Inde.

ZOOM
L'Inde n'est qu'à la 14e position parmi les partenaires commerciaux de l'UE. Les États de l'UE commercent d'abord entre eux.

▪ **Enjeux géopolitiques actuels.** Dans un environnement géopolitique marqué par le puissant voisin chinois, l'Inde s'affirme comme un des principaux pays du G 20. Elle conduit depuis le début des années 2000 une politique de partenariat privilégiée avec les États-Unis notamment, mais développe aussi son partenariat économique à destination de l'Union européenne : premier partenaire commercial de l'Inde. En 2012, l'Inde était la 10e puissance mondiale en termes de PIB.

Puissance nucléaire, première nation du monde devant la Chine sur le plan démographique d'ici 2030, l'Inde réclame un siège de membre permanent au Conseil de sécurité de l'ONU, que les autres membres n'ont semble-t-il pas l'intention de lui accorder.

5 LE COURS

L'évolution politique de la Ve République

La Ve République est née en 1958. Comment a-t-elle évolué depuis ?

1 La mise en place d'une République nouvelle

A. Un contexte politique difficile

▪ Une période de croissance mais... La France bénéficie depuis les années 1950 d'un réel essor économique qui se caractérise par l'amélioration des conditions de vie des Français. Cela se traduit notamment par l'équipement des ménages : appareils électroménagers, médias de masse...

> ZOOM
> **Médias de masse :** presse, radio, et bientôt télévision. Le livre de poche fait son apparition au cours de la décennie.

▪ ... une IVe République minée. Les guerres coloniales en Indochine (1945-1954) puis en Algérie (1954-1962) pèsent sur les dépenses de l'État. Surtout, elles aggravent l'instabilité ministérielle, 18 gouvernements se succèdent entre 1947 et 1948. À Alger, l'armée réclame en mai 1958 le retour au pouvoir du général de Gaulle, il est investi par le président René Coty en juin 1958. L'Assemblée nationale l'autorise à préparer une nouvelle **constitution** rédigée par **Michel Debré**.

> **Constitution :** texte qui définit la forme et la nature de l'État ainsi que ses institutions politiques. La Constitution rédigée sous forme d'articles règle et organise la vie politique d'un pays, elle établit la répartition des pouvoirs.

B. Le renforcement de l'exécutif

▪ La République gaullienne. Le général de Gaulle est à l'origine de la fondation de la Ve République en septembre 1958. Favorable depuis toujours à un pouvoir exécutif solide et stable, il renforce son rôle en dotant le Président de pouvoirs importants. Le Parlement conserve un rôle majeur en matière législative ce qui fait du nouveau régime un **système politique mixte**.

▪ Le référendum de 1962. En proposant par référendum l'élection du président de la République au suffrage universel direct, de Gaulle veut donner une plus grande légitimité au président de la République qui se place au-dessus des **partis politiques**.

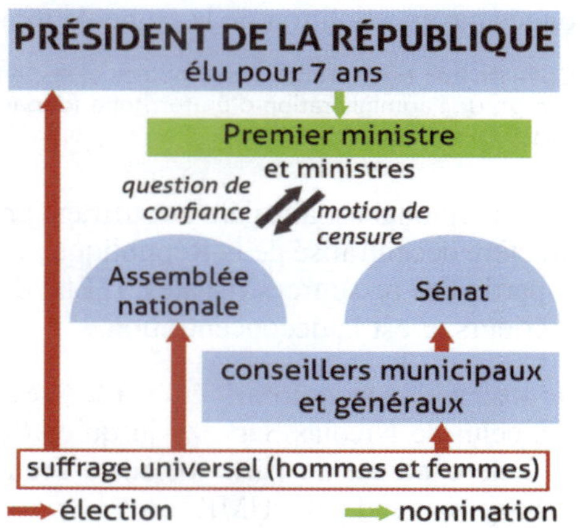

La constitution de la France après le référendum de 1962

C. Une politique de grandeur

▪ Sur le plan international. Libéré du « fardeau colonial » en réglant notamment la question algérienne, de Gaulle veut rendre à la France sa grandeur passée. Il la dote de l'arme nucléaire et cherche à se dégager de la tutelle américaine : la France sort de l'OTAN en 1966. En pleine période des **Trente Glorieuses**, le pays connaît une forte croissance, se dote d'une nouvelle monnaie, le nouveau franc en 1960 et poursuit la construction européenne.

HISTOIRE-GÉO

▪ **L'usure du pouvoir.** Elle est perceptible dès 1965 où de Gaulle n'est réélu qu'au second tour, ce qui apparaît comme un revers. La crise de Mai 1968 signale l'ampleur de la contestation et du malaise au sein de la société française. L'échec lors du référendum d'avril 1969 sur la réforme du Sénat et la régionalisation est perçu comme un désaveu par le chef de l'État qui démissionne.

2 Les évolutions après de Gaulle de 1969 à nos jours

A. Une vie politique marquée par l'opposition gauche-droite

▪ **La bipolarisation de la vie politique.** Avec des élections présidentielles qui imposent depuis 1962 un deuxième tour aux deux candidats arrivés en tête sans majorité absolue, la constitution de la Vᵉ République a favorisé la mise en place de deux pôles autour desquels s'articule la vie politique. Celui de la **majorité présidentielle** qui soutient le chef de l'État et son programme contre l'**opposition** qui critique son action.

▪ **La droite au pouvoir, Pompidou puis Giscard d'Estaing (1969 à 1981).** La démission du général de Gaulle après l'échec au référendum de 1969 entraîne l'élection de son ancien Premier ministre : Georges Pompidou (1969-1974). Celui-ci poursuit une politique qui s'inscrit dans la continuité de son prédécesseur.

Le style change avec Valéry Giscard d'Estaing (1974-1981). Jeune président qui n'est pas issu du gaullisme, il veut acter la modernisation du pays : majorité à 18 ans, légalisation de l'avortement (1975).

▪ **Mitterrand, 1ᵉʳ Président de gauche (1981 à 1995).** Le candidat socialiste remporte le 10 mai 1981 l'élection présidentielle face à Valéry Giscard d'Estaing. Le gouvernement de Pierre Mauroy réalise entre 1981 et 1982 des réformes importantes : 5ᵉ semaine de congés payés, abolition de la peine de mort et **décentralisation**.

> **Collectivités territoriales** : assemblées élues, en charge de l'administration d'un territoire (départements, communes, régions).

L'adoption des lois Defferre en 1982-1983 initie un processus qui transfère alors progressivement des compétences de l'État au profit des collectivités territoriales : le conseil régional est ainsi élu au suffrage universel. La loi constitutionnelle de 2003 acte le caractère décentralisé de la République : les collectivités territoriales perçoivent ainsi tout ou partie des ressources fiscales. L'État délègue une partie de ses moyens à des services extérieurs, c'est la déconcentration.

▪ **L'alternance se poursuit en 2012.** Avec les mandats de Jacques Chirac de 1995 à 2007, puis celui de Nicolas Sarkozy jusqu'en 2012, la droite se maintient au pouvoir. En mai 2012, le candidat du parti socialiste François Hollande est élu, faisant échec à Nicolas Sarkozy, soutenu par l'UMP.

B. Le rôle des cohabitations

▪ **Un pouvoir à deux têtes.** À trois reprises, les élections législatives, qui décident de la composition de l'Assemblée nationale, aboutissent à une situation de **cohabitation**. En effet, le président de la République est tenu par le jeu des institutions de nommer un Premier ministre issu de la majorité à l'Assemblée nationale. En 1986, F. Mitterrand doit nommer un Premier ministre de droite : Jacques Chirac. Il doit faire de même en 1993, il nomme Édouard Balladur. Enfin, Jacques Chirac, Président, dissout l'Assemblée nationale en 1997, provoquant des élections législatives qui sont remportées par la gauche. C'est le socialiste Lionel Jospin, ancien secrétaire du parti socialiste qui devient alors Premier ministre.

▪ **À chacun son rôle.** À chaque fois, le président de la République doit composer avec une équipe gouvernementale et une majorité parlementaire qui n'ont pas ses idées. Cela ne va pas sans tensions, le président se replie sur le **domaine réservé** (Défense, relations internationales) tandis que le Gouvernement s'occupe des affaires intérieures.

C. La présidentialisation du pouvoir

▪ **Le « poids » du président dans les institutions.** La présidentialisation de la Vᵉ république passe par le renforcement de ses pouvoirs. Le chef d'État a recours au **référendum** qui l'autorise à demander l'avis des Français. Le **septennat** peut sembler particulièrement long, d'autant plus que le président a la possibilité de se représenter à sa propre succession. François Mitterrand demeure ainsi à la tête du pays 14 ans. La réduction du mandat présidentiel est mise en place par Jacques Chirac qui effectue dès 2002 un **quinquennat**.

> ZOOM
> **Le référendum :** les Français répondent par oui ou non à une question posée. Les collectivités territoriales ont la possibilité dans le cadre de la démocratie directe, sur des sujets relevant de leurs compétences, d'organiser des référendums.

▪ **Nicolas Sarkozy, « omniprésident » ?** Les méthodes actives et parfois spectaculaires de l'ancien Président, intervenant dans de nombreux domaines, ont renvoyé parfois aux expressions d'« hyperprésidence » ou d'« omniprésidence ». Au-delà de sa personnalité, Nicolas Sarkozy a bénéficié durant tout son mandat du soutien du Parlement et de sa majorité présidentielle, ce qui n'était plus arrivé depuis longtemps.

> **Parlement :** le Sénat plus l'Assemblée nationale, le système français à deux chambres, il est bicaméral.

3 Une certaine défiance des Français

A. Une crise de représentativité de la classe politique

▪ **Une classe politique fragilisée.** Face aux échecs répétés pour résorber la crise, à gauche comme à droite, les cohabitations successives, mais aussi l'augmentation continue de l'abstention jusqu'aux présidentielles de 2002, traduisent défiance et distance qui s'instaurent entre les partis politiques traditionnels et le corps électoral.

▪ **Chercher d'autres discours.** Les succès grandissants du **Front National** (FN), parti d'extrême droite, qui arrive au second tour de la présidentielle en 2002 témoigne de la réalité du divorce entre électeurs et classe politique traditionnelle. Le score élevé de Marine Le Pen en 2012, l'émergence de mouvements de citoyens comme le parti pirate montrent que cette défiance reste d'actualité.

B. Une crise de la démocratie ?

▪ **Société du spectacle.** Une partie de la défiance de l'opinion à l'égard de la classe politique est à associer à celle qui existe à l'encontre des médias et notamment de la télévision. La « politique spectacle » qu'offre à voir certains dirigeants, mais aussi les médias, n'est pas forcément du goût des Français. Paul Amar, journaliste d'Antenne 2, propose des gants de boxe à Jean-Marie Le Pen et Bernard Tapie avant leur débat en plein journal télévisé de 20 heures le 1ᵉʳ juin 1994…

▪ **Le « moi » avant le « nous ».** Le scandale de l'affaire du Sofitel à New York en mai 2011 ruine la carrière politique du président du FMI, Dominique Strauss-Kahn.

Relayé par les NTIC, il favorise l'émergence d'une société civile et d'une démocratie d'opinion.

> **NTIC** : nouvelles technologies de l'information et de la communication : Internet, mobile.

HISTOIRE-GÉO

Sujets d'étude : Les femmes dans la société française – L'élection présidentielle

1 Les femmes dans la société française

L'évolution de la place des femmes dans les domaines économiques, politiques, sociaux et culturels, est un reflet des changements qu'a connus la France depuis un demi-siècle.

A. Modernisation de la société et des mentalités

▪ **Une entrée en politique plutôt lente.** Il a fallu attendre 1944 pour que les femmes deviennent des citoyennes à part entière au même titre que les hommes. L'obtention tardive du droit de vote, décidée par le général de Gaulle, s'explique par une réticence ancienne des dirigeants dans leur ensemble, mais aussi et surtout par un mépris de la gente féminine supposée peu apte à la réflexion politique.

> ZOOM
> La **loi sur la parité** en politique exige un strict respect dans l'accès aux mandats électifs entre hommes et femmes. Les partis qui ne présentent pas 50 % de candidates doivent payer une amende.

Aussi bien électrices qu'éligibles, les femmes qui constituent la moitié du corps électoral ne représentent à l'Assemblée nationale que 11 % des députés dans les années 1990. La loi sur la parité en politique votée en 2000 n'a fait qu'alerter les citoyens français sur une situation qui évolue lentement. Exception faite des conseils régionaux, les élues sont partout très largement minoritaires. Avec 155 femmes sur 577 députés à l'Assemblée nationale en 2012, la Ve République établit un « record » jamais atteint…

▪ **Le féminisme pour défendre les droits des femmes.** Les femmes acquièrent progressivement une émancipation qui les libère du joug patriarcal. Elles obtiennent en 1965 le droit d'exercer une profession sans le consentement de leur mari et en 1970 l'autorité parentale partagée. Le combat des associations féministes comme le Mouvement de libération des femmes (MLF) porte d'abord sur la possibilité pour les femmes de contrôler leur sexualité. La loi Neuwirth en 1967 autorise l'utilisation de la contraception. Surtout, la loi Veil en 1975 légalise puis rembourse l'avortement.

B. Une émancipation encore à gagner

▪ **Vies économique et professionnelle.** Les femmes sont de plus en plus nombreuses à poursuivre des études longues et à entrer progressivement dans la vie active. Entre 1970 et 1990, sur les 5 millions d'actifs supplémentaires, 4,5 millions sont des femmes, aujourd'hui 48 % des actifs sont des actives. Les emplois pourvus sont d'abord issus du secteur tertiaire et reproduisent dans la sphère publique, un temps au moins, les fonctions domestiques « dévolues » aux femmes : secrétariat, enseignement, accueil, santé… La massification du travail des femmes n'a pas eu de conséquences rapides sur la diversification de leurs emplois, surtout elles n'accèdent que lentement aux postes à responsabilités et restent discriminées quant aux salaires.

▪ **Sphères privée et publique.** Nombreuses sont les femmes à assumer seules ou presque les tâches ménagères. Si le rôle du conjoint à évolué, surtout chez les jeunes générations, une enquête réalisée en 2010 par l'Insee indique que les femmes assurent encore 20 heures par semaine de tâches ménagères contre 11 seulement pour leur mari ou concubin.

En France, tous les deux jours et demi une femme décède sous les coups de son compagnon. Cette situation révèle si besoin était une société encore profondément machiste comme en témoigne le harcèlement sexuel sur les lieux de travail.

2 L'élection présidentielle, un enjeu majeur de la vie politique française

Quel est l'impact de l'élection du président de la République française sur l'ensemble de l'appareil politique et comment ce temps fort est-il relayé à travers les médias?

A. L'élection présidentielle, au cœur de la vie politique française

▪ **Ce que disent les institutions.** Élu en 1958 par un collège électoral de 80 000 grands électeurs (sénateurs, députés, maires…), de Gaulle fait voter en 1962 l'élection du président de la République au **suffrage universel direct**. On compte aujourd'hui en France près de 45 millions de personnes inscrites sur les listes électorales.

Le président de la République est élu au **scrutin majoritaire uninominal à deux tours**, si aucun candidat n'a obtenu de majorité absolue au 1er tour. Élu préalablement pour sept ans, il effectue désormais un quinquennat renouvelable une fois. Le président de la République est le **personnage le plus important de l'État**, il est au cœur du pouvoir exécutif et est le garant des institutions.

▪ **Les partis politiques, des appareils du pouvoir.** Comme dans toute démocratie, la France offre à ses électeurs un très large choix de partis politiques, c'est le **pluralisme**. De l'extrême gauche à l'extrême droite, en passant par le centre, toutes les tendances sont représentées. Toutefois, la vie politique française est surtout marquée par une **opposition gauche/droite** qui peut se résumer en un affrontement aujourd'hui des deux partis politiques principaux : à droite les **Républicains**, à gauche le **Parti socialiste**. Un parti politique a pour objectif principal la conquête du pouvoir. Pour ce faire, il défend un programme d'idées qu'il présente aux électeurs au cours des différentes campagnes.

> **Droite/Gauche** : désigne à l'origine la position des députés dans l'hémicycle parlementaire : à droite, les députés conservateurs, attachés à l'ordre établi, à gauche ceux qui sont pour des changements. Les idées défendues à droite sont diverses, nationalisme, libéralisme… c'est pourquoi il vaut mieux parler des droites, de l'UMP au Front National. De même, il y a des gauches (Partis communiste, socialiste) globalement héritières des valeurs républicaines d'égalité et de justice sociale.

B. Médias, opinion publique et pouvoir

▪ **Le pouvoir présidentiel en représentation.** L'importance de l'image du chef d'État est illustrée par le portrait officiel, photographie élaborée et prise au début de chaque nouveau mandat du président de la République. Durant les campagnes qui précèdent les élections, les affiches électorales insistent sur un aspect du programme, un concept fort associé au candidat.

L'équipement des ménages en téléviseurs dans les années 1960 s'est poursuivi parallèlement à un étroit contrôle du pouvoir. Mais le monopole de l'État sur le « petit écran » va peu à peu s'assouplir.

Valéry Giscard d'Estaing inaugure en 1974 le débat télévisé contre François Mitterrand. Il est devenu depuis un temps fort de toutes les élections présidentielles.

L'apparition de chaînes privées au milieu des années 1980 et leur multiplication au tournant des années 2000 oblige les équipes gouvernementales à repenser leur stratégie de communication.

▪ **Sondage et opinion publique.** L'essor des sondages (IFOP, Sofres, BVA) au milieu des années 1960 apparaît pour le pouvoir comme un instrument supplémentaire pour connaître l'opinion publique. Elle constitue l'ensemble des convictions, des jugements d'une majorité de la population et est régulièrement relayée à travers les médias. Sa diffusion peut parfois exercer une influence, c'est pourquoi en France, les résultats des sondages ne peuvent être publiés ou diffusés à la veille d'une élection présidentielle. À l'heure des médias numériques, cela ne va pas sans poser quelques problèmes.

7 LE COURS Centres d'impulsion et inégale intégration

L'organisation de l'espace mondial peut être comprise à partir du rôle qu'occupent les principales **aires de puissance** aujourd'hui.

1 Les pôles dominants de l'organisation de l'espace mondial

Les pôles dominants sont des aires de puissance, c'est-à-dire des régions du monde qui constituent des **centres d'impulsion** majeurs au sein de l'économie mondiale.

A. Les États-Unis, un *leadership* contesté

▪ **La première puissance mondiale.** Cette place s'explique par le cumul des différents facteurs constitutifs de la puissance. Disposant d'un *hard power* remontant au début du XXe siècle, les États-Unis sont en effet leader dans les domaines des nouvelles technologies, du militaire, de l'économie et du financier. Leur culture est la plus diffusée, faisant du *soft power* américain l'illustration flagrante de leur domination mondiale. La maîtrise de leur territoire immense aux ressources abondantes a impulsé et consolidé ce rang.

> **Triade :** ensemble des trois principaux pôles économiques de l'espace mondial, États-Unis, Union européenne et Asie de l'Est (Japon, Chine littorale, Corée du Sud...).

▪ **Des concurrents.** Toutefois, au sein même de la Triade, les États-Unis sont dépassés par l'Europe occidentale et rattrapés par le pôle asiatique. À ces concurrents anciens, viennent s'en ajouter de nouveaux : la Chine et d'autres États émergents.

B. L'Europe occidentale, premier centre de l'économie mondiale

▪ **Une puissance économique ancienne.** Les États d'Europe occidentale tirent leur puissance de la tradition d'innovation qui remonte à l'ère industrielle au XIXe siècle. Inclus au sein de l'**Union européenne** (UE : 28 pays membres en 2013), ils se caractérisent aujourd'hui par une population à haut niveau de vie, et des territoires parmi les plus attractifs.

> **Intégration :** processus par lequel un État ou un groupe d'États joue un rôle de plus en plus grand dans différents domaines, à différentes échelles, en établissant des interrelations entre les territoires et les sociétés.

▪ **Des faiblesses.** Cependant, l'Europe souffre d'un manque de cohésion et d'**intégration**. Au sein même de l'UE, certains États d'Europe du Sud ont un niveau de développement faible comme la Grèce ou Chypre. Sur la scène internationale, la représentativité de l'Europe est peu claire.

C. L'Asie, le pôle le plus dynamique

▪ **Le modèle industriel japonais.** Le Japon a longtemps été le seul État asiatique à représenter un centre d'impulsion majeur de l'économie mondiale. Copiant le développement européen, il devient une grande puissance industrielle, sert de modèle à Taïwan, la Corée du Sud, Singapour et Hong Kong dès les années 1960.

▪ **Mise en valeur des potentialités et avantages comparatifs.** Ces processus ont été déterminants pour favoriser l'intégration de ces territoires dans la mondialisation : accessibilité, ouverture à l'innovation, exploitation des ressources naturelles, formation des populations... Ils expliquent aussi les évolutions de la **division internationale du travail**. Si la Chine est aujourd'hui « l'atelier du monde » en tant que première puissance industrielle du globe, son objectif est de devenir demain le « laboratoire du monde ».

2 Les mégalopoles : centres d'impulsion et de commandement de la mondialisation

Les **mégalopoles** sont des ensembles de villes proches, reliées entre elles par des moyens importants de communication et de transports. Elles constituent des **réseaux** qui sont des espaces moteurs de la mondialisation.

A. La mégalopolis américaine

▪ **Un cœur démographique.** S'étendant sur la côte Nord-Est des États-Unis, de Boston à Washington, soit près de 730 km, la mégalopolis regroupe 50 millions d'Américains, soit 1/6e de la population totale du pays.

▪ **Un centre de commandement mondial.** Que ce soit dans les domaines politiques, économiques, financiers et culturels, la *Boswash* est un pôle décisionnel. Organisée autour de New York, la mégalopolis est aussi une **interface** grâce à sa façade maritime et ses **hubs** : Newark, premier port à conteneurs de la façade atlantique.

> **Washington :** capitale politique des États-Unis, mais New York dispose aussi d'un rôle en la matière puisqu'elle accueille le siège de l'ONU.
> **Hub :** aéroport ou port vers lequel convergent toutes les correspondances à différentes échelles pour gagner ensuite leur destination.

B. La mégalopole européenne

▪ **Un axe et deux villes mondiales.** S'étendant de Londres à Milan, la mégalopole européenne comprend l'espace rhénan qui constitue l'axe le plus densément peuplé du continent. En y associant la capitale française légèrement excentrée à l'Ouest, cet espace compte plus de 60 millions d'Européens et deux villes mondiales : Londres et Paris.

▪ **Une interface majeure.** Comme dans la mégalopolis, la puissance des espaces en question et leur **intégration dans la mondialisation** est symbolisée par :
– une façade maritime de rang mondial, la *Northen Range* ;
– les CBD : les centres des affaires où les services financiers sont très présents : *buildings* des grandes banques, sièges sociaux des firmes, bureaux de services aux entreprises…

> **ZOOM**
> Le quartier d'affaires est appelé aussi **CBD**. Ce sigle anglais signifie *Central Business District*.

C. L'archipel mégalopolitain asiatique

▪ **Un corridor de métropoles.** Au-delà de la mégalopole japonaise qui s'étend de Tokyo à Fukuoka, il est possible de dégager à plus petite échelle un **archipel mégalopolitain asiatique** qui va de Tokyo, ville mondiale de 32 millions d'habitants, à Singapour. Si la mégalopole japonaise est plus ancienne et plus densément peuplée, l'archipel mégalopolitain asiatique laisse apparaître des métropoles très dynamiques : Séoul, Shanghai, Hong Kong et Singapour sur quelque 4 000 km où la croissance des échanges est la plus forte.

> **ZOOM**
> La **petite échelle** est celle des grands espaces représentés : un continent ou même le monde. La **grande échelle** est donc celle des espaces nationaux, locaux.

▪ **Une métropolisation rapide.** Ce processus de **métropolisation** présent dans toutes les mégalopoles se traduit par une attractivité encore plus forte sur les populations, mais aussi par un phénomène d'aggravation de la **ségrégation socio-spatiale**, conséquence de la mondialisation. La ségrégation socio-spatiale est un phénomène de séparation, visible dans l'espace : quartiers riches et pauvres, quartiers communautaires, quartiers fermés…

HISTOIRE-GÉO

3 Spécificités et dynamiques des territoires dans la mondialisation

Les territoires sont des étendues de terres ou de mers (on parle d'« eaux territoriales ») que se sont appropriées les sociétés.

A. Les territoires de la mondialisation

▪ **Frontières et façades.** Dans le processus de mondialisation, les **frontières** constituent des espaces qui relient davantage les territoires qu'elles ne les séparent. Entre des États au niveau de développement différent, la complémentarité économique génère de multiples **flux**. Ainsi, sur la frontière mexicano-américaine d'importants capitaux sont investis au sud, tandis que des millions de migrants tentent de passer vers El Norte. Les façades maritimes ouvertes sur le monde constituent des **interfaces majeures** lorsqu'elles sont bien reliées à leur arrière-pays. Le développement de la conteneurisation dans les années 1980, de plate-formes multimodales donnent aux ports leur sens premier de porte d'entrée des territoires. Les façades maritimes les plus importantes sont celles des États de la Triade : *Northern Range*, mer de Chine orientale.

> **Zones franches :** portions de territoire bénéficiant d'une législation fiscale particulièrement attractive pour attirer les investisseurs.

▪ **Territoires mondialisés.** Il s'agit à toutes les échelles d'espaces bien intégrés car ils disposent d'atouts : accessibilité, douceur climatique, qualification des populations, **zones franches**… Ce peut être des métropoles aux quartiers d'affaires ultramodernes, des régions : la Silicon Valley en Californie.

B. L'intégration des États émergents

▪ **Les BRICS.** Les évolutions récentes de l'organisation de l'espace mondial ont complexifié la hiérarchie des puissances économiques. Outre un basculement vers l'aire asiatique désormais plus dynamique, des puissances émergentes apparaissent, au sein desquelles cinq États, les **BRICS** (Brésil, Russie, Inde, Chine et Afrique du Sud depuis 2011), se caractérisent par des taux de croissance très nettement supérieurs à ceux des États de la Triade.

▪ **Des puissances en devenir.** Les atouts indéniables des puissances émergentes : richesses naturelles, haute qualification croissante des populations comme les ingénieurs indiens anglophones, ne doivent pas faire oublier les inégalités très importantes qui demeurent. De plus, les infrastructures sont souvent insuffisantes, en témoigne le gigantesque *black out* (panne électrique) dont furent victimes 600 millions d'Indiens le 1er août 2012.

C. Des territoires délaissés

▪ **Les pays les moins avancés (PMA) sont marginalisés.** Cette marginalisation qui concerne 35 pays d'Afrique noire et 15 pays asiatiques plus Haïti, s'explique par la pauvreté des populations, la vétusté des infrastructures, l'instabilité des régimes politiques, voire l'insécurité, qui font fuir les investisseurs des États comme le Soudan, le Mali, le Bangladesh…

▪ **Les freins à l'intégration dans la mondialisation existent à toutes les échelles.** Aux échelons locaux ou régionaux, on retrouve ces difficultés au sein des États émergents : bidonvilles, violence des gangs, cartels, mafias, enclavement des zones rurales et de montagne… même si les pays concernés – Afrique du Sud, Colombie, Brésil… – mettent en œuvre des politiques pour y remédier.

Sujets d'étude : Londres – Shanghai

1 Londres

Ancienne capitale impériale, Londres fut au XIXe siècle le centre du monde. Au XXIe siècle, la capitale du Royaume-Uni joue-t-elle encore un rôle central ?

A. Une capitale aux multiples fonctions

▪ **Capitale politique et démographique.** Londres est dans son extension maximale (aire métropolitaine) une métropole d'environ 12 millions d'habitants, seule Paris peut lui être comparée en Europe. La première ville britannique est au sommet d'un **système urbain macrocéphalique** : importance de la taille de la cité par rapport aux autres grandes villes du pays. La seconde ville anglaise, Birmingham, est trois fois moins peuplée.

▪ **Des quartiers spécialisés.** Enserrée dans une vaste ceinture verte de forme auréolaire, Londres s'organise à partir de quelques quartiers densément urbanisés :
– la *City* : cœur historique et financier de la ville ;
– Westminster : centre du pouvoir politique ;
– Canary Wharf, à l'est de la ville : important centre des affaires.

▪ **Des infrastructures performantes.** Ceinturée par d'importants axes autoroutiers (A 406 et M 25), la ville est traversée par une voie ferroviaire dont la gare de Saint-Pancras constitue le nœud vers lequel aboutissent les **Eurostars**. La Tamise et les nombreux aéroports assurent à cette métropole une ouverture complète sur le reste du monde.

B. Au Nord-Ouest de la mégalopole européenne

▪ **La tête de la mégalopole.** De Milan en Italie dans la plaine du Pô, la mégalopole s'étire jusqu'à Londres. Même si on inclut Paris dans cet axe de richesse de l'Europe occidentale, Londres continue de jouer le tout premier rôle. La cité londonienne en accueillant les Jeux olympiques de 2012, réussit à affirmer sa place en matière culturelle.

▪ **Rattachée au corps.** Londres est aujourd'hui bien ancrée au continent. La traversée de la Manche est effective depuis 1994. Depuis 2013, elle est reliée directement par la ligne grande vitesse (LGV) à l'Allemagne et aux Pays-Bas.

▪ **La cité de la finance : la *City*.** Grand quartier d'affaires européen, la *City* abrite de nombreux sièges sociaux des **firmes transnationales (FTN)**, banques et assurances, bureaux d'études et de conseils en management qui expliquent l'attractivité de la ville. Autonome depuis 1319, son architecture mêle les bâtiments anciens et high-tech tels le Lloyd'building, le Gherkin. Le volume des flux financiers et d'information de la *City* est supérieur à celui de Wall Street à New York.

C. Une ville mondiale

▪ **Une cité cosmopolite.** Londres est à la tête du **Commonwealth** qui comprend 52 États et s'apparente depuis la décolonisation à une organisation culturelle internationale. Les Londoniens reflètent cette diversité : 10 000 étudiants étrangers, soit un sur quatre, vivent à Londres. Les communautés indiennes et afro-caribéennes caractérisent la **multiculturalité** de la capitale britannique dont un habitant sur douze est né à l'étranger.

▪ **Les critères de la ville globale.** En disposant de toutes les fonctions stratégiques de commandement, politique, économique, culturel, Londres est bien une ville monde.

Villes globales : villes mondiales les plus puissantes, celles dont le rayonnement mondial dans tous ces domaines est le plus fort : Tokyo, New York et Paris.

Métropolisation : concentration croissante des hommes et des activités dans les métropoles.

Le processus de **métropolisation** est très avancé. Londres attire des chercheurs, des savants, des personnes très qualifiées ou non du monde entier. La ville est connectée aux autres grandes métropoles, échangeant davantage avec elles qu'avec des territoires plus proches : informations, transactions financières, voyageurs…

▪ **Un carrefour.** Rien qu'avec l'aéroport d'Heathrow, Londres dispose d'un **hub** mondial qui génère un trafic de 66 millions de passagers, c'est le 4e rang planétaire. Londres est un carrefour de communication à toutes les échelles et selon tous les modes : à proximité d'une des plus importantes routes maritimes.

2 Shanghai

Interface : lieu privilégié d'échanges entre un espace et le reste du monde. Linéaire, elle s'étend sur un littoral, une frontière, ponctuelle elle est un port, un aéroport.

Le dynamisme exceptionnel de Shanghai n'est pas sans rappeler celui de la Chine. En quoi Shanghai est-elle un symbole et l'**interface** de la Chine actuelle ?

A. Les facteurs d'une croissance exceptionnelle

▪ **Le renouveau des années 1980.** Tombée en disgrâce dans les années 1950 à cause de son passé colonial, Shanghai est réhabilitée par Deng Xiaoping dans les années 1980.

▪ **Un site exceptionnel.** Située sur la rive gauche du Huangpu, rivière qui se jette dans le Yangzi Jiang, Shanghai domine un bassin hydrographique qui représente près de 15 % de la surface de la Chine, sur la portion la plus peuplée du pays. La cité débouche sur un des rails maritimes les plus fréquentés de la planète, reliant notamment Singapour à Tokyo.

▪ **Une interface.** Le port en eaux profondes de Yangshan, relié par un pont de 32 km, est aujourd'hui le premier port du monde devant Singapour. Shanghai apparaît comme une « porte d'entrée » de la Chine moderne. Cette fonction est renforcée par deux aéroports qui assurent les vols intérieurs (Hongqiao : 21 millions de passagers) et internationaux (Pudong : 30 millions de passagers).

B. Les transformations de la cité

▪ **Étalement et modernisation.** Shanghai s'est rapidement étendue ces dernières années en absorbant les villes et les campagnes voisines. Le quartier ultra moderne de Pudong, situé à l'est du Huangpu couvre aujourd'hui plus de 1 200 km² et abrite un quartier de la finance (Lujiazui), la bourse de Shanghai, ainsi que les plus hauts édifices : la tour Shanghai prévue pour 2014 de 632 mètres !

ZOOM

Shanghai est le premier pôle économique du pays. La fonction politique échappe complètement à Shanghai, puisque Pékin est la capitale. Shanghai n'a de plus aucun poids sur le plan des relations internationales.

▪ **Une vitrine de la Chine entre tradition et modernité.** Le vieux Shanghai au sud-ouest de la ville fait largement les frais de ces transformations, mais n'a pas complètement disparu, l'écart demeure saisissant entre Chine moderne et Chine traditionnelle. Celle-ci reste perceptible à travers les Shanghaiens eux-mêmes. Avec 24 millions d'habitants en 2015, sans compter les migrants temporaires, appelés *mingongs* (6 millions), Shanghai est le premier pôle économique du pays.

C. Aménager l'intérieur des terres

▪ **Un ambitieux programme de développement.** Lancée par le gouvernement de Pékin depuis 2001, la « stratégie de développement de l'Ouest » concerne les régions centrales et notamment la vallée du Yangzi. Ce programme a permis d'injecter quelque 700 milliards de dollars qui visent à terme à fixer des populations inexorablement attirées par le littoral.

▪ **Rattacher Shanghai à son arrière-pays.** Le barrage des Trois-Gorges, mis en place à partir de 2006 et plus grand barrage du monde actuel, produit 5 % de la consommation d'électricité du pays. Sa réalisation a permis de faire profiter les villes de l'intérieur de la position littorale de Shanghai située 800 km plus à l'est. Ainsi, des navires de 10 000 tonnes peuvent désormais remonter le fleuve directement vers Wuhan ou encore Chongqing respectivement à 700 et 1 200 km à l'intérieur des terres.

▪ **Le basculement de la croissance ?** Pékin mise sur Chongqing, première aire urbaine du pays (32 millions d'habitants !) en amont du Yangzi, dotée en 2010 d'une **zone économique spéciale (ZES)** de 1 200 km², pour développer économiquement un bassin démographique de près de 230 millions d'individus. Avec 16,4 % de croissance en 2011, Chongqing et ses habitants sont un exemple du dynamisme qui semble basculer entre la côte et l'intérieur.

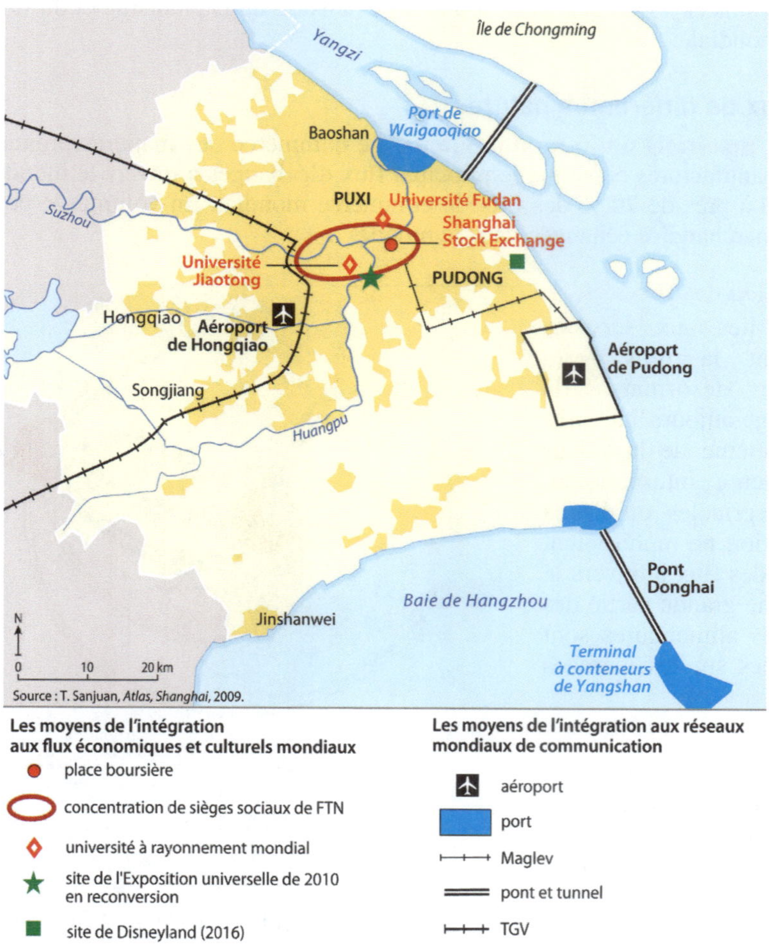

Les facteurs de l'intégration mondiale de Shanghai

9 LE COURS Mondialisation et firmes transnationales

La mondialisation est le processus d'interdépendance des économies mondiales par une intensification des échanges.

1 Une révolution des échanges

A. L'explosion des flux

▪ **Après la Seconde Guerre mondiale : une forte croissance.** Elle s'est traduite par un essor des exportations et des importations à l'échelle mondiale qui passent d'à peine 60 milliards de dollars en 1948 à plus de 1 800 milliards de dollars au début des années 1980.

▪ **Ces trente dernières années.** La croissance du commerce mondial a encore été très forte, en trente ans, les exportations ont été multipliées par plus de 7. Elles se répartissent à 80 % en biens matériels et 20 % en services : tourisme, transports, finance, culture. Depuis les années 1980, cela correspond à l'extension du capitalisme et du libéralisme à l'échelle mondiale.

B. Des flux de différentes natures

▪ **Des flux matériels toujours dominants.** Le commerce des matières premières et des produits manufacturés constitue le principal flux d'échanges à travers le monde puisqu'il correspond à près de 70 % des flux du commerce mondial. En volume, le pétrole est la première marchandise échangée dans le monde.

▪ **L'explosion des services.** Les flux liés aux services connaissent la plus forte croissance désormais. Ils représentent aujourd'hui près d'un cinquième de la valeur du commerce international. Les flux agricoles ou liés à l'alimentation ne représentent que 10 % des flux à travers le monde. Une grande partie des productions alimentaires sont consommées sur les marchés intérieurs.

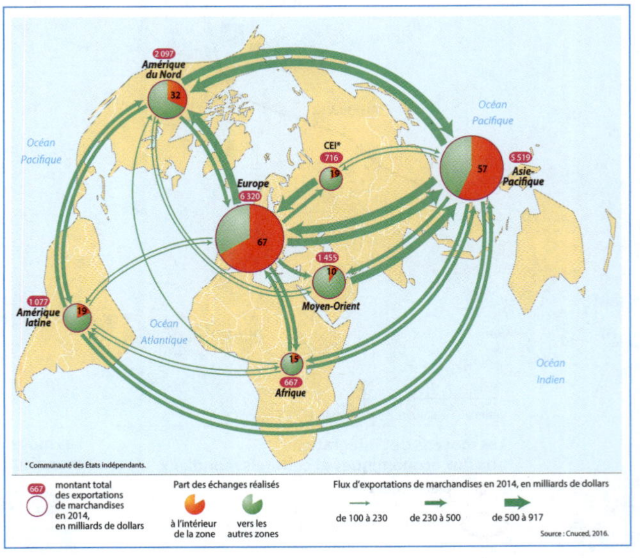

C. Des réseaux complexes

Les **réseaux** sont les moyens de mise en relation des espaces et des acteurs qui échangent.

▪ **Importance des infrastructures.** Les flux sont acheminés par différents modes de transport qui nécessitent des aménagements performants et parfois très coûteux : ports, aéroports, gares, autoroutes… Environ 90 % des marchandises échangées passent par les routes maritimes.

Les **échanges immatériels** circulent par les liaisons Internet, réseaux satellitaires et câbles sous-marins qui connectent par exemple les places boursières 24 heures sur 24.

▪ **Quelques puissances polarisent les échanges mondiaux.** Quinze États réalisent plus de 75 % du commerce mondial, les États européens 40 %, la Chine 20 %, les États-Unis 11 %, et le Japon 6 %. Les flux demeurent très inégaux à l'échelle mondiale et concernent essentiellement la Triade.

2 Quels acteurs au sein de la mondialisation ?

Les acteurs spatiaux sont ceux qui par leurs actions agissent sur l'espace en produisant, modifiant des territoires.

A. Les firmes transnationales (FTN)

▪ **Les principaux acteurs de la mondialisation.** En 2011, les 82 000 FTN réalisent plus du quart du PIB mondial et participent aux décisions économiques mondiales grâce à leurs groupes de pression (*lobbies*) au sein de l'Organisation mondiale du commerce (OMC). Certaines sont plus puissantes que des États, leurs clients peuvent se chiffrer en centaines de millions d'individus (700 millions d'abonnés pour le *leader* mondial China Mobile en 2012).

▪ **Des acteurs qui influencent la division internationale du travail (DIT).** Leur action principale consiste à mettre en concurrence les territoires orientant ainsi une **division internationale du travail (DIT)** et gérant l'espace mondial en fonction de leurs intérêts. Leurs stratégies d'implantation suivent essentiellement trois logiques : accès aux produits et aux matières premières, accès aux marchés, valorisation des inégalités socio-économiques qui favorisent ainsi le *made in world*. C'est le cas d'Apple, Coca-Cola, Toyota…

DIT : division internationale du travail ; spécialisation d'un État dans un type d'activités : recherche, production, montage…

B. Les États, des acteurs toujours importants

▪ **Les États aménagent et régulent.** Ils aménagent leur territoire afin de les rendre attractifs et compétitifs grâce notamment à leurs infrastructures de transport. Ils assurent aussi des services qui répondent aux besoins des populations : santé, éducation, formation supérieure… La plupart des États tentent aujourd'hui de limiter les dérives de la mondialisation ultralibérale, notamment les délocalisations.

▪ **Les États s'associent.** Le développement des organisations régionales, UE, ALENA… caractérise la multipolarisation du monde et favorise les logiques d'intégration économique. Ce développement tente de promouvoir par ailleurs un processus de gouvernance avec les sommets du G8, du G20 essayant de coordonner leurs politiques.

G20 : groupe de 20 membres, 19 États et l'UE, créé en 1999. Le G20 représente 90 % du PIB mondial aujourd'hui.

C. D'autres acteurs au sein de la mondialisation

▪ **La société civile.** Il s'agit notamment des **ONG**, des médias et des particuliers. Ils participent à la formation d'une opinion publique internationale *via* Internet.

▪ **Une mondialisation souterraine.** Ce sont les acteurs liés aux trafics en tout genre qui restent par définition difficilement repérables, mais dont les actions se chiffrent : 870 milliards de dollars par an selon l'ONU.

3 Les raisons de la croissance des flux

Flux : ensemble des hommes, des marchandises, des capitaux, des informations en déplacement d'un point à un autre dans l'espace.

A. Les raisons démographiques et sociales

▪ **Augmentation des citadins.** La croissance des échanges est d'abord liée à une croissance démographique qui a vu la population mondiale passer de 2,5 milliards en 1945 à 7,4 milliards d'individus aujourd'hui. La population urbaine a très fortement augmenté, elle est majoritaire à l'échelle mondiale depuis 2009, or elle consomme davantage que les populations rurales : énergie, produits manufacturés, services…

▪ **Hausse du niveau de vie.** L'ère de croissance économique n'a pas seulement profité aux pays occidentaux durant la période de 1945 à 1973 qualifiée de **Trente Glorieuses**. En 1950, l'espérance de vie dans le monde est de 46 ans, elle est de 71,4 ans en 2015.

B. Les raisons politiques

▪ **Des institutions nouvelles.** La création du **GATT** en 1947 a promu la libéralisation des échanges internationaux en faisant chuter les droits de douane. Ils sont passés de 40 % du prix d'un produit en 1947 à moins de 5 % aujourd'hui. L'OMC a succédé au GATT en 1995.

▪ **La déréglementation.** À la fin des années 1970, les pouvoirs publics prônent, au Royaume-Uni et aux États-Unis notamment, une politique libérale qui se caractérise par la **déréglementation**. Elle implique de favoriser la concurrence dans différents secteurs de l'économie en désengageant l'État et en favorisant la privatisation. La suppression de règles de contrôle sur les marchés financiers va faciliter la circulation des capitaux.

C. Les raisons techniques

▪ **Les transports.** Si tous les transports ont connu des transformations importantes, ce sont avant tout les navires qui caractérisent le mieux ces bouleversements. L'accroissement de leur taille fut spectaculaire. Le pétrolier T2 de la Seconde Guerre mondiale pouvait transporter jusqu'à 18 000 tonnes. En 1976, Saint-Nazaire lance le premier des 550 000 tonnes. À ce gigantisme, il faut associer la standardisation liée au développement du conteneur.

▪ **Les nouvelles technologies de l'information et de la communication (NTIC).** La diffusion d'Internet à partir des années 1990 a été très rapide puisque l'on compte en 2017, 3,7 milliards d'internautes. Avec 7,4 milliards d'abonnés dans le monde en 2017, la téléphonie mobile est encore plus vite diffusée. Cependant, malgré les progrès, la fracture numérique demeure patente. Les pays les plus pauvres restent délaissés par la mondialisation et ses acteurs.

Sujets d'étude : Les migrations internationales – Transports et routes maritimes

1 Les migrations internationales

A. Des migrants de plus en plus nombreux

▪ **Une croissance des migrations internationales.** La mobilité des hommes a connu une forte accélération ces trente dernières années puisqu'elle a triplé en atteignant 250 millions de personnes (hors touristes) en 2015. Les pays de la Triade représentent 54 % des flux mondiaux de migrants (Sud-Nord et Nord-Nord).

Les flux Sud-Sud représentent 30 % du total mondial, autant que les flux Sud-Nord. Les espaces les plus attractifs sont ceux d'Asie du Sud, d'Afrique australe et du Golfe Persique, tandis que les pays du Maghreb apparaissent comme des espaces de transit, à l'instar du Mexique en Amérique.

▪ **Mais une part relativement faible de migrants.** Malgré leur croissance, les flux de migrants ne représentent aujourd'hui qu'une part faible de la population mondiale : 3 %. Au sein de la mondialisation, les frontières demeurent bien réelles pour les individus.

Les migrations sont d'abord régionales. À l'échelle mondiale, les grands flux migratoires sont d'abord intracontinentaux. La distance est un obstacle toujours bien réel. Les liens migratoires entre certains États datant de la période coloniale disparaissent, accentuant la diversité des flux migratoires.

▪ **Les flux touristiques en forte augmentation.** Volontaires, contrairement aux précédentes qui sont plus ou moins forcées, les mobilités touristiques sont aussi temporaires. Les transports plus rapides, moins chers, ont largement contribué à leur essor : 25 millions de touristes internationaux en 1950, mais près de 1,2 milliard en 2015. Les principaux bassins émetteurs et récepteurs sont l'Europe occidentale et méditerranéenne suivis de l'Amérique du Nord. 15 pays accueillent deux tiers des flux mondiaux de touristes. La France est la première destination touristique au monde.

B. Les principales motivations des migrations

▪ **Dans les pays du Nord.** En quittant leur pays, les émigrants pensent obtenir de meilleures conditions de vie dont ils espèrent en retour faire profiter leur famille. Les transferts financiers constituent ainsi des flux importants en direction de certains pays du Sud : Égypte, Philippines, Liban…

Les migrants répondent aussi à des besoins de main-d'œuvre parfois très qualifiée (le *brain drain* ou « fuite des cerveaux »). Certaines mobilités transnationales concernent les élites : étudiants, populations des classes moyennes supérieures, voire aisées surtout en direction du Nord et des États-Unis notamment.

> **ZOOM**
> Le **migrant** est toujours un émigrant et un immigré. Pour ses compatriotes qu'il quitte, il émigre. Pour les ressortissants du pays où il s'installe, il immigre.

▪ **Dans les pays du Sud.** Trouver du travail, changer de vie demeure pour les pays du Sud les raisons principales des migrations. Depuis quelques décennies les pays émergents sont de plus en plus attractifs. En 2013, 96 millions d'immigrés vivaient dans les pays en développement.

L'insécurité explique que les flux de réfugiés sont de plus en plus importants. Ils représentent environ 60 millions d'individus en 2016. Le plus grand camp de réfugiés se situe au Kenya, il a accueilli en 2011 quelque 500 000 Somaliens.

C. Des conséquences complexes

▪ **Restreindre les migrations économiques.** Les restrictions sont plus dangereuses qu'efficaces au Nord. Entre le Maroc et l'Espagne, Frontex, l'Agence européenne de gestion des frontières, utilise un système avec radars et caméras, destiné à dissuader l'entrée d'immigrants illégaux. L'ONU estime qu'à l'échelle mondiale 50 millions de personnes en 2010 vivent de façon clandestine. Chaque année, des milliers de migrants meurent en tentant de franchir des frontières très surveillées.

Des migrants sont rejetés aussi dans les pays du Sud. Ils sont le plus souvent considérés comme des intrus venant profiter des fruits d'un développement récent. En Afrique du Sud, ils sont souvent pris pour cibles.

> ZOOM
> L'**Espace Schengen**, du nom de la ville luxembourgeoise où furent signés des accords en 1985 prévoyant la mise en place de cet espace. 26 États en sont membres en 2017.

▪ **Des effets contradictoires.** Par leur croissance, les flux migratoires caractérisent des espaces qui polarisent ces mouvements de personnes. On peut citer notamment les frontières, durcies ou gommées comme au sein de l'Espace Schengen. Les aéroports par lesquels transitent des dizaines de millions de personnes, les ports avec des millions de tonnes de marchandises, constituent des hubs. Les flux touristiques sont à l'origine d'aménagements spécifiques, par exemple, sur certains littoraux, les stations balnéaires.

La croissance des flux migratoires a accru le métissage au sein des grandes métropoles. Ainsi, les villes mondiales – hormis Tokyo – apparaissent comme un monde en réduction, où il est possible de trouver toutes les cultures. Loin de créer de l'uniformité, **la mondialisation migratoire crée de la diversité**. Cette diversité n'est pas toujours bien acceptée par les natifs, elle peut susciter le repli, voire le rejet. Cela explique les phénomènes de **ségrégation spatiale**, de tensions ou de violence qui sont liés aux migrations.

2 Transports et routes maritimes

A. Mers et océans, des espaces au cœur de la mondialisation

▪ **Des routes maritimes qui relient d'abord les pôles de la Triade.** Depuis une quarantaine d'années, le transport maritime est prépondérant, la flotte de commerce a été multipliée par quatre, les volumes transportés par trois. Le gigantisme des bateaux associé à la conteneurisation a permis de faire chuter considérablement les coûts de transport. 90 % des marchandises acheminées dans le monde le sont par bateaux dont 80% par conteneurs.

L'axe Nord-Sud de l'Asie orientale de Busan (Corée du Sud) à Singapour constitue le principal axe maritime de transport mondial de conteneurs. Vers l'Ouest, la route pour l'Europe passe par le Golfe d'Aden, le canal de Suez qui permet de rejoindre la Méditerranée. Celle-ci apparaît comme une mer de transit en direction de l'Atlantique par le détroit de Gibraltar. La route transpacifique permet de rejoindre l'Amérique du Nord. Le canal de Panama assure la liaison avec la mer des Caraïbes et l'Atlantique. Les autres routes maritimes au Sud sont moins importantes.

▪ **Des ports mondiaux : des hubs d'abord asiatiques.** La conteneurisation a accéléré la transformation de la plupart des ports en plate-formes multimodales où un des critères de rentabilité est la rapidité à charger et décharger les navires. Les ports sont devenus des points de passage d'un mode de transport à un autre, avec des gares routières, des voies ferroviaires, des centres de télécommunication.

Sur les dix premiers ports mondiaux huit sont asiatiques (Shanghai, Singapour, Hong Kong…), ce qui confirme la prépondérance de cette façade. Ces hubs sont d'abord des ports d'éclatement ou de transbordement. Ils accueillent les gros navires qui déchargent leur cargaison qui va être ensuite transportée vers d'autres ports plus petits.

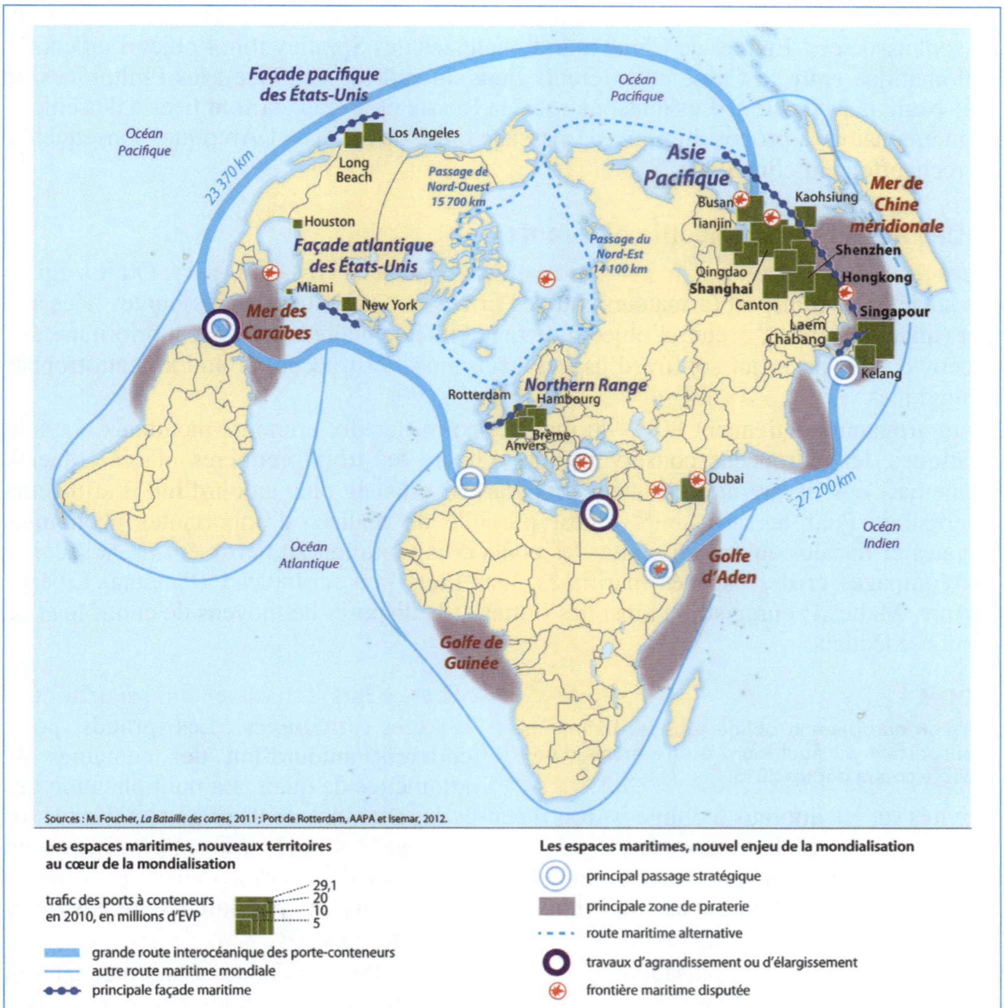

Les espaces maritimes : des espaces stratégiques

B. Des enjeux géopolitiques

▪ **Des passages stratégiques : les détroits et les canaux transocéaniques.** Ils sont des espaces majeurs de communication dans la mesure où ils concentrent les passages, marquent une frontière tout en assurant les communications. Le détroit de Malacca et de Singapour conduit aux ports asiatiques les plus dynamiques du monde. Les détroits sont naturellement des zones sensibles, leur contrôle, leur blocage, sont des moyens de pression que les États brandissent à des fins politiques.

Inaugurés en 1869 pour Suez et en 1914 pour Panama, ils permettent aux navires d'éviter d'importants détours par le Cap de Bonne Espérance (Afrique) ou par le Cap Horn (Amérique du Sud). Ils ont fait l'objet de travaux d'envergure, terminés en 2015 et 2016, afin de permettre le passage des plus importants navires (over Suez et Overpanamax).

▪ **Une territorialisation des espaces maritimes.** Dans les eaux territoriales, jusqu'à 12 milles (environ 22 kilomètres) du littoral, la souveraineté est absolue comme sur le territoire continental. La zone économique exclusive (ZEE) est plus large et s'étend jusqu'à 370 km des côtes. Définie à la conférence de Montego Bay en 1982, elle garantit à l'État propriétaire la jouissance exclusive des ressources des fonds marins.

HISTOIRE-GÉO

Revendiquer un archipel, une île revient à exiger aussi la ZEE et les eaux territoriales qui lui sont associées. En mer de Chine méridionale, les îles Spratley font l'objet d'un conflit diplomatique entre la Chine et différents États du sud-est asiatique : les Philippines, le Viêt-Nam, la Malaisie… Les tensions entre la Russie et le Canada sont liées à des enjeux de même nature à propos du nouveau passage qui s'ouvre dans l'Arctique, conséquence du réchauffement climatique.

C. Des acteurs aux objectifs différents

▪ **Les firmes : une logique de prédation dans un marché très concentré.** Qu'il s'agisse des sociétés de transport (armateurs) ou des firmes qui exploitent les ressources liées à la mer (minerai, pétrole, pêche), l'objectif de rentabilité demeure bien souvent prioritaire aux dépens d'un espace qui souffre d'usages irraisonnés : surpêche, pollution, catastrophes écologiques…

Vingt armateurs détiennent 80 % du marché, parmi les dix premiers mondiaux six sont asiatiques, les Européens conservent pour l'heure les trois premières places (Maersk (Danemark) est le premier armateur mondial). Il n'existe plus aujourd'hui d'armateurs américains. Pour les armateurs, il est possible de réaliser d'importantes économies sociales et fiscales en faisant chuter les coûts d'exploitation au détriment de la sécurité des équipages et des espaces maritimes. Des États peu scrupuleux (Panama, Libéria, Chypre, Malte…) enregistrent ainsi des flottes sans disposer de moyens de contrôle et de gestion adéquats.

ZOOM
L'Union européenne oblige tous les bâtiments transportant du fioul lourd à être munis d'une double coque depuis 2013.

▪ **Les États : assurer la sécurité des espaces aménagés.** Les grands ports couvrent aujourd'hui des centaines de kilomètres de quais. La multiplication des activités sur les littoraux a obligé parfois à penser des aménagements originaux gagnés sur la mer : les terre-pleins dans la mégalopole japonaise, les polders aux Pays-Bas ou en Belgique. Depuis les années 2000, on assiste à un essor de la piraterie dans la corne de l'Afrique et dans le Sud-Est asiatique notamment. Les États font patrouiller dans ces zones des bâtiments de guerre qui escortent parfois certains navires.

Sous la pression des organisations non gouvernementales (ONG), les États prennent en compte lentement les risques liés à la surfréquentation humaine, à la surexploitation des ressources. Le développement durable n'est pas vraiment encore une réalité dans les transports maritimes qui promeuvent avant tout les logiques géostratégiques et celles de rentabilité.

Développement durable : concept né dans les années 1980, processus de développement qui veut concilier les volets économiques, sociaux et environnementaux répondant aux besoins actuels sans compromettre ceux des générations futures.

11 LE COURS La présence de la France dans le monde

La France à travers la voix de ses présidents, Charles de Gaulle dans les années 1960, Jacques Chirac dans les années 1990, prétend jouer un rôle particulier dans le concert des nations.

1 Les « miettes de l'empire colonial »

A. Une présence mondiale incontestable

▪ **Sur trois océans et quatre continents.** Héritage de l'ancien empire colonial français, les territoires d'outre-mer jouent un rôle majeur pour la France. Leur dispersion à travers le monde affirme la présence française même très loin de la métropole. Wallis-et-Futuna qui se situent à 22 000 km de Paris sont les plus lointains. L'outre-mer français représente environ 120 000 km^2 (560 000 km^2 en incluant la Terre Adélie du pôle Sud). Ces territoires ultramarins ainsi que les qualifient l'Union européenne, donnent à la France 2,6 millions d'habitants supplémentaires, la Réunion étant le territoire le plus peuplé avec 850 000 habitants en 2013.

> **ZOOM**
> On appelle « métropole » l'État considéré par rapport à ses territoires extérieurs ou détachés. Le terme provient de la période coloniale.

▪ **Territoires majoritairement insulaires et tropicaux.** Ces territoires, qui sont d'abord des îles sous les tropiques, souffrent de différentes faiblesses, liées aux problèmes démographiques, économiques et sociaux qui expliquent les soutiens importants dont ils bénéficient depuis le continent. Le rayonnement de la « France des trois océans » passe donc par d'autres réalités.

▪ **Importance de la francophonie dans le monde.** La francophonie n'est pas qu'une langue, mais aussi un ensemble de valeurs et de concepts que partagent 84 États en 2017. Créé dans les années 1970, ce dispositif organise les relations de coopération et de solidarité entre ses adhérents. La francophonie est un héritage de la colonisation et permet de rappeler que la langue française est aujourd'hui avec l'anglais la seule langue officielle internationale, notamment à l'ONU. Il y a aujourd'hui 274 millions de francophones dans le monde, leur nombre est en augmentation constante, ils seront 800 millions en 2050, dont 80 % en Afrique.

B. Des retombées géostratégiques

▪ **La ZEE.** La zone économique exclusive (ZEE) que les territoires ultramarins confèrent à la France s'étend sur 11 millions de km^2, c'est la deuxième ZEE du monde, derrière celle des États-Unis. Elle donne à la France par son positionnement et ses richesses une place qui lui permet de revendiquer un rôle mondial de premier plan. La Polynésie représente à elle seule 40 % de la ZEE, elle permet à la France d'être le premier producteur mondial de perles noires. La Nouvelle-Calédonie est le cinquième producteur mondial de nickel.

▪ **Des bases militaires et espaces de contrôle.** Les territoires ultramarins garantissent à la France une présence de ses forces armées sur les quatre continents. La légion étrangère basée en Guyane en Amérique du Sud avec près de 4 000 hommes, Port Réunion dans l'océan Indien est le troisième port militaire français et abrite six navires. Les Antilles, la Guadeloupe et la Martinique sont à proximité d'un axe maritime majeur que constitue le canal de Panama.

> **ZOOM**
> L'intensité de la pesanteur est plus faible à l'équateur qu'aux pôles. Il faut donc moins d'énergie et de carburant pour envoyer une fusée dans l'espace lorsqu'on est proche de l'équateur.

HISTOIRE-GÉO

La Réunion est située non loin d'un des principaux flux pétroliers contournant l'Afrique par le sud. En Guyane, la latitude du territoire proche de l'équateur a favorisé l'installation d'un pas de tir pour la fusée Ariane à Kourou.

2 Statuts et rôle économique des territoires ultramarins

A. Diversité des statuts de la France d'outre-mer

▪ **DROM.** Les DROM, départements et régions d'outre-mer, regroupent quatre îles : la Guadeloupe, la Martinique, la Réunion et depuis 2011 Mayotte qui se situe dans l'archipel des Comores au nord-ouest de Madagascar. Il faut y ajouter la Guyane, terre continentale au nord du Brésil. Les DROM sont reconnus au sein de l'Union européenne comme des régions ultra-périphériques (RUP) et à ce titre bénéficient d'aides financières.

▪ **COM et POM.** La Polynésie française, Saint-Barthélemy, Saint-Martin, Wallis-et-Futuna et Saint-Pierre-et-Miquelon constituent des collectivités d'outre-mer. Ce statut leur confère une grande autonomie : hymne propre, drapeau… avec pour chacun des spécificités : un gouverneur territorial en Polynésie. La Nouvelle-Calédonie a un statut à part et un référendum sur son avenir institutionnel aura lieu d'ici fin 2018.

B. Des espaces « démondialisés » ?

▪ **Des liens encore forts avec la métropole.** Les économies d'outre-mer sont des économies sous perfusion en regard des liens étroits qu'elles maintiennent avec la métropole et des différentes aides que celle-ci verse avec l'Union européenne : subventions et prestations sociales, salaires des fonctionnaires plus élevés qu'en métropole. Ces liens sont, par ailleurs, visibles avec l'analyse des principaux flux aériens depuis la Guadeloupe.

▪ **Répartition des principaux flux aériens depuis la Guadeloupe en 2016.**
Pour 2,2 millions de passagers au départ de l'aéroport Guadeloupe-Pôle Caraïbes :

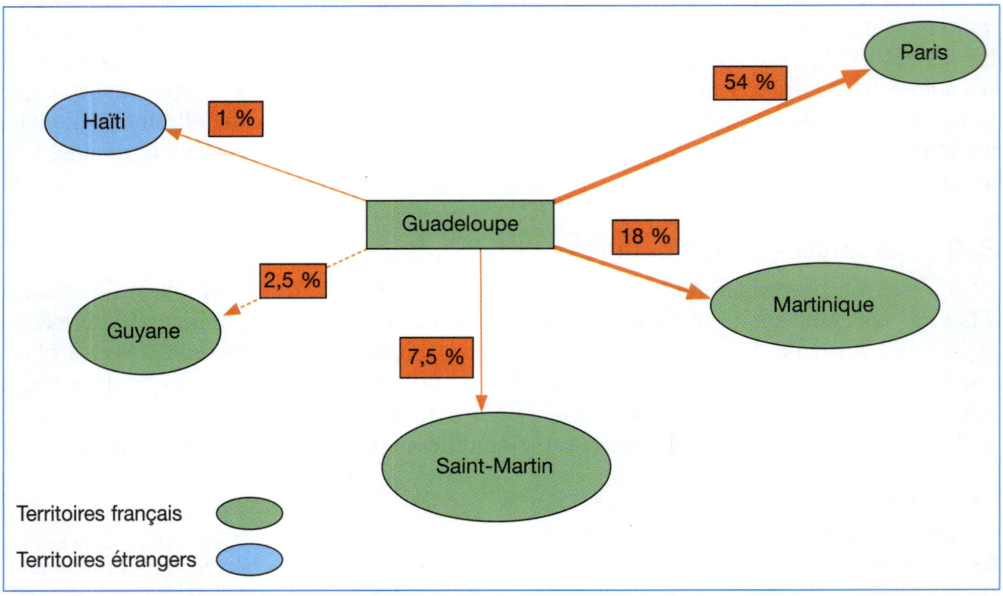

▪ **Des espaces peu intégrés à leur aire régionale.** Logiquement, ces espaces n'ont développé que des liens faibles avec leurs voisins. Les flux commerciaux sont toujours moins importants qu'avec la métropole voire l'Union européenne qui draine en moyenne 65 % de ces flux ; 53,4 % des exportations martiniquaises étaient à destination de la métropole en 2014.

C. Les riches des pauvres ?

▪ **Des spécificités économiques.** L'agriculture de la canne à sucre à la Réunion, le tourisme dans les Antilles françaises peuvent apparaître comme des atouts à développer. En réalité, ces activités sont largement subventionnées par la métropole ou concurrencées par les espaces environnants. Les sociétés d'outre-mer dans leur ensemble apparaissent comme des sociétés de consommation, peu productives et peu compétitives. En moyenne, le chômage dans la France d'outre-mer affecte 30 % de la population, trois fois plus qu'en métropole.

▪ **Des îlots de prospérité ?** L'ampleur des transferts financiers depuis la métropole accroît sensiblement le niveau de vie de la France d'outre-mer par rapport à ce qui existe chez ses voisins régionaux. L'espérance de vie à la naissance, le PIB par habitant sont toujours plus élevés à la Réunion qu'à Madagascar, aux Antilles qu'à Haïti, en Guyane qu'en Amérique du Sud… Grâce au smic, le PIB de Mayotte est près de dix fois supérieur à celui du reste des Comores. Logiquement, les DROM se retrouvent confrontés depuis quelques années aux arrivées massives de clandestins.

3 Le rayonnement de la 5e puissance du globe

A. Une puissance géostratégique

▪ **Puissance militaire et diplomatique.** Outre une présence mondiale conférée par les DROM, la France est un État membre permanent du Conseil de sécurité de l'ONU depuis 1945. Elle dispose depuis 1960 d'une force de dissuasion nucléaire dont Charles de Gaulle a voulu la doter.

▪ **Une voix qui compte ?** La France a développé un réseau d'ambassades depuis l'époque de François Ier, au XVIe siècle ! Elle dispose aujourd'hui du 2e plus vaste réseau à travers le monde. Par la voix du président de la République, du ministre des Affaires étrangères, elle tente de se faire entendre partout. Elle fait partie du G8 et reste particulièrement influente en Afrique, en lien avec son passé colonial.

B. Une puissance culturelle

▪ **Promotion de la culture française.** Outre la francophonie, l'État finance des organismes à travers le monde qui vantent la culture francophone. Ainsi, les Alliances françaises comptent un millier de centres répartis dans 136 pays : cours de langues, expositions, festivals… auxquels s'ajoutent 480 établissements scolaires à l'étranger.

Les médias jouent aussi un rôle important. Le réseau de RFI (Radio France Internationale) couvre l'Amérique, l'Afrique et le Moyen-Orient et est un des vecteurs les plus efficaces de la culture française dans le Sud. Les chaînes de télévision francophones France 24 et TV 5 sont internationales. Le cinéma en langue française tient aussi une place importante, en 2014 il représente 28,5 % du total des entrées cinématographiques dans le monde.

▪ **La France, première destination touristique mondiale.** La France conserve la première place loin devant les États-Unis avec 83 millions de touristes en 2016 contre 75 millions. Son patrimoine historique important, ses littoraux bien équipés, la diversité de ses paysages et surtout l'attractivité de Paris, « la plus belle ville du monde » peuvent expliquer ce succès.

ZOOM

5e puissance du globe par le PIB, la France rayonne aussi à travers le monde grâce à ses possessions lointaines. Si elle n'est pas une grande puissance, elle est une voix qui compte.

HISTOIRE-GÉO

Sujets d'étude : Les engagements militaires et humanitaires de la France – Les Français dans le monde : de nouvelles mobilités

1 Les engagements militaires et humanitaires de la France

A. Les rôles de la Défense

Conscription : système de recrutement des soldats organisé par classe. Le temps passé sous les drapeaux est appelé service militaire.

▪ **La réforme des Armées.** En professionnalisant les armées en 1996, le Président Jacques Chirac met un terme au système de la conscription. Les menaces d'invasions et de guerres s'éloignant, les armées doivent repenser leurs missions.

Elles répondent à des menaces qui demeurent ou qui apparaissent : terrorisme, trafics d'armes, conflits locaux. Les militaires peuvent intervenir aussi ou être appelés en renforts en cas de « catastrophe naturelle » : inondations, tremblements de terre, avalanches… ou d'origine humaine : pollution chimique ou nucléaire.

▪ **Des engagements à toutes les échelles.** Les soldats de l'armée française sont déployés à travers le monde dans le cadre de **missions** très variées qui vont de **la prévention de crises à la gestion de conflits** en passant par la lutte contre le terrorisme.

Les troupes françaises interviennent dans le cadre du traité de Maastricht qui instaure depuis 1992 une politique européenne de sécurité et de défense (PESD). En 2004, l'Union européenne a pris la relève de l'OTAN en ex-Yougoslavie et a déployé 7 000 militaires en Bosnie dont 400 soldats français. Leur mission a pris fin en 2009.

Membre de l'OTAN, la France peut être amenée à intervenir à l'étranger. Elle participe ainsi depuis 2001 à la Force internationale d'assistance et de sécurité (FIAS) dans le cadre de la guerre en Afghanistan contre les talibans. Cette force est mandatée par le conseil de sécurité de l'ONU dont la France est membre permanent. Les derniers soldats français combattants se sont retirés en décembre 2012, au total 89 d'entre eux sont morts au cours de leurs missions.

Défense globale : la constitution de 1958 précise que le président de la République est le chef des Armées, le Premier ministre responsable de la Défense nationale et que le Parlement peut voter la déclaration de guerre. La défense est globale dans la mesure où elle associe des acteurs multiples – dont des élus du peuple – dans les différents ministères.
Sécurité civile : fonction assumée par l'État et ses services.
Protection civile : ensemble des missions qui en découle.

▪ **La protection civile.** Dans le cadre de la **Défense globale**, les acteurs de la protection civile sont associés aux militaires sur certaines missions. Parmi les nombreux acteurs de la **sécurité civile**, on peut retenir les sapeurs pompiers, le SAMU, les services de police et de gendarmerie.

La **protection civile** assure des missions de secours, de formation et d'aide humanitaire et sociale. L'intervention de la France répond toujours à la sollicitation d'un pays : tsunami en Asie du Sud en 2004, feux de forêt en Russie en 2010.

La décision d'envoyer de l'aide hors des frontières françaises revient au ministère des Affaires étrangères. À ce jour, la plus importante mobilisation de la sécurité civile française reste celle d'Haïti en 2010 où 700 personnes et 110 véhicules ont été mobilisés.

B. Des engagements humanitaires internationaux

▪ **Une politique de coopération importante.** Dans le cadre de l'APD (Aide publique au développement), la France se situe parmi les principaux pays donateurs en direction des pays du Sud. En 2014, 8,3 milliards d'euros ont été consacrés à cette aide dans différents domaines : agriculture, infrastructures de transports, écoles, hôpitaux, habitats…

La France a, par ailleurs, conclu des traités de défense et de coopération bilatéraux, notamment avec des pays d'Afrique noire.

ZOOM

Traités de défense et de coopération bilatéraux : la France dispose de forces prépositionnées au Sénégal, Tchad, Gabon, Côte d'Ivoire et à Djibouti.

La France mène une politique d'aide humanitaire importante sur tous les continents, mais plus particulièrement en Afrique et au Proche-Orient. Dans la corne de l'Afrique, le ministère des Affaires étrangères a accordé une aide supplémentaire pour répondre à l'appel d'urgence de la Croix-Rouge et du Croissant Rouge en 2011.

▪ **D'autres acteurs : les organisations non gouvernementales (ONG).** Les ONG sont des associations de citoyens qui œuvrent dans différents domaines liés notamment à la protection des individus, de la faune et de la flore. Financées par des dons, elles agissent grâce à leurs bénévoles mais aussi leurs personnels salariés. Faute de moyens, les États ou les organismes de l'ONU font appel à elles lorsqu'ils ne peuvent pas réaliser leurs missions. Parmi les ONG françaises les plus connues on peut citer Médecins du monde (MDM), Handicap international (HI), Action internationale contre la faim (AICF)…

Exemple : Le 12 janvier 2010, un séisme de magnitude 7 a frappé Haïti, la capitale Port-au-Prince et sa région ont été fortement touchées : plus de 220 000 morts, plus de 400 000 blessés. Cinq ans après le séisme, il reste 70 000 personnes déplacées. Action internationale contre la faim axe ses actions sur les besoins primaires des populations, la lutte contre le choléra, alerter les dirigeants sur les risques et la vulnérabilité des populations sur place.

2 Les Français dans le monde : de nouvelles mobilités

A. Les Français de l'étranger : la « France hors les murs »

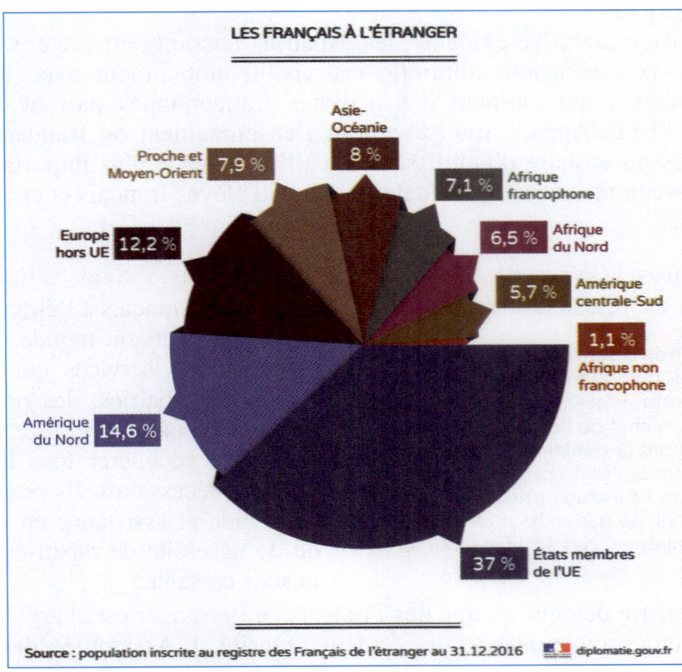

Au 31 décembre 2016, 1,7 million de Français étaient inscrits au registre mondial des Français établis hors de France, auxquels s'ajoutent 500 000 expatriés non inscrits, mais connus des services consulaires. Trois destinations demeurent privilégiées, l'Europe d'une part et l'Asie-Océanie et l'Amérique du Nord d'autre part, qui connaissent les taux de croissance les plus forts avec plus de 8% par an.

Expatrié : personne qui réside en dehors de son pays d'origine. Pour les Français, on parle aussi de Français de l'étranger.

▪ **Des raisons professionnelles.** Dans plus d'un cas sur deux, elles motivent l'expatriation des Français de l'étranger. En effet, plus de la moitié des expatriés gagnent plus de 30 000 euros nets par an et 80 % des expatriés occupent un emploi.

La maîtrise de la langue du pays d'accueil est un facteur décisif de choix dans la destination finale. En 2010, 44% des Français expatriés possédaient la double nationalité.

▪ **Un projet de vie.** Une enquête menée en 2013 sur 9 000 expatriés montre que 41 % n'ont pas d'enfant, mais plus de la moitié vit en couple ou maritalement. Les motivations d'ordre personnel, culturel et affectif ne sont pas à exclure. D'autant que les expatriés ne le sont pas forcément de manière définitive, la durée moyenne d'expatriation est de 9 ans.

B. Les relations avec la France

ZOOM

Encourager les jeunes entrepreneurs : il ne s'agit pas ici de délocalisations, mais de création d'activités directement à l'étranger avec des retombées possibles sur l'emploi en France : conception, innovation...

▪ **Un atout pour le rayonnement de la France.** Étant donné le caractère professionnel des départs, les relations avec la France sont d'ordre économique. Ceux qui partent sont souvent de jeunes entrepreneurs à la tête de PME qui peuvent orienter en retour vers leur pays d'origine des activités, des investissements de leur société.

Dans le cadre du développement du commerce extérieur, l'État, les conseils régionaux, les chambres de commerce et d'industrie encouragent et mettent leurs compétences au service de ces expatriés.

Outre la dimension affective évidente, les expatriés laissant derrière eux une partie de leurs familles, la dimension culturelle est visible notamment avec le réseau des Alliances françaises qui animent des activités francophones partout où elles sont implantées. L'AEFE, Agence française pour l'enseignement du français à l'étranger comprend le réseau scolaire d'établissements à l'étranger le plus important du monde. Ses 480 établissements accueillent quelque 380 000 élèves français et étrangers partout dans le monde.

▪ **Aide et représentation des Français de l'étranger : liens administratifs et diplomatiques.** Le réseau des ambassades et des consulats français à l'étranger est un des plus importants du monde. Il fournit aux expatriés des services qui s'apparentent à ceux des mairies, des préfectures, des services sociaux en France. Les expatriés peuvent y récupérer tous les documents officiels nécessaires. Ils peuvent y trouver aussi aide et assistance en cas de danger ou de nécessité de rapatriement pour des raisons de santé.

Ambassade : représentation diplomatique d'un État auprès d'un autre, lieu où se situent les locaux de cette administration. L'ambassadeur représente le chef de l'État. La plupart des ambassades abritent une section consulaire.
Consulat : service de l'État chargé des relations avec les expatriés, sa mission principale est leur protection. Il est dirigé par un haut fonctionnaire qui dépend du ministère des Affaires étrangères, le consul.

En 2017, le ministre délégué chargé des Français de l'étranger est chargé de leur représentation, de leur protection sociale, de leur sécurité. L'Assemblée des Français de l'étranger (AFE) permet d'élire des représentants auprès du Gouvernement, des ambassades et consulats. Le président de cette assemblée est élu par ses membres. L'AFE comprend 90 conseillers élus au suffrage universel indirect, s'y ajoutent 12 sénateurs et 11 députés.

13 LE COURS Pluralisme des croyances et laïcité

Par son contenu (liberté de conscience, égalité des droits, séparation des Églises et de l'État), la laïcité constitue un des fondements essentiels de la République française. Elle est le fruit d'une construction historique. Elle permet à chacun de croire (ou non) et de pratiquer sa religion au sein de la société française dans un cadre juridique déterminé.

1 La laïcité : idéal et construction

A. Un principe de concorde

- **L'idéal laïc.** L'actualité nous rappelle que vivre dans un pays où l'on peut croire et penser librement n'est pas une évidence. En France, cette liberté est garantie par l'**idéal laïc**, sorte d'union des hommes sur la base de leur liberté de conscience et de leur égalité en droits. En matière spirituelle, les hommes peuvent être **croyants**, **athées** ou **agnostiques** et se côtoyer dans la même société.

> **Agnostique :** qui doute de l'existence de Dieu.
> **Athée :** qui ne croit pas en Dieu.
> **Concordat :** traité qui règle les rapports entre l'Église et l'État.
> **Croyant :** qui croit en Dieu.
> **Laïcité :** système qui exclut les Églises du pouvoir politique.

- **Un élément-clé du lien social.** L'organisation commune, fondée par la laïcité, propose d'assurer, dans un cadre juridique et politique, la diversité des convictions sans discrimination ni privilège. Cela suppose la séparation de la puissance publique, l'État, de toute Église. La sphère publique doit donc traiter sans discrimination toutes les opinions spirituelles et la religion doit rester dans la sphère privée, sans interférer dans l'exercice du pouvoir politique.

B. Un idéal forgé au cours de l'histoire

- **La DDHC de 1789.** Dans la poursuite de l'esprit des Lumières qui dénonce les persécutions commises au nom de la religion, la Déclaration des Droits de l'Homme et du Citoyen (DDHC) de 1789 affirme que *« les Hommes naissent et demeurent égaux en droits » (art. 1) et que « nul ne peut être inquiété pour ses opinions, même religieuses »* (art. 10). Juifs et Protestants obtiennent alors la liberté de culte et l'état civil est dégagé de l'Église catholique.

- **Les lois scolaires des années 1880.** Elles instaurent l'**école publique, gratuite, laïque et obligatoire**. Les locaux (crucifix ôtés), les personnels (instituteurs non religieux) et les programmes (cours de morale) sont laïcisés.

- **La loi de 1905.** La **séparation des Églises et de l'État** donne un cadre à la laïcité. Elle proclame que *« la République assure la liberté de conscience [et] garantit le libre exercice des cultes (art. 1) ; ne reconnaît ni ne salarie aucun culte »* (art. 2). Les religions n'ont plus de statut public. Le lien institutionnel et financier avec l'État est désormais coupé.

C. Le résultat de combats et de compromis

L'école a toujours constitué un enjeu entre partisans et adversaires de la laïcité. En 1850, la **loi Falloux** donne à l'Église un contrôle important sur tous les ordres d'enseignement. En 1958, la **loi Debré** accorde des subventions aux établissements privés. En Alsace-Moselle, le régime du **concordat** de 1801 conduit l'État à salarier les ministres du culte et à voir dispenser un enseignement religieux à l'école. Les territoires d'outre-mer ne sont pas non plus soumis à la loi de 1905.

2 L'exercice de la laïcité aujourd'hui

A. L'évolution de la société

▪ **Les changements de la société française.** Certains adversaires de la laïcité n'ont jamais totalement renoncé à récupérer les privilèges perdus (notamment en matière scolaire), mais après 1945, avec les Trente Glorieuses et l'avènement de l'industrialisation, on assiste au recul du religieux (surtout catholique). Dans les années 1970, lorsque la société de consommation est remise en question, le religieux réaffirme sa place. La France prend conscience de sa diversité culturelle, ethnique et religieuse, mais aussi des limites de son modèle d'**assimilation** fondé sur l'école et l'armée.

▪ **L'ouverture à d'autres religions.** Avec la décolonisation et les nouveaux flux migratoires liés à la mondialisation, d'autres religions historiques (judaïsme, islam) souhaitent être entendues. Présent en France depuis longtemps, avec ses 5 millions de musulmans, l'islam représente aujourd'hui la **2e religion du pays**. Des raisons diverses internes (héritage de la colonisation, crise économique) ou externes (conflits du Moyen-Orient, poussée de l'islam radical, terrorisme) nuisent à la reconnaissance de cette religion dans l'espace institutionnel. C'est pourquoi les pouvoirs publics ont mis en place en 2003 un **Conseil français du culte musulman** (CFCM).

B. La traduction dans la loi

▪ **Dates-clés.** Le fonctionnement de la laïcité en France ne saurait être contraire à la Déclaration Universelle des Droits de l'Homme et du Citoyen de 1948 et à la Convention européenne des Droits de l'Homme et des Libertés de 1950 qui garantissent « la liberté de pensée, de conscience et de religion ». Par ailleurs, la loi de 1905 demeure la date-clé de la laïcité française, qui est désormais inscrite dans la constitution depuis 1946 (« *La France est une République indivisible, laïque, démocratique et sociale* »).

Communautarisme : système qui privilégie les valeurs du groupe (religieux, ethnique...) sur celles de l'individu ou de la nation.

Assimilation : processus par lequel une personne étrangère devient et se sent française.

Prosélytisme : insistance à convertir à des idées (religieuses).

Secte : mouvement (religieux ou non) dont les pratiques peuvent être attentatoires au droit des personnes.

▪ **La religion et l'école.** À l'école, lieu de la fraternité dans le souci de l'intérêt général, la charte de la laïcité reprend les principes de liberté de conscience et de neutralité de l'État (donc des personnels). Lieu d'accès à une culture partagée, l'école rejette la violence et le **prosélytisme** (y compris des **sectes**) tandis qu'elle favorise l'égalité entre les sexes. Les convictions religieuses ne peuvent être invoquées pour contester ou refuser un enseignement. Enfin, la loi de 2004 interdit « le port des signes ou tenues par lesquels les élèves manifestent ostensiblement une appartenance religieuse ».

▪ **La religion et les services publics.** Dans les services publics, les agents bénéficient de la liberté de conscience. Manifester ses convictions constitue un manquement à ses obligations. Les usagers sont tous égaux devant les services publics mais doivent en respecter la neutralité. Ils ne peuvent récuser un agent public ou d'autres usagers. Dans les établissements hospitaliers ou pénitentiaires, ils ont droit au respect de leurs croyances et à la participation à leur culte (présence d'aumôniers et de lieux de culte).

Ainsi encadrée, la laïcité se veut une force émancipatrice, loin des **communautarismes**, pour une société dans laquelle les citoyens peuvent vivre en harmonie.

14 LE COURS Biologie, éthique, société et environnement

Depuis une trentaine d'années, les technologies utilisant des êtres vivants pour la fabrication industrielle (médicaments par exemple) donnent à l'homme un pouvoir jusque-là inégalé. Ces technologies sont appelées **biotechnologies**. La société est ainsi conduite à réfléchir aux problèmes moraux liés à ces nouvelles pratiques dans les domaines de la santé, de l'agroalimentaire et de l'environnement, et à en proposer un encadrement par la loi.

1 Les problèmes bioéthiques contemporains

A. Les exigences de la bioéthique

La **bioéthique** étudie les questions et problèmes moraux issus des **innovations médicales** impliquant la manipulation d'êtres vivants par les biotechnologies. Elle implique des biologistes, des généticiens, des juristes, des sociologues. Elle se doit de concilier à la fois les exigences de la recherche, les principes de protection de la personne, les nouveaux modes de vie et des points de vue différents.

B. Des sujets qui interrogent

Biodiversité : diversité de tous les organismes vivants (faune, flore, bactéries...).

Cellules souches : cellules qui peuvent servir à régénérer des tissus détruits.

Clonage : fait de reproduire à l'identique une cellule ou un être vivant.

Eugénique : qui vise à intervenir sur le patrimoine génétique de l'espèce humaine.

Gamètes : cellules sexuelles qui permettent la reproduction.

- **Le don d'organes.** Si en France la marchandisation du corps est interdite, l'obtention du consentement pour le don d'organes peut se heurter à divers obstacles (familiaux, religieux).

- **L'assistance médicale à la procréation.** À partir du moment où les **gamètes** sont devenus congelables et échangeables, la question de la filiation a été bouleversée. Sont soulevées les questions d'anonymat, de statut des parents, du droit à l'enfant, du droit de l'enfant.

- **Le dépistage prénatal pratiqué sur le fœtus.** Il permet de détecter toute anomalie génétique afin de donner aux parents le choix d'interrompre ou non la grossesse. Une dérive possible de ce dépistage prénatal pourrait être une programmation **eugénique**.

- **Le clonage des embryons humains.** Qu'il soit reproductif ou à **visée thérapeutique**, il est interdit en France, mais certains scientifiques fondent de grands espoirs sur l'accès aux **cellules souches** pour guérir des maladies incurables (insuffisances immunitaires notamment).

- **Les maladies génétiques.** La recherche tente de trouver des traitements efficaces contre les maladies génétiques, mais elle ne doit pas transformer l'être humain dans une quête d'une normalité qui n'existe pas.

C. Le Haut Conseil des biotechnologies

Créé par la loi de 2008, le Haut Conseil des biotechnologies a pour mission d'éclairer la décision publique sur les risques liés à l'utilisation des biotechnologies (notamment les OGM). Il est composé d'experts reconnus pour leurs compétences scientifiques et de représentants de la société civile qui se prononcent sur les applications des biotechnologies.

2 Éthique médicale et consentement

▪ **L'évolution de l'éthique médicale.** Les médecins sont soumis à un ensemble de règles, c'est l'éthique médicale. Elle a pour but l'accès aux soins pour tous dans des conditions optimales de prise en charge, sans discrimination. Aux règles déontologiques de compétences sont venues s'ajouter des règles morales (face aux risques de dérive) et des règles scientifiques de nécessaire validité.

▪ **Le consentement, pilier de l'éthique médicale.** Dans le respect de la personne soignée, le médecin doit obtenir de son patient un **consentement** « libre et éclairé ». Or les écueils peuvent être nombreux : temps de réflexion, risque de directivité, prime à l'écrit (signature). Le bon consentement est celui qui résulte d'un choix.

▪ **Le comité consultatif national d'éthique (CCNE).** Créé en 1983, le CCNE est un organisme indépendant chargé de donner des avis sur les questions de société nées des progrès de la connaissance dans les domaines de la biologie, de la médecine et de la santé (ex. : débat sur la fin de vie).

Innovations : idées nouvelles et leur application concrète.

Maladie génétique : maladie (souvent héréditaire) qui affecte un ou plusieurs gènes.

Visée thérapeutique : dans le but de soigner.

Solidarité intergénérationnelle : entraide liée à l'interdépendance des générations humaines.

3 La responsabilité environnementale

A. L'interdépendance humanité-nature

Jamais les hommes n'ont été aussi nombreux et aussi puissants sur la planète face à des ressources dont la quantité n'est pas illimitée. Ainsi se pose la question d'une humanité qui veut prospérer tout en préservant son équilibre avec la nature et la qualité de ses ressources. La **protection de l'environnement**, définie comme un bien commun et public, est ainsi devenue un enjeu majeur dès la fin du XXe siècle (Sommet de Rio en 1992) avec le développement des idées écologistes. La dégradation constante de l'environnement se constate à l'aide de marqueurs tels que la pollution d'éléments vitaux pour l'homme (air, eau, sols), la raréfaction des ressources naturelles ou encore la perte de la **biodiversité**. La démographie n'est donc pas seule responsable : s'y ajoutent, entre autres, le développement économique, les modes de vie, l'évolution climatique.

B. Une prise de conscience

La responsabilité environnementale désigne la prise de conscience de nos actes immédiats et à venir sur notre environnement proche ou éloigné. Dans le cadre de la **solidarité intergénérationnelle**, elle oblige chacun (individu, groupes, entreprises…) à protéger l'environnement de manière préventive, mais aussi à réparer les dommages causés. En France, une loi de 2008 rend applicable ce principe que l'on peut appeler du « pollueur – payeur ».

C. Le principe de précaution

Le principe de précaution vise à anticiper les risques environnementaux dont les connaissances scientifiques ne permettent d'identifier ni l'ampleur ni la possibilité d'apparition (ex. : les OGM, les virus…). En France, l'article 5 de la Charte de l'environnement (2005) prévoit que les autorités publiques veillent à l'évaluation des risques « afin de parer à la réalisation du dommage ». Ce principe de précaution est parfois remis en cause par certains scientifiques qui le considèrent comme un frein à l'expérimentation et au progrès.

Sujet du Bac

1 Première partie

Questions d'histoire

1 Durant la Guerre froide, la crise de Berlin a eu lieu en : *(cochez la bonne réponse)*

❑ 1938-1939 ❑ 1948-1949 ❑ 1958-1959

2 Définissez avec précision la notion d'anticolonialisme.

3 Précisez en quelques lignes dans quel contexte international la Ve République est née en donnant une date.

Questions de géographie

4 Citez trois types de territoires caractéristiques de la mondialisation.

5 En quelques lignes, expliquez pourquoi les États restent des acteurs importants au sein de la mondialisation.

6 Précisez le sens du sigle « ZEE » et dites de quoi il s'agit.

➤ **Corrigé page 339**

2 Deuxième partie

Nous ne proposons ici qu'un seul sujet. Le jour de l'épreuve vous devrez choisir un sujet parmi quatre.

Exercice portant sur un sujet d'étude du programme de Géographie.

Sujet d'étude : les migrations internationales

1 Indiquez à l'aide du document 1 les principaux espaces d'immigration et d'émigration.

2 À partir du document 2, dégagez trois facteurs importants et très différents qui motivent les migrations.

3 Par rapport à la population mondiale, les flux de migrants sont-ils très importants ? Argumentez.

4 Montrez en quoi ces deux documents sont complémentaires.

5 Un type de flux humains n'est ici pas du tout évoqué. Lequel et pourquoi ?

➤ **Corrigé page 339**

Document 1 Les flux migratoires dans le monde

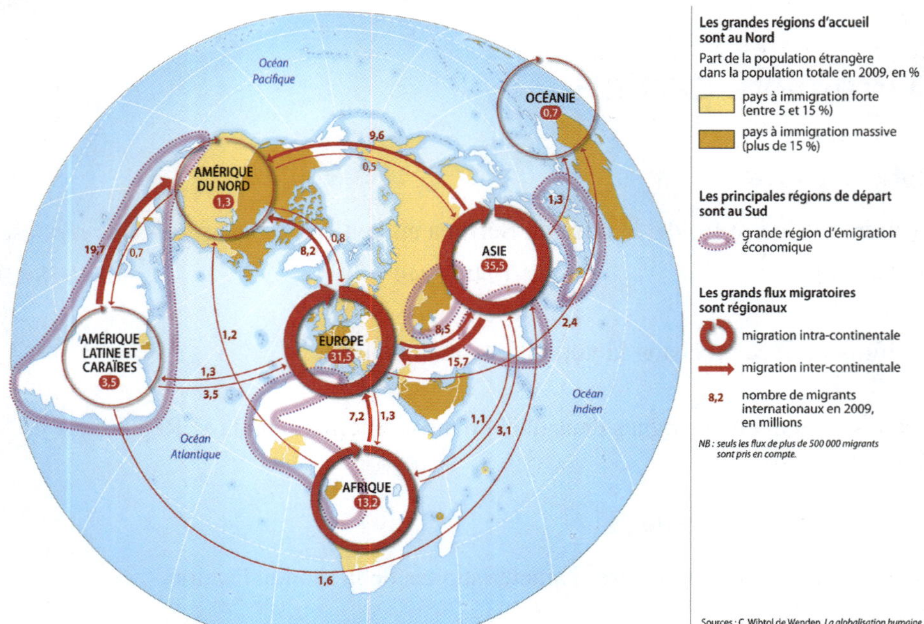

Sources : C. Wihtol de Wenden, *La globalisation humaine*, 2009 et Collectif, *Atlas des mondialisations*, 2011.

Document 2 Les raisons du départ des migrants

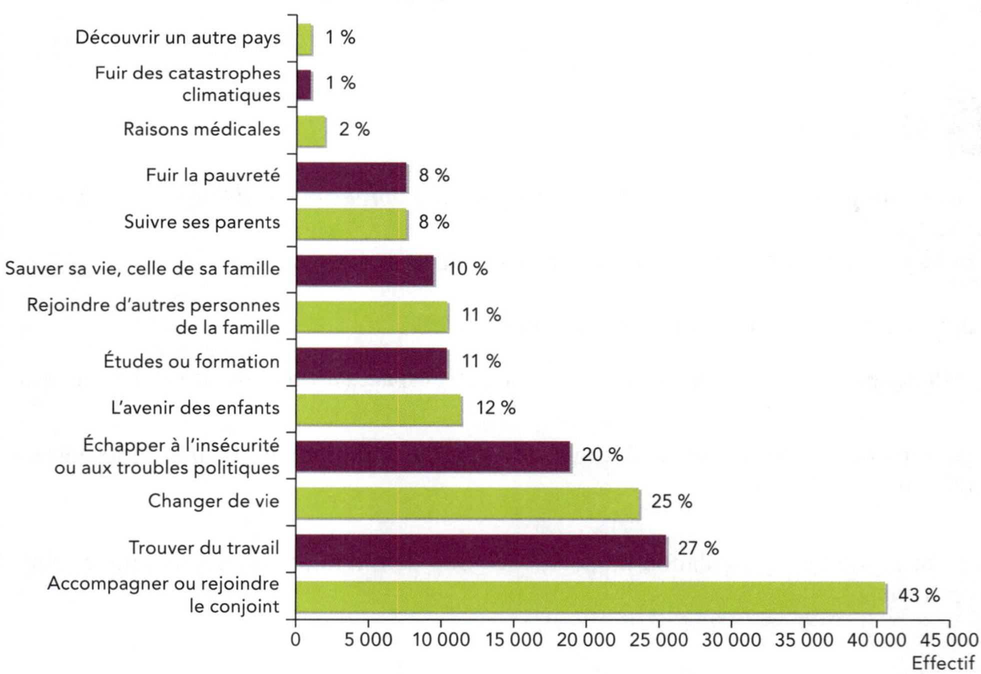

NB : plusieurs réponses étant acceptées, le total des pourcentages est supérieur à 100

Ces données résultent d'une enquête réalisée en 2010 auprès de 100 000 migrants entrés en France en 2009.

Sujet du Bac

CONSEIL Pensez, pour toutes vos réponses, à soigner la présentation. Respectez l'orthographe et la syntaxe et bannissez les abréviations.

1 Première partie

1 La crise de Berlin a lieu de juin 1948 à mai 1949.

2 L'anticolonialisme est une idéologie qui vise à condamner résolument et définitivement le colonialisme, la conquête et le contrôle de colonies.

3 La Ve République est née en pleine Guerre froide, lors du processus de décolonisation et plus précisément, en ce qui concerne la France, en pleine guerre d'Algérie. La Ve République apparaît en septembre 1958.

CONSEIL L'expression « en quelques lignes » : comprenez entre 5 et 10 lignes.
Le « contexte » est le cadre qu'il importe de connaître pour comprendre l'événement. Il peut être très varié : politique économique, culturel… et abordé à différentes échelles. Vos connaissances permettent de le préciser.

4 Les trois types de territoires caractéristiques de la mondialisation qui peuvent être cités sont : Les frontières des États, par lesquelles transitent notamment les marchandises. Les aéroports – qui sont aussi des frontières – d'où partent et arrivent d'importants flux humains, les ports où sont chargées et déchargées des tonnes de marchandises. Les centres d'affaires ou CBD (*Central Business District*) qui abritent des sièges sociaux des grandes firmes, des bureaux, des banques, des assurances sont un autre type de territoires ou lieux de la mondialisation.

5 Les États restent des acteurs importants de la mondialisation car ils sont responsables de l'aménagement de leurs territoires afin de les rendre compétitifs. Ils assument par ailleurs des services qui permettent à la population d'être éduquée, soignée, donc de travailler. Ils s'organisent aussi en vastes marchés tels que l'Union européenne qui facilite la circulation des marchandises, des personnes et favorise l'essor des flux en abaissant les frontières. Avec les firmes, les États demeurent donc des acteurs importants de la mondialisation.

6 La ZEE est la zone économique exclusive. Définie à la conférence de Montego Bay en 1982, la ZEE garantit à l'État prioritaire la jouissance exclusive des ressources des fonds marins.

2 Deuxième partie

1 Les principaux espaces d'immigration sont ceux qui accueillent d'importants flux migratoires. L'observation de la carte montre qu'ils sont d'abord au Nord : Canada, États-Unis avec environ 40 millions d'immigrants en 2009, Europe avec 31,5 millions d'immigrants intra-continentaux et environ 32 millions d'immigrants inter-continentaux. Ils apparaissent avec deux figurés couleurs : jaune foncé pour les pays à immigration massive, jaune clair pour les pays à immigration forte. Quelques États du Sud reçoivent de nombreux immigrants comparativement à leur population totale, ceux de la péninsule arabique notamment.
Les principaux espaces d'émigration sont très majoritairement au Sud : l'Amérique latine d'où sont partis en direction de l'Amérique du Nord 19,7 millions d'individus en 2009, l'Afrique de la côte Atlantique à la Méditerranée, l'Asie en direction du Golfe persique, de l'Europe et des États-Unis.

2 Les migrations peuvent être motivées par trois types de raisons importantes :
- amélioration des conditions et du cadre de vie : dans le document 2, cela correspond à « accompagner ou rejoindre le conjoint », « trouver du travail », « changer de vie » ;
- des raisons liées à la sécurité et à la santé des personnes : « sauver sa vie », « raisons médicales », « échapper à l'insécurité ou aux troubles politiques » ;
- des raisons liées aux études : « L'avenir des enfants », « Études ou formation ».

3 Les flux de migrants représentent 250 millions de personnes en 2015, cela correspond à environ 3% de la population mondiale qui est de 7,4 milliards d'individus, ce qui est donc très faible. Cela s'explique par le fait que les pays riches ferment leurs frontières pour limiter les arrivées de migrants venus des pays pauvres. De plus, partir pour longtemps est toujours une décision très difficile à prendre.

CONSEIL Argumenter signifie que le correcteur attend des exemples précis pour valider votre raisonnement.

4 Ces deux documents se complètent en effet, car ils proposent de montrer d'où viennent et où vont les migrants, à partir de la carte notamment. Le graphique, lui, permet de connaître leurs motivations. Les deux documents n'offrent aucune information qui se répète, c'est pourquoi ils sont complémentaires.

5 Les flux touristiques ne sont pas du tout évoqués par les deux documents. Ils constituent en effet un type de migration tout à fait particulier puisqu'il s'agit d'une part, de migrations volontaires – les autres migrations sont toutes plus ou moins forcées comme le montre la réponse à la question 2 – ou d'agrément, mais aussi et surtout de migrations temporaires de courte durée. Or, les autres migrations dont il est question impliquent les migrants pour une longue durée, plusieurs années voire le reste de leur vie. Les flux touristiques sont donc très différents des autres migrations humaines.

Philosophie

COMPRENDRE
EN VIDÉO
Retrouvez les vidéos sur
www.hachette-education.com

LE COURS : LES OBJETS D'ÉTUDE

LES MÉTHODES

ENTRAÎNEMENT

Présentation de l'épreuve

Épreuve écrite
Durée : 4 heures
Coefficient : 2

1 Le programme

Le programme de philosophie des classes terminales des séries technologiques a été publié au Bulletin officiel de l'Éducation nationale hors série n° 7 du 1er septembre 2005.

▪ Notions et repères

Notions	La culture	La vérité	La liberté
Notions secondaires	• L'art et la technique • Les échanges	• La raison et la croyance • L'expérience	• La justice et la loi • Le bonheur

▪ Repères

Absolu / relatif
Abstrait / concret
Cause / fin
Contingent / nécessaire / possible
Expliquer / comprendre
Identité / égalité / différence
Légal / légitime
Objectif / subjectif
Obligation / contrainte
Persuader / convaincre
Principe / conséquence
En théorie / en pratique
Universel / général / particulier / singulier

2 L'épreuve

COMPRENDRE EN VIDÉO — 5 vidéos de méthode pour réussir sa dissertation

A. L'épreuve écrite

Durée : 4 heures

Trois sujets sont proposés au choix des candidats. Deux d'entre eux sont des sujets de **dissertation** ; le troisième est constitué par un **texte philosophique**.

▪ La dissertation philosophique

Il s'agit de produire une argumentation, une réflexion organisée à partir d'une problématique en rapport avec le programme qui se compose de trois notions principales : **la culture, la vérité, la liberté**. Ces trois notions principales pourront être abordées à travers des questions qui portent sur des notions secondaires.

▪ L'épreuve de questions sur texte philosophique

Le texte philosophique choisi sera accompagné de **questions** (généralement au nombre de trois) qui en guideront l'étude.

L'expérience des sujets sortis au baccalauréat nous apprend que les questions proposées suivent généralement la logique suivante :

– la première question demande de dégager la thèse de l'auteur et la construction de son argumentation ;

– la deuxième question demande d'expliquer des phrases et des expressions tirées du texte ;

– la dernière question demande d'approfondir une réflexion en rapport avec le thème du texte étudié. Cette réflexion pourra éventuellement établir un dialogue avec la thèse du texte, sans se réduire à la paraphraser.

Préparation : 20 minutes
Entretien : 15 - 20 minutes

B. L'oral de rattrapage

Le candidat présentera à l'examinateur une liste de textes établie par son professeur, à partir d'un travail effectué en classe durant l'année scolaire.
L'examinateur choisit un des textes et le candidat devra en faire une explication.
Il dispose d'environ **20 minutes** pour la préparation et de **15 à 20 minutes** pour son intervention orale.
Le coefficient de cette épreuve est **2**.

La culture

1 Le passage de la nature à la culture

A. La prohibition de l'inceste

Dans *Les structures élémentaires de la parenté* (1949), C. Lévi-Strauss voit dans la prohibition de l'inceste l'articulation du naturel et du culturel. « La prohibition de l'inceste, explique-t-il, n'est ni purement d'origine culturelle, ni purement d'origine naturelle ; et elle n'est pas, non plus, un dosage d'éléments composites empruntés à la nature et partiellement à la culture. Elle constitue la démarche fondamentale grâce à laquelle, par laquelle, mais surtout en laquelle s'accomplit le passage de la nature à la culture. En ce sens elle appartient à la nature, car elle est une condition générale de la culture, et par conséquent il ne faut pas s'étonner de la voir tenir de la nature son caractère formel, c'est-à-dire l'universalité. Mais en un sens aussi, elle est déjà la culture, agissant et imposant sa règle au sein de phénomènes qui ne dépendent point, d'abord, d'elle. » (*Les Structures élémentaires de la parenté*)

CITATION

Selon la fameuse définition de l'anthropologue anglais **E. D. Tylor** (1832-1917), « la culture ou civilisation est ce tout complexe qui comprend la connaissance, la croyance, l'art, la morale, le droit, la coutume et toutes autres aptitudes ou habitudes acquises par l'homme en tant que membre de la société ». La **culture** est ainsi cette partie de son milieu que l'homme crée lui-même, par opposition à la **nature**, qui est le milieu donné à l'homme, et l'être biologique qu'est l'homme lui-même.

La prohibition de l'inceste ne relève pas du biologique (les animaux l'ignorent) mais est une **règle sociale**, et relève donc de la **culture** ; cependant elle est la seule règle à être **universelle**, et par là elle relève de la **nature**. Elle apparaît comme ayant pour fonction « d'établir, entre les hommes, un lien sans lequel ils ne pourraient s'élever au-dessus d'une organisation biologique pour atteindre une organisation sociale », car elle est « moins une règle qui interdit d'épouser mère, sœur ou fille, qu'une règle qui oblige à donner mère, sœur ou fille à autrui. C'est la règle du don par excellence ». Or le don fonde les relations sociales dans la mesure où il est un système d'échanges.

B. Interdits et travail

D'une manière générale, on peut considérer que la culture se construit contre la nature : « L'homme, écrit G. Bataille, est l'animal qui n'accepte pas simplement le donné naturel, qui le nie, » (*L'Érotisme*, III, 4). On constate ainsi une double négation du naturel.

- **La négation du milieu naturel.** L'homme nie son milieu naturel en le transformant et en produisant un monde d'objets artificiels. C'est le processus du travail, qui apparaît ainsi comme « la voie de la conscience, par laquelle l'homme est sorti de l'animalité » (*id.*).

- **La négation de l'animalité humaine.** L'homme nie sa propre animalité en s'éduquant, c'est-à-dire en s'imposant des **interdits**, ceux qui portent sur les excréments témoignant clairement de cette négation de l'animalité. Selon Bataille, les réseaux d'interdits s'articulent autour de deux interdits fondamentaux, celui de la mort (parce qu'elle serait liée à une violence incompatible avec l'ordre du travail) et celui de la **sexualité** (car l'exubérance sexuelle diminuerait également l'aptitude au travail).

2 La distinction du naturel et du culturel

Il est difficile, peut-être vain, de vouloir distinguer dans les comportements humains ce qui relève du naturel et ce qui relève du culturel. L'homme est **un être biologique en même temps qu'un être social** : ses capacités physiologiques sont modifiées par sa culture ; celle-ci ne se superpose pas à la vie, mais forme avec elle une **synthèse** originale. Par exemple, si l'acte de se nourrir est évidemment naturel, il est aussi profondément culturel : les goûts, le choix des aliments, leurs modes de préparation et de consommation dépendent de la culture. C'est encore ce que souligne Merleau-Ponty en écrivant : « L'usage qu'un homme fera de son corps est transcendant à l'égard de ce corps comme être simplement biologique. Il n'est pas plus naturel ou pas moins conventionnel de crier dans la colère ou d'embrasser dans l'amour que d'appeler table une table. Les sentiments et les conduites passionnelles sont inventés comme les mots. Même ceux qui, comme la paternité, paraissent inscrits dans le corps humain sont en réalité des institutions. Il est impossible de superposer chez l'homme une première couche de comportements que l'on appellerait "naturels" et un monde culturel ou spirituel fabriqué. Tout est fabriqué et tout est naturel chez l'homme, comme on voudra dire, en ce sens qu'il n'est pas un mot, pas une conduite qui ne doive quelque chose à l'être simplement biologique – et qui en même temps ne se dérobe à la simplicité de la vie animale, ne détourne de leur sens les conduites vitales, par une sorte d'échappement et par un génie de l'équivoque qui pourraient servir à définir l'homme ! » (*Phénoménologie de la perception*)

A. Le mythe de l'état de nature

Dans ces conditions, il apparaît contradictoire de parler d'homme à l'état de nature. Ce thème de l'état de nature a été souvent utilisé par les philosophes, aux XVIIe et XVIIIe siècles, notamment dans la philosophie du droit. Comme le fit observer J.-J. Rousseau (*Discours sur l'inégalité*), un tel état ne peut être considéré comme une réalité, même passée, mais plutôt comme une **hypothèse** permettant de dégager la spécificité de l'état de société. On peut s'interroger sur la valeur opératoire d'une telle hypothèse.

B. Existe-t-il une nature humaine ?

L'idée qu'il existe une nature humaine qui serait un ensemble de propriétés définissant de manière éternelle et immuable ce qu'est « l'homme en soi » (ce qui ne veut pas dire qu'il n'existerait pas des caractéristiques communes à tous les hommes) a été remise en cause dans des perspectives diverses.

- **Pour K. Marx.** « L'essence de l'homme n'est pas une abstraction inhérente à l'individu isolé. Dans sa réalité, elle est l'ensemble des rapports sociaux » (*VIe thèse sur Feuerbach*) : les hommes sont des « produits des circonstances » historiques, encore que ce soient eux qui « transforment les circonstances » (*IIIe thèse*).

- **Pour J.-P. Sartre.** « Il n'y a pas de nature humaine, puisqu'il n'y a pas de Dieu pour la concevoir. L'homme est non seulement tel qu'il se conçoit, mais tel qu'il se veut, et comme il se conçoit après l'existence, comme il se veut après cet élan vers l'existence ; l'homme n'est rien d'autre que ce qu'il se fait. » (*L'existentialisme est un humanisme*)

> CITATION
> « La nature, c'est le choix de soi-même en face de la liberté oppressive des autres. »
> Sartre, *Cahier pour une morale*.

L'homme aurait donc moins une nature qu'il ne serait une histoire.

C. Y a-t-il une hérédité psychologique ?

Le problème de la nature humaine pose celui de **l'hérédité psychologique**. Car s'il existait une hérédité psychologique comme il existe incontestablement une hérédité biologique, les comportements socioculturels pourraient s'expliquer en termes de déterminisme biologique, comme le veulent certains sociobiologistes, pour qui « l'organisation sociale représente la résultante comportementale des interactions d'organismes dotés

d'inclinations biologiquement réglées, et ne représente que cela », en sorte qu'« il n'y a rien dans les sociétés qui ne soit d'abord présent dans les organismes » (M. Sahlins, *Critique de la sociobiologie*). Les phénomènes sociaux s'expliqueraient notamment par « l'économie concurrentielle de la nature », l'exploitation sociale n'étant que l'expression du principe darwinien de la sélection naturelle.
À une telle vue, on oppose **la non-hérédité comportementale** de l'homme. « La vérité, écrit L. Malson, est que le comportement, chez l'homme, ne doit pas à l'hérédité spécifique ce qu'il lui doit chez l'animal. Le système de besoins et de fonctions biologiques, légué par le génotype à la naissance, apparente l'homme à tout être animé sans le caractériser, sans le désigner comme membre de l'"espèce humaine". En revanche, cette absence de déterminations particulières est parfaitement synonyme d'une présence de possibles indéfinis. À la vie close, dominée et réglée par une nature donnée, se substitue ici l'existence ouverte, créatrice et ordonnatrice d'une nature acquise. Ainsi, sous l'action des circonstances culturelles, une pluralité de types sociaux et non un seul type spécifique pourront-ils apparaître, diversifiant l'humanité selon le temps et l'espace. Ce que l'analyse même des similitudes retient de commun chez les hommes, c'est une structure de possibilités, voire de probabilités, qui ne peut passer à l'être sans contexte social, quel qu'il soit. » (*Les Enfants sauvages*)

3 Le problème du relativisme culturel

A. L'ethnocentrisme

L'ethnocentrisme, phénomène ancien et, semble-t-il, universel, désigne le fait de juger (principalement de condamner) des **cultures étrangères** à partir de sa **propre culture** tenue pour supérieure. L'autre est jugé comme un « barbare », un « sauvage », voire un être n'appartenant pas à l'humanité. « L'humanité, observe C. Lévi-Strauss, cesse aux frontières de la tribu, du groupe linguistique, parfois même du village ; à tel point qu'un grand nombre de populations dites primitives se désignent elles-mêmes d'un nom qui signifie les "hommes" (ou parfois – dirons-nous avec plus de discrétion ? – les "bons", les "excellents", les "complets"), impliquant ainsi que les autres tribus, groupes ou villages ne participent pas des vertus ou même de la nature humaines, mais sont tout au plus composés de "mauvais", de "méchants", de "singes de terre" ou d'"œufs de pou". On va souvent jusqu'à priver l'étranger de ce dernier degré de réalité en en faisant un "fantôme" ou une "apparition". » (*Race et histoire, III*)

> **CITATION**
> L'ethnocentrisme, selon Lévi-Strauss, c'est le refus « d'admettre le fait même de la diversité culturelle ; on préfère rejeter hors de la culture, dans la nature, tout ce qui ne se conforme pas à la norme sous laquelle on vit. »
> Lévi-Strauss, « Race et histoire » *in Le Racisme devant la science.*

B. La hiérarchisation des cultures

Cet ethnocentrisme sous-tend les diverses tentatives pseudo-objectives de hiérarchisation des cultures, plus ou moins fondées sur une conception de l'histoire qui postule des **stades** ou des âges de l'humanité par lesquels passeraient toutes les civilisations, ce qui autoriserait à classer les cultures selon l'étape du **progrès universel** qu'elles représenteraient. Une telle conception se retrouve, sous des formes variées, chez des penseurs aussi divers que J.-B Vicot, Condorcet, Hegel, A. Comte, K. Marx ou O. Spengler. Mais, comme l'a souligné C. Lévi-Strauss, il s'agit là d'un **faux évolutionnisme** qui s'appuie sur des ressemblances superficielles et fragmentaires et sur un choix de valeurs, de critères (par exemple le niveau technologique), arbitrairement dictés par une culture particulière : celle de celui qui hiérarchise.

PHILO

L'art et la technique

1 De l'artisan à l'artiste

Il n'est pas inutile de savoir que le mot « art » n'a pas toujours désigné les « beaux-arts », que la distinction de l'artisan et de l'artiste est assez récente. L'art de l'**artisan** est une **technique**. L'art de l'**artiste**, lui, désigne « toute production de la beauté par les œuvres d'un être conscient » (A. Lalande) ou encore toute création d'œuvres qui ont un intérêt, une valeur **esthétiques**. Ce second sens (le sens esthétique de l'art) est aujourd'hui le plus usuel. En effet, au XVIIIe siècle l'artiste se sépare de l'artisan et « l'art » désigne très généralement les **beaux-arts**. On peut expliquer cet avènement par celui d'une production industrielle qui repose sur une technique de plus en plus consciente de ses règles, par opposition aux manières artisanales de produire, où le talent et l'ingéniosité de l'ouvrier (en particulier dans le chef-d'œuvre) ne diffèrent pas essentiellement des manières artistiques de produire.

2 L'émotion esthétique

A. Une satisfaction des désirs dans l'imaginaire

S. Freud observe que l'ordre des choses ou l'ordre social rendent impossible la satisfaction réelle de nombreux désirs. Rêveries et fantasmes procurent dans l'imaginaire un plaisir auquel il faut renoncer dans la réalité. L'artiste est celui qui sait mettre en scène des désirs inconscients sans provoquer gêne, angoisse ou désintérêt chez les autres, mais au contraire une **émotion libératrice**. Aristote nommait ***catharsis*** cet apaisement de l'âme que peut produire l'émotion esthétique ; il remarque ainsi que la tragédie, « en suscitant pitié et crainte, opère une purgation (*catharsis*) de ces émotions ». (*Poétique*)

B. Un plaisir désintéressé

Freud reconnaît que l'artiste nous séduit aussi par le « plaisir attaché à la beauté de la forme ». On nomme **jugement de goût** cette aptitude à sentir la valeur proprement esthétique d'une œuvre, dont E. Kant a analysé les caractères. Ce jugement ne déclare pas simplement un objet **agréable**, c'est-à-dire capable de satisfaire un désir qui peut varier selon les êtres, donc de procurer une jouissance sensuelle (de sorte que sur ce plan il faut admettre le principe « à chacun selon son goût ») ; il affirme aussi sa **beauté**, c'est-à-dire son pouvoir de faire naître une **satisfaction désintéressée** chez n'importe quel homme. « Quand un homme, écrit Kant, donne une chose pour belle, il prétend trouver la même satisfaction en autrui ; il ne juge pas seulement pour lui mais pour tous et parle alors de la beauté comme si elle était une propriété des objets. » (*Critique de la faculté de juger*, 1790)

> **CITATION**
> « Est beau ce qui plaît universellement sans concept. »
> Kant, *Critique du jugement*.

Seule l'origine du **plaisir esthétique** permet de comprendre cette exigence d'universalité qu'aucune science ne peut établir. Ce plaisir est **désintéressé** : il naît, hors de tout désir, du libre jeu de facultés universelles : une certaine harmonie de l'imagination et de l'entendement, dans laquelle l'une et l'autre s'animent indéfiniment.

3 Le génie artistique

La capacité de l'artiste à produire des œuvres capables de plaire ainsi universellement est ce que Kant nomme le « **génie** ». Kant définit cette faculté de la manière suivante : « Le génie est le talent (don naturel) qui dicte la règle de l'art ; mais le talent, faculté innée de production de l'artiste appartient à la nature ; on pourrait donc s'exprimer ainsi : le génie est la disposition innée de l'esprit par laquelle la nature donne ses règles à l'art. » (*ibid.*)
Le génie se caractérise ainsi par trois éléments.

- **L'originalité.** « Le génie est le talent de produire ce dont on ne saurait donner de règles déterminées, ce n'est pas l'aptitude à ce qui peut être appris d'après une règle quelconque. »

▪ L'exemplarité. « Ses productions, car l'absurde aussi peut être original, doivent en même temps être des **modèles.** » Elles « doivent être proposées à l'imitation des autres ».
▪ L'incapacité à « indiquer scientifiquement comment il réalise son œuvre ». Et pourtant « il donne, en tant que nature, la règle. Donc l'auteur d'une œuvre qu'il doit à son génie ne sait pas lui-même d'où lui viennent les idées et il ne dépend pas de lui d'en concevoir à volonté ou d'après un plan, ni de les communiquer à d'autres dans des prescriptions qui les mettraient à même de produire de semblables ouvrages ». (*ibid.*)

4 L'art et la vérité

▪ Hegel. On dit ordinairement que l'artiste manifeste son imagination, exprime sa personnalité dans son œuvre. Nous pouvons étendre cette considération en avançant avec Hegel que le but final de l'art est de « révéler la vérité, de représenter d'une façon concrète et figurée ce qui s'agite dans l'âme humaine » (*Esthétique*, 1832). L'âme, ou conscience, ne découvre son essentielle liberté qu'à travers le progrès de son déploiement historique. Les œuvres d'art sont les témoins de cette conquête dont le sens ultime ne peut être déchiffré qu'à son terme par la pensée philosophique. Si nous savons que « les peuples ont déposé leurs conceptions les plus hautes dans les productions de l'art, les ont exprimées et en ont pris conscience par le moyen de l'art » (*ibid.*), c'est qu'aujourd'hui la vérité de l'art peut être comprise directement par la pensée philosophique. Mais l'artiste comme tel n'exprimait la vérité qu'à travers des œuvres particulières, individuelles, sensibles et spiritualisées, son savoir n'est pas la pensée conceptuelle du philosophe.

> CITATION
> « L'art, la religion et la philosophie ne diffèrent que par leur forme ; leur objet est le même. »
> Hegel, *Esthétique*.

▪ Platon. Ainsi appréhendé, l'art échappe complètement à la critique que lui adressait Platon en dénonçant l'**illusionnisme des artistes** qui nous détournent de l'intelligible, du monde « réellement réel » des Idées, en nous attachant à de simples apparences sensibles.

> CITATION
> « Quant à moi, je refuse le nom d'art à une activité irrationnelle. »
> Platon, *Gorgias*.

▪ Bergson. On peut même aller jusqu'à avancer avec Bergson que l'art nous révèle précisément ce qu'est la réalité véritable. Selon Bergson, en effet, « l'art n'est sûrement qu'une vision plus directe de la réalité. » Notre perception ordinaire du réel est utilitaire : nous percevons la réalité à travers des classifications simplificatrices, nous négligeons ce que, dans sa « distraction », l'artiste perçoit pour nous le révéler, à savoir cette « individualité des choses et des êtres » qui en est la véritable réalité. « L'art, résume Bergson, n'a d'autre objet que d'écarter les symboles pratiquement utiles, les généralités conventionnellement et socialement acceptées, enfin tout ce qui nous masque la réalité, pour nous mettre face à face avec la réalité même. » (*Le Rire*, 1900)
▪ Nietzsche. Toutefois, à cette conception de l'art, on peut opposer l'analyse de Nietzsche, pour qui l'art est avant tout une **production vitale d'illusions**.

5 La technique

On peut distinguer trois sortes de techniques.
▪ La technique au sens large. C'est une méthode, un ensemble de moyens permettant de réaliser un but.
▪ La technique de l'artisan. C'est la technique de l'homme de métier, qui est son art, son savoir-faire, les procédés qu'il utilise pour obtenir un résultat. Ces procédés font souvent intervenir une **habileté** (acquise au cours d'un apprentissage plus ou moins méthodique) et/ou des outils, (objets fabriqués qui permettent de « prolonger et d'armer le corps pour accomplir un geste » (G. Simondon). Il convient de pas oublier ce sens lorsqu'on doit réfléchir sur certaines questions, comme : Quelle est la valeur culturelle de la technique ? Qu'est-ce que les techniques peuvent nous apprendre sur l'homme ?
▪ La technique issue des sciences. Elle consiste dans leur application méthodique, dans les **moyens de transformation de la nature** fondés sur les sciences. Ici interviennent, en plus de l'habileté et des outils, un savoir méthodique et des machines.

▪ **Remarque.** Il ne faut surtout pas confondre la **technique**, dont la fonction est de transformer le réel (plan pratique), et la **science**, qui cherche à connaître, à expliquer (plan théorique). Ainsi l'exemple de la médecine est-il particulièrement ambigu : elle contient des recherches théoriques (la biologie, par exemple), des techniques au sens 2 (l'art du diagnostic) et des techniques au sens 3 (rein artificiel, etc.).

6 L'*homo sapiens* comme *homo faber*

L'homme est un être capable de fabriquer des **outils**. D'abord élémentaires, ceux-ci prolongeraient en quelque sorte hors du corps un de ses organes : « Les hommes auraient projeté le bras dans le bâton, le doigt dans le crochet ou l'hameçon, le poing dans le caillou percuteur. » (Espinas)

> CITATION
> « À quelle date faisons-nous remonter l'apparition de l'homme sur la terre ? Au temps où se fabriquèrent les premières armes, les premiers outils. »
> Bergson, *L'Évolution créatrice*.

On ne saurait opposer l'*homo faber* et l'*homo sapiens*. L'invention et la fabrication de l'outil mettent en effet en jeu des opérations intellectuelles, une pensée symbolique, un langage : « L'homme, explique A. Leroi-Gourhan, fabrique des outils concrets et des symboles, les uns et les autres relevant du même processus ou plutôt recourant dans le cerveau au même équipement fondamental. [...] Le langage est aussi caractéristique de l'homme que l'outil [...], ils ne sont que l'expression de la même propriété de l'homme [...]. **Outil** et **langage** sont liés neurologiquement. » (*Le Geste et la parole*, 1964)

> CITATION
> « La nature agit, l'homme fait (**facit**). »
> Kant, *Opus postumum*.

A. La technique artisanale

Avant les temps modernes, la **technique** est essentiellement **artisanale**. Elle est surtout constituée d'outils et d'instruments mis au point de façon empirique, et de savoir-faire, de procédés efficaces qui se transmettent par un apprentissage fait d'imitations, d'essais, de tâtonnements (« C'est en forgeant... »). Elle ne cherche pas à expliciter ses méthodes, elle ne connaît pas le progrès cumulatif et systématique de la technique contemporaine. Au XVIIe siècle, en revanche, R. Descartes prend acte de la naissance des sciences expérimentales, et conscience des applications qu'elles rendent possibles. Les techniques peuvent devenir des sciences appliquées.

B. La science et la technique

Les **techniques contemporaines** sont bien l'application de connaissances scientifiques : sans elles, ni l'ampoule électrique, ni l'échographie, par exemple, ne seraient possibles. Les techniques sont aussi ce par quoi les sciences se constituent et progressent : le télescope pour Galilée, les accélérateurs de particules en physique nucléaire, ou simplement le thermomètre. Ainsi, bien que leurs orientations divergent (la technique vise l'efficacité, la science la connaissance), **science** et **technique** sont **interdépendantes**.

> CITATION
> « La technique nous rend comme maîtres et possesseurs de la nature. »
> Descartes, *Discours de la méthode*.

7 L'empire de la technique

A. Le machinisme

Les révolutions industrielles, depuis l'apparition de la machine-outil à la fin du XVIIIe siècle, étendent progressivement le règne des techniques. Les **machines** interviennent non seulement dans le cadre de la production, mais d'elles dépendent nos loisirs eux-mêmes. Nous vivons dans un univers technique qui suscite émerveillement et inquiétude.

B. Neutralité des techniques ?

Les formes actuelles prises par la domination sur la nature (son exploitation en règle, voire sa destruction) ont conduit à suspecter les techniques elles-mêmes. Toutefois, dans la mesure où elles sont par définition un ensemble de **moyens**, les techniques ne peuvent déterminer des **fins**. La valeur des buts qu'elles réalisent ne dépend pas plus d'elles que leur bon ou leur mauvais usage.

Les échanges

1 Les échanges économiques

A. La division sociale du travail

C'est la diversité des besoins qui impose la division du travail. Elle devient une division sociale parce que la spécialisation des travailleurs peut accroître leur productivité et améliorer la qualité des produits, leur valeur utilitaire ou **valeur d'usage**.
Mais la spécialisation n'est avantageuse que si les travailleurs **échangent leurs produits** de manière équitable. C'est ce que remarquait déjà Aristote : « Il faut faire en sorte que l'architecte reçoive du cordonnier le produit du travail de ce dernier, et lui donne en contrepartie son propre travail. Si donc tout d'abord on a établi l'égalité proportionnelle des produits et qu'ensuite seulement l'échange réciproque ait lieu, la solution sera obtenue ; et faute d'agir ainsi, le marché n'est pas égal et ne tient pas, puisque rien n'empêche que le travail de l'un n'ait une valeur supérieure à celui de l'autre. » (*Éthique à Nicomaque*)

ZOOM

L'analyse des **échanges** prolonge d'abord celle du **travail**, puisque la division sociale du travail suppose l'existence d'échanges économiques. L'ethnologie contemporaine attire l'attention sur les formes que prennent ces derniers dans les sociétés « primitives » et souligne l'importance, dans toute culture, des échanges matrimoniaux. Mais il ne faudrait pas oublier les échanges d'informations, de messages, d'idées, qui s'opèrent notamment à travers le langage.

CITATION

« Ce qui donne naissance à une cité, repris-je, c'est, je crois, l'impuissance où se trouve chaque individu de se suffire à lui-même. »
Platon, *La République*.

B. La monnaie

La monnaie facilite d'abord les échanges des produits ; elle permet de définir leur **valeur d'échange**. « Toutes les choses, observe encore Aristote, faisant objet de transaction doivent être d'une façon quelconque commensurables entre elles. C'est à cette fin que la monnaie a été introduite, devenant une sorte de moyen terme, car elle mesure toutes choses et par suite l'excès et le défaut, par exemple combien de chaussures équivalent à une maison ou à telle quantité de nourriture. » (*Ibid.*)
Mais, observe encore Aristote, si « la monnaie a été inventée en vue de l'échange », elle peut parfois devenir « principe et but de l'échange » dans une économie déréglée où la fin n'est plus l'échange juste mais l'accumulation sans fin de l'argent. (*Politique*)

2 La marchandise

A. La valeur d'usage et la valeur d'échange

En tant qu'elles nous permettent de **répondre à des besoins**, les choses ont pour nous une valeur d'usage : la valeur de l'air, c'est de me permettre de respirer, celle de l'eau d'étancher ma soif, celle du pain de me nourrir, etc. Alors les choses ne sont pas autre chose pour nous que ce qu'elles sont : dans le pain je vois du pain qui peut me nourrir et c'est tout. Dans le **commerce**, en revanche, chaque chose quitte sa nature primitive : elle devient une **marchandise**, c'est-à-dire qu'elle prend une valeur d'échange. En effet, tandis que sous l'angle de sa valeur d'usage chaque chose était considérée **qualitativement** pour elle-même, sous celui de sa valeur d'échange, elle n'est considérée que **quantitativement** par rapport à une ou plusieurs autres choses, et même, au moins virtuellement, avec toutes les autres choses. Le commerce des choses établit en effet un **rapport de valeur** permettant d'échanger les choses, rapport qui peut être traduit par la formule $xA = yB$, c'est-à-dire « une quantité x de marchandise A vaut une quantité y de marchandise B ».

B. Les marchandises comme abstractions

Dans ces conditions, la chose devient une réelle abstraction, puisqu'on ne voit plus en elle que sa valeur d'échange, qui est une pure abstraction. Elle devient ainsi une **idée**. Car si les choses existent **objectivement** en tant qu'objets, en tant que marchandises, c'est-à-dire en tant que formes d'échanges, elles n'existent que pour une **conscience**, elles ne deviennent marchandises que dans et par des consciences.
Mais dès qu'on considère **une** chose comme une marchandise, c'est-à-dire qu'on ne la regarde que comme une valeur d'échange, **toutes** les choses deviennent du même coup marchandises, puisque toutes sont susceptibles de s'échanger contre elle. Ainsi, observe H. Lefebvre, « son caractère [de marchandise] est pour ainsi dire contagieux. Dès qu'un bien devient objet d'échange et revêt cette forme, un autre objet, puis un autre et d'autres encore la revêtent. De proche en proche, tous les biens deviennent objet d'échange, sans limitation possible. Ils constituent une chaîne, s'affectant les uns les autres, dans ce caractère : l'échangeabilité par équivalence (effective ou supposée) » (*Le Langage et la société*, Idées). C'est pourquoi, selon K. Marx, « les marchandises qui, au point de vue de la valeur (d'échange) sont des choses purement sociales, ne peuvent exprimer cette existence sociale que par une série embrassant tous leurs rapports réciproques ».

3 L'approche ethnologique

A. L'obligation de donner

M. Mauss (1872-1950) a noté que les sociétés archaïques n'ignorent pas les échanges économiques : le **marché** « n'est étranger à aucune société connue ». Mais le régime d'échange y est différent du nôtre.

> CITATION
> « On n'a jamais vu de chien faire de propos délibéré l'échange d'un os avec un autre chien. »
> S. Adam, *Recherches sur la nature et les causes de la richesse des nations.*

En particulier :
- Il est moins le fait d'individus que de groupes.
- Il ne porte pas que sur des biens économiques : ce que les groupes « échangent, [...] ce sont avant tout des politesses, des festins, des rites, des services militaires, des femmes, des enfants, des danses, des fêtes, des foires dont le marché n'est qu'un des moments ». (M. Mauss, *Essai sur le don*, dans *Sociologie et Anthropologie*)
- Il est donc « **un fait social total** » parce que sa signification n'est pas simplement économique, mais à la fois juridique, morale, religieuse, magique, utilitaire, sentimentale, voire esthétique.
- Il consiste en dons réciproques qui ont « la forme du présent, du cadeau offert généreusement » ; mais ce caractère de gratuité n'est qu'apparent. Il est en effet facile de démasquer, sous nombre de dons, un échange implicite, parfois tu ou nié, parfois reconnu, mais seul capable de donner un sens à la conduite du donateur. Ou bien les cadeaux, gratifications, pourboires, récompensent des services antérieurs et ils sont dus, ou bien ils anticipent des services futurs, ils créent des dettes dont le donataire (celui qui a reçu le don) devra s'acquitter en retour. Et si certains dons semblent échapper à la logique matérielle de l'échange complet, ne sous-entendent-ils pas une gratification psychologique, qui fait que le donateur désintéressé, comme on dit familièrement, « s'y retrouve » encore ? Ainsi peut-on dénoncer le don « gratuit » comme une illusion et mettre en évidence l'échange implicite qui l'explique.

B. L'échange matrimonial

Dans *Les Structures élémentaires de la parenté*, C. Levi-Strauss remarque que « le mariage est partout considéré comme une occasion particulièrement favorable à l'ouverture ou au déroulement d'un cycle d'échanges ». Mais il est bien davantage, dans la mesure où il met en jeu « la règle par excellence, la seule universelle » : la prohibition de l'inceste.
L'interdiction d'épouser telle ou telle parente met en effet dans l'obligation de la donner à un autre. La **règle du don** par excellence, la prohibition de l'inceste, lie entre elles les familles biologiques qui constituent le groupe social.

La vérité

1 La vérité-correspondance

A. L'accord entre les idées et la réalité

ZOOM

Il n'y a de **vérité** que s'il y a **jugement.** Les choses ne sont en elles-mêmes ni vraies ni fausses : elles sont ou ne sont pas. Ce sont les idées que nous avons des choses et les jugements que nous formons sur elles qui sont vrais ou faux. Mais en quoi consiste la vérité ? Comment la définir ?

La plupart des philosophes (Platon, Aristote, Descartes, Kant, etc.) s'accordent avec le sens commun pour faire consister la vérité dans une **ressemblance**, ou une **correspondance**, avec la réalité. C'est ce qu'exprime la formule de la scolastique médiévale : *Veritas est adequatio intellectus et rei*, « la vérité, c'est l'adéquation de l'esprit et de la chose » (cf. saint Thomas, *Somme théologique*, 1a, q. 21, a. 2), ou encore les définitions de Spinoza : « Une idée vraie doit s'accorder avec ce dont elle est l'idée. » (*Éthique*, I, axiome VI) ; « On appelle idée vraie celle qui montre une chose comme elle est en elle-même ; fausse celle qui montre une chose autrement qu'elle n'est en réalité. » *(Pensées métaphysiques*, I, III) Une idée vraie est ainsi concue comme une sorte de copie exacte de son objet, et la relation de vérité comme quelque chose d'analogue à la ressemblance entre le portrait (l'idée) et le modèle (la réalité ou du moins le phénomène, si, avec Kant, on pose que la réalité en soi nous est inconnaissable).

CITATION

« On définit la vérité par la conformité de l'intellect et du réel. Connaître cette conformité, c'est donc connaître la vérité. »
Saint Thomas, *Somme théologique*.

B. Les objections à cette théorie

- Tout d'abord, il est impossible de vérifier la vérité de nos idées dans la mesure où on ne peut vérifier leur ressemblance : nous ne pouvons en effet sortir de nous-mêmes, de nos représentations, pour comparer à son modèle cette copie que constituerait l'idée. Car, pour qu'une telle comparaison fût possible, il faudrait que nous puissions atteindre la réalité (ou simplement les phénomènes) indépendamment de toute représentation pour pouvoir la comparer avec notre représentation.
- Ensuite, on peut se demander ce que désigne la « ressemblance entre l'idée vraie et la réalité : l'idée n'est pas identique à la réalité ; or l'erreur, elle aussi, ressemble à la réalité. Ne s'agit-il donc que d'une différence de degré ? Mais alors la vérité serait dans une certaine mesure une erreur.
- Enfin, si nous considérons la mathématique pure ou la logique formelle, une telle définition se trouve remise en question dans la mesure où l'on admet que les systèmes logico-mathématiques se réduisant à un maniement de symboles, leurs propositions et leurs objets sont vides de tout contenu. Dès lors, les idéalités mathématiques ne sauraient être que des copies d'elles-mêmes.

2 La vérité-cohérence

A. L'accord des idées entre elles

- **La cohérence du jugement.** On peut faire consister la vérité non plus dans l'accord entre les idées et la realité, mais dans l'accord des idées entre elles, dans la **non-contradiction** des jugements ou propositions ; la vérité d'un jugement s'évalue en fonction de sa **cohérence**, c'est-à-dire de son accord ou désaccord avec d'autres jugements. Les vérités doivent donc constituer un système logiquement consistant, dont les éléments sont reliés entre eux de manière à former une seule unité ou totalité cohérente, dont la cohésion même exclut les autres possibilités. Il apparaît ainsi, d'une part, que la vérité d'un jugement est fondamentalement contextuelle, puisqu'on ne peut déterminer la vérité d'une proposition en l'examinant isolément, et d'autre part que les propositions particulières sont en tant que telles seulement partiellement vraies, et par conséquent partiellement fausses, tandis que seul le système dans sa totalité est totalement vrai. Il existe donc en ce sens des degrés de vérité.

CITATION
« La vérité est de deux genres : elle consiste soit dans la découverte des rapports des idées, considérées comme telles, soit dans la conformité de nos idées des objets à leur existence réelle. »
Hume, *Traité de la nature humaine*.

▪ **Un raisonnement mathématique et empirique.** On pourrait objecter aux partisans de la vérité-cohérence que celle-ci se fonde sur le raisonnement *a priori* caractéristique de la logique et des mathématiques, et que sa validité ne saurait être étendue en-dehors de ces domaines. Mais on a fait observer qu'un examen du raisonnement *a posteriori* des sciences empiriques et de la vie ordinaire confirme en réalité cette théorie. Prenons l'exemple de la connaissance historique. Il est évident que lorsque nous voulons vérifier des faits passés, le seul critère de vérité est celui de la cohérence des divers témoignages. Soit l'affirmation : « Jeanne d'Arc est morte empoisonnée au Japon. » Parce que cette proposition n'est cohérente avec aucune des autres assertions fournies par les divers documents que nous possédons, nous la tiendrons pour fausse. Autre exemple, celui de l'expérience ordinaire. Si nous considérons une assertion à propos d'un fait présent, telle que « il y a un homme dans la pièce voisine », on dira que pour vérifier cela, il suffit de regarder dans cette pièce : si ce qu'on y voit correspond à l'assertion, on la tiendra pour vraie. Par cette réponse, on suppose qu'il existe un fait indiscutable qui s'impose à nos sens et auquel se conforme notre pensée. Mais ce que l'on prend pour la perception d'un fait est en réalité un **jugement** puisque sans un ensemble de jugements on ne pourrait jamais identifier un homme ni une pièce. Nous ne confrontons donc pas ici une assertion et un fait, mais un jugement avec un ensemble d'autres jugements, et ce qui autorise la vérification du jugement initial est bien sa **cohérence** avec ces autres jugements.

B. Les objections à cette théorie

De même que la théorie de la vérité-correspondance, cette théorie de la vérité-cohérence rencontre cependant plusieurs obstacles.

▪ **La nécessité d'une vérité antérieure.** Premièrement, en déterminant la cohérence de propositions, nous usons de vérités logiques : nous devons donc déjà posséder un critère de vérité **antérieur** à celui de la cohérence.

▪ **Des vérités multiples ?** Surtout, il est possible d'obtenir une multiplicité de systèmes différents quoique également cohérents : ils devront donc tous être tenus pour vrais. On aura par conséquent des **vérités concurrentes**, alors que la vérité est par nature conçue comme **unique**. Ainsi que l'écrit B. Russell, « il n'y a aucune raison de supposer qu'un seul corps cohérent de doctrines est possible. Il peut se faire qu'un romancier, avec une imagination suffisante, puisse inventer pour le monde un passé qui s'accorderait parfaitement avec nos connaissances, et que ce passé soit pourtant très différent du passé réel. Dans des matières plus scientifiques, il est certain qu'il y a souvent deux ou plusieurs hypothèses qui rendent raison de tous les faits connus sur un sujet. Et, bien que dans tels cas les savants s'efforcent de trouver des faits susceptibles d'éliminer toutes les hypothèses sauf une, il n'y a pas de raison qu'ils y parviennent toujours ». (*Les Problèmes de la philosophie*)

▪ **Quelle cohérence ?** Par ailleurs, quand nous parlons de cohérence, de quelle cohérence s'agit-il ? Est-ce une cohérence avec tout le reste, c'est-à-dire avec toutes les autres propositions qui peuvent être énoncées ? Cela est évidemment impossible, car la totalité des propositions signifiantes est assurément inconsistante (puisque certaines sont fausses), donc incohérente. Est-ce plus simplement une cohérence avec quelque chose, c'est-à-dire avec quelque(s) proposition(s) ? Il est alors clair que toute proposition satisfera à cette condition, et que sa cohérence ne nous apprendra rien sur sa vérité.

On ne peut pas non plus dire qu'il s'agit d'une cohérence avec d'autres vérités, car on aura alors besoin d'autres critères préalables pour déterminer la vérité de ces autres vérités. La **cohérence** ne peut donc servir de critère pour une vérité première, mais seulement pour son **développement**.

5 LE COURS

La raison et la croyance

> **ZOOM**
> Le terme de « raison » recouvre des significations assez diverses. Il convient d'abord de distinguer **la** raison et **une** raison.

- **Principe d'explication. Une raison** désigne le **principe d'explication** d'un phénomène, sa cause (on parle ainsi de « la raison des choses », on dit que « rien ne se produit sans raison ») ou encore le motif légitime (ou qui se veut tel) d'une action (cf. « avoir des raisons pour agir »).
- **Faculté de raisonner. La raison**, quant à elle, désigne au sens strict la **faculté de raisonner**, c'est-à-dire de former des concepts (des idées abstraites) et de les combiner entre eux de manière logique. Par extension, elle peut aussi désigner la **faculté de bien juger**, c'est-à-dire de distinguer ce qui est vrai d'avec ce qui est faux, ce qui est bien d'avec ce qui est mal, voire ce qui est beau d'avec ce qui est laid. Cette seconde acception prend donc une **valeur normative** que n'a pas la première. C'est en ce sens que Descartes parle de la raison, synonyme de « bon sens » ; c'est toujours en ce sens que nous disons qu'il faut « faire ce que nous dicte la raison », que quelque chose n'est pas « raisonnable », que nous « avons raison », etc.
- **Type de connaissance.** Enfin, **la raison** peut désigner un **type de connaissance** ayant pour objet les phénomènes naturels, par opposition à **la foi**, qui a pour objet des connaissances révélées.

Ces trois sens ne sont pas toujours distingués, et se voient souvent simultanément mis en jeu dans certaines questions, comme lorsqu'on se demande s'il peut y avoir un mauvais usage de la raison ou si la raison est l'unique moyen de sagesse.

1 L'universalité de la raison

> **CITATION**
> « Pour la raison ou le sens, d'autant qu'elle est la seule chose qui nous rend hommes et nous distingue des bêtes, je veux croire qu'elle est tout entière en un chacun. »
> Descartes, *Discours de la méthode*.

- **La raison, faculté universelle.** Pour la philosophie classique, la raison, en tant que faculté de former et de combiner logiquement des concepts, est **universelle** : l'homme se définit comme un **animal raisonnable**. Par conséquent, la raison est la même chez et pour tous les hommes, ce qui ne veut pas dire que tous en usent également. L'ethnologie de la fin du XIXᵉ siècle et du début du XXᵉ siècle a remis en cause cette conception en soutenant la thèse qu'il existerait une « **mentalité primitive** » propre à l'homme des prétendues « sociétés inférieures ». Cette idée a notamment été développée par le philosophe français L. Lévy-Bruhl (1857-1939) qui s'est efforcé de montrer que la « mentalité primitive » s'oppose à la « **mentalité rationnelle** » caractérisant l'homme des « sociétés évoluées ».
- **La mentalité primitive et la non-contradiction.** Selon Lévy-Bruhl (*Les Fonctions mentales dans les sociétés inférieures*), en effet, la mentalité des « primitifs » serait « **prélogique** » en ce sens qu'elle ignorerait, premièrement, les **rapports naturels de causalité** au profit de rapports de « participation » (c'est-à-dire que pour elle, « la production des êtres et des phénomènes, l'apparition de tel ou tel événement, résultent d'une action mystique qui se communique, sous des conditions mystiques elles-mêmes, d'un objet ou d'un être à un autre ») et, deuxièmement, le **principe de non-contradiction** (les « primitifs » admettraient comme simultanément vraies des propositions logiquement incompatibles). Mais Lévy-Bruhl a fini par reconnaître lui-même que son analyse était erronée, et qu'il est faux de dire que la prétendue mentalité primitive enfreint le principe de contradiction : ce serait parce que la pensée des primitifs « n'est pas conceptuelle » (*id.*) qu'ils peuvent admettre des propositions qui nous paraissent contradictoires, mais

qui ne le sont pas pour eux. « Nous ne disons donc pas, explique Lévy-Bruhl, que leur esprit a de moindres exigences logiques que le nôtre, mais simplement qu'il ne pense pas par concepts et qu'il a d'autres habitudes mentales. » (*id.*)

▪ **La mentalité primitive et la causalité.** Dans ces conditions, il apparaît aussi que tout comme la mentalité primitive n'ignore pas le principe de non-contradiction, elle n'ignore pas non plus celui de la **causalité**. « La mentalité primitive fonde aussi ses techniques sur cet ordre régulier qui commande les phénomènes de la nature, et en ce sens, elle fait à tout instant des inductions, que l'expérience confirme en fait. Mais elle admet en même temps que des exceptions se produisent, et elle n'aurait jamais l'idée d'en nier la réalité au nom d'un déterminisme inviolable. » Lévy-Bruhl admet donc finalement que la mentalité primitive n'est nullement une mentalité « prélogique » : elle se caractériserait seulement par deux traits : une **non-conceptualisation** et un abandon occasionnel mais assez fréquent des rapports de causalité au profit des **rapports mystiques de participation**.

▪ **La mentalité primitive cohérente et rationnelle.** Mais il faut encore aller plus loin, et reconnaître que les « primitifs » n'ignorent nullement les concepts, qu'ils pensent bien par **concepts**, simplement qu'ils conceptualisent le monde d'une manière différente de la nôtre, mais parfaitement **cohérente et rationnelle**. Ainsi que l'a montré C. Lévi-Strauss, les « primitifs » s'approchent des lois de la nature par les voies de l'information en prenant le monde comme un **système signifiant**, comme un message ou un discours où chaque chose est un signe, un élément du message général : « La pensée sauvage est logique, dans le même sens et de la même façon que la nôtre, mais comme l'est seulement la nôtre quand elle s'applique à la connaissance d'un univers auquel elle reconnaît simultanément des propriétés physiques et des propriétés sémantiques. Ce malentendu une fois dissipé, il n'en reste pas moins vrai que, contrairement à l'opinion de Lévy-Bruhl, cette pensée procède par les voies de l'entendement, non de l'affectivité ; à l'aide de distinctions et d'oppositions, non par confusion et participation. » (*La Pensée sauvage*, 1962)

2 Peut-on douter de la valeur de la raison ?

A. Le doute sceptique

Pyrrhon (IVe siècle avant Jésus-Christ), fondateur du scepticisme antique, et ses disciples disent qu'« il faut toujours **douter** », pour « **détruire les dogmes** ». Selon eux, « à tout raisonnement, on peut opposer un autre raisonnement » et « la raison n'est autre chose qu'une indication donnée sur les apparences ou sur ce que l'esprit imagine de quelque façon que ce soit, indication par laquelle on compare toutes choses entre elles, et qui montre en elles un mélange de grande confusion et de grande contradiction » (Diogène Laërce, II).

Autrement dit, le doute sceptique utilise la raison pour douter de la valeur de la raison comme source de connaissances universelles et nécessaires ; mais cet usage de la raison ne débouche sur aucun dogmatisme, sur aucune certitude. Nous ne sommes jamais sûrs des « affirmations appuyées sur des raisonnements », disent les sceptiques, et par conséquent « nous suspendons notre jugement sur ces choses incertaines » (*id.*). Ce doute cohérent suspecte donc radicalement la valeur de la raison spéculative qui prétend connaître l'essence du réel. Il n'exclut pas un certain usage, en quelque sorte modeste, de la raison, si par là on désigne la capacité générale qu'a l'homme d'examiner (en grec, *skeptomai*, qui a donné « sceptique », veut dire « j'examine ») les savoirs et les pratiques, et de prendre ainsi conscience de leur **relativité**.

B. La foi comme dépassement de la raison

Pascal reconnaît la force du doute sceptique : « nous avons une impuissance de prouver, invincible à tout le dogmatisme ».

> **CITATION**
> « Il faut savoir douter où il faut, se soumettre où il faut, croire où il faut. »
> Pascal, *Pensées sur la religion*.

Mais d'un autre côté, « nous avons une idée de la vérité, invincible à tout le pyrrhonisme » (*Pensées*). Cette idée de la vérité, on peut la voir à l'œuvre même dans le doute sceptique, lequel ne rencontre l'incertitude que parce qu'il cherchait d'abord la vérité. La raison qui anime le doute met en question la suffisance de la raison, « il n'y a rien de si conforme à la raison que ce désaveu de la raison » (*id.*).
Mais l'humiliation de la raison par la raison elle-même ne peut pas nous enfermer dans le scepticisme, dans la mesure où « la dernière démarche de la raison est de reconnaître qu'il y a une infinité de choses qui la surpassent » (*id.*).
Dès lors, pour Pascal, nous sommes invités à rendre raison des « contrariétés » de l'homme par un **dépassement du plan de la rationalité humaine**. Le doute, en ce sens, conduirait de la **raison philosophique** à la **croyance religieuse**. Il mettrait légitimement en cause la valeur de la raison et préparerait son propre dépassement dans un « pari » qui conduit à penser que « la philosophie ne vaut pas une heure de peine ». Ainsi, le doute qui faisait accéder à la philosophie en ferait aussi sortir, non pour revenir aux opinions préphilosophiques, mais pour s'engager sur un plan présenté comme supérieur à la philosophie.

3 La raison peut-elle être normative ?

Dans son *Traité de la nature humaine*, D. Hume observe que « rien n'est plus habituel en philosophie, et même dans la vie courante, que de parler du combat de la passion et de la raison, de donner la préférence à la raison et d'affirmer que les hommes ne sont vertueux que dans la mesure où ils se conforment à ses décrets. Toute créature raisonnable, dit-on, est obligée de régler ses actions par la raison ; si un autre motif ou un autre principe entre en lutte pour diriger sa conduite, elle doit le combattre jusqu'à complète soumission ou du moins jusqu'à ce qu'il soit amené à un accord avec ce principe supérieur ». Hume rejette cette opposition traditionnelle entre **la raison** et **les passions**, ainsi que la prééminence supposée de la raison, en faisant remarquer « premièrement, que la raison ne peut être à elle seule un motif pour un acte volontaire, et deuxièmement, qu'elle ne peut jamais combattre la passion sans la direction de la volonté » (*id.*).

A. La raison ne peut s'opposer aux passions

> **CITATION**
> « La raison est et ne doit être que l'esclave des passions, elle ne peut jamais remplir un autre office que celui de les servir et de leur obéir. »
> Hume, *Traité de la nature humaine*.

En effet, dans la mesure où la raison, au sens strict, est la faculté de former et de combiner logiquement des concepts et des propositions, la raison nous autorise simplement à dire si de telles combinaisons, ou **jugements**, sont cohérents ou incohérents, c'est-à-dire si ces jugements sont **formellement vrais ou faux**. D'autre part, en confrontant ces jugements à l'expérience, la raison nous permet de dire s'ils correspondent à des faits, c'est-à-dire s'ils sont **réellement vrais ou faux**. Par ses enseignements (en exposant, par exemple, des rapports de causes et d'effets), la raison peut donc seulement **diriger** une impulsion, modifier le cours d'une action dont elle ne peut être à l'origine : « Un raisonnement abstrait ou démonstratif n'influence jamais aucune de nos actions, sinon en tant qu'il dirige notre jugement au sujet des causes et des effets. » (*id.*) Dans ces conditions, c'est bien de manière non rigoureuse que nous parlons du combat de la raison contre les désirs et les passions : « Puisque la raison à elle seule ne peut jamais produire une action, ni engendrer une volition, je conclus que la même faculté est aussi incapable d'empêcher une volition ou de disputer la préférence à une passion ou à une émotion […] Mais, si la raison n'a pas d'influence primitive, il est impossible qu'elle puisse contrebalancer un principe qui a ce pouvoir ou qu'elle puisse faire hésiter l'esprit un moment. Il apparaît ainsi que le principe qui s'oppose à notre passion, ne peut s'identifier à la raison et que c'est improprement qu'on l'appelle de ce nom. » (*id.*)

B. La raison ne peut juger les passions

La raison ne peut juger les passions en elles-mêmes, puisque les **passions** sont des **faits**, des « existences primitives », et que la **raison** ne juge pas les faits, mais les **relations** entre les faits ou les idées. La raison peut uniquement juger les éventuels jugements et opinions qui accompagnent les passions et qui se fondent soit sur la supposition de l'existence d'objets qui, en réalité, n'existent pas, soit portent sur des moyens considérés comme propices pour obtenir la fin projetée mais qui ne le sont pas en fait.

4 Qu'est-ce qu'une croyance ?

A. La définition et les sources

▪ **Définition.** Croire, c'est affirmer la vérité d'une proposition, bien que cette vérité ne soit pas la conclusion nécessaire d'une argumentation qui la prouve, comme c'est le cas dans la science. Le mathématicien, par exemple, ne *croit* pas que la somme des angles d'un triangle soit égale à 180° : il le *sait,* pour l'avoir méthodiquement démontré, c'est-à-dire déduit des définitions, axiomes, premiers principes de la géométrie d'Euclide. Les modalités de la croyance sont le **doute**, la **probabilité**, la **certitude**.

ZOOM

Le jugement ne consistant pas simplement à concevoir un rapport, mais à affirmer ou à nier ce dernier, il implique une adhésion ou une non-adhésion de l'esprit à la vérité du rapport conçu. C'est le **phénomène de la croyance**.
En tant qu'adhésion à une proposition tenue pour vraie, la croyance peut accompagner un jugement, conclure une réflexion; mais elle peut aussi n'être fondée sur aucun jugement ni aucune réflexion : elle s'identifie alors souvent au **préjugé** ou, dans la sphère religieuse, à la **foi**.

▪ **Sources.** La croyance peut avoir pour sources :
– **des facteurs sociaux** : les croyances sont souvent dictées par la société ou, à l'intérieur d'une même société, par des groupes sociaux (famille, classe sociale, etc.) ;
– **des facteurs affectifs** : de nombreuses croyances spontanées dépendent des sentiments et des désirs conscients ou inconscients des individus (voir l'apport de la psychanalyse) ;
– **des facteurs volontaires** : le rôle de la volonté a été souligné par les stoïciens et par Descartes. Mais ce rôle se manifeste essentiellement dans le refus de croire, c'est-à-dire dans le doute. Car il ne suffit pas de vouloir croire pour croire.

B. La croyance religieuse

La croyance religieuse affirme l'existence d'une certaine forme du divin (monothéisme, polythéisme, panthéisme, etc.). Elle porte sur des théories (dogmes, révélations) qui veulent apporter une réponse aux questions que l'homme se pose sur le sens de l'existence, sur sa destinée, sur l'origine et les causes des phénomènes naturels et sociaux.

CITATION

« Le cœur a ses raisons que la raison ne connaît point. » Pour Pascal en effet, la croyance et l'amour en Dieu sont étrangers à la raison.
Pascal, *Pensées*.

Elle est dénoncée comme crédulité ou **superstition** lorsqu'elle paraît manquer d'esprit critique. On parle de **foi** lorsqu'elle est consciente de n'être pas un savoir fondé objectivement, comme l'est celui de la science.
Car la croyance religieuse n'implique nullement une démission de la raison : elle ne s'élève pas nécessairement contre la raison, mais peut tout au contraire se voir justifiée par une raison consciente de ses propres limites. Ainsi, selon Thomas d'Aquin, « rien n'empêche que les mêmes réalités soient, à la fois, objet de la philosophie en tant que connaissables à la lumière de la raison naturelle, et objet d'un autre savoir en tant que connues à la lumière de la révélation divine » (*Somme théologique*, I, q. I, a. 1). Pour lui, les vérités de la foi chrétienne ne peuvent pas contredire les vérités rationnelles, et inversement ; mais il existe des vérités qui sont absolument inaccessibles à la raison et que seule la foi nous enseigne.

L'expérience

1 L'expérience en question

ZOOM

Le mot « expérience » apparaît dans des contextes très divers, avec des significations différentes. On peut distinguer :
- **l'expérience-relation immédiate** d'un sujet avec une réalité extérieure ou intérieure à sa conscience ;
- **l'expérience-observation**, constatation plus ou moins précise de certains faits, de certains phénomènes, dont on note les caractères importants ;
- **l'expérience-pratique** (avoir de l'expérience), savoir-faire acquis par la répétition de certaines activités;
- **l'expérience-expérimentation** scientifique.

A. L'expérience trompeuse

Lorsqu'un individu tient une idée pour vraie, quelle que soit cette idée et si fausse qu'elle puisse se révéler à l'examen, il le fait au nom d'une certaine **expérience** ; il pense que son idée est déjà contrôlée, ou bien qu'elle peut l'être. Sans cela, l'idée lui semblerait une simple « vue de l'esprit », une affirmation gratuite, sans valeur de vérité. Pour prendre un exemple caricatural mais assez clair, une proposition raciste, dans l'esprit de celui qui la pose comme vraie, est l'expression d'un fait qu'on a observé ou qu'on pourrait observer ; même si ces « observations » ne sont que les interprétations contestables de faits plus ou moins imaginaires, elles constituent « l'expérience » sans laquelle une thèse ne serait pas considérée comme vraie par celui qui la pose. Dans leur caverne, les prisonniers dont parle Platon fondaient leurs opinions sur la seule « expérience » qu'ils avaient de la réalité : la perception des ombres (voir *la République*, début du livre VII).

Pour passer de l'erreur, de l'illusion, du préjugé, à une vérité fondée, il ne suffit pas de « s'en tenir aux faits », aux données premières d'une expérience quelconque, il est nécessaire de se méfier des « expériences » immédiates. Bien plus, les propositions qu'il faut tenir pour vraies pourraient être, précisément, celles qui sont affranchies du contrôle incertain de l'expérience.

B. Des vérités sans expérience ?

▪ **Les vérités mathématiques.** Si Platon inscrit au fronton de l'Académie : « Que nul n'entre ici s'il n'est géomètre », s'il donne aux mathématiques une valeur exemplaire, c'est essentiellement parce qu'elles installent l'esprit sur le plan des **pures idées** ; les mathématiques ne tiennent pas leur vérité du sensible, de l'expérience trompeuse. En effet, elles forment un système de propositions logiquement liées qui reposent sur des hypothèses de départ. Platon demande au philosophe de « traiter ces hypothèses non comme des principes mais réellement comme des hypothèses, comme de simples bases de départ et des tremplins pour atteindre à ce qui n'est plus hypothétique mais principe de tout… » (*République*, VII, 511b-c). La raison, par la seule puissance de sa dialectique, atteindrait ainsi l'absolu. La vérité ne repose pas sur une expérience du monde sensible.

Plus généralement, on oppose traditionnellement la **vérité matérielle** d'une proposition, qui soulève le problème de son accord avec une réalité par l'intermédiaire d'une expérience, à sa **vérité formelle** ou logique : dans ce cas, sera « vraie » une proposition dont on peut montrer qu'elle est logiquement déductible d'autres propositions, qu'elle est obtenue par un raisonnement valide, cohérent. Mais une proposition « vraie » formellement ne peut l'être matériellement que si les propositions dont elle résulte sont elles-mêmes vraies matériellement : le problème est donc déplacé. C'est pourquoi Platon cherchait à atteindre l'absolu qui pourrait faire des mathématiques autre chose qu'une simple construction hypothéticodéductive. C'est pourquoi, sur un autre plan, les expressions : « vérité mathématique », ou « connaissance mathématique », posent problème si les mathématiques sont essentiellement déductives et formalisables.

■ **La métaphysique cartésienne.** R. Descartes, mathématicien lui-même, admire « ces longues chaînes de raison, toutes simples et faciles, dont les géomètres ont coutume de se servir pour parvenir à leurs plus difficiles démonstrations ». Il conçoit donc sa philosophie (au sens large de science ou connaissance de la réalité) sur le modèle d'une pensée essentiellement démonstrative. Mais les propositions que sa raison enchaîne de façon déductive tiennent d'abord leur vérité d'une **expérience originaire** qui donne à la première proposition, dans l'ordre de la connaissance, une valeur de vérité « évidente », indubitable. Le ***cogito*** (je doute, je pense, je suis) n'est pas une proposition comme les autres : en elle, je fais l'expérience de ma propre réalité, de la nature de ma conscience – et de cette expérience inaugurale, je peux déduire des propositions qui, ainsi fondées en vérité, seront nécessairement vraies, même si elles ne sont pas toutes directement contrôlables par des expériences.

■ **La critique kantienne.** En contestant la vérité du premier principe de la philosophie cartésienne (« la conscience de soi-même n'est pas encore, il s'en faut, une connaissance de soi-même »), E. Kant tient la métaphysique cartésienne pour une construction purement rationnelle qui ne peut être tenue pour vraie : à une telle construction, la raison peut toujours opposer d'autres constructions qui la contredisent. D'où « l'embarras » de la métaphysique, cette « connaissance spéculative de la raison tout à fait isolée et qui s'élève au-dessus de l'expérience par de simples concepts » (préface de la seconde édition de la *Critique de la raison pure*). L'histoire de la philosophie est une véritable « arène » où nul ne l'emporte jamais.

Nécessité et **universalité**, ces « deux marques sûres d'une connaissance véritable », ne caractérisent donc pas les propositions d'une raison qui spécule en dehors des bornes de l'expérience et qui, par conséquent, « divague ». Pourtant, certains jugements indémontrables et invérifiables, selon E. Kant, peuvent être tenus pour vrais. Ce sont les postulats de la Raison pratique (affirmation de la liberté, de l'existence de Dieu, etc.) qui rendent possible l'action morale. Dire « je suis libre », c'est tenir pour vrai un jugement en sachant qu'il n'est pas l'objet d'une vérification expérimentale. Il est en effet possible de penser ce qu'on ne peut connaître. « J'ai dû, dit Kant, supprimer le savoir pour y substituer la croyance » (*ibid.*) : une **foi rationnelle**, consciente d'être telle, tient pour vraies des propositions non contrôlables par l'expérience.

> CITATION
> « Si toute notre connaissance débute avec l'expérience, cela ne prouve pas qu'elle dérive toute de l'expérience. »
> Kant, *Critique de la raison pure*.

2 Les vérités expérimentales

En reconnaissant l'importance de l'**expérience**, la philosophie de Kant prend acte de l'essor des sciences expérimentales depuis Galilée, Torricelli, etc. Mais le statut précis de l'expérience dans la constitution des propositions scientifiques (lois, théories) n'est pas aussi simple qu'on pourrait le croire. Il doit toujours être défini dans le cadre précis d'une science précise, à un moment précis de son développement.

Dès lors, si personne ne conteste, sur ce plan, l'idée générale qu'une proposition ne peut être tenue scientifiquement pour vraie qu'à la condition d'être contrôlable par une expérience, tous les épistémologues, en revanche, travaillent à déterminer le sens de cette idée. G. Bachelard, par exemple, analysant les sciences contemporaines, montre qu'elles refusent « l'empirisme immédiat et passif qui prend l'expérience d'observation pour juge. L'expérience ne prononce plus des jugements sans appel ; ou, du moins, tant qu'elle se refuse à sanctionner notre attente, on fait appel à une expérience nouvelle. L'expérience n'est plus un point de départ, elle n'est même plus un simple guide, elle est un but » (*Le Pluralisme cohérent de la chimie moderne*, 1932).

La liberté

1 L'affirmation de la liberté

ZOOM

Le problème de la liberté s'analyse selon deux niveaux différents : le **niveau moral et politique** d'une part et le **niveau philosophique** d'autre part, où se pose la question de savoir si la liberté existe réellement ou si elle n'est qu'une illusion.

A. Le sentiment de la liberté

L'homme est-il **libre**, ou bien toutes ses pensées, tous ses comportements, sont-ils **déterminés** ? Les défenseurs de la liberté diront que celle-ci existe puisque nous en faisons spontanément l'expérience : nous nous sentons libres, nous avons une intuition immédiate de notre liberté, du pouvoir de dire « non » (affirmer ou nier, agir ou ne pas agir). Telle est, entre autres, la position de R. Descartes, qui pose que cette liberté est **infinie**.

B. Des confirmations morales et sociales

Nous avons une conscience morale. Or la **morale** n'a de sens que s'il y a **liberté** : il ne peut y avoir de devoir que si nos comportements ne sont pas déterminés. On juge généralement que nous ne sommes responsables que lorsque nous agissons consciemment et librement. L'homme aveuglé par la passion, par exemple, ne serait pas pleinement responsable, parfaitement libre. Mais selon J.-P. Sartre, parce que nous sommes des consciences, nous sommes toujours **responsables**.

Cette conscience de la liberté nous est confirmée par la vie sociale : les lois supposent et témoignent de la liberté des hommes, puisqu'elle sont ce à quoi les hommes se soumettent et ce qui les contraint.

2 L'illusion de la liberté

A. Liberté ou déterminisme ?

Bien que nous ayons le sentiment de la liberté et que nous agissions comme si nous étions libres, le sommes-nous pourtant réellement ? La liberté n'est-elle pas synonyme d'ignorance de ce qui nous détermine à agir ? De fait, les sciences humaines, en s'efforçant d'expliquer l'homme, ont considérablement réduit la liberté du sujet volontaire. La **sociologie** a montré que les comportements humains sont déterminés par les processus socio-économiques. La **psychanalyse** a avancé que le sujet conscient – qui revendique la liberté – est profondément déterminé par les mécanismes de son inconscient : je crois que je veux alors que « ça » veut. La **linguistique** a souligné que les pensées du sujet étaient tributaires de sa langue, les structuralistes posant même que celle-ci est un système sans sujet et que les intentions du locuteur ne sont que des « effets de surface » du fonctionnement impersonnel des signifiants et signifiés : je crois que je parle, alors que c'est la langue qui parle.

B. Le déterminisme est universel

CITATION

« Cette liberté humaine que tous se vantent de posséder consiste en cela seul que les hommes ont conscience de leurs appétits et ignorent les causes qui les déterminent. »
Spinoza, *Lettre LVIII, à Schuller.*

On peut d'ailleurs considérer que tous les phénomènes de l'univers obéissent à des lois universelles et immuables : tout ce qui se produit dans le monde a une cause, **tout est déterminé**. En poussant cette vue à l'extrême, on est conduit, comme le fit l'astronome Laplace (1749-1827), à poser que si nous connaissions toutes les masses, positions et vitesses de toutes les particules de l'univers à un moment donné, nous pourrions calculer tout ce qui s'est produit dans le passé comme ce qui se produira dans l'avenir. Dès lors, comment, puisque je fais partie du monde, pourrais-je échapper à ce déterminisme universel ? Le **sentiment de ma liberté**, comme l'a souligné B. Spinoza, ne serait que la simple marque de **mon ignorance des causes** qui me déterminent. Dans ces conditions, la véritable liberté consisterait dans la connaissance et la reconnaissance de nos déterminations : la véritable liberté consisterait, comme le voulaient Épictète et les stoïciens, à se soumettre à « ce qui ne dépend pas de nous », à la **nécessité**.

8 LE COURS

La justice

1 La justice et la loi

Il convient de distinguer la **justice instituée**, qui est le pouvoir qui fait respecter le droit positif (c'est-à-dire l'ensemble des lois), l'organisation du pouvoir judiciaire dans un État, et la **justice en tant qu'idée**, qui est une certaine conscience de ce qui devrait être, donc du droit idéal, c'est-à-dire de l'ensemble des règles qui peuvent ne pas exister en fait, mais dont on affirme qu'elles devraient exister parce qu'elles sont conformes à ce qu'il est bien d'exiger.

C'est au nom de cette **justice idéale** que l'on s'interroge par exemple sur la « justice » d'une décision de la justice instituée. La question philosophique centrale est donc de savoir s'il existe ou non une justice en soi, indépendamment des lois du droit positif, celui-ci étant déterminé par l'ensemble des lois positives, c'est-à-dire des règles instituées en fait, réellement, dans une société donnée, par l'autorité compétente. Ainsi, le **légal** (ce qui est conforme au droit positif) n'est pas nécessairement l'équivalent du **juste** ou du **légitime** (ce qui est conforme à la justice ou au droit idéal).

2 L'affirmation d'une justice idéale

A. La position de Platon

▪ **Pour Platon le juste est lié au Bien.** Le **juste** constitue, avec le **vrai** et le **beau**, un des aspects du **Bien**. Le juste est avant tout l'expression de l'ordre et de la mesure. L'injuste est ce qui détruit l'harmonie : il est ce qui met l'individu en conflit avec le cosmos et avec la cité, celle-ci étant un reflet de celui-là. La justice lie les hommes selon des lois harmoniques et les unifie, l'injustice les sépare et les divise. La justice est la vertu propre de l'âme, dont la fonction est de gouverner. L'**âme juste** sera donc **heureuse** même si elle subit l'injustice et l'âme injuste malheureuse. Platon place ainsi la justice « dans la plus belle classe des biens, parmi ceux qu'il faut aimer pour eux-mêmes et pour leurs suites, si l'on veut être heureux ».

Dans ces conditions, la justice étant l'ordre et l'harmonie, dans l'âme, dans la cité, dans le cosmos, il existe bien pour Platon une **justice en soi**, transcendante, dont les lois doivent être l'expression.

▪ **La position platonicienne est celle de toute conscience religieuse.** Il y a une **justice éternelle** au-delà de toute justice humaine parce qu'il existe un souverain Bien, un Dieu, qui est souverainement juste et donc le principe de la justice. Ainsi, selon J.-J. Rousseau, une justice universelle « émanée de la raison seule » ne saurait se suffire par elle-même, car « toute justice vient de Dieu, lui seul en est la source » (*Du contrat social*, II, 6).

> **CITATION**
> « Toute justice vient de Dieu, lui seul en est la source ; mais si nous savions la recevoir de si haut, nous n'aurions besoin ni de gouvernement ni de lois. Sans doute il est une justice universelle émanée de la raison seule ; mais cette justice, pour être admise par tous, doit être réciproque. »
> Rousseau, *Du contrat social, II, 6.*

B. La position d'Aristote

▪ **Une justice pratique mais universelle.** En rejetant la conception platonicienne d'un Bien universel et absolu, Aristote refuse une justice transcendante, pour ne plus poser qu'une **justice pratique**. Cependant, en considérant, comme Platon, que l'univers est un cosmos, un ordre, Aristote trouve dans cet ordre même le modèle de la justice qui apparaît comme le « bien proportionné », la « juste mesure ». Dans ces conditions, la justice consiste à répartir correctement, à établir des égalités arithmétiques ou proportionnelles. Si cette justice perd sa transcendance, elle n'est reste pas moins **universelle** : « Il y a une justice et une injustice dont tous les hommes ont comme une divination et dont le sentiment leur est naturel et commun, même quand il n'existe entre eux aucune communauté ni aucun contrat. » (cf. *Rhétorique* 1373)

▪ **Une justice indépendante des lois.** Cette justice universelle existe donc indépendamment des lois, lesquelles ne sauraient d'ailleurs, en raison de leur universalité, y répondre totalement : d'où la distinction du **juste** et de l'**équitable** : « L'équitable, tout en étant juste, n'est pas le juste selon la loi, mais un correctif de la justice légale. La raison en est que la loi est toujours quelque chose de général, et qu'il y a des cas d'espèces pour lesquels il n'est pas possible de poser un énoncé général qui s'y applique avec certitude. » (*Éthique à Nicomaque*, V)

C. La position de Kant

Kant affirme lui aussi très nettement la dimension universelle de la justice, dans la mesure où pour lui, la justice, fondée sur les impératifs catégoriques de la loi morale, procède de la Raison, qui est elle-même **universelle**.

3 La réduction de la justice au droit

A. Il n'y a de justice que dans la vie sociale

L'idée qu'il puisse exister une justice en dehors du droit a été contestée, surtout par les philosophies d'orientation matérialiste. Ainsi, pour Épicure, « la justice n'est rien en soi ; la société des hommes en a fait naître l'utilité dans les pays où les peuples sont convenus de certaines conditions pour vivre sans offenser et sans être offensés ». Cette thèse a été développée par T. Hobbes comme par B. Spinoza, pour qui la justice se ramène aux lois. Selon eux, en effet, dans l'état de nature, il n'y a pas de place pour le juste ou l'injuste. L'un et l'autre ne sont définis que par des **conventions** (c'est-à-dire par des mots) établies par les hommes lors du contrat social mettant fin à la guerre de tous contre tous : « Avant qu'il y ait un gouvernement, résume T. Hobbes, il n'y a ni juste ni injuste. » Dans l'état de nature, tout est juste dans la mesure où le juste – comme le faisait déjà observer Calliclès dans le *Gorgias* de Platon – est tout ce qu'un individu peut désirer pour sa conservation. Il n'y a de **justice** que dans la **vie sociale**, et les lois, qui se proposent uniquement de régir les actions humaines et non les consciences, ne se fondent nullement sur un bien ou un juste transcendant. Il n'existe ni droit naturel, ni justice en soi. La justice n'est que le fruit d'un calcul rationnel amoral.

B. La justice comme convention arbitraire

Dans ces conditions, il est possible de réduire « l'essence de la justice » à « l'autorité du législateur » ou à « la coutume présente ». Dans son *Apologie de Raymond de Sebonde*, Montaigne observe que c'est ce que firent le célèbre sophiste Protagoras et les philosophes cyrénaïques. Dans *Théétète*, Platon explique en effet que « pour le juste et l'injuste, le saint et l'impie, les partisans de Protagoras assurent que rien de tout cela n'a par sa nature une essence qui lui soit propre, et que l'opinion que tout un État s'en forme devient vraie par cela seul et pour tout le temps qu'elle dure » ; et dans ses *Vies et sentences des philosophes illustres* Diogène Laërce explique à propos de la doctrine de Théodore que « le sage pouvait aussi à l'occasion commettre un vol, un adultère, un sacrilège, car aucun de ces actes n'est laid par nature, si l'on enlève l'opinion vulgaire qui résulte de la réunion des sots ». De ce point de vue, la justice humaine n'est donc justifiée

> **CITATION**
> « La justice en soi, naturelle et universelle, est autrement réglée et plus noblement que n'est cette autre justice spéciale, nationale... »
> Montaigne, *Essais, Livre III.*

PHILO

ni en nature ni en raison et son seul fondement est « d'être reçue » : elle n'est qu'une pure **convention**, et par conséquent, **arbitraire**.

C. La justice comme non naturelle à l'homme

On peut noter que D. Hume refuse également d'admettre une justice transcendante sans pourtant réduire la justice aux lois ni en faire un produit de la raison. Selon lui, « c'est uniquement de l'égoïsme de l'homme et de sa générosité limitée en liaison avec la parcimonie avec laquelle la nature a pourvu à la satisfaction de ses besoins, que la justice tire son origine » (*Traité de la nature humaine*, III, II, 2e). Ainsi « le sens de la justice ne se fonde pas sur la raison ou sur la découverte de certaines connexions ou relations d'idées qui sont éternelles, immuables et universellement obligatoire » (*id.*). Il suffirait que les conditions de la nature humaine ou de son milieu changent pour que le sens de la justice disparaisse. Dans ces conditions, il apparaît que le sens de la justice « n'est pas naturel à l'esprit de l'homme » mais se fonde sur des **conventions** et sur l'**éducation**. D. Hume s'oppose cependant à T. Hobbes en ce sens que pour lui la convention de la justice n'est pas un contrat, mais relève du spontané vécu, non d'une soumission par crainte de la violence, mais d'une concordance d'actions positives.

4 La critique marxiste de la justice et du droit

A. Le droit méconnaît l'homme réel

K. Marx a renouvelé la critique philosophique de la justice et du droit en posant que toute justice est une **justice de classe**. La justice est un produit des conditions socio-économiques et traduit l'idéologie de la classe dominante. Par exemple, la justice fondée sur la raison et proclamant l'égalité des hommes, érigée en justice universelle au XVIIIe siècle, n'était pas autre chose que l'expression de l'idéologie bourgeoise. F. Engels écrit à son propos : « Nous savons aujourd'hui que ce règne de la raison n'était rien d'autre que le règne idéalisé de la bourgeoisie, que la justice éternelle telle qu'elle fut alors proclamée trouva sa réalisation adéquate dans la justice bourgeoise (*Anti-Duhring*). »

La *justice* se réduit à l'ensemble des lois formant le **droit,** et ce droit n'est qu'un droit formel de l'homme. Dans le droit, en effet, l'homme réel est absent. Le droit se réfère à un homme abstrait, idéal, à une essence prédéfinie et éternelle de l'homme qui n'existe pas. Le droit suppose un état séparé de la communauté humaine, séparé de l'être humain concret, qui n'est plus alors l'être humain.

B. Le droit égal est un droit inégal

Par le fait même qu'elle affirme l'égalité des hommes en droit, la **justice** est paradoxalement **injuste**. Ainsi, dans la *Critique des programmes de Gotha et d'Erfurt*, K. Marx observe qu'en énonçant « à chacun selon son travail », la justice se fait inégale, car « ce droit égal est un droit inégal pour un travail inégal. Il ne reconnaît aucune distinction de classe, étant donné que chacun est un travailleur comme un autre, mais il reconnaît tacitement l'inégalité des talents individuels et par suite des capacités productives comme des privilèges naturels. C'est donc d'après son contenu un droit de l'inégalité comme tout droit. De par sa nature, le droit ne peut consister que dans l'emploi d'une mesure égale pour tous. Mais les individus inégaux (et ce ne seraient pas des individus distincts s'ils n'étaient pas inégaux) ne sont mesurables d'après un étalon commun qu'autant qu'on les considère d'un même point de vue, qu'on ne les regarde que sous un aspect déterminé, par exemple, dans le cas présent, exclusivement sous l'aspect de travailleurs, et qu'on ne voie en eux rien d'autre en faisant abstraction de toute autre détermination. Pour éviter ces inconvénients, le droit devrait être non pas égal mais inégal ».

Le bonheur

1 L'eudémonisme antique

A. L'exercice de la vertu

Aristote, dans l'*Éthique à Nicomaque* (I, VII), observe que les différents biens (les richesses, la santé, les honneurs, les plaisirs, etc.) ne sont pas désirés pour eux-mêmes, mais en tant que **moyens** de nous procurer le **bonheur**, tandis que c'est pour lui-même que nous recherchons ce dernier. Le bonheur est donc « ce qui se suffit à soi-même [...] ce qui par soi seul rend la vie souhaitable et complète ». Il est la **fin suprême**, la fin de notre activité.

> **ZOOM**
> Pour l'ensemble des philosophies antiques, toute pensée réfléchie et toute action tendent vers un bien, et **le souverain bien**, celui qui constitue la fin dernière de notre activité, c'est **le bonheur**. Aussi qualifie-t-on leurs morales d'**eudémonismes**, c'est-à-dire de systèmes ayant pour fin le bonheur de l'homme. Mais les diverses écoles philosophiques divergent sur sa définition et sur les moyens propres à l'atteindre.

Mais quelle est l'activité proprement humaine ? Aristote répond : « l'activité de l'âme, en accord complet ou partiel avec la raison ». Or « cette fonction est propre à la nature de l'homme vertueux ». Par conséquent, « le bien propre de l'homme est l'activité de l'âme en conformité avec la vertu ». Ainsi, « la vie des gens vertueux ne réclame nullement le plaisir comme on ne sait quel accessoire ; le plaisir, elle le trouve en elle-même ».

Le bonheur consiste donc non pas exactement dans la vertu, mais dans la **pratique permanente de la vertu**, dans l'**exercice de la vie raisonnable** à quoi la vertu nous dispose. Cependant, Aristote n'affirme pas que la vertu suffise seule au bonheur et que l'on puisse être heureux dans l'adversité. Pour que la vertu puisse s'exercer, il importe que les conditions de vie s'y prêtent. De là l'importance de ces biens extérieurs que sont la santé, les richesses, etc., nécessaires à un bonheur objectif.

B. Du plaisir à l'ataraxie

▪ **Pour Épicure.** C'est le **plaisir** qui constitue le souverain bien : il est « le commencement et la fin d'une vie bienheureuse ». Le bonheur est donc un état de plaisir complet et durable. Or parmi les plaisirs, il convient de distinguer :

– **le plaisir en mouvement** (par exemple, le plaisir de boire lorsqu'on a soif), qui est éphémère et auquel peut succéder une peine (je souffre d'être privé de ce plaisir) ;

– **le plaisir en repos**, constitué par l'absence de douleur et de trouble, qui seul est stable.

On voit aussitôt que le bonheur ne peut résider que dans ce **plaisir stable**, la recherche continuelle des plaisirs en mouvement entraînant souffrance et malheur. Ainsi, en ne visant que le plaisir stable, l'hédonisme épicurien aboutit à un complet détachement des plaisirs ordinaires. « Puisque le plaisir est le premier des biens naturels, écrit Épicure, il s'en suit que nous n'acceptons pas le premier plaisir venu, mais qu'en certains cas nous méprisons de nombreux plaisirs quand ils ont pour conséquence une peine plus grande. » (*Lettre à Ménécée*)

▪ **Pour les stoïciens.** La position des épicuriens rejoint ainsi au bout du compte celle des stoïciens pour qui le bonheur consiste dans l'**ataraxie**, c'est-à-dire une parfaite tranquillité de l'âme dégagée de toute passion, qui s'atteint par l'acceptation pleine et entière de ce qui ne dépend pas de nous, et implique un détachement absolu devant la douleur. La clé du bonheur, c'est de « vivre en accord avec la nature », avec le destin.

2 Une fin indéterminable

E. Kant rompt avec les eudémonismes en faisant observer que la recherche du bonheur ne saurait constituer la ligne directrice de notre vie ni la fin de la morale, car le bonheur, constituant un idéal de l'**imagination** et non pas de la raison, est un concept **indéterminé**. Le bonheur étant ainsi **indéfinissable**, on ne peut énoncer les règles permettant de l'atteindre.
« Par malheur, écrit Kant, le concept du bonheur est un concept si indéterminé, que, malgré le désir qu'a tout homme d'arriver à être heureux, personne ne peut jamais dire en termes précis et cohérents ce que véritablement il désire et il veut. La raison en est que tous les éléments qui font partie du concept du bonheur sont dans leur ensemble empiriques, c'est-à-dire qu'ils doivent être empruntés à l'expérience, et que cependant pour l'idée de bonheur un tout absolu, un maximum de bien-être dans mon état présent et dans toute ma condition future, est nécessaire. Or il est impossible qu'un être fini, si perspicace et en même temps si puissant qu'on le suppose, se fasse un concept déterminé de ce qu'il veut véritablement. » (*Fondements de la métaphysique des mœurs*)

Le bonheur en tant que fin ne peut dicter, contrairement à la loi morale, d'impératif catégorique.

3 Le bonheur apollinien et le bonheur dionysiaque

On a pu se demander s'il ne fallait pas remettre en cause la conception traditionnelle du bonheur conçu comme un **état de plaisir stable** fondé sur une **absence de trouble**. Un tel bonheur ne serait-il pas en effet un pur produit de la raison dans la mesure où il est un bonheur de l'identité ? Et l'erreur de l'eudémonisme classique ne consisterait-elle pas à privilégier la raison sur le sentiment ou la sensation, l'esprit ou l'âme sur le corps, en méconnaissant ainsi l'essence du véritable bonheur ?

Il conviendrait en effet de distinguer, comme l'a fait entre autres J. Cazeneuve dans *Bonheur et civilisation* (1966), un **bonheur « apollinien »** entendu comme « l'équilibre des tendances, la réalisation de l'être, l'acceptation du sort et la résignation, le détachement, la synthèse des facultés » et un **bonheur « dionysiaque »** qui se présente au contraire comme « l'exaltation des sentiments, la course aux plaisirs, l'acceptation du vouloir vivre, de la volonté de puissance, l'oubli de soi dans la frénésie, l'enthousiasme, la volupté des émotions fortes, des sens exacerbés ».

Dès lors, tout ce qui apparaissait dans la perspective apollinienne de l'eudémonisme classique comme un obstacle au bonheur, comme un esclavage, un **enchaînement** de l'homme au monde, devient dans la perspective dionysiaque ce qui arrache l'homme au monde et le **libère** dans une transe existentielle qui est le bonheur même : en perpétuel devenir, le bonheur se constituerait dans cet excès où le plaisir se fait souffrance et la souffrance plaisir (voir *Les Larmes d'Éros*, de G. Bataille), et où l'homme s'affranchirait de ses limites, sortirait de lui-même en se disloquant avec ivresse dans le grand jeu du monde.
« Encombré de lui-même dans un univers du plein, l'homme se projette dans Dionysos et se laisse séduire par l'image narcissique qu'il se fait de ce dieu. "L'existence est absolument intenable", disait Nietzsche. Ce cri n'est plus celui de quelque créature pour qui la vie est devenue insupportable à cause des douleurs que la nature et la société lui infligent, il a jailli d'un être ne voulant plus s'en tenir à l'existence et désirant s'en évader. Surencombré de moyens d'existence, l'homme s'aperçoit que ces moyens ne constituent pas une fin. Dès lors, la seule issue qui s'ouvre à lui est, non pas tellement celle de changer les données socio-économiques de l'existence, que de transformer les modes d'exister en les ouvrant aux métamorphoses perpétuelles, c'est-à-dire à la danse de Dionysos. » (J. Brun, *Le Retour de Dionysos*, 1969)

Repères

Absolu/relatif

Absolu et **relatif** sont des termes qui s'opposent toujours, quelles que soient leurs acceptions.

Absolu, au sens courant, désigne ce qui est sans limite, sans restriction, comme lorsqu'on parle d'une conscience, d'un désir, d'une beauté, d'un pouvoir politique, d'une justice, d'une liberté, d'un devoir, d'un bonheur absolus. **Relatif** est, au contraire, ce qui est limité, restreint. L'idée d'absolu peut ainsi se confondre plus ou moins avec celle d'infini (et donc l'idée de **relatif** avec celle de **fini**), d'une puissance absolue ; mais l'idée d'absolu ne se confond pas toujours avec celle d'infini (ni l'idée de relatif avec celle de fini) : ainsi une eau d'une pureté absolue n'est pas une eau d'une pureté infinie ; une proposition absolument vraie (d'une vérité absolue) n'est pas infiniment vraie, etc.

Dans un sens plus technique, **absolu** désigne ce qui existe en soi et par soi. **Relatif** désigne alors ce qui consiste en une relation, ou n'existe qu'en vertu d'une relation. Ce qui peut s'entendre de deux manières :

- Est **absolu** ce qui possède en lui-même sa raison d'être, et n'a donc besoin de rien d'autre que lui-même pour exister ou pour être conçu. Ainsi, par définition, *Dieu est l'Être absolu*, ou l'*Absolu*.
- Est **absolu** ce qui est conçu comme n'ayant aucune relation avec autre chose que lui-même, comme ce qui est indépendant de tout point de repère objectif ou conventionnel, et en particulier comme ce qui ne dépend pas de l'expérience. Par exemple, quand on parle d'*espace absolu* ou de *temps absolu*, on entend un espace ou un temps indépendants des phénomènes qui s'y passent.

Abstrait/concret

Est **concret** ce qui est considéré tel qu'il est donné dans l'expérience, soit externe soit interne. Une représentation de la conscience (une sensation, une image, une perception) est donc concrète si elle reproduit son objet tel qu'il est donné dans l'expérience.

Au contraire, est **abstrait** ce qui est considéré séparément alors qu'il ne peut pas être donné séparément : par exemple, l'idée de circonférence et l'idée d'aire d'un cercle sont l'une et l'autre abstraites parce que la circonférence ne peut jamais être donnée sans l'aire et réciproquement. Abstraire, c'est donc décomposer une notion en des éléments qui ne peuvent être séparés sans la faire disparaître. Par exemple, les notions d'étendue et de masse sont abstraites de la notion de corps, car la notion de corps ne peut subsister si on en sépare celles d'étendue et de masse.

Par conséquent, tandis que le **concret** est toujours singulier ou **individuel**, l'**abstrait** est **général**. Mais si une idée générale est toujours abstraite, les idées peuvent être plus ou moins abstraites, comme elles peuvent être plus ou moins générales : par exemple, l'idée de « couleur » est plus abstraite que celle de « vert ».

Cause/fin

- Par **cause**, on entend ce qui produit un être, un phénomène. La cause d'une chose est donc ce sans quoi cette chose n'existerait pas : la cause est la condition nécessaire de cette chose, et celle-ci est l'effet de la cause, la cause étant toujours chronologiquement et logiquement antérieure à son effet.

La **cause** est ainsi ce qui permet d'expliquer l'apparition, l'existence de cet être ou de ce phénomène.

- Par **fin**, on entend ce en vue de quoi une chose se fait, son but. Quand, par exemple, on construit une maison, la maison est la fin de la construction, c'est-à-dire des matériaux utilisés et de leur agencement.

Il apparaît donc qu'une fin est un effet qui est la raison d'être de ses causes : la maison projetée est la cause de la maison réalisée. La fin ainsi conçue est par conséquent une cause, ce qu'on appelle la « cause finale ». Mais dans la mesure où une telle cause finale suppose toujours une intention, consciente ou inconsciente, qui programme l'action réalisatrice, la question se pose de sa validité dans les sciences de la nature. Si la physique et la chimie doivent et peuvent en faire l'économie, la question est plus problématique en ce qui concerne la biologie, qui, dans son explication du vivant, ne paraît pas pouvoir éliminer complètement la cause finale, réintroduite sous la forme de la « téléonomie », c'est-à-dire le fait que les êtres vivants sont des objets doués d'un projet qu'à la fois ils représentent dans leurs structures et accomplissent dans leurs performances.

Contingent/nécessaire/possible

- Est **contingent** soit ce qui dans la réalité pourrait ne pas être ou être autrement qu'il n'est (et dans ce cas, est contingent ce qui n'est pas exigé par une loi de la nature), soit ce que l'esprit peut concevoir comme n'étant pas ou étant autrement qu'il n'est (et dans ce cas est contingent ce qui n'est pas exigé par une loi de l'esprit). Au contraire, est **nécessaire** ce qui est exigé par une loi de la nature ou une loi de l'esprit, et donc ce qui ne pourrait pas ne pas être ou être autrement qu'il n'est.
- Est **possible** ce qui ne contredit pas à une loi de l'esprit ou de la nature. Dans le premier cas, il s'agit d'une possibilité logique ou de droit, et cette possibilité s'identifie avec la concevabilité ; dans le second cas, il s'agit d'une possibilité physique ou de fait, qui suppose la possibilité logique et de plus l'existence de toutes les conditions extrinsèques. Le possible englobe donc le contingent et le nécessaire, puisque ce qui est nécessaire, tout comme ce qui est contingent, doit être possible pour être. Le contraire de **possible** n'est pas **nécessaire** mais **impossible**.

Si la question du possible et du nécessaire dans la nature ne pose pas de difficulté, en revanche celle du contingent est problématique dans la mesure où l'idée de contingence ne s'accorde pas avec celle du déterminisme causal universel, sur lequel sont fondées les sciences de la nature. Si l'on s'en tient à ce détermisme, le contingent ne peut être que du nécessaire dont on ignore les causes qui le déterminent.

En fait/en droit

- Est **en fait** ce qui a lieu dans la réalité.
- Est **en droit** ce qui est conforme au droit, positif ou idéal, mais qui n'a pas nécessairement lieu dans la réalité.

Par exemple, une personne peut diriger **en fait** un pays alors qu'elle ne le dirige pas **en droit**, c'est-à-dire qu'elle n'est pas juridiquement la détentrice de l'autorité souveraine.

Expliquer/comprendre

- **Expliquer**, c'est rendre intelligible un être, un phénomène ou une relation en en faisant connaître la cause, la raison ou la loi, c'est-à-dire faire que l'esprit se représente cet être, ce phénomène ou cette relation comme possible ou comme nécessaire. Par exemple, on explique la chute des corps par la loi de l'attraction universelle.
- Mais on oppose souvent **expliquer** à **comprendre**, en définissant la compréhension comme le dégagement du sens, de la signification de quelque chose, par exemple d'un énoncé ou d'un comportement, ce qui suppose qu'il existe un sujet qui soit la source de cette signification.
- Selon cette distinction, les sciences de la nature se contenteraient donc d'**expliquer** les phénomènes naturels, tandis qu'il appartiendrait aux sciences de l'homme non seulement d'expliquer, mais aussi de comprendre les phénomènes humains en tant qu'ils sont porteurs de significations. Cette compréhension scientifique ne doit cependant pas être confondue avec la compréhension ordinaire, qui se définit comme

l'aptitude non seulement à discerner mais encore à admettre le point de vue d'autrui ou à avoir de l'indulgence pour lui.

Identité/égalité/différence

- Il y a **identité** quand des êtres sont exactement les mêmes, tout en restant distincts. Par exemple, deux cercles peuvent être identiques.
- Il y a **égalité** quand des grandeurs ou des quantités sont mathématiquement équivalentes. L'égalité peut donc être une identité, mais pas nécessairement. Par exemple, deux cercles dont les superficies sont égales sont identiques, tandis qu'un carré et un rectangle dont les superficies sont égales ne sont évidemment pas identiques : ce sont les grandeurs de leurs superficies qui le sont.
- Enfin, il y a **différence** quand existe un caractère ou un ensemble de caractères qui distingue un être d'un autre être. Par exemple, deux cercles dont les rayons sont inégaux sont différents.
- En **termes juridiques**, lorsqu'on parle d'égalité, on pose que les individus, bien que concrètement tous différents, sont considérés abstraitement comme identiques, et sont donc égaux devant la loi. Ce principe juridique peut avoir pour fondement le principe moral selon lequel la personne humaine ayant partout une égale dignité, tous les individus doivent être traités de la même manière.

Légal/légitime

Est **légal** ce qui est conforme au **droit positif** (c'est-à-dire aux lois réelles d'un pays), tandis qu'est légitime ce qui est conforme à la loi morale, au **droit idéal**. Dans la mesure où le droit positif est conforme au droit idéal, le légal se confond avec le légitime. Mais si le droit positif n'est pas conforme au droit idéal, une action peut être tenue pour légitime sans être légale. Par exemple, il peut être considéré comme légitime de voler pour ne pas mourir de faim, bien que cela ne soit pas légal.

Objectif/subjectif

Au sens large, est **objectif** ce qui se rapporte à un objet ou qui existe comme objet, et **subjectif** ce qui se rapporte à un sujet entendu comme une conscience. Du point de vue de la connaissance, on qualifie donc d'**objectif** ce qui existe hors de l'esprit, de la pensée et indépendamment de la connaissance qu'en a le sujet pensant, tandis qu'on qualifie au contraire de **subjectif** ce qui dépend du point de vue de l'esprit, du sujet pensant. Par conséquent, ce qui est objectif ne dépendant d'aucune circonstance ou qualité particulières à un sujet pensant, une vérité objective est celle qui possède en droit la même valeur pour n'importe quel être pensant.

Obligation/contrainte

L'**obligation** est la forme de nécessité qui caractérise la loi morale. Le **devoir** nous oblige moralement à faire quelque chose mais ne nous y force pas physiquement ni psychologiquement : nous pouvons faire ou ne pas faire notre devoir. Une telle obligation se distingue donc de la **contrainte** ou de la nécessité des lois de la nature, qui ne nous laissent pas libres de les suivre ou de ne pas les suivre. Semblablement, l'**obligation** morale ne se confond pas avec la **contrainte** de la loi, qui nous force, même contre notre volonté, à exécuter ce qu'elle prescrit.

Persuader/convaincre

Lorsqu'on oppose **persuader** à **convaincre** (mais cette opposition n'est pas toujours valable), on entend par **persuader** le fait de faire accepter à quelqu'un une opinion en faisant appel à ses dispositions personnelles et à des mobiles d'ordre affectif plutôt qu'intellectuel, tandis qu'on entend par **convaincre** le fait d'obtenir l'assentiment de quelqu'un à l'aide d'arguments et de démonstrations d'ordre purement intellectuel. Selon ces acceptions, la persuasion devrait donc relever de la croyance, tandis que la conviction relèverait du savoir ; en réalité, on emploie souvent le terme de conviction pour désigner une croyance ferme, comme lorsqu'on parle de convictions religieuses, tandis qu'on use parfois de celui de persuasion pour désigner une conviction dont on pense pouvoir donner des raisons.

Principe/conséquence

- Un **principe** est tout ce qui est premier, soit absolument soit relativement, dans l'ordre logique, chronologique, ontologique ou moral. Un principe est donc ce dont les autres choses découlent ou ce qui leur sert de norme directrice.
- Une **conséquence** est la suite d'une action, d'un fait.
- Cependant, l'opposition *principe/conséquence* appartient surtout au domaine de la logique, où un **principe** se définit comme une proposition d'où l'on tire d'autres propositions, qui en sont les conséquences, une **conséquence** étant de son côté définie comme une proposition que l'on déduit d'un principe. Mais un principe peut être lui-même une conséquence, et donc la conséquence d'un principe le principe d'une autre conséquence. Aussi, pour exprimer qu'un principe n'est pas lui-même une conséquence, on dit qu'il est un **principe premier**.

En théorie/en pratique

L'expression **en théorie** signifie « en envisageant la question d'une manière abstraite, spéculative » et s'oppose alors à **en pratique**, qui signifie « dans la réalité concrète ». Quelqu'un dira par exemple : « C'est très beau en théorie, mais ça ne marche pas en pratique ». De telles affirmations peuvent enfermer une contradiction interne si elles posent une chose comme vraie en théorie mais fausse en pratique (ce qui n'est pas possible, puisqu'une théorie à laquelle la pratique donne tort est une théorie fausse).

Universel/général/particulier/singulier

- Ordinairement, on oppose l'**universel** et le **général** au **particulier** et au **singulier**. Est universel ou général ce qui appartient à tous les êtres considérés ; par exemple, la proposition « tous les hommes sont mortels » est une proposition universelle. Est **particulier** ou **singulier** ce qui appartient à certains des êtres considérés ; par exemple, la proposition « certains chats sont gris » est une proposition particulière.
- D'un point de vue plus strictement logique, on distingue parfois l'universel du général et le particulier du singulier. Le **singulier** est alors définit comme ce qui appartient à un seul individu, à un sujet unique. Par exemple, les noms propres, comme Paris ou Napoléon, sont des termes singuliers, et la proposition « Léonard De Vinci est un génie » est une proposition singulière. Le contraire de singulier est alors **général** tandis que le contraire de particulier est **universel**. Selon ces distinctions, **universel** et **particulier** se disent donc de la quantité des termes d'une proposition, tandis que **général** et **singulier** se disent de leur « extension ».

Le jour J

Des commissions d'harmonisation (ou d'entente) précèdent la correction des copies. Sont alors précisés des critères qui peuvent naturellement varier en fonction de la difficulté particulière des sujets de la série concernée. Ces difficultés sont évaluées par la lecture de copies de valeurs différentes. Mais les critères généraux sont toujours les mêmes.

1 Les maladresses les plus graves

Elles entraînent les mauvaises et très mauvaises notes :

A. Être hors sujet

Parce qu'on ne l'a pas compris ou parce qu'on lui en a substitué un autre.

B. Se contenter d'anecdotes

Au lieu d'analyser les problèmes et les concepts qu'ils impliquent.

> **ZOOM**
> Contrairement à ce que répètent des rumeurs vraiment sans fondement, le candidat est toujours libre de choisir ses références et ses positions philosophiques. Il n'est jamais jugé sur elles, mais sur la manière dont il les élabore et les intègre dans une réflexion ajustée au problème précis.
> Sont particulièrement valorisées les copies qui traitent le sujet précis de manière ordonnée, et qui savent enrichir leur réflexion de références philosophiques adaptées.

C. Affirmer des opinions sans les fonder

Sans les transformer en idées philosophiques par un effort méthodique pour les justifier, les critiquer, les nuancer, les approfondir.

2 Le jour de l'examen

Les sujets viennent d'être distribués... Au travail ! Comment s'y prendre ?

A. Choisir un sujet

C'est naturellement par là qu'il faut commencer.

- Pas de précipitation : ne choisissez pas trop vite un sujet parce qu'il paraît d'emblée passionnant ou parce qu'il ressemble à un problème que vous connaissez...
- Donnez-vous un quart d'heure (guère plus) pour examiner les trois sujets et choisir. Examinez même ce sujet difficile à première vue, qui peut être clair, à la réflexion.
- Rejetez tout sujet dont le sens reste obscur : vous risqueriez d'être hors sujet (très grave).
- Choisissez le sujet pour lequel vous vous sentez le mieux préparé (références précises, idées claires) même s'il n'est pas toujours le plus intéressant.
- Oubliez alors les deux autres sujets, définitivement.

B. Organiser son temps

- Donnez-vous le temps de terminer votre travail, d'achever la rédaction et de relire.
- Mais ne terminez pas trop tôt, inversement, sous prétexte que « vous n'avez plus rien à dire ». En quelques paragraphes bien pesés, vous pouvez nuancer et approfondir la réflexion antérieure et « racheter » bien des maladresses.
- Un exemple d'emploi du temps (en 3 heures) :
  – choix du sujet : un quart d'heure ;
  – préparation : une heure ;
  – rédaction : une heure et demie ;
  – relecture : le quart d'heure final.
- Pourquoi ne pas respirer ? Deux minutes pour grignoter quelque chose ou rêvasser ; c'est souvent préparer une meilleure concentration et rendre possible la découverte de perspectives plus pertinentes !

Le sujet-texte

Dans les sections technologiques, le sujet-texte se présente sous la forme d'un « exercice sur texte ». Dans cette épreuve, les candidats sont invités à répondre aux **questions précises** qui suivent le texte et doivent permettre de vérifier que le candidat a compris le texte et est capable d'organiser une réflexion sur l'un de ses thèmes.

1 Les questions portant sur la compréhension du texte

Elles sont habituellement formulées de la façon suivante (et le plus souvent dans cet ordre) :

A. Quelle est l'idée générale du texte (ou l'idée directrice, centrale, essentielle, etc.) ?

- La réponse à cette question doit être précise et assez brève (trois ou quatre lignes). Elle doit manifester que l'essentiel est vraiment dégagé, sans ambiguïté ni obscurité. Trop courte, réduite à un titre, elle pourrait ne pas exprimer toute l'idée ; trop longue, elles signifierait que l'essentiel n'est pas exactement perçu.
- Une réponse adaptée suppose une bonne compréhension de l'ensemble du texte ; la dernière phrase, contrairement à une idée répandue, n'expose pas nécessairement la thèse centrale.
- Il est donc souvent préférable de ne rédiger la réponse à cette question qu'après avoir dégagé l'articulation des idées : l'essentiel, alors, c'est-à-dire ce qui n'est pas détail, accessoire, peut mieux apparaître. Sauf si cela est expressément demandé, on ne se contentera jamais de citer une formule du texte. Une telle citation n'assure pas toujours que les points fondamentaux ont été compris par le candidat : répéter n'est pas nécessairement comprendre.

B. Dégagez les articulations du texte (ou ses étapes logiques, sa structure, l'organisation de ses idées, etc.)

- Pour dégager les articulations d'un texte, il faut à la fois :

– bien définir chacune des thèses que contient le texte, en précisant leur contenu (ce qui est dit) et leur forme (comment cela est dit) : interrogation, exhortation, exposé d'un constat, d'un exemple, d'une idée générale, d'une hypothèse... ;

– bien déterminer le lien entre les thèses : un texte peut, par exemple, partir d'un constat que fait l'auteur, constat dont il cherche ensuite les causes, les raisons. On a alors deux thèses (tel constat et telles causes) qui sont liées (les causes expliquent la situation constatée).

- Pour répondre convenablement à cette question, il ne faut donc pas rester prisonnier de l'ordre superficiel du texte, de la suite des idées que la lecture immédiate découvre ; il faut atteindre l'ordre logique que la pensée de l'auteur propose à la réflexion. Les articulations ainsi dégagées seront rédigées : un simple plan ou, à plus forte raison, l'usage de signes plus ou moins clairs ne conviennent pas. Ils ne sont d'ailleurs guère compréhensibles que pour celui qui les utilise.
- On ne peut donc en aucun cas se contenter de paraphraser le texte (le répéter avec d'autres mots sans expliciter l'ordre et la nature des thèses) ou de le résumer. On évitera également toute digression (considération sans rapport avec le texte ou s'en éloignant) et toute appréciation personnelle sur la valeur des idées, bref tout ce qui ne sert pas l'approche de l'ordre des idées d'un texte précis.

C. Expliquez tel mot, telle formule, telle phrase du texte

(ou définissez avec précision tel concept ; expliquez comment l'auteur peut dire à la fois ceci et cela ; montrez les rapports qui existent, dans le texte, entre telle notion et telle autre, etc.).
Pour bien répondre à de telles questions, il faut considérer le contexte dans lequel apparaissent mots ou notions. Autrement dit, plaquer la définition d'un dictionnaire, même de philosophie, est toujours maladroit et souvent source de contresens. Il est toujours préférable de montrer comment le contexte donne tel ou tel sens précis à une formule.

D. Remarques

– La forme et la nature des questions dépendent bien sûr de la nature du texte.
– Plusieurs questions peuvent être rassemblées en une seule (ainsi : « Dégagez l'idée principale du texte et ses articulations. »).
– À ces questions, le candidat répond en faisant abstraction de son propre point de vue. Il « oublie » provisoirement ce qu'il sait ou pense du problème pour comprendre le mieux possible la problématique de l'auteur, telle qu'un texte précis l'expose (voir plus loin, les « remarques » pour conclure). Il en va un peu différemment pour la dernière question.

2 La question finale : un essai

Il s'agit de rédiger :
– un essai critique ;
– un essai de réflexion personnelle sur une idée ou une phrase extraite du texte ;
– ou une simple question liée à un thème abordé par ce texte.

A. Exemples de formulation

« Que pensez-vous de... ? »
« Discussion de la thèse du texte... »
« Approuvez-vous sans réserve cette conception... ? », etc.

B. Remarques sur la question finale

Cette question finale pose les mêmes problèmes que tout sujet-question : les conseils donnés ci-après sur ce type de sujet restent donc valables.
Mais on attend naturellement du candidat qu'il sache intégrer dans son développement les analyses (plus ou moins explicites) de l'auteur du texte proposé à la réflexion. S'il ne le fait pas, il donnera l'impression de juxtaposer deux sujets différents, ou, pire encore, de n'avoir pas compris vraiment la problématique de l'auteur.

Le sujet-question

COMPRENDRE EN VIDÉO 5 vidéos de méthode pour réussir sa dissertation

1 La préparation

Notez au brouillon ce que vous découvrez pour ne pas l'oublier.

COMPRENDRE 17 EN VIDÉO

A. Quel est le sens précis du sujet ?

Question primordiale. Voyez ce qui distingue la question de questions voisines ; et des questions que vous avez pu rencontrer en cours...

B. Analysez tous les mots du sujet pour dégager leurs différentes significations

Vous découvrez alors que le sujet contient des questions distinctes, qu'il faudra examiner sans les mêler.

C. Approfondissez chacune des perspectives ainsi distinguées

- Présentez des exemples clairs et vos idées personnelles sur le problème.
- Cherchez des références philosophiques utiles : que penserait tel auteur de telle question ? Sa réponse ? Dans quelle mesure et à quelles conditions est-elle juste ? (Ce qui conduit à argumenter, chercher d'autres réponses, positions, etc.)

COMPRENDRE 18 EN VIDÉO

D. Construisez un plan d'ensemble à l'aide de tous ces matériaux

Qu'examiner d'abord ? Les points les plus discutables, ou ce qu'il faudra résoudre pour pouvoir analyser d'autres perspectives. Mais, surtout, que votre réflexion approfondisse méthodiquement l'examen d'un problème précis. C'est cela, l'essentiel, et seul le travail rédigé peut faire apparaître ce mouvement de pensée.

2 La rédaction

Le mieux est de rédiger directement la plus grande partie du travail. Si vous n'y parvenez pas, rédigez rapidement au brouillon, pendant la préparation, puis recopiez (... et améliorez) ce premier essai.

COMPRENDRE 19 EN VIDÉO

A. L'introduction

Les plus courtes sont les meilleures. Évitez les « Depuis toujours, l'homme se demande si... ». Partez d'un fait précis qui conduit à poser la question (que vous recopiez très exactement).

B. L'analyse de la question

Ne retenez de votre préparation que ce qui sert l'examen des problèmes : les différents sens de la question, etc. Dites qu'une difficulté existe – si c'est le cas –, avant de tenter de la résoudre : c'est faire preuve de réflexion, montrer qu'on ne se débarrasse pas des problèmes.

C. Le développement

Pas de plan valide pour tous les sujets, mais quelques exigences :
– argumentez vos idées (pas d'affirmations gratuites) ;
– ordonnez les perspectives ;
– justifiez par des transitions les mouvements de la réflexion ;
– matérialisez cet ordre par l'usage des mots de liaison et des paragraphes.

COMPRENDRE 21 EN VIDÉO

D. La conclusion

Inutile de tout résumer, de se répéter ! Si votre position a été clairement exposée, le travail est terminé. Ajoutez, si vous le voulez, une formule judicieuse qui ouvre sur d'autres perspectives, mais évitez les généralités ressassées (« chacun a son opinion »...).

Sujet du Bac

COMPRENDRE EN VIDÉO 5 vidéos de méthode pour réussir sa dissertation

1 Le sujet

COMPRENDRE 17 EN VIDÉO

Obéir, est-ce renoncer à être libre ?

2 Le corrigé

COMPRENDRE 19 EN VIDÉO

Introduction

CONSEIL L'**introduction** part d'un constat ou de l'exposé d'une opinion commune pour conduire à la question que pose le sujet.

D'ordinaire, nous nous sentons libre lorsque personne ne nous commande. Si nous devons obéir, nous avons le sentiment de ne plus agir à notre guise, de ne plus être vraiment libre. Ces idées paraissent évidentes. Peut-on pourtant les accepter sans examen ? Peut-on simplement opposer liberté et obéissance ? Obéir, est-ce réellement et nécessairement renoncer à être libre ?

Avant de répondre à cette question, pour mieux la comprendre, il faut en étudier les concepts principaux.

CONSEIL La **problématique** explicite la signification exacte du sujet en analysant le sens des mots dont il est constitué. Elle permet de découvrir les directions dans lesquelles il faudra s'engager au cours du développement pour traiter le sujet précis.

Qu'est-ce qu'obéir ? C'est essentiellement se soumettre à quelqu'un ou quelque chose : faire ce que demande un supérieur, se conformer à une règle morale, à un commandement religieux, à une loi juridico-politique. Ce n'est pas exactement être soumis à une force supérieure ou à une loi naturelle qui contraint : l'obéissance suppose la capacité de désobéir et on ne « désobéit » pas à une loi naturelle, par exemple la loi de la pesanteur.

L'expression « être libre » peut être analysée sur deux plans. En effet, est libre sur le plan moral ou politique celui qui a le droit de faire ceci ou cela. Mais sur le plan de ce qu'on pourrait nommer la liberté naturelle, je suis libre dans la mesure où je suis l'auteur de mes actes, le véritable responsable de ma conduite, que celle-ci soit ou non conforme à ce que j'ai le droit de faire. C'est par conséquent sur ces deux plans qu'il convient ici d'examiner si l'obéissance implique, ou non, un renoncement à sa liberté, en précisant la signification que peut prendre ce mot de renoncement.

COMPRENDRE 20 EN VIDÉO

A. Première partie

CONSEIL Le **développement** est l'examen des différents aspects du problème qu'a dégagé la problématique. Il compte donc plusieurs parties qui sont articulées logiquement. Il retient, parmi toutes les directions possibles, celles qui paraissent les plus adaptées pour répondre finalement à la question posée.

À première vue, obéir, c'est en effet renoncer à être libre, c'est-à-dire abandonner volontairement sa liberté naturelle. Celui qui se soumet à la volonté d'un autre, en effet, a choisi de lui remettre son pouvoir de décision. On pourrait dire qu'il a choisi de ne plus choisir, décidé de ne plus décider, qu'il s'est libéré de sa liberté.

Mais à la réflexion, cette renonciation volontaire décharge-t-elle vraiment le sujet de sa liberté ? On sait qu'il ne suffit pas, pour excuser ou justifier sa conduite, de dire qu'on n'a fait qu'obéir aux ordres reçus. Dans cette perspective, Jean-Paul Sartre dénonce la « mauvaise foi » par laquelle nous cherchons à fuir nos responsabilités. Nous voudrions nous dissimuler à nous-mêmes notre responsabilité radicale par une sorte de mensonge qui fait que nous nous pensons comme une chose, déterminée par des causes extérieures, alors que nous existons comme conscience libre, que nous sommes « condamnés à être libres », condamnés à choisir.

Une conscience libre qui renoncerait réellement à sa liberté est tout à fait inconcevable et contradictoire. Elle affirmerait sa liberté dans l'acte même par laquelle elle prétendrait s'en défaire. En ce sens, l'obéissance ou la désobéissance sont toujours les décisions d'une

conscience qui ne peut pas ne pas choisir et découvre, dans l'angoisse, qu'elle n'a pas la liberté de fuir sa liberté.
Le problème n'est plus le même si l'on exerce sur ma volonté une contrainte telle que je n'ai plus le pouvoir de choisir. Mais où s'arrête ce pouvoir ? Où commence la contrainte qui prive le sujet de liberté ? Sans examiner toutes les difficultés que soulèvent ces questions, on peut rappeler que des hommes, lorsqu'ils jugent inacceptable ce qu'on prétend leur imposer, vont jusqu'à risquer leur vie (grèves de la faim, par exemple). De tels exemples donnent au moins à penser que lorsqu'on obéit, on a pu choisir de ne pas désobéir.

Transition

COMPRENDRE 21 EN VIDÉO

S'il paraît impossible de dire qu'obéir, c'est nécessairement renoncer à sa liberté naturelle, c'est que, comme l'écrivait Jean-Jacques Rousseau, « renoncer à sa liberté, c'est renoncer à sa qualité d'homme. Une telle renonciation est incompatible avec la nature de l'homme ». Elle est en quelque sorte logiquement impossible. Comment concevoir alors une vie sociale, par ailleurs nécessaire à l'humanité ? L'obéissance à des lois communes n'implique-t-elle pas nécessairement qu'on renonce à sa liberté naturelle pour se contenter de droits limités ?

B. Seconde partie

L'idée que la liberté indéfinie des hommes à l'état de nature engendre un état de guerre incessant de tous contre tous a été tout particulièrement développée par Thomas Hobbes. Menacés jusque dans leur existence par le choc de leurs libertés naturelles, les hommes devraient céder volontairement la totalité de leurs pouvoirs à une puissance supérieure. Le souverain de l'État a ainsi pour unique devoir, mais essentiel, de rendre impossible le chaos, c'est-à-dire d'assurer paix civile et sécurité. Obéir à l'État impliquerait donc bien qu'on renonce à une liberté naturelle épouvantable pour vivre sous la protection d'une puissance capable de contraindre par sa force tout ce qui pourrait ruiner la paix.

Une telle obéissance, un tel asservissement, ne dépouillent-ils pas les citoyens de leur liberté et par conséquent les hommes de leur humanité ? Un État doit être pensé, dit Rousseau, qui rende possible l'élaboration de lois qui lient, qui obligent les hommes, mais sans les réduire en esclavage. Lorsque le peuple assemblé exprime sa volonté dans des lois, celui qui les respecte n'est pas contraint de s'incliner devant elles comme devant une force ou une volonté étrangères. Il choisit d'obéir à lui-même en obéissant à une volonté qui, dans l'idéal ainsi défini, est à la fois la sienne et celle des autres citoyens. Il demeure donc aussi libre qu'il est possible, puisque « l'obéissance à la loi qu'on s'est prescrite est liberté ».

COMPRENDRE 20 EN VIDÉO

Nous parlons aujourd'hui de « démocraties » lorsque les gouvernements respectent la souveraineté du peuple et rendent donc possible une obéissance qui n'aliène pas la liberté. Les lois peuvent être autre chose que de simples limites à l'exercice de la liberté. Elles peuvent être les supports d'une existence sociale à l'intérieur de laquelle chacun se développe vraiment, c'est-à-dire, finalement, réalise sa liberté. Il reste naturellement difficile de préciser les conditions d'une telle réalisation. Les gouvernements ont toujours un pouvoir de contraindre qui leur donne la possibilité d'imposer leur volonté propre à la volonté souveraine du peuple. C'est là, note J.-J Rousseau, « le vice inhérent et inévitable qui dès la naissance du corps politique tend sans relâche à le détruire ».

Conclusion

COMPRENDRE 21 EN VIDÉO

On ne peut pas dire que celui qui obéit renonce par là à être libre, s'il est vrai qu'il a choisi d'obéir plutôt que de désobéir. Seule une contrainte extérieure pourrait forcer une liberté à s'incliner. Mais un pouvoir qui force n'oblige plus en conscience parce qu'il traite l'humanité comme une chose. On peut dire qu'il « déshumanise » et perd sa légitimité. Telle est la leçon de Jean-Jacques Rousseau. L'autonomie n'exclut pas l'obéissance, du moins une obéissance volontaire à des lois dont le sujet puisse être responsable.

CONSEIL La conclusion est le terme du développement. Elle apporte une réponse nuancée à la question examinée.

Anglais

Présentation de l'épreuve

1 Modalités de notation des épreuves

Les épreuves de langues vivantes obligatoires sont notées sur 20. Elles se composent d'une partie écrite et d'une partie orale chacune notée sur 20 points. La note globale de l'épreuve est obtenue en faisant la moyenne de ces deux notes.
STMG options Mercatique, RH et communication et gestion et finance, SIG : LV1 : coefficient 3. LV2 : coefficient 2.

2 L'épreuve écrite

Durée : 2 heures

A. La compréhension de l'écrit (notée sur 10 points)

Cette sous-partie prend appui sur un, deux ou trois documents en langue étrangère. Ces documents peuvent relever de différents genres (extraits d'œuvres littéraires ou d'articles de presse notamment) ; ils peuvent être informatifs, descriptifs, narratifs ou argumentatifs.

B. L'expression écrite (notée sur 10 point)

À partir des indications données, le candidat rédige un ou plusieurs textes construits, prenant appui sur des événements, des faits ou des prises de position qu'il aura identifiés dans les documents servant de support à l'épreuve de la compréhension. Est évaluée essentiellement l'aptitude du candidat à exprimer de façon nuancée et argumentée une opinion ou un avis, en présentant clairement, dans une langue correcte aussi précise que possible.

3 L'épreuve orale

Pour la LV1 et la LV2, l'évaluation de l'oral représente la moitié de la note totale du candidat. Cette évaluation se déroule pendant le temps scolaire. Deux situations d'évaluation sont organisées pour chacune des deux langues.

A. La compréhension de l'oral

Durée : 10 minutes (le temps d'écoute n'est pas inclus dans cette durée)

Les enseignants l'organisent au cours du deuxième trimestre de l'année de Terminale sur des supports audio ou vidéo. Elle s'appuie sur des documents enregistrés liés aux notions du programme. Il pourra s'agir de monologues, de dialogues, de discours, de discussions. Il pourra s'agir d'extraits d'émissions de radio, de documentaires… La durée de l'enregistrement n'excédera pas 1 min 30. Les candidats ont trois écoutes de l'enregistrement, séparées chacune d'une minute. Ils peuvent prendre des notes pendant chaque écoute. Ils disposent ensuite de 10 minutes pour rendre compte par écrit en français de ce qu'ils ont compris.

B. L'expression orale

Durée : 10 minutes
Temps de préparation : 10 minutes

Les enseignants organisent cette évaluation au dernier trimestre de l'année de Terminale. Le candidat tire au sort une des notions du programme étudiées dans l'année. Après 10 minutes de préparation, il dispose de 5 minutes pour présenter cette notion. Cette prise de parole en continu sert d'amorce à une conversation conduite par le professeur, qui prend appui sur l'exposé du candidat. Cette phase d'interaction n'excède pas 5 minutes.

Rappel des notions au programme
Espaces et échanges (*Spaces and Exchanges*), L'idée de progrès (*The Idea of Progress*), Lieux et formes de pouvoir (*Seats and Forms of Power*), Mythes et héros (*Myths and Heroes*).

Espaces et échanges

Space (n): the dimension of height, depth and width within which all things exist and move.
Exchange (n/v): an act of giving one thing and receiving another one whatever this 'thing' may be.

1 Globalization : It's a small world

A. S'informer

■ *Text 1: An Overview of Globalization*

Globalization is the process of increased interconnectedness among countries in the areas of economics, politics, and culture. It may be characterized by improved technology in transportation and telecommunications. People and things move and communicate with increasing efficiency. A phone, instant message, fax or video conference call can easily be used to connect people. The world begins to shrink.

Movement of People and Capital
A general increase in awareness, opportunity and transportation technology has allowed for people to move about the world in search of a new home, a new job, to flee a place of danger or to place one's capital.

Diffusion of Knowledge
Any new found knowledge or new invention is easily and quickly spread out.

Non-Governmental Organizations (NGOs)
Many international NGOs deal with global issues such as climate change, energy use, or child labor regulations. Plus some jobs can be done by foreign workers for a much cheaper cost than domestic workers (it is called outsourcing).

■ *Text 2: Is Globalization a Good Thing?*

There is a heated debate about the true effects of globalization and if it really is a good thing.

Positive Aspects of Globalization
– There is a greater chance for people in developing countries to increase their standard of living.
– Global competition encourages creativity and innovation.
– Developing countries are able to make the most of current technology without undergoing its drawbacks.
– Governments are able to better work together towards common goals.
– There is a greater access to foreign culture in the form of movies, music, food and clothing.

Negative Aspects of Globalization
– Outsourcing takes away those jobs from another country, increasing unemployment and poverty.
– The individuality of each country begins to disappear due to a certain uniformity of culture.
– There may be a greater chance of disease spreading worldwide.
– There is little international regulation.

B. Comprendre

1. *Read text 1 and identify what can be exchanged thanks to globalization.*
2. *Using both texts, identify the advantages and inconveniences of globalization as regards culture, economy, technology, health, security and standard of living.*

➤ **Corrigé page 381**

C. S'exprimer

1. *How is globalization related to the notion of spaces and exchanges?*
2. *Present orally the notion of spaces and exchanges showing the positive and negative impact of globalization (5 minutes).*
3. *Answer the following question in 100 words: How can technology favour globalization?*

➤ **Corrigé page 381**

VOCABULARY

Be cut off from (v): être coupé de
Bring down barriers (v): abolir les barrières
Bring the world closer together (v): rapprocher les peuples ≠ *marginalize*
Efficient (adj): efficace
Fair trade (n): commerce équitable
Get together (v): *meet for a social reason ≠ isolate oneself, stay alone*
Human relationships (n): relations humaines
Improve (v)/*improvement* (n): améliorer
Relocate (v)/*relocation* (n): délocaliser
Share (v): partager
Standard of living (n): niveau de vie
Start from scratch (v): partir de rien
Threat (n)/*threaten* (v): menace

D. Connaître et utiliser les règles : les 3 principaux modaux (*Can-May-Must*)

- **Règles communes.** Les modaux sont suivis de la base verbale, c'est-à-dire l'infinitif sans *to*. Il n'y a donc pas d'accord, à toutes les personnes.

Ex. : *I can swim, he/she/it can swim, they can swim*

Forme négative : on utilise la contraction *n't*. **Ex. :** *She can't drive, she mustn't come.*

Forme interrogative : on fait l'inversion. **Ex. :** *Can she drive? Must she come?*

- **Permission.** *You can; you may; you are allowed to.*
- **Obligation.** *You have to; you must; you are compelled to; you should; you need to.*
- **Interdiction.** *You can't=cannot; you mustn't; you are not allowed to; you shouldn't.*
- **Absence of obligation.** *You don't have to; you don't need to; you haven't got to.*

APPLICATION

Complétez les phrases suivantes avec le modal ou l'équivalent le plus adapté.
a) *To be competitive, companies … innovate all the time.*
b) *Employees … start from scratch when they emigrate.*
c) *They … speak the local language since English is so widely used today.*
d) *Foreign companies … try to impose their own culture on locals.*
e) *If a company relocates abroad, its workers … move too or stay here.*

Réponses

a) *need to.* **b)** *have to.* **c)** *don't need to.* **d)** *shouldn't.* **e)** *may.*

2 Sustainable Tourism

A. S'informer

▪ *Text 1: Sustainable Tourism: A Hope or a Necessity? The Case of Tofino, British Columbia, Canada*

With many communities now dependent on tourism for their economic livelihood, long-term sustainability is becoming key for destination management. Tofino, which was originally a remote, fishing village, has repositioned itself as an international tourism destination. Home to approximately 1,655 full-time residents, the town now attracts over 750,000 tourists per year. The 1993 decision to turn the Clayoquot Sound into a natural reserve led to a major increase in tourism demand in the area. Businesses developed, focusing on adventure and ecotourism, and restaurants, coffee shops, retail opportunities and accommodations are now plentiful. Although tourism has brought many benefits, challenges such as infrastructure, resource management, cost of living and social issues have now come to the forefront.

www.ccsenet.org/journal/index.php/jsd/article/view/16688.

▪ *Text 2: A Framework for Developing Sustainable Tourism*

Sustainable tourism projects aim to be:

***Inclusive:** visitor experiences are fun, inspirational, safe, open and accessible to all with no discrimination based on gender, race or disability.*

***Engaging:** involving local residents in tourism development through working relationships, consultation and cooperation.*

***Well-being:** tourism activities strengthen and sustain the quality of life of the communities by improving access to local resources for residents.*

***Caring:** the cultural heritage of places is protected through preserving traditions and local culture for both residents and visitors.*

***Distinctive:** the quality of the urban, coastal and rural environment is maintained or enhanced.*

***Viable:** local businesses operate successfully and responsibly over the long-term. Create and strengthen the number and quality of local jobs supported by tourism activities.*

***Efficient:** visitors and businesses use scarce and non-renewable resources wisely; visitors and businesses seek to minimize pollution, especially from transport, and reduce waste from all tourism activity.*

Sustainable Tourism: A Review of Indicators (10 October 2011).

B. Comprendre

1. *Read text 1. Identify what characterized Tofino before. What has changed? Compare with before. What difficulties need to be dealt with?*
2. *Read text 2 and find the benefits for local populations and places.*

➤ Corrigé page 382

C. S'exprimer

1. *Present orally the notion of spaces and exchanges showing the positive aspects and difficulties of sustainable tourism (5 minutes).*
2. *Write the following letter in 100 words: You write to your government to try and convince them to develop sustainable tourism in your country.*

➤ Corrigé page 382

VOCABULARY

Assess (v)/assessssment (n): évaluer
Go on a trip (v): partir en voyage
Go on holiday (v): partir en vacances
Go sightseeing (v): faire du tourisme
Improve (v)/improvement (n): améliorer
Livelihood (n): gagne-pain
Logging industry (n): industrie forestière
Mass tourism (n): tourisme de masse
Raise awareness (v): sensibiliser
Package tour (n): voyage organisé
Sound (adj): sain
Stakeholder (n): partie prenante
Sustainable (adj)/sustainability (n): durable
Sustainable Tourism (n): "tourism that meets the needs of present tourists and host regions while protecting and enhancing opportunity for the future" (the UN World Tourism Organization)
Travel by plane (v): voyager en avion

D. Connaître et utiliser les règles : utiliser la comparaison

▪ Comparatif de supériorité.

Adjectif court + *er* + *than*
more + adjectif long + *than*
Adjectif court = adjectif d'une ou deux syllabes se terminant par *-y*, *-ow*, *-le*, *-er.*
Ex. : *He works faster than me (I). They are more boring than us.*

▪ Superlatif de supériorité.

the + adjectif court + *est*
the most + adjectif long
Ex. : *The first step is the hardest and the most boring.*

▪ Comparatif d'infériorité.

less + nom au singulier ou adjectif + *than*
fewer + nom pluriel + *than*
Ex. : *I earn less money than my parents. They offer fewer jobs than the other job centre.*

▪ Comparatif d'égalité.

As + adjectif + *as*.
Ex. : *The maths teacher is as strict as the English one.*

APPLICATION

Complete the sentences.

a) *Traditional tourism is* **(harmful)** *for the environment/ecotourism. (comp. of superiority)*
b) *Sustainable tourists are* **(likely)** *to increase the impact of tourism. (comp. of inferiority)*
c) *Resources are getting … (comp. of inferiority)*
d) *Tourists are* **(well)** *integrated in local culture. (comp. of superiority)*
e) *Sustainable tourism is* **(wise)** *and* **(efficient)** *solution. (superlative)*

Réponses

a) *more harmful.* **b)** *less likely.* **c)** *fewer.* **d)** *better.* **e)** *the wisest and the most efficient.*

Espaces et échanges

1 Globalization : It's a small world

▪ **Comprendre. 1.** *Thanks to globalization, people, goods, information, knowledge, technologies, capital, work and culture can be exchanged.*

2. *Globalization enables people to move faster and further, to find jobs elsewhere, to learn about other countries' culture, to have access to new technologies and improve their standard of living, especially for people living in developing countries. It also allows them to cooperate so as to solve global issues, like climate change, child labor or energy use. On the other hand, globalization may create unemployment, speed up the disappearance of local cultures and spread diseases.*

▪ **S'exprimer. 1.** *Globalization implies exchanges and movements.*

2. *Exchanging consists in giving one thing and receiving another one, whatever this "thing" may be. Today, with the development of transportation and technology, it is increasingly easier and faster to move. As a result, exchanges between different countries have been growing, in particular between developed and developing countries. The globalization of goods and services has permitted developing countries to have access to technology, health, foreign investments and workforce, which in turn have enabled them to improve their living conditions and increase their standard of living. However, globalization presents some risks too. Some countries may suffer from outsourcing, that is to say they may lose an important part of their workforce who moves to other countries. Diseases may spread easily too. As regards culture, it is well known that English and American cultures tend to crush local cultures. All in all, globalization may make the world smaller but not always better.*

CONSEIL Lors de la synthèse de la notion, commencez par **annoncer la notion** que vous allez présenter, puis définissez les termes de la notion, posez votre **problématique** et annoncez votre plan si nécessaire. Introduisez les parties par une **phrase d'ordre général** qui annonce l'idée principale de la partie. Faites une **transition** entre vos arguments et entre les différentes parties. N'oubliez pas d'utiliser des **mots de liaison** (*besides, as a result, therefore, however, lastly*…).

3. *Technology plays a major role in favoring exchanges in the whole world. First, thanks to the evolution of means of transport, it has become simpler and quicker to exchange goods and people. Thanks to information technology, knowledge and information spread more easily too and we can communicate wherever we are with whoever we want. It has also become possible to improve the living conditions in developing countries by exporting new technologies and drugs. The gap between rich and poor countries can then be reduced, as the poor can gain access to technology at a lower cost (mainly mobile phones and the Internet) and thus improve their standard of living.*

Question possible de l'examinateur sur la notion

You said that thanks to globalization, developing countries could improve their standard of living. Yet, do you think that the import of western culture, goods and technology will really improve people's lives in these countries?

Réponse possible

Well, actually, what I meant is that they need to be given the same opportunities to be prosperous as in developed countries, but obviously, providing them with material goods is not enough.
Actually, people also need education and training to become more independent and freer. For example, giving African pupils computers is a positive step but they need to learn how to read, write and count and how to use computers too.

CONSEIL Lors de l'entretien avec l'examinateur, essayez de **prendre part à l'échange** en cherchant à **convaincre, reformuler, nuancer, expliciter et illustrer** votre propos avec **vivacité et pertinence**. Croyez en ce que vous dites !

2 Sustainable Tourism

▪ **Comprendre. 1.** *Tofino was originally a remote, fishing village which didn't use to attract tourists. Tofino is now an international tourism destination which attracts over 750,000 tourists per year. Businesses have focused on adventure and ecotourism, and restaurants, coffee shops, retail opportunities and accommodation have developed.*
What needs to be dealt with is infrastructure, resource management, cost of living and social issues.

2. *Local residents are involved in tourism development. They enjoy better living conditions thanks to improved access to local resources. The cultural heritage of places is protected and non-renewable resources are used with scarcity. More jobs are available thanks to activities related to tourism.*

▪ **S'exprimer. 1.** *Tourism can take many forms and include many destinations. Whether you travel on your own or you prefer package tours, you leave your mark not only on the local economy, but also on local populations and on the environment. Sustainable tourism may well be the appropriate solution as it not only meets the needs of tourists but also respects local people and places while reducing any undesirable impacts on the natural, historic, cultural or social environment. It generates greater economic benefits for local people, preserves the natural and cultural heritage and provides more enjoyable experiences for tourists. However the main difficulties lie in infrastructure, resource management, cost of living and social issues. And the benefits need to be assessed in the long term.*

CONSEIL Après avoir annoncé un argument (ex. : *Sustainable tourism may improve exchanges between tourists and local inhabitants*), **justifiez**-le : mettez en avant une raison (*Indeed, as it is becoming increasingly crucial to protect biodiversity, local residents invite tourists to take part in local eco-friendly actions, which is beneficial both for tourists and locals*).
Puis **illustrez** l'argument d'un **exemple** : *For instance, we studied a text about Tofino, a formerly remote fishing village in Canada, which has been able to attract both tourists and businesses by focusing on adventure and ecotourism. Now the village hosts 750,000 tourists per year and offers countless restaurants, shops, retail opportunities and accommodation.*

2. *Dear Prime Minister,*
I am writing to try and convince you of the necessity to develop sustainable tourism in our country. As you know, this consists in meeting the needs of present tourists and host regions while protecting and enhancing opportunities for the future.
Current forms of tourism are very destructive for our cultural heritage, natural resources and local economy. Why couldn't we do as in Tofino, Canada, visited by 750,000 tourists per year without any damage to the environment? Since businesses focused on adventure and ecotourism, restaurants, coffee shops, retail opportunities and accommodation have developed considerably.
I hope you will see the benefits of sustainable tourism.
Yours sincerely.

Question possible de l'examinateur sur la notion

Would you say that when you are in a foreign place, you should live like the local residents in any circumstances?
Do you agree with the British proverb, "When in Rome do as the Romans do"?

Réponse possible

Hum, no, I wouldn't say in ***any*** *circumstances. I think it is important to respect and adapt to the traditions and values of the local people, because visiting new countries means discovering new cultures. However it seems to me impossible and not desirable to do exactly like them, especially if we don't share their values, religion and customs. So, in a word, I would say we should adapt to, but not necessarily adopt, their habits and traditions.*

L'idée de progrès

Progress (n/v): *the theory that advances in technology, science, and social organization inevitably produce an improvement in the human condition. People can become happier in terms of quality of life (social progress) through economic development (modernization), and the application of science and technology.*

1 *Has the Internet Turned Us into Jerks?*

A. S'informer

Has the Internet Turned Us Into Jerks?
In the real world, social pressure usually keeps us from acting like jerks in large groups of people. The same holds in the online world, according to a new study. Researchers have found that, despite the anonymous monikers* employed by most participants, the tone of online discussions was positive or neutral 85% of the time. The analysis suggests that even though we may hide behind pseudonyms online, we still feel pressure to be civil.*

***I agree.** It seems the internet is too easy. And it is killing all sorts of businesses and employment around the world. Have a look at newspapers and magazines as an example. How many people will be out of work when they finally go. Clothing retail. You can cross reference any number of stores to find the cheapest price in minutes, whereas you had to go and find them in shops. So not only is social interaction changing, so is economics.*

***I disagree.** The internet has leveled the playing field. A small manufacturer now has access to the same market enjoyed by multinational corporations. I can now make a widget*, and advertise it internationally at no greater cost than it would take to advertise it locally and sell it around the world. That would have been nearly impossible thirty years ago. Now it's routine. Workers can now telecommute, which allows them to take jobs without requiring them to live in a particular area or spend hours each day getting to work; they have more control over their working conditions and more time to spend with family and doing non-work activities.*

VOCABULARY

A jerk: un crétin, un abruti
A moniker: un nom, un pseudo
A widget: un truc, un machin

B. Comprendre

1. *Read the text. Why were the findings of the researchers surprising and paradoxical?*
2. *What are the negative impacts of the Internet on work?*
3. *Why can it be said that the Internet has revolutionized our ways of working?*

➤ **Corrigé page 387**

C. S'exprimer

1. *Present orally the notion of progress showing the benefits and risks of the Internet for work and businesses (5 minutes).*
2. *Write a dialogue in 150 words: you try to convince your friend to buy online; he hesitates.*

➤ **Corrigé page 387**

VOCABULARY

Be cut off from *(v):* être coupé de
Bring down barriers *(v):* abolir les barrières
Bring the world closer together *(v):* rapprocher les peuples
Browse *(v):* consulter
Computer addict *(n):* mordu d'informatique
Computer-savvy *(adj):* qui s'y connaît en informatique
Computer science *(n):* l'informatique (théorie)
Computer scientist *(n):* informaticien
Computing equipment *(n):* matériel informatique
Convenient *(adj):* commode
Cost effectiveness *(n):* efficacité économique
Desktop computer *(n):* ordinateur de bureau
Download *(v):* télécharger
Fast *(adj):* rapide
Information technology *(n):* technologie de l'information
Laptop *(n):* ordinateur portable
Less strenuous work conditions *(n):* conditions de travail moins pénibles
Networking website *(n):* réseau social
Retail business *(n):* commerce de détail
Safeguard *(v):* sauvegarder
Search engine *(n):* moteur de recherche
Software *(n):* logiciel
Telecommute *(v):* faire du télétravail
Threat *(n)/****threaten*** *(v):* menace

D. Connaître et utiliser les règles : comment dire « faire faire » ?

▪ **La pression. Ex. :** *Businesses* ***make*** *customers spend more and more money.* Les entreprises poussent les clients à dépenser de plus en plus d'argent.
They ***have you buy*** *anything.* Ils vous font acheter n'importe quoi.

▪ **L'autorisation. Ex. :** *Moderators don't* ***let*** *Internet users write anything.* Les modérateurs ne laissent pas les internautes écrire n'importe quoi.
Internet business ***permits/allows*** *you to shop and work round-the-clock.* Le commerce en ligne permet de faire ses courses et de travailler 24 heures sur 24.

▪ **La cause. Ex. :** *Online development* ***causes*** *many retail stores* ***to*** *close.* Le développement d'Internet conduit beaucoup de détaillants à fermer.

▪ **L'aide. Ex. :** *Telecommuting* ***helps/enables*** *you* ***to*** *save time.* Le télétravail permet de gagner du temps.

▪ **L'incitation. Ex. :** *Online businesses may* ***lead/get*** *you* ***to*** *buy useless products.* Les entreprises en ligne peuvent vous inciter à acheter des produits inutiles.

APPLICATION

Translate into English.
a) Internet permet aux entreprises d'être connues.
b) L'anonymat en ligne n'incite pas les internautes à se comporter (*behave*) comme des crétins.
c) Les vendeurs poussent leurs clients à acheter des choses inutiles.
d) Le développement de la presse en ligne cause la disparition des journaux traditionnels.

Réponses
a) The *Internet enables businesses to be known.*
b) *Anonymity online doesn't lead internet users to behave like jerks.*
c) *Shopkeepers make their customers buy useless things.*
d) *The development of online press causes traditional newspapers to disappear.*

2 The Looming Power of Smartphones

A. S'informer

Terrorists have already used cell phones to kill people in the crudest possible way: detonating explosives in Iraq and Afghanistan. But smartphones will bring new possibilities for mayhem into the most ordinary areas of life.*

The day is not far off when the manipulation of medical devices will be done routinely and remotely by punching keys on a smartphone.

To engineers, the advantages are clear. Smartphones can relay patients' data to hospital computers in a continuous stream. Doctors can alter treatment regimens remotely, instead of making patients come in for a visit. If something goes wrong, medical professionals can be alerted immediately and the devices can be rapidly adjusted over the air. Unfortunately, though, the disadvantages are equally obvious: doctors will not be the only people dialing in. A smartphone links patients' bodies and doctors' computers, which in turn are connected to the Internet, which in turn is connected to any smartphone anywhere. The new devices could put the management of an individual's internal organs in the hands of every hacker and digital vandal on Earth.

But medical devices represent only one early and obvious target of opportunity. Major power and telephone grids have long been controlled by computer networks, but now similar systems are embedded in such common objects as electric meters, alarm clocks or home refrigerators and thermostats, all of which are, or soon will be, accessible remotely. Every automobile on the market today has scores of built–in computers, many of which can be accessed from outside the vehicle.

In 10 years, computers will be everywhere we look, and they'll all be wireless. Will you be able to activate whole-house Internet audio integrated with iTunes or refrigerators that alert families when they've run out of milk? Will you be able to run these exploits by cell phone? What's possible? It's more like 'What won't be possible?'

VOCABULARY

mayhem: désordre, pagaille.

B. Comprendre

1. *Read the text. Which fields are concerned by the new uses of smartphones?*

2. *Give examples of benefits (health and domotics).*

3. *What are the drawbacks and risks?*

Domotics (n) : *the integration of technology in the home (such as remote lighting, heating or security systems)*

➤ Corrigé page 387

C. S'exprimer

1. *Present orally the notion of progress showing possible applications of smartphone technology (5 minutes).*

2. *Write a press article explaining the possible applications, benefits and risks of home automation controlled by a smartphone (120 words).*

➤ Corrigé page 387

VOCABULARY

Be at the leading edge of technology *(v)*: être à la pointe de la technologie
Cyber crime *(n)*/*cyber criminality* *(n)*: activité criminelle commise au moyen d'un système informatique
Efficient *(adj)*: efficace
Hack into *(v)*: pirater/*hacker* *(n)*: pirate
High tech industries *(n)*: industries de haute technologie
Improve *(v)*: améliorer
Keep up with *(v)*: se tenir au fait de
Misuse *(n/v)*: mauvaise utilisation
Prevent sb from +V-ing *(v)* = *stop somebody from V-ing*: empêcher de
Privacy *(n)*: vie privée
Spy on *(v)*: espionner
State-of-the-art technology *(n)*: technologie dernier cri
Threaten *(v)*/*a threat* *(n)*: menacer/une menace
Time efficient *(adj)*: qui fait gagner du temps

D. Connaître et utiliser les règles : employer le futur et les conjonctions de temps

- **Parler d'une intention (déjà planifiée) ou faire une prédiction.** On utilise *be going to*.
Ex. : *Engineers are going to present a new app for smartphones.*

- **Parler d'un événement futur, d'une décision soudaine, d'une offre, d'une probabilité.** On utilise *will*. Ex. : *Doctors will control medical devices remotely.*

- **Parler de quelque chose de certain.** Également pour parler de quelque chose de convenu officiellement comme un horaire, on utilise le présent avec une indication de date.
Ex. : *The latest iPhone is released on Monday.*

- **Pour parler d'arrangements.** On utilise *be + V-ing*.
Ex. : *Engineers <u>are holding</u> a conference <u>at 1pm</u>.*

- **Les conjonctions de temps.** Elles ne sont jamais suivies de *will* sauf dans les questions directes et indirectes. On emploie le présent ou le *present perfect* à la place de *will*.

When = quand ;
as long as = tant que ;
as soon as = dès que ;
until = jusqu'à ;
once = une fois que ;
after = après que ;
before = avant que ;
while = pendant que.

Ex. : *<u>When</u> all houses <u>are equipped</u> with home automation, there will be fewer domestic accidents. <u>Once</u> people <u>have been informed</u> about the benefits of home automation, they will adopt it immediately.*

- **Exception :** Ex. : *When will it work? I wonder when it will work.* Quand cela marchera-t-il ? Je me demande quand cela marchera.

Pourra : *will be able to*/devra : *will have to*

APPLICATION

Put the verbs in the right tense to talk about the future.

a) *Digital vandals* ***(try)*** *to hack into patients' files.*
b) *Once houses and cars* ***(be)*** *equipped with automation systems, there* ***(be)*** *computers everywhere.*
c) *Ordinary objects* ***(be)*** *remotely controlled as soon as they* ***(be)*** *tested in laboratories.*
d) *Everybody wonders when cars* ***(can)*** *drive on their own, without drivers.*

Réponses

a) *will try.* **b)** *are/will be.* **c)** *will be/have been.* **d)** *will be able to.*

L'idée de progrès

1 Has the Internet Turned Us into Jerks?

▪ **Comprendre.** **1.** *The findings of the researchers were surprising and paradoxical because although the net users can be anonymous online, they remain very polite and respectful.*
2. *The Internet may lead some shops and businesses to close due to competition with online businesses which attract more customers. Similarly, traditional newspapers may disappear. The impact is both social and economic.*
3. *The Internet enables us to advertise whatever we want online, without having to move about; whether you are an individual or a big business, you get the same chance to be known. It also helps people live better by reducing transport and increasing family time.*

▪ **S'exprimer.** **1.** *Technological progress has revolutionized our way of communicating, moving, learning, working and our living habits. Work especially has become much easier and faster. Businesses can develop worldwide in a click. Thanks to telecommuting, workers can spend more time with family and friends instead of wasting hours in traffic jams. On the other hand some businesses may suffer from the Internet development. Indeed customers prefer to order online rather than to queue up and pay more. So the Internet may cause retail shops and other services to disappear. Progress has thus improved our lives but it has also caused some jobs to disappear.*
2. *"Sales are coming!" Jenny exclaimed. "But just the idea of queuing up for hours makes me feel depressed."*
"Why don't you try the Internet?" Mark retorted. "It has become so easy today to shop online. You get anything you want in just one click, even rare products or items coming from a foreign country. Not to mention the fact you're not harassed by impatient sales workers!"He added.
"You may be right but if we all buy online, what's going to happen to local shops and businesses? They are bound to disappear, which will create more unemployment." Jenny protested.
"I really don't agree. Online businesses are booming and they need to hire more and more people. We just need to accept to see our shopping and working habits change", Mark replied.

2 The looming power of smartphones

▪ **Comprendre.** **1.** *Health, home and cars.*
2. *Health: doctors can alter their patient's treatment rapidly and from a distance/domotics: daily life devices can be operated remotely.*
3. *There might be risks of being hacked and medical data could be accessible to anyone who knows a little about technology.*

▪ **S'exprimer.** **1.** *Our phones are the symbol of the breakthrough of technology in terms of communication. But, with the surge of smartphones, it has become possible to use our phones for many other purposes thanks to the countless applications available. One unexpected development and form of progress is the use of phones for health. Smartphones can transmit patients' data to hospital computers, so doctors know about the evolution of their patients' condition and can be alerted as necessary. Doctors can also alter a treatment remotely without needing the patient to be physically present. Another promising field of application is home facilities. Through smartphones, we will soon be able to control most appliances, for instance switch on or off an alarm clock from a distance, use the phone as a key to open the door, or remotely check the gas is turned off.*
2. *Your home may no longer be the same. Imagine you want a cup of coffee while you are comfortably settled in your sofa. With a click on your smartphone your coffee machine could start preparing it and alert you when it is ready. What seemed to be science fiction not so long ago could become reality in a very near future, thanks to home automation controlled by a smartphone. You could control all your domestic appliances from a distance, switch on and off the heating system, the gas and the lights, open or lock the door. But of course there might be dangers too. It might make burglars' job easier if they know how to hack into your automation system or your mobile phone.*

Lieux et formes de pouvoir

Power (n): *ability to control people or things; political control of a country; ability of the body or mind to do sth; strength or influence (on other people or things).*

1 The days of the heroic leader are gone

A. S'informer

For years, we have heard about the amazing leaders who have singlehandedly made sweeping changes to an organization and rebuilt a money-losing organization into a world leader.

But, for most organizations, a heroic leader can be a disaster. They may achieve some short-term improvements, but heroic leaders often do not stay long before they move on to their next challenge, thus failing to sustain change and improvement.

Increasingly, heroic leadership is being replaced by more distributed or team leadership. In these new models, the senior leaders recognize that change and improvement require the talents of the many, not just the few.

Distributed leadership has several qualities:
*– **shared accountability:** leadership teams have the confidence to lead up, down and across the organization. Leaders hold each other mutually accountable for results with an emphasis on collaboration and teamwork;*
*– **transparency:** successful leadership teams do not play office politics to win at all cost. Instead, they embrace open, accessible and transparent tactics that are inclusive, not exclusive. For example, these types of organizations bring consumers (e.g., customers, clients, patients, etc.) into the decision making process;*
*– **full scope:** leaders in these organizations are working at their full scope of practice. In other words, artificial barriers and structures are removed so that team members are able to work where they can contribute the most value based on their skills and competences;*
*– **service:** organizations which practise team-based leadership are focused on empathy, service and support. They listen to and understand the needs of their employees and customers/clients/patients.*

http://4realleaders.com/2012/08/no-more-heroes/

B. Comprendre

1. *Read the text. Identify the two forms of leadership described.*
2. *What are the benefits and drawbacks of the traditional form of leadership?*
3. *Why is the new form of leadership presented as a better one?*

➤ **Corrigé page 391**

C. S'exprimer

1. *Present orally the notion of forms and seats of power showing the changes in leadership (5 minutes)*
2. *Write an email to your employees to inform them about your decision to adopt a new form of leadership. Justify your decision (120 words)*

➤ **Corrigé page 391**

VOCABULARY

Chairman/chairwoman (n): président
Chief executive officer (CEO) (n): PDG
Company (n): firm, enterprise
Employee (n): employé ≠ *employer*: employeur
Executive (n): cadre
Head office (n): siège social
Human resources (n): resources humaines
Know-how (n): savoir-faire
Leadership (n): direction, qualité de chef
Manage (v), *run* (v): diriger
Management (n): direction, gestion
Manager (n): directeur
Singlehanded (adj): tout seul
Skill (n): compétence
Staff (n): le personnel
Subsidiary (n): filiale
Team (n): équipe

D. Connaître et utiliser les règles : employer le *preterit/present perfect*

▪ **Leurs fonctions**. Le *preterit* sert à décrire une action ou une situation terminée, alors que le *present perfect* permet de lier le passé et le présent et de décrire une évolution ou les répercussions du passé dans le présent.

▪ **Le preterit.** *V–ed* (régulier)/2e colonne (verbes irréguliers). Dans une question ou une phrase négative, on utilise *did/did not (didn't)* suivi de la base verbale du verbe.

▪ **Le present perfect**. *have* + participe passé.

Ex. : *Ten years ago, leaders managed their companies on their own. At that time, employees did not contest their leaders' authority but things have changed today even if managers haven't totally lost their leadership.*

APPLICATION

Put the verb in the right tense (preterit or present perfect).

a) *Managers* ***(accept)*** *to share their leadership.*
b) *So far, companies* ***(benefit)*** *from team work.*
c) *A few years ago, successful leaders* ***(want)*** *to be considered as heroes.*
d) *Single leaders* ***(look)*** *for personal gratification, but now the company's interest* ***(become)*** *their priority.*

Réponses

a) *have accepted.* **b)** *have benefited.* **c)** *wanted.* **d)** *looked/has become.*

2 The Power of Creating Life

A. S'informer

« Playing God »- Scientists in Final Stage of Creating Man-made Life

Dr Craig Venter, who has led the private sector effort to sequence the human genome, has been working for years to create a man-made organism. He says his company Synthetic Genomics Inc. has nearly completed the journey to create the world's first free-living artificial organism. According to Venter, it will only be a few more weeks before manmade life is unveiled in his very own laboratory. "It will be one of the bright milestones in human history, changing our conceptual view of life", said Venter.

Others have a less "bright" view of Venter's work—they say it could be potentially dangerous. It has been suggested that this type of technology could turn out to be the frightening side of "playing God", since it invariably suggests the chance that dangerous organisms could be inadvertently (or purposefully) unleashed on a world unprepared to deal with the consequences. Because there is no precedence, scientists don't know for sure what kind of negative impact is possible.

Even if artificial biology could be kept under control and appropriately monitored–something many say is near impossible–activists and researchers are concerned that the technology may be exclusively locked up for commercial gain.

> *"While creating new life may not be playing God," says Arthur L. Caplan, director of the Center for Bioethics at the University of Pennsylvania, "it has revolutionary implications for how we see ourselves. When we can synthesize life, it makes the notion of a living being less special." And there's a perception that synthetic biologists may be "manipulating nature without knowing where they are going," he says. "There are arrogant scientists, and our friend Venter may be one of them."*
>
> *Adapted from http://www.dailygalaxy.com/my_weblog/2007/06/playing-god-sci.html*

B. Comprendre

1. *Read the text. Identify what Craig Venter is about to do.*
2. *What makes his project controversial?*
3. *What impact could there be on the image of man?*

➤ **Corrigé page 392**

C. S'exprimer

1. *Present orally the notion of forms and seats of power especially through the role of medicine and technology (5 minutes).*
2. *Answer this question in 150 words: Is living forever something you are longing for?*

➤ **Corrigé page 392**

VOCABULARY

Ban *(v/n): forbid*
Bring back extinct species *(v)*: ramener à la vie des espèces disparues
Cure *(v)= heal*: soigner
Devalue *(v)*: dévaloriser
Ethics *(n)/* **ethical** *(adj)*: éthique
Guinea pig *(n)*: cobaye
Lengthen *(v)*: rallonger
Long for *(v)*: desire
Milestone *(n)*: jalon
Outweigh *(v): have more importance (ex: technological benefits outweigh possible risks)*
Play the sorcerer's apprentice *(v)*: jouer les apprentis sorciers
Prone to *(adj)*: enclin à
Regulate *(v)*: contrôler
Stem cell research *(n)*: recherche sur les cellules souches
Succeed in + V-ing *(v) = manage to*: réussir à
Tamper with *(v)*: manipuler

D. Connaître et utiliser les règles : employer le passif

- Il se forme avec *Be* + participe passé. *Be* peut être conjugué à n'importe quel temps.
- Le passif sert à attirer l'attention sur le sujet qui subit l'action et non sur l'auteur ou la cause de l'action.

Ex. : A new life has been created from human stem cells. On a créé une nouvelle vie à partir de cellules souches humaines.

- Quand le verbe est suivi d'une préposition à la voix active, la préposition se place après le verbe au passif.

Ex. : The benefits of biomedicine have been put forward. Les bénéfices de la biomédecine ont été mis en avant.

APPLICATION

Answer the following questions using the passive or active form of the verb given.

a) *Why couldn't she get into the laboratory? (People under16/not admit)*
b) *Why didn't he come? (he/not invite)*
c) *Why is he so disappointed? (his experiments/fail)*
d) *Why is he so ill-at-ease? (he/look at)*
e) *Why are you so late? (the plane/delay)*

Réponses

a) *People under 16 are not admitted.*
b) *He had not been invited.*
c) *His experiments failed.*
d) *He is being looked at.*
e) *The plane was delayed.*

Lieux et formes de pouvoir

1 The days of the heroic leader are gone

■ **Comprendre.** **1.** *Singlehanded leadership and distributed leadership.*

2. ***Benefits:*** *the traditional form of leadership consists in having a single manager running a company which allows him to act singlehandedly, get short-term improvements and draw public attention on himself alone.*
Drawbacks: *however, this is risky and not very profitable for long-term change and improvement.*

3. *The new form of leadership consists in team or shared management, which permits a company to benefit from the talents of all, to include all the employees in the strategy and results, increasing employees' motivation in order to improve the company's results. It leads to more transparency, collective decision making, empathy, service and support.*

■ **S'exprimer.** **1.** *With the development of globalization, international competition, new technologies and the current economic crisis, it has become harder for companies to keep relying on traditional forms of power and leadership. Things are changing towards a more shared and collective way of running a company. Power is no longer held in the hands of a single manager, capable of turning a money-losing company into a world leader, but could more likely lead his company to a disaster. Nowadays, several members of a company, sometimes including their customers or patients, make decisions together, share the benefits as well as the bad results, bring their own specific skills and know-how to the collective interest and use transparent tactics. Social media contribute to changing leadership too, as they make it less attached to a unique, physically present leader but give control to more people.*

> **CONSEIL** Lors du temps de **préparation** (10 minutes) pour l'oral sur la notion, ne cherchez pas à rédiger des phrases entières, mais prenez simplement **des notes** : mettez en valeur les grandes **articulations** de votre présentation, les **liens logiques**, des **exemples** et des **causes-conséquences**. Utilisez des **abréviations** et des **symboles** (flèches…).

2. *From: James Smith* — *To: all employees*

Object: leadership orientation

After analyzing the results of our company over the last year, I have realized that we were not competitive enough as compared to our competitors, especially in terms of adequacy of our products to customers' needs. Therefore I have decided that from now on our management will be more collective, which means that all the employees will be able to share their ideas and put their specific skills at the service of the company. I am convinced that change and improvement require the talents of all and that if our team members bring their skills and competences together we will be able to sustain change, improve our methods and skills, and make our company more profitable.

Looking forward to having your feedback and ideas. — *James Smith*

Question possible de l'examinateur sur la notion
You talked about the advantages of shared leadership. Are there any drawbacks to this new form of management?

Réponse possible
Well, in my opinion, there are a few drawbacks even if the advantages outweigh them. First of all, shared leadership requires having everybody together, which is sometimes difficult in big-sized companies. Then, if opinions are too divergent, it might be difficult to come to an agreement and the members could waste time trying to convince each other. Lastly, it dilutes the authority and responsibility of the manager, which could be harmful when harsh decisions need to be made.

CONSEIL Lors de l'entretien avec l'examinateur, **évitez les hésitations** et les blancs. Gardez un ton posé et n'hésitez pas à **demander de répéter ou de reformuler** si vous n'avez pas compris la question : *I'm afraid I didn't catch that. Could you repeat please?*
Si vous ne savez pas quoi répondre, dites-le en anglais : *I'm sorry but I don't know the answer.*
Si vous ne savez pas dire un mot, essayez de le dire autrement ou d'expliquer ce que vous voulez dire. Si vous ne pouvez pas faire autrement, demandez-le: *Could you tell me how you would say "..." in English? What's the English for...?*

2 *The power of creating life*

▪ **Comprendre. 1.** *Craig Venter is about to unveil a man-made life, the first free-living artificial organism.*

2. *It is a controversial project because some scientists fear there might be dangerous organisms unleashed in nature and don't know yet the potential consequences of creating life artificially: it might be impossible to control this technology which might be deviated to make profits.*

3. *The impact could be depreciation of the human life: given that a human being could be created at will, an individual may become less unique or special, and then life could lose its value, which might cause an increase in murders, among other problems.*

▪ **S'exprimer. 1.** *The notion of power may take several forms. One of them could concern the power of man on another man's life or death. Through medical progress it has now become possible to cure serious diseases or at least to alleviate pain and suffering, to increase life expectancy and to improve health. Recent research has even made it possible for a scientist to create a man-made life, the first free-living artificial organism. This could be revolutionary as it would allow scientists not only to create life but also to recreate dead species or humans. A British geneticist is about to recreate Neanderthal man thanks to the DNA of a fragment of bone. One day man may become immortal. However such progress may lead to abuses of power and excesses. Biomedicine could become uncontrollable. Monsters or artificially made men could be created to kill for instance. Scientists could be prone to play God or the sorcerer's apprentices.*

2. *Nobody wants to die. But at what cost? Is living an immortal life necessarily a dream? As far as I am concerned, I am not convinced that being immortal is something to long for. Of course, I would have plenty of time to do many things such as travelling worldwide, discovering new things, seeing my great-grand-children grow up or benefiting from the latest scientific improvements. Yet, if it means feeling bored and being blasé or being in poor health, I don't think this is the life I would like to have. Moreover there would be so many people on Earth that there would not be enough space, work and resources to accommodate, keep busy and feed everybody. So, being immortal is definitely not a dream for me. I'd much rather enjoy life as it comes.*

Élargissement (question possible de l'examinateur sur la notion)
Are doctors free to do anything they want as far as their patients are concerned?

Réponse possible
I wouldn't say that. I think doctors have a major influence on their patients insofar as they are scientists and are supposed to tell the truth and to know a lot about what they can do and how they can cure people. On the other hand, patients are often in a state of distress and are ready to believe what they are told without questioning it. However, doctors are supposed to respect procedures and a professional Code of Ethics, which prevents them from doing whatever they want, especially if it means endangering the patient's life. That is why there should be committees getting together when serious decisions must be made concerning the next steps to take to treat a patient. So I would say that doctors have a lot of power but are not free to do whatever they want.

Mythes et héros

Hero (n): 1. a person, typically a man, who is admired for his courage, outstanding achievements, or noble qualities; 2. the chief male character in a book, play, or film, who is typically identified with good qualities, and with whom the reader is expected to sympathize; 3. (in mythology and folklore) a person of superhuman qualities and often semi-divine origin, one whose exploits were the subject of ancient Greek myths.
Myth (n): 1. a traditional story, especially one concerning the early history of a people or explaining a natural or social phenomenon, and typically involving supernatural beings or events (the heroes of Greek myth); 2. a widely held but false belief or idea.

1 *Modern Day Heroes*

A. S'informer

What makes a « hero » in the modern times?

Are modern day heroes only found in the movies? In the dictionary, a hero is defined as "a man who is admired for his courage or for outstanding achievements." So, what does that mean in the real world and not in the Hollywood world of fantasy and entertainment?

Andy Rooney recently spoke on the 60 Minutes program and said, "There aren't many heroes these days and there isn't much opportunity to be heroic when we are at peace." Heroes in the traditional sense may be uncommon today, but the term hero is still commonly used. Movie stars, sportsmen are hailed as heroes. Yet, are any of those men courageous and are any of their achievements outstanding to the point of being heroic? Aren't they just professional people who earn a living by doing what they do? It's not what you do in your everyday job that makes you a hero; it's what you do 'above and beyond' your normal duties in times of struggle or pressure that marks the distinction.*

The earthquake that shook New Zealand in February 2011 revealed a great many heroes as ordinary people joined the rescue effort to free the people trapped under the rubble of buildings. They faced their own fear and risked their lives in an effort to save the lives of others and their courage makes them worthy of their hero status.

The heroic men who have emerged in the aftermath of the world's fight against the power of nature are an inspiration to us all. If you want to be a modern day hero you don't need a white horse, a suit of armor, a Herculean physique; all you need is the courage to go 'above and beyond' to help your fellow man or woman when the pressure is on.

Adapted from Dan Bacon, in http://www.themodernman.com/

**Andy Rooney (1919 – 2011) was an American radio and television writer.*

B. Comprendre

1. *Explain Andy Rooney's quote: "There aren't many heroes these days and there isn't much opportunity to be heroic when we are at peace."*

2. *What characterizes a modern day hero? Compare with a traditional hero.*

3. *Quote an example of "real" heroes from the text.*

➤ **Corrigé page 397**

C. S'exprimer

1. *Present orally the notion of myths and heroes developing the notion of modern hero (5 minutes).*
2. *Write this article in 150 words: you have been the witness of a heroic action. Write a press article to report the facts and reactions.*

➤ **Corrigé page 397**

VOCABULARY

Above (*adv*): au-dessus
Achieve (*v*): atteindre, accomplir/**achievement** (*n*): exploit
Beyond (*adv*): au-delà
Bold = *courageous, fearless (adj)*: courageux
Challenge (*v/n*): défier/défi
Cowardly (*adj*): lâche
Disinterested (*adj*): désintéressé
Face (*v*): affronter
Look up to (*v*): *admire*
Perform (*v*) = *carry out*: réaliser (une action)
Praiseworthy (*adj*): digne de louange
Risky (*adj*): *dangerous*
Role model (*n*): un modèle
Selfless (*adj*): dévoué ≠ *selfish*: égoïste
Strength (*n*)/**strong** (*adj*): force/fort
Supernatural power (*n*): pouvoir surnaturel
Willing to (*adj*): prêt à

D. Connaître et utiliser les règles : les deux prétérits

▪ **Le prétérit en *–ing*.** On utilise le prétérit en *-ing* lorsque l'action en train de se dérouler dans le passé, servant à décrire le contexte, est interrompue par une action brève : ***was/were*** + V-***ing***.

Ex. : *I **was** talk**ing** with a friend when a car bumped into a tree.* Je discutais avec un ami lorsqu'une voiture a percuté un arbre.

▪ **Le prétérit simple.** On emploie le prétérit simple (*-ed* ou 2e colonne des verbes irréguliers) :
– quand l'action est finie ou datée. On s'intéresse à ce qui s'est passé et non au résultat ;
Ex. : *The driver **went** out of the car.* Le conducteur est descendu de voiture.
– pour décrire une action brève ou ponctuelle.
Ex. : *He **called** for help.* Il a appelé à l'aide.

▪ **Forme interrogative.** ***Did*** + sujet + base verbale + ? ou
Was/Were + sujet + V-***ing*** + ?
Ex. : ***Did*** *he shout?* A-t-il crié ? *What **were** you do**ing**?* Que faisais-tu ?

▪ **Forme négative.** Sujet + ***did not*** + base verbale ou sujet + *was/were + not + V-ing*
Ex. : *He **did not** realize his car was not working.* Il n'a pas vu que sa voiture ne marchait pas.

APPLICATION

Answer each question.

1. *What were you doing when…*
a) *the accident happened?* **b)** *the rescuers arrived?* **c)** *you learnt the victim was safe?*
2. *What did you do when…*
a) *you saw the accident?* **b)** *the man called for help?* **c)** *the victim fainted?*

Réponses

1. a) *I was crossing the street.* **b)** *I was trying to reassure the victim.* **c)** *I was driving back home.*
2. a) *I ran to see if I could help.* **b)** *I asked what I could do.* **c)** *I called the emergency.*

2 New Family Patterns

A. S'informer

Is the Perfect Family a Myth?

There's something "right" about a nuclear family, or so we think. Family, we're taught by culture and religion, "should" be composed of a mother, father and at least two kids.

That ideal was recently underscored by the report of a 4,600-year-old grave in Germany containing thirteen individuals. Poignantly, some adults were buried facing each other, with their arms entwined. But even more poignant, scientists used DNA analysis to link one couple with their two children, the oldest evidence of a nuclear family. This report confirms that the nuclear family is an ancient and therefore "natural" human grouping.

But that bias toward focusing on the four related bodies ignores the other nine people in that grave, none of which were apparently related. Their presence also underscores the fact that our ideas of the perfect family are narrow and inaccurate.

Across cultures, people live in all sorts of family groups. Polygyny, when one man has more than one wife, is the most common type of family. In some cultures, women have several husbands.

And for the Mosuo, a culture in China, people live in large extended families where women, not men, are in charge.

There is also no real evidence that the nuclear family as we know it today has been around very long. Although more than two-thirds of American kids are living with two parents, nine percent live with a single parent. And more than one-quarter of Americans live alone.

The thirteen bodies in that German grave are there not because they are a family per se, but because they were important to each other, connected in some way, either economically or emotionally.
We don't always form nuclear families in the ideal way, but we do make families of a different order all the time, because it's human nature to be together.

Adapted from Meredith F. Small in http://www.livescience.com/

B. Comprendre

1. *What do you learn about the nuclear family?*
2. *Why is it a myth?*
3. *What does it take to make a family?*

➤ **Corrigé page 398**

C. S'exprimer

1. *Present orally the notion of myths and heroes especially developing the notion of "perfect family" (5 minutes).*
2. *Answer this question in 150 words: How important is family for you?*

➤ **Corrigé page 398**

VOCABULARY

Alimony *(n)*: pension alimentaire
Blended *(adj)*: recomposé
Bring up *(v)*: élever
Custody *(n)*: garde (d'un enfant)
Foster *(adj)*: adoptif
Gender *(n)*: *male or female*
Grand-children *(n)*: petits-enfants
Grow up *(v)*: grandir
Household *(n)*: foyer
Make both ends meet *(v)*: joindre les deux bouts
Nuclear family *(n)*: *mother, father and children*
One-parent family *(n)*: famille monoparentale ≠ *two-parent family*
Provide for *(v)*: subvenir aux besoins de
Single mother *(n)*: mère célibataire
Stepfather *(n)*: beau-père (remariage)
Take care of = *look after (v)*: s'occuper de
Widow *(n)*: veuve/***widower*** *(n)*: veuf

D. Connaître et utiliser les règles : mettre en avant des informations (*intensifiers*)

- ***Such*** *a united family*. Une famille si unie. ***Such*** *nice people*. Des gens si gentils.
- ***So*** *different an attitude*. Une attitude si différente.
- ***Very, extremely, really, extraordinarily***
- ***Quite*** *a strange family, a* ***rather*** *strange family.* Une famille tout à fait étrange.
- ***There's nothing more*** *original than…* Il n'y a rien de plus original que…
- ***The most difficult*** *is to…* Le plus dur c'est de…
- ***What I find the*** *hard****est*** *to bear is…* Ce que je trouve le plus dur à supporter c'est….
- ***The only*** *thing that…* La seule chose que/qui…

APPLICATION

Transform the following sentences using intensifiers.

a) *Living in a blended family is an enriching experience.*
b) *Looking after an extended family is tiring.*
c) *Single parents can't make both ends meet.*
d) *It is rare to meet typical nuclear families today.*
e) *Respecting proper behavior rules is essential.*
f) *We found it hard to deal with children having a different upbringing.*

Réponses

a) *Living in a blended family is such an enriching experience.*
b) *There is nothing more tiring than looking after an extended family.*
c) *The most difficult for single parents is to make both ends meet.*
d) *It is extremely rare to meet typical nuclear families today.*
e) *The most essential is to respect proper behavior rules.*
f) *It was quite hard to deal with children having a different upbringing.*

Mythes et héros

1 Modern day heroes

▪ **Comprendre.** **1.** *It means that in times of peace there are fewer opportunities to behave as a hero than in times of war or conflicts when you can rescue people.*

2. *A modern day hero can be an ordinary person who is courageous and willing to take risks to save other people's lives unlike traditional heroes who are associated with physical strength and heavy material.*

3. *The text refers to the earthquake in New Zealand in 2011 and to the ordinary people who made risky efforts to save the people trapped under the rubble of a building.*

▪ **S'exprimer.** **1.** *Being a hero today is rare because opportunities to act heroically are few and people tend to be individualistic and fearful.*
Moreover many people are wrongly described as heroes today: football players who win the world championships are seen as heroes, an electrician or even an actor can be considered a hero.
But movie stars and athletic stars do not show true heroism, they provide entertainment.
For me, a hero needs to save people's lives, often at his own risks. When you put others before yourself and do not think about personal gain, that makes you a hero. These are the people who should be getting the awards and recognition for being heroes. These are the people that young children should look up to and want to be like.

> **CONSEIL** Lors de la présentation de la notion, ne parlez ni trop vite ni trop lentement. Insistez sur les points importants qui montrent la logique de votre argumentation.

2. ***Father of 2 becomes hero in abducted girl's rescue.***
The timing was just right for saving the life of a 6-year-old girl and for turning a 24-year-old father of two young daughters into a hero. When Diaz Chacon saw a girl thrown into a van, he didn't think twice. He chased the van through a maze of neighborhoods until the van crashed into a pole and Diaz Chacon was able to rescue the girl. "This little girl was very lucky," police said. "Throughout the county we see situations like this and they do not end typically well," they said. It wasn't until the van crashed and the driver got out that any sense of fear set in for Diaz Chacon. "When he got down I was thinking, what if he has a gun," he said. Police were among those who called Diaz Chacon a hero.

Question possible de l'examinateur sur la notion
What qualities would you say are needed to make a hero?

Réponse possible
I think it depends on the type of hero you are talking about. An "ordinary" hero, for example a passerby who saves a person drowning in an icy river, needs to be brave, fearless, selfless, fast and generous as he must take risks. A "historical hero", such as a political figure who fights for a national cause, Nelson Mandela for instance, should be persistent, patient, devoted, clear-sighted, peaceful and charismatic: he needs to gather many supporters around him and not to resort to violence to be heard.

> **CONSEIL** Lors de l'entretien, vous pouvez réagir aux propos de l'examinateur :
> – soit en développant sa remarque et en apportant des précisions (*You're right. To confirm what you have just said, we could mention…*) ;
> – soit en exprimant poliment un désaccord (*I'm afraid I don't see it this way. I wouldn't say that, I do not agree with this point of view…*).

2 New family patterns

▪ **Comprendre.** **1.** *The nuclear family is composed of two parents and their two children. It has existed for very long. But this type of family is becoming less common today.*

2. *It is a myth because it is the most widespread type of family in the world and it is not necessarily the best one.*

3. *What is required to make a family is a desire to get together either for economic or emotional reasons.*

▪ **S'exprimer.** **1.** *A myth can be defined as an ongoing social practice within every society. The family exists under different forms and as such it can be considered an evolving myth. Concerning the traditional family, it is associated with a certain number of values. The traditional view of a two-parent family pictures a husband who provides financial support while the wife manages home life and childrearing activities. Children are attentive, respectful, bright and responsible. Families live in the same town for generations. Divorce is unheard of. Homosexuality, nonconformist behavior and abortion do not exist. Unmarried couples are extremely rare. The number of never-married men and women is extremely low.*
But this conception of family is outdated and may not have ever really existed. The myth of the "traditional family" is just that – a myth. Currently, 30 percent of American families are now headed by single parents, divorced, widowed, or never married. Some children live in foster families; others live in step-families or in gay families. In more than two thirds of families, both parents work outside the home.
Although family life is often romanticized, it has always been filled with conflicts and tension. Difficulties between spouses are commonplace, with disagreements about children's education and expenses. However, what makes a family is the necessity or desire to unite for love or any other reason.

2. *It is often said that you can choose your friends but you don't choose your family. Our family has been part of our life since we were born, that is why it may take an important place: our relatives see us grow up; they share major events in our life; they help us and support us, comfort us and show us the right way. My family has always been there for me and I know I can rely on them.*

However, there are things I prefer to do alone or not share with them, either because being independent and making my own mistakes seem to me essential to become a responsible adult, or because having a secret garden is preferable not to be judged.

Question possible de l'examinateur sur la notion
In your opinion, what has caused the family to evolve so much these last few years?

Réponse possible
I would say there are several reasons which have led to changes in the family structure. One of them is people's tendency to get married or to have children too quickly and not with the right partners. People would rather form a couple than stay alone, even though the partner is not the right one. Moreover, it has become easier and more common to get divorced. This is no longer a taboo and children are getting used to seeing split-up families, either among their friends or on popular TV series. Then, modern lifestyles impose strenuous, stressful and hectic paces of life, and when the family links are not strong enough, the family may shatter. Lastly, new forms of union such as same-sex couples, are developing too, because people are no longer afraid of exposing their sexual preferences and of being judged.

Grammaire : kit de survie

1 À l'écrit

A. Quel article utiliser? *A, an, the, Ø?*

▪ L'article défini *the* sert à désigner des choses ou personnes bien spécifiques.
L'article indéfini *a/an* sert à introduire des noms dénombrables singuliers non spécifiques. On utilise *a* devant une consonne et *an* devant une voyelle.

▪ Pour parler en général, on utilise Ø (noms dénombrables au pluriel et noms indénombrables au singulier) et devant la plupart des pays, les noms de villes, de rues, de lacs, d'îles, de continents et de montagnes.
Ex. : *The specialists who work on Ø brain diseases and Ø cancer have had an award.*

B. Quelles sont les différences entre*: in, on,* et *at?*

▪ En général, on utilise :
– *at* pour un point précis (*at the end of the road, at the crossroads…*) et pour un moment précis (*at 10.30am, at the moment, at noon…*) ;

– *in* pour un espace fermé (*in San Francisco, in a building…*) et pour les mois, années, siècles et longues périodes (*in the 1990s, in the summer…*) ;

– *on* pour une surface (*on the wall, on the menu, on a page…*) et pour les jours et dates (*on Tuesday morning, on my birthday…*).

▪ Il y a des expressions figées :
– *at home, at work, at school, at the weekend, at night* ;
– *on a bus, on the radio, on television, on the left* ;
– *in a car, in the morning, in bed, in hospital, in the rain, in the sun, in the picture…*

▪ Quand on utilise *last, next, every, this,* on n'utilise pas *at, in, on. On Monday but next Monday.*

C. Quand doit-on utiliser l'apostrophe ?

▪ Pour dire *it is,* ou *it has,* on dit *it's* mais attention à ne pas utiliser de contractions à l'écrit.

▪ Les pronoms possessifs (*its, hers, yours, ours,* etc.) n'ont jamais d'apostrophe.

▪ Utiliser l'apostrophe pour les contractions (*can't, I'll, you're*) pour remplacer les lettres omises.

▪ Pour exprimer la possession (*the doctor's interview*) ; avec un pluriel ne pas ajouter de "s" après l'apostrophe (*researchers' studies*) sauf avec les pluriels irréguliers (*men's diseases*).

D. Comment traduire "depuis"?

Il y a deux façons : *for/since.* Avec une date précise ou un point de départ, on utilise *since.* Pour parler d'une durée, on utilise *for.*
Ex. : *for ten years, for a few minutes, for ages/since the explosion, since the nuclear plant exploded, since 1986.*

E. Quand faut-il utiliser *as* ou *like* ?

▪ *Like* est une préposition ; elle peut se placer avant un nom mais pas avant une proposition contenant un verbe. *As* est une conjonction et peut s'utiliser avant une proposition contenant un verbe.
Ex. : *As experts keep telling us, nuclear energy is dangerous, like carbon dioxide.*

▪ *Like* sert à montrer une ressemblance.
Ex. : *He is dressed like a doctor (but he is not!).*

▪ *As* permet de donner un titre, une fonction.
Ex. : *He works as a doctor.*

F. Quelle est la différence entre *say* et *tell* ?

▪ Si on indique à qui on dit la chose, il est préférable d'utiliser *tell.*
Ex. : *I told him my name; tell me who you are; don't tell me anything!*

▪ Si la personne n'est pas précisée, utiliser *say: I said so; nobody said a word.*

▪ Au style indirect, utiliser *say: "That's great" she said* (*to him, to herself…*).

▪ Il existe des expressions figées avec *tell* (*say* est impossible) : *tell* (*someone*) *a story/tell* (*someone*) *a lie/tell* (*someone*) *the truth/tell the future/tell the time.*

G. Comment traduit-on le "on" français en anglais?

Plusieurs possibilités : *one* (formel), *you* (générique), *they* (on sait qui), *we* (le locuteur en fait partie), et le passif (*be* + participe passé).
Ex. : *One never knows what can happen. You only get what you deserve. They are suspected of stealing cloned animals. We've been told that we could live forever one day.*

H. Quelle est la différence entre *used to* et *be used to?*

▪ *Used to* sert à parler d'actions passées qui ne sont plus vraies aujourd'hui (**ex. :** *scientists used to believe it was impossible to clone animals*).

▪ On peut aussi employer *would* pour parler d'habitudes passées (**ex. :** *I would play my guitar every day*).

▪ On emploie *be used to +V-ing* pour parler d'habitudes passées, présentes ou futures (*I am used to reading science fiction stories*).

I. *Make* ou *do?*

▪ On utilise *do* pour parler d'une activité ou d'un travail.
Ex. : *I hate doing that job. Could you do the necessary repairs on the engine?*

▪ On utilise *make* avec une idée de création ou de construction (**ex. :** *I've just made a hole in the garden*) ; ou pour faire faire quelque chose à quelqu'un (**ex. :** *I made them build a well in the desert*).

▪ Dans les autres cas, il n'y a pas de règles fixes (*make a mistake, make an appointment, make a deal, make an announcement, make a profit, make amends for one's behavior, make a campaign, make efforts/do a lot of harm, do damage to something, do some serious work, do one's best, do somebody a favor…*).

2 À l'oral

A. Comment se prononce le *–ed* final ?

- *ed* se prononce [id] après les lettres *t* et *d* (*decided, wanted*).
- *ed* se prononce [t] après les consonnes sourdes : *p, ch, k, sh…* (*slipped, watched, liked, rushed*).
- *ed* se prononce [d] après toutes les autres consonnes et les voyelles (*realized, determined, tried…*).

B. Quelle est la bonne intonation en anglais ?

- Lorsqu'on lit ou parle, il faut adapter l'intonation au type de phrase.
- Dans les questions appelant une réponse par oui ou par non, l'intonation est montante. Dans les questions en *wh-*, l'intonation descend.

C. Doit-on prononcer toutes les lettres ?

Toutes les lettres ne sont pas prononcées dans certains mots :

- *"l" in calm and talk,*
- *"k" in knowledge and knife,*
- *"c" in science,*
- *"b" in climb,*
- *"o" in people,*
- *"h" in school…*

D. Quelles liaisons doit-on faire ?

Il faut relier les mots entre eux, plutôt que de les prononcer séparément dans les cas suivants :
– les mots qui se terminent par un son de consonne et qui sont suivis d'un mot commençant par une voyelle ;
Ex. : *read__it, stop__ and think.*

– les mots qui se terminent par un son de voyelle et qui sont suivis d'un mot commençant par une voyelle.
Ex. : *you__are, like__a drink.*

E. Quels mots faut-il accentuer ?

L'accent de phrase porte sur certains mots. Il existe essentiellement deux types de mots :

– les mots porteurs de sens (noms, adjectifs, adverbes…) → accentués ;
– les mots outils qui permettent à la phrase d'être correcte (prépositions, articles…) → non accentués.

***Where** can I **find** a **bank**?*
*I'd **like** to **have** some **tea**, **please**.*

Pour insister sur une information spécifique, on peut choisir d'accentuer un mot davantage.
I love England. Sur-accentuer *I* permet d'insister sur l'opposition entre le sujet et une autre personne. Sur-accentuer *love* permet d'insister sur le sentiment. Sur-accentuer *England* permet d'opposer ce pays à un autre pays.

F. Comment accentuer les bonnes syllabes ?

Dans de nombreux cas, le suffixe détermine la position de l'accent. En règle générale :

- Les noms se terminant par ***-ment***, ***-ion/cion/tion***, ***-ian/cian/sian***, et en ***-ity*** sont accentués sur la syllabe qui précède le suffixe. Ex. : *em**ploy**ment, defi**ni**tion, o**pin**ion, phy**si**cian, possi**bil**ity*.

- Les adjectifs qui se terminent par ***-ial/tial/cial***, ***-ic*** et ***-ious/eous/cious/uous*** sont accentués sur la syllabe qui précède le suffixe. Ex. : *es**sen**tial, **cu**rious, un**con**scious, sympa**the**tic*.

- Les mots se terminant par ***-ize/ise***, ***-ate*** et ***-ary*** sont accentués sur l'avant-dernière syllabe avant le suffixe. Ex. : ***re**alize, vo**ca**bulary, de**gen**erate*.

- Accentuer la **racine** d'un mot, non le préfixe ou le suffixe. Ex. : *dis**like**, **love**ly*.

- Dans les mots de deux syllabes, accentuer la dernière syllabe pour les verbes et la première pour les noms. Ex. : *to re**cord** (v)/a **re**cord (n).*

3 Pour ne pas perdre des points

- Ne pas oublier le *s* à la 3e personne du singulier du présent simple.

- Ne jamais mettre de *s* aux adjectifs au pluriel. En anglais, les adjectifs sont toujours invariables !

- À l'écrit, ne pas oublier de mettre une majuscule aux noms de pays, adjectifs de nationalité, mois de l'année, jours de la semaine, titres suivis d'un nom propre (*President Trump*), partis politiques (*the Labour Party*).

- Ne pas terminer une phrase par des points de suspension.

- Ne pas oublier que *advice, information, knowledge, evidence, luggage, progress* et *research* sont au singulier en anglais.

- Ne pas utiliser *important* ou *big* à toutes les sauces ! Vous pouvez les remplacer par des adjectifs plus précis.
Ex. : *a far-reaching decision, a widespread problem, a substantial amount, an outstanding success.*

- Ne pas oublier que le pluriel de *a person* est *people* qui est un nom pluriel (suivi d'un verbe au pluriel).
Ex. : *too many people forget to recycle plastic bottles.*

- Ne pas oublier : ***every** country **is** involved* mais ***all** countries **are** involved.*

- Ne pas oublier qu'un modal est toujours suivi d'une base verbale (infinitif **sans *to***).
Ex. : *She **can't do** it but she **must try**.*

- Traduction de POUR : Ne pas confondre l'emploi de *for* et de *to*. ***FOR*** est suivi d'un nom ou d'un pronom ; ***TO*** sert à parler du but. Attention à la traduction de « pour ne pas » : ***not to*** + **BV**.
Ex. : *This present is **for** my mother. I have bought it **for** her birthday **to** please her.*

Les principaux verbes irréguliers

Base verbale	Prétérit	Participe passé	Traduction
Be	*was/were*	*been*	être
Become	*became*	*become*	devenir
Begin	*began*	*begun*	commencer
Break	*broke*	*broken*	casser
Bring	*brought*	*brought*	apporter
Build	*built*	*built*	construire
Buy	*bought*	*bought*	acheter
Choose	*chose*	*chosen*	choisir
Come	*came*	*come*	venir
Cut	*cut*	*cut*	couper
Do	*did*	*done*	faire
Drink	*drank*	*drunk*	boire
Drive	*drove*	*driven*	conduire
Eat	*ate*	*eaten*	manger
Fall	*fell*	*fallen*	tomber
Feel	*felt*	*felt*	sentir
Fight	*fought*	*fought*	lutter
Find	*found*	*found*	trouver
Forbid	*forbade*	*forbidden*	interdire
Forget	*forgot*	*forgotten*	oublier
Get	*got*	*got*	obtenir
Give	*gave*	*given*	donner
Go	*went*	*gone*	aller
Grow	*grew*	*grown*	grandir
Have	*had*	*had*	avoir
Hear	*heard*	*heard*	entendre
Hurt	*hurt*	*hurt*	blesser
Keep	*kept*	*kept*	garder
Know	*knew*	*known*	savoir
Learn	*learnt*	*learnt*	apprendre
leave	*left*	*left*	partir, laisser
Lose	*lost*	*lost*	perdre
Make	*made*	*made*	faire
Meet	*met*	*met*	rencontrer
Pay	*paid*	*paid*	payer
Put	*put*	*put*	mettre
Read	*read*	*read*	lire
Run	*ran*	*run*	courir
Say	*said*	*said*	dire
See	*saw*	*seen*	voir
Sell	*sold*	*sold*	vendre
Send	*sent*	*sent*	envoyer
Show	*showed*	*shown*	montrer
Sleep	*slept*	*slept*	dormir
Speak	*spoke*	*spoken*	parler
Spend	*spent*	*spent*	passer, dépenser
Spill	*spilt*	*spilt*	renverser
Take	*took*	*taken*	prendre
Teach	*taught*	*taught*	enseigner
Tell	*told*	*told*	raconter, dire
Think	*thought*	*thought*	penser
Understand	*understood*	*understood*	comprendre
Win	*won*	*won*	gagner
Write	*wrote*	*written*	écrire

1 Expression-Interaction orale

CONSEIL Prévoyez pour chaque sujet : 10 minutes de préparation, 5 minutes d'expression orale en continu et 5 minutes d'entretien.

Sujet 1

Partie 1 : Synthèse de la notion de progrès

Répondez à la question suivante en vous appuyant sur votre étude de la notion de progrès et en illustrant vos propos par des références aux documents étudiés.

To what extent may progress have a positive and negative impact on health and daily life?

Partie 2 : Questions de l'examinateur

a) *Could you give concrete examples of progress in the medical field?*
b) *What benefits have they brought?*
c) *Why can technologies sometimes be considered dangerous?*
d) *What daily use can be made of medical progress?*

➤ **Corrigé page 410**

Sujet 2

Partie 1 : Synthèse de la notion d'espaces et échanges

Répondez à la question suivante en vous appuyant sur votre étude de la notion d'espaces et échanges et en illustrant vos propos par des références aux documents étudiés.

Would you say that modern urban life is favorable to exchanges?

Partie 2 : Questions de l'examinateur

a) *How do people exchange today?*
b) *Would you say that our society facilitates exchanges?*
c) *Do modern means of communication help bringing people together?*
d) *Could you describe the way people live together in your own town?*

➤ **Corrigé page 410**

2 Compréhension-Expression écrite

Sujet 3 : mythes et héros ; lieux et formes de pouvoir ; l'idée de progrès

Document 1 : *Hannah Taylor*

Childhood experiences often shape the path one takes in life.
In Hannah Taylor's case, it was not what she experienced herself, but rather something she saw, that altered the course of her young life. At the age of 5, Hannah, for the first time, saw a homeless man eating out of a garbage can.
The sight caused her great sadness, so much so that for the next year she found herself increasingly worried about the plight of the homeless, and constantly asking her family questions about homelessness.
Seeing how emotionally affected Hannah was, her mother suggested she do something about it… never imagining what this would lead to.
The next day Hannah asked her first grade teacher if she could speak to the class about what she had learned about homelessness, and how they might be able to help. In response, the class had an art sale and bake sale and gave all donations to a local homeless mission.
But that was just the tip of the iceberg. Soon after, at the age of 6, Hannah created the Ladybug Foundation, in hopes to help end homelessness. A Winnipeg, Canada native, she began making 'ladybug jars' to collect change during Canada's "Make Change" month. It was the first major fundraising campaign for her foundation.

Today at the age of 11, Hannah travels throughout Canada speaking on homelessness and spreading her message of hope. She has even spoken to the Prime Minister! So far, Hannah has helped raise over $1 million for Canadian homeless charities.
Beyond fundraising, Hannah strives to restore a dignified humanity to the homeless population by educating the general public. She hopes that people will see them as members of their community, rather than as threats or as someone to avoid contact with or to ignore. Yet despite all the work she does for her Ladybug Foundation, Hannah remains a normal kid and she still enjoys other endeavors, like spending time with her friends. She feels it is important for others to realize that 'regular' people can make a difference in the lives of others.

myhero.com, September 18, 2006.

Document 2 : *Freedom*

Connie was a student at a small Catholic academy, St Catherine's, where the girls wore uniforms and were forbidden all jewelry except one ring ("simple, all metal"), one watch ("simple, no jewels"), and two earrings ("simple, all metal, half-inch maximum in size"). It happened that one of the popular ninth-grade girls at Joey's own school, Central High, had come home from a family trip to New York City with a cheap watch, widely admired at lunch hour. In its chewable-looking yellow band a Canal Street vendor had thermo-embedded tiny candy-pink plastic letters spelling out a Pearl Jam lyric, 'DON'T CALL ME DAUGHTER' at the girl's request. Joey had immediately taken the initiative to research the price of a thermo-embedding press. He'd invested four hundred dollars of his own savings in equipment, had made Connie a sample plastic band ('READY FOR THE PUSH', it said) to flash at St. Catherine's, and then, employing Connie as a courier, had sold personalized watches to fully a quarter of her schoolmates, at thirty dollars each, before the nuns[1] amended the dress code to forbid watchbands with embedded text. Which, of course, struck Joey as an outrage.
"It's not an outrage," Walter told him[2].
"You were benefiting from an artificial restraint of trade. I didn't notice you complaining about the rules when they were working in your favor."
"I made an investment. I took a risk."
"You were exploiting a loophole, and they closed the loophole. Couldn't you see that coming?"
"Well, why didn't you warn me?"
"I did warn you."
"You just warned me I could lose money."
"Well, and you didn't even lose money. You just didn't make as much as you hoped."
"It's still money I should have had."
"Joey, making money is not a right. You're selling junk those girls don't really need and some of them probably can't even afford. That's why Connie's school has a dress code—to be fair to everybody."
"Right—everybody but me."

Freedom, Jonathan Franzen, 2010.

1. *nuns: female members of a religious order*
2. *Walter is Joey's father*

1 *Comprehension*

Document 1 : *Hannah Taylor*

1. ***Choose and write down the right answer.***

Hannah lives in India / Canada / the USA / England. She was five / six / eleven / eighteen years old when she realized that something had to be done for her family / her classmates / homeless people.

2. *Write down the following sentences in chronological order.*

Hannah toured her country. / Hannah collected money. / Hannah talked to her school-friends. / Hannah was shocked. / Hannah set up an association.

3. *The following statements are TRUE. Justify by quoting the text.*

a) *Hannah was not shy.*

b) *Hannah's schoolmates supported her.*

c) *Hannah wants to change people's opinions.*

d) *Hannah thinks everybody can do something.*

Document 2 : *Freedom*

4. *Write down the right answer and justify by quoting the text.*

Joey wanted to:

a) *steal money.*

b) *earn money.*

c) *donate money.*

d) *print fake money.*

5. *Complete each sentence with the right element from the list below (one blank = one element).*

Joey / the nuns / many St Catherine's students / Connie / one of Joey's schoolmates

a) *… bought a cheap watch.*

b) *… decided to buy a machine to customize watches.*

c) *… wore a watch at school to start the trend.*

d) *… followed the fashion.*

e) *… made the regulations at St Catherine's stricter.*

6. *RIGHT or WRONG? Answer and justify by quoting the text.*

a) *At St Catherine's, students could wear whatever they wanted.*

b) *Joey was a student at St Catherine's.*

c) *Joey was revolted by the change in the rules at St Catherine's.*

d) *Walter thinks Joey's product is useless.*

Documents 1 et 2

7. *Write down the two titles that correspond to both documents 1 and 2.*

a) *Helping poor people*

b) *Early experiences*

c) *Showing initiative*

d) *Fashion victims*

e) *Making profits*

8. ***Write down the five adjectives that can apply to both Hannah from Document 1 and Joey from Document 2.***

talented / enterprising / selfless / determined / ungenerous / egocentric / understanding / precocious / ambitious / obedient

2 *Expression*

Choose ONE of the following subjects (180 -250 words).

1. *You are part of an organization that fights for a good cause. Write an article for the school newspaper to convince your schoolmates to help you or to join the organization.*

2. *The students at your school disagree with one of the school's rules and ask you to represent them. You go and see the headmaster to try to persuade him / her to change it. Imagine the conversation.*

➤ **Corrigé page 410**

Sujet 4 : Lieux et formes de pouvoir ; mythes et héros

Document 1 : *The Story of Beth Brooke*

To move forward, we must first stop and take stock of what is working. Every year I help edit the list of the world's 100 most powerful women and every year the No. 1 question I get is:

What do the most successful women in the world have in common?

First, they want it. They've built their success through sheer will and determination. Yes, they have the skills, and yes, they put the time in. But they also have the desire to do something great.

Let me tell you about a normal little girl who grew up in Indiana named Beth Brooke. When she was 13, she was diagnosed with a degenerative hip disease and was told by doctors she may never walk again. Before going into surgery she made a promise to herself: that she would walk again - no, she would run – and she hoped to become one of the best athletes the world had seen.

Not only did she walk, she went on to play several varsity sports at her high school, earned multiple MVP[1] awards and graduated as the class valedictorian[2].

In college, she played Division I basketball.

Beth brought that same determination to her career. And today she is a global vice chair of Ernst & Young, one of the biggest accounting firms in the world. She made up her mind, and she didn't quit.

So, it's important to really want it – whatever that means for you: a new client, a promotion, a revenue goal – but equally, if not more, important to stand up and go after it. That takes courage.

The women who really go for it are some of the most courageous people I've ever met.

Whatever fear they might have of hearing "no" – whatever fear they might have of hearing "yes", which can bring a whole host of intimidating expectations – they barrel through it. You see, it's not that they're fearless. No one is. It's that they face their fears. Every day.

Jenna Goudreau, forbes.com, August 22, 2012.

1. *MVP: Most Valuable Player.*
2. *valedictorian: best student.*

Document 2 : *Secrets from the Vinyl Café*

Carl worked with his father on the weekends, and every summer after grade nine. Everyone assumed that when he finished school Carl would work with his father full-time.
It was his English teacher who brought up university. The teacher showed up at Carl's home one night and had a hushed conversation with his parents. Carl was sent upstairs. And so Carl was to be the first of his family to go to university, the first to have the privilege of an education.
But as the deadline for applying to universities loomed, Carl found himself adrift in uncertainties. He didn't know what he wanted from life. He didn't know what school he should go to or what he wanted to learn. Now that a world of possibilities was open to him, the questions seemed to grow – one from another. Flipping through a university calendar one day, he came across these words in the descriptions of the philosophy courses: Philosophy is not a theory, but an activity, Ludwig Wittgenstein.
Carl was delighted by the notion that philosophy, questioning the world and its meaning, was an activity – something that involved energy and work.
This is what he wanted to do. He wanted to read great books of literature, he wanted to expose himself to the thoughts of writers and philosophers – he wanted time to think, to wrestle with the questions that had been plaguing him.
When he told his mother and father, they were appalled. His father had no time for riddles that had no answers.
"You have wasted too much time already in that high school of yours," said Carl's father.
"Reading poetry and God knows what – that isn't work. Work is work."
His mother was clear too. Hard work was the thing that counted. "God helps those who help themselves."
School was for children. It was time to choose a profession. All this philosophic stuff was just fooling around.
Ludwig Wittgenstein had studied mechanical engineering for his first three years at university. Carl enrolled in engineering – civil engineering. The workload was very heavy, but he enjoyed it. There was always something to read. Something to think about. Gradually, like newspapers left out in the sun too long, all his questions faded away.

Stuart McLean, *Secrets From the Vinyl Café*, 2006.

1 *Comprehension*

Document 1 : *The Story of Beth Brooke*

1. *Who do the following pronouns refer to?*

a) *"I" (l.1)*
b) *"they" (l.4)*
c) *"she" (l.8)*
d) *"they" (l. 22)*

2. *Write down equivalent words or expressions in the text for the following words.*

a) *tenacity*
b) *the wish*
c) *decided*
d) *didn't abandon*
e) *brave*

3. *RIGHT or WRONG? Answer and justify by quoting the text.*

a) *She was a teenager when she learned she could become disabled.*

b) *Beth Brooke considered her doctors' predictions inevitable.*
c) *Beth Brooke became a champion.*

Document 2 : *Secrets from the Vinyl Café*
4. ***Find the sentence showing that Carl's parents didn't study after school.***

5. ***Write down the following sentences in chronological order.***
Carl's father didn't agree with Carl's first choice.
Carl was interested in studying philosophy.
Everybody but his English teacher thought Carl would never go to university.
Carl eventually went to university and he liked it.
Carl stopped asking himself questions.

6. ***Choose the right word and write down the correct sentence.***
a) *Carl was influenced / traumatized / punished by his teacher.*
b) *Carl was influenced / traumatized / punished by his parents.*

Documents 1 et 2
7. ***Quote one sentence from each text to justify the following statements.***
a) *Beth and Carl both had a project.*
b) *Beth showed self-confidence and fighting spirit whereas Carl was indecisive.*
c) *Beth and Carl both made satisfactory choices in their careers.*

8. ***Choose the right title for both documents.***
a) *Conforming to others' expectations*
b) *Getting over major obstacles*
c) *Changing your destiny*

2 *Expression*

Choose ONE of the following subjects. (180-250 words)
1. *You have decided what job you want to do. Your parents disagree. You try and convince them to let you do what you want. Write the conversation.*

2. *Do you think everything studied at school should be practical and directly useful in your future life?*

➤ **Corrigé page 412**

1 Expression-Interaction orale

Sujet 1, partie 1

To what extent may progress have a positive and negative impact on health and daily life?
Il faut de montrer de quel progrès il s'agit et dans quels domaines on peut l'utiliser (*technology, health, education, transport, communication, comfort, environment, entertainments…*). Énoncez les bénéfices possibles (*make life easier, do things faster, communicate with anybody from anywhere, save time and money, protect the earth, bring people together, save lives…*) et les risques éventuels (*cause unemployment and addiction, isolate people, dehumanize relations, use patients as guinea pigs to do experiments, damage health, cause cancer…*).

> **CONSEIL** Utilisez des liens logiques et chronologiques (*first, then, besides, moreover, not only… but also, however, on the other hand, as a result, lastly*).

Sujet 2

Partie 1 : *Would you say that modern urban life is favorable to exchanges?*
Vous devez décrire les caractéristiques de la vie moderne (*hectic urban life, a lot of time spent at work and in transport, little free time for oneself and family/friends, tiredness, irritability, high cost of life, stress…*). Montrez en quoi ce style de vie n'incite guère aux échanges, mais aussi comment les technologies et certaines initiatives contribuent à communiquer et se retrouver.

> **CONSEIL** Exprimez des regrets et souhaits (*City dwellers wish they could… ; they would like drivers not to…*) et faites des hypothèses (*if there were…, we would…*).

Partie 2 : Questions de l'examinateur
Concentrez-vous sur les mots-clés des questions de l'examinateur. Assurez-vous d'avoir compris la question (*Sorry, did you say…? Could you repeat that? I'm not sure I understood.*). Utilisez les mots de la question dans votre réponse. Ajoutez des raisons et des explications pour développer votre réponse.

> **CONSEIL** Pour parler d'une attitude personnelle, élargissez votre propos aux causes, buts et conséquences.

2 Compréhension-Expression écrite

Sujet 3

1 *Comprehension*

Document 1

1. *Hannah lives in Canada. She was six years old when she realized that something had to be done for homeless people.*

2. a) *Hannah was shocked.*
b) *Hannah talked to her school friends.*
c) *Hannah collected money.*
d) *Hannah set up an association.*
e) *Hannah toured her country.*

3. a) *"Hannah asked her first grade teacher if she could speak to the class"*
b) *"The class had an art sale and bake sale and gave all donations to a local homeless mission."*
c) *"Educating the general public"*
d) *"Regular people can make a difference in the lives of others"*

Document 2

4. b) *Joey wanted to earn money ("It's still money I should have had").*

5. a) *One of Joey's schoolmates* **b)** *Joey*
c) *Connie* **d)** *Many St Catherine's students*
e) *The nuns*

6. a) *Wrong: "the girls wore uniforms"* **b)** *Wrong: "Joey's own school, Central High"*
c) *Right: "Which, of course, struck Joey as an outrage"* **d)** *Right: "You're selling junk"*

Documents 1 and 2

7. b) *Early experiences* **c)** *Showing initiative*

8. *Talented, enterprising, determined, precocious, ambitious*

2 Expression

Subject 1

School for All

Do you know that over 785 million adults worldwide are illiterate? That is to say one in every five people on the planet has no or just basic reading skills. Extremely low literacy rates are focused in three regions: South Asia, West Asia and Sub-Saharan Africa.
Many people take illiteracy for granted and think, as you probably do, that there is nothing they can do. Well, our association School for All *was created two years ago so as to react and help those who are denied this basic skill. As they can't understand medical instruction, sign a contract or get basic job training, it perpetuates the cycle of poverty and illness.*
Our association helps young pupils worldwide and international schools get the basic material needed to study in decent conditions and stop this cycle: notebooks, pens, books, dictionaries, but also computing material. We organize awareness campaigns and talk people into giving something. You too can help us by sharing a little of your time, by giving some old school material or even by helping us pack donations.
It is urgent to act and you can make the world a better place, so don't hesitate any longer. Come and join us now. You will find more information on #schoolforall. *We thank you in advance for whatever you will accept to do.*
School for All, *contact: Laury James.*

CONSEIL Donnez un titre à votre article qui soit assez explicite sur la cause que vous défendez, présentez votre association et son action, vos besoins, vos moyens d'action et vos attentes envers les élèves. Montrez qu'ils peuvent faire changer les choses. Utilisez le pronom *you* et l'impératif pour les impliquer personnellement. Indiquez comment ils peuvent vous rejoindre et remerciez-les.

Subject 2

"Good morning Mr Stuart. I thank you for accepting to receive me", I said almost muttering.
"Good morning John. What's the matter with you?" he answered quite sternly.
"Well, a majority of pupils would like you to come back on a decision you have made recently about allowing video cameras in the classrooms", I put forward without beating about the bush.
"I appreciate your frankness, but this decision has been made after an escalation of violent acts taking place inside the classrooms against teachers or even pupils. CCTV are likely to dissuade such acts, not to mention the fact they would permit us to identify the authors of violence with certainty", he argued frowning at me.

CONSEIL Respectez les règles de présentation d'une conversation et le registre de langue. Exposez la raison de votre visite, donnez des arguments concrets en gardant les plus déterminants pour la fin. Cherchez à rassurer le proviseur en montrant que vous comprenez ses objections ou réticences. Concluez le dialogue par une décision du proviseur.

"I do understand your fear but I am persuaded that this might not only be an intrusion onto pupils' privacy but it may also prevent some of us from behaving naturally and learning in good conditions. Shy pupils may be reluctant to participate and may be more concentrated on the camera than on the lesson", I retorted confident.
"You score a point there. Anyway I have already ordered the cameras and suggest we install them over a trial period of three months and see afterwards" he concluded.
"All right sir" I answered a bit disappointed.

Sujet 4

1 *Comprehension*

Document 1

1. a) *"I": Jenna Goudreau*
b) *"they": the most successful women in the world*
c) *"she": Beth Brooke*
d) *"they": successful women*

2. a) *Determination* **b)** *Desire*
c) *Made up her mind* **d)** *Didn't quit*
e) *Courageous*

3. a) *Right: "she was 13"*
b) *Wrong: "she made a promise to herself: that she would walk again"*
c) *Right: "earned multiple MVP1 awards"*

Document 2

4. *"Carl was to be the first of his family to go to university, the first to have the privilege of an education."*

5. a) *Everybody but his English teacher thought Carl would never go to university.*
b) *Carl was interested in studying philosophy.*
c) *Carl's father didn't agree with Carl's first choice.*
d) *Carl eventually went to university and he liked it.*
e) *Carl stopped asking himself questions.*

6. a) *Carl was influenced by his teacher.* **b)** *Carl was traumatized by his parents.*

Documents 1 and 2

7. a) *Text 1: "she hoped to become one of the best athletes the world had seen".*
Text 2: "He wanted to read great books of literature, he wanted to expose himself to the thoughts of writers and philosophers".
b) *Text 1: "She made up her mind, and she didn't quit".*
Text 2: "Carl found himself adrift in uncertainties".
c) *Text 1: "today she is a global vice chair of Ernst & Young, one of the biggest accounting firms in the world".*
Text 2: "The workload was very heavy, but he enjoyed it".

8. c) *Changing your destiny*

2 *Expression*

Subject 1

"Mum, Dad, we saw a documentary on poor children in class today and I was really shocked. Don't you find it unfair to see so many malnourished and illiterate kids forced to work at a very young age to provide for their families?" I asked despondently.

"You're right darling but we can't bear the misery of the entire world on our shoulders", my mother replied sympathetically.

"Well, actually, I think we can do something. Anyway I have decided I will help them after my final exams", I said expecting them to react badly.

"That's a good idea, but you know, medical studies are very hard", my father replied seeming not to have understood.

"No, dad, you are mistaken. I don't want to study medicine. I want to travel around the world and work for humanitarian associations", I said bluntly.

They stared at me, speechless. Then my father blurted out: "This is out of the question! You have already been accepted in a great law university. There is no point arguing. You will become a lawyer just like me. This is another way of helping poor people, without having to move everywhere".

"And it is dangerous too. Don't you know that all these poor countries are at war?" Mum asked, worried.

"That's precisely why they need our help. Anyway, I have made my decision. I'm leaving for Thailand in two months". They were so stunned that they didn't find anything to answer.

CONSEIL Respectez les règles de présentation d'une conversation. Commencez par annoncer votre choix professionnel et montrez le désaccord de vos parents. Justifiez votre choix par des arguments concrets. Introduisez de la tension, voire un certain énervement dans la conversation. Concluez par une décision des parents ou de l'enfant.

Subject 2

The main function of school is to prepare pupils and students to enter the working world and find a job that corresponds to their wishes and expectations. That is why we go on further education, to get specialized in a field that will get us ready for our future life. However we may wonder whether school should not just teach us useful and practical matters.

It is true that, given the quantity of knowledge available and the lack of time we have in a school year, we should focus on things that will be directly useful to us later, such as learning how to use computer software, for instance. What is the use of learning things that we will forget or never need?

Yet, it is also the role of school to open our minds and to awaken our curiosity so that we have as much general knowledge as possible. This will not only enable us to make conscious and well-informed choices in our lives, but also to lead our lives freely without being imposed unwanted choices. We need to be flexible and know a bit of everything so as to be better integrated in society. Rather than teach us only practical and useful things, school should give us the means to make our own choices, to get by on our own and to keep up fighting. And this goes through as wide a range of knowledge as possible.

CONSEIL Il s'agit d'argumenter en montrant dans un premier temps pourquoi les connaissances acquises à l'école doivent nécessairement être utiles et applicables dans la vie active, puis dans un second temps, de montrer que des connaissances plus générales sont indispensables afin d'éveiller la curiosité et de s'intégrer socialement.

Espagnol

LE COURS : LES OBJETS D'ÉTUDE

MÉTHODES

ENTRAÎNEMENT

Présentation de l'épreuve

1 Modalités de notation des épreuves

Les épreuves de langues vivantes obligatoires sont notées sur 20. Elles se composent d'une partie écrite et d'une partie orale chacune notée sur 20 points. La note globale de l'épreuve est obtenue en faisant la moyenne de ces deux notes.
LV1 : coefficient 2. LV2 : coefficient 2.

2 L'épreuve écrite

Durée : 2 heures

A. La compréhension de l'écrit (notée sur 10 points)

Cette sous-partie prend appui sur un, deux ou trois documents en langue étrangère. Ces documents peuvent relever de différents genres (extraits d'œuvres littéraires ou d'articles de presse notamment) ; ils peuvent être informatifs, descriptifs, narratifs ou argumentatifs. Il faut accorder la plus grande attention à la lecture de la consigne.

B. L'expression écrite (notée sur 10 points)

À partir des indications données, le candidat rédige un ou plusieurs textes construits, prenant appui sur des événements, des faits ou des prises de position qu'il aura identifiés dans les documents servant de support à l'épreuve de la compréhension. Est évaluée essentiellement l'aptitude du candidat à exprimer de façon nuancée et argumentée une opinion ou un avis, en présentant clairement, dans une langue correcte aussi précise que possible. La longueur de la production écrite est précisée dans la consigne.

3 L'épreuve orale

Durée : 10 minutes (le temps d'écoute n'est pas inclus dans cette durée)

A. L'évaluation

Pour la LV1 et la LV2, l'évaluation de l'oral représente la moitié de la note totale du candidat. Cette évaluation se déroule pendant le temps scolaire. Deux situations d'évaluation sont organisées pour chacune des deux langues.

B. La compréhension orale

Au cours du deuxième trimestre de l'année de Terminale, il sera organisé au sein de l'établissement l'épreuve de compréhension orale. Le candidat écoutera à trois reprises le document oral (dialogue, discours, émission, documentaire…) d'une durée d'une minute trente : entre chaque écoute il disposera d'une pause d'une minute au cours de laquelle il complétera les notes prises lors des écoutes.
Afin de vérifier votre bonne compréhension orale, il vous sera demandé de restituer (en français et par écrit) les informations que vous avez comprises.

C. L'expression orale

L'épreuve visant à tester votre expression orale sera organisée au cours du troisième trimestre. Après un tirage au sort et une préparation de dix minutes, vous serez invité à vous exprimer oralement en continu pendant 5 minutes sur l'une des « notions » du programme.
L'épreuve d'expression orale se termine avec un échange dialogué avec l'examinateur qui dure cinq minutes. L'interaction avec l'examinateur a pour but de revenir sur un point de votre présentation ou d'évoquer une question qui vous aurait échappé.

1 Pedro Guerra: “*En estos momentos, cuantos menos intermediarios, mejor*”

Llegó el momento de la independencia. La crisis de la industria musical y la economía en general obliga a medidas imaginativas y diferentes de lo que hasta ahora era rutina. Así que, tras 16 años trabajando para una multinacional, Pedro Guerra edita su más reciente disco, «El mono espabilado», con su propia compañía. […]

-¿Cómo estás viviendo esta nueva etapa?
-Con un poco de agobio, pero bien. Contento. […]
-¿Estábamos viviendo una ficción y ahora hay que ajustarse a la realidad, o todo volverá a ser como antes?
-Como antes no va a volver a ser. […] Ya no existe un ayuntamiento que te compre un concierto, sino un ayuntamiento que te cede un local y tú te llevas la taquilla. Supongo que cuando mejore la economía, que en algún momento lo hará, todo mejorará, pero no sé si volveremos a las épocas gloriosas. […]
-Es cierto que en «El mono espabilado» se nota que tienes muy claro las historias que quieres contar.
-Sí. Yo parto de una idea. De algo que leo, por ejemplo. En el caso de la canción «Caperucita Roja», para hablar la pérdida de la inocencia, seguramente lo primero que hice fue escribir fue «¿Quién nos robó el candor?», que es el estribillo, y partiendo de esta frase cojo la guitarra y desarrollo todo el texto. […] Lo primero es siempre una idea que se transforma en unos versos, y a partir de ahí en un trabajo conjunto de letra y música. El 99 por ciento de mis canciones han sido escritas así.
-¿Hay alguna línea temática en este disco?
Está la canción «El mono espabilado», que habla de este tema, o «La que camina», que habla de los primeros seres que fueron capaces de erguirse, caminar sobre dos patas, e iniciar una marcha lenta que los hizo pasar desde África al continente europeo, y de ahí irse extendiendo. Con esas dos canciones que están interconectadas, por ahí está el espíritu que impregna todo el disco, desde el título. […] Mis lecturas en los últimos meses han estado muy centradas en la neurología y la evolución.

Pablo M. Pita, *ABC*, 24/10/2011

A. Enrichir le vocabulaire

VOCABULARIO

Agobio, el: le stress
Algo que, de: de quelque chose que
Ayuntamiento, el: la mairie
Candor, el: la candeur (l'innocence)
Caperucita Roja: *Chaperon Rouge*
Cuantos menos intermediarios mejor: moins il y a d'intermédiaires, mieux c'est.
Erguirse: se dresser
Espabilado: dégourdi
Estribillo, el: le refrain
Experimentar una sensación, un sentimiento: éprouver une sensation, un sentiment
Letra, la: les paroles (d´une chanson)
Mono, el: le singe (remarque : dans la langue familière *es muy mono* est traduit par "c'est très mignon, joli")
Primero que, lo: la première chose que (qui)
Taquilla, la: (ici) la recette, le guichet

B. Consolider la grammaire

- **Exprimer la durée.** Le présent de l'indicatif espagnol comporte l'idée de durée.

Ex. : *Está cantando.* Il chante.

Certains verbes suivis du gérondif expriment une idée de durée : *ir(se), venir, estar.*
Ex. : *Una marcha lenta que los hizo pasar desde África al continente europeo, y de ahí irse extendiendo.* Une lente marche qui les a faits passer de l'Afrique au continent européen, et une fois ici s'étendre progressivement.
Les constructions avec préposition et gérondif indiquent aussi la durée :
Ex. : *Tras 16 años trabajamdo para una multinacional Pedro Guerra edita su disco.* Après avoir travaillé pendant 16 ans pour une multinationale, Pedro Guerra édite son premier disque.

- **Exprimer une action à venir.** Le futur exprime une action à venir non encore réalisée.

Ex. : *¿Todo volverá a ser como antes?* Tout redeviendra comme avant.
La périphrase avec le verbe *ir a* suivi de l'infinitif comporte l'idée de futur.
Ex. : *Como antes no va a volver a ser.* Cela ne sera pas comme avant.
Le subjonctif espagnol (dans une subordonnée temporelle) exprime la notion de futur.
Ex. : *Cuando mejore la economía, todo mejorará.* Lorsque l'économie ira mieux, tout ira mieux.

ENTRENARSE

1. Compléter les phrases en conjugant les verbes entre parenthèses.
El periodista está (entrevistar)... a Pedro Guerra quien después de 16 años (trabajar)... con una multinacional edita un disco con su propia compañía. Pedro Guerra está (vivir)... esta nueva etapa con un poco de agobio.
2. Transformer les phrases de façon à exprimer une idée de futur.
En algún momento todo (cambiar)..., (terminar)... la crisis, (volver)... una época gloriosa. Y cuando la situación (mejorar)..., todos (estar)... más contentos.

Réponses
1. entrevistando, trabajando, viviendo
2. cambiará, terminará, volverá, mejore, estarán

C. Compréhension du texte

1. *Pedro Guerra es un cantautor que...*
a) *trabajó para una multinacional gracias a su disco "El mono espabilado".*
b) *acepta la rutina de la crisis de la industria musical.*
c) *trabajó dieciséis años para una multinacional y ha creado recientemente su compañía musical.*
Elige la respuesta correcta citando la frase que lo demuestra.
2. *¿Qué sensaciones experimenta Pedro Guerra?*
a) *está poco agobiado y descontento.*
b) *experimenta un poco de agobio pero está contento.*
c) *está poco contento y muy agobiado.*
Justifica la respuesta correcta apoyándote en dos elementos del texto.
3. *¿Cómo ha cambiado la actuación de los ayuntamientos por influencia de la crisis? Selecciona la frase del texto que muestra el cambio.*
4. *Citando dos elementos del texto, explica cómo crea Pedro Guerra sus canciones.*
5. *Cita dos títulos de canciones del último disco de Pedro Guerra, resumiendo brevemente el argumento de cada una.*
6. *¿Qué ha leído Pedro Guerra en los últimos meses?*
a) *Ha leído libros de neurología y de la evolución del hombre.*
b) *Ha leído libros centrados en la neurología pero no en la evolución.*
c) *Ha leído libros que hablan de la evolución.*

➤ Corrigé page 421

D. Expression écrite

Pedro Guerra escribe una carta a un amigo para hablarle de la edición de su nuevo disco (unas ciento cincuenta palabras).

➤ Corrigé page 421

2 Picasso: fin y principio

Pablo Picasso abandona Málaga a los 10 años con sus padres y sus dos hermanas. La familia recala primero en La Coruña y después se traslada a Barcelona, donde comenzará, a los 14 años, su preparación oficial –antes había aprendido con su padre– en la escuela de Bellas Artes y donde vivirá toda su juventud [...].

Con el cambio de siglo, París sustituye a Barcelona en su camino. Picasso contacta con las vanguardias, con la bohemia, con la efervescencia de una ciudad que era el epicentro artístico, y se gana su respeto desde los primeros pasos. [...]

Más cuando inventa junto a Georges Braque una corriente llamada Cubismo, que trastocó todas las normas sagradas y fijó cómo sería el arte a partir de entonces: «Se trata de otra manera de mirar: donde el fragmento, la simetría, donde lo importante o lo anecdótico se trastocan [...]Pero esa revolución tenía un origen y no se entiende sin los grandes maestros. Picasso estudia a Velázquez, a Rubens, al Greco, pasa una época como copista en el Museo del Prado, es habitual del Louvre cuando está en París: «Él crea después de haber estudiado a los grandes. Tiene un proceso mental muy complicado y largo y, sin embargo, un periodo de ejecución muy corto, por la mano que tenía pintando», manifiesta Paloma Esteban, del Reina Sofía. Rosario Peiró, jefa de colecciones del mismo museo, añade que «sus maestros son muchísimos: podría decirse que toda la pintura española». Y como ejemplo pone 'Los desastres de la Guerra' de Goya, en el que se mira el propio 'Guernica'. [...]

Pese a ser el individuo que abre más puertas, que renueva desde el punto de vista formal, dice 'yo soy Velázquez, yo soy Goya o yo soy Van Gogh'. La idea de la copia y de la repetición es muy importante en él y es algo que se tiende a obviar». Y él, ¿de qué modo influyó a los que le siguieron?

Virginia Hernández, *El Mundo*, 25 de octubre de 2011

A. Enrichir le vocabulaire

VOCABULARIO

Guernica (1937): cuadro de Picasso (1881-1973) que denuncia las atrocidades de la Guerra Civil Española (1936-1939) y en particular el bombardeo de la ciudad vasca de Guernica (26 de abril de 1937).
Importante, lo: ce qui est important
Juventud, la: la jeunesse
Los desastres de la Guerra (1810-1815): serie de dibujos de Goya que denuncia las violencias de los ejércitos napoleónicos en España durante la Guerra de la Independencia Española (1808-1814).
Habitual de, ser: se rendre habituellement à
Maestros, los grandes: les grands maîtres
Obviar: omettre, passer sous silence
Pese a: même si
Recalar: (*ici*) séjourner
Trasladarse: se déplacer
Trastocar: bouleverser
Vanguardistas, los: les avant-gardistes

B. Consolider la grammaire

- **Exprimer une action dans le passé (le présent historique).** Le présent de l'indicatif espagnol, tout comme le français, peut exprimer une action dans le passé : les indications temporelles de la phrase (*a los diez años, con el cambio de siglo...*) situent l'action dans le passé.

Ex. : *Pablo Picasso abandona (abandonó) Málaga a los 10 años.* Pablo Picasso quitte (a quitté) Málaga à 10 ans.
Ex. : *Picasso estudia a Velázquez.* Picasso étudie (a étudié) Vélasquez.

■ **Exprimer une concession.** La construction *pese a* (synonyme de *a pesar de*) suivie de l'infinitif (*pese a ser, a pesar de ser*) équivaut à la conjonction *aunque* suivie d'un verbe conjugué. La construction *pese a* sera rendue par « même si », « bien que ».

Ex. : *Pese a ser el individuo que abre más puertas... dice yo soy Velázquez...* Même s'il est la personne qui ouvre le plus de chemins..., il dit « moi, je suis Vélasquez ».

ENTRENARSE

1. Conjuguer les verbes entre parenthèses.
Pablo Picasso, sus hermanas y sus padres (abandonar)... Málaga cuando Pablo tenía 10 años, (ir)... a La Coruña y después (trasladarse)... a Barcelona. Luego Picasso (instalarse)... en París, (conocer)... a Braque con quien (inventar)... el Cubismo.

2. Remplacer la structure soulignée par une construction exprimant l'idée de concession.
a) *Aunque era español, se integró en la efervescencia cultural de París.*
b) *Aunque creó el Cubismo, participó en otros movimientos pictóricos.*
c) *Aunque copiaba los cuadros de los maestros, daba una nueva mirada de los mismos temas.*

Réponses
1. *abandonan (abandonaron), van (fueron), se trasladan (se trasladaron), se instala (se instaló), conoce (conoció), inventa (inventó).*
2. a) *A pesar de ser español (pese a ser español).* **b)** *A pesar de crear.* **c)** *A pesar de copiar.*

C. Compréhension du texte

1. *¿Qué ciudades visita Picasso hasta los 14 años? Responde a la pregunta apoyándote en elementos del texto.*

2. *Picasso aprende a dibujar...*
a) *con su padre.*
b) *en la escuela de Bellas Artes de Barcelona.*
c) *en la escuela oficial de Málaga.*
Elige la respuesta correcta citando el texto.

3. *¿Qué descubre Picasso en París?*
a) *La efervescencia festiva de principios del siglo XXI.*
b) *La vanguardia artística, la vida bohemia y la efervescencia intelectual.*
c) *A los bohemios de Barcelona que viajaban a la capital francesa.*
Después de elegir la respuesta correcta, cita la frase que confirma tu elección.

4. *Picasso, junto a Braque, inventa el Cubismo que puede definirse como...*
a) *una simetría perfecta entre cada fragmento pictórico.*
b) *la representación de lo importante de un tema pictórico.*
c) *una nueva visión del arte en la que no hay simetría y en la que lo importante y lo anecdótico se mezclan.*
Copia la frase que justifica la definición elegida.

5. *¿Quiénes son los maestros de Picasso? Responde a la pregunta apoyándote en ejemplos.*

6. *Explica el título: "Picasso: fin y principio" a partir de las informaciones del texto.*

➤ **Corrigé page 422**

D. Expression écrite

Analiza y comenta alguna de las influencias de los grandes maestros y de las vanguardias en la pintura de Picasso, temas de sus cuadros, épocas..., haciendo una referencia justificada a algún cuadro (unas ciento veinte palabras).

➤ **Corrigé page 422**

1 Pedro Guerra

▪ Compréhension du texte

CONSEIL Dans un souci pédagogique, vous trouverez ici des réponses développées. Lors de l'épreuve, il convient d'être concis tout en respectant la consigne.

1. *Respuesta* **c)**. *Pedro Guerra es un cantautor que trabajó dieciséis años para una multinacional y ha creado recientemente su compañía musical ya que "tras 16 años trabajando para una multinacional, Pedro Guerra edita su más reciente disco, 'El mono espabilado', con su propia compañía".*
2. *Respuesta* **b)**. *Pedro Guerra experimenta un poco de agobio pero está contento, tal y como se indica en el texto: "Con un poco de agobio, pero bien. Contento".*
3. *A causa de la crisis, los ayuntamientos ya no compran un concierto sino que se limitan a prestar un local. Efectivamente, la situación "como antes no va a volver a ser [...]" ya que "ya no existe un ayuntamiento que te compre un concierto, sino un ayuntamiento que te cede un local" con lo cual el cantante se lleva "la taquilla".*
4. *Para crear sus canciones, Pedro Guerra parte "de una idea", como él mismo dice, "de algo que leo, por ejemplo", y añade "partiendo de esta frase [el estribillo: le refrain] cojo la guitarra y desarrollo todo el texto". Pero "lo primero es siempre una idea que se transforma en unos versos, y a partir de ahí en un trabajo conjunto de letra y música".*
5. *Podemos citar dos títulos del último disco de Pedro Guerra: "Caperucita Roja" que habla de la pérdida de la inocencia y "La que camina" donde el cantautor "habla de los primeros seres que fueron capaces de erguirse y cruzar desde África hasta Europa".*
6. *En los últimos meses, Pedro Guerra a) ha leído libros de neurología y de la evolución del hombre. El texto lo confirma al decir "Mis lecturas en los últimos meses han estado muy centradas en la neurología y la evolución".*

▪ Expression écrite

Carta de Pedro Guerra

Pedro Guerra
Plaza de Celenque, 2
28007 Madrid

Joaquín Palancar Márquez
Ronda de Valencia, 7
19003 Guadalajara

Madrid, sábado 25 de agosto de 2013
Querido Joaquín:
Espero que estés bien. Lo cierto es que ahora estoy muy contento. Inicio una nueva etapa en mi vida gracias a mi último disco "El mono espabilado".
Como bien sabes, estuve trabajando más de quince años con la multinacional del disco Sonsón. Ha sido una decisión difícil, pero finalmente he optado por editar yo mismo mi disco.
El financiar yo mismo la publicación de mi nuevo disco me da mayor libertad: ahora tengo más libertad de creación; las canciones reflejan mis preocupaciones personales, se nutren de mis lecturas... Mi única preocupación actualmente es la calidad de mis canciones.
Bueno... no es la única. También estoy bastante agobiado por la escasez de conciertos. Como sabes, los ayuntamientos ya no nos compran los conciertos... están en crisis. También los jóvenes sufren la crisis ¡ya no podemos pedirles cincuenta euros por asistir a un concierto al aire libre! Ahora tengo que cantar en teatros pequeños, necesito sentir el calor del público.
Un abrazo de tu amigo.

Pedro

CONSEIL La lettre est adressée à un ami : utilisez le tutoiement sans oublier les conventions dans la correspondance (formule de salutation : *Querido amigo* ; formule pour prendre congé : Un *abrazo. Hasta pronto*).

2 Picasso

▪ Compréhension de l'écrit

1. *Hasta los 14 años Picasso visita en primer lugar "La Coruña y después se traslada a Barcelona".*

2. *Picasso aprende a dibujar…* **a)** *con su padre: "había aprendido con su padre" puede leerse en el texto.*

CONSEIL Lors de la lecture, essayez de répondre mentalement aux questions : *¿Qué?, ¿Quién?, ¿Dónde?, ¿Cómo?, ¿Por qué?* Les réponses vous aideront à bien comprendre le texte.

3. *En París, Picasso descubre…* **b)** *la vanguardia artística, la vida bohemia y la efervescencia cultural, dicho con las palabras del texto "con el cambio de siglo… Picasso contacta con las vanguardias, con la bohemia, con la efervescencia de una ciudad [París] que era el epicentro artístico".*

4. *Picasso, junto a Braque inventa el Cubismo que puede definirse como…* **c)** *una nueva visión del arte en la que no hay simetría y en la que lo importante y lo anecdótico se mezclan, o como se dice en el texto "se trata de otra manera de mirar donde el fragmento, la simetría, donde lo importante o lo anecdótico se trastocan".*

5. *Los maestros de Picasso… son tres grandes pintores: "Picasso estudia a Velázquez, a Rubens, al Greco", los estudia cuando "pasa una época como copista en el Museo del Prado", pero también "es habitual del Louvre cuando está en París". En realidad "sus maestros son muchísimos: podría decirse que toda la pintura española". A los maestros citados anteriormente hay que añadir a Goya.*

6. *El título "Picasso: fin y principio" resume el proceso creativo de Picasso ya que "él crea después de haber estudiado a los grandes". Picasso se sitúa en una tradición pictórica con la que se identifica, dice "yo soy Velázquez, yo soy Goya o yo soy Van Gogh". Pero al mismo tiempo representa un nuevo "principio", es "el individuo que abre más puertas, que renueva desde el punto de vista formal". Picasso también influyó a los que le siguieron.*

▪ Expression écrite

Influencia de los grandes maestros de la pintura en Picasso

Picasso recibe la influencia de los "-ismos", de las vanguardias artísticas de principios de siglo XX: el dadaísmo, el fauvismo. Con Braque creó el Cubismo, un cuadro representativo de esta época es "Las señoritas de Aviñón": la figura humana se representa desde diferentes ángulos.

CONSEIL Les indices du texte vous aident à structurer votre réponse et à éviter le hors-sujet.

El cuadro más emblemático de Picasso es "Guernica". El cuadro se inscribe en la continuidad de "Los desastres de la Guerra" de Goya que denunciaba los horrores cometidos por el ejército napoleónico. Picasso –respondiendo a un encargo de la República española hecho en 1937– denuncia a su vez la destrucción del pueblo vasco de Guernica por la aviación alemana. Picasso también toma de Goya los tonos grises. La producción pictórica de Picasso se caracteriza por varias épocas (época azul, rosa…), por su temática (temas del circo, taurinos…).

1 El fruto del saber

Opinión
Tribuna

El fruto del saber y la producción coordinados
Por Mario Barletta presidente del comite nacional de la UCR

Producir girasol, trigo o soja es una cosa maravillosa... para el que la puede cultivar, claro. Cuando hay sequía o las tierras tienen mucha salinidad, los productores tienen dificultades, pierden cosechas o producen con muy poco rendimiento. ¿Cómo lograr una semilla para condiciones adversas? ¿Podía haber una "semilla para todos"? Esa pregunta nos hicimos hace más de 10 años en la Universidad Nacional del Litoral (UNL), cuando siendo rector convocamos a investigadores de distintas universidades para resolver problemas que afectaban al país. La incorporación de la Prof. Raquel Chan al plantel docente de la UNL dio inicio a una investigación que llevaría casi una década y hoy es motivo de orgullo.
Científicos liderados por la Dra. Chan descubrieron en el girasol un gen (hahb-4) que puede transferirse a la soja y a otros cereales para suprimir el estrés hídrico sin afectar la productividad. Esta investigación que permite superar situaciones de sequía y suelos con alta salinidad, ya ha sido patentada por la UNL, CONICET y la empresa Bioceres en EE. UU., India, Australia, México y China.

Como dijo Gustavo Grobocopatel, "en un mundo en el que el problema del hambre y el cambio climático están en el centro de la escena, el hahb-4 es una puerta a la esperanza" (Clarín , 6 de marzo).

En su discurso ante la Asamblea Legislativa, la Presidenta hizo referencia a dicho logro. Es bueno que todos sepamos la historia de "esta hazaña", y que la Presidenta tome nota que este ejemplo que hoy es casi una excepción podría (¡y debería!) ser la llave para el desarrollo sustentable de la economía de nuestro país. Hubo que realizar una inversión de varios años y conformar una alianza entre el sector público y el privado, cosa que sólo se puede hacer si se privilegia el ánimo de cooperación, no de confrontación, con el sector agropecuario.

La Sra. Presidenta quiere "industrializar la ruralidad" y "agregar valor a nuestra producción". Experiencias como la que desembocó en el hahb-4, o en la droga para enfermos renales o en el excipiente para medicamentos desarrollados por la misma universidad, son el camino. El haber sido miembro del directorio del Conicet me hizo ver que el sistema científico tecnológico de la Argentina está desaprovechado, ya que estos ejemplos se podrían multiplicar por cientos. Argentina tiene un potencial enorme. Disponemos de las capacidades necesarias -tanto en el sector industrial y agropecuario como en el científico-técnico- como para producir más y en mejores condiciones de competitividad. Hoy esas capacidades están dormidas.
Tenemos que promover una sociedad permanente entre la educación y la ciencia con la producción; aprovechar a nuestros científicos, laboratorios y universidades para que se reúnan con nuestros productores e industriales y generen las innovaciones que van a hacer que no dependamos de la importación de productos extranjeros. Los desarrollos científicos y tecnológicos nos posibilitan aumentar el valor agregado a la producción, ser más competitivos y disminuir la desocupación. Para eso necesitamos prestarle más atención a la calidad de la educación, que no solo consiste en gastar más plata. Pero claro: si le prestamos más atención al "fútbol para todos", difícilmente logremos educación de calidad para todos.

Mario Barletta, *Clarín* (Argentina), 16 de marzo de 2012

A. Enrichir le vocabulaire

VOCABULARIO

Ánimo de cooperación, el: l'esprit de coopération, l'esprit d'équipe
Cosecha, la: la récolte
Desaprovechar: négliger, *aprovechar*: mettre à profit
Desarrollo sustentable, el: le développement durable
Desarrollos, los: (*ici*) les avancées
Desembocar: aboutir
Desocupación, la: le chômage
Girasol, le: le tournesol
Hambre, el: la famine
Hazaña, la: l'exploit, la réussite
Investigador, el: le chercheur
Lograr: obtenir, réussir
Logro, el: la réussite (le succès, l'avancée, la découverte : *el éxito, el adelanto, el descubrimiento*)
Plantel docente, el: l'équipe enseignante
Plata, gastar más: (*argentinisme*): dépenser plus d'argent
Salinidad, la: la salinité (l'excès de sel appauvrit le sol : *el exceso de sal empobrece el suelo*)
Sequía, la: la sécheresse
Semilla, la: une variété de sémence
Trigo, el: le blé

B. Consolider la grammaire

▪ **Exprimer une obligation.** L'espagnol peut utiliser une tournure impersonnelle (*hay que*) ou personnelle (*tengo que, tienes que…*) pour exprimer une obligation.
Obligation impersonnelle : *hay que trabajar* (*es necesario trabajar*).
Ex. : *Hubo que realizar une inversión de varios años.* Il a fallu effectuer un effort sur plusieurs années.
Obligation personnelle : *tengo que hablar (debo hablar).*
Ex. : *Tenemos que promover una sociedad entre la educación y la producción.* Nous devons encourager un partenariat entre l'éducation et la production.

▪ **Exprimer le but.** La préposition *para* permet d'exprimer une idée de finalité.
Ex. : *Convocamos a los investigadores para resolver problemas.* Nous avons fait venir les chercheurs pour résoudre des problèmes.
La conjonction *para que* exige la concordance des temps et exprime également le but.
Ex. : *Convocamos a nuestros científicos para que se reúnan con los industriales.* Nous avons fait venir nos scientifiques pour qu'ils se réunissent avec les industriels.

ENTRENARSE

1. Transformer les phrases en gardant l'idée d'obligation.
a) *Hay que realizar una inversión → Yo (tener que)…*
b) *Tienes que promover una asociación entre la educación y la producción → (Haber que)…*

2. Relier les deux phrases de façon à exprimer une idée de but.
a) *Trabaja mucho. Quiere irse de vacaciones en agosto.*
b) *Les dice a sus hijos que estudien. Quiere que tengan un buen trabajo.*

Réponses
1. a) *Yo tengo que realizar una inversión.*
b) *Hay que promover una asociación entre la educación y la producción.*
2. a) *Trabaja mucho para irse de vacaciones en agosto.*
b) *Les dice a sus hijos que estudien para que tengan un buen trabajo.*

C. Compréhension du texte

1. *¿Cuáles son las consecuencias de la sequía o del exceso de salinidad en las producciones agrícolas?*
a) *Los productores aumentan el rendimiento del trigo.*
b) *Los agricultores tienen dificultades porque producen menos.*
c) *Los productores pierden las cosechas de maíz.*
Elige la respuesta correcta y confirma tu elección citando una frase del texto.

2. *¿Quién es Raquel Chan?*
a) *La rectora de la Universidad Nacional del Litoral.*
b) *La responsable de la producción de girasol, trigo y soja.*
c) *Una investigadora de la Universidad Nacional del Litoral.*
Selecciona la respuesta correcta y copia la frase que la justifique.

3. *¿Qué utilidad tiene el gen "hahb-4"?*
a) *Permite cultivar girasol en el desierto.*
b) *Permite luchar contra los efectos del exceso de agua.*
c) *Permite obtener buenas producciones incluso en tiempo de sequía.*
Elige la respuesta correcta y justifica tu respuesta apoyándote en elementos del texto.

4. *La Presidenta de Argentina, Cristina Fernández de Kirchner, pronunció un discurso. Utiliza informaciones del texto para recordar dos ideas de dicho discurso.*

5. *¿Qué tienen que hacer los argentinos para mejorar sus condiciones de vida ? Los argentinos tienen que… También tienen que…*
Completa la respuesta con dos elementos del texto.

6. *Cita dos elementos del texto con los que el autor hace referencia a sí mismo.*

➤ **Corrigé page 428**

D. Expression écrite

Una periodista entrevista la Presidenta de Argentina, Cristina Fernández de Kirchner. Imagina la entrevista utilizando elementos del texto (unas ciento veinte palabras).

➤ **Corrigé page 428**

2 *El delirio del litio*

Bolivia. El delirio del litio

Es uno de los países más pobres de América Latina. Pero ha encontrado un recurso para invertir la tendencia.

Nos adentramos en el sueño de un país por romper su espiral de pobreza. Un sueño ubicado bajo una superficie lunar, extraterrestre, por donde uno camina y cree haber conocido la Tierra hace millones de años: el salar de Uyuni, 10.500 kilómetros cuadrados de un viejo mar emergido por el choque de dos placas tectónicas y desecado. […] Entre la sal, mezclado con ella, se encuentra el litio. El metal más ligero de la tabla periódica, altamente inflamable y cuyos efectos en el cerebro amortiguan desde hace tiempo las subidas y bajadas de humor de los bipolares. […]

Los japoneses de la multinacional Sony, la primera empresa que comercializó el invento a principios de los noventa, lo bautizaron simplemente: batería de ión-litio. La mayoría de ordenadores, tabletas y teléfonos móviles llevan una. Concentran más energía en menos volumen. Aguantan más ciclos de carga. Conforman la pieza clave que dota de autonomía a la tecnología portátil. Las baterías, de unos 300 ó 400 kilos, suponen casi un 60% del coste de los vehículos enchufables. […]

A partir de 2009, Bolivia comenzó a ser conocida como "la Arabia Saudí del litio". En 2010, su presidente, el indígena Evo Morales, aseguró que su país le proporcionaría al mundo un abastecimiento del nuevo recurso en volúmenes tales que permitirían "un cambio total de la matriz energética global. El paso a una green economy, baja en carbono, independiente del crudo, o como quiera llamarse, necesitará cantidades ingentes de litio. […]

El ingeniero metalúrgico, Luis Alberto Echazú, educado en Europa y al frente de la Gerencia Nacional de Recursos Evaporíticos, detalló los tiempos de un ambicioso plan: "De momento tenemos tres piscinas y un campamento. Pero estamos en la fase terminal de la planta piloto. En 2014 esperamos construir la industrial, mucho mayor. Con capacidad para producir 30.000 toneladas de carbonato de litio al año a partir de 2017".

A finales de la década, Bolivia se colocaría como el tercer productor mundial, según la GNRE, siendo fieles al estilo que propugna Evo Morales desde que llegó al poder en 2005 con un lema –"Necesitamos socios, no patronos"– y cierta obsesión por el control estatal de los recursos –nacionalizó reservas de hidrocarburos en 2006–. En boca del ingeniero Echazú: "Siguen pensando que somos unos tontitos, que tienen que venir a ayudarnos los gringuitos".

Guillermo Abril, *El País semanal*, domingo 29 de abril de 2012

A. Enrichir le vocabulaire

VOCABULARIO

Abastecimiento, el: l'approvisionnement
Adentrarse: découvrir, rentrer
Aguantar: résister
Boca de, en: selon, d'après
Baja (en carbono): faible (en carbone)
Conformar: constituer, représenter
Crudo, el: le brut (*el petróleo*)
Década, la: la décennie
Enchufar: brancher ; *el vehículo enchufable*: la voiture électrique
Gringo, un: un yankee (*un gringuito*: un petit yankee, *péjoratif*)
Ingente: grand(e), énorme
Invento, el: l'invention
Invertir: (*ici*) inverser (à ne pas confondre avec *invertir*, investir)
Materias primas, las: les matières premières
Recurso, el: la ressource
Romper: briser
Sueño, el: (*ici*) le rêve (attention à l'autre sens de 'el sueño': le sommeil).
Salar, le: *le salar* (le désert de sel).
Tonto: bête (*un tontito, péjoratif* : une personne bête, un imbécile)

B. Consolider la grammaire

▪ **La préposition *por*.** Elle exprime :

– **la finalité** : *El sueño de un país por romper su espiral de pobreza.* Le rêve d'un pays de briser la spirale de la pauvreté.
– **l'idée de lieu** : *Una superficie por donde uno camina.* Une surface par où l'on marche.
– **la cause** : *Un viejo mar emergido por el choque de dos placas.* Une vieille mer émergée à cause du choc de deux plaques.
– **le moyen, la relation** : *La obsesión por el control estatal de los recursos.* L'obsession pour le contrôle étatique des ressources.

▪ **Les expressions temporelles.** Les constructions prépositives et les constructions verbales peuvent exprimer une notion temporelle :

– **de début** (*a principios de los noventa…*) : *La empresa comercializó el invento a principios de los noventa.* L'entreprise a commercialisé son invention au début des années 1990.
– **de durée** (*a partir de 2009, desde hace tiempo…, desde que llegó…*) : *Los efectos del litio amortiguan desde hace tiempo las subidas y bajadas de humor de los bipolares.* Les effets du lithium régulent depuis longtemps les sautes d'humeur des bipolaires.
– **de fin de l'action** (*a finales de…*) : *A finales de la década.* À la fin de la décennie.

ENTRENARSE

1. Reformuler les phrases suivantes en utilisant la préposition "por".
a) *El litio se utiliza en medicina : tiene efectos benéficos en el humor de los bipolares.*
b) *Los ingenieros se pasean : están en la superficie du salar Uyuni.*

2. Transformer les phrases suivantes de façon à exprimer une idée temporelle de durée ou de début de l'action.
a) *Están construyendo la empresa : empezará a producir en 2017.*
b) *Evo Morales defiende el cambio de la matriz energética global, hace tiempo que defiende este cambio.*

Réponses
1. **a)** *El litio se utiliza en medicina por sus efectos benéficos en el humor de los bipolares.*
b) *Los ingenieros se pasean por la superficie del salar de Uyuni.*

2. **a)** *Están construyendo la empresa que empezará a producir a partir de 2017 [Variante : A partir de 2017 producirá la empresa que están construyendo].*
b) *Evo Morales defiende desde hace tiempo el cambio de la matriz económica global.*

C. Compréhension du texte

1. *Según el texto, la situación en Bolivia se caracteriza por…*
a) *la pobreza actual y el deseo de un futuro próspero.*
b) *la llegada del turismo para visitar los paisajes lunares.*
c) *los estudios de las placas tectónicas y del salar de Uyuni.*
Copia las dos frases que justifican la elección de la respuesta correcta.

2. *La batería de ión-litio es útil. Justifica su utilidad apoyándote en dos elementos del texto.*

3. *¿Qué interés estratégico tiene el litio en las relaciones internacionales?*
a) *Permitirá a Bolivia luchar contra la producción de petróleo de Arabia Saudí.*
b) *Facilitará la instauración de un modelo energético más limpio.*
c) *Desarrollará la importancia del petróleo crudo.*
Elige la respuesta correcta y cita una frase que la justifique.

4. *El ingeniero Luis Alberto Echazú…*
a) *espera construir una planta piloto en Europa.*
b) *es responsable de la explotación del litio.*
Di si cada información es verdadera o falsa. Justifica tu elección citando el texto.

5. *Completa la frase siguiente con dos elementos sacados del texto.*
El ingeniero Luis Alberto Echazú critica el desequilibrio de los intercambios internacionales porque… y porque…

6. *Explica el título del artículo "Bolivia. El delirio del litio" utilizando las informaciones del texto.*

➤ **Corrigé page 429**

D. Expression écrite

¿Qué piensas de la importancia de las materias primas en las relaciones económicas? Justifica tu opinión (unas ciento veinte palabras).

➤ **Corrigé page 429**

1 El fruto del saber

Compréhension du texte

1. *Respuesta* **b)**. *Las consecuencias de la sequía o del exceso de salinidad en las producciones agrícolas son que los agricultores tienen dificultades porque producen menos, así lo confirma el texto al indicar que "los productores tienen dificultades, pierden cosechas o producen con muy poco rendimiento".*

CONSEIL Le texte utilise de nombreux mots techniques. Repérez les informations essentielles. Les éléments répétitifs confirment vos hypothèses de lecture.

2. *Respuesta* **c)**. *Raquel Chan es una investigadora de la Universidad Nacional del Litoral. La frase siguiente justifica nuestra selección: "La incorporación de la Prof. Raquel Chan al plantel docente de la UNL dio inicio a una investigación...".*

3. *Respuesta* **c)**. *El gen "hahb-4" permite obtener buenas producciones incluso en tiempo de sequía. La información siguiente justifica nuestra respuesta: "un gen (hahb-4)... para suprimir el estrés hídrico sin afectar la productividad". Otros elementos la confirman igualmente: "esta investigación que permite superar situaciones de sequía y suelos con alta salinidad".*

4. *En su discurso, la Presidenta argentina se refirió al descubrimiento del gen hahb-4. También hizo referencia a su deseo de "industrializar la ruralidad" y a su proyecto de "agregar valor" a la producción argentina tomando como modelo la experiencia del hahb-4 u otros adelantos obtenidos por la UNL.*

5. *Para mejorar sus condiciones de vida, los argentinos tienen que... "realizar una inversión de varios años y conformar una alianza entre el sector público y el privado". También tienen que "promover una sociedad permanente entre la educación y la ciencia con la producción".*

6. *En el texto aparecen una serie de elementos con los que el autor hace referencia a sí mismo: la persona del verbo ("Esa pregunta nos hicimos hace más de diez años..."), y la forma verbal ("cuando siendo rector convocamos...", "El haber sido miembro del directorio del Conicet me hizo ver que...").*

Expression écrite

Enrevista a la Presidenta argentina

Periodista: *Señora Presidenta, le agradezco que me haya concedido la entrevista.*

Presidenta: *Es un placer concedérsela.*

Periodista: *La agricultura argentina padece los efectos de la sequía...*

Presidenta: *El cambio climático afecta negativamente a nuestros cultivos de girasol, trigo o soja. El aumento de la salinidad también disminuye el rendimiento de nuestra agricultura.*

Periodista: *Pero la investigación permite luchar contra estos factores negativos...*

Presidenta: *Efectivamente, estoy orgullosa de los descubrimientos de nuestra investigación universitaria. La Universidad del Litoral ha descubierto un gen para luchar contra el estrés hídrico. Las demás universidades argentinas tienen que seguir su ejemplo para que así podamos resolver los problemas que existen en nuestro país.*

Periodista: *¿Qué le pediría a las universidades?*

Presidenta: *Les pediría que siguieran el ejemplo de la Universidad del Litoral, les pediría que se especializaran en un sector de la economía, les pediría que investigaran y que obtuvieran éxitos en su investigación ya que los resultados de nuestras universidades deben ayudar a mejorar el nivel de vida de todos los argentinos y la prosperidad de nuestras empresas.*

2 El delirio del litio

▪ Compréhension du texte

1. *Respuesta* **a)**. *Según el texto, la situación en Bolivia se caracteriza por la pobreza actual y el deseo de un futuro próspero. En el texto se afirma que Bolivia "es uno de los países más pobres de América Latina", pero a pesar de todo Bolivia tiene el sueño de "romper su espiral de pobreza.*

2. *La batería de ión-litio es útil, la llevan la mayoría de los aparatos electrónicos (teléfonos, móviles, ordenadores...), además "concentran más energía en menos volumen", por otra parte "aguantan más ciclos de carga" y por último representan casi el 50% del coste de los coches enchufables.*

3. *Respuesta* **b)**. *El interés estratégico del litio en las relaciones internacionales facilitará la instauración de un modelo energético más limpio, es decir, pasar a "una green economy, baja en carbono e independiente" del petróleo. Bolivia podría proporcionar al mundo abastecimiento del nuevo recurso.*

4. *El ingeniero Luis Alberto Echazú...*

a) *afirmación falsa ya que este ingeniero fue "educado en Europa";*

b) *afirmación verdadera porque L. A. Echazú está "al frente de la Gerencia Nacional de Recursos Evaporíticos".*

CONSEIL Il faut indiquer que l'affirmation est correcte ou incorrecte et justifier votre choix : soyez précis et évitez les ambiguïtés.

5. *Luis Alberto Echazú critica el equilibrio de los intercambios internacionales porque comparte la idea de un "control estatal de los recursos" y sobre todo porque critica la posición de Estados Unidos que quieren seguir ejerciendo un papel dominante ("siguen pensando que somos unos tontitos").*

6. *El título del artículo "Bolivia. El delirio del litio" (además de evocar un juego fonético) hace referencia a la posibilidad que tiene Bolivia para luchar contra la pobreza gracias al litio. El litio es "un recurso para invertir la tendencia de la pobreza. Por otra parte, el litio permite luchar contra los problemas psicológicos ya que amortigua "las subidas y bajadas de humor de los bipolares".*

▪ Expression écrite

Las materias primas tienen gran importancia en las relaciones económicas. Por ejemplo, el litio se extrae de un salar de Bolivia: el país latinoamericano obtiene beneficios por su explotación pero los mayores beneficios los obtienen las empresas que fabrican las baterías de litio. Otro ejemplo de materia prima es el petróleo: el control de su explotación ha provocado la intervención de las potencias que intentan defender sus intereses garantizando su abastecimiento incluso a costa de provocar conflictos armados.

Otras materias primas se utilizan en la alimentación humana: el trigo, el maíz... Si se produce una mala cosecha los precios de los productos alimenticios suben lo que dificulta su consumo: la falta de comida puede provocar revueltas.

Un caso aparte son los cultivos que se destinan a la fabricación de etanol: en este caso se corre el peligro de privar de alimentos a la población y vender dichos cultivos a la industria que fabrica etanol. Además de una cuestión alimenticia y económica se plantea aquí una cuestión de moral.

Lieux et formes de pouvoir

1 Reputación digital

La gestión de la reputación digital puede resultar fatigante

Elias Aboujaude, un psiquiatra de la Escuela de Medicina de la Universidad de Stanford, autor del libro "Virtually you" (Norton, 2011) defiende la existencia de la e-personality, ese sujeto casi siempre mejor que nosotros mismos que nos creamos «involuntariamente» para nuestras interacciones on line y que está obsesionado con la gratificación (el 71% de los usuarios de Internet en Estados Unidos pertenecen a una comunidad on line y la consideran «muy importante o extremadamente importante» en sus vidas, la mitad de ellos afirma que sus lazos en estas comunidades son tan fuertes como el que tienen con sus grupos en la vida real. En España, el estudio Mc Kinsey asegura que pasamos 68 minutos diarios en las redes sociales y, según sus cálculos, somos los que más tiempo dedicamos a hacer vida social on line). [...]*
La e-personality es "más audaz, fuerte y eficiente que la personalidad original". Los estudios de este psiquiatra se concentran en demostrar cómo nuestro yo digital influye en los actos cotidianos fuera de la red. «Los rasgos que integramos en nuestra vida on line suelen ser incorporados a nuestra personalidad off line. De este modo, podríamos acabar siendo más atrevidos y menos diplomáticos en nuestras relaciones aunque no tuviéramos delante una pantalla o un iPhone», explica el psiquiatra. [...]
Gestionar las vanidades digitales
Todo sería más fácil si no se hubieran inventado las máquinas de engordar egos digitales. Por ejemplo, Favstart.fm es un servicio útil para medir el impacto de la actividad en Twitter pero es también una fábrica de neuróticos. Su misión consiste en informarte de tus listas de tuits de éxito, de cuántas veces te han mencionado.
Klout es otra herramienta para medir la reputación digital en Twitter, Facebook y LinkedIn que clasifica a los usuarios según su nivel de influencia y notoriedad. Puedes ser desde un experto hasta un socializador. Te informa en qué temas puedes considerarte un líder de opinión y a qué usuarios influyes. Además, Klout marca estatus, poniendo un número a las cotas de influencia de cada quien. Del 1 al 100.
Estas herramientas usadas con una estrategia empresarial y sentido común otorgan utilidad y significado al cúmulo de información caótica que generamos cada día. Pero puestas a engordar egos ya desorbitados generan verdaderos dictadores de las redes sociales y de sí mismos.

** Datos provenientes del Digital Future Project de la University of Southern California Annenberg School for Communication*

Karelia Vázquez, *El País*, 25 de octubre de 2011

A. Enrichir le vocabulaire

VOCABULARIO

Atrevido, *ser*: être courageux
Audaz: audacieux
Cúmulo, *el*: l'accumulation
Desorbitado: démésuré
Desventaja, *la*: l'inconvénient
Engordar el ego, egos: flatter son ego, l'ego des gens
Éxito, *el*: le succès
Fábrica, *la*: l'usine
Gestionar: gérer
Herramienta, *la*: l'outil
Lazo, *el*: le lien
Otorgar: accorder
Pantalla, *la:* l'écran
Rasgos, *los*: les traits
Red social, *la:* le réseau social
Sentido común, *el*: le bon sens
Usuario, *el:* l'usager
Yo digital, *el*: l'identité numérique

B. Consolider la grammaire

▪ **Expression de la quantité.** En régle générale, l'expression du pourcentage exige l'emploi de l'article déterminé (pour une quantité précise : *el setenta y uno coma tres por ciento, el 71,3%*) ou de l'article indéterminé (pour une quantité approximative : *un ochenta por ciento, un 80%*).

La conjonction *y* n'est utilisée qu'entre les dizaines et les unités (*sesenta y ocho*), jamais entre les mille et les unités.

Les *mil* sont invariables. Ex. : *2011, dos mil once* (à ne pas confondre avec le nom « millier » qui exprime une quantité approximative : *dos millares,* deux milliers).

Les centaines (*doscientos/as...*) s'accordent en genre avec le nom qu'elles qualifient : *doscientos usuarios*, deux cents usagers (attention à certaines formes : *quinientos/as, setecientos/as, novecientos/as*).

▪ **Utiliser un verbe et sa préposition.** Il peut différer en français et en espagnol :

– disparition de la préposition : décider de : *decidir* ; permettre de : *permitir...*

– changement de préposition : insister sur : *insistir en* ; avoir une influence sur : *influir en.*

ENTRENARSE

1. Écrire les chiffres suivants en toutes lettres.

a) *En 2011, un psiquiatra escribió que más de un 70% de los americanos estaban obsesionados con la reputación digital.*

b) *Los españoles pasaron más de 68 minutos diarios en 2013 en las redes sociales.*

c) *Los españoles efectúan más de 900 conexiones al año a su correo electrónico.*

2. Traduire les phrases suivantes en français.

a) *La e-personality influye en los actos de la vida diaria.*

b) *La misión de ciertas herramientas consiste en informarnos de nuestra reputación digital.*

c) *Las empresas deciden utilizar las herramientas digitales para mejorar su imagen.*

Réponses

1. a) *En dos mil once, un psiquiatra escribió que más de un setenta por ciento de los americanos estaban obsesionados con la reputación digital.*

b) *Los españoles pasaron más de sesenta y ocho minutos diarios en dos mil trece en las redes sociales.*

c) *Los españoles efectúan más de novecientas conexiones al año a su correo electrónico.*

2. a) L'e-personnalité (la « personnalité virtuelle ») a une influence sur les actes de notre vie de tous les jours.

b) L'utilité de certains outils consiste à nous informer de notre réputation électronique.

c) Les entreprises décident d'utilser les outils électroniques (digitaux) pour améliorer leur image.

C. Compréhension du texte

1. *La e-personality puede definirse como...*

a) *una personalidad virtual que se inventa el usuario para comunicar "on-line".*

b) *un tema de conversación muy personal que se repite en las comunicaciones de los usuarios.*

c) *un personaje generoso que aparece en ciertas redes sociales.*

Justifica tu elección citando una frase del texto.

2. *¿La comunicación on line es frecuente entre los españoles? Responde a la pregunta entresacando elementos del texto.*

3. *¿Cómo influye la vida on line en la vida off line? Argumenta tu respuesta con informaciones del texto.*

4. *Define lo que son "Favstart.fm" y "Klout". Entresaca dos elementos del texto para responder a la pregunta.*

5. *¿Qué ventajas pueden tener "Favstart.fm" y "Klout"? Contesta a la pregunta utilizando elementos del texto.*

6. *Apunta las posibles desventajas de "Favstart.fm" y "Klout" a partir de elementos del texto.*

D. Expression écrite

Explica tu opinión sobre la "reputación digital" (ciento veinte palabras).

➤ Corrigé page 432

Reputación digital

▪ Compréhension du texte

1. *Respuesta* **a)**. *La e-personality puede definirse como una personalidad virtual que se inventa el usuario para comunicar "on-line". Como se afirma en el texto, la e-personality es una personalidad o lo que es lo mismo una persona o un "sujeto casi siempre mejor que nosotros mismos que nos creamos "involuntariamente" para nuestras interacciones on line y que está obsesionado con la gratificación".*

2. *Sí, la comunicación on line es frecuente entre los españoles, hasta tal punto que los españoles –como indica el texto– pasan "68 minutos diarios en las redes sociales" según el estudio Mc Kinsey. Este estudio insiste en que los españoles son "los que más tiempo" dedican "a hacer vida social on line".*

CONSEIL Les questions qui suivent vous invitent à justifier, à argumenter : privilégiez une reformulation plus personnelle, plus libre, mais en vous appuyant sur des éléments du texte.

3. *Según el texto, la vida on line, es decir la e-personality es "más audaz, fuerte y eficiente que la personalidad original", es decir que la personalidad off line. Según un psiquiatra, los "rasgos que integramos en nuestra vida on line los solemos incorporar "a nuestra personalidad off line". Así, la vida on line nos ayudaría a ser "más atrevidos y menos diplomáticos en nuestras relaciones" de nuestra vida off line.*

4. *La herramienta "Favstart.fm" es un servicio "útil para medir el impacto de la actividad en Twitter. "Klout" también es "otra herramienta para medir la reputación digital en Twitter "mediante una clasificación de los usuarios. Dicho con otras palabras, ambos servicios miden la influencia de un usuario en Twitter.*

5. *Puedo destacar dos ventajas de "Favstart.fm" y de "Klout". La primera es que estas herramientas permiten conocer el alcance, "el impacto de la actividad en Twitter" de una e-personality, de un yo digital; dichas herramientas nos indican si tenemos "influencia y notoriedad". Por último, pueden ser útiles si se utilizan "con una estrategia empresarial". La segunda ventaja es que estas dos herramientas nos dicen si podemos considerarnos "un líder de opinión".*

6. *Dichas herramientas tienen tendencia a "engordar egos digitales", por lo tanto son una auténtica "fábrica de neuróticos" ya que "su misión consiste en informarte de tus listas de tuits de éxito". Por su parte " 'Klout' marca estatus [...] del 1 al 100". La consecuencia más negativa es que al "engordar egos ya desorbitados generan verdaderos dictadores de las redes sociales y de sí mismos".*

▪ Expression écrite

Me parece que la "reputación digital" constituye una realidad para los jóvenes de mi edad. En el texto se afirma que los españoles pasan bastante tiempo en las redes sociales a pesar de ser un país donde las relaciones sociales son fáciles y variadas. Creo que la vida social off line es compatible y complementaria con la on line.

Tenemos una buena "reputación digital" cuando contamos con un círculo de amigos amplio, cuando chateamos y cuando subimos fotos para los amigos. Si tenemos buena "reputación digital" los amigos de nuestros amigos serán también nuestros amigos, podemos entablar nuevas relaciones y conservar a los amigos que estén en el extranjero. La buena reputación permite luchar contra el aislamiento y la soledad.

A pesar de todo, tengo que reconocer que mantener una "buena reputación" exige mucho tiempo. Algunos jóvenes son demasiado dependientes de las redes sociales. En ciertas ocasiones podemos sufrir las desventajas de la "mala reputación digital"; en este caso somos más vulnerables porque podemos padecer las consecuencias de las "enemistades". Algunos usuarios son víctimas de acoso, e incluso en algunos casos ciertos jóvenes han muerto víctimas de la "mala reputación digital".

Del color

Del color nace la compra, los publicistas lo saben

La publicidad utiliza diversos tipos de tonos de acuerdo al tipo de consumidor al que quiere llegar.

Son menos de 90 segundos los suficientes para que un consumidor evalúe un producto y se forme una idea sobre éste.

Entre 62 y 90 por ciento de esta evaluación se basa solamente en el color de la mercancía o de la marca. Así lo revela un estudio del Institute for Color Research de América. Según analistas de sicología, mercadotecnia y publicidad, como la sicoanalista Sofía Villa, de la UNAM, los colores incrementan el reconocimiento de una marca entre 70 y 80 por ciento.

Pedro Mayorga, director creativo de la agencia publicitaria Oveja Negra Lowe, destaca que los colores que más éxito tienen en el sector de alimentos y bebidas son el amarillo, el naranja, el rojo y el café, debido a que, según sus estudios de mercadotecnia, son los que evocan hambre y saciedad.

"Estos colores estimulan el antojo y el sabor del consumidor. De hecho, algunos no funcionan sólo en la venta de alimentos, sino de otros productos, como los automóviles", considera el publicista.

Asegura que el color es esencial en el marketing, principalmente cuando se define el branding (imagen) de una marca.

Mario Luis Cortés, director de mercadotecnia de la Universidad Panamericana, destaca que existe una teoría del consumidor en la que se determina el comportamiento de éste, frente a una serie de figuras, personas, símbolos y, por supuesto, colores. [...]

Como un ejemplo claro cita el caso de Coca-Cola, una bebida de color negro, con espuma color chocolate, firmada con letras cursivas de color blanco sobre un fondo rojo.

"Esa mezcla de colores evocan dinamismo, pureza, y a la vez elegancia, entusiasmo y sensualidad. El color negro es la irreverencia de los adolescentes, la sofisticación de los jóvenes y la elegancia de los adultos, mientras que los colores del logotipo de la marca transportan al consumidor a un mundo entusiasta, que llena de energía, y es sensual", destaca.

También ejemplifica con el color naranja. Dice que es muy usado por las cadenas de tiendas de restaurantes, ya que provocan una sensación de hambre-saciedad.

"Es una estrategia sicológica muy común. La gente se siente hambrienta, entra al establecimiento, pero una vez que come quiere irse, lo que da paso a la rotación de clientes y genera ganancias de los restaurantes", destaca.

Detalla que los colores violeta, rojo y negro son clave en el negocio de la moda, cosmética y antros de diversión.

"Las tiendas de cosméticos usan mucho el color negro brillante. Se utiliza en boutiques y productos aspiracionales. En los antros se usa el color rojo y morado, evocan diversión", detalla.

El color rosa, amarillo canario, verde pastel, azul turquesa, son los preferidos de los niños, explica el mercadólogo.

Para Sofía Villa, los anuncios de color son hasta 50 por ciento más atractivos que los que son en blanco y negro. "El ser humano procesa estímulos de forma simultánea. Para poner los ojos en un producto, éste debe ser atractivo para su vista, y el color es capaz de lograrlo", concluye.

Paloma López, *El Excélsior* (México), 25 de octubre de 2011

A. Enrichir le vocabulaire

VOCABULARIO

***Antros** (péj.)* ***de diversión**, los*: les lieux mal famés (bouis-bouis, *péj.*) d'amusement
***Antojo**, el*: les envies, les caprices
Apostar por: miser sur
***Azul**, el*: le bleu
***Color**, el*: la couleur
Detallar: préciser
***Consumidor**, el*: le consommateur
Cursiva, la letra: la lettre en italique
Destacar: souligner (attirer l'attention sur)
***Espuma**, la*: (*ici*) la mousse
***Éxito**, el*: le succès
***Ganancias**, les*: les gains
***Hambre**, el*: la faim
Incrementar: augmenter, améliorer
***Logotipo**, el*: le logo
***Mercadólogo**, el*: le marketeur, le spécialiste en marketing
***Mercadotécnia**, la*: la mercatique, le marketing
***Mercancía**, la*: la marchandise
***Mezcla**, la*: le mélange
***Morado**, el [color]*: le mauve, le violet
Procesar estímulos: analyser des informations
***Supuesto**, por*: bien entendu
***Tienda**, la*: la boutique

B. Consolider la grammaire

▪ **Rapporter le discours de quelqu'un.** Le **discours direct** est introduit par les guillemets avec ou sans verbe de parole (*afirmar, considerar, decir, declarar, preguntar, responder…*).
Ex. : *"Estos colores estimulan el antojo" considera el publicista.* « Ces couleurs stimulent les envies » considère le publicitaire.

Le verbe de parole suivi de la conjonction *que* (*considerar que, destacar que, detallar que, indicar que, recordar que, afirmar que, decir que, añadir que…*) introduit le **discours indirect**.
Ex. : *Mario Luis Cortés destaca que existe una teoría del consumidor.* Mario Luis Cortés souligne qu'il existe une théorie du consommateur.

Le **passage du style direct au style indirect** comporte des modifications :
– de personne verbale (pronoms personnels : *yo → él, a mí → a él…*) ;
– de déterminants ou de pronoms démonstratifs, possessifs : *esta… → esa…*) ;
– des indications spatio-temporelles (*aquí → allí, mañana → al día siguiente*) ;
– des formules conversationnelles (*vale → estar de acuerdo…*).
Ex. : *"Los colores son clave en el negocio" afirmó → Afirmó que los colores eran clave en el negocio.*

▪ **Exprimer une opposition.** La conjonction *mientras que* relie deux verbes que le sens oppose.
Ex. : *El color negro es la irreverencia de los adolescentes* […] *mientras que los colores del logotipo de la marca transportan al consumidor a un mundo entusiasta.* La couleur noire représente l'irréverence des adolescents […] alors que les couleurs du logo de la marque plongent le consommateur dans un monde passionnant.

ENTRENARSE

1. Transformer les phrases suivantes en passant du discours direct au discours indirect.
a) "El color incrementa el reconocimiento de la marca. Los colores más atractivos son el blanco y el negro", *considera la sicoanalista Sofía Villa.*
b) "Considero que el color es esencial en la marca. Pienso que la empresa que quiere aumentar sus ventas tiene que hacer una elección pertinente" *dijo el publicista.*

2. Relier les phrases de manière à exprimer l'opposition.
a) *El color negro brillante se utiliza en los productos destinados a los adultos. En cambio el color rosa y el color azul turquesa se utilizan para los niños.*
b) *Algunas marcas solo toman en cuenta el precio. Sin embargo otras utilizan los símbolos, los valores y los colores.*

Réponses

1. a) *La sicoanalista Sofía Villa considera que el color incrementa el reconocimiento de la marca. Añade que los colores más atractivos son el blanco y el negro.*
b) *El publicista dijo que consideraba que el color era esencial en la marca. Pensaba que la empresa que quería aumentar sus ventas tenía que hacer una elección pertinente.*

2. a) *El color negro brillante se utiliza en los productos destinados a los adultos mientras que el color rosa y el color azul turquesa se utilizan para los niños.*
b) *Algunas marcas solo toman en cuenta el precio mientras que otras utilizan los símbolos, los valores y los colores.*

C. Compréhension du texte

1. *Di si las siguientes afirmaciones son verdaderas. Justifica tu elección citando el texto.*
a) *Los consumidores necesitan menos de 90 segundos para hacerse una idea del producto.*
b) *Los publicistas necesitan menos de 90 segundos para evaluar el comportamiento de los consumidores.*

2. *¿Qué importancia tiene el color de la marca? Explica tu respuesta con elementos entresacados del texto.*

3. *Según el director creativo Pedro Mayorga, el color amarillo, naranja, rojo y café tienen éxito en el sector de la alimentación. Explica el porqué apuntando informaciones del texto.*

4. *Define lo que se entiende por la "teoría del consumidor". Utiliza elementos del texto para redactar tu definición.*

5. *Explica qué puede evocar la asociación de los colores negro, blanco y rojo. Cita elementos del texto para ilustrar tu explicación.*

6. *El color influye en el comportamiento del consumidor. Indica qué utilización hacen los publicistas de los siguientes colores :*
a) *el color naranja.*
b) *el color negro brillante*
c) *los colores rosa, verde pastel y azul turquesa*

➤ **Corrigé page 436**

D. Expression écrite

Eres responsable de mercadotecnia y tu empresa proyecta lanzar al mercado un nuevo producto. Descríbelo haciendo referencia a : presentación, precio, marca, valores asociados a la marca, color, competidores… (ciento veinte palabras).

➤ **Corrigé page 436**

L'idée de progrès

Del color

▪ Compréhension du texte

CONSEIL Repérez les idées de l'auteur. Ne les confondez pas avec les informations d'un autre locuteur.

1. *Respuesta* **a)**. *La afirmación verdadera es la* **a)** *porque como detalla el texto "son menos de 90 segundos los suficientes para que un consumidor evalúe un producto y se forme una idea sobre éste".*

2. *El color de la marca tiene una gran importancia ya que el consumidor evalúa la marca en función del color, "el 90 por ciento de esta evaluación se basa solamente en el color" y además facilita la identificación de la marca, "los colores incrementan el reconocimiento de una marca entre 70 y 80 por ciento".*

3. *Según el director creativo, los colores amarillo, naranja, rojo y café tienen éxito en el sector de la alimentación porque según los "estudios de mercadotecnia, son los que evocan hambre y saciedad". Además, dichos colores "estimulan el antojo y el sabor del consumidor". En realidad, el color es esencial en el marketing sobre todo "cuando se define el branding o imagen de una marca".*

4. *La llamada "teoría del consumidor" es la teoría que "determina el comportamiento [del consumidor] frente a una serie de figuras, personas, símbolos y, por supuesto, colores".*

5. *La asociación de los colores negro, blanco y rojo evoca una conocida bebida gaseosa, "una bebida de color negro, con espuma color chocolate, firmada con letras cursivas de color blanco sobre un fondo rojo". Además, dicha mezcla de colores evoca "dinamismo, pureza, y a la vez elegancia, entusiasmo y sensualidad".*

6. *Los publicistas utilizan* **a)** *el color naranja en el sector de la alimentación: "es muy usado por la cadenas de tiendas de restaurantes, ya que provocan una sensación de hambre-saciedad". Así, cuando la gente siente hambre "entra al establecimiento, pero una vez que come quiere irse, lo que da paso a la rotación de clientes y genera ganancias de los restaurantes". Por otra parte,* **b)** *el color negro brillante lo usan mucho "las tiendas de cosméticos", también "se utiliza en boutiques y productos aspiracionales". Por último,* **c)** *los colores rosa, verde pastel y azul turquesa "son los preferidos de los niños" según el mercadólogo Mario Luis Cortés.*

▪ Expression écrite

CONSEIL Réutilisez des mots et des idées du texte qui seront au service de votre pensée. Évitez toutefois la paraphrase.

Soy responsable de mercadotecnia de mi empresa. Vamos a lanzar al mercado un nuevo producto. El nuevo producto es un nuevo móvil para personas mayores. Tendrá el formato de un libro de bolsillo: la pantalla será resistente a las caídas y a los choques, pero cubrirá toda la superficie. El formato de las funciones se hará en letras grandes, y se simplificarán todas las funciones: tenemos nuestro propio programa adaptado a las necesidades de personas mayores (iconos visibles...). El móvil irá protegido con una carcasa de color negro y rojo que comunican el entusiasmo y la fiabilidad: se comercializará un único modelo. El precio de venta será de 100 euros. También comercializaremos un contrato básico de 10 euros para un consumo de 15 horas al mes (el consumo de las personas de 60 años y más se evalúa en 10 horas). Nuestros comerciales se desplazarán al domicilio de las personas interesadas. Hasta hoy en día no tenemos consumidores. Por el momento somos la única empresa en este sector del mercado.

Grammaire : kit de survie

1 À l'écrit

A. Quand utiliser les accents ?

- Les accents se placent sur les mots interrogatifs (*No sabe cómo te llamas. ¿Cómo te llamas ? Le pregunta cuántos invitados son*).
- Certains mots se différencient par la présence de l'accent : *sí* (oui), *si* (si, conjonction de condition) ; *té* (le thé), *te* (te, pronom personnel complément) ; *él* (il), *el* (le).
- L'accent permet de différencier le présent et le passé simple : *camino* (je marche), *caminó* (il a marché). Le passé simple des verbes irréguliers ne portent pas d'accent : *dijo, fue,…*

B. Quels mots changent de genre ?

- Certains mots courants changent de genre : *un coche* (une voiture), *un origen* (une origine), *un color* (la couleur), *un equipo* (une équipe).
- Quelques mots finissant en *–a* sont masculins : *el poeta* (le poète), *el lema* (le slogan), *el tema* (le thème), *el problema* (le problème), *el sistema* (le système).
- Le déterminant indique le genre des mots finissant en *–ista* : *un/una deportista, un/una turista, un/una sindicalista.*
- Dans les cas précédents, il faut veiller à respecter les accords : *el coche es de color blanco, el problema del sistema monetario es su rigidez, el deportista español del equipo francés.*

C. Quand employer *ser* ou *estar* ?

- *Ser* s'emploie devant : un nom, un pronom, un numéral, un adjectif.

Ex. : *Enrique es investigador y español. En su casa son quince.*

- *Estar* s'emploie devant : un complément de lieu, un complément de temps, un gérondif et devant un adjectif indiquant un état (passager).

Ex. : *Estamos en Ciudad Real. Estamos caminando, el tiempo está bueno.*

D. Quand utiliser la forme passive ?

L'espagnol utilise moins souvent que le français la forme passive.
Ex. : Les erreurs ont été corrigées. *Se han corregido los errores.*
Les résultats ont été donnés. *Se han dado los resultados.*
Bien que correctes du point de vue grammatical, les constructions *los errores han sido corregidos, los resultados han sido dados* sont ressenties comme très lourdes et donc à éviter.

2 À l'oral

En espagnol, toutes les lettres sont prononcées à l'oral. Veillez surtout à bien prononcer :
– r/j : *la rúbrica* (le « r » a le même point d'articulation que le « l » : pour bien prononcer le « r » il faut prononcer le « l » avec un léger martèlement sur le palais « *lública* »), *el espejo roto, la naranja amarilla.*
– s/c/z : la plupart des hispanophones ne font pas la différence entre ces trois lettres et prononceraient « s » dans : *el sentido, ciento, Zaragoza.* Bon nombre d'Espagnols différencient entre *casa* et *caza.*
L'emploi des formules conversationnelles donnent une certaine authenticité à vos échanges avec l'examinateur : *buenos días/tardes, no entiendo ¿podría repetir por favor? ¡Vaya!/ ¡Bueno! pues me gusta…* La reformulation de la question qui vous est posée contribue aussi à fluidifier l'échange : *si entiendo bien lo que que me ha preguntado…*

Verbes usuels diversement irréguliers

Infinitif	Indicatif présent	Subjonctif présent[1]	Impératif	Indicatif imparfait	Futur[2] (conditionnel)	Passé simple[3]	Gérondif	Participe passé
Andar						*anduve…*		
Dar	*doy, das…*	*dé, des…*				*di, diste, dio…*		
Decir	*digo,* puis *cf. pedir*	*diga, digas…*	*di (tú)*		*diré (diría…)*	*dije…*		*dicho*
Estar	*estoy, estás, está, estamos, estáis, están*	*esté…*				*estuve, estu-viste, estuvo…*		
Hacer	*hago, haces…*	*haga…*	*haz (tú), haga (ud)…*		*haré… (haría…)*	*hice, hiciste, hizo…*		*hecho*
Ir	*voy, vas, va…*	*vaya…*	*ve (tú), vamos…*	*iba, ibas, iba, íbamos…*		*fui, fuiste, fue…*	*yendo*	
Poder	Diphtongaison					*pude…*	*pudiendo*	
Poner	*pongo, pones…*	*ponga…*	*pon (tú)…*		*pondré… (pondría…)*	*puse…*		*puesto*
Querer	Diphtongaison				*querré… (querría…)*	*quise…*		
Saber	*sé, sabes…*	*sepa, sepas…*			*sabré,… (sabría…)*	*supe…*		
Salir	*salgo, sales…*	*salga…*	*sal (tú)…*		*saldré… (sabría…)*			
Ser	*soy, eres, es, somos, sois, son*	*sea, seas…*	*sé (tú)…*	*era, eras, era, éramos…*		*fui, fuiste, fue…*		
Tener	*tengo,* puis diphtongaison	*tenga, tengas…*	*ten (tú)…*		*tendré… (tendría…)*	*tuve…*		
Venir	*vengo,* puis diphtongaison	*venga…*	*ven (tú)…*			*vine…*	*viniendo*	
Ver	*veo, ves…*	*vea…*		*veía…*				*visto*

1. Le subjonctif présent suit l'irrégularité de la première personne de l'indicatif présent.
2. Le conditionnel suit l'irrégularité du futur.
3. La 3ᵉ personne du pluriel du passé simple sert de base à la formation des imparfaits du subjonctif (voir la conjugaison régulière). Ex. : *anduvieron → anduviera → anduviese.*

Sujets du Bac

1 Expression-Interaction orale

CONSEIL Après 10 minutes de préparation, prévoyez 5 minutes d'expression orale en continu et 5 minutes d'entretien.

Sujet 1

Partie 1 : Synthèse de la notion « mythes et héros » (textes pages 417 et 419)

Répondez à la question suivante en vous appuyant sur votre étude de la notion « mythes et héros » et en illustrant vos propos par des références aux documents étudiés : *¿Los mitos y los héroes (clásicos o modernos) influyen en nuestra vida?*

Partie 2 : Questions de l'examinateur

a) *¿Puede citar otros ejemplos de mitos y héroes?*
b) *Comente un mito o héroe que le haya influido.*
c) *¿Podemos considerar que cada sociedad inventa sus héroes o mitos?*

➤ Corrigé page 443

Sujet 2

Partie 1 : Synthèse de la notion « espaces et échanges » (textes pages 423 et 425-426)

Répondez à la question suivante en vous appuyant sur votre étude de la notion « espaces et échanges » et en illustrant vos propos par des références aux documents étudiés : *¿Qué relaciones se establecen entre economía y sociedad?*

Partie 2 : Questions de l'examinateur

a) *Indique un país y un sector económico representativo.*
b) *¿Qué intercambio económico le parece esencial en nuestra sociedad?*
c) *¿La sociedad puede provocar cambios económicos?*

➤ Corrigé page 443

Sujet 3

Partie 1 : Synthèse de la notion « lieux et formes de pouvoir » (texte page 430 et document iconographique page 440)

Répondez à la question suivante en vous appuyant sur votre étude de la notion de « lieux et formes de pouvoir » et en illustrant vos propos par des références aux documents étudiés : *¿Puede considerarse que las nuevas tecnologías y el deporte manifiestan ciertas formas de poder?*

Partie 2 : Questions de l'examinateur

a) *Dé ejemplos y comente algunas formas tradicionales de poder.*
b) *¿Podemos hablar de nuevas formas de poder?*
c) *¿Existen formas de contrapoder al alcance del individuo?*

➤ Corrigé page 444

Sujet 4

Partie 1 : Synthèse de la notion « l'idée de progrès » (textes pages 433 et pages 440-441)

Répondez à la question suivante en vous appuyant sur votre étude de la notion « l'idée de progrès » et en illustrant vos propos par des références aux documents étudiés : *¿Los descubrimientos técnicos y científicos son las únicas formas de progreso?*

Partie 2 : Questions de l'examinateur

a) *Enumera y comenta algunos progresos que te parezcan representativos.*
b) *¿Es útil compartir todos los progresos obtenidos por la ciencia y la técnica?*
c) *¿Todos los progresos contribuyen a la mejora de nuestra calidad de vida?*

➤ Corrigé page 444

Document iconographique :

Viñeta de Erlich, *El País* del lunes 2 de julio de 2012 (elpais.es)

2 Compréhension-Expression écrite

Sujet 5 (associé à la notion « L'idée du progrès »)

Era una caja de cartón corriente, más bien pequeña, y algo en su aspecto le llamó la atención.

José Alberto Gutiérrez estaba muy acostumbrado a ver cajas de cartón en la calle, porque desde hacía tiempo trabajaba de noche, como conductor de un camión de recogida de basuras en la ciudad de Bogotá. Junto a los cubos, en las esquinas o al lado de las papeleras, las cajas de cartón formaban parte del paisaje de su vida, pero aquella le pareció especial. Parecía que alguien hubiera puesto mucho cuidado en abandonarla, porque estaba cerrada, apartada de las bolsas, casi alineada con las baldosas de la acera[1]*. Por eso, mientras sus compañeros se afanaban en la parte trasera, él bajó del camión y se acercó a ella. Al levantarla en vilo, comprobó que estaba llena, y como pesaba mucho, volvió a dejarla en el suelo antes de abrirla. Entonces, a la luz de una farola, leyó dos nombres. Arriba, en letras mayúsculas, León Tolstói*[2]*. Debajo, en caracteres más grandes, de florida caligrafía,* Ana Karenina.

Aquella caja estaba llena de libros. No le dio tiempo a leer más títulos, porque cuando levantó el primero, sus compañeros le reclamaron. Ya habían terminado y quedaba mucha basura que recoger, así que José Alberto volvió al camión, pero decidió llevarse la caja con él. Al volver a casa, antes de acostarse, fue mirando todos aquellos libros, leyendo los títulos y los textos de las solapas, estudiando sus portadas y las fotos de sus autores para colocarlos después en una estantería[3]*. Se reservó, eso sí,* Ana Karenina, *para empezar a leerlo inmediatamente.*

1. *Las baldosas de la acera:* les dalles du trottoir
2. *León Tolstói* = autor del libro *Ana Karenina* (1877)
3. *Una estantería:* une étagère

Esa novela de Tolstói cambió la vida de José Alberto Gutiérrez. También su trabajo, porque desde que lo encontró, salió cada noche a recorrer las calles de Bogotá de otra manera. Estaba seguro de que el propietario de aquella caja se había desprendido[1] *de sus libros porque no tenía más remedio, porque necesitaba el espacio que habían ocupado hasta entonces para otros nuevos, porque se había mudado, había tenido un hijo o había heredado una biblioteca con títulos duplicados. De lo contrario, calculó, los habría arrojado en el cubo de su casa o de mala manera sobre un contenedor. Eso significaba que la ciudad estaba llena de cajas que le esperaban, y que su misión era encontrarlas, recibir los libros sin futuro que sus dueños le habían encomendado*[2]*, y darles cobijo*[3]*, un nuevo lector, una nueva vida.*

José Alberto encontró muchos otros libros en cajas de cartón, más bien pequeñas, posadas con cuidado sobre las baldosas de la acera, a veces solitarias, a veces en grupos de dos tres, cerca de los portales de edificios de obras, de los camiones de mudanzas, de los solares donde se apilaban muebles rotos o trastos viejos. Y siguió rescatándolos[4]*, mirándolos, acariciándolos, atesorándolos en sus estanterías como si fueran nuevos. Hasta que llegó a tener tantos que su riqueza empezó a parecerle un abuso. Si Bogotá le regalaba libros todas las noches, sería justo que él se los devolviera a Bogotá algún día. Aunque el nombre de su barrio es La Nueva Gloria, allí nunca había existido ninguna biblioteca pública. José Alberto Gutiérrrez miró hacia arriba y después a su mujer, Luz Mery, cuyo taller de costura ocupaba toda la primera planta de la casa. Los libros hacen más falta, le dijo, y cuando la convenció, su casa se convirtió en la primera biblioteca comunitaria de La Nueva Gloria, un lugar para leer, para tomar y devolver libros prestados, para compartir lecturas.*

Esa biblioteca tiene un nombre, La Fuerza de las Palabras y un lema aún más hermoso. Siempre imaginé que el paraíso sería algún tipo de biblioteca. Jorge Luis Borges escribió estas palabras, y José Alberto Gutiérrez las tomó prestadas para situar a su amparo un proyecto cada vez más ambicioso. Ahora, cuando las personas de toda Colombia le envían a diario libros nuevos y usados para ampliar unos fondos que cuentan ya con más de diez mil títulos, ha convertido la primera planta de su casa en la sede de una fundación que aspira a sostener nuevas bibliotecas comunitarias en distintos barrios marginales de Bogotá, y no descarta extenderlas a otras ciudades de Colombia. Quien desee seguir la trayectoria de este pequeño y gran milagro, puede consultar su página web www.la fuerza de las palabras.com.

Almudena Grandes, *El País semanal*, 02/01/2011

1. *Desprenderse de:* se séparer de
2. E*ncomendar:* confier
3. *Dar cobijo:* offrir un refuge
4. *Rescatar:* sauver

Compréhension de l'écrit

1. *Apunta:*

a) *dos informaciones que permiten identificar al personaje principal.*

b) *una información sobre el lugar.*

2. *Al protagonista le llamó la atención una caja de cartón. Apuntan dos expresiones que lo evidencian.*

3. *Después de abrir la caja, el personaje se interesó aún más por el contenido de la caja. Entresaca dos expresiones que lo demuestran.*

4. *Di si las afirmaciones siguientes son verdaderas o falsas. Justifica citando el texto.*
a) *El descubrimiento de la caja tuvo impacto en su vida.*
b) *El personaje pensó que el propietario de la caja la había perdido.*
c) *El protagonista pensaba que en la ciudad había pocas cajas.*

5. *Apunta dos elementos que evidencian la misión que se fijo el protagonista después del descubrimiento de la caja.*

6. *Cita dos expresiones que muestran que para el protagonista los libros tienen valor.*

7. *El personaje crea una biblioteca cuya finalidad es:*
a) *social* **b)** *económica*
c) *médica* **d)** *religiosa*
Escoge la respuesta correcta y justifica tu elección con una expresión del texto.

8. *El personaje quiere seguir desarrollando su proyecto. Apunta un elemento que lo demuestra.*

Expression écrite

Le candidat traitera les deux sujets suivants :

1. *Un periodista entrevista al protagonista para saber cómo nació su fundación, cuáles son sus motivaciones, sus proyectos futuros… Imagina la entrevista (unas ciento veinte palabras).*

2. *¿Qué piensas del proyecto del protagonista? Explica tu opinión (unas ciento veinte palabras).*

➤ **Corrigé page 446**

Sujet 1

Partie 1 : Synthèse de la notion « mythes et héros »

Los mitos y los héroes influyen en nuestra vida. Si tomamos el ejemplo de un cantante, en sus canciones hace referencia a su cultura, a sus lecturas a una serie de conocimientos comunes: las canciones evocan recuerdos (por ejemplo, Caperucita es una heroína que ha influido en nuestra infancia), expresan una sensibilidad. Los pintores, por ejemplo Picasso es un mito de la pintura del siglo XX, tienen la capacidad de comunicar una visión de la realidad: esta nueva visión nos llama la atención y nos transmite sentimientos.

> **CONSEIL** Votre réponse doit être structurée, elle part d'une affirmation générale qui sera illustrée avec des exemples tirés des documents étudiés.

Partie 2 : Questions de l'examinateur

a) *Sí, recuerdo el mito del amor trágico personificado por Romeo y Julieta, el mito de Narciso que representa al amor propio, o el mito de Don Juan que personifica al eterno seductor.*

b) *A mí personalmente hay un mito que me ha influido mucho, es el mito de Cronos, el dios griego del tiempo: este mito me ha hecho tomar conciencia por primera vez del paso del tiempo.*

c) *Creo que sí, creo que cada sociedad inventa –o mejor "reinventa"- sus héroes o mitos: así por ejemplo en la mitología griega Cronos que devoraba a sus hijos, se convirtió en Saturno para los romanos, un dios asociado al placer de vivir. En numerosas culturas europeas o prehispánicas existe el mito de la creación del mundo.*

> **CONSEIL** Mobilisez toutes vos connaissances afin d'enrichir vos réponses. Pour marquer votre opinion vous pouvez utiliser : *Sí, recuerdo... ; a mí personalmente ; creo que sí, creo que...*

Sujet 2

Partie 1 : Synthèse de la notion « espaces et échanges »

En una sociedad existen relaciones de solidaridad, profesionales... pero también existen relaciones económicas. Efectuamos un trabajo para tener una función social y para obtener un salario. Para alimentarnos, para comunicarnos... necesitamos bienes y servicios a cambio de los cuales entregamos dinero.

Los países intentan rentabilizar la producción de materias primas (soja, trigo, maíz, girasol...) para la alimentación. Una mayor producción conlleva mayores beneficios, y al mismo tiempo garantiza necesidades básicas. En nuestra vida diaria utilizamos cada vez más los móviles, los coches eléctricos que funcionan con baterias de litio.

La economía y la sociedad están estrechamente relacionadas: en una sociedad mundializada la producción económica afecta al conjunto de las sociedades.

> **CONSEIL** Votre synthèse reprendra les mots-clés « economía », « sociedad » et des exemples tirés des textes étudiés.

Partie 2 : Questions de l'examinateur

a) *Si tomo el caso de España, un sector económico representativo es el turismo. Para acoger a los turistas, los españoles han creado unas infraestructuras de ocio sobre todo en el litoral. El turismo representa más del diez por ciento del PIB. No conviene olvidar los inconvenientes del turismo: se trata de una actividad estacional que a menudo conlleva una degradación del entorno.*

b) *En la sociedad occidental las fuentes de energía ocupan un lugar estratégico. El control de la extracción del petróleo y su aprovisionamento es vital para los países ricos que apoyan su economía sobre todo en esta fuente de energía. Los países productores también intentan sacar*

> **CONSEIL** Préférez les phrases simples et mobilisez un vocabulaire précis mais varié.

provecho de su materia prima pidiendo precios altos. Está previsto que el petróleo se agote dentro de unos cuarenta años. ¿Qué otra fuente de energía sustituirá al petróleo? ¿En qué condiciones?
c) *Los comportamientos sociales tienen repercusiones económicas. El aumento del tiempo libre conlleva la aparición de actividades de ocio diversificadas. La lucha contra el calentamiento climático provoca cambios en el comportamiento de los consumidores que reciclan cada vez más sus desechos. La democratización de la telefonía móvil exige un gasto mensual que a veces es considerable.*

Sujet 3

Partie 1 : Synthèse de la notion « lieux et formes de pouvoir »

Las nuevas tecnologías de la comunicación crean nuevas relaciones entre las personas, nuevas relaciones entre un individuo y otro individuo, entre el individuo y el grupo, entre grupos. Las nuevas tecnologías permiten asociarse por centros de interés, por cuestiones profesionales… Estas nuevas relaciones se van jerarquizando hasta el punto de que hay programas que miden la fama y la influencia (El poder también se refleja en los adelantos técnicos : según el texto « El fruto del saber », la investigación genética confiere nuevas formas de poder a los países ricos).
El deporte también puede poner de evidencia la supremacía deportiva de un país con otro, de un equipo con otro. Por ejemplo, durante la Guerra Fría las olimpiadas expresaban el poder de las grandes potencias que escenificaban su rivalidad en el terreno deportivo. Por otra parte, los éxitos deportivos de un país mediano como España le permite tener cierta visibilidad a nivel internacional.

CONSEIL Les documents que vous travaillez au cours de l'année peuvent éventuellement illustrer deux notions. Le texte *El fruto del saber* illustre les notions *espacios e intercambios* (espaces et échanges) et *lugares y formas de poder* (lieux et formes de pouvoir). Tirez profit de ces documents qui offrent plusieurs lectures.

Partie 2 : Questions de l'examinateur

a) *Se suele hablar del poder de los reyes y del poder religioso. Las sociedades presentan una estructura que se apoya en diferentes formas de poder : tradicionalmente los reyes del Antiguo Régimen ejercían el poder sobre los súbditos, pero a su vez el poder terrenal se situaba bajo el poder religioso. En los países democráticos el poder político expresa la opinión de la mayoría, pero también cuenta con el poder militar para defender la legitimidad. El poder económico a veces se impone a los estados : las multinacionales superan en poder a numerosos países.*
b) *A menudo se habla de la prensa como del cuarto poder. Las tecnologías de la información y de la comunicación representan nuevas formas de poder. Hoy en día, el alcance de difusión de internet lo convierte en una nueva herramienta de poder: Internet ha influido en los movimientos de contestación, de denuncia…*
c) *Hoy en día el individuo tiene a su alcance formas de contrapoder : un individuo puede denunciar un régimen político autoritario, también le es posible acusar los abusos de un ejército... Gracias a la difusión de internet, un individuo tiene la posibilidad de criticar los abusos de poder.*

CONSEIL Cultivez vos centres d'intérêt : le suivi de l'actualité et le maniement d'informations précises se révèleront très utiles pour exprimer vos préférences personnelles.

Sujet 4

Partie 1 : Synthèse de la notion « l'idée de progrès »

La historia de la humanidad está influenciada por el progreso : el dominio de la agricultura facilitó la sedentarización, el descubrimiento de la rueda favoreció las comunicaciones, las vacunas permitieron curar ciertas enfermedades.
Los descubrimientos genéticos disminuyen las consecuencias de la sequía, la utilización de ciertos colores permite al márketing adaptar los productos a los consumidores y satisfacer más fácilmente sus necesidades.

CONSEIL Nous proposons d'intégrer sous cette notion le sujet de l'épreuve écrite du Bac 2012 "*Era una caja de cartón…*", pages 440-442.

Pero también existen otras formas de progreso : el acceso a la cultura en las bibliotecas. El Índice de Desarrollo Humano toma en cuenta el porcentaje de alfabetización de un país. La cultura, la calidad de vida, la felicidad son elementos difíciles de medir, sin embargo no cabe duda de que constituyen una forma de progreso social.

Partie 2 : Questions de l'examinateur

CONSEIL Restez objectif dans votre réponse : envisagez le pour et le contre. Les liens logiques explicitent les articulations de vos idées.

a) *Algunos progresos me parecen representativos de la sociedad actual: por ejemplo la utilización del automóvil, así cada persona se desplaza libremente. El trabajo a distancia también es representativo ya que el empleado puede adaptar los horarios de trabajo a su situación personal. Pero sobre todo yo destacaría todas las comodidades de que disponemos en nuestras viviendas: calefacción, agua corriente…*

b) *La inversión en ciencia y técnica conduce a nuevos descubrimientos: pero cada uno de estos progresos tiene un coste. Creo que ciertos progresos deberían compartirse (es el caso de los progresos médicos), pero otros deben ser controlados por los países « seguros » (por ejemplo, la utilización de las armas atómicas). Si se comparten todos los progresos podrían desencadenarse conflictos incontrolables (la noción de progreso aparece aquí asociada a la noción de « poder »). El progreso, los adelantos técnicos y científicos modifican las relaciones de poder existentes.*

c) *Numerosos progresos tienen su lado positivo y su lado negativo. La energía nuclear tiene una aplicación civil y una aplicación militar. La utilización de los organismos genéticamente modificados en la agricultura garantiza la alimentación, pero ¿cuáles son los efectos secundarios de los OGM en nuestra salud? Los adelantos en la medicina aumentan nuestra esperanza de vida, pero ¿tenemos todos un acceso igualitario a la salud? Los progresos en general mejoran nuestra calidad de vida, pero en ocasiones pueden perjudicarla (cáncer, modificaciones genéticas).*

Document iconographique (associé à la notion « lieux et formes de pouvoir »)

CONSEIL La présentation d'un document iconographique exige l'explication de la scène et son interprétation : sa portée.

El documento que vamos a analizar es una viñeta del dibujante Erlich. La viñeta fue publicada en el periódico El País *poco después de que la Selección española de fútbol se proclamara campeona de Europa por segunda vez.*

Diferenciamos una parte gráfica y una parte textual: dos personajes en la parte central y el bocadillo que presenta las palabras del hombre, asimismo en la parte inferior aparece una felicitación a modo de pancarta.

El hombre y la mujer llevan camisetas nuevas, además de sendos abrigos y sombreros, pero viejos y remendados. La expresión de ambos es triste, lo cual es coherente con sus atuendos raídos. El fondo del dibujo con sus espirales evoca algo malsano (un entorno maloliente, en descomposición quizá). El bocadillo donde figuran las palabras del hombre dice: "Siempre nos quedará el fútbol". Esta afirmación sugiere que la pareja lo ha perdido todo: si se tratara de una pareja cinematográfica podríamos pensar que frente a la adversidad, a la pareja "siempre le quedará el amor". El autor de la viñeta desvía la utilización de un cliché lingüístico ("siempre nos quedará el amor"), seguramente influenciado por la actualidad deportiva, para darle una nueva significación. El rótulo en la parte inferior derecha de la viñeta "¡Felicidades España!" sitúa la viñeta en un contexto español. La referencia al fútbol y a España evoca los triunfos de la Selección española (Mundial y Euro) y de los equipos españoles.

El análisis de la viñeta muestra una crítica de la sociedad española donde todo está en crisis (la economía, la sociedad, los valores…) pero existe un factor de unidad (el fútbol) de lo que conviene congratularse.

Es evidente la ironía y el sentido crítico de esta viñeta que denuncia el efecto simplificador de los triunfos deportivos.

Sujet 5

Compréhension de l'écrit

1. a) *El personaje principal se llama José Alberto Gutiérrez, solía ver muchas cajas de cartón en la calle ya que "trabajaba de noche como conductor de un camión de recogida de basuras".*
b) *José Alberto Gutiérrez trabajaba en "la ciudad de Bogotá" (capital de Colombia).*

CONSEIL Lisez attentivement la consigne de la question. Vous êtes invité à noter (*apuntar*), choisir (*entresacar*), justifier (*justificar*), citer (*citar*). Les réponses a, b, et c entre parenthèses correspondent à différents éléments de la réponse.

2. *Al protagonista le llamó la atención una caja de cartón que "le pareció especial", ya que parecía que una persona "hubiera puesto mucho cuidado en abandonarla": alguien la había cerrado, y había colocado la caja "apartada de las bolsas, casi alineada con las baldosas de la acera".*

3. *Después de abril la caja, el personaje se interesó por el contenido ya que, gracias a la luz de una farola (3a) pudo leer dos nombres: (3b) en mayúsculas, arriba "León Tolstói. Debajo, en caracteres más grandes, de florida caligrafía, Ana Karenina". Como no tuvo tiempo de (3c) "leer más títulos", José Alberto "decidió llevarse la caja con él y, una vez en su casa, (3d) leyó títulos y solapas, estudió portadas y fotos "para colocarlos después en una estantería".*

4. a) *Verdadera. El descubrimiento de la caja tuvo impacto en la vida del personaje ya que la "novela de Tolstói cambió la vida de José Alberto Gutiérrez" pero también cambió su trabajo porque salía "cada noche a recorrer las calles de Bogotá de otra manera".*
b) *Afirmación falsa. José Alberto creía que el propietario de la caja "se había desprendido de sus libros porque no tenía más remedio", por falta de espacio, por una mudanza, por el nacimiento de un hijo o por una herencia.*
c) *Falsa. El protagonista concluye que "la ciudad estaba llena de cajas que le esperaban".*

5. *Después de descubrir la primera caja, el protagonista se propuso encontrar otras cajas para (5a) "recibir los libros sin futuro que sus dueños le habían encomendado, y darles cobijo" y (5b) buscarles "un nuevo lector", para (5c) darles "una nueva vida".*

6. *Para el protagonista los libros tienen un gran valor, los considera como objetos animados a los que puede darles (6a) "una nueva vida", por eso él (6b) "siguió rescatándolos", al mismo tiempo que (6c) los atesoraba "en sus estanterías como si fueran nuevos". Consiguió reunir muchos libros, (6d) "tantos que su riqueza empezó a parecerle un abuso". El semantismo de las palabras "atesorándolos" y "riqueza" expresa claramente el valor que el protagonista confiere a los libros.*

7. a) *La biblioteca que crea el personaje tiene una finalidad social puesto que se trata de una biblioteca "comunitaria": las personas pueden "leer", "tomar y devolver libros prestados" así como "compartir lecturas".*

8. *José Alberto quiere seguir desarrollando su proyecto, su proyecto es (8a) "cada vez más ambicioso" porque recibe libros nuevos y usados de toda Colombia con lo que sus fondos (8b) "cuentan ya con más de diez mil títulos", (8c) ha creado "una fundación" y "su página web" que tiene como objetivo (8d) no solo "sostener nuevas bibliotecas comunitarias en distintos barrios marginales de Bogotá" e incluso (8e) "extenderlas a otras ciudades de Colombia".*

Expression écrite

1. *Entrevista imaginaria entre un periodista (P) y el protagonista, José Alberto Gutiérrez (JAG).*

Periodista: *Puede presentarse…*
José Alberto Gutiérrez: *Sí, me llamo José Alberto Gutiérrez, soy colombiano, de Bogotá.*
Periodista: *¿Cómo surgió su fundación?*
José Alberto Gutiérrez: *La fundación surgió cuando yo trabajaba de conductor de un camión de recogida de basuras. Un día encontré una caja con libros lo que cambió mi vida. Empecé a atesorar muchos libros.*
Periodista: *¿Cuáles eran sus motivaciones?*
José Alberto Gutiérrez: *Me pareció justo devolverle a los habitantes lo que Bogotá me había regalado. Además yo quería que la gente de mi barrio pudiera leer libros, sacarlos gratuitamente y compartir lecturas.*
Periodista: *¿Qué proyectos tiene?*
José Alberto Gutiérrez: *Bueno, tengo muchos proyectos, pero la ambición de mis proyectos dependerá de los libros que reciba. Me gustaría abrir otras bibliotecas en varios barrios marginales de Bogotá, incluso en otras ciudades colombianas si fuera posible.*
Periodista: *¿Le gustaría añadir algo más?*
José Alberto Gutiérrez: *Sí, cómo no. Me gustaría darles las gracias a todos los que me ayudan. Pero en particular a la persona que se desprendió de la primera caja que encontré. Quisiera añadir que tenemos una página web donde el público encontrará más información. Gracias.*

CONSEIL Les activités proposées sous la rubrique « expression écrite » amorcent la synthèse que vous devez effectuer en expression et interaction orales.

2. *Me parece que el protagonista tiene un proyecto ambicioso, solidario y sostenible.*
Me parece que el proyecto es ambicioso porque aunque carezca de medios económicos, José Alberto Gutiérrez es listo y cuenta con la generosidad de la gente: en vez de tirar los libros a la basura, los coloca con cuidado en cajas. José Alberto Gutiérrez transformó un taller de costura en una biblioteca: casi sin medios consiguió concretar su proyecto.
El proyecto es solidario: después de atesorar libros, José Alberto Gutiérrez los puso al alcance de los habitantes de su barrio para que pudieran leer y compartir sus lecturas. Además, proyecta fundar otras bibliotecas en los barrios pobres de Bogotá y en otras ciudades de Colombia.
Por último, el proyecto es sostenible puesto que recupera libros que la gente no necesita: esos libros adquieren nueva vida en manos de nuevos lectores. Con recursos que ya existen, José Alberto Gutiérrez evita que se destruyan inútilmente y les da un nuevo uso. Está claro que para conseguir su objetivo José Alberto Gutiérrez necesita gestionar los fondos de manera eficaz, privilegiando un objetivo más humanista que mercantil.

Les épreuves du Bac STMG

1) Épreuves anticipées

Intitulé de l'épreuve	Coefficient	Nature de l'épreuve	Durée
Français	2	écrite	4 heures
Français	2	orale	20 minutes
Étude de gestion	- (1)	orale (2)	

(1) : Seuls sont pris en compte les points supérieurs à la moyenne de 10 sur 20. Ces points sont multipliés par deux.
(2) : L'épreuve est évaluée en cours d'année.

2) Épreuves terminales

Intitulé de l'épreuve	Coefficient	Nature de l'épreuve	Durée
Histoire-géographie	2	écrite	2 heures et 30 minutes
Langue vivante 1	3	écrite et orale(3)	2 heures (partie écrite)
Langue vivante 2	2	écrite et orale(3)	2 heures (partie écrite)
Mathématiques	3	écrite	3 heures
Philosophie	2	écrite	4 heures
Économie-droit	5	écrite	3 heures
Management des organisations	5	écrite	3 heures
Épreuve de spécialité : **Gestion et finance** **Ressources humaines et communication** **Mercatique** **Systèmes d'information de gestion**	12	écrite et pratique(4)	4 heures (partie écrite)
Éducation physique et sportive	2	CCF(5)	
EPS de complément(6)	2	CCF(5)	

(3) : La partie orale de l'épreuve est évaluée en cours d'année.
(4) : La partie pratique de l'épreuve est évaluée en cours d'année. Chacune des deux parties de l'épreuve est affectée d'un coefficient 6.
(5) : Contrôle en cours de formation.
(6) : Uniquement pour les élèves ayant suivi l'enseignement d'EPS complémentaire.

Achevé d'imprimer en Espagne par UNIGRAF
Dépôt légal : Mai 2017 - Édition: 01
68/8498/1